मध्यप्रांत एवं बरार में दलीय राजनीति तथा स्वाधीनता आन्दोलन

मध्यप्रांत एवं बरार में दलीय राजनीति तथा स्वाधीनता आन्दोलन

डॉ० श्रीमती एग्नेस ठाकुर

प्राक्कथन
डॉ० के० मजुमदार

SHARADA

शारदा पब्लिशिंग् हाउस
दिल्ली–110035
1998

Published Under the Publication Grant of UGC
provided by Rani Durgawati Vishwavidyalaya, Jabalpur

प्रथम संस्करण 1998
ISBN : 81-85616-52-3

प्रकाशक
बी. एल. बंसल
शारदा पब्लिशिंग हाऊस
४०, आनन्द नगर, इंदरलोक
दिल्ली - ११००३५
© ५११६७६३

अक्षर संयोजक
सुपर कम्प्यूटर सेन्टर
एम.आई.जी. ४५, कटँगा
हाऊसिंग वोर्ड कॉलोनी
जबलपुर ४८२००१

मुद्रक
संतोष ऑफसेट, दिल्ली-110035
दूरभाष-5117390, 5116763

मेरी पूज्य माता स्वर्गीय श्रीमती अनोरा रफायल तथा
मेरे पूज्य पिताजी स्वर्गीय श्री अलफोन्स अमान्दों रफायल को
सादर समर्पित।

विषय सूची

प्राक्कथन

भारतीय स्वाधीनता आंदोलन में मध्य प्रांत एवं बरार की विशिष्ट भूमिका रही है। राजनैतिक चेतना के विकास में इस प्रांत की अनेक सामाजिक तथा शैक्षणिक संस्थाओं ने महत्वपूर्ण कार्य किये हैं। काँग्रेस की नरम दलीय तथा उग्रपंथी दोनों राजनैतिक विचारधाराओं का प्रभाव इस प्रांत पर पड़ा। गाँधीजी के अहिंसक आन्दोलनों को इस प्रांत की जनता का व्यापक समर्थन प्राप्त हुआ। इसके विपरीत क्राँतिकारी गतिविधियों की सक्रियता भी इस प्रांत में परिलक्षित हुई। राष्ट्रीय आन्दोलन को सशक्त नेतृत्व प्रदान करने में महाकोशल क्षेत्र अग्रणी था। इसके साथ ही नागपुर तथा बरार के स्वतंत्रता संग्राम के सेनानियों ने भी स्वाधीनता आन्दोलन में अपना अमूल्य योगदान दिया।

असहयोग आन्दोलन स्थगित हो जाने के पश्चात् देश में जो राजनैतिक शून्यता की स्थिति निर्मित हो गई थी, उस दौरान जबलपुर से प्रारंभ हुए "झण्डा सत्याग्रह" ने राष्ट्रीय आन्दोलन को एक नई दिशा प्रदान की। यह सत्याग्रह केवल इस प्रांत तक ही सीमित नहीं रहा वरन् इसका प्रभाव देश के अन्य प्रांतों पर भी पड़ा। ग्रामीण क्षेत्र की जनता को राष्ट्रीय आन्दोलन की मुख्य धारा में जोड़ने में "जंगल सत्याग्रह" का महत्वपूर्ण योगदान था जिसका उद्‌भव एवं विकास महाकोशल क्षेत्र से हुआ।

प्रांतीय स्वायत्तता के दौरान १९३७ से १९३९ तक प्रांतीय काँग्रेस मंत्रीमंडल ने ऐसे अनेक विकासोन्मुख कार्यक्रम प्रारंभ किये जिनसे केवल प्रांत की जनता ही लाभान्वित नहीं हुई वरन् राष्ट्रीय आन्दोलन को एक नई शक्ति मिली। १९४० के "व्यक्तिगत सत्याग्रह" तथा १९४२ के "भारत छोड़ो आन्दोलन" के दौरान बड़ी संख्या में इस प्रांत के स्वतंत्रता संग्राम सेनानियों ने भाग लिया और देश को स्वाधीनता की ओर अग्रसित किया।

डॉ. श्रीमती एग्नेस ठाकुर द्वारा लिखित पुस्तक "मध्य प्रांत एवं बरार में दलीय राजनीति तथा स्वाधीनता आन्दोलन" राष्ट्रीय आन्दोलन पर एक शोधपूर्ण अध्ययन है। सम्पूर्ण शोध कार्य मूल स्त्रोतों पर आधारित है। राष्ट्रीय अभिलेखागार, नई दिल्ली, नेहरू मेमोरियल म्यूजियम एंड लायब्रेरी, तीन मूर्ति भवन, नई दिल्ली, मध्यप्रदेश शासन अभिलेखागार, वल्लभ भवन सचिवालय, भोपाल तथा नेशनल लायब्रेरी, कलकत्ता में उपलब्ध मूल स्त्रोतों का अध्ययन किया गया है। विभिन्न समाचार पत्रों में उपलब्ध जानकारी भी संग्रहित की गई है। अनेक प्रकाशित ग्रंथों की सहायता भी ली गई है। भारतीय स्वाधीनता की स्वर्ण जयंती वर्ष के दौरान विभिन्न स्त्रोतों पर आधारित इस पुस्तक का प्रकाशन शोधार्थियों को एक नई दिशा प्रदान करेगा।

के. मजुमदार

नागपुर
१२ मई १९९८

के. मजुमदार
आचार्य एवं अध्यक्ष (अवकाश प्राप्त)
इतिहास विभाग, नागपुर विश्वविद्यालय

भूमिका

इस पुस्तक में मध्यप्रांत तथा बरार में दलीय राजनीति तथा स्वाधीनता आंदोलन का विश्लेषणात्मक अध्ययन किया गया है। देश के विभिन्न राजनीतिक दलों तथा प्रांत पर उनकी राजनीतिक गतिविधियों के प्रभावों की विवेचना की गई है। काँग्रेस द्वारा संचालित विभिन्न आंदोलनों का विस्तृत वर्णन है। इसमें काँग्रेस, स्वराज्य दल, अनुक्रियाशील सहयोगी दल, साम्प्रदायिक तथा वामपंथी दलों की प्रांत में स्थापना और उनकी राजनीतिक गतिविधियों पर विस्तृत प्रकाश डाला गया है।

१९ वीं शताब्दी के उत्तरार्ध में मध्यप्रांत तथा बरार का गठन हुआ। प्रांत के विभिन्न नगरों में राजनीतिक तथा सामाजिक चेतना के विकास में अनेक संस्थाओं तथा व्यक्तियों ने योगदान दिया। इनमें हितकारिणी-सभा, बाल बोधिनी-सभा, विद्या प्रसारक-सभा तथा अंजुमन-इस्लामियाँ आदि थे।

१८८५ में काँग्रेस की स्थापना के पश्चात इस प्रांत में भी इसकी अनेक शाखायें प्रांतीय,जिला तथा ग्रामीण स्तर पर स्थापित की गई। काँग्रेस के विभिन्न अधिवेशनों में प्रांत के प्रतिनिधियों ने भाग लिया जिसके फलस्वरूप राजनीतिक चेतना के विकास में वृद्धि हुई।

१९१९ के अधिनियम द्वारा प्रांत में द्वैध-शासन की स्थापना हुई। यद्यपि गाँधीजी के आव्हान पर काँग्रेस ने उसका बहिष्कार किया। रॉलेट एक्ट और जलियाँवाला बाग-हत्याकांड के विरोध स्वरूप १९२० में गाँधीजी द्वारा नागपुर में आयोजित काँग्रेस के अधिवेशन में असहयोग आंदोलन का प्रस्ताव प्रस्तुत किया गया जो बहुमत से पारित हुआ। इस आंदोलन में प्रांतीय नागरिकों ने सक्रिय रूप से भाग लिया। चौरी-चौरा कांड फलस्वरूप असहयोग आंदोलन के स्थगित हो जाने के पश्चात् मध्यप्रांत में १९२३ में झंडा-सत्याग्रह का उद्‌भव एवं विकास हुआ जिसका देशव्यापी प्रभाव पड़ा। चुनाव में स्वराज्य दल को मध्यप्रांत में अच्छी सफलता मिली और प्रांतीय विधानसभा में असहयोग की नीति सफलतापूर्वक क्रियान्वित की गई।

जब महात्मा गाँधी ने १९३० में सविनय अवज्ञा आंदोलन प्रारंभ किया। तब प्रांत के विभिन्न नगरों तथा ग्रामीण क्षेत्रों में नमक कानून का उल्लंघन करने हेतु काँग्रेस सत्याग्रहियों ने सक्रिय रूप से भाग लिया। इस आंदोलन के दौरान "जंगल-सत्याग्रह" भी किया गया ताकि ग्रामीण क्षेत्रों के निवासी विशेष रूप से आदिवासी वर्ग भी बड़ी संख्या में राष्ट्रीय आंदोलन में सक्रिय रूप से भाग ले सकें क्योंकि उनकी जीविका का साधन वन-उपजों पर ही आधारित था। ऐसे विभिन्न जंगल कानून थे जिसके कारण ग्रामीणों को शासकीय प्रतिबंध लगा दिये गये जिसके कारण उन्हें अनेक असुविधाओं का सामना करना पड़ता था। अतएव जंगल कानून का उल्लंघन कर ब्रिटिश शासन पर दबाव की नई नीति अपनाई गई जिसने सविनय अवज्ञा आंदोलन को ग्रामीण स्तर पर गति प्रदान की।

१९३५ के भारत सरकार अधिनियम के अंतर्गत प्रांतीय स्वायत्तता को लागू करने हेतु १९३७ में प्रांतीय विधानसभा के चुनाव आयोजित हुए जिसमें काँग्रेस को भारी सफलता मिली। डॉ. एन.बी. खरे

तथा बाद में पं. रविशंकर शुक्ल प्रांत के प्रधान मंत्री (मुख्यमंत्री) निर्वाचित हुए। प्रांतीय स्वायत्त शासन के दौरान प्रांत में अनेक लोक-कल्याणकारी योजनाएँ लागू की गई जिनमें प्रमुख रूप से प्रशासनिक क्षेत्र में स्थानीय-स्वायत्त संस्थाओं का विकास किया गया और शिक्षा के क्षेत्र में "विद्या-मंदिर योजना" लागू कर रोजगारोन्मुख शिक्षा तथा प्रौढ़ शिक्षा क्रियान्वित की गई। द्वितीय विश्व युद्ध के दौरान सितम्बर १९३९ में प्रांतीय सरकारों ने त्यागपत्र दे दिया।

१९४० में "व्यक्तिगत-सत्याग्रह" प्रारंभ हुआ जिसमें मध्यप्रांत के रविशंकर शुक्ल, द्वारका प्रसाद मिश्र तथा सेठ गोविंददास सहित अनेक नेताओं ने भाग लिया और गिरफ्तार किये गये। १९४२ के आंदोलन में भी मध्यप्रांत के सत्याग्रहियों ने अग्रणी भूमिका निभाई। बड़ी संख्या में स्वतंत्रता-संग्राम सेनानियों ने भाग लिया तथा जेल की यातनाएँ सही। अनेक सत्याग्रहियों ने भूमिगत होकर ब्रिटिश शासन के विरुद्ध क्रांतिकारी गतिविधियों ने भाग लिया।

१९४४ के अंत तक राजनीतिक आंदोलनों का युग समाप्त हुआ और संवैधानिक वार्तायें प्रारंभ हुई जिसके फलस्वरूप १५ अगस्त १९४७ को भारत स्वाधीन हुआ। यद्यपि विभाजन जैसे विभीषिका का उसे सामना करना पड़ा। इसके पूर्व १९४६ में प्रांतीय विधान मंडलों के चुनाव सम्पन्न हुये और रविशंकर शुक्ल के नेतृत्व में काँग्रेस मंत्रिमंडल पदारूढ़ हुआ।

इस पुस्तक में उपरोक्त वर्णित बिन्दुओं का विवेचनात्मक अध्ययन किया गया है। यह सम्पूर्ण कार्य मूल स्त्रोतों पर आधारित है। यद्यपि अनेक प्रकाशित ग्रंथों की भी सहायता ली गई है। मानचित्र की रचना डॉ. डी. ई. यू. बेकर की पुस्तक 'चेंजिंग पोलिटिकल लीडरशिप इन एन इंडियन प्रोविन्स: द सेन्ट्रल प्रोविन्सेस एंड बरार १९१९-१९३९' तथा 'इम्पीरियल गजेटियर ऑफ इंडिया': खंड १० की सहायता से की गई है।

श्रीमती एग्नेस ठाकुर

आभार

भारतीय स्वाधीनता स्वर्ण-जयंती वर्ष के दौरान प्रकाशित मेरी पुस्तक "मध्यप्रांत एवं बरार में दलीय राजनीति तथा स्वाधीनता आन्दोलन" १९८८ में इतिहास विषय में रानी दुर्गावती विश्वविद्यालय द्वारा प्रदत्त पी.एच.डी. उपाधि के शोध प्रबंध ज़िसका शीर्षक "१९२० से १९४७ तक मध्यप्रांत एवं बरार में राजनीतिक दलों के विकास का एक अध्ययन" का परिवर्तित स्वरूप है। मैं स्वर्गीय डॉ. कामेश्वर झा. अवकाश प्राप्त आचार्य एवं प्राचार्य के प्रति अपनी कृतज्ञता ज्ञापित करती हूँ जिनके कुशल निर्देशन में मैंने अपना शोध कार्य पूर्ण किया।

यह शोध कार्य मूल स्त्रोतों पर आधारित है। यद्यपि अनेक प्रकाशित पुस्तकों की भी मैंने सहायता ली है। मैं राष्ट्रीय अभिलेखागार जनपथ, नई दिल्ली के अधिकारियों के प्रति अपना आभार व्यक्त करती हूँ जिन्होंन समुचित सहयोग प्रदान किया। नेशनल लायब्रेरी ऑफ इंडिया, कलकत्ता के अधिकारियों तथा वल्लभ भवन, भोपाल में स्थित मध्यप्रदेश शासन के अभिलेखागार के अधिकारियों की भी मैं आभारी हूँ जिन्होंने मुझे पर्याप्त सहयोग देकर कृतार्थ किया है। नेहरू मेमोरियल म्यूजियम एंड लायब्रेरी, तीन मूर्ति भवन, नई दिल्ली में उपलब्ध मूल स्त्रोतों के अध्ययन में वहाँ के अधिकारियों ने जो मेरी सहायता की उसके लिए मैं उनकी सदा आभारी रहूँगी। शासकीय महाकोशल कला एवं वाणिज्य स्वशासी महाविद्यालय में उपलब्ध अनेक दुर्लभ ग्रंथों के अध्ययन में इस पुस्तकालय के अधिकारियों एवं कर्मचारियों द्वारा दिये गये सहयोग के लिए मैं आभार व्यक्त करती हूँ। मैं नागपुर विश्वविद्यालय के इतिहास विभाग के अवकाश प्राप्त आचार्य एवं अध्यक्ष डॉ. के. मजुमदार के प्रति विशेष रूप से आभारी हूँ जिन्होंने अपने बहुमूल्य सुझाव दिये तथा प्राक्कथन लिखकर मुझे अनुगृहीत किया। मैं प्रकाशन प्रकोष्ठ, रानी दुर्गावती विश्वविद्यालय जबलपुर के प्रति भी अपना आभार व्यक्त करती हूँ जिनके माध्यम से मुझे विश्वविद्यालय अनुदान आयोग की वित्तीय सहायता, इस पुस्तक के प्रकाशन हेतु प्राप्त हुई।

अंत में मैं 'सुपर कम्प्यूटर सेन्टर' के संचालक श्री वाय. आर. दुबे तथा 'शारदा पब्लिशिंग हाऊस', नई दिल्ली के प्रति अपनी कृतज्ञता व्यक्त करती हूँ जिनके संयुक्त सहयोग से यह पुस्तक-आधुनिक तकनीक द्वारा आकर्षक रूप में प्रकाशित हुई।

-एग्नेस ठाकुर

मध्यप्रांत एवं बरार

अध्याय -१

राजनीतिक चेतना का विकास तथा असहयोग आन्दोलन

देश में राष्ट्रीय एवं राजनीतिक चेतना के विकास में मध्यप्रांत एवं बरार का महत्वपूर्ण योगदान है। इस प्रांत का गठन दो चरणों में पूर्ण हुआ।[१] इस प्रांत के एक बड़े भूभाग 'सागर-नर्मदा क्षेत्र' में १८४२ में 'बुंदेला-विद्रोह' हुआ जिसका प्रमुख कारण ब्रिटिश शासन की भूराजस्व नीति के विरुद्ध तीव्र असंतोष था। भूराजस्व के निर्धारण की प्रक्रिया कृषकों तथा भूस्वामियों के लिए हानिकारक थी क्योंकि सर्वेक्षण किये बिना लगान की दरें निर्धारित की जाती थीं। इस विद्रोह के अन्य अनेक कारण भी थे जिससे ब्रिटिश प्रशासन के विरुद्ध जन-आक्रोश में वृद्धि हुई और विद्रोह ने व्यापक स्वरूप ग्रहण कर लिया। यद्यपि यह विद्रोह सफल नहीं रहा किंतु सामान्य जनता में अंग्रेजों के विरुद्ध विद्रोह करने की शक्ति परिलक्षित हुई। इसके पश्चात १८५७ के विद्रोह में भी इस प्रांत की अग्रणी भूमिका थी यद्यपि वह भी सफल नहीं हो सका। इन दोनों विद्रोहों ने जन सामान्य में जो आक्रोश एवं राष्ट्रीयता की भावना उत्पन्न की थी, उसका धीरे-धीरे विकास हुआ। राष्ट्रीय आन्दोलन को सबल बनाने में इन विद्रोहों की महत्वपूर्ण भूमिका थी।

मध्यप्रांत एवं बरार का गठन दो चरणों में पूर्ण हुआ। प्रथम चरण में मध्यप्रांत का गठन हुआ और दूसरे चरण में बरार इसमें सम्मिलित कर दिया गया।[२] मध्यप्रांत का गठन, २ नवम्बर १८६१ के प्रस्तावानुसार 'सागर-नर्मदा क्षेत्र'* तथा कम्पनी सरकार द्वारा हस्तगत किये गये 'नागपुर राज्य'* को मिलाकर किया गया। यह कार्य प्रशासनिक दृष्टि से आवश्यक था क्योंकि सागर-नर्मदा क्षेत्र, नागपुर राज्य से भौगोलिक, राजनीतिक, आर्थिक एवं सामाजिक रूप से जुड़ा हुआ था। इन दोनों भूभागों को चीफ-कमीश्नर के अधीन एक 'नॉन रेग्युलेशन प्रांत' के रूप में रखा गया। इस प्रकार नागपुर तथा सागर नर्मदा क्षेत्र का एकीकरण कर, मध्यप्रांत का नाम दिया गया। सागर-नर्मदा क्षेत्र को नागपुर से जोड़े जाने के कारण उसका वर्गक्षेत्र ९०,००० वर्ग मील, जनसंख्या ६ लाख से अधिक तथा लगान ७.५ लाख पौंड स्टर्लिंग हो गई। ३० अप्रैल १८६२ को सरकार के एक अन्य प्रस्तावानुसार संबलपुर और उसके अधिकार क्षेत्र के अन्तर्गत आने वाले प्रदेश को भी इसी प्रांत में शामिल किया गया। १८६४ में निमाड़ का क्षेत्र भी इसमें जोड़ दिया गया।[३]

१९०३ में बरार इसमें सम्मिलित कर दिया गया। बरार मूलतः निजाम के राज्य का एक भाग था। १८५३ में डलहौजी ने निजाम के राज्य में स्थित अंग्रेजी सहायक सेना के व्यय की पूर्ति हेतु इस

---

* जिसके अन्तर्गत जबलपुर, मंडला, सिवनी, बालाघाट नरसिंहपुर तथा होशंगाबाद जिले आते है।
* जिसके अन्तर्गत नागपुर, चाँदा, भंडारा तथा वर्धा जिले आते हैं।

प्रदेश पर अधिकार कर ली थी फिर भी नाममात्र के लिए यह प्रदेश निजाम का माना जाता था परंतु १९०३ में बरार पर से निजाम की नाम मात्र की यह सत्ता भी समाप्त कर ब्रिटिश साम्राज्य का एक अंग बना दिया गया। इस प्रकार यह प्रांत "मध्यप्रांत और बरार" कहा जाने लगा।[४]

भौगौलिक दृष्टि से यह प्रांत अत्यन्त महत्वपूर्ण है। यह क्षेत्र सतपुड़ा पर्वत की श्रेणियों से दो भागों में विभक्त है। यह पर्वत श्रेणियां नर्मदा के दक्षिण से निकलकर पूर्व और पश्चिम की ओर गई है जिससे अधिकांशतः समतल भूमि का प्रादुर्भाव हुआ तथा अनेक जिला क्षेत्रों का गठन हुआ। प्रथम- सतपुड़ा के उत्तर के क्षेत्र, द्वितीय-सतपुड़ा के पर्वतीय क्षेत्र तथा तृतीय-सतपुड़ा के पर्वत के दक्षिणी क्षेत्र। यद्यपि सतपुड़ा पर्वत के उत्तरी क्षेत्र की जलवायु वातावरण के अनुकूल थी जबकि दक्षिणी क्षेत्र की जलवायु अपेक्षा कृत उतनी अनुकूल नहीं थी परंतु फिर भी दक्षिणी भाग का विकास उत्तरी भाग की अपेक्षा द्रुतगति से हुआ।[५] १८६१ में मध्यप्रांत के गठन के समय प्रांत में कोई रेल मार्ग नहीं था और न ही पक्की सड़कें थी। बम्बई से कलकत्ता जानेवाले रेलमार्ग का निर्माण होने के कारण बरार बम्बई से जुड़ गया। बरार में कपास उत्पादन के कारण सूती कपड़ा-उद्योग को प्रोत्साहन दिया जा सकता था परंतु बरार का कपास, कच्चे माल के रूप में कलकत्ता और बम्बई बन्दरगाहों से जहाज द्वारा भेजा जाता था जो कि लंकाशायर तथा मेनचेस्टर के मिलों की कपास की माँग को पूरा करता था। वहाँ न तो कपास-उत्पादकों को उचित मूल्य देने और न ही कपड़ा उद्योग के विकास पर ध्यान दिया गया।[६]

बरार का रेलमार्ग द्वारा बम्बई-पूना से जुड़ जाने के कारण बम्बई तथा पूना के राजनीतिक चिंतन का प्रभाव नागपुर और बरार के राजनीतिज्ञों पर भी पड़ा क्योंकि बरार के नगर पहले से ही जागरूक थे। इनकी जागरूकता का प्रमुख कारण, यहाँ के नगरों का व्यापारिक एवं प्रशासनिक केन्द्र होना था जिनका निर्माण १८६० से १८९० के बीच कपास की मंडियों तथा सूती वस्त्र उद्योग के रूप में हुआ।[७]

मराठी भाषी क्षेत्र के इस विकास के फलस्वरूप इन नगरों का सामाजिक एवं आर्थिक जीवन समृद्ध हुआ और एक ऐसा वातावरण निर्मित हुआ जो राजनीतिक संस्थाओं के विकास में भी सहायक बना। बरार के प्रमुख नगर अमरावती में १८६९ में नगरपालिका का गठन हो चुका था। नगर में विद्यालय, औषधालय तथा पुस्तकालय की स्थापना के फलस्वरूप राजनीतिक दृष्टि से चैतन्य व्यक्तियों में आर्थिक एवं सामाजिक उत्थान में गहरी रुचि उत्पन्न हुई। साथ ही उनमें राजनीतिक प्रभाव तथा अधिकार प्राप्ति की उत्कट अभिलाषा भी उत्पन्न होने लगी जिससे राजनीतिक गतिविधियों का स्वरूप विकसित हुआ।[८] जबलपुर में कई सामाजिक तथा स्वयंसेवी संगठनों का प्रादुर्भाव हुआ जैसे-विद्या प्रसारक सभा, हितकारिणी सभा, महाजन-सभा बाल बोधिनी, अन्जुमन इस्लामिया तथा विद्या वर्धिनी सभा। ऐसी अन्य संस्थाओं की स्थापना छत्तीसगढ़, दमोह तथा प्रांत के अन्य स्थानों में भी की गई।[९] जबलपुर में १८६४ में नगरपालिका की भी स्थापना हो चुकी थी।

१८८५ में भारतीय राष्ट्रीय काँग्रेस की स्थापना के पश्चात् इस प्रान्त में राजनीतिक सक्रियता में वृद्धि हुई यद्यपि काँग्रेस के प्रथम अधिवेशन में मध्यप्रांत के किसी प्रतिनिधि ने भाग नहीं लिया क्योंकि उस समय प्रांत में राजनीतिक संस्थाओं एवं संगठन की स्थापना नहीं हो पायी थी। काँग्रेस की स्थापना के बाद से ही अंग्रेजों ने मुस्लिम साम्प्रदायिकता को और अधिक प्रोत्साहित करना प्रारंभ किया।

प्रारंभ में काँग्रेस के अधिवेशन में मध्यम वर्ग के बुद्धिजीवी मुस्लिम युवकों ने रुचि लेना प्रारंभ किया जिसके फलस्वरूप काँग्रेस के अधिवेशनों में इनकी संख्या में वृद्धि होने लगी। १८८६ में काँग्रेस के द्वितीय अधिवेशन में इस प्रदेश के प्रतिनिधि मंडल का नेतृत्व बापूराव दादा किंखेडे, गंगाधरराव चिटनवीस तथा गोपाल हरि भिड़े ने किया तथा कामठी के मुस्लिम सदस्य अब्दुल अज़ीज़ द्वारा उर्दू में अधिवेशन में प्रभाव पूर्ण भाषण भी दिया गया। उन्हीं दिनों 'लोकसभा' नामक एक संस्था की स्थापना नागपुर में गंगाधरराव चिटनवीस की अध्यक्षता में की गई जिसके सचिव बापूराव किंखेडे चुने गये। इसी प्रकार की एक संस्था की स्थापना बरार के अमरावती नगर में भी की गई जिसके सक्रिय सदस्यों में अकोला के देवरस विनायक दिगम्बर, जी.एस. खापर्डे, आर.एन. मुधोलकर, एम.व्ही. जोशी तथा मलकापुर के मुस्लिम सदस्य काज़ी बदरुद्दीन आदि उल्लेखनीय थे।[१०]

दूसरी ओर १८८६ में सर सैय्यद अहमद खाँ ने 'सेन्ट्रल नेशनल मोहम्मडन-एसोसिएशन', 'मोहम्मडन लिटरेरी सोसाइटी' तथा 'मोहम्मडन एजुकेशन काँग्रेस' नामक संस्थाओं की स्थापना की जिसका उद्देश्य शिक्षित मुसलमानों को काँग्रेस में शामिल होने से रोकना था[११] फिर भी १८८७ के मद्रास अधिवेशन में भाग लेने वाले मुसलमानों की संख्या ७६ थी और बैरिस्टर बद्रुद्दीन तैय्यब जी ने इस अधिवेशन की अध्यक्षता की जो एक मुसलमान थे। इसके अतिरिक्त मद्रास अधिवेशन में मध्यप्रांत के १३ प्रतिनिधियों ने भाग लिया।

१८८८ में नागपुर और जबलपुर में स्वामी श्रद्धानंद के आगमन के प्रभाव से नागपुर में १ जुलाई को 'गोरक्षण-सभा' की स्थापना की गई। धीरे-धीरे एक वर्ष में ऐसी ४९ सभाओं की स्थापना प्रांत के अनेक स्थानों पर की गई। बाद में 'गोरक्षण सभा' ने अखिल भारतीय स्वरूप धारण कर लिया जिसका नेतृत्व बाल गंगाधर तिलक, मदन मोहन मालवीय जैसे राष्ट्रीय नेताओं ने किया। राजनीतिक जागरुकता के फलस्वरूप १८८८ में नागपुर और बरार के बुनकरों ने एक सभा कर सूती वस्त्रों तथा उससे निर्मित वस्तुओं पर लगाये गये कर का विरोध करते हुए 'स्वदेशी आन्दोलन' चलाया जो मध्यप्रांत और बरार में स्वदेशी भावना की उत्पत्ति का द्योतक है जबकि उस समय स्वदेशी की कल्पना भी स्पष्ट नहीं थी और १९०५ में काँग्रेस द्वारा स्वदेशी कार्यक्रम स्वीकार किये जाने के बहुत पूर्व ही बरार के बुनकरों द्वारा स्वदेशी कार्यक्रम का स्वीकार किया जाना एक महत्वपूर्ण घटना है।[१२]

१८८८ में स्थापित 'मोहम्मडन डिफेंस एसोसिएशन ऑफ इंडिया' जिसके सचिव सर सैय्यद अहमद तथा प्रिंसिपल बेक थे, का उद्देश्य मुसलमानों को काँग्रेस का विरोध तथा अंग्रेजों से सहयोग करने की दिशा में प्रेरित करना था। इसमें अंग्रेजों का एक मात्र उद्देश्य साम्प्रदायिकता को बढ़ावा देकर राष्ट्रवाद के विकास को रोकना था। १८८८ में इलाहाबाद में आयोजित काँग्रेस के चौथे अधिवेशन में मध्यप्रांत के ६३ सदस्यों ने भाग लिया। इस अधिवेशन में सर सैय्यद अहमद ने खुले तौर पर काँग्रेस का विरोध किया।[१३]

भारत में नवजागरण के फलस्वरूप विभिन्न सम्प्रदायों ने अनेक शिक्षण-संस्थाओं की स्थापना अपने धर्मों के अनुरूप की। मुसलमानों ने देवबंद में 'दारुल-उलूम', 'आर्य समाजियों ने' 'गुरुकुलों' की तथा सेनानियों ने 'ऋषिकुलों' की नींव डाली। धार्मिक आधार पर ही अलीगढ़ में 'मुस्लिम विश्वविद्यालय' तथा बनारस में 'हिन्दू विश्वविद्यालय' की स्थापना हुई। धार्मिक आधार पर स्थापित इन

संस्थाओं ने विभिन्न सम्प्रदायों को निकट लाने की अपेक्षा एक दूसरे से अलग करने में अधिक सहयोग दिया।[१४]

१८८९ में बम्बई तथा १८९० में नागपुर में 'आदर्श कारखाना' प्रारंभ किया गया जिनके संचालन में रायबहादुर मुकुन्दराव गंगाधरराव चिटनवीस, गोपालराव भिड़े तथा तत्कालीन प्रभावशाली काँग्रेसी नेता थे। १८९२ में गंगाधरराव की अध्यक्षता में नागपुर में 'लोकसभा' की स्थापना के साथ १८९२ के इंडिया कौंसिल एक्ट के अनुसार भारतीय परिषद् में १८९३ में सर गंगाधरराव चिटनवीस को कौंसिल में मध्यप्रांत के प्रथम प्रतिनिधि के रूप में नियुक्ति किया गया। उसी वर्ष लाहौर में आयोजित काँग्रेस के नवें अधिवेशन में मध्यप्रांत के ३९, १८९४ में मद्रास के दसवें अधिवेशन में ३७, १८९५ के पूना के ग्यारहवें अधिवेशन में १३१ तथा १८९६ के कलकत्ता के बारहवें अधिवेशन में ३१ सदस्यों ने भाग लिया।[१५]

१८९० में नागपुर से 'गोरक्षा' नामक मासिक तथा १८९४ में 'बरार समाचार' नामक पत्र का प्रकाशन स्वदेशी आन्दोलन के प्रचारार्थ किया गया। प्रदेश में राजनीतिक चेतना के विकास के फलस्वरूप १८९७ में काँग्रेस का तेरहवाँ अधिवेशन अमरावती में आयोजित हुआ इसमें ५९३ सदस्य मध्यप्रांत और बरार के थे। अमरावती तथा यवतमाल में तिलक के प्रमुख अनुयायी दादा साहब खापर्डे का कार्य क्षेत्र था। दादा साहब खापर्डे के प्रभाव के कारण अमरावती का काँग्रेस अधिवेशन अत्यन्त सफल रहा। इस अधिवेशन में मध्यप्रांत के तत्कालीन कमिश्नर कर्नल कैनेथ ने उपस्थित होकर राष्ट्रीय महासभा के प्रति सम्मान व्यक्त किया तथा अधिवेशन के स्वीकृत प्रस्तावों में विधान सभा में लोक निर्वाचित प्रतिनिधियों को स्थान देने की बात की। यद्यपि शासकीय अधिकारियों ने इस अधिवेशन को न होने देने का पूरा प्रयास किया। प्रांत में ऐसे अधिवेशनों ने राजनीतिक चेतना के विकास को गति प्रदान की।[१६]

१८९८ के मद्रास के चौदहवें अधिवेशन में प्रांत के १८ प्रतिनिधियों ने भाग लिया। लखनऊ के पन्द्रहवें (१८९९) अधिवेशन में ६ प्रतिनिधियों ने भाग लिया। इस अधिवेशन में संविधान में परिवर्तन का प्रस्ताव पारित किया गया। तदानुसार मध्यप्रांत और बरार को तीन-तीन प्रतिनिधि भेजने का अधिकार प्राप्त हुआ जिसके अनुसार मध्यप्रांत से नागपुर के बाबूराव किंखेडे, भागीरथ प्रसाद, वर्धा से एच.व्ही. केलकर, बरार से देवराव विनायक, एन.व्ही जोशी तथा जी.एस. खापर्डे चुने गये।

जैसे-जैसे यातायात के साधनों का विस्तार एवं नगरों का विकास हुआ वैसे-वैसे सामाजिक और राजनीतिक जागरुकता भी बढ़ी। बरार तथा नागपुर के बम्बई और पूना से घनिष्ठ रूप से जुड़ जाने के कारण वहाँ की सामाजिक तथा राजनीतिक चेतना का प्रभाव इस क्षेत्र पर पड़ा। दादा साहब खापर्डे, आर.एन. मुधोलकर, विष्णु दत्त शुक्ल, माधवराव सप्रे, गंगाधरराव चिटनवीस, बी.एस. मुंजे एवं एम.एस अणे जैसे राजनीतिक चेतना सम्पन्न व्यक्तियों ने राजनीतिक, सामाजिक एवं आर्थिक उत्थान में रुचि ली जिससे मध्यप्रांत और बरार में प्रान्तीय काँग्रेस समिति का गठन किया गया। प्रान्तीय काँग्रेस ने प्रांत का केन्द्रीय विधायिका में प्रतिनिधित्व, उच्च न्यायालय तथा विश्वविद्यालयों की स्थापना तथा लगान के पुर्नरीक्षण हेतु प्रयास किए।[१७] १९०० के काँग्रेस के सोलहवें अधिवेशन में मध्यप्रांत से वापारुद्र वाड़ा, कृष्णराव वामनराव जी गोविंद तथा बरार के एम.व्ही. जोशी, देवराव विनायक तथा बी.जी. खापर्डे आदि थे। श्रीधर बलवंत गोखले, शिक्षा समिति के और रावजी गोविंद औद्योगिक समिति के सदस्य नियुक्त किये

गये।[१८] १९०१ में अखिल भारतीय काँग्रेस के सचिव पद पर आर.एन. मुधोलकर तथा औद्योगिक समिति के लिए मध्यप्रांत के रावजी गोविंद, बरार के डी.पी. भागवत, आर.एन. मुधोलकर, देवराव विनायक तथा गणेश नागेश चुने गये। शिक्षा समिति के लिए मध्यप्रांत से एस.बी. गोखले तथा बरार से एम.व्ही. जोशी, आर.एन. मुधोलकर, जी.एस. खापर्डे तथा डी.पी. भागवत आदि चुने गये। इस अधिवेशन में न्याय-विभाग को शासन-विभाग से पृथक करने के प्रस्ताव का समर्थन करने वालों में विधि विशेषज्ञ डॉ. हरि सिंह गौर का नाम उल्लेखनीय है।[१९] १९०२ के अहमदाबाद काँग्रेस के अठारहवें अधिवेशन में प्रांत के १६ तथा १९०३ के मद्रास के उन्नीसवें अधिवेशन में १८ सदस्यों ने भाग लिया। मद्रास के अधिवेशन में सचिव ए.ओ. हयूम तथा डी.ई. बाबा, सहायक सचिव जी.के. गोखले तथा मध्यप्रांत के सचिव पद पर आर. एन. मुधोलकर पुनः निर्वाचित हुए।[२०]

१९०४ के कलकत्ता काँग्रेस के बीसवें अधिवेशन में मध्यप्रांत के १०१० तथा बरार के १०४ सदस्यों ने भाग लिया। अधिवेशन में एक प्रस्ताव के अनुसार मध्यप्रांत के डा. हरि सिंह गौर ने सरकार की शिक्षा नीति की कटु आलोचना की। दूसरे प्रस्ताव पर एम.के. पाध्ये का प्रभावपूर्ण भाषण हुआ तथा बैरिस्टर मोरोपंत अभ्यंकर और बैरिस्टर गोविंदराव देशमुख ने भी प्रस्तावों पर होने वाले वाद-विवाद में भाग लिया। पुलिस सुधार संबंधी प्रस्ताव पर वासुदेव राव जोशी ने अपने विचार व्यक्त किए। इन काँग्रेस अधिवेशनों में भाग लेने वाले अधिकांश प्रतिनिधि बरार के थे।[२१]

१९०३ में मध्यप्रांत में बरार के जुड़ जाने तथा १९०४ में लोकमान्य के नागपुर आगमन से प्रदेश के तरुणों में एक नवीन विचारधारा का प्रादुर्भाव हुआ जिससे प्रदेश का राजनीतिक वातावरण गरम हुआ। नवयुवकों के प्रयत्नों से नागपुर में 'राष्ट्रीय दल' नामक एक दल की स्थापना की गई। १९०४ में नीलकंठराव उधोजी की अध्यक्षता में नागपुर में तिलक के निवास स्थान पर आयोजित एक सभा में दादा साहब खापरडे, डॉ. बी.एस. मुंजे, नीलकंठराव ऊधोजी, अच्युतराव कोल्हतकर, डॉ. परांजपे, माधवराव सप्रे, रामनारायण राठी, बैरिस्टर चक्रवर्ती तथा डॉ. गद्रे आदि ने सरकार के विरुद्ध तिलक का साथ देने का वादा किया। डॉ. मुंजे तथा दादा साहब खापर्डे के प्रस्तावानुसार राष्ट्रीय आंदोलन को शक्ति प्रदान करने के लिए 'राष्ट्रीय मंडल' नामक एक संगठन की स्थापना की गई जिसकी एक शाखा जबलपुर में भी स्थापित की गई। खापर्डे के प्रयत्नों से मध्यप्रांत और बरार में एक प्रान्तीय सभा का आयोजन किया गया जिसमें जबलपुर के भी कुछ सदस्य सम्मिलित हुए। उन्हीं दिनों महाराष्ट्र में तिलक के नेतृत्व में 'गरमदल' की विचारधारा का तीव्र गति से विकास हुआ जिसके फलस्वरूप नागपुर और बरार के क्षेत्र में भी इसका व्यापक प्रभाव पड़ा और देश की राजनीति में तिलक के नेतृत्व वाले राष्ट्रवादियों की स्थिति सुदृढ़ हुई। राष्ट्रीय चेतना के विकास की इस प्रक्रिया में बरार के तिलकवादियों का विशेष योगदान रहा।[२२]

इसी तारतम्य में २२ अप्रैल १९०५ में दादा साहब खापरडे की अध्यक्षता में नागपुर में प्रथम प्रान्तीय सम्मेलन का आयोजन किया गया जिसमें राजनीतिक असंतोष परिलक्षित हुआ तथापि भाषणों में सत्ता के प्रति आदर तथा संयम का परिचय दिया गया। आगामी वर्ष सर गंगाधरराव चिटनवीस की अध्यक्षता में जबलपुर में प्रान्तीय सम्मेलन का आयोजन हुआ जिसमें स्वदेशी के प्रश्न पर बहुत बहस हुई। राष्ट्रीय आन्दोलन के प्रगतिशील पक्ष की कार्यवाहियों की आलोचना की गई। खापरडे चाहते थे कि

प्रतिनिधि स्वदेशी संबंधी प्रस्ताव स्वीकार कर ले परंतु उदारवादियों ने समर्थन नहीं दिया फिर भी यह प्रस्ताव पारित हो गया।[२३]

इस समय भारतीय राष्ट्रवाद को संघर्षों से गुजरना पड़ा। प्रत्येक संघर्ष में आन्दोलन ने एक नये दौर का सूत्रपात किया। बीस वर्षों तक भारतीय राष्ट्रीय काँग्रेस अपने संस्थापकों द्वारा निर्मित-पथ पर चलती रही। १९०५ में राष्ट्रीय आन्दोलन के एक नये चरण के प्रारंभ हेतु परिस्थितियाँ निर्मित हो चुकी थी। लार्ड कर्जन के बंगाल-विभाजन ने जनमानस में प्रतिरोध की तीव्र भावना जागृत कर स्वतंत्रता आन्दोलन को एक नयी दिशा प्रदान की।[२४]

१९०६ में कलकत्ता अधिवेशन में उग्रपंथियों के प्रभाव के कारण अधिवेशन के अध्यक्ष द्वारा एक नया कार्यक्रम प्रस्तुत किया गया जिसमें-स्वराज्य, स्वदेशी, विदेशी वस्तुओं के बहिष्कार तथा राष्ट्रीय शिक्षा विषयक चार मूलभूत बातें थी। कलकत्ता काँग्रेस के पश्चात् गरमदल को स्वदेशी, बहिष्कार तथा राष्ट्रीय शिक्षा का व्यापक एवं विशाल क्षेत्र तथा स्वराज्य का प्रभावशाली शब्द मिला तो नरमदल वालों ने अनुभव किया कि काँग्रेस में उनका प्रभुत्व और प्रभाव समाप्त होता जा रहा है।[२५] इस प्रकार स्वदेशी और बहिष्कार आन्दोलन ने काँग्रेस के अन्तर्गत एक नये दल 'गरम दल' के प्रादुर्भाव की परिस्थितियां निर्मित कर दी जिसकी बागडोर बाल गंगाधर तिलक के हाथों में आ गई।[२६]

राष्ट्रीय आन्दोलन की तीव्रता से अंग्रेज भयभीत हो चुके थे और उनमें यह भावना विकसित होने लगी कि यदि भारतीयों में बढ़ती एकता तथा राजनीतिक चेतना का स्वर अवरुद्ध न किया गया तो भारत में अंग्रेजी राज्य का अस्तित्व अधिक दिन कायम नहीं रह सकेगा। अत: सरकारी तंत्र ने राष्ट्रीयता के प्रभाव को क्षीण करने के उद्देश्य से साम्प्रदायिकता को बढ़ावा दिया। फलस्वरूप १९०६ में वायसराय के निजी सचिव डनलप स्मिथ तथा थियोडोर बेक़ के उत्तराधिकारी आर्चिवाल्ड की प्रेरणा पाकर मुसलमानों का एक शिष्टमंडल आगा खाँ के नेतृत्व में वायसराय लार्ड मिंटो से मिलकर मुसलमानों के लिए विशेष रियायत तथा साम्प्रदायिक प्रतिनिधित्व की माँग की।[२७]

दिसम्बर १९०६ में मुसलमानों के हितों के रक्षार्थ 'मुस्लिम लीग' की स्थापना हुई जिसका उद्देश्य काँग्रेस की शक्ति पर अंकुश लगाना था।[२८] मुस्लिम लीग की स्थापना का उद्देश्य मुसलमानों के लिए राजनीतिक विशेषाधिकार तथा साम्प्रदायिक आधार पर प्रतिनिधित्व प्राप्त करना था। भारत में साम्प्रदायिक दलों का विकास बहुत दुर्भाग्यपूर्ण रहा। मुस्लिम लीग अपने आप को मुसलमानों की प्रतिनिधि संस्था मानती थी। भारत में राष्ट्रीय एकता को नष्ट करने के लिए अंग्रेजों ने अपनी परंपरागत 'फूट डालो और राज करो' की नीति का सहारा लिया। भारत में साम्प्रदायिकता की समस्या धार्मिक की अपेक्षा राजनीतिक अधिक रही। अंग्रेजों ने हिन्दू-मुस्लिम धार्मिक और सामाजिक मतभेदों का पूरा लाभ उठाते हुए इनका प्रयोग राष्ट्रीयता के प्रभाव को कम करने में किया। अत: मुस्लिम लीग की स्थापना से राष्ट्रवादियों को विश्वास हो गया कि मुस्लिम लीग का उद्देश्य विदेशी सत्ता के प्रति राजभक्ति तथा राष्ट्रीय आन्दोलन के प्रवाह को कम करना था। १९०६ में मुस्लिम लीग की स्थापना के कुछ वर्षों तक मध्यप्रांत और बरार में मुस्लिम-लीग की स्थापना नहीं की जा सकी।[२९]

१९०६ में दादा साहब खापर्डे के नेतृत्व में द्वितीय प्रान्तीय सम्मेलन जबलपुर में तनावपूर्ण स्थिति में सम्पन्न हुआ क्योंकि उदारवादियों द्वारा विरोध किये जाने के बाद भी दादा साहब खापर्डे का 'स्वदेशी' प्रस्ताव पारित हो गया।[३०]

अभी तक काँग्रेस संगठन 'नरमदल' के हाथों में थी परंतु धीरे-धीरे काँग्रेस पर उग्रवादी विचारधारा का प्रभाव बढ़ने लगा। यह परिवर्तन मध्यप्रांत की राजनीति में भी स्पष्ट परिलक्षित होने लगी। काँग्रेस के प्रमुख नेतागण भी दो भागों में विभाजित हो गये जिसके फलस्वरूप मध्यप्रांत और बरार के काँग्रेसी नेता भी दो भागों में विभाजित होने लगे। मध्यप्रांत में 'नरमदल' के नेताओं में नागपुर के गंगाधरराव चिटनवीस, अमरावती के आर.एन. मुधोलकर और मोरोपंत जोशी तथा 'गरमदल' के लोकमान्य बालगंगाधर तिलक, बी.एस. मुंजे तथा एम.एस. अणे थे।[३१]

गरमदल के प्रमुख नेता लोकमान्य तिलक थे। मध्यप्रांत और बरार में तिलक के तीन प्रमुख अनुयायियों में अमरावती निवासी जी.एस. खापर्डे, दादा साहब खापर्डे के नाम से प्रसिद्ध थे। वे बरार के सर्वाधिक लोकप्रिय नेता थे। उन्होंने मध्यप्रांत और बरार के मराठी क्षेत्र में तिलक के राष्ट्रवादी विचार धारा का प्रचार किया। तिलक के सच्चे अनुयायी के रूप में विद्यार्थियों, व्यापारियों तथा शासकीय सेवकों के बीच उत्साहपूर्वक कार्य करते हुए राष्ट्रीय विचारों तथा एकता की भावना को भाषणों द्वारा शिवाजी एवं गणपति उत्सवों के अवसर पर लोगों में भरने का प्रयास किया तथा शिक्षित जनता के सहयोग से विदेशी शराब तथा वस्त्रों का बहिष्कार कर, तिलक की भांति पश्चिमी आदर्शों वाले भारतीयों के विरुद्ध आक्रामक रुख अपनाया।[३२]

एक अन्य अनुयायी, नागपुर के युवा डाक्टर बालकृष्ण शिवराम मुँजे थे जो अत्यन्त साहसी एवं दृढ़ निश्चयी व्यक्ति थे। ब्रिटिश शासन के विरुद्ध तीव्र घृणा होने के कारण उन्होंने तिलक की भांति राजनीति में भारतीय संस्कृति के पुट का समर्थन किया। उन्होंने धार्मिक उत्सवों तथा 'राष्ट्रीय-मंडल' के माध्यम से नागपुर के राष्ट्रवादियों के दृष्टिकोण को लोकप्रिय बनाने का प्रयास किया और नागपुर में आक्रमणात्मक प्रणाली अपना कर, 'अखाड़ों' के रूप में नई संस्थाओं की स्थापना की जिनका उद्देश्य उदारवादी नेता गंगाधरराव चिटनवीस के शब्दों में विद्यार्थियों की एक सेना तैयार करना था।[३३]

तीसरे अनुयायी में बरार के महत्वपूर्ण राष्ट्रवादी नेता माधव श्रीधर अणे थे जो यवतमाल के मराठी-ब्राम्हण वकील और बरार के स्थानीय हितों के प्रति जागरुक व्यक्ति थे। उन्होंने बरार के सार्वजनिक जीवन में प्रवेश कर तिलक के उग्रराष्ट्रवादी विचारधारा का प्रचार किया। इस प्रकार बीसवीं शताब्दी के प्रारंभिक युग में जी.एस. खापर्डे, बी.एस. मुंजे तथा एम.एस. अणे के विशेष योगदान द्वारा मध्यप्रांत एवं बरार राजनीतिक गतिविधियों का केन्द्र बन गया।[३४]

१९०७ में उग्रवादी विचार धारा के प्रसार हेतु नागपुर में माधवराव सप्रे के सम्पादन में 'हिन्दी केसरी' नामक पत्रिका का संपादन प्रारंभ किया गया। १९०७ तक काँग्रेस का उग्रवादी पक्ष बालगंगाधर तिलक के सहयोगियों द्वारा 'राष्ट्रीय प्रान्तीय' काँग्रेस समिति का गठन किया। दमोह में भैयालाल चौधरी तथा किशोरी लाल ने प्रतिनिधित्व किया।[३५] प्रांत के अनेक स्थानों पर इसकी शाखाएं स्थापित की गई। बालगंगाधर तिलक तथा उग्रवादियों के प्रभाव के कारण जी.एस. खापर्डे और बी.एस. मुंजे के प्रयत्नों से जबलपुर और कटनी में राष्ट्रवादी काँग्रेस की शाखायें स्थापित की गई जिसके माध्यम से सार्वजनिक सभाओं का आयोजन तथा प्रमुख नेताओं द्वारा इन सभाओं को संबोधित कर राजनीतिक चेतना की जागृति का प्रयास किया गया। उदाहरण स्वरूप खंडवा, बुरहानपुर तथा पूर्वी निमाड़ की निष्क्रिय राजनीति में पहली बार हलचल प्रारंभ हुई।[३६] राजनांदगाँव में ठाकुर प्यारेलाल सिंह, शिवलाल मास्टर

तथा शंकरराव खरे ने खादी का प्रचार कर 'स्वदेशी आन्दोलन' को गति प्रदान किया।[३७] उन्हीं दिनों नागपुर के वयोवृद्ध वकील उधोजी द्वारा स्थापित 'राष्ट्रीय मंडल' को डॉ. मुंजे, गोपालराव बूटी, सी.पी. नायडू, श्यामराव जकाते, चिंतामनराव दिवाले, डॉ. गद्रे, डा. परांजपे, डॉ. निमये, केशवराव गोखले, धंडीराज टेंगडी, शंकर गुडों तथा सेठ रामनारायण राठी का सहयोग प्राप्त हुआ। यद्यपि मध्यप्रांत और बरार में राजनीतिक चेतना गतिशील थी तथापि प्रांत के सभी नगरों में एक रूप सक्रियता नहीं थी। नागपुर, अमरावती, अकोला आदि नगर राजनीतिक रूप से अधिक जागरुक थे। इनमें नागपुर राजनीतिक गतिविधियों का केन्द्र था क्योंकि यहाँ की जनता तथा विद्यार्थियों पर तिलक तथा उसके अनुयायियों का व्यापक प्रभाव था।[३८]

१९०७ में काँग्रेस का अधिवेशन नागपुर में आमंत्रित किया गया। अध्यक्ष पद पर लोकमान्य तिलक का निर्वाचन न होने से 'राष्ट्रीय दल' और 'काँग्रेस' के बीच तनाव की स्थिति उत्पन्न हो जाने तथा नागपुर में गरम दल के प्रभाव से काँग्रेस को मुक्त रखने के उद्देश्य से नरम दल वालों ने काँग्रेस अधिवेशन का स्थान नागपुर से सूरत स्थानांतरित कर दिया।[३९]

सूरत अधिवेशन में काँग्रेस स्पष्टत: दो भागों 'नरमदल' एवं 'गरम दल' में विभाजित हो गई। नरम दल का नेतृत्व गोपाल कृष्ण गोखले तथा गरमदल का नेतृत्व बाल गंगाधर तिलक कर रहे थे। अधिवेशन में तिलक तथा उनके अनुयायियों ने उदारवादियों के विरुद्ध आक्रामक रूख अपनाते हुए स्वराज्य, बहिष्कार तथा राष्ट्रीय-शिक्षा संबंधी प्रस्ताव प्रस्तुत किये[४०] परंतु उदारवादियों ने इस प्रस्ताव को स्वीकार नहीं किया परिणामत: उग्रवादी काँग्रेस से अलग हो गये और काँग्रेस पर उदारवादियों का वर्चस्व स्थापित हो गया।[४१]

यही वह समय था जब महाराष्ट्र में विनायक दामोदर सावरकर और श्याम जी कृष्ण वर्मा ने क्रांतिकारी आन्दोलन का संगठन किया जिसने राष्ट्रीयता का रूप धारण कर लिया। राष्ट्रीय आंदोलन के क्षेत्र में उदारवादी कमजोर पड़ते जा रहे थे। दूसरी ओर; राष्ट्रीय राजनीति में उग्रवादियों तथा क्रांतिकारी विचारधारा का प्रभाव बढ़ता जा रहा था। अत: काँग्रेस संगठन तथा राष्ट्रीय आन्दोलन उग्रवादियों के नियंत्रण में न चला जाय इस स्थिति को टालने के उद्देश से ब्रिटिश सरकार ने उदारवादियों से समझौता कर उग्रवादियों का दमन करने की नीति अपनाई। लाला लाजपतराय तथा अजीत सिंह को बिना मुकदमा चलाये जेल भेज दिया गया। अनेक समाचार पत्रों पर प्रतिबंध लगाकर अनेक क्रांतिकारियों को फांसी पर चढ़ा दिया गया। तिलक पर भी राजद्रोह का मुकदमा चलाकर छ: वर्षों का कारावास का दंड देकर माण्डले भेज दिया गया।[४२] इस प्रकार गरम दल के असंतोष के कारण १९०८ में मद्रास में आयोजित काँग्रेस के विशेष अधिवेशन में गरमदल के असंतोष के कारण मध्यप्रांत और बरार से सिर्फ १८ प्रतिनिधियों ने ही भाग लिया।[४३]

१९०९ में मार्ले-मिंटो सुधार योजना के रूप में भारतीय कौंसिल अधिनियम पारित हुआ जिसका स्पष्ट उद्देश्य राजनीतिक सम्बन्धों में साम्प्रदायिक फूट डालना था। मुसलमानों को विधान सभा में प्रतिनिधित्व तथा पृथक निर्वाचन का अधिकार न केवल केन्द्र में वरन प्रांतों में भी प्रदान किया गया। यद्यपि १९०९ के भारतीय परिषद् अधिनियम द्वारा किये गये परिवर्तन प्रगतिशील थे तथापि अधिनियम का मूल आधार प्रतिगामी था।[४४] मार्ले-मिंटो सुधार योजना का सबसे बड़ा दोष साम्प्रदायिक निर्वाचन पद्धति की सृष्टि करना, मुसलमानों को पृथक प्रतिनिधित्व प्रदान करना तथा साम्प्रदायिक प्रतिनिधित्व की प्रथा

का प्रारंभ किया जाना था जिसने देश के भावी राजनीतिक एवं सार्वजनिक जीवन को विषाक्त कर पृथकता की प्रवृत्तियों को प्रोत्साहित किया और अंग्रेजों की 'फूट डालो और राज करो' की नीति को चरितार्थ किया। परिणामस्वरूप भारत विभाजन का मार्ग प्रशस्त किया जिसकी पुष्टि भारत सचिव लार्ड मार्ले द्वारा वायसराय लार्ड मिंटो को लिखे पत्र द्वारा होती है कि 'याद रखना, पृथक निर्वाचन-प्रणाली द्वारा हम ऐसे घातक बीज को बो रहे है जिसकी फसल कड़वी होगी।'[४५] १९०९ के सुधार अधिनियम का काँग्रेस के उदारवादियों ने स्वागत किया परंतु उग्रवादियों ने इसका विरोध किया क्योंकि सरकार ने मुसलमानों के पृथक निर्वाचन के अधिकार के सिद्धांत को स्वीकार कर भारतीय राजनीति में साम्प्रदायिकता का बीज बोया।[४६]

इन परिस्थितियों में १९०९ में लाहौर में आयोजित काँग्रेस के चौबीसवें अधिवेशन में मध्यप्रांत एवं बरार से ६ सदस्यों ने भाग लिया जिनमें बैरिस्टर अभ्यंकर तथा बैरिस्टर गोविंदराव देशमुख प्रमुख थे। अधिवेशन के पारित प्रस्तावों में से एक प्रस्ताव, मध्यप्रांत और बरार के लिए विधायिका की माँग से संबंधित था जिसके अनुसार प्रांतीय काँग्रेस के गठन की व्यवस्था के अन्तर्गत प्रांतीय काँग्रेस समितियों का गठन हुआ। इन समितियों के गठन का उद्देश्य प्रांत का केन्द्रीय विधायिका में प्रतिनिधित्व, उच्च न्यायालय, विश्वविद्यालयों की स्थापना तथा लगान के पुनर्निरीक्षण हेतु प्रयास करना था।[४७]

इन्हीं दिनों १९०९ में आयोजित 'मुस्लिम लीग' के तृतीय अधिवेशन में नागपुर के खान बहादुर मलक ने भाग लेकर मध्यप्रांत में मुस्लिम लीग की शाखा की स्थापना के उद्देश्य से अगला अधिवेशन आमंत्रित किया। दिल्ली से मोहम्मद युसुफ खाँ को मध्यप्रांत के मराठी क्षेत्र में मुस्लिम लीग की स्थापना हेतु भेजा गया। अतएव १९१० में खान बहादुर मलक के प्रयासों से मुस्लिम लीग का चौथा अधिवेशन नागपुर में नबीबुल्ला की अध्यक्षता में सम्पन्न हुआ। अधिवेशन के पारित प्रस्तावों में से एक प्रस्ताव द्वारा मध्यप्रांत और बरार की विधायिका परिषद् में मुसलमानों को भी प्रतिनिधित्व दिये जाने की माँग की गई। इस समय मुस्लिम लीग का प्रमुख उद्देश्य राजनीतिक विशेषाधिकार प्राप्त करना था।[४८] धीरे-धीरे प्रांत में मुस्लिम लीग की १३ शाखायें स्थापित हो गई।[४९]

१९०२ में स्थापित अखिल भारतीय 'महामंडल' का उद्देश्य सनातन धर्म एवं हिन्दू शिक्षा का विकास करना था ताकि प्राचीन वेदों, स्मृतियों तथा पुराणों पर आधारित एक ऐसी शिक्षा का विकास हो जिसके द्वारा हिन्दू जीवन और समाज को सुधारा जा सके।[५०] इसी उद्देश्य की पूर्ति हेतु स्वामी जनानंद के नेतृत्व में १९१० तक 'महामंडल' द्वारा अनेक हिन्दू मासिक पत्रिकाओं का प्रकाशन किया गया। मुस्लिम लीग के विरुद्ध राष्ट्रवादियों ने एक 'हिन्दू संगठन' की स्थापना की आवश्यकता का अनुभव किया। लाला लाजपतराय और बी.वाय. चिंतामणी जैसे राष्ट्रवादियों ने पृथक साम्प्रदायिक चुनाव पद्धति को राष्ट्रीयता के हित में हानिकारक निरूपित करते हुए हिन्दू संगठन की स्थापना की माँग की।[५१]

काँग्रेस के पच्चीसवें अधिवेशन के पारित प्रस्तावों में मध्यप्रांत और बरार के काँग्रेस प्रतिनिधियों की संख्या निश्चित कर दी गई। तदानुसार मध्यप्रांत के १६ तथा बरार से ८ प्रतिनिधियों ने भाग लिया। एक अन्य प्रस्ताव द्वारा प्रत्येक प्रांत के लिए एक उपसमिति का गठन किया जाना था जिसके अनुसार मध्यप्रांत के उपसमिति के अध्यक्ष डॉ. एच.एस. गौर तथा बरार के उपसमिति के अध्यक्ष रावबहादुर आर.एस. मुधोलकर हुए।[५२]

१९१० से १९१४ के बीच प्रांत में अनेक अन्य महत्वपूर्ण संगठनों का प्रादुर्भाव हुआ जैसे 'सेवा समिति' तथा 'शारदा पुस्तकालय' (जबलपुर) जिसका प्रारंभिक स्वरूप सामाजिक तथा सांस्कृतिक था बाद में राजनीतिक हो गया। १९११ में 'बंगभंग' की सरकारी योजना के रद्द कर दिये जाने के कारण कलकत्ता में आयोजित काँग्रेस का छब्बीसवां अधिवेशन सौहार्दपूर्ण वातावरण में सम्पन्न हुआ जिसमें मध्यप्रांत के ७ तथा बरार के ९ प्रतिनिधियों ने भाग लिया। इस अधिवेशन में शिक्षा-विषयक प्रस्ताव पर डॉ. हरि सिंह गौर तथा डॉ. ई. राघवेन्द्रराव द्वारा मध्यप्रांत और बरार के लिए विधान सभा की माँग को दोहराया गया जिसके फलस्वरूप अगले वर्ष चीफ-कमीश्नर की अध्यक्षता में आयोजित एक सभा में ११ सरकारी तथा १० गैर सरकारी सदस्यों की नियुक्ति की गई। गैर सरकारी सदस्यों में रघुनाथराव मुधोलकर, रावबहादुर केलकर, सर मोरोपंत जोशी, विष्णुदत्त शुक्ल, राजा बहादुर जवाहर सिंह तथा एफ.आर. दीक्षित आदि इस प्रथम धारा सभा के प्रमुख सदस्य हुए।[५३]

दूसरी ओर; १९११ में बंगाल विभाजन योजना रद्द कर दिये जाने, सरकारी रूख में परिवर्तन तथा इस्लामी जगत के खलीफा, टर्की के सुल्तान हामिद के प्रति इंग्लैंड के शत्रुता पूर्ण नीति अपनाये जाने आदि की घटना ने मुसलमानों पर व्यापक प्रभाव डाला। फलस्वरूप शासन के प्रति मुस्लिम लीग के दृष्टिकोण में परिवर्तन आया, उन्हें अंग्रेजों की सद्भावना में विश्वास न रहा। १९१२ में मौलाना अबुल कलाम आज़ाद द्वारा एक उर्दू सप्ताहिक 'अल-हिलाल' का सम्पादन तथा प्रकाशन प्रारंभ किया गया। ब्रिटिश सरकार ने 'अल-हिलाल' से जमानत माँगी। जमानत की राशि जमा न किए जाने पर सरकार ने प्रेस को जब्त कर लिया जिससे 'अल हिलाल' का प्रकाशन बंद कर दिया गया। इस पत्र ने अल्पकाल में ही भारतीय मुसलमानों पर राष्ट्रवाद के पक्ष में गहरा प्रभाव डाला और उन्हें आशा और साहस के धरातल पर ला खड़ा किया। इस घटना ने मौलाना अबुल कलाम आजाद को कट्टर राष्ट्रवादी बना दिया।[५४]

१९१२ तक 'महामंडल' को हिन्दू धर्म तथा समाज के प्रधानों द्वारा सम्पूर्ण मान्यता प्रदान कर दी गई। इसके अध्यक्ष दरभंगा महाराज तथा प्रमुख नेता के रूप में मदन मोहन मालवीय चुन लिए गये। इस संगठन के रूढ़ीवादी सदस्यों को शिक्षित हिन्दुओं की कड़ी आलोचना का सामना करना पड़ा। १९११ से १९१४ तक ४ हिन्दू सम्मेलनों का आयोजन क्रमशः अमृतसर, दिल्ली, फिरोजपुर तथा अम्बाला में किया गया। इसमें कोई संदेह नहीं कि इस हिन्दू संगठन की स्थापना, मुस्लिम लीग के विरोधी संस्था के रूप में की गई। तदानुसार हिन्दू महासभा का प्रमुख उद्देश्य देश में हिन्दुओं की शक्ति को संगठित करना था।[५५]

१९१२ के बाँकिपुर में आयोजित काँग्रेस के सत्ताइसवें अधिवेशन में डॉ. गौर तथा डॉ. ई. राघवेन्द्रराव द्वारा मध्यप्रांत और बरार के लिए विधान सभा की माँग दोहराये जाने के कारण ८ नवम्बर १९१३ में प्रांत के लिए विधान सभा की सरकारी घोषणा कर दी गई। १९१३ के कराँची अधिवेशन में मध्यप्रांत और बरार के किसी प्रतिनिधि ने भाग नहीं लिया जबकि १९१४ के मद्रास के उन्तीसवें अधिवेशन में मध्यप्रांत के २ तथा बरार के ५ सदस्यों ने भाग लिया।[५६]

१९१४ में प्रथम विश्वयुद्ध के दौरान तिलक जेल से मुक्त कर दिये गये जिससे प्रांत की राजनीतिक गतिविधियाँ पुनः सक्रिय हो उठी। तिलक के जेल से मुक्ति पर उनके अनुयायी जी.एस.

खापर्डे भी पुनः प्रांत की राजनीतिक गतिविधियों में सक्रिय हो गये। खापर्डे का विचार था कि चुनाव में जीत कर विधायिका में शासन के सम्मुख राष्ट्रीय दृष्टिकोण को प्रस्तुत किया जा सकेगा। खापर्डे के केन्द्रीय विधायिका में प्रवेश के निर्णय को तिलक द्वारा प्रोत्साहित किया गया परंतु दूसरी ओर सरकार नहीं चाहती थी कि खापर्डे का चुनाव, केन्द्रीय विधायिका के सदस्य के रूप में हो। अतः खापर्डे की गतिविधियों पर रोक लगाने की दृष्टि से उनके द्वारा संचालित शिक्षा संस्थाओं पर प्रतिबंध लगा दिया गया।[५७]

इस पृष्ठभूमि में प्रांत के राजनीतिज्ञ कार्यकर्ताओं ने अपनी स्थित को सुदृढ़ता प्रदान करने के उद्देश्य से १९१५ में मध्यप्रांत एवं बरार में एक 'प्रान्तीय संघ' सी.पी.एंड बरार प्रोविंशियल एसोसिएशन का गठन किया। इसकी कार्यकारिणी समिति में जबलपुर का प्रतिनिधित्व विष्णुदत्त शुक्ल ने किया। अन्य सदस्यों में सेठ वल्लभ दास, शिवप्रसाद वर्मा, श्याम सुन्दर भार्गव, व्योहार रघुवीर सिंह तथा गोविंदलाल पुरोहित थे। दमोह प्रान्तीय परिषद् का प्रतिनिधित्व दामोदरराव श्रीखंडे, रामशंकर सेलेट तथा मुन्नीलाल वर्मा, रायपुर प्रान्तीय परिषद् का प्रतिनिधित्व सी.एम. ठक्कर तथा अन्य सदस्यों में डी.एन. चौधरी, रावसाहब दानी, रविशंकर शुक्ल, वामन लाखे तथा खपरेलवाले द्वारा किया गया। पूर्वी निमाड़ प्रांतीय परिषद् का प्रतिनिधित्व कालूराम गंगराडे, होशंगाबाद प्रांतीय परिषद् का एन.आर. दंडवते, एन.आर. केकरे तथा काशीराम तिवारी तथा बैतूल प्रान्तीय परिषद् का प्रतिनिधित्व वकील भालेराव द्वारा किया गया। सागर प्रान्तीय परिषद् का प्रतिनिधित्व डॉ. हरिसिंह गौर द्वारा किया गया। इन प्रान्तीय राजनीतिक परिषदों का केन्द्र नागपुर था जिसके अध्यक्ष डा. हरिसिंह गौर तथा सचिव डॉ. मुंजे थे।[५८]

प्रथम विश्व युद्ध के दौरान भारतीयों का युद्ध में सहयोग प्राप्त करने के उद्देश्य से अंग्रेजी सरकार ने आश्वासन दिया कि युद्ध की समाप्ति पर उनकी माँगों पर पूरा ध्यान दिया जायेगा। केवल क्रांतिकारियों को छोड़ कर सभी भारतीयों और प्रमुख दलों ने सरकार को अपना पूर्ण सहयोग दिया। काँग्रेस ने भी युद्ध के पश्चात् स्वशासन प्राप्ति की आशा से ब्रिटिश सरकार को पूर्ण सहयोग प्रदान किया। इस अवधि में भारत में युद्ध के कारण आवश्यक वस्तुओं के दाम बढ़ गये जिससे लोगों का असंतोष बढ़ा और सभी वर्गों के लोग किसी भी ब्रिटिश विरोधी आन्दोलन में सम्मिलित होने को तत्पर थे। इस समय भारतीय राजनीति में कुछ परिवर्तन हुए जिसके कारण स्वशासन की माँग तथा उसके लिए नवीन समुदायों का निर्माण की माँग उठने लगी। ऐसे अनुकूल समय में भारतीयों ने स्वशासन प्राप्ति हेतु गृह स्वशासन आन्दोलन प्रारंभ किया। उन्होंने अनुभव किया कि आतंकवादियों तथा क्रांतिकारियों के हिंसात्मक गतिविधियों से देश में भीषण संकट उत्पन्न हो जायेगा। अतः १९१५ में श्रीमती एंनी बीसेंट की 'होमरूल योजना' सामने आयी जिसका उद्देश्य भारतीयों को युद्ध में सहायता के बदले ब्रिटिश साम्राज्य के अन्तर्गत स्वराज्य देना था। इस मत के प्रचार हेतु २ जनवरी १९१४ में 'कामन व्हील' नामक साप्ताहिक तथा १४ जुलाई १९१४ को 'न्यू इंडिया' नामक दैनिक पत्रिका में पहले से ही लेख प्रकाशित किए जा रहे थे। उस समय तिलक भी जेल से मुक्त हो चुके थे उनके नेतृत्व में बम्बई मध्यप्रांत और बरार के राष्ट्रवादियों द्वारा प्रांतीय सभा बुलाकर उसकी समिति ने महाराष्ट्र के 'बेलगाँव प्रान्तीय काँग्रेस' के अवसर पर २२ अप्रैल १९१६ में 'भारतीय होमरूल लीग' की स्थापना की। उन्हीं दिनों ऐनी बीसेंट ने भी पूना में 'होमरूल लीग' की स्थापना की जिसका उद्देश्य अंग्रेजी साम्राज्य के

अन्तर्गत संवैधानिक साधनों द्वारा स्वशासन प्राप्त करना था।[५९] १३ अक्टूबर १९१५ को ऐनी बीसेंट नागपुर की एक आमसभा में जिसमें तिलक, खापर्डे तथा अन्य नेताओं ने भी भाग लिया, सम्मिलित हुई और तिलक के सहयोग से इस प्रांत में होमरूल आन्दोलन की पहल की। इस आन्दोलन ने गृहशासन के कार्यों में भारतीय स्वराज्य की माँग तथा भारतीय स्वतंत्रता का कार्य हाथ में लिया।[६०] होमरूल लीग की स्थापना के छः माह पश्चात मद्रास में 'अखिल भारतीय होमरूल लीग' की स्थापना की गई जिसका उद्देश्य भारतीय राजनीति में क्रांतिकारियों के बढ़ते हुए प्रभाव को समाप्त करना तथा ब्रिटिश शासन के अधीन गृह स्वशासन प्राप्त करना था। ऐनी बीसेंट एवं तिलक दोनों के सहयोग से होमरूल लीग आन्दोलन ने राष्ट्रीय रूप धारण कर लिया परंतु दोनों के कार्यक्षेत्र अलग-अलग थे। तिलक का कार्य क्षेत्र महाराष्ट्र तथा मध्यप्रांत एवं बरार था। ऐनी बीसेंट पर शेष भारत में होमरूल आन्दोलन चलाने का दायित्व था। होमरूल लीग की स्थापना और आन्दोलन की प्रगति के प्रभाव से होमरूल लीग की शाखायें प्रांत के अनेक स्थानों पर स्थापित हुई। उन्हीं दिनों जबलपुर में भी होमरूल लीग की एक शाखा स्थापित की गई।[६१] दूसरी ओर १९१५ में एक अधिवेशन, काँग्रेस तथा मुस्लिम लीग के मध्य एकता स्थापित करने के उद्देश्य से आयोजित की गई। मुस्लिम लीग पर राष्ट्रवादी मुसलमानों का प्रभुत्व स्थापित हो जाने के कारण इस अधिवेशन में महात्मा गाँधी, मदन मोहन मालवीय और श्रीमती सरोजिनी नायडू जैसे राष्ट्रवादी नेता भी सम्मिलित हुए। मुस्लिम लीग के नेता मोहम्मद अली जिन्ना द्वारा भारत में राजनीतिक सुधारों पर विचार-विमर्श हेतु एक समिति का गठन किया गया जिसके आधार पर १९१६ में काँग्रेस तथा मुस्लिम लीग के मध्य एक समझौता हुआ जिसे 'लखनऊ समझौता' कहते हैं।[६२]

१९१६ में लखनऊ काँग्रेस को जाते समय तिलक जबलपुर पधारे जिससे होमरूल आन्दोलन में तीव्रता आयी। इस अवसर पर उन्होंने अलफखाँ की तलैया पर एक सार्वजनिक सभा को संबोधित किया। तिलक के आगमन की स्मृति में वह स्थान 'तिलक भूमि की तलैया' कहलाने लगी। १९१७ में बैतूल, होशंगाबाद तथा पूर्वी निमाड़ में होमरूल लीग की शाखा 'स्वराज्य संघ' के नाम से स्थापित हुई। 'सेवा समिति' के नाम से भी एक संस्था की स्थापना हुई जिसका उद्देश्य राजनीतिक कार्यकर्ताओं को एकत्र करना था। नागपुर में तिलक द्वारा स्थापित 'महाराष्ट्र होमरूल लीग' की एक शाखा की स्थापना दादा साहब खापर्डे की अध्यक्षता में की गई। डॉ. हरि सिंह गौर, रविशंकर शुक्ल, डॉ. ई. राघवेन्द्रराव तथा एस.व्ही. ताँबे सहित अनेक सदस्य इसमें सम्मिलित हुए। भैयालाल चौधरी के नेतृत्व में दमोह में भी इसकी शाखा स्थापित की गई।[६३]

काँग्रेस और लीग की सुधार योजना को तैयार करने के उद्देश्य से संयुक्त समिति का गठन किया गया था। उसके प्रयास से लखनऊ में दोनों दलों के संयुक्त अधिवेशन में काँग्रेस का इक्तीसवाँ सम्मेलन १९१६ में बुलाया गया।[६४] इस सम्मेलन में मध्यप्रांत के २५ सदस्यों ने भाग लिया जिनमें विष्णुदत्त शुक्ल, बलवंत वासुदेव अभ्यंकर, पी.आर. देशमुख, बलवंत आनंद भिडे, बी.एस. मुंजे, दामोदरराव श्रीखंडे, डॉ. ई. राघवेन्द्रराव, जी.एन. गोखले, जी.वी. देशमुख, केशव बलिराम हेडगेवार, एम.वी. अभ्यंकर, माधवराव सप्रे, महादेव कृष्ण पाध्ये, मानकचंद, एन.एन. द्राविद, एन.एस. देशमुख, एन.के. वैद्य, आर.एन.

मुधोलकर, ठाकुर रामसिंह, पं. रविशंकर शुक्ल, रामचंद्र गोपाल भिड़े, विश्वनाथ दामोदर साल्पेकर, यादवराव देशमुख आदि थे। इस सम्मेलन में बरार के किसी सदस्य ने भाग नहीं लिया।[९५]

ऐनी बीसेंट के प्रयत्नों से लखनऊ-अधिवेशन में काँग्रेस और मुस्लिम लीग में एकता स्थापित करने का प्रयास किया गया। इस अधिवेशन में नरम दल के साथ मुस्लिम लीग भी शामिल हुई। यह पहला अवसर था जब तिलक और गाँधीजी साथ-साथ एक मंच पर आये। राष्ट्रवादियों ने अनुभव किया कि काँग्रेस के दोनों दलों-नरम और गरम दल के पारस्परिक मतभेद से राष्ट्रीय हित तथा स्वतंत्रता प्राप्ति के उद्देश्यों को गहरा आघात पहुँचा है। अंग्रेजों ने साम्प्रदायिक भावना को उभार कर स्वतंत्रता प्राप्ति के मार्ग में व्यवधान डाला है। अतः राष्ट्रवादियों और गरमदल वालों को काँग्रेस में आदर सहित सम्मिलित कर लिया गया। १९१६ का लखनऊ-अधिवेशन १९०७ के सूरत-अधिवेशन के पश्चात् काँग्रेस का प्रथम संयुक्त अधिवेशन था। काँग्रेस तथा मुस्लिम लीग ने अपने मतभेदों को भुलाकर अंग्रेजी सरकार के विरुद्ध संयुक्त राजनीतिक संघर्ष के लिए समझौता कर लिया। दोनों ने आपसी सहयोग द्वारा संवैधानिक सुधारों की योजना बनाकर सरकार से स्वीकार करने का आग्रह करने का निश्चय किया। काँग्रेस तथा लीग की संयुक्त समिति के सुधार योजना को अधिवेशन में स्वीकार कर लिया गया जिसके अनुसार मुस्लिम लीग ने काँग्रेस के स्वराज्य की माँग का समर्थन किया तथा काँग्रेस ने लीग के निर्वाचन पर आधारित साम्प्रदायिक प्रतिनिधित्व की माँग को स्वीकार कर लिया।[९६] काँग्रेस और लीग का यह समझौता एक राजनीतिक सौदा था। परिस्थितियों ने स्पष्ट कर दिया कि काँग्रेस ने यह समझौता कर बड़ी भूल की है। पृथक निर्वाचन प्रणाली ने देश की राष्ट्रीय एकता के सिद्धांत को समाप्त कर दिया परंतु दूसरी ओर इसने होमरूल आन्दोलन को गति प्रदान किया। मध्यप्रांत में भी इस आन्दोलन ने काफी प्रगति की। तिलक के अनुयायी डॉ. मुंजे ने नागपुर संभाग में तिलक के उग्रवादी राष्ट्रीय आन्दोलन के अंग के रूप में दो महत्वपूर्ण कार्य किये। पहला; १९१६ में इस क्षेत्र में होमरूल लीग की शाखा को स्थापित करना, दूसरा; तिलक के परामर्श पर राष्ट्रीय मंडल के सदस्यों एवं समर्थकों को पुनः राष्ट्रीय काँग्रेस में वापस ले जाने का कार्य किया। तिलक के तीसरे अनुयायी, एम.एस. अणे १९१६ से १९१९ तक प्रांतीय होमरूल लीग के उपसभापति रहे तथा यवतमाल के होमरूल लीग के प्रथम अध्यक्ष बने। विभिन्न स्थानों की शाखाओं में सभाओं का आयोजन कर लोगों में इस आन्दोलन के प्रति रूझान उत्पन्न करने में सहयोग प्रदान किया। विशेष कर बरार के हितार्थ कार्य कर शासन के समक्ष इस क्षेत्र के आर्थिक क्षोभ को व्यक्त करने के लिए अभियान प्रारंभ किया जिसमें अणे को यतवमाल जिला परिषद् का समर्थन तथा सहयोग प्राप्त हुआ। बरार के राष्ट्रवादी, अणे के सहयोग से बरार में राजनीतिक सुधार तथा होमरूल आन्दोलन के प्रचारार्थ कार्य करते रहे।[९७] ३ दिसंबर १९१६ की रिपोर्ट के अनुसार होमरूल आन्दोलन के प्रचार कार्य को उत्तरदायित्व पूर्ण ढंग से चलाने के लिए जिला, ताल्लुक एवं ग्रामीण काँग्रेस समितियों, नगरों तथा गाँवों में होमरूल लीग की शाखायें स्थापित की गई। इस कार्य में एम.एस. अणे का विशेष योगदान रहा।[९८]

१९१७ के कलकत्ता के बत्तीसवें अधिवेशन से लौटते समय तिलक ने मध्यप्रांत और बरार के अनेक क्षेत्रों का दौरा करते हुए ८ अक्टूबर १९१७ को विष्णुदत्त शुक्ल की अध्यक्षता में जबलपुर के भालदारपुरा में आयोजित छात्रों की एक सभा को संबोधित किया। सभा में छात्रों को भाग लेने की अनुमति नहीं थी। दो अंग्रेज अधिकारी प्रोफेसर रोलैंड तथा हण्टर को विशेष रूप से उपस्थित छात्रों के

नाम लिखने भेजा गया। फलस्वरूप बारह छात्रों को संस्थाओं से निष्कासित कर दिया गया परंतु प्रान्तीय काँग्रेस का 'स्नातक संघ' ने मंत्रणा कर अधिकारियों से समझौता कर लिया।[६९]

तिलक के सहयोग से होमरूल आन्दोलन जोर पकड़ता गया। ऐनी बीसेंट के दैनिक 'न्यू -इंडिया' और साप्ताहिक 'कामन व्हील' तथा तिलक की दैनिक 'केसरी' और साप्ताहिक 'मराठा' पत्रिका ने राष्ट्रीय भावना में ज्वार ला दिया। १९१७ में यह आन्दोलन अपनी चरम सीमा पर पहुँच गया। सरकार ने आन्दोलन के दमनार्थ तिलक तथा ऐनी बीसेंट के कार्यालय पर कठोर प्रतिबंध लगा दिया। ऐनी बीसेंट को उसके दो सहयोगियों जी.एस. अरूण डेले तथा बी.पी. वाडिया सहित नजरबंद कर दी गई। ऐनी बीसेंट तथा उनके सहयोगियों की गिरफ्तारी के विरोध में सर एस. सुब्रह्मणियम ने 'सर' की उपाधि त्याग दी।[६९-ए]

इन दिनों तिलक जैसे उग्रवादी का भारतीय राजनीति में बढ़ते हुए प्रभाव और उनकी सहयोगिनी श्रीमती ऐनी बीसेंट को १९१७ के कलकत्ता काँग्रेस में सभापति चुने जाने के कारण उदारवादी कलकत्ता काँग्रेस के अधिवेशन में सम्मिलित नहीं हुए। युद्ध में ब्रिटेन की स्थिति गंभीर हो जाने के कारण भारतीयों के सहयोग की महत्वाकाँक्षा से ब्रिटिश सरकार ने भारतीयों को युद्ध समाप्ति पर स्वराज्य का आश्वासन दिया। उदारवादियों ने सरकार की इस घोषणा को अपनी जीत समझा जबकि उग्रवादियों ने इसको युद्ध में भारतीयों के सहयोग प्राप्त करने के लिए अंग्रेजों की एक कूटनीतिक चाल निरूपित किया। उग्रवादियों ने जनता से स्वशासन आन्दोलन जारी रखने की अपील की परंतु सरकार की घोषणा ने त्वरित प्रभाव डाला। फलस्वरूप गृह स्वशासन आन्दोलन की गति धीमी पड़ गई।[७०]

१९१८ में माण्टेग्यू घोषणा तथा जुलाई १८१८ में उसका प्रकाशन विवाद का विषय बन गया। उग्रवादियों ने इसका विरोध किया। अतः इस विषय पर विचार-विमर्श हेतु काँग्रेस का विशेष सम्मेलन बुलाया गया। उदारवादी दल के नेता इस सम्मेलन में सम्मिलित नहीं हुए। सुरेन्द्रनाथ बैनर्जी की अध्यक्षता में उदारवादियों ने बम्बई में एक अलग सम्मेलन बुलाकर 'अखिल भारतीय उदार संघ' ('आल इंडिया लिबरल फेडरेशन') नामक एक अलग संस्था का गठन किया।[७१] इस संस्था ने मांटेग्यू सुधार योजना को स्वीकार कर लिया।

१९१८ में रायपुर में छठवां प्रान्तीय सम्मेलन के आयोजन का श्रेय रायबहादुर चौधरी, रविशंकर शुक्ल, माधवराव सप्रे और वामनराव लाखरे को हैं। सम्मेलन में विष्णु दत्त शुक्ल, दादा साहब खापर्डे, आर.एन. मुधोलकर, डॉ. हरिसिंह गौर, सर गंगाधरराव चिटनवीस, मोरोपंत जोशी तथा सी. एम. ठक्कर भी सम्मिलित हुए। प्रतिवर्ष ऐसे प्रान्तीय सम्मेलनों के आयोजन का उद्देश्य प्रदेश में विशेष कर पिछड़े क्षेत्रों में राष्ट्रीय चेतना को जागृत करना था। इस प्रकार के सम्मेलनों का आयोजन छिंदवाड़ा, बालाघाट, अमरावती, चाँदा, दमोह तथा सागर में भी किया गया।[७२]

१९१८ में ब्रिटिश सरकार तथा भारतीय नेताओं में तनावपूर्ण संबंध रहे। सरकार विरोधी सभाओं में सरकार द्वारा प्रस्तुत भारत-सुरक्षा अधिनियम का विरोध किया गया। नागपुर, वर्धा, जबलपुर तथा रायपुर में भी ऐसी सभाओं का आयोजन किया गया। सरकार विरोधी ओजस्वी भाषण दिये जाने के कारण दमोह में १० अप्रैल १९१८ को भैयालाल चौधरी को गिरफ्तार कर लिया गया। नाथूराम मोदी,

नारायणराव वैद्य तथा मनोहरपंत बौद्ध बचाव पक्ष में थे। अत: ११ जून १९१८ को वे मुक्त कर दिये गये।[७३]

सितम्बर १९१८ में बम्बई में आयोजित काँग्रेस के विशेष सम्मेलन में मध्यप्रांत के १८० तथा बरार के ३५१ सदस्यों ने भाग लेकर काँग्रेस के प्रति अपनी सजगता का प्रदर्शन किया। इन्हीं दिनों विष्णुदत्त शुक्ल के प्रयत्न से जबलपुर से 'कर्मवीर' नामक साप्ताहिक पत्र का प्रकाशन प्रारंभ किया गया। कर्मवीर के प्रकाशनार्थ स्थापित संस्था के भागीदारों में विष्णुदत्त शुक्ल, दीवान बहादुर, वल्लभदास, व्यौहार रघुवीर सिंह और गोविंदलाल जी पुरोहित थे। संस्था के व्यवस्था हेतु माधवराव सप्रे को जबलपुर आमंत्रित किया गया। कर्मवीर के प्रधान संपादक माखनलाल चतुर्वेदी, उपसंपादक लक्ष्मणसिंह चौहान एवं सिद्धनाथ माधव अगरकर नियुक्त किये गये। कर्मवीर पत्रिका ने पत्रकारिता जगत में एक नया कीर्तिमान स्थापित किया तथा राजनीतिक चेतना के विकास में महत्वपूर्ण योगदान दिया।[७४]

१९१८ में दिल्ली में आयोजित काँग्रेस के तैंतीसवें अधिवेशन में मध्यप्रांत तथा बरार के १०-१० प्रतिनिधियों ने भाग लिया जिनमें मध्यप्रांत के यू.वी. घाटे, डॉ. ई. राघवेंद्रराव, सी.एम. ठक्कर, एम.के. पाध्ये, डॉ. बी०एस. मुंजे, एम.आर. आलेलकर, एस.के. बारलिंगे, मानकचंद कोचर, वी.आर. देशमुख, आर.एस. लक्ष्मीनारायण तथा बरार के जी.एस. खापर्डे, एम.एस. अणे, वासुदेवराव, एल. चिपलोंकर, वासुदेव वी. पिप्लोकर, रावसाहब आर.वी. महाजनी, दादा साहब तथा एम.आर. पेंढारकर थे।[७५]

इधर ब्रिटिश सरकार ने क्रांतिकारी एवं राष्ट्रवादियों के दमन हेतु सर सिडनी रॉलेट की अध्यक्षता में एक समिति का गठन कर रॉलेट प्रतिवेदन को १ मार्च १९१९ को कानूनी रूप प्रदान किया जिसके द्वारा संदेह के आधार पर पकड़े जाने वाले व्यक्तियों को अदालत में उपस्थित किये बिना ही बंदीगृह में डालने का अधिकार दे दिया। इस अधिनियम द्वारा 'इंडियन ऐविडेंस एक्ट' की वह धारा समाप्त कर दी गई जिसके अनुसार पुलिस के समक्ष दी गई गवाही को मान्यता नहीं दी जा सकती थी। इस प्रकार रॉलेट एक्ट द्वारा जनता के नागरिक अधिकार छीन लिये गये। इसके अतिरिक्त अपील करने का अधिकार भी छीन लिया गया।[७६] विधायिका में इस विधेयक का विरोध श्रीनिवास शास्त्री, सर तेज बहादुर सप्रू तथा सुरेन्द्रनाथ बैनर्जी ने की परंतु वे असफल हुए। इसे 'काले कानून' का नाम दिया गया। सारे देश में इस कानून के विरुद्ध सभाओं का आयोजन किया जाने लगा। गाँधीजी ने भी सरकार के इस दमनकारी प्रयासों के विरोध स्वरूप ६ अप्रैल १९१९ को 'प्रार्थना दिवस' के रूप में मनाने का निश्चय किया।[७७] मोतीलाल नेहरू ने रॉलेट एक्ट की आलोचना करते हुए कहा-यह कैसा कानून है? न वकील, न अपील, न दलील। सुरेन्द्रनाथ बैनर्जी ने तो रॉलेट एक्ट को असहयोग आन्दोलन का जन्मदाता निरूपित किया तो डॉ. राजेन्द्र प्रसाद द्वारा रॉलेट एक्ट को आग में घी की संज्ञा दी गई।[७८] ६ अप्रैल १९१९ को पूरे भारत में 'काला दिवस' मनाया गया। तीन दिनों के पश्चात् दिल्ली के समीप पलवल नामक स्थान पर गाँधीजी गिरफ्तार कर लिये गये। १० अप्रैल को पंजाब के लेफ्टिनेंट गवर्नर और वरिष्ठ अधिकारी जनरल डायर ने स्थानीय नेता सैफुद्दीन तथा डा. सत्यपाल को गिरफ्तार कर अज्ञात स्थान पर भेज दिया गया। १३ अप्रैल छुट्टी का दिन था। अमृतसर की जनता ने जलियाँवाला बाग में एकत्रित होकर डॉ. किचलू और डॉ. सत्यपाल के निष्कासन तथा सरकारी नीतियों के विरुद्ध एक सभा बुलाई। सभा की खबर पाते ही लेफ्टिनेंट जनरल माइकल ओ डायर ने जुलूस तथा सभा को गैर कानूनी

ठहरा कर दंडित किये जाने का ऐलान करवा दिया। जलियाँवाला बाग कोई बाग नहीं था अपितु मकानों से घिरा हुआ एक भूभाग था जिसमें १ कुआँ, एक समाधि तथा कुल ३ वृक्ष थे। आने जाने का सिर्फ एक मार्ग था। घरों के मध्य इतनी तंग गलियां थी कि एक ही बार में एक व्यक्ति बड़ी कठिनाई से जा सकता था। यदि जनरल डायर चाहता कि यह सभा न हो तो पहरा लगाकर सभा होने से रोक सकता था परंतु उसकी कुछ और ही योजना थी। जलियाँवाला बाग की आम सभा में लगभग २०,००० व्यक्ति थे। हंसराज के भाषण के दौरान निहत्थे व्यक्तियों पर १०० भारतीय तथा ५० अंग्रेज सैनिकों द्वारा गोली चलाने का आदेश दिया गया। जब तक गोलियाँ समाप्त नहीं हो गई, तब तक बंदूकें तथा मशीनगन चलती रही। सरकारी आंकड़ों के अनुसार इस हत्याकांड में ३४० व्यक्ति मारे गये और ११३७ व्यक्ति घायल हुए। गैर सरकारी आंकड़ों के अनुसार यह संख्या हजारों में थीं। इस हृदय विदारक घटना ने देश के जनमानस को हिला दिया था। सरकार की बर्बर एवं नृशंस नीति की कटु आलोचना करते हुए रविन्द्रनाथ ठाकुर ने 'नाइटहुड' की उपाधि का परित्याग किया। सर शंकरन नायर ने भी वायसराय की कार्यकारिणी परिषद् से त्यागपत्र दे दिया।[७९] जलियाँवाला बाग हत्याकांड का प्रभाव प्रान्तों की राजनीतिक चेतना पर पड़ा। मध्यप्रांत तथा बरार के अनेक स्थानों पर सत्याग्रह हुए। नागपुर और चाँदा में हड़ताल रखी गई। चाँदा की हड़ताल नागपुर से अधिक व्यापक थी। स्थान-स्थान पर प्रार्थना सभायें की गई तथा बाजार बंद रखे गये। छिंदवाड़ा में अली बंधुओं की उपस्थिति के कारण वहाँ भी पूर्ण हड़ताल की स्थिति बनी रही। डॉ. मुंजे तथा खापर्डे भी गाँधी जी की सत्याग्रह नीति को स्वीकार कर मध्यप्रांत और बरार के सभी सार्वजनिक स्थानों पर सभाओं का आयोजन किया। बरार में गाँधी जी के सत्याग्रह को वामनराव जोशी के प्रयासों से अत्याधिक समर्थन प्राप्त हुआ। वामनराव जोशी ने संपूर्ण बरार का दौरा कर लोगों में राजनीतिक चेतना के विकास में पूर्ण सहयोग प्रदान किया। अत: अमरावती तथा अकोला में अधिक सफलता प्राप्त हुई। ६ अप्रैल १९१९ को इन स्थानों में 'ब्राम्हण-मारवाडी तथा मुस्लिम सम्प्रदाय' द्वारा भी सत्याग्रह किया गया।[८०] १९१९ में विष्णुदत्त शुक्ल, बी.एस. मुंजे और माधवराव सप्रे की एक समिति द्वारा साप्ताहिक 'संकल्प' नामक पत्र का प्रकाशन प्रारंभ हुआ जिसके संपादक बी.एस. मुंजे थे,यह एक उग्रवादी पत्र था जो सरकार विरोधी लेख प्रकाशित करता था।

मध्यप्रांत की विधायिका के सभी निर्वाचित सदस्यों सहित धारा सभा के गैर सरकारी सदस्यों ने भी रालेट एक्ट के विरुद्ध एक हस्ताक्षरित ज्ञापन द्वारा विरोध प्रस्तुत किया। मदनमोहन मालवीय, पी. जे. पटेल, सप्रे, शास्त्री, अशरफ अली, मोहम्मद शफी, गंगाधरराव चिटनवीस, दादा साहब खापर्डे तथा विष्णुदत्त शुक्ल आदि ने भी हस्ताक्षर किए।[८१]

१३ अप्रैल १९१९ के जलियाँवाला बाग हत्याकांड एक पूर्व नियोजित तथा अमानविक कृत था जिसने सम्पूर्ण भारत में क्रोध की भावना उत्पन्न कर दी। इसकी बर्बरता का अन्य कोई उदाहरण आधुनिक ब्रिटिश साम्राज्य के इतिहास में नहीं मिल सकता।[८२] १९ अप्रैल १९१९ के प्रांतीय राजनीतिक सम्मेलन में डां. ई. राघवेन्द्रराव, मदनमोहन मालवीय तथा रविशंकर शुक्ल आदि ने भी इस हत्याकांड की तीव्र भर्त्सना की।

१९१९ में अमृतसर में आयोजित अखिल भारतीय काँग्रेस के चौतीसवें अधिवेशन में मध्यप्रांत के आर.एस.डी. लक्ष्मी नारायण, एच.एस. गौर, डॉ. बी.एस. मुंजे, आर.वी. जकातदार, एम.व्ही. अभ्यंकर,

वी.आर. देशमुख, मानकचंद कोचर, उमाकांत बलवंत घाटे, हरिदास चटर्जी, डॉ. ई. राघवेन्द्रराव आर. एस.सी. एम. ठक्कर, आर. बहादुर, वी.डी. शुक्ल तथा बरार के जी.एस. खापर्डे, एन.एम. वेदारकर, एम.एस. अणे, डब्ल्यू. आर. चिप्लेंकर, डब्ल्यू.एल. चिप्लेंकर तथा रावसाहब आर.वी. महाजनी ने भाग लिया।[८३] इस सम्मेलन में राष्ट्रवादियों द्वारा चेम्सफोर्ड को वापस बुलाने तथा जनरल ओ. डायर को पद से हटाये जाने की माँग की गई। उदारवादियों द्वारा सरकार विरोधी वातावरण निर्मित किया गया। इन विरोधी परिस्थितियों में १९१९ का सुधार अधिनियम पारित हुआ,[८४] जिसके द्वारा मध्यप्रांत और बरार को कमिश्नर शासित प्रांत से गवर्नर शासित प्रांत बना दिया गया। अन्य प्रांतों की भांति इस प्रांत को भी संवैधानिक समानतायें प्राप्त हुई।[८५] अतः प्रांतों में द्वैध-शासन के अन्तर्गत एक सीमित अधिकार युक्त विधायिका एवं मंत्रिमंडल के शासन का युग प्रारंभ हुआ।

इस प्रकार १९१९ में भारत सरकार अधिनियम द्वारा साम्प्रदायिक चुनाव पद्धति का विस्तार करके भारत में साम्प्रदायिक दंगों तथा पारस्परिक भेदभाव को बढ़ाया। मुसलमानों के पृथक निर्वाचन पद्धति को स्वीकार करने के फलस्वरूप प्रान्तीय परिषद्‌ों में मुस्लिम प्रतिनिधियों की सदस्य संख्या निश्चित कर दी गई जिससे साम्प्रदायिक विद्वेष की भावना फैली।[८६]

इन्हीं दिनों मुसलमानों में भी 'खिलाफत' के प्रश्न को लेकर अंग्रेजों के विरुद्ध एक नये आन्दोलन का प्रादुर्भाव हो रहा था। केन्द्रीय खिलाफत समिति, पोस्टर तथा पैम्पलेट्स वितरित कर 'खिलाफत आन्दोलन' को बढ़ावा दे रही थी।[८७] इस प्रकार जलियाँवाला बाग हत्याकांड तथा खिलाफत आन्दोलन के परिपेक्ष्य में राजनीतिक आन्दोलन ने विशद् रूप धारण कर लिया।[८८]

वर्ष १९१९ ने देश को अत्याधिक प्रभावित किया। रॉलेट एक्ट, जलियाँवाला बाग हत्याकांड तथा खिलाफत आन्दोलन ने भारतीय राजनीति को एक नया मोड़ दिया।[८९] जलियाँवाला बाग-हत्याकांड की पुनरावृत्ति को रोकने का एकमात्र साधन स्वराज्य की स्थापना थी। अतः विदेशी शासकों के विरुद्ध अहिंसात्मक असहयोग की नीति का सहारा लेने के अतिरिक्त अन्य कोई मार्ग नहीं था।[९०]

एक ओर तो ब्रिटिश सरकार संवैधानिक विकास का आश्वासन दे रही थी तो दूसरी ओर, साम्राज्य की सुरक्षा के नाम पर रॉलेट एक्ट जैसे काले कानूनों को लागू कर अहिंसक राजनीतिक आन्दोलनों को दमन करने की नीति अपना रही थी। अतः ब्रिटिश नीति के विरुद्ध अहिंसात्मक असहयोग का नया कार्यक्रम प्रस्तुत करने का निश्चय किया गया जो अब तक प्रचलित सभी राजनीतिक कार्यक्रमों से भिन्न था। अतः डॉ. अन्सारी की अध्यक्षता में आयोजित मुस्लिम समुदाय के एक सम्मेलन में मुसलमानों ने गाँधीजी के 'असहयोग आन्दोलन' तथा गाँधीजी ने मुसलमानों के 'खिलाफत-आन्दोलन' को अपना समर्थन प्रदान किया।[९१] गाँधीजी द्वारा १ अगस्त १९२० को असहयोग आन्दोलन प्रारंभ करने की घोषणा की गई। बाल गंगाधर तिलक ने भी आन्दोलन को अपना समर्थन दिया परंतु दुर्भाग्यवश १ अगस्त की प्रातः उनका निधन हो गया।[९२] १९२० में 'श्री शारदा' का प्रकाशन जबलपुर से प्रारंभ हुआ जिसके सम्पादक नर्मदा प्रसाद मिश्र तथा बाद में द्वारका प्रसाद मिश्र हुए।

असहयोग आन्दोलन प्रारंभ करने के पूर्व गाँधीजी को काँग्रेस की स्वीकृति प्राप्त करना आवश्यक था। अतएव ४ सितम्बर १९२० को कलकत्ता के विशेष अधिवेशन में गाँधीजी द्वारा असहयोग आन्दोलन का प्रस्ताव प्रस्तुत किया गया जिसमें पंजाब के जलियाँवाला बाग हत्याकांड की भर्त्सना की गई तथा भारत में ब्रिटिश सरकार को अपराधी अधिकारियों को सज़ा देने में असमर्थ पाये जाने की बात कही गई। दूसरी

ओर, उदार दल जो अपने आप को 'लिबरल' कह रहे थे, सरकार को सहयोग देने को प्रस्तुत थे। कलकत्ता में आयोजित 'लिबरल-फेडरेशन' के अधिवेशन में उदारवादियों ने घोषणा कर ब्रिटिश सरकार की उदारता, सद्भावना तथा सुधार-योजना में विश्वास प्रकट करते हुए सुधार अधिनियम को कार्यान्वित करने में शासन के साथ सहयोग तथा विधायिका में प्रवेश करने का निश्चय किया।[९३]

मुसलमानों में ब्रिटिश सरकार के विरुद्ध गहरे असंतोष तथा सरकार की दमन नीति ने देश में एक अपूर्व राजनीतिक एकता का वातावरण निर्मित कर दिया। गाँधीजी के नेतृत्व में काँग्रेस ने पहली बार भारत में विदेशी शासन के विरुद्ध सीधी कार्यवाही तथा असहयोग आन्दोलन प्रारंभ किये जाने की घोषणा की।[९४] एक जन आन्दोलन के फलस्वरूप भारतीय राष्ट्रीय काँग्रेस, एक राजनीतिक दल से एक 'जन संगठन में परिवर्तित हो गई।[९५] इस प्रकार भारतीय राजनीति में 'गाँधी युग' प्रारंभ हुआ। सितम्बर १९२० को कलकत्ता अधिवेशन महात्मा गाँधी के लिए एक चुनौती सिद्ध हुआ क्योंकि बंगाल काँग्रेस के उग्रवादी पक्ष का गढ था और चित्तरंजन दास असहयोग विषयक प्रस्ताव के विरोधी थे। काँग्रेस के अधिकांश नेता चितरंजनदास, लाला लाजपतराय, श्रीमती ऐनी बीसेंट, मोहम्मद अली जिन्ना आदि भी इस सत्याग्रह के विरोधी थे। यह अधिवेशन पाँच दिनों तक चला। चितरंजनदास के निरंतर विरोध के बाद भी गाँधीजी का असहयोग विषयक प्रस्ताव बहुमत से पारित हो गया। इस प्रस्ताव को ८८४ के विरुद्ध १८८६ मत प्राप्त हुए। इस अधिवेशन में मध्यप्रांत से भाग लेने वाले प्रतिनिधि, विष्णुदत्त शुक्ल थे।[९६]

असहयोग कार्यक्रम संबंधी निर्देश जारी करने तथा असहयोग समिति के गठन के उद्देश्य से ३ अक्टूबर १९२० में प्रांतीय काँग्रेस समिति की बैठक आयोजित की गई जिसमें असहयोग समिति को दो भागों में विभाजित कर एक भाग को नागपुर में विधायिका की व्यवस्था करने तथा दूसरे भाग को नागपुर काँग्रेस के पश्चात् असहयोग के अन्य कार्यक्रमों को लागू करने का दायित्व सौंपा गया।[९७]

असहयोग कार्यक्रम का अनुमोदन दिसंबर १९२० के नागपुर काँग्रेस के पैंतीसवें ऐतिहासिक अधिवेशन में किया गया। अधिवेशन में स्वागत समिति के अध्यक्ष जमनालाल बजाज, मंत्री डॉ. बी.एस. मुंजे-सचिव, मोतीलाल नेहरू, एम.ए. अंसारी, सी. राजगोपालाचारी थे। स्वागत समिति के सदस्यों में डॉ. चोलकर, डॉ. परांजपे, बैरिस्टर अभ्यंकर, पूनमचंद राका और बरार के एम.एस. अणे तथा बृजलाल बियाणी थे।[९८] इनके अतिरिक्त मध्यप्रांत के २० तथा बरार के ६ प्रतिनिधियों में मध्यप्रांत के हरिकृष्णलाल दुलीचंद, रामनुज दत्त चौधरी, टेकचंद बख्शी, लाभ सिंह, डॉ. गोखले चंद नवरंग, लाला रुचिराम साहनी, के. शांतनम, एस. प्रेम सिंह सोदवंश, एस. सरदुल सिंह, गुलाम मोहिऊद्दीन खान, सैय्यद एम. खान, सैय्यद एम. हबीबी, मोहम्मद सफ्दर, डॉ. सैफुद्दीन किशोर, डॉ. सत्यपाल गिरधारीलाल, दीवान मंगल सेन, रायजादा भगतराम, श्रीमती सरलादेवी चौधरी तथा लाला गोवर्धनदास एवं बरार के वामनराव गोपाल जोशी, एन.एम. देवारकर, एस.वी. केलकर, अब्दुल रनशाह, एम.के. पांडे तथा पी.सी. जोगलेकर आदि थे।[९९] दर्शक दीर्घा में ब्रिटिश संसद के दो प्रमुख सदस्य बेनस्पूर तथा कर्नल वर्डवुड भी उपस्थित थे।[१००] इस ऐतिहासिक अधिवेशन में मदन मोहन मालवीय, लाला लाजपतराय, सी.आर. दास, अली बंधु, मौलाना अबुल कलाम आजाद, मो. अली जिन्ना आदि भी सम्मिलित हुए।[१०१] गाँधीजी के असहयोग-कार्यक्रम के कट्टर विरोधी, चितरंजन दास अपने साथ बंगाल से लगभग १००

प्रतिनिधियों का एक बड़ा जत्था लाये थे। स्थिति की गंभीरता के कारण गाँधीजी के समर्थक असमंजस में थे कि उन्हें बाहर से प्रतिनिधि एकत्र तो करना नहीं पड़ेगा परंतु गाँधीजी के राजनीतिक एवं नैतिक प्रभाव से चिंतरंजन दास ही असहयोग प्रस्ताव के प्रस्तावक बन गये। नागपुर अधिवेशन तो भारतीय राष्ट्रीय आन्दोलन के इतिहास में एक अविसमरणीय घटना थी। गाँधीजी के असहयोग कार्यक्रम से भारतीय राष्ट्रीय काँग्रेस एक ऐसा राजनीतिक दल बन गया जो ब्रिटिश सरकार के विरुद्ध जन-संघर्ष का केन्द्र बिन्दु था।[१०२]

नागपुर अधिवेशन में असहयोग प्रस्ताव के अनुमोदन के अतिरिक्त एक अन्य प्रस्ताव के अनुसार काँग्रेस संगठन के संविधान में परिवर्तन था जिसका प्रभाव मध्यप्रांत और बरार के काँग्रेस संगठन पर भी पड़ा। पुराने संविधान के अनुसार काँग्रेस का लक्ष्य ब्रिटिश साम्राज्य के अन्तर्गत उत्तरदायी स्वायत्त शासन की स्थापना करना था किन्तु नये संविधान के अनुसार, काँग्रेस का लक्ष्य, 'शांतिपूर्ण वैधानिक तरीके से स्वराज्य प्राप्त करना' हो गया। इस प्रकार नागपुर अधिवेशन में काँग्रेस के संगठन का स्वरूप परिवर्तित हुआ।[१०३] इस संवैधानिक परिवर्तन ने काँग्रेस को एक नया स्वरूप प्रदान किया जिसके अनुसार सम्पूर्ण देश को २१ प्रांतों में विभाजित कर काँग्रेस में उपसमितियों का गठन किया गया। चुनावों का निर्धारण, सदस्यों तथा प्रतिनिधियों की संख्या, कार्यकारिणी समितियों का गठन, उनका अनुमोदन आदि अखिल भारतीय काँग्रेस समिति में किया गया। इस संविधान परिवर्तन का व्यापक प्रभाव मध्यप्रांत और बरार के काँग्रेस संगठन पर भी पड़ा। नागपुर अधिवेशन में संविधान की धारा ३ के अनुसार अखिल भारतीय काँग्रेस समिति को अखिल भारतीय काँग्रेस समिति, प्रान्तीय काँग्रेस, जिला काँग्रेस उपसंभागीय, ताल्लुक, तहसील तथा स्थानीय काँग्रेस समितियों में विभाजित किया गया।[१०४]

संवैधानिक परिवर्तनों के फलस्वरूप, विभिन्न प्रांतीय सदस्यों का चुनाव किया गया। मध्यप्रांत से एम.एल. कोचर, दामोदरराव श्रीखंडे, रविशंकर शुक्ल, डॉ. ई. राघवेन्द्रराव, बी.आर. धोखे, डॉ. बी.एस. मुंजे, एन.आर. आलेकर, एन.के. वैद्य, जी.आर. देव, बी.आर. देशमुख, सेठ जमनालाल बजाज तथा बरार से वामनराव गोपाल जोशी, एन.एम. वेदारकर, अब्दुल रनशाह, एम.के. चाँदे, पी.सी. जोगलेकर आदि चुने गये।[१०५] काँग्रेस की उपसमितियों के सदस्यों का भी चुनाव किया गया। मध्यप्रांत से राव साहेब डी. लक्ष्मीनारायण कामठी, डॉ. एच.एस. गौर, डॉ. बी.एस. मुंजे, एम.वी. अभ्यंकर, बी.आर. देशमुख, वी.एम. जकातदार, मानकचंद कोचर, उमाकांत बलवंत घाटे, हरिदास चटर्जी, डॉ. ई. राघवेन्द्रराव, वी.डी. शुक्ला, पी.वी.एम. ठक्कर, गोपालचंद, नैहुराम, अब्दुल जब्बार खान, केशवराव खांडेकर, काली मोहम्मद खान, अब्दुल के. सिद्धिकी, रामचन्द्र नायक, फजल अहमद खान, ताराचंद, वी.आर. धौखे, सुन्दरलाल, छेदीलाल, नारायणराव मेघे, एम. सुभान, अर्जुनलाल सेठी, वी.डी. हरकारे, डॉ. हेडगेवार, अली सुद्दीम अहमद, आर.आर. पाठक तथा भंडारे आदि। बरार से आर.एन. मुधोलकर, जी.एस. खापर्डे, एन.एम. बेर्देकर, एम.एस. अणे, डब्ल्यू.आर. पिंपलीकर, डब्ल्यू.एल. चिंप्लोंकर, राव साहब आर.बी. महाजनी, स्वामी रामतीर्थ, वामनराव गोपाल जोशी, सैय्यद अब्दुल रऊफ शाह, पी.सी. जोगलेकर, पृथ्वीराज व्यास, गुलशेर खाँ, शिवराय, जी.बी. बापत, डॉ. परासनीस आदि चुने गये।[१०६]

संवैधानिक परिवर्तन के फलस्वरूप अखिल भारतीय काँग्रेस समिति का पुनर्गठन जनसंख्या के आधार पर तथा प्रान्तीय काँग्रेस समितियों का गठन भाषा के आधार पर किया गया। नागपुर काँग्रेस में नये संविधान की धारा पाँच के अनुसार मध्य प्रान्तीय काँग्रेस समितियों का गठन भी भाषा के आधार

पर किया गया और उनके मुख्यालय निश्चित किये गये। (१) हिन्दुस्तानी मध्यप्रांतीय काँग्रेस समिति। (२) मराठी मध्यप्रांतीय काँग्रेस समिति। (३)- बरार काँग्रेस समिति का गठन किया गया।[१०७] हिन्दुस्तानी मध्यप्रांतीय काँग्रेस समिति का मुख्यालय जबलपुर को बनाया गया जिसके १४ जिलों में जबलपुर, मंडला, सागर, दमोह, सिवनी, बालाघाट, नरसिंहपुर, छिंदवाड़ा, होशंगाबाद, बैतूल, निमाड़, रायपुर, बिलासपुर तथा दुर्ग थे। मराठी मध्यप्रांतीय काँग्रेस समिति का मुख्यालय नागपुर था जिसके ४ जिलों में नागपुर, चाँदा, वर्धा तथा भंडारा थे। बरार प्रान्तीय काँग्रेस समिति का मुख्यालय अमरावती था। जिसके ४ जिलों में अमरावती, यवतमाल, अकोला तथा बुलढाना थे। इन तीनों प्रान्तीय काँग्रेस समितियों में हिन्दुस्तानी मध्यप्रांतीय काँग्रेस समिति हिन्दी भाषी तथा मराठी मध्यप्रांतीय और बरार प्रान्तीय काँग्रेस समितियाँ, मराठी भाषी थीं। इन तीनों प्रान्तीय काँग्रेस समितियों में जिला स्तर पर भी अलग-अलग काँग्रेस समितियों का गठन किया गया।[१०८]

हिन्दुस्तानी मध्यप्रांतीय काँग्रेस समिति के अध्यक्ष डॉ. ई. राघवेन्द्रराव, सचिव-सेठ गोविन्ददास तथा मंत्री द्वारका प्रसाद मिश्र थे। मराठी मध्यप्रांतीय काँग्रेस समिति के अध्यक्ष डॉ. बी.एस. मुंजे तथा प्रमुख सदस्यों में गणपतराव टिकेकर, नीलकंठराव देशमुख, अब्दुल बारी, आर.आर. पाठक, वाय आर. कोतवाल, सेठ जमनालाल बजाज तथा बरार प्रांतीय काँग्रेस समिति के अध्यक्ष एम.एस. अणे तथा प्रमुख सदस्यों में वीर वामनराव जोशी, बृजलाल बियाणी, डॉ. पटवर्धन, दादा साहेब सहस्त्रबुद्धे, पुरुषोत्तम झुनझुनवाला तथा दुर्गाताई जोशी आदि थे।[१०९]

प्रान्तीय तथा जिला काँग्रेस समितियों के गठन से असहयोग आन्दोलन की गति में तीव्रता आयी। असहयोग आन्दोलन की प्रगति में प्रांतीय राजनीतिक परिषदों का भी विशेष महत्व था। इसकी सफलता में तीनों प्रान्तीय काँग्रेस समितियों एवं जिला समितियों के सदस्यों का विशेष योगदान रहा।[११०] असहयोग आन्दोलन में सहयोग देने वाले विशिष्ट व्यक्तियों में हिन्दुस्तानी मध्यप्रांत के बाबू गोविंददास, डॉ. ई. राघवेन्द्रराव, रविशंकर शुक्ल, द्वारका प्रसाद मिश्र, माखनलाल चतुर्वेदी, ठाकुर छेदीलाल, श्याम सुन्दर भार्गव, मराठी मध्यप्रांत के बी.एस. मुंजे, जी.एस. खापर्डे, एन.बी. खरे, सेठ जमनालाल बजाज तथा बरार के एम.एस. अणे, वामनराव जोशी, बृजलाल बियाणी, दादासाहब सहस्त्रबुद्धे, दुर्गाताई जोशी आदि ने राष्ट्रीय चेतना जागृत करने में विशेष योगदान दिया। इनके नेतृत्व में असहयोग आन्दोलन ने मध्यप्रांत और बरार में जड़े जमा ली।[१११]

असहयोग आन्दोलन में निश्चित किये गये बहिष्कार कार्यक्रमों में (१) सरकारी शिक्षा संस्थाओं का बहिष्कार तथा राष्ट्रीय विद्यालयों की स्थापना। (२) विदेशी वस्त्रों एवं वस्तुओं का बहिष्कार तथा स्वदेशी का प्रचार। (३) सरकारी उपाधियों तथा अवैतनिक पदों का त्याग। (४) सरकारी अदालतों का बहिष्कार तथा राष्ट्रीय पंचायतों द्वारा निर्णय। (५) धारा सभाओं तथा निर्वाचन का बहिष्कार (६) शासकीय तथा अर्धशासकीय उत्सवों तथा समारोहों का बहिष्कार।[११२]

बहिष्कार कार्यक्रम के अन्तर्गत शासकीय सहायता तथा मान्यता प्राप्त शिक्षा संस्थाओं का बहिष्कार और राष्ट्रीय शिक्षा संस्थाओं की स्थापना थी। विद्यार्थियों ने शासकीय स्कूलों तथा कालेजों को छोड़ना प्रारंभ कर दिया। मध्यप्रांत और बरार में अप्रैल १९२१ तक एंग्लो बर्नाकूलर स्कूल एवं नार्मल स्कूल छोडे हुए विद्यार्थियों की संख्या ३२०० तथा बर्नाकूलर स्कूलों के विद्यार्थियों की संख्या ३००० हो गई। इस प्रकार विद्यालयों को छोड़ने वाले कुल विद्यार्थियों की संख्या ६२०० थी।[११३] शासकीय अनुदान प्राप्त

विद्यालयों में विद्यार्थियों की कमी के कारण आय में कमी हो गई। सरकार का मत था कि यह कमी अस्थायी है। शासकीय शिक्षा-संस्थाओं के व्यवस्थापकों को सूचित किया गया कि यदि यह कमी स्थायी रही तो उन्हें अपने व्यय में कटौती करनी पड़ेगी।[११४]

शासकीय नीति के प्रत्युत्तर में काँग्रेस द्वारा एक 'राष्ट्रीय शिक्षा मंडल' की स्थापना की गई। मध्यप्रांत के शिक्षा समिति के सदस्य डॉ. ई. राघवेन्द्रराव, ठाकुर छेदीलाल तथा श्यामसुन्दर भार्गव चुने गये। नागपुर में सरकारी शिक्षा-संस्था के विरुद्ध 'तिलक विद्यालय' की स्थापना की गई। सैकड़ों विद्यार्थियों ने स्कूल-कालेज छोड़कर 'तिलक विद्यालय' एवं राष्ट्रीय महाविद्यालयों में प्रवेश लिया। शासकीय अनुदान प्राप्त विद्यालयों के कुछ शिक्षकों ने अपने पद से त्याग पत्र दे दिया। दो अनुदान प्राप्त विद्यालय-हितकारिणी हाईस्कूल जबलपुर तथा 'वर्नाकूलर स्कूल' बरार को राष्ट्रीय स्कूल में परिवर्तित कर दिया गया। 'प्रान्तीय शिक्षा-मंडल' द्वारा प्रदेश के सभी राष्ट्रीय विद्यालयों पर नियंत्रण रखा गया।[११५] इसी क्रम में रायपुर में भी ५ फरवरी १९२१ में एक 'राष्ट्रीय विद्यालय' की स्थापना की गई जिसके सहायतार्थ प्रमुख जनसेवी माधवराव सप्रे ने सभा का आयोजन कर, १०,००० रुपये एकत्र किये। रायपुर के राष्ट्रीय विद्यालय की सम्पूर्ण व्यवस्था महंत लक्ष्मी नारायणदास तथा एन.डी. दानी द्वारा की गई। शिवदास डागा इस संस्था के अध्यक्ष मनोनीत किये गये। बाद में यह शिक्षा संस्था माध्यमिक शाला में परिवर्तित हो गई।[११६] असहयोग आन्दोलन में विद्यार्थियों के विशिष्ट योगदान का उल्लेख करते हुए सेठ गोविन्ददास ने बताया कि विद्यार्थियों द्वारा राष्ट्रीय-गान के माध्यम से प्रदेश में नवीन राष्ट्रीय-चेतना की जागृति की गई। असहयोग आन्दोलन को संचालित करने वाले नेताओं ने विद्यार्थियों के सम्मुख स्पष्ट किया कि ग्रामीण क्षेत्रों में 'स्वराज्य' के प्रचार के लिए उनकी सेवाओं की आवश्यकता है जिसके प्रभाववश विद्यार्थी ग्रामीण क्षेत्रों में भी 'स्वराज्य' के प्रचार हेतु सक्रिय हुए।[११७]

असहयोग आन्दोलन के कार्यक्रमों में विदेशी वस्त्रों एवं वस्तुओं का 'बहिष्कार' तथा 'स्वदेशी' का प्रचार करना था। 'तकली' और 'चरखा' स्वदेशी आन्दोलन के प्रमुख अस्त्र थे। भारतीय नेताओं द्वारा दो कारणों से चरखे को महत्व दिया गया। पहला; गरीब किसानों के उदरपूर्ति में सहायक तत्व के रूप में तथा दूसरे; लंकाशायर में निर्मित वस्त्रों का भारत में आयात को कम करने के उद्देश्य से। यही कारण था कि भारत का मध्यम वर्ग अपनी दिनचर्या को प्रारंभ करने के पूर्व एक घंटे चरखा चलाते थे। आम सभाओं में विदेशी वस्त्रों के बहिष्कार के साथ लोगों को घरों में बुने वस्त्र 'खादी' पहनने को प्रेरित किया गया। इस कार्यक्रम में रायपुर तथा जबलपुर ने नेतृत्व किया।[११८] विनोबा भावे द्वारा वर्धा में एक 'असहयोग आश्रम' तथा प्रान्तीय स्वयं सेवक दल (प्रोविंशियल वालंटियर कोर) की स्थापना, डॉ. परांजपे के नेतृत्व में- स्वयं सेवकों को शिक्षित करने के उद्देश्य से की गई। नागपुर के 'स्वयं सेवक मंडल' ने भी स्वयं सेवकों के प्रशिक्षण हेतु एक विद्यालय की स्थापना की जिसके द्वारा नागपुर में विदेशी वस्त्रों की होली जलाई गई।[११९] प्रांत के अनेक स्थानों पर भी विदेशी वस्त्रों की होलियाँ जलाई गई। लोग विदेशी वस्त्रों की होली जलाते और स्वदेशी 'खादी' पहने की प्रतिज्ञा करते थे। प्रत्येक घरों में चरखे चलने लगे और खादी का उपयोग किया जाने लगा। साथ ही शहर-शहर, कस्बे-कस्बे तथा गाँव-गाँव में नित्य प्रतिदिन 'प्रभात फेरियाँ' निकलने लगी। प्रतिदिन लगभग एक हजार स्वयं सेवक उन व्यापारियों की दुकानों पर धरना देते थे जिन्होंने विदेशी-माल के 'स्टॉक' पर काँग्रेस की मुहर नहीं लगवायी थी अथवा

जो नम्बर बदलकर अपने विदेशी वस्तुओं का बचा हुआ स्टॉक बेचने का प्रयत्न कर रहे थे किन्तु बाजारों में प्रशिक्षित स्वयं सेवकों द्वारा बाहर जाने वाले वस्त्रों की जाँच पड़ताल की जाती थी जिससे विदेशी माल का आयात लगभग बंद हो गया। नित्य प्रतिदिन सार्वजनिक स्थानों पर विदेशी वस्त्रों की होली जलाने का कार्यक्रम चलता रहा। जबलपुर, नागपुर, नरसिंहपुर तथा पूर्वी निमाड़ में यह कार्यक्रम सफलतापूर्वक सम्पन्न हुआ।[१२०] खंडवा में लगभग १०० खद्दरधारियों ने तिलक के चित्र सहित एक जुलूस निकाला। खंडवा में गाँधीजी के आगमन से राष्ट्रीय आन्दोलन को शक्ति प्राप्त हुई। पूर्वी निमाड़ के नागरिकों द्वारा २५,००० रुपये की थैली गाँधीजी को भेंट की गई। नगरपालिका के सदस्यों द्वारा उनका नागरिक सम्मान भी किया गया। बुरहानपुर में 'खिलाफत स्वयं सेवक दल' का गठन असहयोग आन्दोलन के बहिष्कार कार्यक्रम के सहायतार्थ किया गया। आंदोलन के बहिष्कार कार्यक्रम में भाग लेने के कारण खंडवा के उत्कृष्ट नेता तथा 'कर्मवीर' के सम्पादक माखनलाल चतुर्वेदी को जुलाई १९२१ में आठ माह के कारावास का दंड दिया गया।[१२१]

असहयोग आन्दोलन का एक अन्य कार्यक्रम नशाबंदी था। फरवरी १९२१ में मद्य-निषेध आन्दोलन प्रारंभ किया गया। इसके अन्तर्गत शराब की दुकानों के सम्मुख शांतिपूर्ण ढंग से धरना देने का कार्यक्रम प्रारंभ किया गया। नागपुर के स्वयं सेवकों ने नशाबंदी के कार्यक्रम को अत्यंत उत्साहपूर्वक संचालित किया। सम्पूर्ण शहर में शराब की दुकानों के समक्ष धरना दिया गया। सरकार की ओर से नियमानुसार शराब की नीलामी के लिए बोली लगाने वालों की संख्या में भारी कमी देखी गई। नीलामी के समय उत्पन्न गड़बड़ी पर नियंत्रण स्थापित करने के लिए पुलिस को गोली चलानी पड़ी जिससे ९ व्यक्ति मारे गये तथा १६ घायल हुए। पुलिस और जनता के मध्य हुई मुठभेड़ और तनाव की घटनायें सामान्य बात हो गई। भंडारा जिले के पौनी ग्राम तथा नागपुर जिले के बेला नामक ग्राम को भी अशांत क्षेत्र घोषित कर दिया गया। नशाबंदी के कार्यक्रम से सरकारी आय अत्यधिक प्रभावित हुई। आबकारी शुल्क से होने वाली आय में ३ लाख की कमी हो जाने के कारण सरकार को आर्थिक हानि हुई। मध्यप्रांत और बरार के बजट पर भी इसका विपरीत प्रभाव पड़ा।[१२२] नशाबंदी को लेकर होनेवाली तीव्र प्रक्रिया की सरकार उपेक्षा न कर सकी। ६ जिलों में शराब की दूकानों की नीलामी को बंद करना पड़ा। बहिष्कार, नशाबंदी, शराब की दूकानों पर धरना आदि घटनाओं में उत्तरोत्तर वृद्धि होती गई।[१२३] इसी सिलसिले में डॉ. चोलकर तथा डॉ. परांजपे गिरफ्तार कर लिये गये। सरकार को यह भय था कि आन्दोलन के प्रभाव से आगामी वर्षों में आबकारी की आय में और भी अधिक कमी हो जायेगी क्योंकि आबकारी शुल्क सरकारी आय का महत्वपूर्ण स्त्रोत था। नशाबंदी अभियान के अत्याधिक सफलता के फलस्वरूप शासकीय आबकारी में भारी कमी हो गई। वर्ष १९२०-२१ में आबकारी शुल्क की आय में ३ लाख की कमी हुई।[१२४]

असहयोग आन्दोलन में भाग लेने के लिए वकीलों द्वारा अदालतों का बहिष्कार कर वकालत छोड़ने की अपील की गई। ब्रिटिश अदालतों के बहिष्कार के पश्चात् मुकदमों के निर्णयों हेतु जन न्यायालय (पंचायत) की स्थापना करना भी इस आन्दोलन का उद्देश्य था। अत: वकीलों ने आर्थिक हानि उठाते हुए वकालत का परित्याग किया जो ऐसा नहीं कर सके, उन्होंने 'गाँधी टोपी' पहन कर न्यायालयों में जाना प्रारंभ किया। इस कार्यक्रम से प्रभावित होकर प्रांत के ६३ वकीलों ने वकालत छोड़

दी, १८ न्यायधीशों ने त्यागपत्र दे दिया। मध्यप्रांत के अनेक प्रमुख व्यक्तियों जैसे सेठ गोविंददास, डॉ. ई. राघवेन्द्रराव आदि ने अपना मानसेवी न्यायधीश का पद, जिला कौंसिल की नामजद सदस्यता और दरबारी सनदें आदि सरकार को लौटाना प्रारंभ कर दिया। नागपुर के हेर्लेकर, भंडारा के टेंभेंकर, असेरकर तथा अंबोकर, अमरावती के मोहरीर ने वकालत छोड़कर, मृत्युपर्यंत विदर्भ काँग्रेस समिति के मंत्री पद पर कार्य करते रहे। बापूजी अणे, अकोला के दयाल चौधरी तथा पंढरकेवड़ा के अब्दुल रऊफ शाह, बिलासपुर के ठाकुर छेदीलाल, ई. राघवेन्द्रराव तथा वामनदेव किंखेडे ने वकालत का परित्याग किया। नागपुर काँग्रेस कमेटी के स्वागताध्यक्ष जमनालाल बज़ाज ने असहयोग आन्दोलन के दौरान वकालत छोड़ने वाले वकीलों को १०० रुपये मासिक सहायता देने के लिए एक लाख रुपयों का दान देकर आर्थिक सहायता पहुँचायी।[१२५]

असहयोग कार्यक्रम का एक अंश शासकीय नौकरियों का परित्याग भी था जिसका स्पष्ट प्रभाव प्रान्त के शासकीय कर्मचारियों पर परिलक्षित हुआ। १९२१ में ५ व्यक्तियों ने अपनी नौकरियों से त्यागपत्र दे दिया। प्रतिक्रिया स्वरूप शासन ने शासकीय कर्मचारियों द्वारा ऐसे कार्य करने पर प्रतिबंध लगाया जिससे असहयोग आन्दोलन के प्रति सहानुभूति व्यक्त होती हो। गाँधी टोपी धारण करना भी निषिद्ध कर दिया गया क्योंकि गाँधी टोपी, असहयोग आन्दोलन के "बैज" के रूप में स्वीकार की गई थी।[१२६]

मई १९२१ में प्रथम मध्य प्रान्तीय काँग्रेस समिति की बैठक डॉ. ई. राघवेन्द्रदाव की अध्यक्षता में जबलपुर में आयोजित की गई। इसी वर्ष सागर में 'हिन्दू सभा' तथा 'गाँधी-सेवा संघ' की स्थापना की गई। प्रान्तीय परिषदों के गठन से आन्दोलन को प्रोत्साहन मिला। पंडित सुन्दरलाल तथा भगवान दीनं ने मध्यप्रांत को अपना निवास स्थान बनाया।[१२७]

असहयोग आन्दोलन के कार्यक्रमों में धारा-सभाओं तथा निर्वाचनों का बहिष्कार भी महत्वपूर्ण था। कौंसिल बहिष्कार असहयोग आन्दोलन का एक प्रमुख अंग था। चूंकि शासन ने चुनाव की घोषणा कर दी थी। सरकार-भक्त कौंसिल में जाने को उत्सुक थे। काँग्रेस ने विरोध स्वरूप निम्न वर्ग के सदस्यों को चुनाव में खड़े कर उन्हें विजयी बनाया। उदार दल ने सुधार अधिनियम के क्रियान्वयन में सरकार को सहयोग देने के उद्देश्य से कौंसिल में प्रवेश करने का निश्चय किया। विधानसभा के निर्वाचन में बहिष्कार हेतु नरसिंहपुर में आयोजित एक बैठक में रविशंकर शुक्ल, ई. राघवेन्द्रराव, डॉ. बी.एस. मुंजे, दौलतसिंह, माखनलाल चतुर्वेदी, विष्णुदत्त शुक्ल आदि ने निर्वाचन के बहिष्कार का निर्णय लिया। नागपुर के एन.बी. खरे, एन.के. वैद्य, वर्धा के नीलकंठराव देशमुख, अमरावती के श्रीपद बलवंत ताँबे, बी.जी. खापर्डे, यवतमाल के एम.एस. अणे आदि ने कौंसिल की सदस्यता से त्यागपत्र दे दिया तथा परामर्श समिति से अपना नाम वापस ले लिया।[१२८] इसी प्रकार नागपुर के पाध्ये, बुलढ़ाना के जी.एस. गुप्ता तथा यवतमाल के जी.एन. हूद, छिंदवाड़ा के के.एन. घाटे और भंडारा के श्री वैद्य ने भी कौंसिल की सदस्यता से त्यागपत्र दे दिया। छत्तीसगढ़ के तीनों सदस्यों, वकील अहमद खान, हनीफ खाँ तथा गुलाम मोहिनुद्दीन ने भी अपना नाम निर्वाचन से वापस ले लिया। बिलासपुर चुनाव क्षेत्र से ठाकुर छेदीलाल, डॉ. ई. राघवेन्द्रराव, देशमुख तथा रायपुर से रविशंकर शुक्ल, नागपुर से डॉ. बी.एस. मुंजे, डॉ. एन.बी. खरे, नारायणराव आलेकर, चाँदा से बलवंतराव देशमुख आदि ने अपने-अपने नाम वापस

ले लिये।[१२९] यह विशेष उल्लेखनीय है कि सिवनी, रायपुर, उत्तरी रायपुर, दक्षिणी वर्धा तथा बुलढ़ाना से कोई सदस्य नहीं थे। दो स्थानों पर नामांकन पत्र रद्द कर दिये गये।[१३०]

सरकार द्वारा चुनाव की घोषणा के उपरांत मध्यप्रांत और बरार के चुनावी मैदान में सिर्फ दो दल ही प्रमुख थे, 'काँग्रेस' तथा 'उदार दल'। काँग्रेस के बहिष्कार कार्यक्रम के फलस्वरूप. मध्यप्रांत और बरार कौंसिल के गठन की समस्या उत्पन्न हो गई। मतदाताओं ने न केवल अपना नाम चुनाव-सूची से वापस ले लिया वरन् कहीं-कहीं तो एक भी मतदाता, मत डालने नहीं पहुँचे।[१३१] प्रांत में उदार दल की सदस्य संख्या अधिक नहीं थी। अत: कुछ ही निर्वाचन क्षेत्रों में यह दल अपने प्रत्याशी मनोनीत कर सका। यह दल ५३ निर्वाचित क्षेत्रों का केवल पाँचवा भाग ही प्राप्त कर सका। राजनीतिक विरोधाभास तथा बहिष्कार-कार्यक्रमों का लाभ उठाते हुए अनेक स्वतंत्र उम्मीदवारों ने भी चुनाव में भाग लिया।[१३२] फलस्वरूप 'उदारदल' द्वारा शासित विधान-मंडल बन गया। इस दल के प्रमुख नेता गंगाधरराव चिटनवीस, बी.के. बोस, एन.के. केलकर, एम.सी. जोशी, एम.ए. द्राविद, के.पी. पांडे, आर.एम देशमुख तथा जी.पी. जायसवाल थे।[१३३] कार्यकारिणी में दो सदस्य एस.एम. चिटनवीस तथा एन.के. केलकर थे। चिटनवीस को कृषि, सहकारिता, कारखानों का विकास, वेटनरी एवं आबकारी और केलकर को स्थानीय-स्वशासन, शिक्षा, लोककर्म तथा जन-स्वास्थ्य विभाग सौंपे गये।[१३४] जबकि गवर्नर को प्रत्यक्ष रूप से राजनीतिक, सैनिक तथा नियुक्ति संबंधी कार्यों पर नियंत्रण रखना था। इस प्रकार कार्यकारिणी में गवर्नर सहित दो सदस्य तथा तीन गैर सरकारी सदस्य थे। सरकार ने स्वीकार किया कि असहयोग आन्दोलन में पुलिस-विभाग द्वारा दमन के प्रयासों के कारण पुलिस तथा जनता के संबंधों में कटुता उत्पन्न हो गई थी।[१३५]

असहयोग आंदोलन के प्रभाव के संबंध में सरकार का दावा था कि उसे रोकने में कोई विशेष कदम उठाने तथा नीतियों में कुछ परिवर्तन करने की आवश्यकता नहीं पड़ी परंतु इस दावे के बाद भी सरकार को आन्दोलन के प्रभाव को जनता में फैलने से रोकने के लिए समय-समय पर घोषणायें, झूठी अफवाहों तथा हिंसा भड़काने वाले को दंडित किये जाने के प्रचार का सहारा लेना पड़ा। सरकार द्वारा दंडित किये जाने वालों की सूची से स्पष्ट होता है कि सरकार का दावा वास्तविकता से परे तथा सरकारी दमन-चक्र तीव्र रहा। सत्याग्रहियों को दंड-संहिता की विभिन्न धाराओं द्वारा दंडित कर सत्याग्रह का दमन करने का प्रयास किया गया। धारा १२४-ए तथा १५३-ए के अन्तर्गत पंडित सुन्दरलाल शर्मा तथा भगवान दीन को मध्यप्रांत में असहयोगियों के 'आश्रम' की स्थापना किये जाने के कारण, क्रमश: ९ माह एवं १८ माह की, अर्जुनलाल सेठी को १२ माह, माखनलाल चतुर्वेदी तथा गोपालराव जोशी को क्रमश: ८ एवं १८ माह सश्रम कारावास का दंड दिया गया।[१३६] धारा १०० के अन्तर्गत नागपुर के ४, वर्धा में २ अकोला में १०, चाँदा में १, बालाघाट, जबलपुर, सागर, बैतूल तथा अमरावती में ३-३ तथा यवतमाल में ४ सत्याग्रहियों को दंडित किया गया।[१३७] धारा १४४ का प्रयोग नागपुर में ४०, चाँदा में ३, बालाघाट में ४, सिवनी में २, निमाड़ में १, छिंदवाड़ा में २, बिलासपुर में ६, अकोला में ४, बुलढ़ाना में ९, यवतमाल में १, चाँदूर, हिंगनघाट ताल्लुक में १-१ बार किया गया।[१३८] अर्जुन सेठी, सुन्दरलाल, नारायणराव दंडे, मोरापंतराव पोडरकर, कर्मवीर पाठक, 'राजस्थान केसरी' के सम्पादक सत्यदेव विद्यालंकार, वर्धा तथा बेला अंजन गाँव के अनेक कार्यकर्ताओं पर राजद्रोह के मुकदमें चलाये गये।[१३९]

सरकारी दमन चक्र के दौरान बैजवाड़ा-काँग्रेस के निश्चयानुसार नागपुर में दस हजार चरखे प्रारंभ किये गये। १५ हजार काँग्रेस सदस्यों का नामांकन किया गया तथा सेठ जमनालाल बजाज द्वारा १,९३,६१४ रुपये का दान दिया गया।[१४०]

दिसम्बर १९२१ में अहमदाबाद में काँग्रेस के ३६ वें अधिवेशन के निर्वाचित अध्यक्ष सी.आर. दास की अनुपस्थिति (जेल में होने) के कारण हकीम अजमल खाँ की अध्यक्षता में आयोजित की गई। 'प्रिंस आफ वेल्स' के स्वागत-समारोहों का बहिष्कार, शासन की दमन नीति, नेताओं की गिरफ्तारी तथा जनता के अपरिमित उत्साह के वातावरण में यह अधिवेशन सम्पन्न हुआ।[१४१] दूसरी ओर; दमन नीति के दौरान सरकार हैरान थी कि गिरफ्तार होने वाले सत्याग्रही न मुकदमे की पैरवी करते हैं, न ही जमानत देते हैं वरन् प्रसन्न चित्त होकर जेल जाते हैं। धीरे-धीरे गिरफ्तारी देने वाले स्वयंसेवकों की संख्या २० से ३० हजार तक पहुँच चुकी थी।[१४२]

१९२१ में जबलपुर जिले में मुस्लिम लीग की जिला तथा नगर शाखायें स्थापित की गई। लगभग एक दशक बाद नवयुवक मुसलमानों में राजनीतिक चेतना की जागृति के फलस्वरूप 'मुस्लिम यूथ लीग' की भी स्थापना की गई।[१४३]

इसी बीच चौरी-चौरा के हिंसक घटना के कारण गाँधीजी ने असहयोग आन्दोलन को स्थगित कर दिया।[१४४] २० मार्च १९२२ को गाँधीजी गिरफ्तार कर लिये गये। इन्हीं दिनों रायपुर में द्वितीय हिन्दुस्तानी मध्यप्रांतीय काँग्रेस की राजनीतिक परिषद् के प्रमुख आयोजक रविशंकर शुक्ल भी गिरफ्तार कर लिये गये।[१४५]

असहयोग आंदोलन को गाँधीजी ने ब्रिटिश साम्राज्यवादी शासन को पंगु बनाने के लिए एक अमोघ अस्त्र के रूप में प्रयोग किया।[१४६] प्रांत में एक नयी चेतना उत्पन्न की तथा राष्ट्रीय आन्दोलन और काँग्रेस के स्वरूप में मूलभूत परिवर्तन कर दिया। काँग्रेस अब एक उच्च मध्यम वर्गीय तथा अंग्रेजी शिक्षा से प्रभावित विशिष्ट वर्गीय दल न रहकर जन-साधारण के समुदाय में परिवर्तित हो गयी। काँग्रेस द्वारा प्रत्येक भारतवासियों से आन्दोलन में भाग लेने का आव्हान किया गया। मध्यप्रांत और बरार में भी इस आन्दोलन ने गहरा प्रभाव डाला जिससे आन्दोलन की गति में तीव्रता आयी। पंडित सुन्दरलाल, लक्ष्मणसिंह चौहान, माखनलाल चतुर्वेदी, सेठ गोविंददास, द्वारका प्रसाद मिश्र तथा व्यौहार राजेन्द्रसिंह आदि ने महत्वपूर्ण भूमिका निभायी।[१४७] यद्यपि यह आन्दोलन स्वराज्य प्राप्ति में सफल न हो सका परंतु इसने काँग्रेस के आंदोलन को जन-आंदोलन का रूप प्रदान किया जिसमें विश्रंखलित राष्ट्रीय शक्तियों का एकीकरण हुआ और जनशक्ति की अभिव्यक्ति हुई। लोगों में देशप्रेम, राष्ट्र के लिए समर्पण, त्याग और बलिदान की भावना पहली बार व्यापक रूप में उभरी। काँग्रेस का स्वरूप बदल गया और वह स्वतंत्रता के लिए संघर्ष करने वाली संस्था बन गई। भारतीयों ने स्वतंत्रता के महत्व को पहचाना। दूसरी ओर; गाँधीजी द्वारा असहयोग आन्दोलन स्थगित कर दिये जाने के कारण काँग्रेस के अनेक गणमान्य नेता नाराज हो गये और गाँधीजी और काँग्रेस से उनका सैद्धांतिक मतभेद उत्पन्न हो गया। इन्हीं दिनों १९२२ में 'हिन्दू महासभा' की बागडोर लाला लाजपत राय तथा मदन मोहन मालवीय के हाथों में आ गई।[१४८]

गाँधीजी की गिरफ्तारी के पश्चात् अखिल भारतीय काँग्रेस कमेटी ने एक जाँच-समिति, 'सत्याग्रह

जाँच समिति' गठित की, इस जाँच समिति को देशभर में दौरा कर, अपनी रिपोर्ट प्रस्तुत करने का दायित्व सौंपा गया। सत्याग्रह जाँच समिति में हकीम अजमल खाँ, मोतीलाल नेहरू, राजगोपालाचार्य, डॉ. अंसारी, विठ्ठलभाई पटेल तथा कस्तूरीरंगा आदि प्रमुख नेतागण थे। इस समिति के अध्यक्ष हकीम अजमल खाँ थे। इस समिति द्वारा देशभर में दौरा करने के उपरान्त यह स्पष्ट हो गया कि कौंसिल के कार्यक्रम में जनता किसी भी प्रकार के परिवर्तन की विरोधी है परंतु कौंसिल प्रवेश के प्रश्न पर समिति दो भागों में विभाजित हो गई। कौंसिल प्रवेश के समर्थक 'प्रो-चेन्जर्स तथा कौंसिल प्रवेश के विरोधी 'नो-चेन्जर्स' कहलाये।[१४९]

दिसंबर १९२२ में गया में आयोजित अखिल भारतीय काँग्रेस के सैंतीसवें अधिवेशन में व्यापक विचार-विमर्श के उपरान्त यह निश्चय किया गया कि कौंसिल में प्रवेश के पक्षपाती, काँग्रेस से अलग हो जायें। अत: सी.आर. दास की अध्यक्षता में मोतीलाल नेहरू, हकीम अजमल खाँ, विठ्ठलभाई पटेल तथा श्रीनिवास शास्त्री, कस्तूरी रंगा आयंगर ने मार्च १९२३ में इलाहाबाद में 'स्वराज्य दल' का गठन किया। इसका प्रभाव मध्यप्रांत और बरार की राजनीति पर भी पड़ा और मध्यप्रांतीय काँग्रेस कमेटी भी दो भागों में विभाजित हो गई। एक डॉ. ई. राघवेन्द्रराव का दल तथा दूसरा सुन्दरलाल दल।[१५०]

१९२३ में डॉ. बी.एस. मुंजे ने मध्यप्रांत और बरार में 'हिन्दू महासभा' की स्थापना कर, प्रांत के विभिन्न स्थानों में इसकी शाखायें स्थापित करने के उद्देश्य से उपसमितियों का गठन किया, जिसका उद्देश्य मध्यप्रांत और बरार के हिन्दुओं को संगठित करना था।[१५१] दूसरी ओर तपस्वी सुन्दरलाल थे उनके नेतृत्व में 'झंडा-सत्याग्रह' आयोजित किया गया।

झंडा-सत्याग्रह (१९२३)

मध्यप्रदेश में स्वाधीनता आन्दोलन के इतिहास में 'झंडा-सत्याग्रह' का अपना एक विशिष्ट स्थान है। जबलपुर नगर के इस ऐतिहासिक झंडा सत्याग्रह के कर्णधार तपस्वी पंडित सुन्दर लाल थे।[१५२] काँग्रेस सत्याग्रह जाँच समिति दौरा करते हुए फरवरी १९२३ में जबलपुर पहुँची। जबलपुर नगरपालिका अध्यक्ष कन्छेदीलाल पाठक के प्रस्तावानुसार नगरपालिका ने, सत्याग्रह जाँच समिति के सदस्यों के सम्मान हेतु मानपत्र देने तथा इस अवसर पर टाऊन हाल की इमारत पर 'राष्ट्रीय झंडा' फहराये जाने का निर्णय लिया। शाम पाँच बजे सत्याग्रह जाँच समिति के सदस्यों के नागरिक अभिनंदन का समय निश्चित किया गया परन्तु नियत समय के पूर्व ही, डिप्टी कमिश्नर द्वारा अभिनंदन-कार्यक्रम को रद्द करते हुए शाम चार बजे ही टाऊन-हाल में ताला लगवा दिया गया। शासन ने भी सार्वजनिक स्थान पर, राष्ट्रीय-झंडा न फहराये जाने का आदेश निकाल दिया। सत्याग्रह जाँच समिति जिस संभावना को ढूँढ़ने के लिए देश व्यापी दौरा कर रही थी, उसका अवसर सहज ही मध्यप्रांत की सरकार ने दे दिया।[१५३] मानपत्र दिये जाने के दिन टाऊन-हाल को पुलिस द्वारा घेर लिया गया और प्रवेश द्वारों पर पहरा लगा दिया गया। परिणामस्वरूप नगरपालिका उस दिन नेताओं को मानपत्र भेंट न कर सकी। टाऊन हाल पर झंडा न फहराये दिये जाने के कारण काँग्रेस कार्यकर्ताओं और युवकों में तीव्र आक्रोश था। उनके विचारानुसार जनता द्वारा शासित नगरपालिका भवन पर तिरंगा झंडा अवश्य फहराया जाना चाहिए। जबलपुर की जनता के लिए यह एक चुनौती थी। इस चुनौती को उन्होंने स्वीकार किया और इस आदेश की अवज्ञा का कार्यक्रम बनाया।[१५४]

उसी दिन शाम, तिलक भूमि के मैदान में एक विशाल सार्वजनिक सभा का आयोजन किया गया जिसमें राजाजी तथा राजेन्द्रबाबू ने जबलपुर के नागरिकों को राष्ट्रीय झंडे की आन बनाये रखने के लिए आगे आने का आव्हान किया। इसी अवसर पर मध्यप्रांतीय काँग्रेस कमेटी के अध्यक्ष पंडित सुन्दरलाल ने राष्ट्रीय झंडे की मान रक्षा हेतु सत्याग्रह प्रारम्भ करने की घोषणा की तथा 'जब तक अभीष्ट की प्राप्ति न कर लेंगे, तब तक अनाज, फल, दूध तथा इनसे निर्मित किसी भी भोज्य सामग्री को ग्रहण न करने' की प्रतिज्ञा की जिससे उन्हें 'तपस्वी' का सम्बोधन प्राप्त हुआ। १८ मार्च, १९२३ सत्याग्रह का दिन निश्चित किया गया।[१५५]

पंडित सुन्दरलाल के सुदृढ़ तथा निर्भीक नेतृत्व से जनता में नवस्फूर्ती दिखाई देने लगी। पंडित सुन्दरलाल ने अपने झंडा सत्याग्रह की कल्पना को जबलपुर में मूर्त स्वरूप दिया।[१५६] कार्यक्रम के अनुसार १८ मार्च, १९२३ को एक जुलूस निकाला गया जो नगरपालिका भवन तक पहुँचा। देखते-ही-देखते, वहाँ 'तिरंगा-झंडा' फहरा दिया गया। नगरपालिका भवन पर राष्ट्रीय ध्वज फहराने वाला व्यक्ति दमोह का नवयुवक 'उस्ताद' प्रेमचंद जैन था, जिसने राष्ट्रीय ध्वज फहराने में अदम्य साहस का परिचय दिया।[१५७] उसकी सहायता करने वाले नवयुवकों में सीताराम जाधव, परमानंद जैन तथा खुशालचंद जैन थे।[१५८]

जबलपुर कदाचित् पहला स्थान था जहाँ सार्वजनिक भवन पर राष्ट्रीय ध्वज फहराया गया था। इस घटना से अंग्रेज डिप्टी कमिश्नर ने क्रोधित होकर सिपाहियों को तत्काल झंडा उतराने का आदेश दिया। अति उत्साहित पुलिस ने न केवल झंडा उतारा, वरन् उसे पैरों से भी कुचल दिया। इस दृश्य को देखकर उपस्थित जनता अत्याधिक क्रोधित हो राष्ट्रीय ध्वज के अपमान का बदला लेने के लिए उतावली हो गई। परिणामस्वरूप शीघ्र ही झंडा सत्याग्रह प्रारम्भ हुआ।[१५९] सरकार के आदेश की अवहेलना करते हुए, पंडित सुन्दरलाल के नेतृत्व में जुलूस निकाला गया। जुलूस का झंडा पंडित विश्वम्भरनाथ पांडे के हाथों में था। जुलूस के साथ श्रीमती सुभद्राकुमारी चौहान, नाथूराम मोदी, बद्रीप्रसाद दुबे, तोड़रमल स्वर्णकार, देवी सिंह जाट, छिंगनेलाल स्वर्णकार, प्यारेलाल गोपाल महाराज, ओमकार प्रसाद विश्वकर्मा, कंछेदीलाल पाठक, माखनलाल चतुर्वेदी, देवी प्रसाद शुक्ल, चिदम्बर पिल्ले आदि ने भी नारे लगाते हुए भाग लिया। नगरपालिका भवन की ओर जाते हुए, इस जुलूस को रोक दिया गया तथा पंडित सुन्दरलाल को गिरफ्तार कर छः माह के कारावास का दण्ड दिया गया जिसके विरोध स्वरूप जिला काँग्रेस कमेटी के सभी सदस्यों ने त्यागपत्र दे दिया।[१६०]

जबलपुर से प्रकाशित साप्ताहिक 'कर्मवीर' ने जबलपुर के सत्याग्रह एवं प्रदर्शन के संबंध में अपने सम्पादकीय में लिखा। उसी प्रकार झंडा-सत्याग्रह के प्रभाव के कारण सागर से साप्ताहिक 'उदय' तथा 'दैनिक प्रकाश' का प्रकाशन प्रारंभ हुआ। जबलपुर के स्थानीय पदाधिकारियों की गतिविधियों के कारण पूरे प्रांत की जनता में चेतना का संचार हुआ। कुछ ही दिनों में जबलपुर का 'झंडा सत्याग्रह' प्रांतव्यापी हो गया। पं. सुन्दरलाल की गिरफ्तारी के पश्चात्, नागपुर काँग्रेस कमेटी ने झंडा-सत्याग्रह का संचालन अपने हाथ में ले लिया जिसका नेतृत्व सेठ जमनालाल बजाज ने किया। इस प्रकार जबलपुर के बाद नागपुर काँग्रेस कमेटी ने इस चुनौती को स्वीकार कर लिया। अब इस संघर्ष का केन्द्र जबलपुर से नागपुर हो गया। महाकोशल काँग्रेस कमेटी ने अपने नेताओं को नागपुर भेजा। ठाकुर लक्ष्मण सिंह

चौहान के नेतृत्व में स्वयं सेवकों का एक बड़ा दल नागपुर पहुँचा[१६१] जिनमें दुर्गाप्रसाद मेहता, माखनलाल चतुर्वेदी, केशव रामचंद्र खांडेकर, ठाकुर लक्ष्मणसिंह चौहान, कशमत हुसैन और श्रीमती सुभद्रा कुमारी चौहान द्वारा विशेष योगदान दिया गया। महाकौशल के इन नेताओं के अतिरिक्त डॉ. चंदूलाल, डॉ. घिया,. डॉ. हार्डीकर, गोपालदास तलाठी, मोहनलाल पंड्या, परदाचारी इग्नेशिय आदि तथा अन्य प्रान्तीय नेताओं ने भी इस सत्याग्रह में भाग लिया।[१६२]

सत्याग्रह के संचालन हेतु सेठ जमनालाल बजाज ने नागपुर में एक संस्था की स्थापना की और जलियाँवाला बाग हत्याकांड का दिन १३ अप्रैल को सत्याग्रह को प्रारंभ करने के लिए निश्चित किया।[१६३] परन्तु शासन की ओर से झंडा सत्याग्रह को नागपुर में अवैधानिक घोषित कर दिया गया।[१६४] सरकार ने सत्याग्रह की प्रगति रोकने के लिए दमन नीति का प्रयोग किया किन्तु वह सफल न हो सकी। महाकौशल, नागपुर और विदर्भ के कोने-कोने से विशेषकर बालाघाट, छिंदवाड़ा, बैतूल, नरसिंहपुर, जबलपुर तथा सागर से स्वयं सेवकों के जत्थे सत्याग्रह में भाग लेने के लिए भेजे जाने लगे। वास्तव में १ मई, १९२३ को सत्याग्रह का प्रारंभ तब हुआ, जब जमनालाल बजाज द्वारा राष्ट्रीय झंडे सहित पूरे नगर में एक जुलूस निकाला गया।[१६५]

इस प्रकार १ मई, १९२३ को नागपुर में इस आन्दोलन का सूत्रपात हो गया। यह आन्दोलन ११४ दिनों तक चला जिसमें हिन्दी भाषी प्रांत के विभिन्न भागों से १२६५ सत्याग्रहियों ने भाग लिया। इस प्रान्तीय आन्दोलन ने बहुत ही व्यापक रूप धारण कर लिया। अत: बहुत से प्रमुख राष्ट्रीय नेता जैसे सरदार पटेल, डॉ. राजेन्द्रप्रसाद, देवदास गाँधी, राजगोपालाचारी और टी. प्रकाशम् आदि सत्याग्रह की प्रगति देखने नागपुर पधारे।[१६६]

यह आन्दोलन लगभग दो माह तक चलता रहा। प्रारंभ में महिलाओं को इसमें भाग लेने की अनुमति नहीं दी गई परंतु श्रीमती सुभद्राकुमारी चौहान के प्रयत्नों से महिलाओं को भी इस सत्याग्रह में भाग लेने की अनुमति दे दी गई। श्रीमती सुभद्राकुमारी चौहान की गिरफ्तारी पर चक्रवर्ती राजगोपालाचार्य ने जो उन दिनों नागपुर में ही थे, उनकी बहुत प्रशंसा की और कहा- "सुभद्रा देवी का यह वीरतापूर्ण कार्य भारत के प्रत्येक घर में सुना और सराहा जायेगा।" सत्याग्रह की स्थिति का अध्ययन करने के लिए कस्तूरबा गाँधी और सरदार पटेल भी नागपुर आये।[१६७]

आन्दोलन की प्रगति ने शीघ्र ही इसे अखिल भारतीय स्वरूप दे दिया। महाकोशल, नागपुर और विदर्भ से ही नहीं वरन् उत्कल, बम्बई, आंध्र, बिहार, बंगाल, गुजरात, कर्नाटक आदि प्रदेशों से भी अनेक स्वयं सेवकों ने इस सत्याग्रह में भाग लेकर जेल की यातनायें सही। इस सत्याग्रह को अनेक प्रांतों से सहयोग प्राप्त होता देख उसे १८ जून से अखिल भारतीय रूप दे दिया गया।[१६८] काँग्रेस अध्यक्ष डॉ. अन्सारी ने एक अपील प्रकाशित कर १८ जून, १९२३ को "झंडा सत्याग्रह दिवस" मनाने की अपील की और काँग्रेस जनों से सहयोग देने की अपील की।[१६९]

सत्याग्रह का अखिल भारतीय स्वरूप देखकर भारत सरकार भयभीत हो गई तथा १७ जून, १९२३ को ही सत्याग्रह के प्रमुख संचालक श्री जमनालाल बजाज, महात्मा भगवानदीन और नीलकंठराव देशमुख को गिरफ्तार कर लिया। स्वयं सेवकों के शिविरों पर पुलिस का पहरा लगा दिया गया। १८ जून, १९२३ के सूर्योदय के पूर्व ही समस्त स्वयं सेवक गिरफ्तार कर लिये गये। नागपुर प्रान्तीय काँग्रेस कमेटी के मंत्री

आबिद अली के अतिरिकत गणपतराव टिकेकर और जैनेन्द्रकुमार भी गिरफ्तार कर लिये गये।[१७०] इसी दिन जवाहरलाल नेहरू, पुरुषोत्तमदास टंडन और माखनलाल चतुर्वेदी ने सत्याग्रहियों सहित जूलूस का नेतृत्व किया। २७५ सत्याग्रहियों के सहित वे भी बंदी बना लिये गये। प्रान्तीय विधान परिषद् ने झंडा सत्याग्रह के संबंध में लगाई गई प्रतिबंधित धाराओं को हटाने की माँग करते हुए प्रस्ताव पारित किया।[१७१]

अखिल भारतीय काँग्रेस कमेटी की बैठक का आयोजन जुलाई माह के प्रारम्भ में नागपुर में किया गया, जिसमें १८ जुलाई, को 'झंडा.दिवस' के रूप में मनाये जाने का प्रस्ताव पारित हुआ। साथ ही प्रत्येक प्रान्तीय काँग्रेस कमेटी द्वारा राष्ट्रीय ध्वज सहित नागरिकों द्वारा जुलूस निकाला जाना निश्चित किया गया। १८ जुलाई का दिन समस्त भारत में 'झंडा दिवस' के रूप में मनाया गया। देश के प्रत्येक नगर में राष्ट्रीय ध्वज के साथ जुलूस निकाला गया।[१७२] परंतु इससे पूर्व ही १० जुलाई, १९२३ को सेठ जमनालाल बजाज, नीलकंठराव देशमुख और आबिद अली को डेढ़-डेढ़ वर्ष का कारावास का दंड दिया गया। साथ ही सेठ जमनालाल बजाज को तीन हजार और नीलकंठराव देशमुख को पन्द्रह सौ रूपये का जुर्माना किया गया।[१७३]

२२ जुलाई, १९२३ को झंडा सत्याग्रह की बागडोर लौह पुरुष वल्लभ भाई पटेल के हाथों में आ गई। २३ जुलाई को विठ्ठल भाई पटेल भी नागपुर आ गये। सत्याग्रहियों के परिवारों की सहायता के लिए महाकोशल प्रान्तीय काँग्रेस कमेटी ने दो हजार तथा मराठी मध्यप्रांतीय काँग्रेस कमेटी ने पाँच हजार रुपये प्रदान किये।[१७४]

नागपुर झंडा सत्याग्रह ने आशा से अधिक विराट रूप धारण कर लिया था। इसमें भाग लेने के लिए बालाघाट तथा सिवनी के 'गौड़-महार' तथा अन्य निम्न वर्ग के लोग भी आये। ये अधिकांश: बाहर से ही बुलाये गये थे।[१७५] इस प्रकार अखिल भारतीय 'झंडा दिवस' विभिन्न प्रान्तों से आये सत्याग्रहियों द्वारा मनाया गया। परिणामस्वरूप १००० से भी अधिक सत्याग्रही बंदी बना लिये गये। प्रारंभ में एक दिन में गिरफ्तार होने वाले सत्याग्रहियों की संख्या छः से आठ थी, बाद में यह संख्या बढ़कर १५ हो गई। १ से १६ अगस्त तक गिरफ्तार होने वाले सत्याग्रहियों की संख्या १९ तक पहुँच गई।[१७६]

प्रान्तीय विधान परिषद् ने झंडा सत्याग्रह के संबंध में लगाये गये प्रतिबंधित धाराओं को हटाने तथा सत्याग्रहियों को छोड़ने की माँग का प्रस्ताव पारित किया।[१७७] अंतत: आन्दोलन की विशालता तथा विरोध को देखते हुए, शासन में भी कुछ चेतना का संचार हुआ। अत: १८ अगस्त, १९२३ को सरदार वल्लभ भाई पटेल की अध्यक्षता में नागपुर के टाऊन हाल में एक सभा की गई। गवर्नर तथा प्रमुख राष्ट्रीय नेता वल्लभ भाई पटेल और विठ्ठल भाई पटेल के बीच वार्ता हुई जिसके फलस्वरूप धारा १४४ हटा दी गई। सत्याग्रहियों को बधाई दी गई और 'झंडा सत्याग्रह' की समाप्ति की घोषणा की गई। लगभग समस्त सत्याग्रही मुक्त कर दिये। १८ अगस्त, १९२३ को राष्ट्रीय ध्वज सहित लगभग १०० स्वयं सेवकों को जुलूस निकालने की अनुमति दे दी गई। इस जुलूस का नेतृत्व पंडित माखनलाल चतुर्वेदी, वल्लभ भाई पटेल तथा बाबू राजेन्द्र प्रसाद द्वारा किया गया।[१७८] इस प्रकार एक महत्वपूर्ण सफलता के साथ एक गौरवशाली घटना की समाप्ति १८ अगस्त, १९२३ को हो गई।[१७९]

उपरोक्त वर्णित तथ्यों से स्पष्ट है कि भारतीय राष्ट्रीय आन्दोलन में मध्यप्रांत की अग्रणी भूमिका

थी। १८४२ के 'बुंदेला विद्रोह' तथा १८५७ के महान विप्लव में सामान्य जनता की भागीदारी ने यह प्रमाणित कर दिया कि ब्रिटिश शासन के प्रति व्यापक असंतोष उन्नीसवीं शताब्दी के पूर्वार्द्ध से ही था जिसकी परिणिति सशक्त राष्ट्रीय आन्दोलनों के उद्भव एवं विकास के रूप में हुई। असहयोग आन्दोलन के अचानक स्थगित कर देने से जनता में संघर्ष जारी रखने की इच्छा शक्ति का ह्रास नहीं हुआ जो कि 'झंडा.सत्याग्रह' के व्यापक स्वरूप से स्पष्ट है।

संदर्भ

१. डी.ई-यू. बेकर: पोलिटिक्स इन ए. बाय लिंग्यूअल प्रोविन्स द सी.पी.एंड बरार, इंडिया १९१९-१९३९. पृ. २. (अप्रकाशित शोध ग्रंथ से)

२. रिपोर्ट आन द एडमिनिस्ट्रेशन आफ सेन्ट्रल प्रोविन्सेंस १८६१-६२ पृ. २.

३. डी.पी. मिश्रा द हिस्ट्री ऑफ द फ्रीडम मूव्हमेंट इन मध्यप्रदेश: पृ. १११.

४. मेमोरेन्डम ऑफ द वर्किंग ऑफ द रिफार्म्ड गवर्नमेंट इन द सी.पी.एंड बरार १९२१: पृ. ५१.

५. सी.पी एडमिनिस्ट्रेशन रिपोर्ट १८६१-६२: पृ. ०३.

६. मेमोरेन्डम ऑफ द वर्किंग ऑफ द रिफार्म्ड गवर्नमेंट इन द सी.पी.एंड बरार १९२५: पृ. ०५.

७. डी.ई-यू. बेकर: पोलिटिक्स इन ए. बाय लिंग्यूअल प्रोविन्स द सी.पी.एंड बरार, इंडिया १९१९-१९३९. पृ. ३२

८. डी.पी. मिश्रा द हिस्ट्री ऑफ द फ्रीडम मूव्हमेंट इन मध्यप्रदेश: पृ. १७४.

९. डिस्ट्रीक्ट गजेटियर: जबलपुर: (इतिहास खंड:) पृ. १०० तथा आर.सी. मजुमदार: ब्रिटिश पैरामाउन्टसी एंड इंडियन रेनेसा भाग-२: पृ. ५१३

१०. डी.पी. मिश्रा द हिस्ट्री ऑफ द फ्रीडम मूव्हमेंट इन मध्यप्रदेश: पृ. १७४.

११. मेहता एवं पटवर्धन: द कम्युनल ट्रायेंगल: पृ. १५८.

१२. डी.पी. मिश्रा द हिस्ट्री ऑफ द फ्रीडम मूव्हमेंट इन मध्यप्रदेश: पृ. १७५.

१३. सुन्दरलाल: ए हिस्ट्री आफ द हिन्दू मुस्लिम प्राब्लम (१९५१): पृ. १४२.

१४. डा. राजेन्द्र प्रसाद: इंडिया डिवाइडेड: पृ. ९६.

१५. डी.पी. मिश्रा द हिस्ट्री ऑफ द फ्रीडम मूव्हमेंट इन मध्यप्रदेश: पृ. १९८. तथा खापरडे डायरी: दिनांक २२/९/१८९५.

१६. खापर्डे डायरी: दिनांक ३१ दिसंबर १८९७.

१७. डी.पी. मिश्रा: द हिस्ट्री आफ द फ्रीडम मूव्हमेंट इन मध्यप्रदेश पृ. २१४.

१८. शुक्ल अभिनंदन ग्रंथ: इतिहास खंड: पृ. १३८.

१९. डी.पी. मिश्रा: द हिस्ट्री आफ द फ्रीडम मूव्हमेंट इन मध्यप्रदेश पृ. २००.

२०. खापर्डे डायरी: दिनांक ४/९/१९०३.

२१. डेनियल आर्गो: मॉडरेटस् एंड एक्स्ट्रीमिस्ट इन द इंडियन नेशनल मूव्हमेंट पृ. ७५. तथा एनी बीसेंट : हाऊ इंडिया रॉट फार फ्रीडम: पृ. ३९३-९४.

२२. डी.पी. मिश्रा: द हिस्ट्री आफ द फ्रीडम मूव्हमेंट इन मध्यप्रदेश: पृ. २१४.

२३. खापर्डे डायरी: दिनांक २३ अप्रैल १९०५.

२४. रजनीपाम दत्तः आज का भारत पृ. ३३१.
२५. डेनियल आर्गोः मॉडरेट्स एंड एक्ट्रीमिट्स इन द इंडियन नेशनल मूव्हमेंटः पृ. १०९.
२६. वर्धा समाचारः दिनांक २८ अगस्त १९०६.
२७. एस.एन. बैनर्जी, ए नेशन इन मेकिंगः पृ. १८७.
२८. लाल बहादुरः द मुस्लिम लीग पृ. ७१-७२.
२९. वहीः पृ. ७७.
३०. खापर्डे डायरीः दिनांक १२/४/१९०६.
३१. सुभाषचंद्र बोसः द फ्रीडम स्ट्रगल १९२०-४२: पृ. १५.
३२. खापर्डे डायरीः दिनांक १/७/१९०७:
३३. डी.ई.यू. बेकरः द पोलीटिक्स इन ए बाय लिंग्यूअल प्रोविन्स द सी.पी.एंड बरार, इंडिया १९१९-१९३९- पृ. २९-३०.
३४. वहीः पृ. ३४.
३५. डी.पी. मिश्राः द हिस्ट्री ऑफ द फ्रीडम मूव्हमेंट इन मध्यप्रदेशः पृ. २१३.
३६. खापर्डे डायरीः दिनांक १/१०/१९०७.
३७. हरि ठाकुरः ठाकुर प्यारेलाल सिंहः पृ. ७.
३८. डी.पी. मिश्राः द हिस्ट्री आफ द फ्रीडम मूव्हमेंट इन मध्यप्रदेश पृ. २१३.
३९. पट्टाभि सीतारमैयाः काँग्रेस का इतिहास १८८५-१९३५ खंड १ पृ. ३८-३९.
४०. खापर्डे डायरीः दिनांक २०/११/१९०७.
४१. प्रोसीडिंग्स ऑफ द लेजिस्लेटिव कौंसिल, सी.पी.एंड बरार- १९१०: पृ.१.
४२. खापर्डे डायरीः दिनांक १/१०/१९०८.
४३. डी.पी. मिश्राः द हिस्ट्री आफ द फ्रीडम मूव्हमेंट इन मध्यप्रदेशः पृ. २२५.
४४. पी. मुखर्जीः इंडियन कान्स्टीट्यूशनल डाक्यूमेंट्सः खंड-१:१९००:१९१८ (कलकत्ता) पृ. २५४.
४५. लार्ड मिंटो नोटः प्रोसिडिंग्स आफ लेजिस्लेटिव कौंसिल १९०९.
४६. सुभाष चन्द्र बोसः द इंडियन स्ट्रगल १९२०-४२: पृ. २५.
४७. डी.पी. मिश्राः द हिस्ट्री आफ द फ्रीडम मूव्हमेंट इन मध्यप्रदेश पृ. २२५ तथा २३१.
४८. वहीः पृ. २४१.
४९. वहीः पृ. २६३.
५०. ए रिव्यू आफ हिस्ट्री एंड वर्क आफ द हिन्दू महासभा एंड हिन्दू संगठन मूव्हमेंट (पब्लिशड बाय द आल इंडिया हिन्दू महासभा नई दिल्ली १९३८) पृ. ४१९
५१. जगदीश शरण शर्माः इंडियाज स्ट्रगल फॉर फ्रीडम पृ. ७७६.
५२. डी.पी. मिश्राः द हिस्ट्री आफ द फ्रीडम मूव्हमेंट इन मध्यप्रदेश पृ. २२५.
५३. एम.ए. जैदी तथा एस.जी. जैदीः एनसाइक्लोपिडिया आफ द इंडियन नेशनल काँग्रेसः भाग-७ (१९१६-२०) इमर्जेंस आफ गाँधी (इंडियन इन्स्टीट्यूट आफ अप्लाइड रिसर्चः पृ.२१.)
५४. डॉ. राजेंद्र प्रसादः इंडिया डिवाइडेड पृ. ११७.

५५. ए रिव्यू आफ हिस्ट्री एंड वर्क आफ द हिन्दू महासभा एंड हिन्दू संगठन मूव्हमेंट पृ. ४१९.

५६. पट्टाभि सीतारमैया: द हिस्ट्री आफ द इंडियन नेशनल काँग्रेस (१८८५-१९३५) भाग-१: पृ. ११९.

५७. खापर्डे डायरी: १७ मई १९१४.

५८. प्रयाग दत्त शुक्ल: क्रांति के चरण. पृ. १२९-१३०.

५९. पट्टाभि सीतारमैया: द हिस्ट्री आफ इंडियन नेशनल काँग्रेस १८८५-१९९५) पृ. ११९-१२१.

६०. ए. रंगास्वामी अय्यर: डा. ऐनी बीसेंट एंड हर वर्क फार स्वराज्य: पृ. १०.

६१. डी.पी. मिश्रा: द हिस्ट्री आफ द फ्रीडम मूव्हमेंट इन मध्यप्रदेश: पृ. २७१.

६२. वही: तथा ऐनी बीसेन्ट: हाऊ इंडिया रॉट फॉर फ्रीडम: पृ. ५७०.

६३. प्रयागदत्त शुक्ल: क्रांति के चरण: पृ. १३६. १४४ तथा टिप्पणी.

६४. डी.पी. मिश्रा: द हिस्ट्री आफ द फ्रीडम मूव्हमेंट इन मध्यप्रदेश. पृ. २७६.

६५. होम पोलिटिकल: फोर्ट नाइटली रिपोर्ट आफ द पोलिटिकल सिचुएशन इन सी.पी. एंड बरार फार द सेकेन्ड हाफ आफ अक्टूबर १९१६.

६६. पट्टाभि सीतारमैया: द हिस्ट्री आफ द इंडियन नेशनल काँग्रेस (१८८५-१९३५): भाग-१: पृ. १७१.

६७. डी.ओ. नम्बर १६/फ्रॉम द कमिश्नर नागपुर टू द चीफ सेक्रेटरी दिनांक २६ नवम्बर १९१६.

६८. द हितवाद: दिनांक ३ दिसंबर १९१६.

६९. प्रयागदत्त शुक्ल: क्रांति के चरण: पृ. १४४ तथा टिप्पणी.

६९ए. टी.वी. पर्वते; बाल गंगाधर तिलक पृ-४०४.

७०. पट्टामि सीतारमैया: द हिस्ट्री आफ द इंडियन नेशनल काँग्रेस: (१८८५-१९३५) भाग-१, पृ. १७२.

७१. बी.डी. शुक्ला: ए हिस्ट्री आफ इंडियन लिबरल पार्टी (द इंडियन प्रेस इलाहाबाद १७६०) पृ. २७९.

७२. एम.ए. जैदी तथा एस.जी. जैदी: द एनसाइक्लोपिडिया आफ द इंडियन नेशनल काँग्रेस भाग-७ १९१६-२०: इमर्जैंस आफ गाँधी पृ. २७३ तथा २७९ एवं डी.पी. मिश्रा: द हिस्ट्री आफ फ्रीडम मूव्हमेंट इन मध्यप्रदेश पृ. २८१-२८२.

७३. कम्पाइलेशन आफ इम्पोर्टेन्ट पोलिटिकल ट्रायल्स इन द सी.पी. एंड बरार: पृ. ०७.

७४. सी.पी. एडमिनिस्ट्रेशन: पोलिटिकल डिपार्टमेंट फाइल नं. २०/१९२०.

७५. एम.ए. जैदी तथा एस.जी. जैदी: द एनसाइक्लोपिडिया आफ द इंडियन नेशनल काँग्रेस: भाग-७ (१९१६-१९२०) पृ. ३३९, ३४४, ३४६.

७६. रॉलेट कमेटी रिपोर्ट: १८ मार्च १९१९.

७७. एडमिनिस्ट्रेशन रिपोर्ट: सी.पी.एंड बरार: फाइल नं. ५३/१९२०.

७८. डॉरथी नारमन: नेहरू द फर्स्ट सिक्सटी ईयर्स: खंड-१, पृ. २.

७९. रिपोर्ट आफ द कमीशन अपॉइंटेड बाय द पंजाब सब कमेटी आफ द इंडियन नेशनल काँग्रेस: भाग-२ (बम्बई १९२०): पृ. १०-११.

८०. ए.आई.सी.सी. पेपर्स: सप्लीमेंट फाइल नं. ३५/१९२०.

८१. डी.पी. मिश्रा: द हिस्ट्री आफ द फ्रीडम मूव्हमेंट इन मध्यप्रदेश: पृ. २८५.

८२. रिपोर्ट आफ द कमीशन अपॉइंटेड बाय द पंजाब सब कमेटी आफ द इंडियन नेशनल काँग्रेस: भाग-२ (बम्बई १९२०): पृ.१५८

८३. ए.एम. जैदी. तथा एस.जी. जैदी: द एनसाइक्लोपिडिया आफ द इंडियन नेशनल काँग्रेस: भाग-७ (१९१६-१९२०) पृ. ५६९-५७१.

८४. मित्रा: द इंडियन एनुअल रजिस्टर १९२१: पृ. १२४.

८५. सी.पी. एडमिनिस्ट्रेशन: रिपोर्ट फॉर द इयर १९२०: पृ. ०३.

८६. डी.पी. मिश्रा: द हिस्ट्री आफ द फ्रीडम मूव्हमेंट इन मध्यप्रदेश: पृ. ३५०.

८७. हफीज मलिक: मुस्लिम नेशनलिज्म इन इंडिया एंड पाकिस्तान (पब्लिक अफेयर प्रेस वाशिंगटन, डी.सी. १९६३) पृ. २२८.

८८. सी.पी. एडमिनिस्ट्रेशन: पोलिटिकल डिपार्टमेंट: फाइल नं. २०/१९२० तथा ताराचंद: १९२१ का असहयोग आंदोलन, पृ. २४ (प्रकाशन विभाग सूचना एवं प्रशासन मंत्रालय: भारत सरकार)

८९. ए.आई.सी.सी. पेपर्स : फाइल नं. ४/१९२० (नेहरू म्यूजियम लायब्रेरी,त्रिमूर्ति भवन, नई दिल्ली)

९०. पट्टाभि सीतारमैया: द हिस्ट्री आफ द इंडियन नेशनल काँग्रेस (१८८५-१९३५) भाग-१: पृ. १८०-२०३.

९१. गोपाल कृष्णा : द डेवलपमेंट आफ द इंडियन नेशनल काँग्रेस: एज़ ए मास आर्गेनाइजेशन (१९१८-१९२३) (रिसर्च पेपर)

९२. माइकल ब्रीचर: नेहरू: ए पोलिटिकल बायोग्राफी' पृ. ७० (लंदन आक्सफोर्ड यूनीवर्सीटी प्रेस न्यूयार्क) बम्बई टोरेन्टो-१९५९)

९३. लिबरल कांफ्रेंस (कलकत्ता अधिवेशन १९१९ का प्रथम एवं चतुर्थ प्रस्ताव) इंडिया १९१९: पृ-२६२ तथा ताराचंद: हिस्ट्री आफ द फ्रीडम मूव्हमेंट इन इंडिया: खंड ३ पृ. ४५८.

९४. ए.आई.सी.सी. पेपर्स: फाइल नं. ४/१९२० (नेहरू म्यूजिम लायब्रेरी नई दिल्ली)

९५. गोपाल कृष्णा: द डेवलपमेंट आफ द इंडियन नेशनल काँग्रेस एज़ ए मास आर्गेनाइजेशन १९१८-१९२३ रिसर्च पेपर)

९६. सी.पी. एडमिनिस्ट्रेशन : पोलिटिकल डिपार्टमेंट फाइल नं. ५३/१९२० तथा ग्वायर एंड अप्पा दोराई: स्पीचेस एंड डाक्यूमेंट्स आन द इंडियन कांस्टीट्यूशन १९२१-४७ खंड-१: पृ. १-२

९७. होम पोलिटिकल डिपार्टमेंट फाइन नं. ५९/१९२०: फोर्ट नाइटली रिपोर्ट ऑन द पोलिटिकल सिचुएशन इन सी.पी. एंड बरार फोर द फर्स्ट हाफ आफ अक्टूबर १९२०.

९८. मित्रा: द इंडियन एनुअल रजिस्टर १९२१-२२: पृ.-६९.

९९. ए.एम. जैदी तथा एस.जी. जैदी: द एनसाइक्लोपिडिया आफ द इंडियन नेशनल काँग्रेस: भाग-७ (१९१७-१९२०)

१००. सुभाष चन्द्र बोस: द इंडियन स्ट्रगल १९२०-४२: पृ. ४६.

१०१. होम पोलिटिकल डिपॉजिट: फाइल नं. ३३/१९२०-२१ तथा रिपोर्ट आफ द सेशन आफ नागपुर काँग्रेस १९२०: पृ. ३०.

१०२. पट्टाभि सीतारमैया: काँग्रेस का इतिहास (हिन्दी अनुवाद) खंड-१: पृ. १६१.

१०३. सी.पी. एडमिनिस्ट्रेशन: पोलिटिकल डिपार्टमेंट: फाइल नं. २/१९२०: सेशन आफ द नागपुर काँग्रेस १९२०: पृ. ३०-३१.

१०४. वही: पृ. ५५-५६.

१०५. ए.एम. जैदी तथा एस.जी. जैदी: द एनसाइक्लोपिडिया आफ द इंडियन नेशनल काँग्रेस: भाग-७ (१९१६-२०) इमेजेंस आफ गाँधी पृ. ६९७ तथा ७००.

१०६. वही। पृ.-७०६,७०७,७११,७१२.

१०७. सी.पी.एंड बरार: एडमिनिस्ट्रेशन: पोलिटिकल डिपार्टमेंट: फाइल नं. २/१९२१: पृ. ५६.

१०८. डी.पी. मिश्राः लीविंग एन ऐराः पृ. ३८.

१०९. सी.पी. एंड बरार एडमिनिस्ट्रेशनः पोलिटिकल डिपार्टमेंटः फाइल नं. १/१९२१: भाग-२: पृ. १४९.

११०. वहीः फाइल नं. ७-८/१९२१: भाग-२ पृ.१७७.

१११. वहीः फाइल नं. २/१९२१: पृ. १५९.

११२. मिश्राः द इंडियन एनुअल रजिस्टर १९२१-२२: पृ. १४१.

११३. प्रोसीडिंग्स आफ द लेजिस्लेटिव कौसिल आफ सी.पी. एंड बरारः १९२१: खंड-२: पृ-१९२.

११४. वहीः पृ. २००.

११५. ए रिव्यू आफ द एडमिनिस्ट्रेशन आफ द प्रोविन्स द सी.पी.एंड बरार १९२१-२२: पृ. २८.

११६. वहीः पृ. ३५.

११७. होम पोलिटिकल डिपार्टमेंटः रिपोर्ट आन द पोलिटिकल सिचुएशन इन द सी.पी. एंड बरार फोर द फस्ट हाफ आफ जनवरी १९२१: फाइल नं. ४१/१९२१. तथा सेठ गोविंददास आत्म निरीक्षणः भाग-२ पृ. ३२.

११८. 'भविष्य' में प्रकाशित आन्दोलन पर एक विश्लेषणात्मक लेख-१९२१.

११९. होलकर स्टेट पुलिस एडमिनिस्ट्रेशन रिपोर्ट-१९२२: पृ. २१ तथा होम पोलिटिकल डिपार्टमेंट फाइल नं. ४१/१९२१.

१२०. होम पोलिटिकल डिपार्टमेंटः फाइल नं. १८/७/१९२१: पृ. १६.३३.

१२१. कर्मवीरः हिन्दी साप्ताहिकः १० जुलाई १९२१.

१२२. प्रोसीडिंग्स आफ द लेजिसलेटिव कौंसिल आफ सी.पी.एंड बरारः १९२१: खंड २: पृ. ५८८.

१२३. हितवादः २६ जनवरी १९२१: पृ. ०४. तथा पुलिस विभागः सूचना क्रमांक ६-१०५ए/नागपुर १२ अप्रैल १९२१.

१२४. द सी.पी. एंड बरार गजटः विभाग- १/१६ अप्रैल १९२१: पृ. ४१८ तथा मित्राः द इंडियल एनुअल रजिस्टर १९२१: पृ १२६.

१२५. प्रोसीडिंग्स आफ द लेजिसलेटिव कौंसिल आफ द सी.पी. एंड बरार १९२१: खंड-२: पृ.-७९२.

१२६. होम पोलिटिकल डिपॉजिटः फाइल नं. ५९/दिसंबर /१९२१.

१२७. डी.पी. मिश्राः द हिस्ट्री आफ द फ्रीडम मूव्हमेंट इन मध्यप्रदेशः पृ. ३०७.

१२८. बॉम्बे क्रॉनिकलः(बम्बई) दिनांक २१ सितम्बर १९२०: पृ० ०४.

१२९. इंडिपेडेन्टः(नागपुर) दिनांक २२ सितम्बर १९२०: पृ. ०३.

१३०. रायपुर कोरेस्पोन्डेंसः दिनांक २२ सितम्बर १९२०: पृ. ०३.

१३१. होम पोलिटिकल डिपॉजिट कलेक्शनः फाइल नं. ८४/दिसंबर १९२०.

१३२. सी.पी. एंड बरार एडमिनिस्ट्रेशन रिपोर्टः फॉर द ईयर १९२१: पृ. ०४.

१३३. सी.पी. एंड बरार एडमिनिस्ट्रेशनः पोलिटिकल एंड मिलिटरी डिपार्टमेंटः फाइल नं. ३०/१९२०.

१३४. रिपोर्ट ऑन द वर्किंग आफ द रिफार्म कान्स्टीट्यूशन १९२३ शिमला १९२४ पृ. २२५.

१३५. पुलिस विभागः सूचना क्रमांक-१९२-VI, नागपुरः दिनांक १९/०९/१९२१.

१३६. प्रोसीडिंग्स आफ द लेजिस्लेटिव कौंसिल आफ सी.पी. एंड बरार १९२१: खंड-२ पृ. ६५४.

१३७. वहीः पृ. ६५५-५७.

१३८. वहीः पृ. ६६१-६६३.

१३९. पुलिस विभाग: सूचना क्रमांक १९२- V/नागपुर दिनांक १९ सितम्बर १९२१ एवं ए कम्पलीशन ऑफ इम्पोर्टेन्ट ट्रायल्स इन सी.पी. एंड बरार: पृ. ०८.

१४०. शुक्ल अभिनंदन ग्रंथ (इतिहास खंड) पृ. १४७.

१४१. डॉ. रामायण प्रसाद: काँग्रेस के १०० वर्ष: पृ. १२.

१४२. डी.पी. मिश्रा: द हिस्ट्री आफ द फ्रीडम मूव्हमेंट इन मध्यप्रदेश: पृ. ३१०.

१४३. मौलाना अबुल कलाम आजाद: मसलहाये-खिलाफत जजीरा तुल्ल-अरब (उर्दू) कलकत्ता १९२३: पृ. १४७-१४८.

१४४. होम पोलिटिकल डिपार्टमेंट: फाइल नं. ९००/१९२२.

१४५. डी.पी. मिश्रा: द हिस्ट्री आफ द फ्रीडम मूव्हमेंट इन मध्यप्रदेश: पृ. ३१३-३१४.

१४६. द सर्च लाइट (पटना) २५ जुलाई १९२०.

१४७. होम पोलिटिकल डिपार्टमेंट: फाइल नं. ९००/१९२२.

१४८. मित्रा: द इंडियन एनुअल रजिस्टर: भाग-१ १९२२ पृ. ९४३-४४ तथा होम पोलिटिकल डिपार्टमेंट: फाइल नं. १००/१९२२.

१४९. होम पोलिटिकल डिपार्टमेंट: फाइल नं. ९००/विभाग-१: सीरियल नं. १-२/१९२२.

१५०. फाइल नं. १५/मार्च १९२३: रिपोर्ट आन द पोलिटिकल सिचुएशन इन सी.पी.एंड बरार फॉर द फर्स्ट हाफ आफ मार्च १९२२ तथा डी.जी. तेन्दूलकर: महात्मा: भाग-२: पृ. ३.

१५१. डिस्ट्रीक गजेटियर: जबलपुर: (इतिहास खंड) पृ. १०४ तथा डी.पी. मिश्रा: द हिस्ट्री आफ द फ्रीडम मूव्हमेंट इन मध्यप्रदेश, पृ.-३२६.

१५२. नोट आन सिविल डिसोबिडियन्स मूव्हमेंट इन सी.पी.एंड बरार: ३१ दिसंबर, १९३०: पृ. २६ तथा होम पोलिटिकल डिपार्टमेंट फाइल नं. ९०० विभाग-१/सीरियल नं. १-२/१९२२-२३.

१५३. जबलपुर सत्याग्रह में सम्मिलित भुक्तभोगी श्री विश्वम्भरनाथ पांडे से प्राप्त संस्मरण/पत्र क्रमांक-४४१/पी.टी.आर. /एम.जी./८५: दिनांक ११.१०.१९८५.

१५४. नोट आन सिविल डिसोबिडियन्स मूव्हमेंट इन सी.पी.एंड बरार: ३१ दिसंबर, १९३०: पृ. २६.

१५५. रामेश्वर प्रसाद गुरु, शंकरलाल शुक्ल: स्वतंत्रता संग्राम और जबलपुर नगर: पृ. २०.

१५६. वही: पृ. १८४.

१५७. नोट आन सिविल डिसोबिडियन्स मूव्हमेंट इन सी.पी.एंड बरार: ३१ दिसंबर, १९३०: पृ. २६.

१५८. रामेश्वर प्रसाद गुरु, शंकरलाल शुक्ल: स्वतंत्रता संग्राम और जबलपुर नगर: पृ. २०.

१५९. मित्रा: द इंडियन एनुअल रजिस्टर १९२३: समरी आफ चीफ इवेन्टस् आफ १९२३: पृ. १.

१६०. डी.पी. मिश्रा: द हिस्ट्री आफ द फ्रीडम मूव्हमेंट इन मध्यप्रदेश: पृ. ३२२.

१६१. होम पोलिटिकल डिपार्टमेंट: (पोलिटिकल): फाइल नं. २५/अप्रैल/१९२३: पृ. १७.

१६२. शुक्ल अभिनंदन ग्रंथ: इतिहास खंड: पृ. १४९.

१६३. होम पोलिटिकल डिपार्टमेंट: फाइल नं. २५/अप्रैल/१९२३, पृ. १७.

१६४. मित्रा: द इंडियन एनुअल रजिस्टर १९२३: समरी आफ चीफ इवेन्टस् आफ १९२३: पृ. १.

१६५. वही: भाग-२: पृ. १६०.

१६६. डी.पी. मिश्रा: द हिस्ट्री आफ द फ्रीडम मूव्हमेंट इन मध्यप्रदेश: पृ. ३२४.

१६७. वही: पृ. ३२६

१६८. सेठ गोविन्ददास: आत्म निरीक्षण: भाग-२ पृ. १९४.

१६९. होम पोलिटिकल डिपोर्टमेंट (पोलिटिकल) : फाइल नं. २८०/१९२३: पृ. ३९.

१७०. शुक्ल अभिनंदन ग्रंथ: इतिहास खंड: पृ. १४९.

१७१. होम पोलिटिकल डिपोर्टमेंट (पोलिटिकल) : फाइल नं. २८०/१९२३: पृ. ३९.

१७२. वही: पृ. १७.

१७३. श्री शुक्ल अभिनंदन ग्रंथ: इतिहास खंड: पृ. १४९.

१७४. होम पोलिटिकल डिपोर्टमेंट (पोलिटिकल) : फाइल नं. २८०/१९२३: पृ. १७.

१७५. वही : फाइल नं. २४/१९२३: पृ. ५०.

१७६. वही: फाइल नं. १६३/१९२३, नागपुर दिनांक १ अक्टूबर, १९२३.

१७७. वही: फाइल नं. २८०/१९२३: पृ. १७-१८.

१७८. सेठ गोविन्ददास: आत्म निरीक्षण: भाग-२: पृ. १९४ तथा होम पोलिटिकल डिपार्टमेंट (पोलिटिकल): फाइल नं. १९८/१९२३.

१७९. नोट आन सिविल डिसोबिडियन्स मूव्हमेंट इन सी.पी. एंड बरार: ३१ दिसम्बर, १९३०.

अध्याय-२

स्वराज्य एवं अनुक्रियावादी सहयोगी दल

फरवरी १९२२ में असहयोग आन्दोलन के स्थगन के साथ ही देश की राजनीतिक परिस्थितियां बदल गईं। ३ मार्च १९२२ में गाँधीजी की गिरफ्तारी के पश्चात् राजनीतिक क्षेत्र में सम्पूर्ण देश का नेतृत्व करने वाला कोई व्यक्ति नहीं था। असहयोग काल की हिन्दू-मुस्लिम एकता का स्थान साम्प्रदायिक तनाव और दंगों ने ले लिया और भारतीय जनमानस में आन्दोलन के स्थगित हो जाने से निराशा का वातावरण निर्मित हो गया। इस परिवर्तित स्थिति के मूल्यांकन और भविष्य में मार्गदर्शन के लिए असहयोग समिति ने एक अखिल भारतीय जाँच समिति की स्थापना की जो 'सत्याग्रह जाँच समिति' कहलायी। सत्याग्रह जाँच समिति की रिपोर्ट के अनुसार इस समय देश सत्याग्रह हेतु तैयार न था। शैक्षणिक संस्थाओं के बहिष्कार तथा विद्यार्थियों द्वारा स्कूल तथा कॉलेज के परित्याग के प्रचार को स्थगित करने की सिफारिश सर्वसम्मित से की।[1] १९१९ के अधिनियम के आधार पर निर्मित परिषदों में प्रवेश के संबंध में समिति के सदस्यों में तीव्र मतभेद उत्पन्न हो गये। कौंसिल प्रवेश के संबंध में आधे सदस्य पक्ष और आधे विपक्ष में थे। डॉ. एम.ए. अन्सारी, राजगोपालाचार्य तथा एस. कस्तूरी रंगा आयंगर आदि काँग्रेस के सदस्यों द्वारा परिषदों की सदस्यता प्राप्त न कर कौंसिल के बहिष्कार के पक्ष में थे। इसके विरुद्ध हकीम अजमल खाँ, मोतीलाल नेहरू तथा विठ्ठलभाई पटेल कौंसिल में प्रवेश के पक्ष में थे। इस प्रकार मोतीलाल नेहरू तथा देशबंधु चितरंजनदास के नेतृत्व में काँग्रेस का एक शक्तिशाली गुट कार्यक्रम में परिवर्तन की माँग करने लगा। उनकी माँग थी कि चुनाव तथा कौंसिल प्रवेश के बहिष्कार का मार्ग छोड़कर विधान मंडलों में प्रवेश कर अपनी लड़ाई लड़ी जाय तथा सरकार के प्रत्येक कार्य का विरोध कर १९१९ की सुधार योजना को असफल सिद्ध कर दिया जाय परंतु काँग्रेस का एक बड़ा वर्ग इस बात से सहमत नहीं था।[2]

सत्याग्रह जाँच समिति की रिपोर्ट पर विचार विमर्श हेतु अखिल भारतीय काँग्रेस समिति की बैठक कलकत्ता में सी.आर. दास के निवास पर २० से २४ नवम्बर तक लगातार पाँच दिनों तक चलती रही परंतु कोई निर्णय न हो सका। परिणामस्वरूप कौंसिल प्रवेश के समर्थकों तथा विरोधियों के मध्य गहरी दरार उत्पन्न हो गई। इस प्रकार कौंसिल प्रवेश के प्रश्न पर समिति स्पष्टत: दो भागों में विभक्त हो गई। कौंसिल प्रवेश के विपक्षी अपरिवर्तनवादी 'नो-चेंन्जर्स' तथा कौंसिल प्रवेश के समर्थक 'प्रो-चेन्जर्स' कहलाये। उल्लेखनीय है कि दोनों विचारधाराओं में विरोधाभास होते हुए भी दोनों पक्षों का उद्देश्य 'असहयोग' ही था। शासन से सहयोग हेतु कोई पक्ष सहमत नहीं था।[3]

सत्याग्रह जाँच समिति के सदस्य मोतीलाल नेहरू के जबलपुर आगमन पर मध्यप्रांत के प्रमुख नेता रविशंकर शुक्ल, डॉ. ई. राघवेन्द्रराव, माधवराव, गोविंददास तथा द्वारका प्रसाद मिश्र जैसे नेता भी कौंसिल प्रवेश कर सरकार के विरुद्ध संघर्ष करने के पक्षधर हो गये। नागपुर तथा बरार के नेतागण भी कौंसिल प्रवेश के पक्ष में थे। बैठक में घंटों विचार विमर्श के उपरांत दोनों पक्षों ने काँग्रेस के वार्षिक अधिवेशन में इस विवाद का निर्णय करने का निश्चय किया।[४] फलस्वरूप चितरंजनदास की अध्यक्षता में दिसंबर १९२२ में गया में आयोजित काँग्रेस के वार्षिक अधिवेशन में दोनों पक्षों के मध्य भीषण संघर्ष तथा वाद-विवाद हुआ। अध्यक्षीय भाषण में सी.आर. दास ने कौंसिल प्रवेश के प्रश्न पर वकालत करते हुए कहा कि 'एकमात्र बहिष्कार' यह है कि विधायिका में प्रवेश कर, उसे इस तरह सुधारा जाय कि वह स्वराज्य प्राप्ति में सहायक बने या उन्हें पूरी तरह खत्म कर दिया जाय।[५] 'हम शेर की माँद में जाकर शेर को पराजित करेंगे। खर्च की स्वीकृति न देंगे, निंदा का प्रस्ताव पारित कर शासकीय-तंत्र का चलना असंभव कर देंगे।' व्यवस्थापिका सभा में प्रवेश कर विरोध द्वारा सरकार से असहयोग करना, असहयोग कार्यक्रम का ही अंग है[६] परंतु कौंसिल प्रवेश के प्रस्ताव के पक्ष में ८९० तथा विपक्ष में १,७४० मत डाले गये जिससे कौंसिल प्रवेश का प्रस्ताव पारित न हो सका। इस प्रकार देशबंधु चितरंजनदास की अपील तथा मोतीलाल नेहरू की ठोस दलीलें भी गाँधीजी के समक्ष टिक न सकी। कौंसिल प्रवेश के प्रस्ताव में अपरिवर्तनवादियों के विजय होने के कारण चितरंजनदास ने अधिवेशन में काँग्रेस अध्यक्ष पद से त्यागपत्र दे दिया साथ ही काँग्रेस के महामंत्री मोतीलाल नेहरू ने भी त्यागपत्र दे दिया।[७] विस्तृत विचार-विमर्श के पश्चात् काँग्रेस ने यह निश्चय किया कि जो नेता केन्द्रीय व प्रान्तीय कौंसिल में प्रवेश के पक्षपाती है, वे काँग्रेस से अलग होकर एक नया दल बनाकर कार्य कर सकते हैं।[८] त्यागपत्र देने के पश्चात् २३ जनवरी १९२३ को सी.आर.दास तथा मोतीलाल नेहरू ने औपचारिक रूप से एक नये दल 'स्वराज्य दल' के गठन की घोषणा की।[९] इस दल का निर्माण काँग्रेस के अंतर्गत एक नवीन दल के रूप में किया गया।[१०] प्रारंभ में इसका नाम 'काँग्रेस-खिलाफत-स्वराज्य दल' रखा गया परंतु बाद में इसका नाम सिर्फ 'स्वराज्य दल' ही रह गया।[११] इस दल के अध्यक्ष सी.आर. दास तथा सचिव मोतीलाल नेहरू हुए। जेल से मुक्त होने के तुरंत बाद लाला लाजपत राय भी इस नवगठित दल में सम्मिलित हो गये।

इलाहाबाद में स्वराज्य दल का सम्मेलन आयोजित हुआ जिसमें दल के उद्देश्य एवं कार्यक्रमों को सर्व सम्मति से स्वीकार किया गया। स्वराज्य दल का उद्देश्य केन्द्रीय तथा प्रान्तीय विधान सभाओं में प्रवेश कर असहयोग की नीति अपनाना तथा शासन के कार्यों में निरंतर एकीकृत एवं प्रभावशाली ढंग से बाधा पहुँचाकर शासन का चलना असंभव कर देना था,[१२] ताकि सरकार पर लगातार दबाव बनाये रखा जा सके। अत: इस दल का उद्देश्य संवैधानिक तरीकों से ब्रिटिश शासन पर भारत को स्वशासन प्रदान करने के लिए दबाव डालना था। इस प्रकार यह स्पष्ट कर दिया गया कि यह नया दल काँग्रेस का ही एक अंग है और स्वराज्य प्राप्ति के उद्देश्य से कौंसिल में प्रवेश कर अपने कार्यक्रम को क्रियान्वित करेगा।[१३] शासन के कार्यों में बाधा डालने के उद्देश्य से बजट को अस्वीकृत करना था। सरकार के उन प्रस्तावों का विरोध करना जिनके द्वारा सरकार की शक्ति में वृद्धि होती है।[१४] कौंसिल के सदस्य होने के नाते उन अधिकारों को प्राप्त करना जिससे सरकार के प्रत्येक कार्य में बाधा उत्पन्न कर सकें।[१५]

कौंसिल के बाहर महात्मा गाँधी के रचनात्मक कार्यों स्वदेशी, खादी-प्रचार, अछूतोद्धार, स्त्रियों की स्थिति में सुधार आदि में पूर्ण सहयोग करना था।[१६] इस प्रकार १९२३ के मध्य तक काँग्रेस के दोनों विचारधाराओं में संघर्ष होता रहा जिसका काँग्रेस के राजनीतिक क्रिया कलापों पर विपरीत प्रभाव पड़ा।[१७] दोनों दलों में मतभेद होने के कारण १९२३ में होने वाले 'झंडा सत्याग्रह' से स्वराज्य दल ने अपने आप को अलग रखा।[१८]

इन घटनाओं का प्रभाव मध्यप्रांत और बरार की राजनीतिक स्थिति पर भी पड़ा। फलस्वरूप रविशंकर शुक्ल, डॉ. ई.राघवेन्द्रराव, माधवराव सप्रे, सेठ गोविंददास, एम.व्ही. अभ्यंकर, एम.आर. जयकर, डॉ. बी.एस. मुंजे, एस.व्ही. ताँबे, बी.जी. खापर्डे आदि भी कौंसिल प्रवेश के समर्थक हो गये।[१९] अखिल भारतीय स्वराज्य दल के निर्माण के पश्चात् मध्यप्रांत और बरार में भी स्वराज्य दल का गठन किया गया। इस प्रांत में स्वराज्य दल के नेता डॉ. ई. राघवेन्द्रराव एवं डॉ. बी.एस. मुंजे हुए। महाकोशल स्वराज्य दल का गठन सेठ गोविंददास तथा बरार में एम.एस. अणे के नेतृत्व में हुआ। १९२३ के प्रारंभिक माह में डॉ. बी.एस. मुंजे ने इस दल के संगठन हेतु संविधान का निर्माण कर सदस्यों के नामांकन संबंधी निर्देश जारी किये।[२०]

स्वराज्य दल की स्थापना के पश्चात् देशबंधु चितरंजनदास तथा मोतीलाल नेहरू ने प्रचार हेतु देशव्यापी दौरा किया। नये दल द्वारा मध्यप्रांत के विभिन्न केन्द्रों से कोष एकत्र करने हेतु हिन्दुस्तानी मध्यप्रांत से सेठ गोविंददास, डॉ. ई. राघवेन्द्रराव तथा अब्दुल कादिर बुरहानपुरी, मराठी मध्यप्रांत से डॉ. बी.एस. मुंजे और एम.व्ही. अभ्यंकर को सदस्य चुना गया जिससे प्रांत में स्वराज्य कार्य को लोकप्रिय बनाने हेतु एक प्रभावशाली आन्दोलन चलाया जा सके।[२१]

मध्यप्रांत और बरार के विभिन्न क्षेत्रों में चुनाव-प्रचार हेतु राजनीतिक सम्मेलन आयोजित किये जाने लगे। मराठी मध्यप्रांतीय सम्मेलन सी.आर. दास की अध्यक्षता में ८ मई १९२३ को बुलढ़ाना में आयोजित कर आगामी चुनाव में विधायिका के प्रत्येक निर्वाचन स्थान से उम्मीदवार खड़ा करने का निश्चय किया गया।[२२] महाकोशल क्षेत्र में डॉ. ई. राघवेन्द्रराव के नेतृत्व में स्वराज्य दल के सदस्य मतदाताओं से स्वराज्य दल को विजयी बनाने हेतु प्रचार कर रहे थे। इस समय महाकोशल क्षेत्र में 'नो-चेन्जर्स' गुट का अधिक प्रभाव होने के कारण स्वराज्य दल को उतनी सफलता नहीं मिल रही थी जितनी बरार में मिली थी फिर भी महाकोशल क्षेत्र में प्रचार कार्य सघन था। बरार में सफलता का कारण वहाँ स्वराज्य दल का बहुमत था।[२३]

देश की बदलती हुई राजनीतिक परिस्थिति को देखते हुए कौंसिल प्रवेश के प्रश्न पर काँग्रेस कार्यकारिणी की एक विशेष बैठक १५ सितंबर १९२३ को मौलाना अबुल कलाम आज़ाद की अध्यक्षता में दिल्ली में आयोजित की गई। काँग्रेस के इस अधिवेशन में नव निर्मित स्वराज्य दल को चुनाव में भाग लेने की अनुमति दे दी गई और कहा गया कि काँग्रेस कौंसिल प्रवेश के विरुद्ध सारा प्रचार बंद कर रही है।[२४] इस प्रस्ताव से यह भी स्पष्ट कर दिया गया कि जिन काँग्रेस सदस्यों को विधायिका में प्रवेश के विरुद्ध धार्मिक तथा नैतिक आपत्ति न हो, वे आगामी चुनाव में प्रत्याशी के रूप में भाग ले सकते है तथा मतदान के अधिकार का प्रयोग कर सकते हैं।[२५] सी.आर.दास ने इस प्रस्ताव का समर्थन किया। यह प्रस्ताव भारी बहुतम से स्वीकृत हो गया। यद्यपि काँग्रेस ने उन्हें चुनाव लड़ने की अनुमति दे दी थी परंतु

उनके कार्यक्रम को स्वीकार नहीं किया[२६] तथापि इस प्रस्ताव ने स्वराज्य दल को कौंसिल में प्रवेश का अधिकार दे दिया था परंतु अपरिवर्तनवादी रचनात्मक कार्य के क्रियान्वयन के पक्ष में थे। काँग्रेस को इस बात का विश्वास हो गया था कि यह नया दल काँग्रेस का ही एक अंग है और स्वराज्य प्राप्त करने के उद्देश्य से ही विधायिका में प्रवेश कर अपने कार्यक्रमों का क्रियान्वयन करेगा।[२७]

दूसरी ओर स्वराज्य दल को गाँधीजी के रचनात्मक कार्यक्रम में विश्वास नहीं था। उनका विश्वास था कि रचनात्मक कार्यों से स्वराज्य की प्राप्ति नहीं की जा सकती अपितु निर्वाचन में अत्याधिक संख्या में भाग लेकर सरकार की नीति और कार्यों में बाधा पहुँचाई जा सकती है। दिल्ली अधिवेशन में स्वराज्य दल को चुनाव में भाग लेने की अनुमति प्राप्त होते ही प्रांतीय स्वराज्य दल सक्रिय हो गया।

इस बीच अकोला में 'नेशनल लिबरल-फेडरेशन' का सम्मेलन एस.एम. चिटनवीस की अध्यक्षता में आयोजित हुआ जिसमें इस दल ने भी चुनाव में भाग लेने का निर्णय लिया। उस समय तक उदारवादी प्राय: अपनी शक्ति खो चुके थे। केवल बरार में ही अपनी स्थिति को सृदृढ़ बनाने हेतु सचेत थे। वस्तु स्थिति यह थी कि स्वराज्य दल को प्रांत में कोई विशिष्ट राजनीतिक चुनौती नहीं थी फिर भी स्वराज्य दल के सदस्य चुनाव अभियान का लाभ उठाकर अपने दल के कार्यक्रम का प्रचार कर रहे थे। इस प्रकार सफल प्रचार नीति द्वारा यह दल जन आकर्षण का केन्द्र बनता जा रहा था।[२८]

३० सितंबर १९२३ को जबलपुर में स्वराज्य दल के अधिवेशन में केलकर तथा गौर द्वारा चुनाव में भाग लेने के निर्णय को व्यक्त किया गया। बरार में इस समय ब्राम्हण विरोधी आन्दोलन फैला हुआ था फिर भी चुनाव प्रचार कार्य जोरों से चल रहा था।[२९] इस समय स्पष्ट हो चुका था कि स्वराज्य दल के समक्ष विरोधी दल के रूप में उदारदल ही था। इनके अतिरिक्त कुछ स्वतंत्र उम्मीदवार भी चुनाव में भाग ले रहे थे। अत: इस समय सभी प्रांतीय राजनीतिज्ञों का ध्यान चुनाव की ओर लगा हुआ था।

चुनाव प्रचार हेतु मोतीलाल नेहरू ने सम्पूर्ण मध्यप्रांत का दौरा कर स्वराज्य दल के कार्यक्रमों का प्रचार करते हुए मतदाताओं से मतदान की प्रार्थना की।[३०] चुनाव घोषणा-पत्र में दल का लक्ष्य भारतीय शासनतंत्र पर भारतीय जनता का अधिकार स्वीकार किया गया। दल के संस्थापक चितरंजन दास ने स्वयं कहा कि 'हम उस परिपाटी को नष्ट करना चाहते हैं जो हमारे हित में नहीं और न हो सकती है क्योंकि हम उसके स्थान पर एक ऐसी परिपाटी का निर्माण करना चाहते हैं जो सफलतापूर्वक सार्वजनिक हित में कार्य कर सकें।[३१]

इन्हीं परिस्थितियों में दिसंबर १९२३ में विधायिका का चुनाव हुआ जिसने विधायिका के स्वरूप को ही बदल दिया। मध्यप्रांत को चुनाव प्रचार में बहुत सफलता प्राप्त हुई। केन्द्रीय व्यवस्थापिका में १४५ स्थानों में से स्वराज्य दल को ४५ स्थान प्राप्त हुए तथा मध्यप्रांत और बरार की विधायिका में ५४ स्थानों में ४१ स्थान स्वराज्य दल को प्राप्त हुए। ९ स्थान ऐसे स्वतंत्र सदस्यों को प्राप्त हुए जो विधायिका के मतदान के समय स्वराज्य दल के पक्ष में थे। ४ स्थान उदारदल को प्राप्त हुए।[३२] पूर्व विधायिका के २६ सदस्य निर्वाचन में भाग लिये जिसमें से मात्र छ: ही सदस्य विधायिका में पुन: निर्वाचित हो सके। इस निर्वाचन में कुल ५७ प्रतिशत मतदान हुआ। केवल ८ सदस्य ही निर्विरोध निर्वाचित हुए।[३३]

मध्यप्रांत और बरार में स्वराज्य दल को बहुमत प्राप्त हुआ। निर्वाचन में विजयी स्वराज्य दल के नेताओं में बी.जी. खापर्डे, डॉ. बी.एस. मुंजे, डॉ. ई. राघवेन्द्रराव, रविशंकर शुक्ल, एम.व्ही. अभ्यंकर, डॉ. हरि सिंह गौर, शंभू दयाल मिश्रा तथा हिन्दुस्तानी मध्यप्रांत से सेठ गोविंददास, द्वारका प्रसाद मिश्र, घनश्याम गुप्त, माखनलाल चतुर्वेदी, केशव रामचन्द्र खांडेकर, शिवदास डागा तथा विश्वनाथ दामोदर साल्पेकर। मराठी मध्यप्रांत से बैरिस्टर अभ्यंकर नीलकंठराव उधोजी तथा डॉ. एन.बी. खरे थे।[३४] उस समय जनता तथा सरकार की आंखें मध्यप्रांत की विधायिका की ओर लगी हुई थी जहाँ स्वराज्य दल के सदस्यों तथा नौकरशाही के मध्य भीषण संघर्ष की आशा की जा रही थी।[३५] इस निर्वाचन में सेठ गोविंददास भारतीय विधानसभा के लिए जमींदारों के क्षेत्र से निर्वाचित हुए। इस प्रकार स्वराज्य दल की ओर से केन्द्रीय विधानसभा में सेठ गोविंददास तथा द्वारका प्रसाद मिश्र थे और प्रांत में छेदीलाल, श्यामसुंदर भागर्व, काशीप्रसाद पांडे तथा ज्ञानचंद्र वर्मा चुने गये।[३६] मुस्लिम क्षेत्र से समीउल्लाखाँ तथा राज्य सभा के लिए दो प्रमुख सदस्य सर एम.बी. दादाभाई तथा जी.एस. खापर्डे चुने गये।[३७]

इस प्रांत की विधायिका में स्वराज्यवादियों की स्थिति के महत्व को स्पष्ट करते हुए 'हितवाद' ने सम्पादकीय में ९ जनवरी १९२४ को लिखा कि 'न केवल प्रांत वरन् सम्पूर्ण भारत उत्सुकता से इस विधायिका की कार्यवाही को देखने की प्रतीक्षा कर रहा है।'[३८] हितवाद के उपरोक्त कथन का तात्पर्य यह था कि मध्यप्रांत और बरार विधायिका में स्वराज्य दल ने इतना स्पष्ट बहुमत प्राप्त किया था कि वह अपनी नीति एवं कार्यक्रम को पूर्ण रूप से क्रियान्वित कर सके।

स्वराज्य दल की बहुमत वाली इस नवीन विधायिका की प्रथम बैठक नागपुर में विधायिका भवन में आयोजित हुई। स्वराज्य दल के सदस्यों ने डॉ. बी.एस. मुंजे को अपना नेता चुना। डॉ. मुंजे ने डॉ. ई. राघवेन्द्रराव तथा अन्य सहयोगियों के साथ मिलकर विधायिका में उनकी आगामी नीति के संबंध में निर्णय लिया जिसके अनुसार शासन के कार्यों में 'बाधा डालने' के कार्यक्रम को ही अपनाया गया।[३९] १५ जनवरी १९२४ को उत्तेजनापूर्ण वातावरण में इस नवीन विधायिका का सत्र प्रारंभ हुआ। इस विधायिका के आकर्षण का सबसे महत्वपूर्ण प्रमाण मोतीलाल नेहरू का विधायिका का सत्र प्रारंभ होने के समय दर्शक-दीर्घा में उपस्थित होना था।[४०]

गवर्नर सर फ्रैंकस्ली ने स्वराज्य दल के नेता डॉ. बी.एस. मुंजे को सरकार (मंत्रिमंडल) बनाने तथा हस्तांतरित विभागों के कार्यों को संभालने हेतु आमंत्रित किया परंतु उन्होंने इस उत्तरदायित्व को संभालने से इंकार कर दिया। साथ ही यह स्पष्ट कर दिया कि स्वराज्य दल का कोई भी सदस्य मंत्री पद को स्वीकार नहीं करेगा क्योंकि यह स्वराज्य दल की नीति एवं कार्यक्रम के विरुद्ध है। उनके द्वारा अस्वीकृति मिलने पर गवर्नर ने उदारवादी दल के राजनीतिज्ञ एस.एम. चिटनवीस तथा स्वतंत्र मुस्लिम सदस्य सैय्यद हिफ़ाजत अली को मंत्री नियुक्त किया।[४१]

अपने पूर्व निर्धारित कार्यक्रम के अनुसार स्वराज्य दल ने द्वैध-शासन को भंग करने के उद्देश्य से विधायिका सत्र प्रारंभ होने के तीन दिनों के पश्चात् १८ जनवरी १९२४ को विधायिका में मंत्रि परिषद् के विरुद्ध अविश्वास का प्रस्ताव प्रस्तुत किया।[४२] इस प्रस्ताव के प्रस्तुतकर्ता डॉ. ई. राघवेन्द्रराव ने कहा कि "विधायिका में उपस्थित बहुमत दल के होते हुए भी गवर्नर द्वारा अन्य दो व्यक्तियों को मंत्री पद प्रदान करने का कार्य पूर्णत: असंवैधानिक है। १९१९ के अधिनियम के अनुसार प्रांतीय शासन में

हस्तांतरित विषयों के प्रशासन का उत्तरदायित्व उस मंत्रिपरिषद् द्वारा सम्मानित होना चाहिए जिसे विधायिका में बहुमत प्राप्त हो। चूंकि गवर्नर द्वारा नियुक्त इन दोनों मंत्रियों को विधायिका के बहुमत का विश्वास प्राप्त नहीं है। अत: इन्हें तत्काल पदमुक्त कर दिया जाना चाहिए।"[४३] अपनी स्थिति को स्पष्ट करते हुए गवर्नर फ्रैंकस्ली ने कहा कि "बहुमत प्राप्त स्वराज्य दल तथा कुछ उदारवादियों द्वारा मंत्रिमंडल बनाये जाने से इंकार किये जाने पर उन्हें सीमित अधिकार की परिधि में मंत्री चुनने पड़े।"[४४] डॉ. ई. राघवेन्द्रराव ने अपने भाषण में यह भी कहा कि 'ये मंत्रीगण शासन में हमारा प्रतिनिधित्व नहीं करते, हम किसी को यह अवसर नहीं देंगे कि वे यह सोचने की गलती करें कि यह शासन विधायिका की सहमति से चल रहा है और न ही जनता को यह विश्वास करने देंगे कि हमने शासन के इस स्वरूप को अपना समर्थन प्रदान किया है।' प्रस्ताव का समर्थन करते हुए रविशंकर शुक्ल ने कहा कि 'यह कार्य अनुचित ही नहीं वरन् अनैतिक होगा यदि हम मंत्रिपद के दायित्व को स्वीकार करें और इस हास्यास्पद विधान सभाओं को चलाने में सहयोगी बने।' बहस का जवाब देते हुए ई. राघवेन्द्रराव ने गर्व से कहा कि 'उत्तरदायी सरकार हेतु प्रथम संघर्ष मध्यप्रांत में ही होगा और सम्पूर्ण देश उत्सुकतापूर्वक इसके परिणाम की प्रतीक्षा करेगा।'[४५] सम्पूर्ण दिवस के वाद विवाद के उपरांत अंतत: यह प्रस्ताव विधायिका में २४ के विरुद्ध ४४ मतों से पारित हो गया।[४६] वस्तुत: सुधार अधिनियम के अन्तर्गत सरकार के विरुद्ध पारित होने वाला यह पहला अविश्वास का प्रस्ताव था और विधायिका में संघर्ष का प्रथम अवसर। स्वराज्य दल के लिए यह अत्यन्त हर्ष की बात थी कि लम्बी अवधि के संघर्ष के पश्चात् जिस उद्देश्य को लेकर उन्होंने कौंसिल में प्रवेश किया था, उसकी पूर्ति हो गई।[४७] यहाँ तक कि 'नो-चेन्जर्स' (अपरिवर्तनवादी) ने भी इस बात को स्वीकार किया कि स्वराज्य दल द्वारा मध्यप्रांत में जिस उद्देश्य को लेकर कौंसिल प्रवेश की नीति अपनायी गई थी, उसमें वे सफल हुए।[४८]

इस प्रकार विधायिका में संघर्ष चलता रहा। सरकार की ओर से जो भी प्रस्ताव प्रस्तुत किये गये उसे बहुमत से स्वराज्य दल द्वारा अस्वीकृत कर दिया गया। अत: जब विधायिका में बहुप्रतीक्षित १९२२-२४ के बजट का प्रस्ताव ४ मार्च १९२४ को प्रस्तुत किया गया तो उसमें राजस्व से होने वाली आय ५३२ लाख तथा व्यय ५२१.९ लाख रुपये प्रस्तावित किये जाने पर 'स्वराज्य दल' ने अपनी असहयोग नीति के अन्तर्गत सम्पूर्ण बजट को अस्वीकृत कर दिया।[४९]

स्वराज्य दल द्वारा बजट को अस्वीकृत करने की घटना की आलोचना करते हुए प्रशासन की ओर से यह तर्क दिया गया कि प्रांत की आर्थिक कठिनाइयों के कारण बजट में उतने ही धन की माँग की गई थी जो प्रशासनिक विभागों को सुचारु रूप से चलाने के लिए अति आवश्यक थे।[५०] अत: बजट में किसी प्रकार की कटौती नहीं की जा सकती। गवर्नर द्वारा सुरक्षित विभागों से संबंधित प्राय: सभी माँगों को प्रमाणित कर दिया गया और हस्तांतरित विषयों की अनेक माँगों को गवर्नर द्वारा स्वयं के विवेक से प्रमाणित कर, कुछ माँगों को छोड़ दिया गया।[५१] गवर्नर द्वारा जिन माँगों को प्रमाणित करने से छोड़ दिया गया था, उन माँगों का संबंध हस्तांतरित विषय से होने के कारण राजनीतिक विवाद की स्थिति उत्पन्न हो गई थी क्योंकि उनका सीधा संबंध जन-कल्याणकारी कार्यों से था जैसे-सड़क, पुल और शालाओं का निर्माण, जल वितरण-व्यवस्था आदि के कार्य प्रभावित हुए।[५२] 'हितवाद' ने स्वराज्य

दल द्वारा बजट की माँगों को अस्वीकार करने के कार्य की आलोचना करते हुए लिखा कि 'मध्यप्रांत की विधायिका के बहुमत दल का यह कार्य अनुत्तरदायित्वपूर्ण था।'[५३]

१२ मार्च १९२४ को गवर्नर ने डॉ. मुंजे और डॉ. ई. राघवेन्द्रराव को मंत्रिमंडल के प्रश्न पर विचार-विमर्श हेतु आमंत्रित किया। डॉ. मुंजे तथा उनके सहयोगियों द्वारा मंत्रिमंडल के निर्माण का विरोध किया गया। डॉ. राव तथा उनके सहयोगी बिना डॉ. मुंजे के सहयोग के किसी भी व्यवस्था के लिए सहमत नहीं हुए। इस प्रस्ताव का स्पष्टीकरण देते हुए कहा गया कि 'स्वराज्य दल' को जनहित कार्यों से कोई बैर नहीं है। उनका उद्देश्य केवल द्वैध-शासन को भंग करना मात्र है। द्वैध-शासन को भंग करने के उद्देश्य से ही उन्होंने बजट संबंधी माँगों को अस्वीकार किया है।[५४] जब गवर्नर द्वारा १३ मार्च १९२४ को प्रत्येक मंत्रियों के वेतन को ४,००० रुपये वार्षिक किये जाने की माँग की गई, तब स्वराज्य दल ने यह अनुभव किया कि गवर्नर द्वारा प्रांत में जनहितकारी कार्यों में व्यवधान पहुँचाने का, उन पर अप्रत्यक्ष रूप से दोषारोपण किया जा रहा है। चूंकि विधायिका में सदस्य, मंत्रियों के वेतन को पूर्णतः समाप्त नहीं कर सकते थे, अतः मंत्रियों को पंगु बनाने के उद्देश्य से मंत्रियों के वेतन-विषयक माँग पर कटौती के प्रस्ताव प्रस्तुत करते हुए के.पी. वैद्य ने मंत्रियों के वेतन को मात्र दो रुपये कर दिये जाने की बात कही।[५५] गवर्नर को मंत्रियों के वेतन को प्रमाणित करने का अधिकार न होने के कारण प्रांत में ऐसी स्थिति उत्पन्न हो जायेगी जिससे गवर्नर को मंत्रियों को पद से हटाने के सिवाय कोई विकल्प नहीं रह जायेगा।[५६] अतः मंत्रियों के वेतन संबंधी बजट का प्रस्ताव ६३ मतों के विरुद्ध ६९ मतों से पारित हो गया। इस प्रस्ताव के पारित हो जाने के पश्चात् दोनों मंत्रियों के सम्मुख त्यागपत्र देने के अतिरिक्त कोई चारा न रहा। फलस्वरूप दोनों मंत्रियों ने भी २७ मार्च को अपना त्यागपत्र प्रस्तुत कर दिया जिसे गवर्नर को स्वीकार करना पड़ा।[५७]

इन दोनों मंत्रियों के त्यागपत्र दिये जाने पर मंत्रिपद पर अन्य व्यक्तियों को नियुक्त किया जाना संभव न होने के कारण हस्तांतरित विषयों का प्रशासन भी गवर्नर को अस्थायी रूप से अपने हाथों में लेना पड़ा। इस प्रकार १९१९ के भारत सरकार अधिनियम द्वारा स्थापित द्वैध-शासन के सर्वाधिक महत्वपूर्ण तत्व-'हस्तांतरित विषय के प्रशासन' से यह प्रांत वंचित हो गया जिससे प्रांत में द्वैध-शासन का अंत हो गया।[५८] इस प्रकार मध्यप्रांत में स्वराज्य दल, देश के गैर जिम्मेदार तत्वों द्वारा सरकार न बनने देने में ही नहीं अपितु १९१९ के सुधार अधिनियम के दोषों को उजागर करने में भी सफल हुआ।

उसी प्रकार बंगाल की कौंसिल में भी देशबंधु के नेतृत्व में स्वराज्य दल ने अपनी असहयोग तथा अवरोध नीति द्वारा हस्तांतरित विभागों के लिए मंत्रिमंडल बनाने से इंकार कर दिया। गवर्नर लार्ड लिटन द्वारा दो मंत्री नियुक्त किये गये परंतु स्वराज्य दल द्वारा ६३ मतों के विरुद्ध ६९ मतों से उन मंत्रियों के वेतन को अस्वीकृत कर दिया। इस प्रकार मध्यप्रांत की भांति बंगाल में भी गवर्नर द्वारा मंत्रियों को पदच्युत किये जाने के साथ ही द्वैध-शासन समाप्त हो गया।[५९]

जिस समय स्वराज्य दल विधायिका में सरकार की नीति के विरुद्ध अवरोध नीति द्वारा विरोध करने में व्यस्त था उसी समय ५ फरवरी १९२४ को भारत सरकार ने एपेंडिसाइटिस के ऑपरेशन के पश्चात् गाँधीजी को जेल से मुक्त कर दिया। स्वराज्यवादियों को कौंसिल में अपनी उपलब्धियों तथा कार्यकलापों की प्रतिक्रिया जानने की विशेष उत्सुकता थी। जेल से मुक्त होने के पश्चात् गाँधीजी बम्बई

के निकट जुहू तट पर स्वास्थ्य लाभ हेतु गये। वहीं मई माह के अंतिम सप्ताह में चितरंजन दास तथा मोतीलाल नेहरू उनसे मिलने पहुँचे। सैद्धांतिक मतभेद के कारण लम्बे वार्तालाप के पश्चात् भी समझौता न हो सका। स्वराज्यवादी कौंसिल में अपने कार्य को छोड़ने को तैयार नहीं थे और गाँधीजी भी अपने विचार पर दृढ़ थे कि कौंसिल में प्रवेश असहयोग से भिन्न था। दोनों पक्षों ने भिन्न-भिन्न रूप से अपने तर्क प्रस्तुत किये। महात्मा गाँधी देश में स्वराज्य दल की सुदृढ़ स्थिति के विरुद्ध थे फिर भी गाँधीजी ने उदारतापूर्वक स्वराज्यवादियों को अपना मतभेद स्पष्ट करते हुए कहा "यदि स्वराज्य दल का कार्य देश के हित में होगा तो मैं उनके रास्ते में रुकावट नहीं डालूंगा और न ही कौंसिल प्रवेश के विरुद्ध कोई प्रचार करूंगा परंतु जिस कार्य में मेरा विश्वास नहीं है, मैं सक्रिय रूप से उसमें सहयोग नहीं कर सकता। कौंसिल में प्रवेश कर अवरोध करते रहने की अपेक्षा रचनात्मक कार्य करने का प्रयास करना चाहिए'।[६०]

इस संबंध में गाँधीजी ने स्वराज्यवादियों को कौंसिल और विधान सभा में हाथ से बुने वस्त्र खरीदने, विदेशी वस्त्रों पर अधिक कर लगाया जाय जिससे उसे खरीदना मँहगा पड़े तथा पेय पदार्थ और दवाओं पर कर हटाने तथा फौज पर अनुपात से अधिक व्यय न करने के संबंध में प्रस्ताव प्रस्तुत करने का सुझाव दिया। दास और नेहरू ने कौंसिल प्रवेश कार्यक्रम को युक्तिसंगत सिद्ध करते हुए अपनी प्रतिक्रिया प्रगट की कि गाँधीजी के सुझावों को स्वीकार कर रचनात्मक कार्यक्रम के समर्थन में उनके प्रस्ताव स्वराज्य दल को मान्य होगा।[६१] यह घटना 'गाँधी-दास-समझौता' के नाम से प्रसिद्ध है। महात्मा गाँधी तथा स्वराज्य दल का यह समझौता शीघ्र ही आपसी सहयोग में परिणित हो गया। काँग्रेस के अन्तर्गत स्वराज्य दल के साथ समझौते के पश्चात् मुस्लिम लीग की सक्रियता के फलस्वरूप देश हिन्दू-मुस्लिम दंगों से पूर्णत: ग्रस्त हो गया।[६२]

इस समय प्रशासनिक रूप से जो कार्य हुए उन पर स्वराज्य दल ने तीव्र प्रहार करते हुए आरोप लगाया कि गवर्नर तथा उनके सचिव शासनतंत्र का राजनीतिक उद्देश्यों की पूर्ति हेतु दुरुपयोग कर रहे हैं और जनता के सम्मुख स्वराज्य दल को बदनाम करने तथा मध्यप्रांत और बरार के स्वराज्यवादियों के मध्य मतभेद उत्पन्न करने का प्रयास कर रहे हैं।[६३] स्वराज्य दल ने बंगाल, मध्यप्रांत और केन्द्र में सरकार को अपनी अवरोध नीति द्वारा संकटपूर्ण स्थिति में डाल दिया। अतएव सरकार ने उनपर षडयंत्र का आरोप लगाकर क्रिमिनल लॉ लागू कर दिया। देश में हिन्दू-मुस्लिम दंगों तथा काँग्रेस के दोनों दलों में पूर्ण मतैक्य न होने के कारण सरकार की दमन नीति की गाँधीजी ने कटु आलोचना की।[६४]

स्वराज्य दल की सुदृढ़ स्थिति तथा प्रभाव को देखते हुए प्रांतीय शासन ने एक नया अभियान प्रारंभ किया जिसका उद्देश्य जनता पर से स्वराज्य दल के प्रभाव को कम करना था। इस हेतु स्वराज्य दल के विरुद्ध सरकार द्वारा 'पैम्फलेट' एवं 'लीफ लेटस' प्रकाशित कर जनता में वितरित करवाया गया जिनमें स्वराज्य दल पर यह आरोप लगाया गया था कि बजट के प्रस्ताव को अस्वीकृत करवा कर वह जनहित के कार्यों के क्रियान्वयन में बाधा उत्पन्न कर रही है।[६५]

इस प्रकार गर्वनर ने भी स्वराज्य दल के विरुद्ध प्रचार कार्य में रुचि ली। वस्तुस्थिति तो यह थी कि पूरा शासनतंत्र ही स्वराज्य दल के विरुद्ध प्रचार कार्य में लगा हुआ था। राजनीतिक कार्य हेतु प्रशासनतंत्र के इस दुरुपयोग को भी सरकार द्वारा उचित ठहराये जाने का प्रयास किया गया। इस संबंध में शासन का तर्क था कि इस प्रकार के प्रचार कार्य का उद्देश्य स्वराज्य दल द्वारा बाधा उत्पन्न

करने वाली नीति के दोषों से मतदाताओं को अवगत करवाना मात्र था। उनके सम्मुख यह स्पष्ट करना था कि स्वराज्य दल की यह नीति प्रान्तीय शासन द्वारा किये जा रहे जनहित के कार्यों पर कुप्रभाव डाल रही थी।[६६]

मध्यप्रांत एवं बरार की सरकार द्वारा राजनीतिक प्रचार का यह कार्य ब्रिटिश प्रशासन की एक अत्यन्त विस्मयकारी घटना थी। यह पहला अवसर था जबकि शासनतंत्र ने जनता तथा मतदाताओं को अपने राजनीतिक प्रचार द्वारा ठीक उसी प्रकार आकर्षित करने का प्रयास किया, जिस प्रकार राजनीतिक दलों द्वारा चुनाव प्रचार के समय जनसाधारण एवं मतदाताओं को अपने राजनीतिक उद्देश्यों की पूर्ति एवं कार्यक्रमों हेतु प्रभावित करने का प्रयास करती है। प्रांत के मुख्य सचिव द्वारा भी समस्त जिलाधिकारियों को एक परिपत्र जारी कर आदेश दिये कि जनसाधारण तथा मतदाताओं के बीच विधायिका में उपस्थित स्वराज्य दल की अवरोध नीति से अवगत कराने के लिए प्रचार कार्य करें।[६७] इस प्रकार स्वराज्य दल के विरुद्ध प्रचार हेतु शासकीय कर्मचारियों का उपयोग किया गया जो सर्वथा अनुचित था। खंडवा में दिये गये गवर्नर फ्रैंकस्ली के भाषण के कुछ अंश भी प्रचार साहित्य के रूप में परिपत्र में उपयोग किया गया जिसमें गवर्नर फ्रैंकस्ली ने स्वराज्य दल द्वारा शासन को पंगु बनाने की नीति की आलोचना करते हुए उसे जनविरोधी निरुपित किया। उन्होंने अपने भाषण में प्रशासन को जनहित में तथा शांति व्यवस्था में बनाए रखने के लिए चलाते रहने का जनता को आश्वासन दिया।[६८] इस प्रकार प्रांत का सचिवालय स्वराज्य दल विरोधी आन्दोलन का केन्द्र तथा नियंत्रण कक्ष बना हुआ था। शासन का विश्वास था कि लिखे हुए शब्दों की अपेक्षा बोले हुए शब्दों का अधिक प्रभाव पड़ता है। अत: शासकीय अधिकारियों को निर्देश दिये गये कि वे अधिक से अधिक स्वराज्य दल विरोधी प्रचार हेतु भाषण देकर सरकारी दृष्टिकोण की व्याख्या करें।[६९]

प्रांतीय सरकार द्वारा स्वराज्य विरोधी प्रचार कार्य को अत्याधिक व्यापक बनाने की दृष्टि से जिला कर्मचारियों को भी आदेश दिया कि यह प्रचार कार्य न केवल नगरों में वरन् ग्रामीण क्षेत्रों में भी किया जाय और जनता को स्वराज्य दल की नीति के दुष्परिणामों से अवगत कराकर उन्हें सचेत किया जाय।[७०] कुछ जिला अधिकारियों द्वारा इन शासकीय आदेशों का अत्याधिक उत्साहपूर्वक पालन किया गया। प्रशासनिक तंत्र को राजनीतिक कार्य हेतु दुरुपयोग किया गया। नरसिंहपुर के जिला अधिकारी बोर्न ने अपने पद का लाभ उठाते हुए काँग्रेस स्वराज्य दल के विरुद्ध प्रचार किया। प्रचार हेतु उन्होंने जिले में 'नरसिंह' नामक एक पत्र भी प्रकाशित किया जिसके प्रकाशन एवं बिक्री हेतु सभी शासकीय कर्मचारियों ने चंदा देकर सहयोग किया। इस समाचार पत्र द्वारा काँग्रेस व स्वराज्य दल के विरुद्ध निरंतर प्रचार किया जाता रहा। इसके अतिरिक्त दरबारों के माध्यम से भी स्वराज्य दल के विरुद्ध प्रचार कार्य किया गया। इन दरबारों के आयोजन में हजारों रुपयों का अपव्यय किया गया। गाड़रवारा के दरबार में ५२०० रुपये, होशंगाबाद दरबार में ६००० रुपये व्यय किये गये। होशंगाबाद दरबार के आयोजन के समय नरसिंहपुर से होशंगाबाद जाने के लिए एक विशेष रेलगाड़ी की व्यवस्था भी की गई।[७१] इन आयोजित दरबारों में असहयोग करने वालों तथा स्वराज्य दल के पक्ष के व्यक्तियों पर भी विभिन्न प्रकार से दबाव डाल कर उनको दंडित किया गया। इस प्रकार मध्यप्रांत का सम्पूर्ण शासनतंत्र स्वराजय दल के विरुद्ध प्रचार-कार्य में संलग्न रहा।[७२] शासन तंत्र द्वारा किये गये प्रचार कार्य के लक्षण

शीघ्र ही परिलक्षित होने लगे। स्वराज्य दल की सुदृढ़ स्थिति तथा प्रभाव को कम करने के उद्देश्य से 'स्वतंत्र दल' के प्रादुर्भाव के साथ अनेक जिलों में स्वराज्य दल विरोधी संगठन स्थापित किये गये।[७३] छत्तीसगढ़ में एक 'इंडिपेंडेट-लीग' की स्थापना की गई जिसकी अनेक शाखायें प्रभावशाली नेताओं के संरक्षण में स्थापित की गई। बरार में भी ब्राह्मण विरोधी आन्दोलन 'मराठा एग्रीकल्चर लीग' के रूप में सामने आया।[७४]

इधर स्वराज्य दल द्वारा भी स्थानीय संस्थाओं तथा काँग्रेस पर प्रभाव स्थापित करने का निरंतर प्रयास किया जाता रहा, जिसके कारण कुछ जिलों में दोनों दलों के मध्य मतभेद उत्पन्न हो गये। यवतमाल में आयोजित प्रांतीय बैठक में काँग्रेस तथा स्वराज्य दल स्थानीय-काँग्रेस कमेटी में अपने-अपने प्रतिनिधित्व हेतु संघर्ष करते रहे।[७५]

१९२४-२५ के बजट को स्वराज्य दल द्वारा अस्वीकृत कर दिये जाने के कारण बरार में विकास योजनाओं के लागू होने में अवरोध उत्पन्न हो जाने के कारण विभिन्न वर्गों, विशेष कर कृषक वर्ग असंतुष्ट होने लगा जिसका लाभ सरकार को मिला। इस प्रकार की परिस्थितियों के उत्पन्न होने के फलस्वरूप असंतोष और भी अधिक बढ़ने लगा। बरार के स्वराज्यवादियों ने यह अनुभव किया कि कार्यक्रम क्रमश: जन आकर्षण खोने लगा है।[७६]

तत्कालीन स्थिति पर विचार-विमर्श हेतु बरार के स्वराज्य दल के अध्यक्ष तथा विधायक एम.एस. अणे और मराठी मध्यप्रांत के स्वराज्य दल के अध्यक्ष डॉ. मुंजे ने नागपुर में ११ जनवरी १९२५ को एक बैठक का आयोजन किया।[७७] इस प्रकार १९२५ के आरंभ से ही राजनीतिक स्थिति में परिवर्तन के चिन्ह दृष्टिगोचर होने लगे थे जिसका कारण बरार के स्वराज्य दल में अनुक्रियावादी सहयोगी भावना का प्रादुर्भाव होना था। बरार के स्वराज्यवादी यह अनुभव करने लगे थे कि उनके पूर्ण अवरोधात्मक नीति के कारण बरार के क्षेत्रीय हितों पर विपरीत प्रभाव पड़ रहा है। अत: नागपुर तथा बरार के स्वराज्य दल के सदस्यों का एक नया गुट बनता जा रहा था जो स्वराज्य दल के पूर्ण विरोध की नीति से असंतुष्ट होकर 'अनुक्रियावादी सहयोगी' नीति को अपनाकर किसी न किसी रूप में शासन से सहयोग करने के पक्ष में था। इस विचारधारा के सदस्यों की संख्या इस क्षेत्र में निरंतर बढ़ती ही जा रही थी। इस प्रकार स्वराज्य दल के विरुद्ध जो वातावरण निर्मित होता जा रहा था, उसका प्रभाव विधायिका की कार्यवाही पर भी पड़ने लगा था। सहयोग के पक्ष वाला स्वराज्यवादी गुट विधायिका में पूर्ण गतिरोध उत्पन्न करने के स्थान पर शासन से सहयोग करने के पक्ष में था।[७८] इसकी पुष्टि 'प्रजापक्ष' द्वारा ४ जनवरी १९२५ को की गयी टिप्पणी से होती है कि 'स्वराज्य दल ने शासन से जो असहयोग कर रखा है, उससे नौकरशाही को मनमाने व्यवहार की खुली छूट मिल गई। यदि बरार के स्वराज्य दल असहयोग की अपनी नीति में परिवर्तन करें तो सरकार के मनमाने व्यवहार पर अंकुश लगाया जा सकता है।'[७९]

नागपुर और बरार की राजनीति में स्वराज्य दल विरोधी परिवर्तन के चिन्ह नगरपालिका के चुनाव परिणाम में भी परिलक्षित हुए। दिसंबर १९२४ में नागपुर नगरपालिका के चुनाव में केवल ८ स्थान ही स्वराज्य दल को प्राप्त हुए। गाँधीवादियों को २ तथा 'स्वतंत्र' उम्मीदवारों को २३ स्थान प्राप्त हुए। चुनाव अभियान में नरम और स्वतंत्र उम्मीदवार दोनों प्रभावी रहे। हिन्दुस्तानी मध्यप्रांत के नरसिंहपुर जिले में नगरपालिका चुनाव में भी उदार दल तथा स्वतंत्र उम्मीदवारों का मतदान केन्द्रों पर

एकाधिकार बना रहा तथा वहाँ भी स्वराज्य दल के एक भी प्रत्याशी को स्थान प्राप्त न हो सका।[८०] फरवरी १९२५ में बरार में स्थानीय मंडल के चुनाव में स्वराज्य दल को गंभीर पराजय का सामना करना पड़ा। अमरावती में भी विधायिका परिषद् के एक रिक्त स्थान के उपचुनाव में स्वराज्य दल का प्रत्याशी गैर ब्राह्मण सदस्य से पराजित हुआ। इस परिस्थिति तथा स्वराज्य दल के कार्यों पर विचार विमर्श हेतु १५ फरवरी १९२५ को एक उपसमिति का गठन किया गया। देशबंधु चितरंजनदास, मोतीलाल नेहरू, एम.एस. अणे, बैरिस्टर अभ्यंकर, ताँबे, घनश्याम सिंह गुप्त, डॉ. बी.एस. मुंजे और डॉ. खरे इस समिति के सदस्य थे। समिति ने ५ मार्च १९२५ को अपनी रिपोर्ट में मंत्रिमंडल बनाने में सहयोग न देने और कौंसिल के सरकारी कार्यों में रुकावट डालने की घोषणा की।[८२]

जब विधायिका का नया सत्र ३ मार्च १९२५ को प्रारंभ हुआ तब गवर्नर ने प्रांत में निर्मित नये वातावरण की ओर संकेत करते हुए कहा कि 'यद्यपि इस प्रांत में विधायिका के बहुमत प्राप्त दल ने अपने संवैधानिक उत्तरदायित्व को ग्रहण करना अस्वीकार कर दिया था परंतु अब यह आशा की जाती है कि स्वराज्य दल के सदस्य अपने उत्तरदायित्व को समझेंगे और न केवल प्रांत के बजट को पारित करेंगे वरन् मंत्रियों के प्रस्तावित वेतन को भी अपनी स्वीकृति देंगे।[८३] सरकार को सहयोग देने की बात से नागपुर एवं बरार के स्वराज्य दल में फूट पड़ जाने के कारण गवर्नर फ्रैंकस्ली को यह आशा हो गई कि इस फूट से शीघ्र ही स्वराज्य दल की एकता भंग हो जायेगी और 'अनुक्रियावादी सहयोग' की विचारधारा वाले विधायिका के अन्य सदस्यों के साथ मिलकर प्रांत में द्वैध-शासन के क्रियान्वयन में सहयोग देने लगेंगे परंतु सरकार की यह आशा फलीभूत नहीं हो पा रही थी। नागपुर और बरार के अधिकांश स्वराज्य दल के सदस्यों के मन में सरकार के प्रति अनुक्रियावादी सहयोग की भावना थी परंतु कार्य रूप करने का वे अभी नैतिक साहस नहीं जुटा पा रहे थे।[८४]

अतः १३ मार्च १९२५ को विधायिका में जब बजट प्रस्तुत किया गया तब सरकार द्वारा प्रांत के प्रत्येक मंत्रियों का वेतन ४००० रुपये किये जाने का प्रस्ताव किया गया परंतु स्वराज्य दल ने अनेक कटौतियां कर मंत्रियों का वेतन दो रुपये मात्र कर दिया। इस प्रस्ताव पर ३७ मतों के विरुद्ध २८ मत डाले गये। इस प्रकार पुनः मंत्रियों के वेतन को स्वीकृति प्राप्त न हो सकी।[८५]

उल्लेखनीय है कि १९२४ में स्वराज्य दल द्वारा सम्पूर्ण बजट को बिना उस पर विचार किये अस्वीकृत कर दिया था परंतु १९२५ में बजट के प्रस्ताव पर विचार कर विभिन्न व्ययों में कटौती का प्रस्ताव पारित किया गया। १९२५-२६ के बजट में ५,२३,९१,३५३ रुपये की माँग का प्रस्ताव प्रशासनिक कार्यों हेतु रखा गया था परंतु विधायिका ने इस राशि में से १२,०२,६३३ रुपयों की कटौती की। कटौती के संबंध में स्वराज्य दल वालों का तर्क था कि बजट की जिन माँगों में कटौती की गई थी वह अवांछनीय व्यय थे। इस प्रकार स्वराज्य दल की नीति में आंशिक परिवर्तन हो गया था। कुछ स्वराज्यवादियों द्वारा स्पष्टतः कहा गया कि वे इस कटौती द्वारा शासन से कहना चाहते है कि वे संबंधित विभागों के प्रति अपनी शासकीय नीति में आवश्यक परिवर्तन करें।[८६]

इस समय गवर्नर को हस्तांतरित विभागों के प्रशासन का कार्यभार वहन करना पड़ रहा था परंतु गवर्नर ने अभी तक हस्तांतरित विषयों के प्रशासन को स्थगित न करते हुए इस आशय से संचालित रखा कि स्वराज्य दल की नीति में परिवर्तन किया जायेगा।[८७] दूसरी ओर स्वराज्य दल के एक गुट में अनुक्रियावादी सहयोग का विचार तो था परंतु वे अभी इस विचार को क्रियान्वित करने का साहस नहीं

कर पाये थे तथा अभी भी स्वराज्य दल की बहुमत वाली विधायिका प्रांत में मंत्रिमंडल के गठन के पक्ष में नहीं थी और न ही किसी अन्य दल को मंत्रिमंडल के कार्य करने देना चाहती थी। अत: हस्तांतरित विषय के अन्तर्गत आने वाली सामान्य प्रशासन-विभाग के व्यय की माँग जो मुख्यत: मंत्रियों के वेतन एवं भत्ते हेतु प्रस्तुत की गई थी, विधायिका में ९८,९९८ रुपये की कटौती कर दी गई। गवर्नर इस कटौती को प्रमाणित नहीं कर सकते थे। अत: इस वर्ष भी कोई मंत्री नियुक्त नहीं किया जा सका।[८८]

जिन दिनों महात्मा गाँधी बंगाल का दौरा कर रहे थे इसी बीच अचानक १६ जून १९२५ को चितरंजन दास की दार्जलिंग में जहाँ वे स्वास्थ्य लाभ के लिए गये थे, मृत्यु हो गई।[८९] देशबंधु चितरंजनदास की मृत्यु हो जाने के कारण स्वराज्य दल के अध्यक्ष पद पर मोतीलाल नेहरू चुने गये।[९०] १० जुलाई को बर्केन्हेंड की घोषणा ने सारी आशाओं पर पानी फेर दिया। गाँधीजी ने आलोचना करते हुए कहा कि यह घोषणा हमें अपने घर को व्यवस्थित कर लेने का नोटिस देती हैं।[९१] अत: उन्होंने स्वराज्य दल के अध्यक्ष मोतीलाल नेहरू को पत्र लिखकर कहा कि- 'मुझे लगता है कि गत वर्ष किये गये समझौते (गाँधी-दास-समझौता) की शर्तों से मैं स्वराज्य दल को मुक्त कर दूं, मैं इसे स्वीकार करता हूँ कि उस घोषणा से जो स्थिति उत्पन्न हुई है, उसको ध्यान में रखकर स्वराज्य दल के अधिकार और प्रभाव में वृद्धि की जानी चाहिए।'[९२] गाँधीजी की इस घोषणा से अपरिवर्तनवादी घबरा गये परंतु उन्होंने काँग्रेस के अन्तर्गत 'अखिल भारतीय चरखा संघ' की स्थापना कर विरोध को समाप्त कर दिया और यह कहा कि देश में दोनों कार्यक्रमों-कौंसिल प्रवेश तथा चरखा-चलाने के लिए बहुत है।[९३]

दूसरी ओर, ३ अगस्त १९२५ को विधायिका सत्र के प्रारंभ होने पर अपने भाषण में गवर्नर ने स्वराज्य दल से मंत्रिमंडल के गठन की समस्या पर पुर्नविचार करने का अनुरोध करते हुए कहा कि 'यदि स्वराज्य दल मंत्री पद स्वीकार करने की सहमति दे तो सरकार मंत्रियों के वेतन संबंधी एक पूरक बजट विधायिका में प्रस्तुत करने हेतु तैयार है।'[९४] यद्यपि बी.जी. खापरडे मंत्रिमंडल बनाने के पक्ष में थे परंतु हिन्दुस्तानी एवं मराठी मध्यप्रांत के स्वराज्यवादी इसके पक्ष में नहीं थे। अत: मंत्रिमंडल का गठन नहीं हो सकता था। इधर सरकार ने मंत्रियों के वेतन हेतु विधायिका के सम्मुख पूरक बजट का प्रस्ताव प्रस्तुत किया परंतु बरार के स्वराज्यवादियों में अनुक्रियावादी सहयोग की भावना प्रबल होने के कारण पदों को ग्रहण करने की इच्छा रखने वालों की संख्या में निरंतर वृद्धि होती जा रही थी। इस प्रकार एकीकृत स्वराज्य दल में विभाजन के लक्षण परिलक्षित होने लगे।[९५]

यद्यपि स्वराज्य दल की निरंतर अवरोध की नीति जनहित की दृष्टि से लाभदायक सिद्ध न हो सकी थी। अत: स्वराज्य दल के कुछ सदस्यों द्वारा स्वराज्य दल के कार्यक्रम में क्रमिक परिवर्तन की माँग उठने लगी जिसकी पुष्टि सुभाषचंद्र बोस के इस कथन से होती है कि- '१९२५ के मध्य स्वराज्य दल की मूल अवरोध नीति में क्रमिक परिवर्तन होता गया।'[९६] एम.आर. जयकर को यह शिकायत थी कि 'निरंतर कौंसिल प्रवेश के पक्ष में पैरवी करते रहने से उन्हें जो प्राप्त होना चाहिए वही नहीं हुआ। अत: इस संबंध में परिवर्तन अवश्यसंभावी है। इस परिवर्तन हेतु मेरे मित्रों तथा मुझे बहुत प्रयत्न करना पड़ा। काँग्रेस ने हमारे कार्यों का उल्लेख न कर लोकप्रिय नेताओं को महत्व दिया। अत: इस उपेक्षा के कारण महाराष्ट्र के नेताओं ने भेड़ की खाल में भेड़िया होने का अपयश प्राप्त कर लिया है।'

इस प्रकार सी.आर. दास की मृत्यु के पश्चात् स्वराज्य दल, प्रति-सहयोगी तथा असहयोगी, दो

पक्षों में विभाजित हो गया। स्वराज्य दल में फूट के कारण दल की शक्ति का ह्रास नितांत स्वाभाविक था। १९२५ के अंत में लाला लाजपतराय दल के उपनेता चुने गये।[९७]

पूना के एन.सी. केलकर, बम्बई के एम.आर. जयकर, नागपुर के बी.एस. मुंजे तथा बरार के एम.एस. अणे पहले से ही पदग्रहण करने के पक्ष में थे। बरार स्वराज्य दल के सदस्य एवं हिन्दुस्तानी मध्यप्रांत के डॉ. ई. राघवेन्द्रराव भी मंत्रिमंडल बनाने के पक्ष में थे। अत: मध्यप्रांत तथा बरार में स्वराज्य दल तीन भागों में विभक्त हो गया। हिन्दुस्तानी मध्यप्रांत समूह के नेता डॉ. ई. राघवेन्द्रराव, मराठी मध्यप्रांत समूह के डॉ. बी.एस. मुंजे तथा बरार समूह के नेता एस.व्ही. ताँबे थे।[९८] ८ अक्टूबर १९२५ को स्वराज्य दल में बढ़ती हुई आंतरिक फूट का उस समय विस्फोट हुआ, जब गवर्नर की कार्यकारिणी के सदस्य एम.व्ही. जोशी के सेवा-निवृत्त होने पर बरार स्वराज्य दल के नेता एस.व्ही. ताँबे के द्वारा उस रिक्त स्थान को ग्रहण करना स्वीकार कर लिया गया।[९९]

इस प्रकार १९२५ में गवर्नर की कार्यकारिणी में गृह सदस्य का पद ताँबे द्वारा ग्रहण किये जाने पर स्वराज्य दल की एकता भंग हो गई।[१००] इस घटना से सम्पूर्ण प्रांत में एक राजनीतिक तूफान उठ खड़ा हो गया। ताँबे के इस कार्य को स्वराज्य दल के एक पक्ष ने एक खुली चुनौती के रूप में देखा। ताँबे द्वारा गृह सदस्य का पद स्वीकार करना तथा पूना के एन.सी. केलकर द्वारा बधाई का तार भेजना, बम्बई के एम.आर. जयकर तथा महाराष्ट्र के अनेक नेताओं द्वारा केलकर का समर्थन करना आदि घटनाओं ने स्वराज्य दल के अध्यक्ष मोतीलाल नेहरू को अत्यंत क्रोधित कर दिया[१०१] और 'भेड़ के वेष में भेड़िये' स्वराज्य दल में आ गये हैं, सत्य प्रमाणित हो गया।[१०२] ताँबे प्रान्तीय स्वराज्य दल के अध्यक्ष पद पर प्रचंड बहुमत से निर्वाचित हुए थे तथा स्वराज्य दल के संविधान के अनुसार स्वराज्य दल की कार्यकारिणी परिषद की अनुमति के बिना उन्हें कोई पद स्वीकार नहीं करना चाहिए था।[१०३] एक प्रेस विज्ञप्ति द्वारा ताँबे ने घोषणा की कि 'गवर्नर की कार्यकारिणी परिषद् में गृह-सदस्य का पद उन्होंने व्यक्तिगत रूप से ग्रहण किया है न कि स्वराज्य दल के एक सदस्य के रूप में और न ही स्वराज्य दल के विरोध में।' यद्यपि स्वराज्य दल की सदस्यता से उन्होंने लिखित रूप में त्यागपत्र नहीं दिया परंतु उनका यह पद स्वीकार करना त्यागपत्र देने के बराबर रहा।[१०४] दूसरी ओर, 'महाराष्ट्र देश का एक रोगग्रस्त अंग है, इसे काटकर फेंक देना चाहिए।' मोतीलाल नेहरू के इस कथन ने महाराष्ट्र में दावानल का काम किया और महाराष्ट्र के नेता अत्यंत क्रोधित हो गये।[१०५]

नवम्बर १९२५ को मोतीलाल नेहरू द्वारा तीनों संयुक्त प्रान्तीय स्वराज्य दल की कार्यकारिणी की आपातकलीनं गुप्त बैठक 'तिलक मंदिर' नागपुर में आयोजित की गई जिसमें मोतीलाल नेहरू तथा डॉ. बी.एस. मुंजे के बीच तत्कालीन स्थिति पर लम्बी वार्ता हुई। बैरिस्टर अभ्यंकर ने डॉ. मुंजे, ई. राघवेन्द्रराव तथा दादा साहब खापर्डे के पुत्र बी.जी. खापर्डे के विरुद्ध प्रांत में मंत्रिपद स्वीकार करने के लिए षडयंत्र का आरोप लगाया। तीनों ने आरोप को गलत बताया परंतु अभ्यंकर ने एक पत्र दिखाया जिसमें वे मंत्रिपद के पक्षपाती थे। ८ जनवरी १९२५ को मुंजे द्वारा रेड्डी महोदय को लिखे गये पत्र का आशय था- 'होनेवाले मंत्रियों में मैं नहीं हूँ। उसके लिए उपयुक्त व्यक्ति चुन लिये गये है। एक हिन्दी मध्यप्रांत के गैर-ब्राह्मण सदस्य डॉ. राव तथा दूसरे गैर ब्राह्मण सदस्य देशमुख या बरार के ताँबे होंगे।'

इस स्थिति में कोई परिणाम न निकला और दोनों के मध्य गहरा मतभेद उत्पन्न हो गया क्योंकि डॉ. मुंजे अनुक्रियावादी सहयोग के पक्ष में थे।[१०६]

तत्पश्चात् २ नवम्बर १९२५ को नागपुर में अखिल भारतीय स्वराज्य दल की बैठक आयोजित की गई जिसमें बैरिस्टर अभ्यंकर द्वारा प्रस्तुत प्रस्ताव में ताँबे द्वारा गृह सदस्य का पद स्वीकार किया जाना दल की नीति तथा मर्यादा के विरुद्ध मान कर उसकी भर्त्सना की गई। कार्यकारिणी परिषद् ने ताँबे, केलकर, जयकर आदि को दल से बहिष्कृत किये जाने का प्रस्ताव प्रस्तुत किया जो कि १८ के विरुद्ध ३८ मतों से पारित हो गया। अत: केलकर और जयकर ने त्यागपत्र दे दिया।[१०७] नागपुर की एक आमसभा में मोतीलाल नेहरू ने कहा कि- "ताँबे द्वारा पद स्वीकार किया जाना मंत्रिमंडल बनाने के लिए किये गये कई प्रयत्नों का परिणाम था।" ताँबे के इस कार्य को एम.एस. अणे का गुप्त समर्थन प्राप्त था। एस.व्ही. ताँबे बरार के निवासी थे। अत: बरार-स्वराज्य दल द्वारा आयोजित कार्यकारिणी की बैठक में 'अनुक्रियावादी सहयोग' का प्रस्ताव पारित कर दिया गया।[१०८]

वस्तुत: स्वराज्य दल के संगठन में फूट का बीजारोपण, बरार के स्वराज्यवादियों ने ही किया और मराठी मध्यप्रांत के कुछ प्रभावशाली सदस्यों का भी उन्हें समर्थन प्राप्त था। बरार स्वराज्य दल के सदस्य जो अनुक्रियावादी सहयोगी बन रहे थे। उनका विश्वास था कि शासकीय पदों पर रहकर सरकार की नींव को और भी अधिक प्रभावशाली ढंग से कमजोर कर सकेंगे तथा देश को स्वशासन प्राप्ति की दिशा में अग्रसित कर सकेंगे।[१०९] स्पष्ट था कि बरार के स्वराज्यवादी, स्वराज्य दल के पूर्ण अवरोध नीति से अपने को पृथक कर रहे थे। बरार के स्वराज्यवादियों के इस विचारधारा के फलस्वरूप डॉ. बी.एस. मुंजे तथा एम.एस. अणे ने भी स्वराज्य दल से त्यागपत्र दे दिया।[११०] जयकर और केलकर ने भी संबंधित विधायिका की सदस्यता से त्यागपत्र देने की घोषणा की। फलत: मध्यप्रांत और बरार में स्वराज्य दल दो भागों में विभाजित हो गया। विभाजित दल 'अनुक्रियावादी सहयोगी दल' या 'अनुक्रियावादी सहयोगी दल' कहलाया।[१११]

अनुक्रियावादी सहयोगी दल का स्वराज्य दल से पृथक हो जाने पर दिसंबर १९२५ में सरोजिनी नायडू की अध्यक्षता में आयोजित काँग्रेस के नागपुर अधिवेशन में केन्द्रीय तथा प्रान्तीय विधायिका में काँग्रेस द्वारा स्वराज्य दल को पूर्ण सहयोग देने का प्रस्ताव पारित कर निश्चित किया गया कि १९२६ के चुनाव में स्वराज्य दल, स्वराज्य दल के नाम से नहीं अपितु काँग्रेस के नाम से भाग लेगी।[११२]

मध्यप्रांत की विधायिका का जब बजट सत्र ४ मार्च १९२६ को प्रारंभ हुआ, तब बजट प्रस्ताव में प्रस्तावित मंत्रियों के वेतन को घटाकर दो रुपये मात्र किये जाने का प्रस्ताव पारित किया। डॉ. ई. राघवेन्द्रराव ने नागपुर काँग्रेस के निर्णय के अनुसार घोषणा की कि 'स्वराज्य दल विधायिका की कार्यवाही में भाग न लेकर, सदन से बहिर्गमन करेगा और भविष्य में भी विधायिका का बहिष्कार करेगा'। डॉ. राघवेन्द्रराव की इस घोषणा के पश्चात् उनके नेतृत्व में स्वराज्य दल के अधिकांश सदस्य विधायिका के बाहर चले गये और सदन में कुछ उदारवादी कुछ स्वतंत्र सदस्य तथा 'अनुक्रियावादी सहयोगी' ही रहे गये।[११३] अत: मध्यप्रांतीय विधायिका से स्वराज्य दल के बर्हिर्गमन के साथ प्रांत में अवरोध की स्थिति उत्पन्न हो गई क्योंकि जब तक हस्तांतरित विषयों के सिवाय अन्य विभागों को सुचारू रूप से चलाने हेतु समुचित आय के स्त्रोत मंत्रियों के हाथों में न सौंपे जावेंगे, तब तक गवर्नर अपने

सचिवों के प्रभाव से मुक्त न हो सकेगा और द्वैध-शासन का कोई अर्थ नहीं होगा।[११४] इस विरोधाभास की स्थिति के कारण प्रांत में द्वैध-शासन को क्रियान्वित रखना कठिन हो गया।[११५] वास्तव में विधायिका में स्वराज्य दल ने द्वैध-शासन को अपनी अवरोध नीति से सफलतापूर्वक भंग कर दिया। परिणामत: २० अगस्त १९२६ को प्रांतीय विधायिका में बहुमत वाले स्वराज्य दल के बर्हिगमन के साथ ही इस प्रांत में द्वैध-शासन व्यवस्था भंग हो गई।[११६]

मध्यप्रांत में द्वैध-शासन व्यवस्था भंग होने के साथ केन्द्रीय एवं प्रांतीय विधायिका परिषद् के नवम्बर १९२६ में चुनाव होना निश्चित हुआ। परिस्थितियों ने स्वराज्य दल को गाँधीजी तथा काँग्रेस के नाम से चुनाव में भाग लेने हेतु प्रेरित किया।[११७] इस प्रकार स्वराज्य दल का कार्यक्रम, काँग्रेस का कार्यक्रम हो गया क्योंकि चुनाव काँग्रेस की ओर से ही लड़े जाने वाले थे। निर्वाचन कार्य की सम्पूर्ण जिम्मेदारी मोतीलाल नेहरू को सौंपी गई। आम चुनाव हेतु काँग्रेस सहित सभी दल सक्रिय हो गये। अनुक्रियावादी सहयोगी नीति के कारण शक्तिशाली स्वराज्य दल में फूट पड़ गई थी। अत: बम्बई में अनुक्रियावादी सहयोगी दल केलकर तथा जयकर के नेतृत्व में, बरार का स्वराज्य दल ताँबे और अणे के नेतृत्व में, स्वराज्य दल से अलग होकर 'अनुक्रियावादी सहयोगी' बन चुके थे। इस प्रकार मराठी मध्यप्रांत और बरार में, डॉ. मुंजे और अणे का 'अनुक्रियावादी सहयोगी गुट' अभ्यंकर और वामनराव जोशी के काँग्रेस दल से अलग होकर चुनावी मैदान में थे।[११८] महाराष्ट्र के समस्त अनुक्रियावादी 'हिन्दू महासभा' के नेता थे। अखिल भारतीय स्तर पर हिन्दू महासभा के मदनमोहन मालवीय तथा लाला लाजपतराय ने 'स्वतंत्र काँग्रेस दल' का गठन किया।

हिन्दुस्तानी मध्यप्रांत में प्रांतीय कौंसिल तथा दिल्ली की भारतीय विधान सभा हेतु संगठन का कार्यभार सेठ गोविंददास तथा द्वारका प्रसाद मिश्र को सौंपा गया।[११९] चुनावी दृष्टि से मध्यप्रांत में कड़ी प्रतिद्वंद्विता थी। मराठी और बरार के नेताओं ने प्रत्यक्ष विद्रोह कर दिया था। तिलक के नाम पर अनेक स्थानों पर कब्जा कर लेने का विश्वास भी था परन्तु हिन्दुस्तानी मध्यप्रांत की स्थिति भिन्न थी। असहयोग आन्दोलन के समय सम्पूर्ण क्षेत्र द्वारा सक्रिय भाग लेने तथा साम्प्रदायिक दंगों के उपरांत भी जनता का झुकाव काँग्रेस की ओर था। राघवेन्द्रराव तथा उनके सहयोगी अनुक्रियावादी सहयोगी दल द्वारा पद स्वीकार करने के पक्षपाती होने के कारण अवसर आने पर अनुक्रियावादी सहयोगी दल से मिल जाने के महत्वाकाँक्षी भी थे। जबलपुर में आयोजित हिन्दुस्तानी मध्यप्रांत की काँग्रेस कार्यकारिणी की प्रथम बैठक में राव द्वारा प्रस्तुत काँग्रेस उम्मीदवारों की सूची, काँग्रेस की सूची से भिन्न थी। राव द्वारा प्रस्तुत सूची में, उन समस्त उम्मीदवारों को सूची से अलग कर दिया गया था जो अनुक्रियावादी सहयोगी दल से हाथ मिलाने को तैयार न थे। द्वारका प्रसाद मिश्र ने जबलपुर की कार्यकारिणी की बैठक की पूरी रिपोर्ट मोतीलाल नेहरू को देकर राघवेन्द्रराव के इरादों के प्रति संदेह प्रकट किया।[१२०] इन परिस्थितियों के फलस्वरूप डॉ. ई. राघवेन्द्रराव ने स्वराज्य दल से अलग होकर मध्यप्रांत में "स्वतंत्र काँग्रेस दल" के नाम से एक नवीन दल का गठन किया। इसमें रविशंकर शुक्ल तथा श्यामसुन्दर भार्गव को भी सम्मिलित करने में वे सफल हुए। डॉ. ई. राघवेन्द्रराव का 'स्वतंत्र-काँग्रेस दल' भी शासन के साथ सहयोग हेतु तत्पर था परंतु इस नये दल का उद्देश्य तथा कार्यक्रम अनुक्रियावादी सहयोगी दल से सर्वथा भिन्न था।[१२१] काँग्रेस की ओर से द्वारका प्रसाद मिश्र, हरिसिंह गौर, सेठ जमनादास, प्रभात चंद्र बोस तथा प्रान्तीय असेम्बली के लिए काशी प्रसाद पांडे, व्यौहार राजेन्द्र सिंह आदि उम्मीदवार थे।[१२२]

वास्तव में १९२६ के चुनाव तक स्वराज्य दल पूर्णत: छिन्न-भिन्न हो चुका था। बरार के अब्राह्मण दल'ने भी चुनाव में भाग लिया।[१२३] १९२६ के निर्वाचन में हिन्दुस्तानी मध्यप्रांत के अतिरिक्त अन्य क्षेत्रों में काँग्रेस दल की स्थिति कमजोर थी। हिन्दुस्तानी मध्यप्रांत में भी उसे राघवेन्द्रराव के स्वतंत्र काँग्रेस दल की चुनौती का सामना करना पड़ रहा था। ऐसी स्थिति में इस प्रांत में काँग्रेस तथा स्वराज्य दल का कोई उज्जवल भविष्य नहीं था।[१२४]

इस प्रकार १९२६ में सम्पन्न होनेवाले चुनाव में स्वराज्य दल, अनुक्रियावादी सहयोगी दल, काँग्रेस स्वतंत्र दल, सत्य शोधक मंडल के नाम से लड़ने वाला अब्राह्मण दल, ब्राह्मण-मारवाड़ी-विरोधी दल, मुस्लिम लीग तथा उदार दल आदि ने भाग लिया।[१२५] निर्वाचन परिणाम ने दलों की वास्तविक स्थिति को स्पष्ट कर दिया। मध्यप्रांत और बरार में काँग्रेस दल को १५, अनुक्रियावादी सहयोगी को ११, स्वतंत्र दल को ९, राव के स्वतंत्र काँग्रेस दल ७, मुस्लिम लीग को ७, अब्राह्मण दल को ३, उदारदल को १ स्थान प्राप्त हुए।[१२६] निर्वाचन परिणाम के पश्चात् प्रांत से राजनीतिक सहयोग का वातावरण समाप्त हो गया और विधायिका में 'अनुक्रियावादियों' का स्पष्ट बहुमत हो गया।[१२७]

यद्यपि १९२६ के निर्वाचन में स्वराज्य दल को १९२३ की अपेक्षा बहुत कम सफलता प्राप्त हुई थी तथापि उन्होंने अपने असहयोग नीति द्वारा प्रांत में व्याप्त द्वैध-शासन प्रणाली को ध्वस्त करने में सफल रही और उसके खोखलेपन को स्पष्ट कर दिया। स्वराज्य दल ने आंदोलन के स्थगन से निराश भारतीय जनता में पुन: उत्साह का संचार किया। इस प्रकार परिवर्तनवादियों ने १ जनवरी १९२३ को जो संघर्ष प्रारंभ किया था उसमें उन्हें पूर्ण सफलता मिली। साइमन कमीशन ने भी स्वराज्य दल की प्रशंसा की कि- "स्वराज्य दल एक ऐसा सुसंगठित तथा अनुशासित राजनीतिक दल था जिसके पास एक सुनियोजित कार्यक्रम था।"[१२८]

अनुक्रियावादी-सहयोगी दल
(रिस्पोंसिव-को-आपरेशन दल)

२० अगस्त १९२६ को मध्यप्रांतीय विधायिका से स्वराज्य दल के बर्हिर्गमन के साथ प्रांत में द्वैध-शासन व्यवस्था समाप्त हो गई। हिन्दुस्तानी मध्यप्रांत के निर्वाचित कौंसिल के सदस्य संख्या में अपेक्षाकृत अधिक होते हुए भी उन्होंने मराठी भाषी क्षेत्र के दो सदस्यों डॉ. बी.एस. मुंजे तथा एस.व्ही. ताँबे को मध्यप्रांत और बरार के स्वराज्य दल का नेता चुना। ८ अक्टूबर १९२५ को ताँबे द्वारा गवर्नर की कार्यकारिणी समिति की सदस्यता स्वीकार करने, पूना के एन.सी. केलकर और बम्बई के एम.आर. जयकर द्वारा ताँबे के विश्वासघात का समर्थन किये जाने तथा एम.एस. अणे के मौन अनुमोदन से शक्तिशाली, एकीकृत स्वराज्य दल में फूट पड़ गई। ताँबे का बरार निवासी होने के कारण २६ अक्टूबर १९२५ को बरार स्वराज्य दल की कार्यकारिणी समिति ने सहयोग के पक्ष में एक प्रस्ताव पारित कर दिया। जिससे स्पष्ट हो गया कि महाराष्ट्र, मराठी मध्यप्रांत तथा बरार के स्वराज्य दल के नेताओं ने अपने पूर्व नियोजित योजना के अन्तर्गत ताँबे के गृह सदस्य के पद ग्रहण द्वारा अनुक्रियावादी सहयोगी-नीति की घोषणा कर दी थी।।[१२९]

इस परिवर्तित स्थिति से स्पष्ट परिलक्षित होने लगा कि नागपुर और बरार के स्वराज्य दल में एक नया गुट बन गया था जो स्वराज्य दल के पूर्ण अवरोध-नीति से असंतुष्ट था और अनुक्रियाशील

सहयोगी नीति को अपना कर, किसी न किसी रूप में शासन से सहयोग करने के पक्ष में था।[१३०] बरार के स्वराज्यवादियों का विचार था कि स्वराज्य दल में अवरोधात्मक नीति के कारण बरार की क्षेत्रीय इकाई को ठेस पहुँच रही है।[१३१]

इन परिस्थितियों में गवर्नर फ्रैंकस्ली को यह आशा हो गई कि शीघ्र ही स्वराज्य दल की एकता नष्ट हो जावेगी और अनुक्रियाशील सहयोग के विचारधारा वाले स्वराज्य दल के सदस्य, द्वैध-शासन के क्रियान्वयन में सहयोग देने लगेंगे। दूसरी ओर; स्वराज्य दल द्वारा विधायिका में बजट के प्रस्ताव में अनेक कटौतियाँ कर मंत्रियों के वेतन को मात्र दो रुपये कर दिया गया, जिससे बजट का प्रस्ताव स्वीकृत न हो पाया।[१३२] विधायिका में बहुमत वाली स्वराज्य दल प्रांत में मंत्रिमंडल के गठन के पक्ष में न था और न किसी अन्य दल के मंत्रिमंडल को कार्य करने देने के पक्ष में था। इधर; बरार के स्वराज्य दल के सदस्यों में अनुक्रियाशील सहयोग की भावना विकसित होने के कारण पद ग्रहण करने की इच्छा रखने वालों की संख्या में वृद्धि होती जा रही थी। इस प्रकार स्वराज्य दल का एक गुट सरकार से सहयोग करना चाहता था तो दूसरा वर्ग असहयोग। देशबंधु चितरंजनदास की मृत्यु के पश्चात् यह प्रक्रिया और अधिक तीव्र हो गई और स्वराज्य दल स्पष्ट रूप से 'सहयोगी' और 'असहयोगी' दो पक्षों में विभाजित हो गया।[१३३]

स्वराज्य दल में आंतरिक मतभेद ताँबे द्वारा गवर्नर की कार्यकारिणी की सदस्यता को स्वीकार करने से हुआ क्योंकि बरार तथा मराठी मध्यप्रांत का एक बड़ा भाग ताँबे द्वारा पद ग्रहण का समर्थक था। मोतीलाल द्वारा अपने भाषण में "महाराष्ट्र देश का एक रोगग्रस्त अंग है, उसे काट कर फेंक देना चाहिए" के उद्बोधन से महाराष्ट्र के नेता क्रुद्ध हो गए।[१३४] उसके तुरंत बाद ७ नवम्बर १९२५ में नागपुर की अखिल भारतीय स्वराज्यदल की बैठक में बैरिस्टर अभ्यंकर द्वारा प्रस्तुत प्रस्ताव में ताँबे द्वारा 'गृह-सदस्य' का पद स्वीकार किये जाने की भर्त्सना की गई। कार्यकारिणी द्वारा ताँबे, केलकर तथा जयकर को दल से बहिष्कृत करने का प्रस्ताव सर्वसम्मति से पारित किया गया। केलकर और जयकर ने दल से त्यागपत्र देने की घोषणा कर दी।[१३५] उसके तुरंत बाद डॉ. बी.एस. मुंजे तथा एम.एस. अणे ने भी स्वराज्य दल से त्यागपत्र देकर 'अनुक्रियावादी सहयोगी' नामक एक नये दल का गठन किया।[१३६] विभाजित दल अनुक्रियावादी सहयोगी दल कहलाया। नवगठित दल की पहली बैठक अकोला में एम.आर. जयकर की अध्यक्षता में ४-५ फरवरी १९२६ को आयोजित हुई [१३७] जिसमें में दल के उद्देश्य तथा नीतियों का निर्धारण किया गया। अवरोध नीति समाप्त करने तथा सुधार कार्यक्रम के पक्ष में कार्य करने के प्रस्ताव पारित किये गये।[१३८]

इस दल के पदाधिकारियों में जयकर अध्यक्ष, जे. बापटिष्टा उपाध्याय तथा डी.वी. गोखले सचिव थे। मराठी मध्यप्रांत, बरार तथा महाराष्ट्र के सचिव एम.आर. चोलकर, बी.जी. खापर्डे तथा एल.बी. भोपतकर हुए।[१३९] एक अन्य सभा २१ अप्रैल १९२६ को साबरमती में आयोजित की गई जिसमें एम.आर. जयकर, बी.एस. मुंजे, सरोजिनी देवी, नरसिंह चिंतामणि केलकर, लाला लाजपतराय और एम.एस. अणे ने भाग लिया। इसमें स्वराज्य दल और अनुक्रियावादी सहयोगी दल के मध्य एक समझौता हुआ जिसे 'साबरमती-समझौता' कहते हैं।[१४०] एक अन्य सभा सरदार गृह बम्बई में एम.आर. जयकर की अध्यक्षता में सम्पन्न हुई जिसमें मध्यप्रांत, बम्बई, महाराष्ट्र तथा बरार के सदस्यों ने भाग लेकर साबरमती

समझौते पर विचार-विमर्श कर प्रस्ताव पारित किये। अकोला में आयोजित सभा में अनुक्रियावादी सहयोगी दल के निश्चित किये गये उद्देश्य तथा कार्यक्रम, स्वराज्य दल तथा अनुक्रियावादी सहयोगी दल के बीच किये गये साबरमती समझौते में सुरक्षित न रह सके।[१४१] वास्तव में अनुक्रियावादी सहयोगी दल, स्वराज्य दल से दो प्रमुख बातों में भिन्न था-पहला; विधायिका सभा में शासन के विरुद्ध असहयोगात्मक नीति अपनाने तथा दूसरे; काँग्रेस तथा स्वराज्य दल का मुस्लिम वर्ग के प्रति पक्षपातपूर्ण रूख अपनाये जाने के विरुद्ध था।[१४२]

अनुक्रियावादी सहयोगी दल ने एन.सी. केलकर और एम.आर. जयकर के नेतृत्व में महाराष्ट्र में, एम.एस. अणे तथा एस.व्ही. ताँबे के नेतृत्व में बरार में, बी.एस. मुंजे के नेतृत्व में नागपुर तथा सम्पूर्ण मराठी भाषी क्षेत्र में कार्य करने लगा।[१४३] मदनमोहन मालवीय और पंजाब के लाला लाजपतराय भी इसमें सम्मिलित हो गये जिससे यह दल काँग्रेस के समक्ष अधिक शक्तिशाली हो गया[१४४] और मराठी मध्यप्रांत और बरार में अपने आप को स्थापित कर लिया।[१४५] हिन्दुस्तानी मध्यप्रांत में डॉ. ई. राघवेंद्रराव ने भी स्वराज्य दल से त्यागपत्र देकर एक नया दल 'स्वतंत्र काँग्रेस दल' का गठन किया जो शासन से सहयोग हेतु तत्पर था। अपने नये दल के उद्देश्य को स्पष्ट करते हुए डॉ. ई. राघवेन्द्रराव ने कहा कि "निर्वाचन में प्रांतीय सरकार का रूख अनुक्रियावादियों के प्रति संतोषजनक रहा और मंत्रियों को उत्तरदायित्व वहन करने का अवसर प्राप्त हुआ तो उनका दल मंत्रिमंडल में सम्मिलित होने पर विचार करेगा।"[१४६]

इन्हीं परिस्थितियों में मध्यप्रांत और बरार के विधायिका परिषद् के चुनाव ९ नवम्बर १९२६ को सम्पन्न हुए।[१४७] चुनाव परिणाम के अनुसार काँग्रेस को १५, अनुक्रियावादी सहयोगी दल को ११, स्वतंत्र काँग्रेस दल को ७, अब्राह्मण दल को ३, स्वतंत्र दल को ९, उदार दल को १ तथा मुस्लिम लीग को ७ स्थान प्राप्त हुए।[१४८] निर्वाचन परिणामों से प्रमाणित होता है कि प्रांत में अधिकांश स्थान अनुक्रियावादियों को प्राप्त हुए। फलस्वरूप प्रांत की राजनीति से असहयोग का वातावरण समाप्त हो गया और विधायिका में 'अनुक्रियावादियों' का बहुमत हो गया। डॉ. बी.एस. मुंजे को अनुक्रियावादी सहयोगी दल, स्वतंत्र, अब्राह्मण तथा राव के स्वतंत्र काँग्रेस दल को संगठित करने का अवसर प्राप्त हुआ।[१४९]

प्रांत में द्वैध-शासन की पुर्नस्थापना में डॉ. बी.एस. मुंजे ने महत्वपूर्ण भूमिका निभायी। एक "संयुक्त विधायक दल" के गठन की योजना बनायी जिसके नेतृत्व का भार डॉ. ई. राघवेन्द्रराव को सौंपे जाने का विचार किया गया। डॉ. मुंजे का विचार था कि विधायिका में उपस्थित सभी 'अनुक्रियावादियों' को मिलाकर एक दल के रूप में संगठित कर लिया जाय जिससे विधायिका को मंत्रिमंडल से सहयोग प्राप्त करने में सुविधा हो सके। इस विचार के अनुसार डॉ. मुंजे ने विधायिका में उपस्थित बरार एवं नागपुर के 'अनुक्रियावादी सहयोगी दल' तथा हिन्दुस्तानी मध्यप्रांत के 'स्वतंत्र-काँग्रेस दल' को मिलाकर 'यूनाइटेड-नेशनलिस्ट दल' (संयुक्त विधायिका दल) नामक एक नये दल का गठन किया।[१५०] इस दल के निर्माण के साथ ही मध्यप्रांत और बरार में पुन: द्वैध-शासन की स्थापना हो गई। यह पुनर्स्थापित शासन व्यवस्था १९२७ से १९३६ तक लगभग एक दशक तक कार्य करती रही परंतु विधायिका में उपस्थित विभिन्न दलों की आंतरिक राजनीति के कारण सुचारु रूप से कार्य न कर सकी। इस अवधि में मध्यप्रांत और बरार में हस्तांतरित विषयों के प्रशासन में विभिन्न राजनीतिक दलों के

आंतरिक संघर्षों एवं वैमनस्य का निरंतर प्रभाव बना रहा। विधायिका में 'यूनाइटेड नेशनलिस्ट दल' के गठन के समय यह निश्चित किया गया कि अनुक्रियावादी सहयोगी दल एवं स्वतंत्र-काँग्रेस दल के सदस्यों को मंत्रिपद तथा 'सत्य शोधक दल' के नेता एस.एम. चिटनवीस को विधायिका का अध्यक्ष बनाया जावेगा।[१५१] इस नये दल को मुस्लिम सदस्यों का समर्थन भी प्राप्त हो गया। इस समझौते के फलस्वरूप स्वराज्य दल विधायिका में अकेला रह गया।[१५२]

दूसरी ओर; देश में सम्प्रदायवाद तथा हिन्दू-मुस्लिम दंगे प्रारंभ हो चुके थे। कट्टर साम्राज्यवादी तथा भारतीय स्वतंत्रता का प्रबल शत्रु ब्रर्केन्हेड भारत में राष्ट्रीय आन्दोलन को नई स्फूर्ति प्रदान करने का माध्यम बना। १९२७ में श्वेत साइमन कमीशन की नियुक्ति की घोषणा भारतीयों के लिए चुनौती बन गई थी। सभी प्रांतों के विधान सभाओं ने साइमन कमीशन के साथ सहयोग न कर उसका बहिष्कार करने का निश्चय किया।[१५३]

मध्यप्रांत की विधायिका परिषद् का नया सत्र का जनवरी १९२७ में आयोजित हुआ। विधायिका में इस नवगठित दल ने मंत्रियों के वेतन के प्रस्ताव को बहुमत से पारित कर दिया। यह प्रस्ताव १६ के विरुद्ध ५५ मतों से पारित हो गया।[१५४] प्रांत की नई राजनीतिक स्थिति पर टिप्पणी करते हुए 'हितवाद' ने लिखा कि 'मंत्रियों के वेतन पर मतदान किये जाने के निर्णय से प्रांत के राजनीतिक इतिहास में एक नया अध्याय प्रारंभ हुआ, बाधा पहुँचाने का युग समाप्त हो चुका था और प्रांत में पूर्ण आशा एवं विश्वास के साथ एक नया युग प्रारंभ हुआ।'[१५५] गवर्नर के आमंत्रण पर डॉ. ई. राघवेन्द्रराव तथा रामराव माधवराव देशमुख ने मंत्रिमंडल बनाने की स्वीकृति दे दी। अत: पुनर्स्थापित द्वैध-शासन व्यवस्था में शासकीय सदस्यों के समर्थन से डॉ. ई. राघवेन्द्रराव तथा आर.एम. देशमुख को मंत्री पद प्राप्त हुए। उन्होंने ११ फरवरी १९२७ को मंत्रिपद संभाल लिया।[१५६] डॉ. ई. राघवेन्द्रराव को शिक्षा तथा आर. एम. देशमुख को स्थानीय-स्वशासन विभाग सौंपा गया।[१५७]

उस समय प्रांत का नेतृत्व करने वाले डॉ. बी.एस. मुंजे के केन्द्रीय विधायिका में चले जाने के कारण डॉ. ई. राघवेन्द्रराव प्रांत के प्रमुख राजनीतिक नेता बने हुए थे। डॉ. ई. राघवेन्द्रराव के इस नेतृत्व के पीछे उनकी प्रशासनिक योग्यता तथा गवर्नर मॉन्टेग्यू बटलर से उनकी मैत्री तथा घनिष्ठता थी। राव ने मांटेग्यू बटलर को अपनी राजभक्ति और कौंसिल में हेरफेर करने की कुशलता से प्रभावित करने में सफलता प्राप्त कर ली थी। मांटेग्यू बटलर का विचार था कि डॉ. ई. राघवेन्द्रराव के बिना मध्यप्रांत में कोई भी मंत्रिमंडल सफल नहीं हो सकता।[१५८]

यद्यपि डॉ. मुंजे द्वारा विधायिका में उपस्थित विभिन्न राजनीतिक दलों को 'यूनाइटेड नेशनालिस्ट दल' के रूप में संगठित करने का प्रयास किया गया था परंतु इस प्रयास के बाद भी इस दल के सदस्यों में गंभीर मतभेदों के कारण संघर्ष की पूर्ण संभावना बनी हुई थी। प्रांतीय सरकार की राजधानी नागपुर मराठी क्षेत्र में थी, जहाँ ब्राह्मण तथा अब्राह्मण संघर्ष का एक लम्बा इतिहास था। अत: राव को अपनी ब्राह्मण विरोधी भावना को प्रश्रय देने का अवसर प्राप्त हो गया। मुंजे के सुझाव पर जो स्वयं ब्राह्मण थे, नये मंत्रिमंडल में बरार के अब्राह्मण आर.एम. देशमुख को अपना सहयोगी बनाया। देशमुख महाराष्ट्र के भट्ठाइ अब्राह्मण गुट के थे और काफी दमदार नेता होने के कारण उनमें परस्पर मतभेद उत्पन्न होने में अधिक समय नहीं लगा।[१५९] 'सिम आयोग' द्वारा प्रस्तावित अनुपात न दिये जाने के कारण, बरार

के सदस्यों में रोष था। उनका विचार था कि प्रांत का यह नया मंत्रिमंडल बरार के प्रति किये गये इस अन्याय को दूर करें परंतु इस प्रश्न को लेकर बरार और हिन्दुस्तानी मध्यप्रांत के सभी दलों के सदस्यों के मध्य मतभेद था। इस दल की एकता केवल इस बात में निहित थी कि हिन्दुस्तानी मध्यप्रांत के सभी सदस्य 'सिम आयोग' की अनुशंसा को उसी रूप में क्रियान्वित करना चाहते थे जिस रूप में वह थीं। उसमें किसी प्रकार के परिवर्तन के पक्ष में नहीं थे। इस दल के पास अपना कोई स्पष्ट कार्यक्रम न होने के कारण इसका गठन निर्वाचन के पश्चात् हुआ। इस दल के सदस्य नेशनालिस्ट दल के कार्यक्रम के आधार पर नहीं अपितु विभिन्न दलों की टिकटों पर चुनाव जीत कर आये थे। अत: इस 'संयुक्त-नेशनालिस्ट दल' द्वारा समर्थन प्राप्त मंत्रिमंडल में संकट उत्पन्न होने की संभावना बनी हुई थी। ऐसी स्थिति में प्रारंभ से ही 'नेशनालिस्ट दल' द्वारा समर्थित मंत्रिमंडल में संकट उत्पन्न होने तथा पतन की पूर्ण संभावना निहित थी।[१५९ए] इस संदर्भ में 'हितवाद' ने टिप्पणी करते हुए लिखा कि 'यद्यपि यह दल विधायिका में सबसे बड़ा दल था, परंतु यह विभिन्न विचारों के प्रतिनिधियों का एक संगठन मात्र था।'[१६०] इस प्रकार तीन वर्षों में तीन मंत्रिमंडल बने।

इस मंत्रिमंडल के गठन के बाद से ही डॉ. ई. राघवेन्द्रराव एवं आर.एम. देशमुख के मध्य तनाव स्पष्ट परिलक्षित होने लगा जिसका प्रमुख कारण आर.एम. देशमुख द्वारा अपने विभाग में जो नियुक्तियाँ की जा रही थी उससे मुस्लिम, अब्राह्मण एवं 'दलित वर्ग' असंतुष्ट होता जा रहा था। दूसरी ओर; बरार की समस्या थी।[१६१] दोनों मंत्री अपने-अपने विभागों से असंतुष्ट थे। आर.एम. देशमुख जिन्हें स्थानीय स्वशासन विभाग प्राप्त हुआ था परंतु वे शिक्षा-विभाग प्राप्त करना चाहते थे और डॉ. ई. राघवेन्द्रराव जिन्हें शिक्षा विभाग प्राप्त था, वे स्थानीय-स्वशासन विभाग प्राप्त करना चाहते थे।[१६२] जब आर.एम. देशमुख के सम्मुख यह स्पष्ट होने लगा कि शिक्षा विभाग उन्हें प्राप्त नहीं हो सकता तो उन्होंने यह प्रस्ताव रखा कि शासन का उत्तरदायित्व क्षेत्र के आधार पर बाँटा जाय अर्थात आर.एम. देशमुख को नागपुर एवं बरार तथा डॉ. ई. राघवेन्द्रराव को हिन्दुस्तानी मध्यप्रांत का क्षेत्र प्राप्त हो जाय जहाँ वे स्वतंत्रता पूर्वक प्रत्येक विभाग का प्रशासन कर सके। इससे प्रशासनिक कठिनाईयाँ उत्पन्न हो जाने की आशंका से राघवेन्द्रराव ने इसे स्वीकार नहीं किया।[१६३] इससे स्पष्ट था कि मंत्रिमंडल के इस विभाजन से दोनों मंत्री असंतुष्ट थे परंतु राघवेन्द्रराव तथा देशमुख दोनों ने इस बात को स्वीकार किया कि राजनीतिक संतुलन हेतु यह परिवर्तन आवश्यक था परंतु दोनों मंत्रियों में व्यवहारिक रूप से हस्तांतरित विभागों के संबंध में संयुक्त उत्तरदायित्व के सिद्धांत पर कार्य करना असंभव हो गया था और दोनों मंत्रियों का मतभेद अब जनचर्चा का विषय बन चुका था।[१६४] इस संबंध में 'हितवाद' ने टिप्पणी करते हुए लिखा कि- "प्रशासन में संयुक्त उत्तरदायित्व के सिद्धांत के अनुसार दोनों मंत्रियों में जितना विचार-विमर्श हुआ, उससे कहीं अधिक सुरक्षित तथा हस्तांतरित विषयों पर, विधायिका-परिषद् के सदस्यों और मंत्रियों के बीच विचार-विमर्श हो रहा था।"[१६५]

अत: दोनों मंत्रियों के मतभेद ने मंत्रिमंडल को पतन के निकट ला दिया। अब मराठी भाषी क्षेत्र के अनुक्रियावादी सहयोगी दल ने बजट की माँग पर प्रहार करना प्रारंभ कर दिया।[१६६] दूसरी ओर; हिन्दी भाषी क्षेत्र के अनुक्रियावादी सहयोगी दल के सदस्यों ने हिन्दी क्षेत्र के हितों की अवहेलना का आरोप लगाते हुए विधायिका तथा विधायिका के बाहर प्रशासन की आलोचना करना प्रारंभ कर दिया[१६७] जिससे यह आंतरिक-संघर्ष तीव्र होता गया और उस समय अपनी चरम सीमा पर पहुँच गया, जब भाषा

के आधार पर प्रांत को बाँटने की माँग उठने लगी। विधायिका के सदस्य, हिन्दी तथा मराठी भाषी क्षेत्रों को भाषा के आधार पर बाँटने की माँग करने लगे। इस विवाद को समाप्त करने के लिए डॉ. मुंजे द्वारा हस्तक्षेप किया गया। फलस्वरूप प्रांत के विभाजन का प्रस्ताव वापस ले लिया गया। मुंजे के हस्तक्षेप से प्रांतीय शासन में उत्पन्न यह संकट कुछ समय के लिए टल गया तथापि दोनों पक्ष (मंत्री) डॉ. ई. राघवेन्द्रराव तथा आर.एम. देशमुख, मंत्रिमंडल से एक दूसरे के निष्कासन हेतु प्रयासरत हो गये। इस दिशा में सबसे पहले डॉ. ई. राघवेन्द्रराव को ही हटाने का प्रयास किया जाने लगा। डॉ. राव के विरुद्ध 'नेशनालिस्ट दल' की सभा में निंदा का प्रस्ताव प्रस्तुत किया गया परंतु यह प्रस्ताव अस्वीकृत हो गया।[१६८] डॉ. राव के विरुद्ध समाचार पत्रों के माध्यम से अमरावती में प्रचार किया जाने लगा। राव विरोधी-अभियान उस समय अपनी चरम सीमा पर पहुच गया, जब अगस्त १९२८ में राव के विरुद्ध अविश्वास का प्रस्ताव प्रस्तुत कर राव को मंत्रिमंडल से हटाने का प्रयास किया गया। परंतु इन सभी प्रयत्नों के बाद भी डॉ राव अपने आप को बचाने में सफल हो गये।[१६९] फलस्वरूप आर.एम. देशमुख को मंत्रिमंडल से उखाड़ फेंकने के लिए राव ने भी देशमुख के विरुद्ध प्रचार अभियान प्रारंभ कर दिया कि देशमुख द्वारा उनके विभागों में की गई नियुक्ति से असंतोष फैल रहा है। अतएव हिन्दी भाषी क्षेत्र से दोनों मंत्रियों के बीच विभागों के पुन: वितरण की माँग उठने लगी जिससे दोनों के बीच कटुता इतनी बढ़ गई कि डॉ. राव ने देशमुख को धमकी देकर पदत्याग हेतु बाध्य किया परंतु डां. राव की धमकी तथा प्रयासों का देशमुख पर कोई प्रभाव नहीं पड़ा।[१७०]

प्रथम प्रयास में असफल होने के पश्चात् राव ने दूसरा कदम उठाते हुए 'स्वतंत्र काँग्रेस दल' के सदस्यों को 'संयुक्त नेशनालिस्ट दल' से अलग कर मुस्लिम, अब्राह्मण तथा दलित वर्ग के सदस्यों को अपनी ओर मिलाकर विधायिका में अपनी स्थिति को सुदृढ़ कर लिया।[१७१] उस समय विधायिका के सभी सदस्य देशमुख के विरुद्ध थे। स्पष्ट था कि यदि देशमुख के विरुद्ध कोई भी प्रस्ताव रखा जाता तो उसे सदस्यों का समर्थन प्राप्त होता। अत: सत्र प्रारंभ होने के पूर्व १४ अगस्त १९२८ को डॉ. राव तथा उनके सहयोगियों ठाकुर छेदीलाल, रायबहादुर पी.सी. बोस तथा एस.एस. भार्गव आदि ने बैठक का आयोजन कर विधायिका में देशमुख के विरुद्ध अविश्वास के प्रस्ताव को प्रस्तुत करने का निश्चय किया।[१७२] देशमुख को इस पूर्व नियोजित षडयंत्र की सूचना प्राप्त हो चुकी थी। फलत: विधायिका का कार्य प्रारंभ होने से पूर्व १८ अगस्त १९२८ को देशमुख द्वारा त्यागपत्र दिये जाने की घोषणा कर त्यागपत्र गवर्नर के सम्मुख प्रेषित किया जिसे गवर्नर ने दूसरे दिन बड़े दुख के साथ स्वीकार कर लिया।[१७३] इसके पश्चात् डॉ. राव के विरुद्ध भी अविश्वास का प्रस्ताव रखा गया परंतु यह प्रस्ताव अस्वीकृत हो गया।[१७४] अगले दिन २१ अगस्त १९२८ को डॉ. ई. राघवेन्द्रराव ने विधायिका में मंत्रीपद से अपने त्यागपत्र की घोषणा करते हुए गवर्नर को इस सूचना के साथ त्यागपत्र भेजा कि 'वे मंत्रिमंडल के पुनर्निर्माण में सहयोग हेतु तत्पर है।'[१७५] इस घटना को लोगों ने बड़ी उत्सुकता से देखा क्योंकि डॉ. राव द्वारा पदत्याग करना आश्चर्यजनक बात थी। लोगों ने यही समझा कि डॉ. राव ने अपने सहयोगी, रामराव देशमुख का अनुकरण किया है।[१७६]

अपना त्यागपत्र प्रस्तुत करने के पश्चात् डॉ. राव ने विधायिका में उपस्थित अपने समर्थकों के साथ 'डेमोक्रेटिक दल' नामक एक नये दल की स्थापना की।[१७७] विधायिका परिषद के भंग होते ही

गवर्नर सर मांटेग्यू बटलर ने २५ अगस्त १९२८ को 'डेमोक्रेटिक दल' के नेता डॉ. राव तथा 'नेशनालिस्ट दल' के नेता बी.जी. खापरडे को मंत्रिमंडल के पुनर्गठन के संबंध में विचार-विमर्श हेतु आमंत्रित किया। खापरडे, डॉ. राव के साथ मिलकर मंत्रिमंडल बनाना नहीं चाहते थे। उन्हें घटनाओं की पुनरावृत्ति का भय था।[१७८] अत: खापर्डे ने गवर्नर को विश्वास दिलाया कि किसी एक दल द्वारा गठित मंत्रिमंडल को बिना दूसरे दल के सहयोग के सफलतापूर्वक कार्य करना संभव नहीं।[१७९] अत: गवर्नर मांटेग्यू बटलर ने डॉ. राव को ही मंत्रिमंडल बनाने के लिए आमंत्रित करते हुए अन्य मंत्रियों के चुनाव का दायित्व भी उन्हें सौंपा।[१८०] राव ने नागपुर के अनुक्रियावादी सहयोगी दल के नेता तुकाराम जयराम केदार को अपना साथी चुना। डॉ. राव के अनुरोध पर गवर्नर ने तुकाराम जयराम केदार को मंत्री नियुक्त किया।[१८१] इस बार डॉ. राव ने शिक्षा, स्थानीय स्वशासन, लोककर्म विभाग, लोक स्वास्थ्य जैसे सभी महत्वपूर्ण विभाग अपने पास रखे। केदार को कृषि तथा आबकारी विभाग दिये।[१८२] इस प्रकार २५ अगस्त १९२८ को पुनर्स्थापित द्वैध-शासन के दूसरे वर्ष प्रांत में दूसरा मंत्रिमंडल गठित हुआ।[१८३]

यद्यपि प्रांत में दूसरी बार मंत्रिमंडल का गठन हुआ तथापि इस मंत्रिमंडल को भी शीघ्र ही विरोधों का सामना करना पड़ा क्योंकि बरार में अनुक्रियावादी सहयोगी दल का बहुमत था और वे मंत्रिमंडल का गठन करना चाहते थे परंतु वे डॉ. राघवेन्द्रराव के नेतृत्व के विरोधी थे। अत: बरार के अनुक्रियावादी सहयोगी दल के सदस्यों द्वारा इस मंत्रिमंडल का विरोध किया जाने लगा। बरार के अनुक्रियावादी सहयोगी दल, राघवेन्द्रराव के बिना ही मंत्रिमंडल के गठन हेतु प्रयासरत था। वे विधायिका के भीतर तथा बाहर, दोनों स्थानों में, राघवेन्द्रराव द्वारा गठित मंत्रिमंडल को उखाड़ फेंकने हेतु प्रेस के माध्यम से सुनियोजित प्रचार कार्य करने लगे। दूसरी ओर, बी.जी. खापरडे विधायिका के भीतर उपस्थित 'डेमोक्रेटिक' तथा उसके विरोधी दलों को डॉ. राव के विरुद्ध संगठित करने में सफल हुए। उन्होंने राव विरोधी तीनों दलों का समर्थन प्राप्त कर लिया।[१८४] इन तीनों दलों में पहला; नागपुर के अनुक्रियावादी सहयोगी दल जो राव तथा केदार दोनों से असंतुष्ट था। दूसरे; काँग्रेस दल की यह महत्वाकांक्षा थी कि अनुक्रियावादी सहयोगी दल, यादवी-संघर्ष में रत हो, एक दूसरे को समाप्त कर द्वैध-शासन व्यवस्था को असफल कर दे। तीसरा विरोधी दल 'मुस्लिम लीग' था जिन्हें अपनी ओर मिलाने के लिए बी.जी. खापरडे ने उनके सदस्यों को मंत्रिमंडल में सम्मिलित करने का आश्वासन दिया। इस प्रकार निरंतर प्रयास कर खापरडे ने विधायिका के अधिकांश सदस्यों को राव के विरुद्ध संगठित कर, पुनर्स्थापित द्वैध-शासन व्यवस्था के अन्तर्गत प्रांत में गठित दूसरे मंत्रिमंडल के पतन हेतु मार्ग प्रशस्त कर दिया।[१८५]

इसके पश्चात् मंत्रिमंडल तथा विरोधी पक्ष के बीच शक्ति परीक्षण हेतु १७ जनवरी १९२९ को काँग्रेस दल के नेता जी.एस. गुप्ता द्वारा विधायिका में 'स्टेट एंड द इंडस्ट्रीज बिल' में कुछ संशोधन के प्रस्ताव, प्रस्तावित किये जो विधायिका में पारित हो गये।[१८६] अत: अध्यक्ष द्वारा डॉ. राव और केदार के विरुद्ध १८ जनवरी १९२९ को अविश्वास के तीन प्रस्तावों की घोषणा की गई। इस प्रकार संशोधित बिल के पारित होने और अविश्वास के प्रस्तावों के कारण उद्योगमंत्री टी.जे. केदार को त्यागपत्र देना पड़ा। संयुक्त उत्तरदायित्व के सिद्धांत के फलस्वरूप डॉ. राव को भी त्यागपत्र देना पड़ा।[१८७]

इस परिवर्तित स्थिति से बाध्य होकर गवर्नर मांटेग्यू बटलर ने दोनों मंत्रियों के त्यागपत्र को

स्वीकार करते हुए घोषणा की कि "प्रांत में जब तक पुन: मंत्रिमंडल का गठन न हो जाय, तब तक अस्थायी रूप से प्रांत के हस्तांतरित विषयों का शासन उनके हाथों में रहेगा। साथ ही इस अवधि में एक नये मंत्रिमंडल के गठन का प्रयास किया जावेगा।"[१८८] अत: ९ फरवरी १९२९ को डिवालूशन रूल्स की धारा-६ के अन्तर्गत दिये गये अधिकारों का उपयोग करते हुए भारत सचिव की अनुमति से गवर्नर जनरल ने एक शासकीय विज्ञप्ति द्वारा मध्यप्रांत में हस्तांतरित विषयों का शासन ९ फरवरी से ३१ मार्च १९२९ तक स्थगित करने की घोषणा की।[१८९] इस प्रकार दूसरे मंत्रिमंडल का भी पतन हो गया।

डॉ. राव के मंत्रिमंडल के पतन के पश्चात् बरार के "अनुक्रियावादी सहयोगी दल" के सदस्यों द्वारा पुन: मंत्रिमंडल बनाने का प्रयास किया गया। १५ जुलाई १९२९ को आर.एम. देशमुख के नेतृत्व में एक नये मंत्रिमंडल का गठन हुआ जिसमें मध्यप्रांतीय नेशनालिस्ट दल के रायबहादुर पी.सी. बोस तथा आर.एम. देशमुख मंत्री नियुक्त किये गये। गवर्नर सर मांटेग्यू बटलर प्रारंभ से ही डॉ. राव के पक्ष में थे परंतु दलगत राजनीति के कारण डॉ. राव के मंत्रिमंडल का भी पतन हो चुका था। यद्यपि खापरडे को डॉ. राव को पदच्युत करने में सफलता प्राप्त हो गई थी परंतु उनकी इच्छा थी कि इस मंत्रिमंडल में एक ऐसा सदस्य हो जिसके प्रति गवर्नर की शुभकामना हो। अत: उन्होंने अपने दल के बाहर के सदस्यों को मंत्रिमंडल में स्थान देने का निश्चय कर पी.सी. बोस को जो जबलपुर के एक वकील थे, मंत्रिमंडल में सम्मिलित कर लिया।[१९०] इस प्रकार अगस्त १९२९ में द्वैध-शासन के तीसरे वर्ष, मध्यप्रांत में तीसरा मंत्रिमंडल बना। इस मंत्रिमंडल में आर.एम. देशमुख को कृषि तथा पी.सी. बोस को शिक्षा-विभाग सौंपा गया।[१९१]

देशमुख के इस नवीन मंत्रिमंडल को गठन के आरंभ से ही अनेक कठिनाईयों का सामना करना पड़ा। इस नवगठित मंत्रिमंडल का कट्टर विरोधी डॉ. राव का 'डेमोक्रेटिक दल' था जिसने २३ अगस्त १९२९ को प्रश्न काल के पश्चात् काँग्रेसी नेता डॉ. खरे द्वारा देशमुख के मंत्रिमंडल के विरुद्ध अविश्वास का प्रस्ताव प्रस्तुत करवाया।[१९२] इस संबंध में उनका तर्क था कि देशमुख द्वारा मंत्रिमंडल का गठन असंवैधानिक है क्योंकि मंत्रियों को विधायिका के सदस्यों का विश्वास तथा बहुमत प्राप्त नहीं है। अत: ऐसी स्थिति में इन मंत्रियों को ब्रिटिश नौकरशाही के हाथों की कठपुतली बनने की अपेक्षा तुरंत पद का त्याग कर देना चाहिए परंतु यह अविश्वास का प्रस्ताव अस्वीकृत कर दिया गया।[१९३] जिस समय विधायिका में विभिन्न राजनीतिक दलों के मध्य आतंरिक कलह चल रहा था, उस समय काँग्रेस दल द्वारा पूर्ण स्वाधीनता तथा सविनय-अवज्ञा आन्दोलन के प्रस्ताव के पारित हो जाने के पश्चात् सम्पूर्ण देश में सविनय अवज्ञा आन्दोलन प्रारंभ हो गया जिसकी प्रतिध्वनि मध्यप्रांत और बरार में भी गूँजने लगी।

२६ जनवरी १९३० को सम्पूर्ण देश में 'स्वतंत्रता दिवस' के रूप में मनाये जाने तथा गाँधीजी द्वारा 'डाँडी यात्रा' तथा 'नमक कानून' के उल्लंघन का व्यापक प्रभाव पड़ा। फलस्वरूप काँग्रेस समितियों को सरकार द्वारा अवैध घोषित कर दिये जाने के कारण प्रत्येक जिले की काँग्रेस समितियाँ, युद्ध समितियों में परिणित हो गई। युद्ध समितियों के गठन तथा विभिन्न नेताओं के पद-त्याग किये जाने पर अनुक्रियावादी सहयोगी दल के नेताओं ने यह अनुभव किया कि इस समय यदि उन्होंने शासन का साथ दिया तो जनसाधारण में वे अलोकप्रिय हो जायेंगे। अतएव इस दिशा में अनुक्रियावादी सहयोगी दल के नेताओं ने आन्दोलन से प्रभावित होकर काँग्रेस का अनुसरण करते हुए, मंत्रिमंडल से त्यागपत्र देने का

निश्चय किया। इस प्रकार सविनय अवज्ञा आन्दोलन ने मंत्रिमंडल के स्थायित्व को भी प्रभावित किया।[१९४]

स्पष्ट था कि आन्दोलन से प्रभावित होकर अनुक्रियावादी सहयोगी दल ने १२ जुलाई १९३० को अपना त्यागपत्र प्रस्तुत कर दिया। इस त्यागपत्र के पीछे अनुक्रियावादी सहयोगी दल का उद्देश्य नवम्बर १९३० में होने वाले आम चुनाव में अपनी स्थिति को सुदृढ़ करना था। अत: आर.एम. देशमुख के इस त्यागपत्र के साथ मध्यप्रांत की विधायिका दल ने बरार में बापूजी अणे के नेतृत्व में 'जंगल सत्याग्रह' प्रारंभ करने की घोषणा की तथा अपने सहयोगियों सहित यवतमाल जिले के पूसद नाम स्थान के संरक्षित जंगलों में घास काटते हुए वे गिरफ्तार कर लिये गये।[१९५] उन्हें छ: मास के कारावास का दंड दिया गया। उनकी गिरफ्तारी के विरोधस्वरूप नगर में पूर्ण हड़ताल रही। स्कूल कॉलेज भी बंद रखे गये।[१९६] इसके पश्चात् बरार में जंगल कानून' भंग किये जाने का क्रम चलता रहा जिसके फलस्वरूप बृजलाल बियाणी, पी.बी. गोले, शिवाजीराव पटवर्धन तथा सोमण आदि नेतागण गिरफ्तार कर लिये गये जिससे सरकार-विरोधी आन्दोलन को और भी अधिक बल मिला।[१९७]

सविनय अवज्ञा आन्दोलन में भाग लेने के बाद भी अनुक्रियावादी सहयोगी दल को १९३० के निर्वाचन में कोई विशेष सफलता प्राप्त न हो सकी और चुनाव के पश्चात् वे विधायिका में वापस न आ सके। आर.एम. देशमुख तथा पी.सी. बोस दोनों पुन: विधायिका में स्थान प्राप्त न कर सके।[१९८] इसके विपरीत आर.एम. देशमुख के प्रबल प्रतिद्वंद्वी पंजाबराव देशमुख उनके निर्वाचन क्षेत्र अमरावती से विजयी हुए जिन्हें 'अब्राह्मण दल' (सत्य शोधक दल) का समर्थन प्राप्त था। इसके तुरंत बाद विधायिका की कार्यवाही १२ जनवरी १९३१ तक स्थगित कर दी गई।[१९९]

निर्वाचन के पश्चात् दिसंबर के प्रथम सप्ताह में आयोजित विधायिका के सदस्यों की एक औपचारिक बैठक में सर शंकरराव चिटनवीस निर्विरोध नेता निर्वाचित हुए। उपाध्यक्ष पद पर बरार-डेमोक्रेटिक तथा नेशनालिस्ट दल के मुस्लिम प्रतिनिधि मुज्जफर हुसैन निर्वाचित हुए।[२००] सभा का अधिकांश समय मंत्रिमंडल के गठन हेतु विचार-विमर्श में व्यतीत हुआ। यद्यपि डॉ. राव को मंत्रिमंडल बनाने में सफलता प्राप्त न हो सकी थी तथापि मध्यप्रांत एवं बरार में काँग्रेस के निर्वाचन-बहिष्कार कार्यक्रम ने डॉ. राव को 'गृह-सदस्य' की हैसियत से प्रांत के शासन हेतु शक्ति अर्जित करने का अवसर प्रदान किया। अपने व्यक्तित्व, व्यक्तिगत संबंधों तथा राजनीतिक प्रभाव के कारण, अक्टूबर १९३० में बरार के एस.व्ही. ताँबे के गृह-सदस्य पद से सेवानिवृत्त होते ही जनवरी १९३१ को गृह सदस्य का पद प्राप्त करने में सफल हुए।[२०१] इस प्रकार डॉ. राव मध्यप्रांतीय राजनीति में अपना प्रभाव जमाने में सफल रहे।[२०२] गृह सदस्य के रूप में हस्तांतरित विषयों के प्रशासन के संबंध में, डॉ. राव मंत्रिमंडल के निर्माण हेतु सदस्यों के चुनाव में व्यस्त हो गये। 'डेमोक्रेटिक दल' के जी.पी. जयसवाल जो जबलपुर के एक वकील थे तथा बरार के 'अब्राह्मण दल' के पंजाबराव देशमुख को अपने प्रबल प्रतिद्वंद्वी रामराव देशमुख के स्थान पर मंत्रिमंडल में सम्मिलित कर लिया।[२०३] इस प्रकार १९३० के निर्वाचन के पश्चात् प्रदेश में पहला मंत्रिमंडल 'डेमोक्रेटिक दल' तथा 'अब्राह्मण दल' को मिलाकर बना। इस मंत्रिमंडल में जी.पी. जयसवाल को उद्योग तथा पंजाबराव देशमुख को शिक्षा-विभाग प्राप्त हुआ।[२०४]

दूसरी ओर, ५ मार्च १९३१ को 'गाँधी इरविन समझौता' द्वारा सविनय अवज्ञा आन्दोलन का प्रथम चरण समाप्त हो गया। प्रांत में उदारवादियों की प्रमुख पत्रिका 'हितवाद' ने 'गाँधी-इरविन समझौते' के

संबंध में लिखा कि 'देश के प्रत्येक वर्ग ने इसे सहर्ष स्वीकार किया।'[२०५] गाँधी-इरविन समझौते के पश्चात् २५ मार्च १९३१ में कराँची में काँग्रेस के पैंतालीसवें अधिवेशन में गाँधीजी काँग्रेस के एकमात्र प्रतिनिधि के रूप में द्वितीय गोलमेज परिषद् में भाग लेने हेतु नियुक्त किये गये किन्तु द्वितीय गोलमेज परिषद् में सम्प्रदायिकता के प्रश्न पर काँग्रेस और मुस्लिम लीग में समझौता न हो सकने के कारण गाँधीजी भारत वापस आ गये।[२०६]

इधर; देशमुख तथा जयसवाल, डेमोक्रेटिक तथा अब्राह्मण दल द्वारा निर्मित मंत्रिमंडल को भी दो बार संकटों का सामना करना पड़ा। १ अगस्त १९३१ को टी.जे. केदार द्वारा 'डेमोक्रेटिक दल' के कुछ सदस्यों को मिलाकर 'पीपुल्स पार्टी' (दल) का गठन किया गया जो इस नवनिर्मित मंत्रीमंडल का विरोधी था।[७९] इस मंत्रिमंडल पर पहला संकट तब आया, जब 'नेशनालिस्ट दल' के नेता बी.जी. खापर्डे तथा टी.जे. केदार के नेतृत्व में उनके समर्थकों द्वारा मंत्रिमंडल के विरुद्ध वातावरण निर्मित कर बजट के प्रस्ताव पर प्रहार किया गया तथा नेशनालिस्ट दल के नेता बी.जी. खापर्डे द्वारा मंत्रिमंडल के विरुद्ध अविश्वास का प्रस्ताव रखा गया। प्रस्ताव का समर्थन डेमोक्रेटिक दल के नेता राव बहादुर के. एस. नायडू द्वारा किया गया। यह प्रस्ताव २४ मतों के विरुद्ध ४० मतों से पराजित हो गया। अत: इस दल को विशेष सफलता प्राप्त न हो सकी।[२०७] इस प्रकार इस मंत्रीमंडल को तीन प्रमुख दलों-नेशनालिस्ट, पीपुल्स तथा डेमोक्रेटिक दल के विरोधों का सामना करना पड़ा।[२०८] उधर; द्वितीय गोलमेज परिषद् की असफलता के कारण सविनय अवज्ञा आन्दोलन का द्वितीय चरण भी प्रारंभ हो चुका था। प्रांत के इस मंत्रिमंडल को दूसरे संकट का सामना १९३३ में करना पड़ा, जब १९३२-३३ में शासकीय नियुक्तियों में मराठी लोगों को प्रमुखता दिये जाने के कारण दोनों मंत्रियों के. सी. नायडू तथा पंजाबराव देशमुख के मध्य मतभेद उत्पन्न हो गये। अत: अब्राह्मण दल एवं डेमोक्रेटिक दल के मिले-जुले समर्थन से इस मंत्रिमंडल पर आक्रमण किया गया।[२०९] बरार के अनुक्रियावादी सहयोगी दल के सदस्य भी इसके साथ गहरी रुचि प्रदर्शित करते हुए, इस गुटबंदी में सम्मिलित होने लगे। इस तरह आंतरिक मतभेदों के फलस्वरूप इस मंत्रिमंडल के भी पतन की पूर्ण संभावना नजर आने लगी। इधर, पंजाबराव देशमुख ने मंत्रिमंडल को भंग करने के उद्देश्य से पहले ही त्याग पत्र दे दिया था।[२१०]

यद्यपि देशमुख ने मंत्रीपद से त्यागपत्र दे दिया था परंतु वे गठित होनेवाले मंत्रिमंडल पर अपना महत्वपूर्ण प्रभाव बनाये रखने के उद्देश्य से त्यागपत्र प्रस्तुत करने के तत्काल बाद ही विधायिका के अनेक सदस्यों को एकत्रित कर उनका समर्थन प्राप्त कर नये मंत्रिमंडल के गठन हेतु प्रयासरत हो गये। गवर्नर हाइड गवान की इच्छा थी कि प्रांत में किसी प्रकार भी द्वैध-शासन कार्य करता रहे। अत: विधायिका के अधिकांश सदस्यों का समर्थन, इस मंत्रिमंडल को प्राप्त होता देखकर गवर्नर ने भी इस मंत्रिमंडल के गठन हेतु अपनी स्वीकृति दे दी।[२११] इस मंत्रिमंडल में देशमुख के मराठी सहयोगी अमरावती के एक युवा वकील वी.बी. चौबाल तथा नागपुर के मुस्लिम बैरिस्टर मोहम्मद युसुफ शरीफ (एम.वाय. शरीफ) थे।[२१२]

इस मंत्रिमंडल को भी शांतिपूर्वक कार्य करने नहीं दिया गया। इसका प्रबल विरोधी अनुक्रियावादी सहयोगी दल ही था जो इस मंत्रिमंडल को उखाड़ फेंकने हेतु प्रयासरत था। इस दल ने अपने उद्देश्य की सफलता के लिए विधायिका में उपस्थित अन्य सदस्यों को अपने पक्ष में कर नये मंत्रिमंडल के गठन तथा

वर्तमान मंत्रिमंडल को उखाड़ फेंकने की रस्साकशी में ७ मार्च १९३४ को प्रांतीय शासन में पुनः राजनीतिक संकट उत्पन्न कर दिया। गवर्नर हाइड गवान तथा इस मंत्रिमंडल के समर्थक सदस्य, इस मंत्रिमंडल को बचाने का हर संभव प्रयास करते रहे।[२१३] हस्तांतरित विषय के शासन के संबंध में ६,३१,९९८ रुपये की माँग का प्रस्ताव ३३ मतों के विरुद्ध ८४ मतों से रद्द कर दिया गया परंतु गवर्नर के समर्थन के कारण विधायिका के मतदान में पराजित होने के पश्चात् भी इस मंत्रिमंडल ने त्यागपत्र नहीं दिया।[२१४]

इस बात से रूष्ट होकर विरोधी पक्ष ने विधायिका में ९ मार्च १९३४ को बैरिस्टर एम.वाय. शरीफ के विरुद्ध अविश्वास का प्रस्ताव प्रस्तुत किया परंतु विधायिका के अध्यक्ष के निर्णायक मत के कारण यह अविश्वास का प्रस्ताव अस्वीकृत कर दिया गया। अविश्वास के प्रस्ताव की अस्वीकृति के तुरंत पश्चात् वी.बी. चौबाल के विरुद्ध अविश्वास का प्रस्ताव, बरार के तिलक समर्थक बी.जी. खापरडे द्वारा प्रस्तुत किया गया जो एक मत से सफल हुआ।[२१५] इस प्रकार नेशनलिस्ट दल तथा डेमोक्रेटिक दल के सहयोग द्वारा इस मंत्रिमंडल को भी उखाड़ फेंकने का यह प्रयास अंततः सफल हुआ। इस मंत्रिमंडल के पतन के पश्चात् प्रांत में बी.जी. खापरडे तथा अब्राम्हण दल के नेता के.एस. नायडू ने मंत्रिमंडल बनाया। इस मंत्रिमंडल को भी निरंतर अनेक संकटों का सामना करना पड़ा परंतु अपनी राजनीतिक सूझबूझ और आंतरिक दलगत जोड़-तोड़ के द्वारा बी.जी. खापर्डे अगले तीन वर्षों अर्थात प्रांतीय स्वशासन की योजना लागू होने तक अपने पद पर बने रहे।[२१६]

ब्रिटिश सरकार ने मध्यप्रांत और बरार में द्वैध-शासन को स्थापित करने तथा उसे स्थायी रूप से प्रशासन का उत्तरदायित्व वहन करने के अनेक प्रयत्न किये किन्तु वह अपने उद्देश्य में सफल नहीं हो सकी। विधानसभा में 'स्वराज्य दल' ने असहयोग की नीति अपना कर द्वैध-शासन प्रणाली को अत्यधिक कमजोर कर दिया था। यद्यपि स्वराज्य दल में विभाजन की स्थिति निर्मित होने से द्वैध-शासन चलता रहा किन्तु वह प्रशासकीय स्थायित्व प्रदान करने में पूर्णतः असफल रहा। विधानसभा में विभिन्न दलों में सत्ता संघर्ष तथा सैद्धांतिक मतभेदों के कारण द्वैध-शासन कारगर प्रमाणित नहीं हो सका। प्रशासकीय शिथिलता के कारण आम जनता को अनेक कठिनाईयों का सामना करना पड़ा। जब १९३० के दशक में गाँधी आन्दोलनों का युग पुनः प्रारंभ हुआ, उस स्थिति में द्वैध-शासन पूर्णतः कमजोर हो गया क्योंकि जन समर्थन पाने के उद्देश्य से अनेक राजनीतिक दल, ब्रिटिश सरकार के प्रति सहयोग की नीति अपनाने के पक्ष में नहीं थे।

संदर्भ

१. डी.पी. मिश्राः लीविंग एन ऐराः पृ. ६०.

२. डॉ. ताराचंद : द हिस्ट्री आफ द फ्रीडम मूव्हमेंट इन इंडियाः भाग-४ पृ. २. तथा होम पोलिटिकल डिपार्टमेंटः फाइल नं. १००/१९२२.

३. मित्राः द इंडियन एनुअल रजिस्टर १९२२-२३ः भाग-१ः पृ. ८५०.

४. डी.पी. मिश्राः लीविंग एन ऐराः पृ. ७०-७१.

५. सुभाष चंद्र बोसः द इंडियन स्ट्रगल १९२०-४२ (बाम्बे-एशिया पब्लिशिंग हाऊस, १९६४) पृ. ७३.

६. एच.डी. गुप्ता: बिल्डर्स आफ मार्डन इंडिया (सी.आर. दास का अध्यक्षीय भाषण:) पृ-७३.

७. वही: पृ. ८८, तथा एच. मुखर्जी: स्ट्रगल फोर फ्रीडम: (बम्बई १९४६) पृ. १३६.

८. डॉ. रामायण प्रसाद: काँग्रेस के १०० वर्ष: पृ. १३.

९. डी.सी. गुप्ता: इंडियन नेशनल मूव्हमेंट: पृ. ११० तथा डी.जी. तेन्दुलकर: महात्मा: खंड-२: पृ. २-३.

१०. शंकर घोष: लीडर्स ऑफ मार्डन इंडिया: पृ. २६१.

११. आर.सी. मजुमदार: स्ट्रगल फोर फ्रीडम: पृ. ३८९.

१२. ए.आई.सी.सी. पेपर्स: सप्लीमेंट फाइल नं. ३५/१९२३.

१३. ग्वायर एवं अप्पादोराई: स्पीचेस एंड डॉक्यूमेंट्स आन द इंडियन कांस्टीट्यूशन (१९२१-४७)
खंड १: पृ. ३.

१४. डी.पी. मिश्रा: द हिस्ट्री आफ द फ्रीडम मूव्हमेंट इन मध्यप्रदेश: पृ. ३२२.

१५. डॉ. ताराचंद: द हिस्ट्री आफ द फ्रीडम मूव्हमेंट इन इंडिया: भाग-४: पृ. ४.

१६. पट्टाभि सीतारमैया: काँग्रेस का इतिहास (हिन्दी अनुवाद) खंड-१: पृ. २०५.

१७. एस.एन. बैनर्जी: ए नेशन इन द मेकिंग: (१९२५): पृ. ३८.

१८. डी.पी. मिश्रा: लीविंग एन ऐरा: पृ. ६१.

१९. डी.पी. मिश्रा: हिस्ट्री आफ द फ्रीडम मूव्हमेंट इन मध्यप्रदेश.: पृ.-३२०.

२०. होम पोलिटिकल डिपार्टमेंट: फाइल नं. ९०/१९२३: पृ. ४५.

२१. होम पोलिटिकल डिपार्टमेंट: फाइल नं. २५/जून/१९२३.

२२. होम पोलिटिकल डिपार्टमेंट: रिपोर्ट आन द पोलिटिकल सिचुएशन इन द सी.पी. एंड बरार: फोर द फर्स्ट एंड सेकंड हाफ आफ मई १९२३: फाइल नं. २५/५/१९२३.

२३. वही: फोर द फर्स्ट हाफ आफ जून १९२३.

२४. ए.आई.सी.सी. पेपर्स: सप्लीमेंट फाइल नं. ३५/१९२३.

२५. डी.ई.यू. बेकर: पोलिटिकल्स इन ए बाय लिंग्यूअल प्रोविन्स: द सी.पी. एंड बरार:
इंडिया १९१९-१९३६ पृ. १३०.

२६. डी.पी. मिश्रा: लीविंग एन ऐरा: पृ. ६४.

२७. होम पोलिटिकल डिपार्टमेंट: फाइल नं. २५/ अक्टूबर/१९२३.

२८. आर.सी. मजुमदार: स्ट्रगल फोर फ्रीडम (भारतीय विद्या भवन बम्बई १९६९): पृ. ३८९.

२९. होम पोलिटिकल डिपार्टमेंट: रिपोर्ट आन द पोलिटिकल सिचुएशन इन द सी.पी.एंड बरार फोर द फर्स्ट हाफ आफ अक्टूबर १९२३.

३०. डी.पी. मिश्रा: द हिस्ट्री आफ फ्रीडम मूव्हमेंट इन मध्यप्रदेश पृ. ३३१.

३१. पी.सी. राय: लाइफ टाइम आफ सी. आर. दास: पृ. २०९, (सी.आर.दास का वक्तव्य)

३२. ए रिव्यू आफ द एडमिनिस्ट्रेशन आफ द सी.पी; एंड बरार १९२३-२४: विभाग-१ पृ-१२

३३. सी.पी. सेक्रेटेरियट: कांफिडेंशियल फाइल नं. ९३-१/१९२७.

३४. डी.पी. मिश्रा: द हिस्ट्री आफ द फ्रीडम मूव्हमेंट इन मध्यप्रदेश: पृ. ३३१.

३५. डी.पी. मिश्रा: लीविंग एन ऐरा: पृ. ६६.

३६. ए रिव्यू आफ द एडमिनिस्ट्रेशन आफ द सी.पी; एंड बरार १९२३-२४: विभाग-१ पृ-१२-१३.

३७. डी.पी. मिश्रा: द हिस्ट्री आफ द फ्रीडम मूव्हमेंट इन मध्यप्रदेश: पृ. ३३१. तथा सी.पी. सेक्रेटेरियट: कांफिडेंशियल: फाइल नं. ९३-१/१९२७.

३८. द हितवाद: ९ जनवरी १९२४: पृ.४

३९. लेजिस्लेटिव विभाग-सूचना क्रमांक ६४०: दिनांक १८ दिसंबर १९२३.

४०. द हितवाद: १७ जनवरी १९२४: पृ. ५.

४१. लेजिस्लेटिव विभाग-सूचना क्रमांक २७/१९: दिनांक ८ जनवरी १९२४. तथा डी.पी. मिश्रा: लीविंग एन ऐरा: पृ. ७७.

४२. मित्रा: द इंडियन एनुअल रजिस्टर १९२४: खंड-१: पृ. २४९.

४३. द हितवाद: २० जनवरी १९२४: पृ. ५.

४४. लेजिस्लेटिव विभाग: सूचना क्रमांक २६/१८ तथा सूचना क्रमांक २६-२७/१९ दिनांक १८ जनवरी १९२४.

४५. वही: तथा डी.पी. मिश्रा: लीविंग एन ऐरा: पृ. ७७.

४६. हितवाद: २३ जनवरी १९२४: पृ-५.

४७. डी.पी. मित्रा: द हिस्ट्री आफ द फ्रीडम मूव्हमेंट इन मध्यप्रदेश पृ. ३३३.

४८. वही: पृ. ३३४.

४९. मित्रा: द इंडियन एनुअल रजिस्टर १९२४: पृ. २५२.

५०. ए रिव्यू आफ द एडमिनिस्ट्रेशन आफ द सी.पी. एंड बरार १९२३-२४ विभाग-१: पृ. १८.

५१. वित्त विभाग: सूचना क्रमांक १२५९: दिनांक २० मार्च १९२४.

५२. प्रोसीडिग्स आफ द लेजिस्लैटिव कौंसिल आफ द सी.पी.एंड बरार १९२५: खंड-१: पृ. ८५

५३. द हितवाद: १२ मार्च १९२४: पृ. ६.

५४. प्रोसिडिंग्स आफ द लेजिस्लेटिव कौंसिल आफ द सी.पी. एंड बरार १९२५: खंड-१: पृ. ३००-३०१.

५५. वही: पृ. ३०२.

५६. डी.पी. मिश्रा: लीविंग एन ऐरा: पृ. ६७.

५७. द हितवाद: १२ मार्च १९२५: पृ. ६.

५८. वित्त विभाग: सूचना क्रमांक १२५९-X : दिनांक २० मार्च १९२४.

५९. डी.पी. मिश्रा: लीविंग एन ऐरा: पृ. ६७-६८.

६०. वही: पृ. ६९-७०.

६१. डी.जी. तेन्दुलकर: महात्मा: खंड-२: पृ. १३६.

६२. सुभाषचन्द्र बोस: द इंडियन स्ट्रगल १९२०-४२: पृ. १०३.

६३. सेठ गोविंददास: आत्म निरीक्षण: भाग-२: पृ. १२१.

६४. आर.सी. मजुमदार: स्ट्रगल फार फ्रीडम (भारतीय विद्या भवन, बम्बई १९६९) पृ. ४०५.

६५. डी.पी. मिश्रा: द हिस्ट्री आफ द फ्रीडम मूव्हमेंट इन मध्यप्रदेश पृ. ३३६.

६६. ए रिव्यू आफ द एडमिनिस्ट्रेशन आफ द सी.पी. एंड बरार १९२३-२४: विभाग-१: पृ. ६.

६७. वही:

६८. द हितवाद: २ अप्रैल १९२४: पृ. ४.

६९. डी.पी. मिश्रा: द हिस्ट्री आफ द फ्रीडम मूव्हमेंट इन मध्यप्रदेश पृ. ३३७.

७०. आर.सी. मजुमदार: स्ट्रगल फोर फ्रीडम: पृ. ४०५.

७१. प्रोसीडिंग्स आफ द लेजिस्लेटिव कौंसल आफ द सी.पी.एंड बरार १९२५: खंड-१: पृ. ५२१.

७२. वही: पृ. ५२३.

७३. होम पोलिटिकल डिपार्टमेंट: फाइल नं. २५/१९२४: फोर्ट नाइटली रिपोर्ट आन द पोलिटिकल सिचुएशन इन द सी. पी. एंड बरार: फोर द फर्स्ट हाफ आफ जून १९२४.

७४. वही: सेकेन्ड हाफ आफ जून १९२४: पृ. १०.

७५. वही: सेकेन्ड हाफ आफ अक्टूबर १९२४: पृ. १३.

७६. ए रिव्यू आफ द एडमिनिस्ट्रेशन आफ द सी.पी. एंड बरार १९२४-२५. विभाग-१: पृ. १.

७७. होम पोलिटिकल डिपार्टमेंट: फाइल नं. १२/१/१९२५: रिपोर्ट आन द पोलिटिकल सिचुएशन आफ द सी.पी.एंड बरार फोर द फर्स्ट हाफ जनवरी १९२५: पृ. १.

७८. प्रोसीडिंग्स आफ द लेजिस्लेटिव कौंसल आफ द सी.पी.एंड बरार १९२५: खंड-१: पृ. १-३.

७९. प्रजापक्ष: दिनांक ४ जनवरी/१९२५.

८०. होम पोलिटिकल डिपार्टमेंट: रिपोर्ट ऑन द पोलिटिकल सिचुएशन आफ द सी.पी.एंड बरार, फोर द फर्स्ट हाफ आफ जनवरी १९२५: पृ. १.

८१. ए रिव्यू आफ द एडमिनिस्ट्रेशन आफ द सी.पी. एंड बरार १९२४-२५. विभाग-१ पृ. १.

८२. वही:

८३. डी.पी. मिश्रा: लीविंग एन ऐरा: पृ. ८९.

८४. प्रोसीडिंग्स आफ द लेजिस्लेटिव कौंसल आफ द सी.पी.एंड बरार १९२५: खंड-१: पृ. २-३.

८५. आर.सी. मजुमदार: स्ट्रगल फोर फ्रीडम: पृ. ४०६.

८६. वित्त विभाग: सूचना क्रमांक १४५१-X- नागपुर: २ मई/१९२५.

८७. ए रिव्यू आफ द एडमिनिस्ट्रेशन आफ द प्रोविंस: द सी.पी. एंड बरार १९२५: विभाग-१: पृ. ५.

८८. वित्त विभाग: सूचना क्रमांक १४५१-X, नागपुर दिनांक २ मई १९२५.

८९. डी.पी. मिश्रा: लीविंग एन ऐरा पृ.८७.

९०. सेठ गोविंददास: आत्म निरीक्षण: भाग-२ पृ. १६७.

९१. डी.जी. तेन्दुलकर: महात्मा: खंड-२: पृ. १९६.

९२. वही: पृ. १९६-९७.

९३. वही: पृ. २०३.

९४. प्रोसीडिंग्स आफ द लेजिस्लेटिव कौंसिल आफ द सी.पी.एंड बरार १९२५: खंड-२: पृ. १-२.

९५. डी.पी. मिश्रा: द हिस्ट्री आफ द फ्रीडम मूव्हमेंट इन मध्यप्रदेश पृ. ३४२.

९६. सुभाषचन्द्र बोस: द इंडियन स्ट्रगल १९२०-४२: पृ. १६७.

९७. वही: पृ. ११८-१९.

९८. शुक्ल अभिनंदन ग्रंथ: इतिहास खंड: पृ. १५० तथा सेठ गोविंद दास: आत्म निरीक्षण: भाग-२, पृ. १२६.

९९. डी.पी. मिश्रा: द हिस्ट्री आफ द फ्रीडम मूव्हमेंट इन मध्यप्रदेश पृ. ३४२.

१००. ए एडमिनिस्ट्रेशन रिपोर्ट द सी.पी.एंड बरार: फोर द ईयर १९२४-२५ पृ. ३.

१०१. बी.एस. मुंजे पेपर्स: लेटर फ्राम बी.एस.मुंजे टू रेड्डी: दिनांक ८ जनवरी १९२५: तथा डी.पी. मिश्रा: द हिस्ट्री आफ द फ्रीडम मूव्हमेंट इन मध्यप्रदेश पृ. ३४२.

१०२. डी.पी. मिश्रा: लीविंग एन ऐरा: पृ.८०.

१०३. डी.पी. मिश्रा: द हिस्ट्री आफ द फ्रीडम मूव्हमेंट इन मध्यप्रदेश पृ. ३४२.

१०४. सेठ गोविंददास: आत्म निरीक्षण: भाग-२ पृ. १२७.

१०५. मित्रा: द इंडियन क्वाटरली रजिस्टर: जुलाई-दिसंबर १९२५: भाग-१: पृ. १-२.

१०६. डॉ. मुंजे पेपर्स: लेटर फ्राम बी.एस. मुंजे टू रेड्डी: दिनांक ८ जनवरी १९२५ तथा मित्रा: द इंडियन एनुअल रजिस्टर: जुलाई-दिसंबर १९२५. पृ. ४५-४६. तथा डी.पी. मिश्रा: लीविंग एन ऐरा: पृ. ८६.

१०७. मित्रा: द इंडियन क्वाटरली रजिस्टर जुलाई-दिसंबर १९२५. पृ. ४६.

१०८. डी.पी. मिश्रा: द हिस्ट्री आफ द फ्रीडम मूव्हमेंट इन मध्यप्रदेश: पृ. ३४२.

१०९. डी.पी. मिश्रा: लीविंग एन ऐरा: पृ. ८१.

११०. ए.आई.सी.सी. पेपर्स: फाइल नं. १४/१९२५.

१११. डी.पी. मिश्रा: लीविंग एन ऐरा: पृ. ८२.

११२. वही: तथा डी.पी. मिश्रा: द हिस्ट्री आफ द फ्रीडम इन मध्यप्रदेश: पृ. ३४४.

११३. द हिस्ट्री आफ द फ्रीडम मूव्हमेंट इन मध्यप्रदेश पृ. ३४४.

११४. डी.पी. मिश्रा: लीविंग एन ऐरा: पृ. ८२-८३.

११५. डी.पी. मिश्रा: द हिस्ट्री आफ द फ्रीडम मूव्हमेंट इन म.प्र. पृ. ३४५.

११६. वही: पृ. ३४६.

११७. डी.पी. मिश्रा: लीविंग एन ऐरा: पृ. ८६.

११८. होम पोलिटिकल डिपार्टमेंट: फाइल नं. ११२/४/१९२६.

११९. डी.पी. मिश्रा: लीविंग एन ऐरा: पृ. ८७.

१२०. वही: पृ. ९५.

१२१. ए. रिव्यू आफ द एडमिनिस्ट्रेशन आफ द सी.पी.एंड बरार १९२६-२७: पृ. १.

१२२. डी.पी. मिश्रा: द हिस्ट्री आफ द फ्रीडम मूव्हमेंट इन मध्यप्रदेश. पृ. ३४६.

१२३. होम पोलिटिकल डिपार्टमेंट: फाइल नं. ११२/१९२६: फोर्ट नाइटली रिपोर्ट आफ द फर्स्ट हाफ आफ नवम्बर १९२६.

१२४. सी.पी.एंड बरार: एडमिनिस्ट्रेशन रिपोर्ट फोर द ईयर १९२५-२६ पृ. १.

१२५. वही:

१२६. होम पोलिटिकल डिपार्टमेंट: फाइल नं. ३२-२७/१९२७.

१२७. द हितवाद: दिनांक ६ जनवरी १९२७: पृ.-६.

१२८. रिपोर्ट आफ द इंडियन स्टेटरी कमीशन: भाग-१ पृ. २०९.

१२९. डी.पी. मिश्रा: लीविंग एन ऐरा पृ. ७८.

१३०. प्रोसीडिंग्स आफ द लेजिस्लेटिव कौंसिल आफ द सी.पी. एंड बरार १९२५: खंड-१: पृ.२-३.

१३१. ए रिव्यू आफ द एडमिनिस्ट्रेशन आफ द सी.पी. एंड बरार १९२४-२५: विभाग-१: पृ. १.

१३२. वित्त विभाग: सूचना क्रमांक १४५१/१/X/ नागपुर २ मई १९२१.

१३३. प्रोसीडिंग्स आफ द लेजिस्लेटिव कौंसिल आफ द सी.पी.एंड बरार १९२५: खंड-२ पृ. ३.

१३४. डी.पी. मिश्रा: द हिस्ट्री आफ द फ्रीडम मूव्हमेंट इन मध्यप्रदेश: पृ. ३४२.

१३५. मित्रा. द इंडियन क्वाटरली रजिस्टर: भाग-१ जनवरी-जून १९२६: पृ. १-२.

१३६. डी.सी. गुप्ता: इंडियन नेशनल मूव्हमेंट: पृ. ११४.

१३७. डी.पी. मिश्रा: लीविंग एन ऐरा पृ. ८१.

१३८. ए.आई.सी.सी. पेपर्स: फाइल नं. १४/१९२६.

११३९. मित्रा: द इंडियन क्वाटरली रजिस्टर: १९२६: जनवरी-जून १९२६: भाग-१: पृ. ४५.

१४०. वही: पृ. ४८.

१४१. वही: पृ. ५०.

१४२. डी.सी. गुप्ता: इंडियन नेशनल मूव्हमेंट: पृ. ११५.

१४३. डी.पी. मिश्रा: लीविंग एन ऐरा: पृ. ८५.

१४४. वही: तथा डी.पी. मिश्रा: द हिस्ट्री आफ द फ्रीडम मूव्हमेंट इन मध्यप्रदेश.: पृ. ३३५.

१४५. डी.पी. मिश्रा: लीविंग एन ऐरा: पृ. ८९.

१४६. ए रिव्यू आफ द एडमिनिस्ट्रेशन आफ द सी.पी. एंड बरार १९२६-२७: पृ.१.

१४७. होम पोलिटिकल डिपार्टमेंट: फाइल नं. ११२/११/१९२६. फोर द फर्स्ट हाफ आफ नवम्बर १९२६: पृ. ८३.

१४८. द सी.पी.एंड बरार: एडमिनिस्ट्रेशन रिपोर्ट फोर द ईयर १९२५-२६: पृ. १-२.

१४९. वही: फोर द ईयर आफ १९२६-२७: पृ.१.

१५०. होम पोलिटिकल डिपार्टमेंट: फाइल नं. ३२-२७/१९२७.

१५१. वही. तथा हितवाद: दिनांक ६ जनवरी १९२७: पृ. ७.

१५२. डी.पी. मिश्रा: लीविंग एन ऐरा: पृ. ८५.

१५३. बी. आर. नंदा: द नेहरूज मोतीलाल एंड जवाहरलाल: पृ. २८२.

१५४. होम पोलिटिकल डिपार्टमेंट: फाइल नं. ३२-२७/१९२७.

१५५. द हितवाद: १३ जनवरी १९२७: पृ. ६.

१५६. होम पोलिटिकल डिपार्टमेंट: फाइल नं. ३२-२७/१९२७. फोर्ट नाइटली रिपोर्ट फोर द फर्स्ट हाफ आफ जनवरी १९२७: पृ. ११.

१५७. प्रोसीडिंग्स आफ द लेजिस्लेटिव कौंसिल आफ द सी.पी.एंड बरार १९२७: खंड-१ पृ. ५४.

१५८. डी.पी. मिश्रा: लीविंग एन ऐरा: पृ. ९८.

१५९. वही: पृ. १००.

१५९ए. प्रोसीडिंग्स आफ द सेन्ट्रल प्रोविन्सेस लेजिस्लेटिव कौंसिल :भाग-२: दिनांक- ५ मार्च १९२७, पृ. १३४, ८ मार्च १९२७: पृ. ४५७-५८.

१६०. हितवाद: २४ मार्च १९२७: पृ. ७.

१६१. प्रोसीडिंग्स आफ द लेजिस्लेटिव कौंसिल आफ द सी.पी.एंड बरार १९२८: खंड-३: पृ. २६५-६८.

१६२. वही: पृ.२६८.

१६३. डॉ. ई. राघवेन्द्रराव पेपर्स: आर.एम. देशमुख का डॉ. ई. राघवेन्द्रराव के नाम पत्र दिनांक २४/१/१९२७

१६४. वहीं: दिनांक १७/४/१९२८.

१६५. हितवाद: दिनांक ८ अप्रैल १९२८: पृ. २.

१६६. प्रोसिडिंग्स आफ द लेजिस्लेटिव कौंसिल आफ द सी.पी.एंड बरार १९२७: खंड-२: पृ.२५७-६१.

१६७. द हितवाद: दिनांक १९ जून १९२८.

१६८. डी.ई.यू. बेकर: पोलिटिक्स इन ए बायलिंग्यूअल प्रोविंस द सी.पी. एंड बरार, इंडिया १९१९-३९: पृ. १८२.

१६९. मित्रा द इंडियन एनुअल रजिस्टर १९२८: खंड:२: पृ. २५५.

१७०. डी.ई.यू. बेकर: पोलिटिक्स इन ए बायलिंग्यूअल प्रोविंस द सी.पी. एंड बरार, इंडिया १९१९-३९: पृ. १८३.

१७१. मित्रा: द इंडियन एनुअल रजिस्टर १९२८: खंड-२: पृ. २५७.

१७२. प्रोसिडिंग्स आफ द लेजिस्लेटिव कौंसिल आफ द सी.पी.एंड बरार १९२७: खंड-२: पृ.२२२.

१७३. आर.एम. देशमुख पेपर्स: देशमुख का गवर्नर मांटेग्यू बटलर के नाम पत्र: दिनांक १८/८/१९२८.

१७४. प्रोसिडिंग्स आफ द लेजिस्लेटिव कौंसिल आफ द सी.पी.एंड बरार १९२७: खंड-२: पृ.२२२.

१७५. डा. ई. राघवेन्द्रराव पेपर्स: डॉ. ई. राघवेन्द्रराव का गवर्नर मांटेग्यू बटलर के नाम पत्र: दिनांक २० अगस्त १९२८.

१७६. मित्रा: द इंडियन क्वाटरली रजिस्टर १९२८: जनवरी-जून १९२८. भाग-२: पृ.२५७.

१७७. डी.ई.यू. बेकर: पोलिटिक्स इन ए. बायलिंग्यूअल प्रोविंस; द सी.पी.एंड बरार, इंडिया १९१९-३९: पृ. १८५.

१७८. वही:

१७९. खापरडे पेपर्स: बी.जी. खापरडे का गवर्नर मांटेग्यू बटलर के नाम पत्र: दिनांक २५/८/१९२८.

१८०. मित्रा: द इंडियन क्वाटरली रजिस्टर १९२८: जुलाई-दिसंबर १९२८: भाग-२ पृ. २६३.

१८१. डी.ई.यू. बेकर: पोलिटिक्स इन ए. बायलिंग्यूअल प्रोविंस; द सी.पी.एंड बरार, इंडिया १९१९-३९: पृ. १९५.

१८२. मित्रा द इंडियन एनुअल रजिस्टर १९२८: खंड:२: पृ. २६३-६४.

१८३. वही: पृ. २६४.

१८४. डी.ई.यू. बेकर: पोलिटिक्स इन ए. बायलिंग्यूअल प्रोविंस; द सी.पी.एंड बरार, इंडिया १९१९-३९: पृ. २००.

१८५. मित्रा: द इंडियन क्वाटरली रजिस्टर: जनवरी-जून १९२९: भाग-१: पृ. ३२२.

१८६. प्रोसिडिंग्स आफ द लेजिस्लेटिव कौंसिल आफ द सी.पी.एंड बरार १९२९: खंड-१: पृ. ३९.

१८७. डा. ई. राघवेन्द्रराव पेपर्स: राघवेन्द्रराव का गवर्नर मांटेग्यू बटलर के नाम पत्र: दिनांक-१८ जनवरी १९२९.

१८८ प्रोसिडिंग्स आफ द लेजिस्लेटिव कौंसिल आफ द सी.पी.एंड बरार १९२९: खंड-१: पृ. ६५.

१८९. द सी.पी. गजट (पूरक प्रति): दिनांक ९ फरवरी १९२९: पृ. १०९.

१९०. मित्रा: द इंडियन क्वाटरली रजिस्टर: जुलाई-दिसंबर १९२९: भाग-२ पृ. १.
१९१. हितवाद: दिनांक ४ अगस्त १९२९: पृ. ३.
१९२. मित्रा: द इंडियन क्वाटरली रजिस्टर: जुलाई-दिसंबर १९२९: भाग-२ पृ. २०४.
१९३. ए रिव्यू आफ द एडमिनिस्ट्रेशन आफ द सी.पी. एंड बरार १९२९: पृ. २.
१९४ वही: पृ. २-३, तथा ताराचंद: हिस्ट्री आफ द फ्रीडम मूव्हमेंट इन इंडिया: खंड-४: पृ.१२५-२६.
१९५. होम पोलिटिकल डिपार्टमेंट: पोलिटिकल: फाइल नं. १८/III/१९३०.
१९६. सीक्रेट: रिपोर्ट आन द पोलिटिकल सिचुएशन इन द सी.पी.एंड बरार: फोर द फर्स्ट हाफ आफ जुलाई १९३०.
१९७. मित्रा: द इंडियन क्वाटरली रजिस्टर: जुलाई-दिसंबर १९३०: भाग-२ पृ. ५.
१९८. डी.पी. मिश्रा: लीविंग एन ऐरा: पृ. ९७.
१९९. डी.ई.यू. बेकर: पोलिटिक्स इन ए. बाय लिंग्यूअल प्रोविंस; द सी.पी.एंड बरार, इंडिया १९१९-३९: पृ. २१६.
२००. सीक्रेट: रिपोर्ट आन द पोलिटिकल सिचुएशन आफ द सी.पी. एंड बरार: फोर द फर्स्ट हाफ आफ दिसंबर १९३०: पृ२.
२०१. द हितदवाद: १६ अक्टूबर १९३०: पृ.५.
२०२. डी.पी. मिश्रा: लीविंग एन ऐरा: पृ. ९७-९८.
२०३. द हितदवाद: १८ दिसंबर १९३०: पृ.८.
२०४. मित्रा: द इंडियल क्वाटरली रजिस्टर जुलाई-दिसंबर १९३०: भाग-२: पृ. २७५.
२०५. द हितदवाद: २५ मार्च १९३१:
२०६. डॉ. पट्टाभि सीतारमैया: संक्षिप्त काँग्रेस का इतिहास १८८५-१९४७ तक: पृ. २४६ (साहित्य प्रकाशन,१९५८).
२०७. हितवाद: दिनांक २ अगस्त १९३१.
२०८. मित्रा: द इंडियन क्वाटरली रजिस्टर: जनवरी-जून १९३१: भाग-१: पृ. २४४-४६.
२०९. डी.ई.यू. बेकर: पोलिटिक्स इन ए. बायलिंग्यूअल प्रोविंस; द सी.पी.एंड बरार, इंडिया १९१९-३९: पृ. २२३.
२१०. होम पोलिटिकल डिपार्टमेंट: सीक्रेट रिपोर्ट आन द पोलिटिकल सिचुएशन इन द सी.पी.एंड बरार: फोर द फर्स्ट हाफ आफ जनवरी १९३३.
२११. मित्रा: द इंडियन क्वाटरली रजिस्टर: जनवरी-जून १९३४: पृ. २२८.
२१२. वही:
२१३. मित्रा: द इंडियन एनुअल रजिस्टर १९३४: खंड-१: पृ. २३७.
२१४. प्रोसीडिंग्स आफ द लेजिस्लेटिव कौंसिल आफ द सी.पी.एंड बरार १९३४: खंड VI : पृ. ११५०.
२१५. वही: पृ. ११५७.
२१६. वही:

अध्याय-३

सविनय अवज्ञा आन्दोलन

सविनय अवज्ञा आन्दोलन ब्रिटिश साम्राज्यवाद के लिए एक गम्भीर चुनौती थी। इस आन्दोलन द्वारा भारतीय राजनीतिक क्षितिज से निराशा के बादल छंट गये और राष्ट्र एक नई प्रेरणा के साथ स्वतंत्रता संग्राम में जुट गया। इस निर्णायक आन्दोलन में मध्यप्रांत और बरार का भी महत्वपूर्ण योगदान रहा है। १९२७ का वर्ष और मद्रास का काँग्रेस अधिवेशन दोनों महत्वपूर्ण है क्योंकि भारत के राजनीतिक पटल पर दो नये नेताओं का उदय हुआ। उस समय गाँधीजी सक्रिय राजनीति में वापस नहीं आये थे तथा मोतीलाल नेहरू संसदीय कार्य में व्यस्त हो चुके थे। असहयोग आन्दोलन के स्थगन के पश्चात् नैराश्य की अवधि में काँग्रेस की संसदीय गतिविधियों ने जनता के मनोबल को गिरने नहीं दिया। किसान तथा मजदूर अशांत थे। क्रांतिकारी गतिविधियाँ फिर प्रारंभ हो चुकी थीं। भगत सिंह जैसे क्रांतिकारियों को जनता मौन समर्थन दे रही थी। नवयुवक विशेषकर विद्यार्थियों में अभूतपूर्व जागृति उत्पन्न हो रही थी और सभी प्रांतों में नवयुवक समाज स्थापित किये जा चुके थे परंतु उनमें नेतृत्व का अभाव था। उन्हीं दिनों सुभाषचन्द्र बोस बर्मा के मांडले जेल से रिहा हुए और जवाहरलाल नेहरू भी इंग्लैंड से वापस आ चुके थे। दोनों ने बड़े उम्र के नेताओं को अलग.अलग ढंग से चुनौती देना प्रारंभ किया जिससे राजनीतिक दृश्य नया रूप लेने लगा। सुभाषचंद्र बोस ने जे.एम.दास को सी.आर. दास की गद्दी पर आसीन देखकर जवाहरलाल नेहरू का सहयोग लिया। दोनों नेता 'स्वतंत्रता' तथा 'समाजवाद' के कार्य में जुट गये। 'यूथ.लीग' के सदस्य भी उन्हें अपना नेता मानने लगे। मजदूर.वर्ग भी अपने उद्देश्य की प्रगति के लिए उनकी ओर देखने लगे।

१९२७ के मद्रास अधिवेशन के समय मोतीलाल नेहरू यूरोप में थे। गाँधीजी एक दर्शक के रूप में अधिवेशन में उपस्थित हुए। जवाहरलाल नेहरू ने स्वाधीनता तथा युद्धमय-साम्राज्यवाद के विरुद्ध लीग से सहयोग के अनेक प्रस्तावों को प्रस्तुत किया। लगभग सभी प्रस्ताव पारित हुए। उन्हें कार्यकारिणी का अधिककृत प्रस्ताव मान लिया गया। उसके पश्चात् सुभाषचन्द्र बोस तथा जवाहरलाल नेहरू दोनों पूर्ण स्वाधीनता के लिए आन्दोलन करते रहे और उन्होंने भारतीय स्वतंत्रता हेतु 'स्वतंत्रता-लीग' की स्थापना की।[१] इस प्रकार १९२७ में जहाँ एक ओर साम्प्रदायवाद एवं हिन्दू-मुस्लिम दंगे प्रारंभ हो रहे थे, वहीं दूसरी ओर स्वराज्य दल द्वारा संचालित संवैधानिक उपाय से संविधान को तोड़ने का प्रयास भी समाप्त हो गया था। कट्टर साम्राज्यवादी बर्केन्हेड भारत में राष्ट्रीय आन्दोलन को एक नई स्फूर्ति देने का अप्रत्यक्ष माध्यम बना।

२० जनवरी १९२८ को बृजलाल बियाणी ने साइमन कमीशन के बहिष्कार का प्रस्ताव प्रस्तुत किया जिसे टी.जे. केदार, बी.जी. खापरडे, डॉ. एम.बी. खरे, जी.एस. गुप्ता, उमेश दत्त पाठक तथा महंत लक्ष्मी नारायण आदि ने अपना समर्थन दिया। इस प्रकार काँग्रेस ने साइमन कमीशन का बहिष्कार ही नहीं किया वरन इस चुनौती को दृढ़तापूर्वक स्वीकार भी किया कि भारतीय नेता सर्वसम्मति से संविधान का ढांचा प्रस्तुत करें। काँग्रेस ने इसका ठोस प्रत्योत्तर भी दिया। १९२९ में एक ओर मोतीलाल नेहरू द्वारा गठित समिति ने जहाँ एक वर्ष के भीतर भारत को 'अधिराज्य की स्थिति' प्रदान किये जाने की मांग की वही दूसरी ओर, जवाहरलाल नेहरू के नेतृत्व में नवयुवक वर्ग भी 'पूर्ण स्वाधीनता की माँग' कर रह था। लाहौर काँग्रेस में जवाहरलाल नेहरू की अध्यक्षता में सविनय अवज्ञा आन्दोलन इसी लक्ष्य की प्राप्ति का एक प्रबल प्रयास था।[२]

२६ जनवरी १९३० को सम्पूर्ण देश में 'स्वतंत्रता दिवस' मनाया गया। प्रान्तीय विधायिका में उपस्थित सभी काँग्रेसी सदस्यों ने भी 'स्वतंत्रता दिवस' मनाया।[३] फरवरी १९३० को जबलपुर से दैनिक 'लोकमत' सेठ गोविंददास के प्रबंध तथा द्वारका प्रसाद मिश्र के संपादन में तथा खंडवा से 'स्वराज्य' नामक साप्ताहिक का प्रकाशन सिद्धनाथ माधव अगरकर के संपादन में प्रारंभ हुआ। फरवरी १९३० में महात्मा गाँधी ने तत्कालीन गवर्नर जनरल लार्ड इरविन को पत्र लिख कर ११ माँगें प्रस्तुत की। काँग्रेस ने पूर्ण स्वतंत्रता का प्रस्ताव पारित किया। लार्ड इरविन द्वारा इस ओर कोई ध्यान न दिये जाने पर गाँधीजी ने सविनय अवज्ञा आन्दोलन प्रारंभ करने का निश्चय किया।

मध्य प्रान्त में सविनय अवज्ञा आन्दोलन दो चरणों में प्रारंभ हुआ। पहला, नमक सत्याग्रह तथा दूसरा, जंगल सत्याग्रह। नमक कानून तोड़ने हेतु १२ मार्च १९३० को गाँधीजी के अपने समर्थकों के सहित पैदल यात्रा करते हुए अहमदाबाद के साबरमती आश्रम से ३२५ किलोमीटर की दूरी, २४ दिनों में पूर्ण कर ६ अप्रैल १९३० को डाँडी पहुँचे। डाँडी के समुद्र तट पर नमक बनाकर नमक कानून को भंग किया। इसके साथ ही सविनय अवज्ञा आन्दोलन प्रारंभ हो गया।[४]

गाँधीजी द्वारा नमक कानून के उल्लंघन के साथ काँग्रेस समितियाँ अवैध घोषित कर दी गईं। काँग्रेस समितियों के भंग होते ही सभी काँग्रेस समितियों को युद्ध समितियों में परिणित कर दिया गया।[५] प्रांतीय स्तर पर भी युद्ध समितियों का गठन किया गया। हिन्दुस्तानी तथा मराठी मध्यप्रांत की युद्ध समितियों द्वारा सत्याग्रह प्रारंभ किये जाने के संबंध में प्रस्ताव पारित किये गये। हिन्दुस्तानी मध्यप्रांतीय युद्ध समिति के अध्यक्ष सेठ गोविंददास तथा मंत्री द्वारका प्रसाद मिश्र थे।[६] प्रत्येक स्थान पर नमक सत्याग्रह का अनुसरण कर नमक-कानून भंग किया जाने लगा। यद्यपि मध्यप्रांत और बरार में नमक कानून भंग करने की प्राकृतिक सुविधा और साधनों का अभाव था। अतः खारे पानी को उबालकर नमक बनाना पड़ा जो अत्यन्त खर्चीली विधि थी।[७] साथ ही जनता का ध्यान इस आन्दोलन की ओर आकर्षित करने के विभिन्न प्रयास किये गये जैसे-जनसभा आयोजित कर प्रतिबंधित साहित्य को पढ़ना, विदेशी वस्त्रों तथा वस्तुओं का बहिष्कार, खादी का प्रचार, मौन जुलूस निकालना तथा हरिजनों की दशा सुधारने का प्रयास करना आदि। इन विभिन्न कार्यों द्वारा जनता का समर्थन, इस आन्दोलन को प्राप्त हुआ जिससे यह एक जन-आन्दोलन में परिणित हो गया।[८]

गाँधीजी द्वारा नमक कानून के उल्लंघन का दिन ६ अप्रैल १९३० को कमानिया गेट से रानी दुर्गावती की ऐतिहासिक समाधि तक मध्यप्रांतीय युद्ध समिति के अध्यक्ष सेठ गोविंददास तथा मंत्री द्वारका

प्रसाद मिश्र के नेतृत्व में एक जुलूस निकाला गया। समाधि पर आयोजित इस जुलूस में सम्मिलित सभी स्वतंत्रता संग्राम सेनानियों ने 'पूर्ण स्वराज्य' प्राप्ति के उद्देश्य हेतु निरंतर संघर्षरत् रहने की निष्ठापूर्णक शपथ ली। स्वयंसेवकों ने एक सार्वजनिक सभा में वैज्ञानिक ढंग से नमक बनाकर नमक कानून को भंग किया गया। सिहोरा, कटनी, मंडला, दमोह तथा रायपुर और आसपास के अनेक स्थानों में भी नमक कानून तोड़कर प्रान्त में आन्दोलन को गति प्रदान की।[९] जबलपुर क्षेत्र के अन्य व्यक्तियों में भवानी प्रसाद तिवारी, सवाईमल जैन, सत्येन्द्र प्रसाद मिश्र तथा हरदा के महेशदत्त मिश्र, सीताराम दीक्षित, दादाभाई नायक, नरसिंहपुर के नीतिराज सिंह चौधरी, होशंगाबाद के लाला अर्जुन सिंह, शंभुदयाल मिश्र तथा छिंदवाड़ा के साल्पेकर आदि ने भी नमक कानून तोड़ा।[१०] यहाँ विशेष उल्लेखनीय है कि १५ अप्रैल १९३० को रायपुर मध्यप्रांतीय राजनीतिक परिषद् की बैठक में द्वारका प्रसाद मिश्र के प्रस्तावानुसार हिन्दुस्तानी मध्यप्रांत का नाम बदल कर उसका प्राचीन नाम 'महाकोशल' कर दिया गया।[११]

मराठी मध्यप्रांत में भी युद्ध समिति का गठन किया गया जिसके अध्यक्ष एम.व्ही. अभ्यंकर और सदस्यों में जमनालाल बजाज, महात्मा भगवानदीन, डॉ. एम.बी. खरे, पूनमचंद रांका, नीलकंठ देशमुख थे। मराठी क्षेत्र से स्वयंसेवकों के एक जत्थे ने बरार पहुँच कर नमक कानून को भंग किया। अत: बरार में भी एक युद्ध समिति का गठन किया गया। बरार युद्ध समिति के अध्यक्ष वीर वामनराव जोशी और सचिव बृजलाल बियाणी थे। वामनराव जोशी की गिरफ्तारी पर बापूजी अणे बरार-युद्ध समिति के अध्यक्ष हुए। २१ अप्रैल १९३० को महिला स्वयंसेवकों ने दुर्गाबाई जोशी के नेतृत्व में नमक कानून का उल्लंघन किया। इस प्रकार प्रत्येक जिले में नमक कानून को तोड़ने के लिऐ युद्ध समिति का गठन किया गया।[१२]

यद्यपि मध्यप्रांत और बरार में नमक कानून भंग करने की कोई प्राकृतिक सुविधा प्राप्त न थी, अतएव स्वयंसेवकों को विधि-विरुद्ध खारे पानी को उबाल कर खर्चीली विधि द्वारा नमक बनाने के लिए बाध्य होना पड़ा। इस विधि से नमक बनाने के लिए बरार के अकोला जिले के दहीहांडा नामक स्थान को निश्चित किया गया। कृत्रिम विधि से तैयार नमक को काँग्रेस सहायता कोष हेतु बेचा गया। इस संबंध में सबसे उल्लेखनीय बिक्री नागपुर की सभा में हुई, जहाँ अभ्यंकर द्वारा नमक के एक पैकेट को २५१ रूपये में एक पुस्तक विक्रेता पूनमचंद को बेचा गया।[१३] काँग्रेस सदस्यों द्वारा ही नहीं अपितु गैर कांग्रेसियों द्वारा भी यह विधि अपनायी गई। अनुक्रियावादी नेता तथा भूतपूर्व विधायकों ने भी नमक-सत्याग्रह में भाग लेते हुए यह विधि अपनायी। इस प्रकार नमक के बंद पैकेटों को खुले रूप से बेचा गया। उल्लेखनीय बात यह है कि खरीदने वालों को नमक प्राप्त करने से पूर्व हस्ताक्षर करना पड़ता था। नमक सत्याग्रह हेतु १८-१८ सत्याग्रहियों के जत्थे प्रदेश के विभिन्न क्षेत्रों चाँदा, भंडारा, वर्धा आदि से एकत्र कर वी.जी. सहस्त्रबुद्धे के नेतृत्व में भेजे गये। जहाँ उन्हें बंदी बना लिया गया। प्रत्येक सत्याग्रहियों को ३-३ माह तथा सहस्त्रबुद्धे को ६ माह की सजा दी गई।[१४]

यद्यपि सरकार इस समय सत्याग्रहियों की गिरफ्तारी हेतु तत्पर न थी परंतु महाकोशल काँग्रेस की युद्ध समिति ने अन्य उपायों को अपना कर सरकार को सत्याग्रहियों के गिरफ्तारी हेतु बाध्य किया। इस संबंध में नेताओं ने सरकार द्वारा निषिद्ध साहित्य को पढ़कर सरकारी नियमों का उल्लंघन करने का निश्चय किया। २० अप्रैल को एक विशाल जनसभा में सेठ गोविन्ददास, द्वारका प्रसाद मिश्र, रविशंकर शुक्ल तथा अन्य नेताओं ने सरकार विरोधी भाषण देकर निषिद्ध साहित्य के उद्धरणों को पढ़ा। इस

सभा में रविशंकर शुक्ल द्वारा रायपुर अनाथालय से लाये गये आठ बालकों ने केसरिया रंग के वस्त्र धारण कर कंधों पर लाल पट्टियां बांधकर दो उत्प्रेरक करने वाले गीत गाये। सभा में अवैध साहित्य 'भारत में अंग्रेजी राज' तथा अवैध कविता 'रणभेरि' के कुछ अंश पढ़े गये।[१५] जनता पर इस सभा का व्यापक प्रभाव न पड़े इस उद्देश्य से सेठ गोविन्ददास, द्वारका प्रसाद मिश्र, माखनलाल चतुर्वेदी तथा वी.डी. भार्गव आदि नेताओं को गिरफ्तार कर लिया गया। उन्हें भारतीय दंड विधान की धारा १२४-ए के अन्तर्गत २ वर्ष के कठोर कारावास का दंड दिया गया। इस गिरफ्तारी से जबलपुर में हलचल मच गई। सिहोरा, खितौला, गंजताल, मझौली बाजार, स्लीमनाबाद में विरोधस्वरूप सभाओं का आयोजन कर निषिद्ध साहित्य पढ़कर शासन के अत्याचारों की निंदा की गई।[१६] ४ मई १९३६ को करीब पौन बजे पुलिस अधिकारियों ने १८२७ के आर्डिनेन्स के रेग्युलेशन के अधीन गाँधीजी को गिरफ्तार कर लिया। इस रेग्यूलेशन के अनुसार किसी भी व्यक्ति को किसी भी अवधि तक सार्वजनिक व्यवस्था के लिए खतरा होने पर नजरबंद किये जाने का अधिकार देता था।[१७] गाँधीजी की नजरबंदी, जुलूस निकालने, विरोधी सभाओं के आयोजन तथा नमक कानून तोड़ने और सरकार के अन्य प्रतिबंधक आदेशों की शांतिपूर्ण अवज्ञा हेतु हरी झंडी सिद्ध हुई।[१८]

मध्यप्रांत और बरार भी सविनय अवज्ञा आन्दोलन के विभिन्न कार्यक्रमों को निभाने में अन्य प्रांतों से पीछे नहीं रहा। 'लोकमत' तथा 'कर्मवीर' दैनिक समाचार पत्र ने भी योगदान दिया। मध्यप्रांत और बरार के अतिरिक्त यह समाचार पत्र अन्य प्रांतों में भी लोकप्रिय हो गया। प्रेस आर्डिनेन्स के अधीन सरकार द्वारा प्रतिबंध लगाने से पहले इस समाचार पत्र द्वारा काँग्रेस का संदेश प्रांत के कोने-कोने में पहुँचाने में बड़ी सफलता मिली। विद्रोहात्मक साहित्य का सार्वजनिक सभाओं में पढ़ना और जंगल कानून का उल्लंघन कर सत्याग्रह को नया रूप प्रदान किया जो केवल महाकोशल में ही नहीं वरन् मराठी मध्यप्रांत तथा बरार में भी लोकप्रिय हुआ।[१९]

२१ मई १९३० को मराठी मध्यप्रांतीय युद्ध समिति द्वारा भी सभा का आयोजन कर निषिद्ध साहित्य पढ़ा गया। इस तरह की १३ सभाओं का आयोजन नागपुर में किया गया। इस प्रकार मराठी युद्ध समिति द्वारा हिन्दुस्तानी प्रांतों का अनुसरण करते हुए जन सभाओं में ब्रिटिश राज्य के विरुद्ध भाषण दिये गए। यह प्राय: प्रतिदिन का कार्य बन गया। निषिद्ध साहित्य का पाठ करने का कार्यक्रम बरार में भी जारी रखा गया। मई १९३० के अंत तक आर्वी तहसील में लगभग ५०० सभाओं का आयोजन किया गया। चाँदा के वरोरा तहसील में भी ३५० व्यक्तियों ने सभा में भाग लिया। नागपुर में एम.व्ही. अभ्यंकर का जनता पर प्रभाव होने के कारण लगभग आधे शहर ने सभा में भाग लिया। विद्यार्थियों की सभा को कार्नितकर द्वारा संबोधित किया गया। महिलाओं ने भी इन सभाओं में भाग लिया। चन्द्रभागाबाई पटवर्धन ने काँग्रेस की ओर से सरकार विरोधी भाषण दिया।[२०] मराठी क्षेत्र की महिलाओं जैसे नागपुर की श्रीमती अनुसुइयाबाई काले, अकोला की दुर्गाबाई जोशी तथा अमरावती की पी. पटवर्धन द्वारा आन्दोलन में सक्रिय रूप से भाग लिया गया। हिन्दुस्तानी क्षेत्र में भी श्रीमती रविशंकर शुक्ला द्वारा रायपुर की महिलाओं तथा जबलपुर प्रान्तीय युद्ध समिति की पदाधिकारी श्रीमती सुभद्राकुमारी चौहान द्वारा जबलपुर की महिलाओं को नेतृत्व प्रदान किया गया।[२१]

मराठी क्षेत्र नागपुर में 'विद्यार्थी आन्दोलन' का दायित्व एम.जे. कार्नितकर पर था। बरार में बृजलाल बियाणी, डब्ल्यू. आर. जोशी तथा एम.एन. पारासनीस का विद्यार्थियों पर अच्छा प्रभाव होने के

कारण इस क्षेत्र में स्वतंत्रता दिवस तथा हड़ताल का आयोजन राष्ट्रीय विद्यालय नागपुर, तुमसर, गोंदिया तथा वर्धा के विद्यार्थियों द्वारा किया गया। शराब तथा विदेशी वस्त्रों की दुकानों पर भी धरना दिया गया।[२२] २८ मई १९३० को एम.व्ही. अभ्यंकर तथा अमरावती में वीर वामनराव को निषिद्ध साहित्य का पाठ करते हुए गिरफ्तार कर २ वर्ष की कठोर सजा दी गई। २६ जून १९३० को नागपुर में मोतीलाल नेहरू के आगमन से आन्दोलन को बल मिला। उन्होंने नेताओं से अपनी गतिविधियों को तीव्र करने का आग्रह किया।[२३]

नागपुर में कार्नितकर द्वारा आयोजित विद्यार्थियों के जुलूस को पुलिस द्वारा तितर-बितर कर डॉ. खरे तथा एम.व्ही अभ्यंकर को गिरफ्तार कर लिया गया। अभ्यंकर के प्रभाव के कारण आर्वी, चाँदा, वरोरा, में भी ऐसी सभाओं का आयोजन कर गिरफ्तारियाँ दी गई। विद्यार्थियों के अतिरिक्त चन्द्रभागाबाई पटवर्धन, श्रीमती अनुसुइयाबाई काले, श्रीमती रविशंकर शुक्ल तथा सुभद्रा कुमारी चौहान आदि महिलाओं का योगदान भी सराहनीय रहा।

'मिल वर्कर्स एसोसिएशन' के अध्यक्ष आर.एस. रुईकर के नेतृत्व में भी एक जुलूस का आयोजन नागपुर में किया गया जिसमें स्थानीय मिल मजदूरों सहित प्राय: सभी वर्गों के लोगों ने भाग लिया। इस प्रदर्शन के फलस्वरूप पूनमचंद रांका, धर्माधिकारी तथा बाबा साहब देशमुख गिरफ्तार कर लिये गये।[२४]

इधर, विभिन्न क्षेत्रों में युद्ध समिति के गठन तथा विभिन्न नेताओं के पदत्याग किये जाने पर अनुक्रियावादी सहयोगी दल के नेताओं ने अनुभव किया कि इस समय यदि उन्होंने शासन का साथ दिया तो वे जनसाधारण में अलोकप्रिय हो जायेंगे। अत: इस दिशा में अनुक्रियावादी सहयोगी दल के नेतागण आन्दोलन से प्रभावित होकर काँग्रेस का अनुसरण करते हुए मंत्रिमंडल से त्यागपत्र देने का निश्चय किया। अत: १२ जुलाई १९३० को आर.एम. देशमुख ने मंत्रिमंडल से त्याग पत्र दे दिया। इस त्यागपत्र के पीछे अनुक्रियावादी सहयोगी दल का उद्देश्य नवम्बर १९३० में होने वाले आम चुनाव में अपनी स्थिति को सुदृढ़ करना था। आर.एम. देशमुख के इस त्यागपत्र के साथ मध्यप्रांत का यह तीन वर्षीय मंत्रिमंडल भी समाप्त हो गया।[२५] उसके तुरंत बाद विधायिका की कार्यवाही ३१ जनवरी १९३१ तक स्थगित कर दी गई।[२६]

इन्हीं दिनों रायपुर के नवजवान सत्याग्रहियों द्वारा 'तरुण संघ' (यूथ-लीग) रविशंकर के नेतृत्व में अनुशासनबद्ध था।[२७] ऐसी ही एक 'तरुण सभा' की स्थापना जबलपुर में सेठ गोविंददास तथा द्वारका प्रसाद मिश्रजी द्वारा की गई। मिश्रजी ने 'हिन्दुस्तानी सेवादल' का गठन कर उसकी शाखायें प्रांत के विभिन्न क्षेत्रों में स्थापित की जो काँग्रेस के नाम से कार्य करती रही।[२८] इस दल के कर्णधार रविशंकर शुक्ल, सेठ गोविंददास, द्वारका प्रसाद मिश्र, महंत लक्ष्मीनारायण तथा गया चरण त्रिवेदी थे।[२९] इन नेताओं को इन सभाओं के आयोजन के फलस्वरूप गिरफ्तार कर लिया गया। रविशंकर को दो वर्ष तथा बालमुकुंद त्रिपाठी को तीन वर्षों का कठोर कारासवास का दंड दिया गया।[३०] जबलपुर में महिला काँग्रेस कार्यकर्ताओं द्वारा एक 'महिला-समाज' की स्थापना जबलपुर में की गई। श्रीमती गोविंददास 'महाकोशल महिला सेवा समाज' की अध्यक्ष चुनी गई।[३१] महिला समाज की महिलाओं द्वारा सविनय अवज्ञा आन्दोलन में विदेशी वस्त्रों की दुकानों पर धरना देकर योगदान दिया गया।[३२] इसके अतिरिक्त महिला समाज द्वारा प्रभात फेरियाँ तथा राजनीतिक सभाओं का भी आयोजन किया गया।[३३]

मध्यप्रांत की सरकार के रविशंकर शुक्ल, सेठ गोविंददास तथा द्वारका प्रसाद मिश्र की गिरफ्तारी

के पश्चात् तीनों नेताओं को अलग-अलग जेल में रखने का फैसला किया। रविशंकर शुक्ल को सिवनी, सेठ गोविंददास को बुल्ढाना तथा द्वारका प्रसाद मिश्र को अमरावती जेल भेज दिया गया।[३४] द्वारका प्रसाद मिश्र को एकांत का दंड दिया गया था परंतु जेल में निरंतर ज्वर तथा वजन घटने के कारण उनका स्थानांतर अमरावती जेल से बुल्ढाना कर दिया गया। बुल्ढाना जेल में सेठ गोविंददास को भेजा गया परंतु वहाँ के दो राजनीतिक बंदियों कनाडे शास्त्री तथा पारसनीस द्वारा दो दिन पूर्व ही सेठ गोविंददास के स्थानांतरण की सूचना दी गई।[३५]

सविनय अवज्ञा आन्दोलन के दौरान जबलपुर तथा रायपुर जैसे नगरों में सरकार सत्याग्रहियों को गिरफ्तार नहीं कर रही थी। अतएव महाकोशल काँग्रेस कमेटी ने आन्दोलन के स्वरूप पर पुनर्विचार करना प्रारंभ किया ताकि सरकार सत्याग्रहियों को गिरफ्तार करने को बाध्य हो। इस उद्देश्य की पूर्ति हेतु द्वारका प्रसाद मिश्र ने 'जंगल सत्याग्रह' प्रारंभ करने का प्रस्ताव रखा। मध्यप्रांत घने जंगलों से घिरा हुआ था। अतएव जंगल कानूनों का उल्लंघन कर सरकार के विरुद्ध नये प्रकार का आन्दोलन प्रारंभ किया जा सकता था लेकिन काँग्रेस कार्यकारिणी ने जंगल सत्याग्रह को आन्दोलन के कार्यक्रम में सम्मिलित नहीं किया था, अतएव इस आन्दोलन को प्रारंभ करने से पूर्व तत्कालीन काँग्रेस अध्यक्ष मोतीलाल नेहरू की स्वीकृति प्राप्त कर लेना आवश्यक था। द्वारका प्रसाद मिश्र जो कि लेजिस्लेटिव असेम्बली में मोतीलाल नेहरू के विश्वासपात्र राजनीतिज्ञ थे। उन्होंने जंगल सत्याग्रह का प्रस्ताव लेकर इलाहाबाद प्रस्थान किया किन्तु मोतीलाल नेहरू, गाँधीजी से परामर्श लिये बिना सत्याग्रह के कार्यक्रम के परिवर्तन के पक्ष में नहीं थे। उन्हें भय था कि जंगल-सत्याग्रह में बड़ी संख्या में आदिवासी तथा ग्रामीण जनता भाग लेगी और उनमें हिंसक घटनायें घटित होने की संभावनायें थी। एक लम्बे विचार-विमर्श के पश्चात् मिश्रजी, मोतीलाल नेहरू को आश्वस्त करने में सफल रहे और उन्हें जंगल-सत्याग्रह प्रारंभ करने की अनुमति प्राप्त हो गई। जब मिश्रजी जबलपुर पहुँचे तो समाचार-पत्रों ने जंगल सत्याग्रह कार्यक्रम का सम्पूर्ण देश में प्रचार करना प्रारंभ कर दिया था। मध्यप्रांत की सरकार सतर्क हो गई। उसे भय था कि जंगल कानूनों के व्यापक उल्लंघनों से स्थिति नियंत्रण के बाहर हो सकती थी। अतएव सरकार जंगल सत्याग्रह प्रारंभ करने के पूर्व काँग्रेस के नेताओं को गिरफ्तार करने हेतु बाध्य हुई। द्वारका प्रसाद मिश्र, जिन्होंने इस सत्याग्रह की परिकल्पना की थी और उसे क्रियान्वित करने में महत्वपूर्ण भूमिका निभायी थी वे स्वयं इस आन्दोलन में भाग नहीं ले सके क्योंकि सरकार ने उन्हें अन्य नेताओं के साथ गिरफ्तार कर लियां था। इसके बावजूद मंडला, सिवनी तथा बैतूल इत्यादि जिलों में जंगल सत्याग्रह तेजी से प्रारंभ हुआ और धीरे-धीरे संपूर्ण प्रांत में फैल गया। इस सत्याग्रह ने राष्ट्रीय आंदोलन को सशक्त बनाया।[३६]

जंगल सत्याग्रह

जंगल सत्याग्रह को प्रारंभ करने का कार्य दूरस्थ गाँवों के विशाल संगठन के बाद ही संभव था। काँग्रेस द्वारा जंगल कानून को भंग करने के अभियान का उद्देश्य उन निर्धन लोगों का समर्थन प्राप्त करना था जो इस कानून को अत्याचार पूर्ण समझते थे।[३७]

जंगल सत्याग्रह का उद्देश्य जंगल कानून को सरल बनाना था जिससे अनुसूचित जनजाति तथा अन्य पिछड़े वर्ग के लोग वन उपज का लाभ उठा सकें। उस समय जंगल कानून अन्यायपूर्ण तथा

अमानवीय था क्योंकि पहले किसान अपनी भूमि से लगे हुए क्षेत्र में पशुओं के लिए कर-मुक्त चारा (घास) उगा सकते थे परंतु अंग्रेजी राज्य के प्रारंभ होते ही उनकी यह सुविधा समाप्त कर दी गई थी जिससे गरीब कृषकों को अपने पशुओं के लिए चारा प्राप्त करना कठिन हो गया। यहाँ तक इन गरीब किसानों को अपने झोपड़ों की छतों के लिऐ सूखे घास-फूंस भी बिना दाम के उपलब्ध नहीं हो सकते थे। सरकार कृषकों को चारागाह के लिऐ कर-मुक्त भूमि, सूखे पत्ते तथा लकड़ी आदि नहीं देना चाहती थी। इन परिस्थितियों में जंगल कानून भंग करना ही उनके लिए एक मात्र उपाय रह गया।[३८]

अत: जंगल सत्याग्रह के क्रियान्वयन हेतु प्रांत के सभी जिलों की युद्ध समितियाँ सक्रिय हो गयी। इसी तारतम्य में २५ जून १९३० को वामनराव लाखरे, रायपुर की एक जनसभा में जंगल कानून भंग करने की अपील जनता से करते समय गिरफ्तार कर लिये गये। उन्हें ३००० रुपये जुर्माना तथा साधारण दंड दिया गया। ३० जून १९३० को केवलारी गाँव के बाजार तथा १० जुलाई १९३० को रायपुर की कोतवाली पर सत्याग्रहियों द्वारा घेराव कर पथराव किया गया।[३९]

१९३० के आन्दोलन से नागपुर तथा बरार के अनुक्रियावादियों को असमंजस में डाल दिया। आन्दोलन के प्रति बरार की जनता के उत्साह ने एम.एस. अणे को यह अनुभव करा दिया कि इस आन्दोलन में यदि वे पिछड़ गये तो बरार की राजनीति अमरावती के वामनराव जोशी और अकोला के बृजलाल बियाणी के हाथों में चली जायेगी। अत: उन्होंने आन्दोलन में सम्मिलित होने का निश्चय किया परंतु अनुक्रियावादियों की नीति के संबंध में उनकी राय यथावत थी। डॉ. मुंजे ने पहले तो उनका विरोध किया परंतु एम.एल. अभ्यंकर तथा पूनमचंद रांका के समक्ष नागपुर की जनता को श्रद्धानत् होते देख कर वे भी अणे के साथ हो गये।[४०]

यद्यपि जंगल सत्याग्रह के प्रवर्तक द्वारका प्रसाद मिश्र थे परंतु उनके गिरफ्तार हो जाने के कारण १० जुलाई को सत्याग्रह का श्रीगणेश करने का सौभाग्य एम.एस. अणे को प्राप्त हुआ। बरार में अनुक्रियावादियों ने बापूजी अणे के नेतृत्व में १० जुलाई १९३० को जंगल सत्याग्रह प्रारंभ किया। अपने सहयोगियों सहित वे यवतमाल जिले के पूसद नामक स्थान के संरक्षित जंगलों में घास काटते हुए गिरफ्तार कर लिये गये। उन्हें छ: माह के कारावास का दंड दिया गया।[४१] उनकी गिरफ्तारी पर नगर में पूर्ण हड़ताल की स्थिति रही, स्कूल कालेज भी बंद रखे गये।[४२]

इस घटना के पश्चात् जंगल कानून भंग किये जाने का क्रम निरंतर चलता रहा। फलस्वरूप बृजलाल बियाणी, पी.बी. गोले, शिवाजीराव पटवर्धन तथा सोमण आदि, बरार के अन्य नेताओं सहित गिरफ्तार कर लिये गये।[४३] सरकार को आशा थी कि वर्षा ऋतु के प्रारंभ हो जाने पर इस आन्दोलन की गति स्वत: धीमी हो जायेगी किन्तु अनुक्रियावादी दल द्वारा इस आन्दोलन में भाग लेने के कारण सरकार विरोधी आन्दोलन में तीव्रता आयी। नागपुर, वर्धा, आर्वी, तलेगाँव, काटोल आदि स्थानों पर भी 'सत्याग्रह कैम्प' लगाकर आन्दोलन की तैयारी की गई।[४४] २४ जुलाई १९३० को पूनमचंद रांका द्वारा आर्वी तहसील के तलेगाँव नामक स्थान पर सत्याग्रह का निश्चय किया गया परंतु २ दिन पूर्व ही उन्हें गिरफ्तार कर लिया गया। उनके स्थान पर गणपतराव टिकेकर युद्ध समिति के अध्यक्ष मनोनीत हुए। उनके नेतृत्व में सत्याग्रहियों के एक जत्थे ने तलेगाँव पहुँचकर १ अगस्त १९३० को सत्याग्रह किया। फलस्वरूप वे अपने सहयोगियों सहित गिरफ्तार कर लिये गये। उन्हें छ: माह का कठोर कारावास का दंड तथा ५०० रुपये जुर्माना किया गया। इसके पश्चात पांडुरंग साव के नेतृत्व में सत्याग्रहियों ने ३

अगस्त को तथा कान्हेरे के नेतृत्व में ४ अगस्त को जंगल सत्याग्रह कर गिरफ्तार कर लिए गये। ५ अगस्त १९३० को 'महाराष्ट्र नामक एक श्रमिक पत्रिका के उप संपादक तथा प्रसिद्ध मराठी लेखक और आलोचक, जी.टी. मालखोदकर के नेतृत्व में सत्याग्रहियों ने जंगल सत्याग्रह किया और सत्याग्रह करते हुए ७ अगस्त को गिरफ्तार कर लिये गये। उन्हें ४ माह की सजा दी गई। इस प्रकार जंगल-सत्याग्रह का एक चरण ७ अगस्त १९३० को पूर्ण हुआ।

इस संघर्ष का दूसरा चरण, नागपुर में मराठी मध्यप्रांत में पूरे जोर शोर से प्रारंभ हुआ।[४५] ८ अगस्त १९३० से मराठी युद्ध समिति द्वारा सत्याग्रह हेतु सत्याग्रहियों के अनेक जत्थे भेजे गए। प्रत्येक स्थानों से सत्याग्रही हजारों की संख्या में सम्मिलित हुए। प्रतिदिन जंगल से घास काट कर उनकी नीलामी सस्ते दामों में की जाने लगी। यहाँ उल्लेखनीय है कि जंगल सत्याग्रह से प्रभावित होकर काटोल तहसील के कांधली के वन अधिकारी अपने पद से त्यागपत्र देकर सत्याग्रहियों में सम्मिलित हो गये। चाँदा जिले के ब्रम्हपुरी, भंडारा के तुमसर में पुलिस ने सत्याग्रहियों पर लाठी चार्च किया। यहाँ तक कि तुमसर के नेता कर्मवीर पाठक, चतुर्भुज भाई तथा गोपी पटेल जो सत्याग्रहियों से मिलने आये थे, पुलिस द्वारा गिरफ्तार कर लिये गये।[४६] सत्याग्रह को सबसे अधिक सफलता भंडारा जिले में प्राप्त हुई जिसका श्रेय वहाँ के नेता प्रोफेसर एन.जी. जोगलेकर को है। वे 'हिस्लाप कालेज' के भूतपूर्व प्रोफेसर तथा प्रान्तीय युद्ध समिति के सर्वेसर्वा थे।[४७]

जेल से मुक्त होते ही डॉ. मुंजे अपने सत्याग्रहियों सहित घास और लकड़ी काटकर जंगल कानून को भंग करते हुए पुनः गिरफ्तार कर लिये गये। डॉ. मुंजे तथा उनके सहयोगियों को १० रु. जुर्माना तथा १ सप्ताह के कारावास का दंड दिया गया। धीरे-धीरे इस क्षेत्र में स्थिति बिगड़ने के कारण आर्वी तहसील में सशस्त्र-पुलिस व्यवस्था की गई।[४८]

हिन्दुस्तानी मध्यप्रांत के कुछ जंगल ऐसे थे जहाँ पहुँचना कठिन था, जिसमें मुड़वारा तहसील प्रमुख थी जहाँ के सत्याग्रह को डिप्टी कमिश्नर द्वारा 'उन्माद' की संज्ञा दी गई। वहाँ ग्रामीणों द्वारा सामूहिक रूप से वनों से लकड़ियां काटी जा रही थी। भारी वर्षा के कारण पुलिस अधिकारियों द्वारा स्थिति पर काबू पाना कठिन था। मुड़वारा तहसील की गंभीरता को देखते हुए, शासन ने पुलिस को तैनात कर सत्याग्रहियों को कोड़े-मारे जाने के लिए अधिकृत किया। सरकारी दमन-नीति द्वारा सत्याग्रहियों में अधिक जोश उत्पन्न हुआ। कार्यकर्ताओं के उत्साह के फलस्वरूप जबलपुर में 'नवजवान भारत सभा' की एक शाखा स्थापित की गई। रामकुमार शर्मा के नेतृत्व में नवजवानों में, राष्ट्रीय भावना उत्पन्न करने का प्रयत्न किया गया।[४९] दिन प्रतिदिन उत्प्रेरक नारे तथा क्रांतिकारी पोस्टर कमानिया गेट तथा फव्वारा क्षेत्र में लगाये जाने लगे। सत्याग्रहियों द्वारा कोतवाली क्षेत्र के पास एक काले तख्ते पर 'पुलिस से स्वतंत्रता संघर्ष में सम्मिलित होने' की अपील लिखकर रखी गई।[५०] नरसिंहपुर में वन-कानून तोड़े जाने पर सरकार द्वारा आपात शक्ति अधिनियम लागू किया गया परंतु नरसिंहपुर में सत्याग्रहियों द्वारा सक्रिय रूप से भाग लेने के फलस्वरूप आन्दोलन को दबाया न जा सका। मंडला के आदिवासियों द्वारा भी जंगल कानून भंग किये जाने के समाचार प्राप्त हुए परंतु पुलिस अधिकारियों द्वारा तुरंत कार्यवाही कर अनेक आदिवासियों को कठोर सजाये दी गई। अधिकांश सत्याग्रहियों को कठोर कारावास का दंड दिया गया।[५१] इसी प्रकार सागर में भी ४ सत्याग्रहियों को गिरफ्तार कर लिया गया।[५२] सत्याग्रह के दौरान सागर में 'हिन्दुस्तान सोसलिस्ट-रिपब्लिकन आर्मी' की एक शाखा स्थापित की गई,

जो प्रतिदिन विस्फोटक सामग्री प्रांत के सत्याग्रहियों को पहुँचाया करती थी। ९ अगस्त १९३० में एक स्थानीय उच्चतर माध्यमिक शाला के प्रांगण में बम विस्फोट हुआ परंतु जान-माल की कोई हानि नहीं हुई। कटनी और सिहोरा में भी पुलिस ने अनेक वन-सत्याग्रहियों को गिरफ्तार किया।[५३] २२ अगस्त १९३० को रायपुर में बड़ी संख्या में सत्याग्रहियों को गिरफ्तार कर ले जाते समय जनता द्वारा पुलिस अधिकारियों का घेराव कर पथराव किया गया जिसमें १९ पुलिस सिपाहियों सहित पुलिस सुपरिन्टेंडेंट भी बुरी तरह आहत हुए। इसी प्रकार की घटनायें आरंग, साम्बोरा, राजिम आदि स्थानों पर भी घटीं।[५४]

यह आन्दोलन शीघ्र ही आदिवासी क्षेत्रों में भी फैल गया। इस सत्याग्रह हेतु आदिवासियों में काफी उत्साह देखा गया। हजारों आदिवासियों ने एकत्र हो बैतूल में खार, बालाघाट, नीलगढ़, चीखलार, भैंसदेही, बनजारी ढाल आदि स्थानों में जंगल सत्याग्रह किया। बनजारी ढाल में लगभग ५०० आदिवासियों की भीड़ पर पुलिस ने गोली चलायी। एक शहीद तथा अनेक घायल हुए। बनजारी ढाल के अतिरिक्त ९ अगस्त १९३० को सिवनी के टूरिया नामक स्थान पर भी मूका लोहार के नेतृत्व में हजारों गौंड आदिवासियों द्वारा खवासा नामक स्थान पर जंगल कानून भंग किये जाने पर उनके साथ क्रूरता का व्यवहार किया गया। बैतूल में घनश्याम सिंह गुप्ता और दीपचंद गोठी जंगल सत्याग्रह करते हुए गिरफ्तार कर लिए गये। २२ अगस्त १९३० को एक हवलदार की हत्या कर दी गई जिससे सत्याग्रही उद्वेलित हो उठे। परिस्थिति की गंभीरता को देखते हुए पुलिस को गोली चलानी पड़ी जिसमें एक गौंड सत्याग्रही तथा ३ महिलायें मारी गयी और ३० घायल हुए।[५५]

बैतूल की भांति मंडला, रानीपुर, दमोह, सागर, बिलासपुर तथा रायपुर में जंगल कानून भंग करने पर अनेक सत्याग्रही पुलिस की गोली के शिकार और अनेक आहत हुए। ग्रामीण तथा गौंडों में आतंक उत्पन्न करने के लिए गाँवों में पुलिस के दस्तों का पहरा लगा दिया गया जिससे रानीपुर थाने के समीप गौंड़ों द्वारा पुलिस अधीक्षक सहित एक पुलिस दस्ते पर आक्रमण कर दिया गया। स्पष्ट था कि बर्बरता से ग्रामीण क्षेत्रों में आन्दोलन को दबाने का प्रयत्न किया गया।[५६]

आन्दोलनकारी घटनाओं पर अंकुश लगाने हेतु १२ सितम्बर १९३० को आपात् शक्ति अधिनियम जारी किया गया परंतु काँग्रेस कार्यकर्ताओं द्वारा धमतरी में १६ सितम्बर को भी सत्याग्रह का प्रयास किया गया। पुलिस द्वारा घटनास्थल के निरीक्षण के दौरान सत्याग्रहियों द्वारा पथराव किये जाने पर पुलिस को गोली चलानी पड़ी जिससे दो व्यक्ति घायल हो गये। उसी दिन रूद्री के जंगल में विरोध स्वरूप ५००० सत्याग्रही एकत्र हुए। पुलिस द्वारा भीड़ को तितर-बितर करने के उद्देश्य से गोली चलानी पड़ी जिससे दो सत्याग्रही घायल हुए और अनेक गिरफ्तार कर लिए गये। अक्टूबर १९३० तक ऐसी अन्य घटनायें राना दाबरी, पठवार पाली, खूतरी आदि गाँवों में भी सत्याग्रहियों द्वारा जंगल कानून भंग किये जाते समय घटीं।[५७] इस प्रकार जंगल विधि-विरुद्ध सत्याग्रह जोर-शोर से पूरे प्रांत में चलता रहा। विदेशी वस्तुओं, वस्त्रों तथा आम चुनावों का बहिष्कार भी इस सत्याग्रह का एक लक्ष्य था।[५८]

आन्दोलन का तीसरा पहलू, शराब की दूकानों तथा भट्टियों पर धरना देना था। शराबबंदी हेतु शराब की दुकानों पर धरना देना, सविनय अवज्ञा आन्दोलन के अन्तर्गत काँग्रेस का एक प्रमुख कार्यक्रम था। विदेशी शराब की बिक्री पर प्रतिबंध लगाने के उद्देश्य से सत्याग्रहियों द्वारा शराब के गोदामों से शराब ले जाने वाले मोटर वाहनों के समक्ष रुकावट उत्पन्न करना, शराब की बोतलों को छीनना, शराब की बिक्री पर रोक लगाने आदि की चेष्टा की जाने लगी। १९ जुलाई को जबलपुर के एक

स्वयंसेवकों के विशाल समूह द्वारा शराब ले जाने वाली गाड़ियों को आगे बढ़ने से रोका गया। शराब के पीपों से भरी एक ट्रक के आगे 'नाना नायडू' नामक एक स्वयंसेवक लेट गया और हटने से इंकार कर दिया। जबलपुर तथा रायपुर में शराब की बोतलों को छीनने की घटना घटी। जबलपुर में शराब की दुकानों पर धरना देने का क्रम जारी रहा। गलगला स्थित शराब की दुकानों पर चम्पालाल और फूलचंद लोधी द्वारा भरतीपुर शराब भंडार गृह (बेअर हाऊस) पर धरना तथा शराब बिक्री पर रोक लगाई गई जिसमें हीरालाल बाबा, सुमेर रजक, छिंगेलाल स्वर्णकार भूमि पर लेट गये, उन्हें गिरफ्तार कर लिया गया। भीड़ को हटाने के लिए पुलिस को गोली चलानी पड़ी जिससे गोरेलाल नाई घायल होकर जीवन भर के लिए अपाहिज हो गया। लक्ष्मीशंकर भट्ट, नाना नायडू, मोतीलाल जैन, रूपराम आदि गिरफ्तार कर लिए गये। इस घटना से जबलपुर जिले में देशी शराब की बिक्री में ७५ प्रतिशत की कमी हुई। रायपुर में सत्याग्रहियों द्वारा सामाजिक बहिष्कार की धमकी के कारण शराब के ठेकेदारों को सुरक्षित रूप से शराब बाहर ले जाना कठिन हो गया। सत्याग्रहियों द्वारा शराब की बिक्री पर रोक लगाने के प्रभावपूर्ण उपाय अपनाये गये। कटनी के शराब के गोदामों पर भी धरना देकर पुलिस पर पथराव किया गया। सत्याग्रहियों के अटल निश्चय को देखकर पुलिस को गोली चलानी पड़ी जिससे ४ सत्याग्रही बुरी तरह आहत हुए तथा ७० साधारण रूप से घायल हुए।[५९] दमनकारी कानूनों को कठोर बनाने के प्रयास में शासन ने अनेक नये अध्यादेश जारी किये तथा राष्ट्रीय विचारधारा के प्रचार पर प्रतिबंध लगाने के लिए अनेक समाचार पत्रों से जमानतें माँगी गई। इस तारतम्य में जबलपुर में 'कोशल' समाचार पत्र का प्रकाशन बंद हो गया तथा १९३० में सेठ गोविंददास के सहयोग तथा द्वारका प्रसाद मिश्र के सम्पादन द्वारा निकाले जा रहे एक अन्य समाचार-पत्र 'लोकमत' को दंडित किया गया।[६०]

सितम्बर १९३० में नागपुर के सावनेर नामक स्थान पर सत्याग्रहियों द्वारा शराब की दुकानों पर धरना देकर तथा सड़क-किनारों के पेड़ों को गिराकर शराब की बिक्री में रुकावट डाली गई। पुलिस द्वारा लाठी चार्ज किये जाने के कारण ५० सत्याग्रही घायल हुए। पुलिस कमिश्नर द्वारा धरना स्थल का निरीक्षण किया गया। नागपुर में शराब की दुकानों पर धरना देना सत्याग्रहियों का प्रतिदिन का कार्यक्रम हो गया तथा सत्याग्रहियों को गिरफ्तार करना पुलिस का। नागपुर में लगभग ३०० से अधिक सत्याग्रही गिरफ्तार किये गये।[६१] नागपुर जिले के रामटेक तहसील में विशाल शराबखाने, मनसाल, कान्दरी, अम्बदी, कोंडामेंट्री तथा रामटेक में थे जहाँ १८ शराब की दूकानें थी। १८ अक्टूबर १९३० को रामटेक के शराब की दूकान पर धरना देने के फलस्वरूप ७ सत्याग्रही गिरफ्तार कर लिये गये। उसी समय उमरेर तहसील में काँग्रेस द्वारा 'जाति-पंचायत' की व्यवस्था 'सार्वजनिक-मंडल' के रूप में की गई जिनका कार्य सभी समस्याओं का निवारण करना था, जिनमें शराब का बहिष्कार भी सम्मिलित था। इसी संदर्भ में युद्ध समिति के सदस्यों द्वारा १२५ महुआ (टोंडी-ट्री) काट डाले गये।[६२]

इसी प्रकार चाँदा और ब्रह्मपुरी में शराब खानों तथा शराब की दूकानों पर धरना दिया जाने लगा। जाति-पंचायत के माध्यम से शराब के पूर्ण बहिष्कार का प्रस्ताव पारित किया गया और इस नियम को भंग करने वालों को भारी जुर्माना कर आर्थिक दंड दिये जाने का प्रावधान किया गया।[६३] उमरेर और छिंदवाड़ा जिले के सावंगा तथा लोधीखेरा नामक स्थानों पर शराब की दूकानों में धरना देने तथा प्रभात फेरी करते समय पुलिस द्वारा सत्याग्रहियों पर लाठी चार्ज किये तथा कोड़े बरसाये गये। रायपुर जेल में भी सत्याग्रहियों पर कोड़े बरसाये गये।[६४]

सविनय अवज्ञा आन्दोलन में भाग लेने पर अधिकारियों द्वारा दंड स्वरूप 'राबर्टसन कालेज' वर्तमान में 'महाकोशल कला एवं वाणिज्य महाविद्यालय' अनिश्चित काल के लिए बंद कर दिया गया और इस शर्त पर पुनः महाविद्यालय खोला गया कि विद्यार्थियों द्वारा महाविद्यालय परिसर में राजनीतिक गतिविधियों का क्रियान्वयन न किया जावे।[६५] शासकीय शालायें भी नवम्बर १९३० तक इसी उद्देश्य से बंद रखी गयी। जबलपुर के इस आन्दोलन की एक विशेषता यह थी कि सेना तथा पुलिस दोनों का सामाजिक बहिष्कार किया गया था।[६६]

बहिष्कार कार्यक्रम में भाग लेने के कारण विभिन्न क्षेत्रों के युद्ध समिति के सदस्यों को गिरफ्तार कर कारावास का दंड दिया गया। २ जून १९३० को एम. व्ही. अभ्यंकर को २ वर्ष तथा पूनमचंद रांका को साधारण कारावास का दंड दिया गया। १ अगस्त को गणपतराव टिकेकर तथा ८ अगस्त को छगनलाल भारूखा को गिरफ्तार कर २२ माह की कैद की सजा दी गई।[६७] इसी प्रकार १५ अगस्त १९३० को खुलालचंद, श्रीमती अनुसुइयाबाई काले, ई.एस. पटवर्धन, एम.जे. कार्नितकर को १-१ वर्ष कारावास का दंड तथा सी.पी. साल्वे को ६ माह के कारावास का दंड और ७५ रुपये जुर्माना किया गया।[६८] २७ सितम्बर को एस. जोगलेकर को ६ माह की सजा और २००० रुपये जुर्माना किया गया। इनके अतिरिक्त सेठ जमनालाल बजाज, महात्मा भगवानदीन, जी.डी. धावली, राजाभाऊ डांगे, मानिकराव देशमुख, बलिराम पंत तथा आप्पा साहब गिरफ्तार कर लिये गये।[६९] लक्ष्मणराव साल्पेकर भी ४ अक्टूबर को बंदी बना लिये गये।[७०]

शराब का बहिष्कार तथा धरना वर्धा में भी व्यापक पैमाने पर किया गया जिसमें महिलाओं ने भी भाग लिया। २२ सत्याग्रही पुलिस हिरासत में ले लिये गये।[७१] 'गाँधी-आश्रम' के सत्याग्रहियों द्वारा वर्धा में लगभग १५०० महुआ के पेड़ काट डाले गये जिसका व्यापक प्रभाव सरकार को शराब से प्राप्त होने वाली आय पर पड़ा। शराब बिक्री के बहिष्कार के कारण युद्ध समिति के अध्यक्ष हरकारे गिरफ्तार कर लिये गये उन्हें १ वर्ष के कारावास का दंड दिया गया। चाँदा युद्ध समिति के डायरेक्टर तथा मराठी मध्यप्रांतीय युद्ध समिति के सदस्य बाबाजी पाटिल को जवाहर दिवस पर नागपुर जाते समय गिरफ्तार कर लिया गया। बाबाजी पाटिल की गिरफ्तारी के पश्चात जादोराव देशमुख मराठी मध्यप्रांतीय युद्ध समिति के सदस्य बनाये गये। वरोरा तहसील के युद्ध समिति के डिक्टेटर काले भी गिरफ्तार कर लिये गये।[७२]

इसी समय भंडारा जिले में शराब की ३ दिवसीय नीलामी हुई जिसका बहिष्कार युद्ध समिति के अध्यक्ष मनीश्वर तथा सचिव बाजाल्वार द्वारा किया गया। पुलिस द्वारा सत्याग्रहियों पर लाठी चार्ज किया गया जिससे अनेक सत्याग्रही बुरी तरह घायल हुए। घायलों में एक ७० वर्षीय वृद्ध भी था। अध्यक्ष मनीश्वर सहित अनेक सत्याग्रही गिरफ्तार कर लिए गये। भंडारा जिले में शराब के बहिष्कार से सरकार को आबकारी में ४० प्रतिशत की हानि हुई। वर्धा में शराब की दुकान पर धरना तथा बहिष्कार के कारण सेठ जमनालाल बजाज को अनेक अनुयायियों सहित गिरफ्तार कर लिया गया।[७३]

२० नवम्बर १९३० को नागपुर में शराब की नीलामी का दिन निश्चित किया गया था। लगभग १८८८ दुकानों में शराब की नीलामी की गई। सत्याग्रहियों द्वारा बहिष्कार किये जाने पर १२ सत्याग्रही गिरफ्तार कर लिये गये तथा १० बुरी तरह घायल हुए। आहत सत्याग्रहियों का समाचार पूरे नगर में फैल गया। विरोधस्वरूप पूरे नगर में हड़ताल रखी गई।[७४] इस प्रकार मराठी प्रांत के विभिन्न जिलों तथा

स्थानों पर शराब की दुकानों तथा विदेशी वस्तुओं का सफल बहिष्कार किया गया। प्रांत से शराब की बिक्री द्वारा सरकार को प्राप्त होने वाली आबकारी आय में लगभग ३ लाख रुपये का घाटा हुआ।[७५]

विदेशी वस्तुओं के बहिष्कार कार्यक्रम भी युद्ध समिति द्वारा अपनाया गया। काँग्रेस कार्यकर्ताओं द्वारा वस्त्र व्यापारियों के संघ से तीन माह तक विदेशी वस्त्रों के खरीदने तथा बिक्री को बंद करने का आग्रह किया गया परंतु सत्याग्रही इस बात से संतुष्ट न हो सके। अत: विदेशी वस्त्रों के बहिष्कार तथा उनके क्रय-विक्रय की रोकथाम हेतु लगभग २५० सत्याग्रही नियुक्त किये गये जिन्होंने प्रांत के विभिन्न क्षेत्रों में बिदेशी वस्त्रों की बिक्री पर रोक लगाने के उद्देश्य से बड़ी संख्या में अपनी गिरफ्तारियाँ दी।[७६] इस प्रकार कानूनों को भंग करने का क्रम मध्यप्रांत और बरार में निरन्तर चलता रहा।[७७]

चुनावों का बहिष्कार करना सत्याग्रह का एक अन्य महत्वपूर्ण चरण था। नवम्बर १९३० में जब प्रान्तीय विधायिका हेतु निर्वाचन प्रारंभ हुआ, तब इस आन्दोलन का स्पष्ट प्रभाव परिलक्षित हुआ। काँग्रेस के स्वयंसेवकों ने घर-घर जाकर मतदाताओं से मतदान में भाग न लेने का आग्रह किया।[७८] १० नवम्बर १९३० को मतदान के दिन लगभग ६०० कार्यकर्ता प्रत्येक निर्वाचन केन्द्र के आसपास फैल गये और मतदाताओं से मतदान न करने का निवेदन किया।[७९] नागपुर के टाऊन हाल में 'वानर-सेना' तथा पुलिस अधिकारियों में दो बार मुठभेड़ हुई। पुलिस द्वारा मतदान केन्द्र से मतपेटियाँ ले जाते समय स्वयंसेवकों द्वारा पथराव किया गया।[८०] बुरहानपुर तथा खंडवा में निर्वाचन के बहिष्कार हेतु 'हनुमान व्यायाम शाला' का गठन किया गया। सभी चुनाव स्थलों पर सरकार द्वारा कड़ा प्रबंध किये जाने पर भी इन निर्वाचन केन्द्रों पर काँग्रेस का प्रभाव कम न था। चुनाव बहिष्कार अभियान में काँग्रेस पूर्ण सफल रही। बरार के प्रमुख केन्द्रों पर धरना देने पर भी किसी प्रकार के संघर्ष का समाचार प्राप्त नहीं हुआ।[८१]

विधायिका चुनाव बहिष्कार आशा के अनुरूप सफल रहा। यह उल्लेखनीय बात थी कि नागपुर के दो मतदान केन्द्रों पर एक भी मत नहीं डाले गये। नागपुर में मतदान केवल ४ प्रतिशत ही रहा। कुछ मतदान केंद्रों जैसे उमरेर और गोंदिया में सिर्फ १ प्रतिशत ही मतदान हुए। काँग्रेस की यह बहुत बड़ी सफलता थी। बरार के मुस्लिम मतदान केन्द्रों पर २० प्रतिशत मत डाले गये। चुनाव बहिष्कार अभियान की सफलता के फलस्वरूप सरकार ने काँग्रेसियों को गिरफ्तार करना प्रारंभ कर दिया। प्रत्येक घर से कोई न कोई सदस्य गिरफ्तार किये गये जिनमें सबसे प्रमुख व्यक्ति युद्ध-समिति के सचिव धुले तथा बहिष्कार कमेटी के अध्यक्ष वाचा सुन्दरम् और प्रमुख सत्याग्रही-चैतन्यदास गिरफ्तार कर लिये गये।[८२] बरार के भूतपूर्व मंत्री आर.एम. देशमुख और रायबहादुर बोस पराजित हुए।[८३] उन्हीं दिनों सविनय अवज्ञा-आन्दोलन में भाग लेने के कारण २६ नवम्बर १९३० को जबलपुर से गिरफ्तार किये गये व्यक्तियों में विश्वम्भरनाथ पांडे, सत्येन्द्र प्रसाद मिश्र, पूरनचन्द शर्मा, ज्वालाप्रसाद ज्योतिषी और बद्रीप्रसाद श्रीवास्तव आदि ने ३१ दिसम्बर १९३० के मध्यरात्रि जेल में, झंडा-वादन की योजना बनायी। जेल में तिरंगा झंडा फहराना टेडी-खीर थी। सफेद खादी तो सभी के पास थी। उसके एक भाग को पत्तियों को पीसकर हरा किया गया। लाल रंग के लिए सत्येन्द्र प्रसाद मिश्र ने अपनी कलाई चीर कर खून से लाल कर दिया। इस प्रकार सफेद, लाल तथा हरे रंग का तिरंगा बना कर 'विजयी विश्व तिरंगा प्यारा, झंडा ऊँचा रहे हमारा' गीत गाकर झंडा फहराया गया।[८४]

दूसरी ओर सविनय अवज्ञा आन्दोलन में भाग लेने के बाद भी अनुक्रियावादी दल को चुनाव में कोई विशेष लाभ प्राप्त न हो सका। आर.एम. देशमुख तथा पी.सी. बोस दोनों विद्यायिका में स्थान न पा सके। उनके प्रतिद्वंदी पंजाबराव देशमुख विजयी हुए जिन्हें 'सत्य-शोधक-दल (अब्राह्मण दल) का समर्थन प्राप्त था।[८५] उसके तुरंत बाद विधायिका की कार्यवाही १२ जनवरी १९३१ तक स्थगित कर दी गई।[८६]

यद्यपि डॉ. राव को मंत्रिमंडल बनाने में सफलता प्राप्त न हो सकी थी तथापि मध्यप्रांत और बरार में काँग्रेस के चुनाव बहिष्कार ने डॉ. राव को गृह-सदस्य की हैसियत से प्रांतीय शासन हेतु शक्ति अर्जित करने का सुअवसर प्रदान किया। इस कार्य में उन्हें दो अंग्रेज गवर्नर मांटेग्यू बटलर तथा सर हाइड गवान की सहायता प्राप्त हुई। अपने व्यक्तिगत संबंधों तथा राजनीतिक प्रभाव के आधार पर अक्टूबर १९३० में बरार के एस.व्ही. ताँबे के गृह-सदस्य पद से सेवानिवृत्त होने के उपरांत जनवरी १९३१ में विधायिका में गृह-सदस्य पद को प्राप्त करने में सफल हुए।[८७] गृह-सदस्य के रूप में डॉ. राव मंत्रिमंडल के निर्माण हेतु सदस्यों के चुनाव में व्यस्त हो गये। इस प्रकार १९३० के निर्वाचन के पश्चात् प्रान्त में पहला मंत्रिमंडल 'डेमोक्रेटिक दल' तथा 'अब्राह्मण दल' (सत्य-शोधक-दल) को मिलाकर बना। इससे डेमोक्रेटिक दल के जी.पी. जयसवाल, जो जबलपुर के एक वकील थे और बरार निवासी अब्राह्मण दल के पंजाबराव देशमुख थे। मंत्रिमंडल में जी.पी. जयसवाल को उद्योग तथा पंजाबराव देशमुख को शिक्षा-विभाग प्राप्त हुआ।[८८] परंतु इस मंत्रिमंडल को भी शीघ्र ही संकटों का सामना करना पड़ा।[८९] जिस समय भारत में सविनय अवज्ञा आन्दोलन का दमन चक्र चल रहा था। देश के भावी संविधान के सिद्धांतों पर विचार विमर्श हेतु लंदन में एक गोलमेज़ परिषद् का आयोजन १२ नवम्बर १९३० को हुआ जिसमें ब्रिटेन के तीनों राजनीतिक दल-अनुदार, उदार तथा मजदूर दल, देशी रियासतों के शासकों के प्रतिनिधि तथा कुछ राजनीतिक दल, विचाार-विमर्श हेतु आमंत्रित किये गये। उसके ८६ सदस्यों में इंग्लैंड की तीनों दलों के १६ प्रतिनिधियों, जिसका नेतृत्व मजदूर दल की सरकार के प्रधानमंत्री मैकडोनल्ड कर रहे थे, ब्रिटिश भारत के प्रतिनिधि मंडल के ५७ सदस्यों में काँग्रेस को छोड़कर अन्य दलों के प्रतिनिधि सम्मिलित हुए किन्तु यह सम्मेलन नितांत असंतोषजनक था क्योंकि इस सम्मेलन में न तो देशी रियासतों के प्रतिनिधि थे और न काँग्रेस के। उस समय काँग्रेस देश का प्रमुख राजनीतिक दल था और उसके अनुयायियों की संस्था भी अधिक थी। अतः काँग्रेस की अनुपस्थिति में भारत की राजनीतिक समस्याओं के हल के लिए बुलाया गया कोई भी सम्मेलन सफल नहीं हो सकता था। सम्मेलन के अंतिम दिन १९ जनवरी १९३० को प्रधानमंत्री मैक्डोनल्ड ने ब्रिटिश सरकार की भारत संबंधी नीति के संबंध में अपने वक्तव्य में कहा कि ब्रिटिश सरकार भारत को केन्द्रीय तथा प्रांतीय शासन सौंपना चाहती है। उन्हें पूरी आशा है कि भारत शीघ्र ही स्वशासित डोमिनियन(औपनिवेशिक राज्य) की भांति राष्ट्रमंडल का सदस्य हो जायेगा।

भारत में ब्रिटिश प्रधानमंत्री के वक्तव्य की तीव्र प्रतिक्रिया हुई। भारतीय स्वाधीनता संघर्ष के इतिहास में सफलता इतनी निकट नहीं दिखाई दी थी जितनी की प्रथम गोलमेज सम्मेलन के तुरंत बाद। भारतीयों को यह आशा बंध गई कि भारत में पूर्ण उत्तरदायी संघात्मक शासन की स्थापना हो जायेगी। वास्तव में मैकडोनल्ड के इस वक्तव्य के पीछे सरकार को काँग्रेस से सहयोग पाने की इच्छा थी। सरकार ने महात्मा गाँधी सहित १९ काँग्रेस कार्यकारिणी सदस्यों को जेल से बिना शर्त मुक्त कर दिया।

उदारवादी नेता, तेज बहादुर सप्रू तथा एम.आर. जयकर के प्रयत्नों से महात्मा गाँधी तथा लार्ड इरविन के मध्य ५ मार्च १९३१ को वार्ता के पश्चात् एक समझौते पर हस्ताक्षर हुए जो 'गाँधी इरविन समझौता' के नाम से प्रसिद्ध है। समझौते के अनुसार उन राजनीतिक बंदियों को जिन पर हत्या का आरोप नहीं था, रिहा कर दिये गये। विदेशी कपड़ों तथा शराब की दूकानों पर शांतिपूर्ण धरना तथा समुद्र के निकटवर्ती क्षेत्र में नमक कर के बिना नमक बनाने का अधिकार दे दिया गया।[९०] इस समझौते से कार्यकारिणी के सदस्य असंतुष्ट हुए। सरकार द्वारा जब्त की गई जमीनों से संबंधित-सिद्धांत पर वल्लभभाई पटेल को आपत्ति थी क्योंकि बोरसद नामक तालुक के एक गाँव के किसानों ने ६९,००० रुपये के जमीन के लगान को न देने पर जुर्माना तथा जमीन की जब्ती से तीन लाख रुपये का नुकसान सहा था। जवाहरलाल नेहरू ने पूर्ण स्वतंत्रता के आधार के अतिरिक्त किसी अन्य धरातल पर वार्ता करने को निंदनीय निरूपित किया। कोई भी सदस्य यह मानने को तैयार नहीं था कि राजनीतिक बंदियों की मुक्ति के संबंध में अनुबंध समुचित विस्तृत था। गाँधीजी द्वारा सदस्यों से बंदियों तथा जमीन अथवा धरना से संबंधित निर्णयों के विरोध में समझौता तोड़े जाने हेतु पूछे जाने पर कार्यकारिणी के सदस्यों ने अनिच्छा से यह समझौता स्वीकार कर लिया। कराँची अधिवेशन में इस समझौते को अनुमोदित कर दिया गया। इस समझौते से कार्यकारिणी ही असंतुष्ट नहीं थी। तरूण वर्ग, राष्ट्रीय प्रेस और जनता विशेषकर वे जिन्होंने आन्दोलन में यातनाऐं सहन की थी, अपना असंतोष प्रकट कर रहे थे। देश के युवक वर्ग ने तो इस समझौते की कड़ी आलोचना की। उग्रवादी काँग्रेस भी इस समझौते से असंतुष्ट था। युवक वर्ग का विचार था कि समाजवादी तथा 'इन्कलाब-जिन्दाबाद' के नारे देने वाले देशभक्त भगत सिंह, राजगुरु तथा सुखदेव की रिहाई के संबंध में इस समझौते में कुछ नहीं कहा गया। गाँधीजी द्वारा इन देशभक्तों की जान बचाने तथा उनकी मौत की सजा कम करने की शर्त वायसराय के समक्ष नहीं रखी गयी। दूसरी ओर, गाँधीजी की अहिंसक राजनीति में हिंसा के आरोपियों के लिए कोई माँग कर सकने की असमर्थता थी। इस समझौते की सबसे महत्वपूर्ण बात यह थी कि गाँधीजी द्वारा सविनय अवज्ञा आन्दोलन को स्थगित कर दिया गया और द्वितीय गोलमेज सम्मेलन में भाग लेने की स्वीकृति प्रदान कर दी गई।[९१] इस प्रकार 'गाँधी-इरविन समझौते' के साथ सविनय अवज्ञा आन्दोलन का प्रथम चरण समाप्त हुआ। इस आन्दोलन में प्रांत की काँग्रेस ने नई चेतना का संचार किया जो अनुक्रियावादियों के कारण फूट पड़ जाने से कमजोर हो गई थी। लगभग ९०,००० काँग्रेस कार्यकर्ताओं में से अधिकांश मुक्त कर दिये गये।

इस संबंध में टिप्पणी करते हुए 'हितवाद' ने लिखा कि 'गाँधी-इरविन समझौते का राष्ट्रीय आन्दोलन के इतिहास में पर्याप्त मनोवैज्ञानिक महत्व है। यह प्रथम अवसर था जब अंग्रेजी सरकार को अपने प्रबल विरोधी भारतीय राष्ट्रीय काँग्रेस से समझौता करना पड़ा।'[९२] इस समझौते के अनुसार गाँधीजी अंग्रेजी सरकार द्वारा आयोजित द्वितीय गोलमेज-परिषद् में भी सम्मिलित हुए। यह सम्मेलन ७ सितम्बर से १ दिसम्बर १९३१ तक हुआ। गाँधीजी के अतिरिक्त इस सम्मेलन में मदनमोहन मालवीय तथा सरोजिनी नायडू भी सम्मिलित हुई। इस सम्मेलन से भारतीयों को बड़ी आशा थी कि 'स्वराज्य' का सपना साकार हो जायेगा परंतु इस बीच इंग्लैंड की सरकार बदल गई। यद्यपि मैकडोनल्ड अभी भी प्रधानमंत्री थे परन्तु अन्य सदस्य अनुदार दल के थे। इस सम्मेलन में 'गाँधी-इरविन समझौते' की मूल

भावना की उपेक्षा की गई। मैकडोनल्ड के अनुसार व्यापक संवैधानिक प्रश्नों के आधार पर गोलमेज सम्मेलन विशेष प्रगति न कर सका। इस प्रकार साम्प्रदायिक प्रश्न पर मैक्डोनल्ड ने अल्पसंख्यक तथा अछूतों के पृथक निर्वाचन को अपना समर्थन दिया। अत: कोई निर्णय न हो सकने के कारण गाँधीजी निराश हो भारत लौट आये। द्वितीय गोलमेज की असफलता के पश्चात् सविनय अवज्ञा आन्दोलन का द्वितीय चरण प्रारंभ हो गया।[९३] १६ अप्रैल १९३१ को लार्ड इरविन के स्थान पर लार्ड विलिंगडन भारत के वायसराव बनाये गये। विलिंगडन ने पूर्ण सफलता और उल्लास में ६ सप्ताह में काँग्रेस को कुचल देने की घोषणा की। भारत सचिव सेमुअल होर ने कहा- इस बार लड़ाई ज्यादा नहीं चलेगी। वायसराय की यह आशा सत्य प्रमाणित नहीं हो पायी और सामूहिक सत्याग्रह जो जनवरी १९३२ में प्रारंभ हुआ, वह मई १९३३ तक चला। लंदन से खाली हाथ स्वदेश लौटने पर देशवासियों द्वारा लार्ड विलिंगडन के कठोर तथा दमनात्मक कार्यवाहियों का समाचार जब गाँधीजी ने सुना, तब इस स्थिति पर वार्ता करने के लिए गवर्नर जनरल को एक पत्र लिखा परंतु गवर्नर जनरल ने गाँधीजी से वार्ता करने से इंकार कर दिया। ऐसी स्थिति में गाँधीजी के समक्ष सविनय अवज्ञा आन्दोलन को पुन: प्रारंभ करने के अतिरिक्त कोई दूसरा रास्ता नहीं था।

सविनय अवज्ञा आन्दोलन-द्वितीय चरण (१९३२-३३)

द्वितीय गोलमेज परिषद् की असफलता तथा गाँधीजी के लंदन वापसी के पश्चात् सविनय अवज्ञा आन्दोलन पुन: प्रारंभ हो गया। शासन ने भी आन्दोलन को दबाने के लिए अध्यादेश क्रमांक ४-१९३२ लागू कर काँग्रेस समितियों को अवैध घोषित कर दिया। समाचार पत्रों पर कड़ा नियंत्रण लगा दिया गया।[९४] सुभाषचन्द्र बोस, जवाहरलाल नेहरू, सरदार वल्लभ भाई पटेल आदि देश के गणमान्य नेता गिरफ्तार कर लिये गये। ४ जनवरी १९३२ को गाँधीजी भी गिरफ्तार कर लिए गये।[९५] सरकार द्वारा काँग्रेस समितियों के अवैध घोषित किये जाते ही प्रान्तीय काँग्रेस समितियाँ, युद्ध समितियों में परिणित हो गई। प्रत्येक प्रांत तथा जिलों की युद्ध समितियाँ सक्रिय हो गई। युद्ध समितियों द्वारा धरना, बहिष्कार तथा गैर कानूनी सभाओं के आयोजन का कार्यक्रम अपना कर ब्रिटिश सरकार के विरुद्ध विरोध प्रकट किया जाने लगा।

प्रान्तीय स्तर पर स्वतंत्रता आन्दोलन के इतिहास में जबलपुर की 'मौन सभा' अपना विशेष महत्व रखती है। जबलपुर में यह आन्दोलन असाधारण तरीके से प्रारंभ हुआ। जनवरी माह के प्रारंभिक दिनों में नगर में एक सार्वजनिक सभा का आयोजन, 'तिलक भूमि' के मैदान में सेठ गोविंददास, द्वारका प्रसाद मिश्र, ठाकुर लक्ष्मण सिंह चौहान तथा सुन्दरलाल तथा अन्य सत्याग्रहियों द्वारा किया गया। दूरस्थ ग्रमीण क्षेत्रों से भी हजारों सत्याग्रही इस सभा में भाग लेने पहुँचे। यह मौन सभा लगातार तीन दिनों तथा तीन रातों तक चलती रही। चौथे दिन यह मौन सभा मौन जुलूस में परिणित हो गई। सरकार द्वारा जुलूस अवैध घोषित कर अकारण ही लाठी बरसायी गईं। अनेक सत्याग्रही बुरी तरह घायल हुए। प्रमुख सत्याग्रही सेठ गोविन्ददास, द्वारका प्रसाद मिश्र, ठाकुर लक्ष्मण सिंह चौहान तथा सुन्दरलाल गिरफ्तार कर लिए गए।[९६] सेठ गोविन्ददास तथा द्वारका प्रसाद मिश्र को १-१ वर्ष कठोर कारावास का दंड तथा क्रमश २००० तथा १५०० रुपये जुर्माना किया गया। जबकि ठाकुर लक्ष्मण सिंह चौहान को ६ माह और सुन्दरलाल को ९ माह के कारावास का दंड तथा १०० रुपए जुर्माना किया गया।[९७] सरकारी

दमन नीति तथा प्रमुख नेताओं की गिरफ्तारी से 'तिलक भूमि' का सारा स्थल जनशून्य हो गया। जबलपुर के समाचार पत्र 'लोकमत' का प्रकाशन भी बंद कर दिया गया।[९८] जबलपुर में 'नवजवान भारत-सभा' को अवैध घोषित कर दिया गया।[९९] सागर में भी सरकार विरोधी सभाओं का आयोजन किया गया परन्तु सभा पर लाठी चार्ज कर कानून विरोधी घोषित कर दिया गया। सागर और दमोह के नगरपालिका भवन से राष्ट्रीय ध्वज हटा दिया गया।[१००]

१४ जनवरी १९३२ में रायपुर की युद्ध समिति द्वारा रविशंकर शुक्ल की अध्यक्षता में एक सभा का आयोजन कर जनता से सरकार को भूराजस्व न देने की अपील की गई। १४ जनवरी १९३२ की सभा में जनता से विदेशी वस्तुओं के आयात तथा बिक्री पर रोक लगाने का आग्रह किये जाने के कारण १९ जनवरी १९३२ को रविशंकर शुक्ल तथा ठाकुर प्यारेलाल गिरफ्तार कर लिए गये। उसी सभा में सरकार विरोधी भाषण दिये जाने के कारण अब्दुल रऊफ को भी गिरफ्तार कर लिया गया।[१०१] तीनों को २-२ वर्ष कठोर कारावास का दंड दिया गया। रायपुर जेल में राजनीतिक कैदियों के साथ बुरा व्यवहार किया गया। उन्हें 'सी क्लास' देकर बंद कमरों में रखकर खादी के वस्त्र माँगे जाने पर उनको पीटा गया। द्वारका प्रसाद मिश्र तथा लक्ष्मण सिंह चौहान ने जेल के वस्त्र पहनने से इंकार कर दिया।[१०२]

जबलपुर सेन्ट्रल जेल के अधीक्षक खान ने द्वारका प्रसाद मिश्र को खादी वस्त्र उतारकर जेल के वस्त्र पहनने का आदेश दिया। खादी वस्त्र पहनने की शपथ लिये जाने के कारण द्वारका प्रसाद मिश्र द्वारा वस्त्र उतारने से इंकार किया गया जिससे जेल अधीक्षक द्वारा बलपूर्वक वस्त्र उतार दिये गये। वस्त्र उतार दिये जाने पर द्वारका प्रसाद मिश्र ने जेल कक्ष में पड़े हुए चटाई के दो टुकड़ों से तन ढाँक लिया और प्रतिक्रिया स्वरूप अनशन कर दिया। कड़ाके की ठंड भी देशभक्ति को कम न कर पायी। आधी रात को जगाकर द्वारका प्रसाद मिश्र को जबलपुर से बरार के अकोला जेल में स्थानांतरित कर दिया गया। बिना भोजन तथा पानी के तीन दिनों के लगातार अनशन ने भी उनके मनोबल को बनाए रखा। चौथे दिन, जेलर द्वारा खादी प्रदान कर अनशन तोड़ने को कहा गया। अनशन के साथ उनका एकान्तवास भी समाप्त हो गया। जबलपुर के सत्याग्रहियों ने द्वारका प्रसाद मिश्र को बताया कि जिस दिन अधनंगे जबलपुर से अकोला जेल लाया जा रहा था, उसी दिन उन्हें जबलपुर नगरपालिका समिति का सभापति चुना गया। समाचार पत्रों में भी द्वारका प्रसाद मिश्र के साथ जेल में किये गये व्यवहार के समाचार प्रकाशित होने पर मामला मध्यप्रांत के विधान परिषद् में उठाया गया और सत्याग्रहियों को खद्दर देने के संबंध में सरकार को झुकना पड़ा। बरार के सत्याग्रहियों द्वारा द्वारका प्रसाद मिश्र का पत्र 'लोकमत' तथा तीन अन्य मराठी समाचार पत्रों सहित अमरावती का 'उदय', अकोला का 'मातृभूमि' और यवतमाल का 'लोकमत', जबलपुर की मौन सभा का समाचार प्रकाशित करने के कारण सरकार द्वारा प्रतिबंधित कर दिया गया था।[१०३]

ग्रीष्म काल प्रारंभ होते ही प्रांत के सभी प्रमुख नेताओं को सतपुड़ा पठार के सिवनी जेल में स्थानांतरित कर दिया गया। जेलर सुपेकर देशभक्त तथा अधीक्षक गोवा का अलवारिस विवेकशील व्यक्ति था। लक्ष्मण सिंह के अतिरिक्त नागपुर के पी.वाई. देशपांडे, अमरावती के शिवाजीराव पटवर्धन और सिवनी के एन.एन. सील थे।[१०४] कुछ दिनों के पश्चात् सुभाषचंद्र बोस तथा उनके भाई शरतचन्द्र बोस सिवनी जेल लाये गये। नेताओं का कई विषय पर आबाध एवं स्पष्ट विचारों का

आदान-प्रदान हुआ। वे सुधार तथा क्रांति दोनों प्रकार की भावना से प्रभावित थे। किसी भी कीमत पर देश को मुक्त कराने की उनकी व्यग्रता निस्वार्थ भावना, लगन क्या तपनिष्ठा ने द्वारका प्रसाद मिश्र को बहुत प्रभावित किया। सिवनी निवासी एन.एन. सील ने सुभाष बाबू के बंगाल के विश्वासपात्रों से गुप्त पत्राचार का भी प्रबंध कर दिया था। जेल में सुभाषचन्द्र बोस के स्वास्थ्य बिगड़ जाने के कारण उन्हें भोवाली सेनेटोरियम में स्थानांतरित कर दिया गया।[१०५]

प्रांत के प्रमुख व्यक्तियों को गिरफ्तार किये जाने के कारण रायपुर में विद्यार्थियों द्वारा 'वानर सेना' का गठन किया गया जिनका कार्य 'हैंड-बिल,' तथा 'पोस्टरों' को लगाना तथा एक स्थान से दूसरे स्थान तक समाचार पहुँचाना था। नगर का 'ब्राह्मण पारा' वानर सेना का केन्द्र था। नेताओं द्वारा वानर सेना को प्रतिदिन एक निश्चित स्थान पर आदेश दिये जाते थे। सरकार द्वारा दमन नीति के अन्तर्गत वानर सेना को बहुत कष्ट दिये गये, उनके कार्यों पर प्रतिबंध लगाने के लिए उन्हें पुलिस द्वारा बेंत से पीटा जाता था जिससे उनका उत्साह और बढ़ जाता।[१०६] वानर सेना के नेता बलिराम 'आजाद' और रामधर नाई सहित अन्य कई बढ़ई बालकों को गिरफ्तार कर लिया गया। रविशंकर शुक्ल के परिवार के कुछ सदस्य भी वानर सेना के सदस्य थे। सरकारी आंकड़ों के अनुसार मार्च १९३२ तक गिरफ्तार किये गये सत्याग्रहियों की संख्या १७७ तक पहुँच गई थी जिनमें स्त्रियाँ तथा बालक भी थे, जबलपुर तथा रायपुर की भांति सागर में भी सरकार विरोधी सभाओं का आयोजन किया गया। सरकार ने इन सभाओं को गैर कानूनी घोषित कर लाठी चार्ज किया जिससे सागर में २८ व्यक्ति घायल हुए। सागर को आपात् क्षेत्र घोषित किया गया तथा महाकोशल काँग्रेस कमेटी द्वारा भी नयी-नयी राजनीतिक संगठनों की स्थापना की गई जिनमें हरिपुर सेवक संघ, भीम-अखाड़ा सागर तथा गढ़ाकोटा की 'अच्छूतोद्धार-संस्था' आदि प्रमुख थे।[१०७] नागपुर में भी बैरिस्टर अभ्यंकर की अध्यक्षता में एक युद्ध समिति का गठन किया गया जिसके मंत्री पूनमचंद रांका, कोषाध्यक्ष भगवानदीन तथा प्रमुख सदस्यों में आचार्य धर्माधिकारी और राजाभाऊ डांगरे थे। युद्ध समिति के सदस्यों द्वारा ८ जनवरी १९३२ की एक सभा में भावी कार्यक्रमों की रूपरेखा बनाते हुए सरकार की तीव्र आलोचना किये जाने के फलस्वरूप ९ जनवरी को समस्त पदाधिकारी गिरफ्तार कर लिये गये। 'मॉडल-मिल' के मजदूर आन्दोलनकारियों द्वारा मिल बंद रखा गया। 'टेक्सटाइल मिल' तथा 'मोटर-ड्राईवर यूनियन' के मजदूरों द्वारा एक जुलूस का आयोजन किया गया जिसमें बी.एन.आर. तथा जी.आई.पी. के लगभग ५००० मजदूरों ने भाग लिया। रूईकर द्वारा उन्हें संबोधित किया गया। नागपुर के अन्य स्थानों पर भी इसी प्रकार की सरकार विरोधी सभाओं का आयोजन किया गया। १५ जनवरी तक लगभग १२८ सत्याग्रही गिरफ्तार कर लिये गये।[१०८]

नागपुर जेल में सेठ पूनमचंद रांका तथा बाबा साहब देशमुख ने कैदियों की स्थिति में सुधार हेतु भूख हड़ताल किया। डॉ. अभ्यंकर को सिवनी जेल में रखा गया। उन्हें साधारण कैदियों के साथ रखकर 'सी-क्लास' भोजन दिया गया। एम.एस. अणे तथा अभ्यंकर को साक्षात्कार दिये जाने से रोका गया जिस पर अणे द्वारा रोष प्रगट किया गया।[१०९] राजनीतिक कैदियों की सहानुभूति में एक जुलूस का आयोजन किया गया जिसमें उदारवादी नेता तथा अखिल भारतीय काँग्रेस कमेटी के सदस्य डॉ. एन. बी. खरे द्वारा सरकार के अत्याचारों के विरुद्ध जनता को संबोधित किया गया। इन घटनाओं के फलस्वरूप २९ जनवरी के दिन काँग्रेसी नेताओं द्वारा दफ्तर तथा मजदूरों द्वारा कारखाने बंद रखे गये।

छात्रों तथा स्त्रियों द्वारा नारे लगाये गये। इस प्रकार सम्पूर्ण नगर में हड़ताल रखी गई। ३२ स्त्रियों तथा ६ सत्याग्रहियों को कुछ घंटों के लिए गिरफ्तार किया गया।[११०] वर्धा में धरना तथा बहिष्कार के कार्यक्रम तथा आपत्तिजनक भाषण दिये गये। हिंगनघाट के मिल मजदूरों द्वारा कुछ उत्पात किये गये। १६ फरवरी १९३२ को ५००० सत्याग्रहियों द्वारा शराब की एक दूकान पर धरना देने के कारण अनेक गिरफ्तारियाँ हुई तथा पुलिस के ७ जवान घायल हो गये। वर्धा के अनेक स्थानों तथा चाँदा और वरोरा में कपड़े, चाय, साबुन तथा सायकिल जैसे विदेशी वस्तुओं का बहिष्कार किया गया। बहिष्कार कार्यक्रम के ३०२ मामले दर्जकर २९४ मुकदमें चलाये गये तथा २४ सभाओं को गैर कानूनी घोषित किया गया।[१११]

महाकोशल तथा मराठी मध्यप्रांत की भांति बरार में भी वीर वामनराव की अध्यक्षता में एक युद्ध समिति का गठन किया गया। बृजलाल बियाणी पूर्ववत युद्ध समिति के मंत्री बने रहे। सरकार-विरोधी सभाओं को संबोधित किये जाने के फलस्वरूप १५ जनवरी १९३२ को बृजलाल बियाणी, दादा साहब गोले तथा दुर्गाबाई जोशी गिरफ्तार कर लिये गये। उन्हें डेढ़ वर्ष के कारावास तथा १००० रुपये जुर्माना किया गया। काँग्रेस के इस आंदोलन का प्रचार ग्रामीण क्षेत्रों में अधिक किया गया। विधायिका परिषद् ने १८ से २३ जनवरी १९३२ की एक बैठक में सविनय अवज्ञा आन्दोलन में सरकार विरोधी नीति की आलोचना की।[११२] इसी तरह अकोला में भी सरकार विरोधी अनेक सभाओं का आयोजन किया गया तथा वक्तव्य दिये गये। अकोला में 'मातृभूमि' नामक पत्रिका का प्रकाशन बंद कर दिया गया।[११३]

अमरावती में स्वयं सेवकों द्वारा विदेशी वस्त्रों तथा शराब की दुकानों, इम्पीरियल बैंक, पोस्ट आफिस तथा रेल्वे स्टेशन पर धरना देने के कारण अम्बक गुरुजी, डॉ. पटवर्धन, वी.वाय. देशपांडे, डॉ. भोजराज, डॉ. सोमण तथा परिहरराव देशपांडे को गिरफ्तार कर कारावास का दंड दिया गया। सरकार विरोधी प्रचार के कारण सहस्त्रबुद्धे, बिसनजी तथा मालाणी को भी कारावास का दंड दिया गया।[११४] अमरावती में उदय नामक पत्रिका तथा यवतमाल के 'लोकमत' का प्रकाशन बंद कर दिया गया।[११५] यवतमाल में सर्वप्रथम बापूजी अणे गिरफ्तार किये गये, उनके पश्चात क्रमशः दामले वकील, अन्ना साहब, बाबा साहब बापट, सस्तीकर दाते, मेघराज छालानी तथा रंगूबाई नामक सत्याग्रहियों को गिरफ्तार कर जेल भेज दिया गया।[११६]

इसी बीच अप्रैल १९३२ में काँग्रेस का छियालीसवाँ अधिवेशन का आयोजन दिल्ली में हुआ जिसमें सरकार की दमन नीति की आलोचना की गई। इसी तारतम्य में महाकोशल नागपुर तथा बरार के नेताओं द्वारा एक 'संयुक्त.परिषद्' का गठन २९ मई १९३२ को किया गया जिसका उद्‌घाटन घनश्याम सिंह गुप्त ने किया। छेदीलाल इस परिषद् के अध्यक्ष नियुक्त किये गए। इसमें भाग लेने वाले ३०० प्रतिनिधियों में महाकोशल के ७६, नागपुर के २१३ तथा बरार के १९ प्रतिनिधि थे। २२५ प्रतिनिधियों को सभा स्थल पर ही गिरफ्तार कर लिया गया।[११७] बैरिस्टर अभ्यंकर, डॉ. बारलिंगे, शेंदुर्णीकर घमलवार, टेंभकर, लोकरे तथा रूईकर आदि वकीलों की सनदें जब्त कर ली गई।[११८]

पहले और दूसरे गोलमेज सम्मेलन में साम्प्रदायिक प्रतिनिधित्व के प्रश्न के संबंध में सरकार किसी निर्णय पर नहीं पहुँच सकी थी। अतः सविनय अवज्ञा आन्दोलन को दबाने हेतु जिस समय सरकार का दमन चक्र चल रहा था। उस समय इंग्लैंड के प्रधानमंत्री मेकडोनल्ड ने १६ अगस्त १९३२ में साम्प्रदायिक समस्याओं को हल करने के लिए 'साम्प्रदायिक निर्णय' की घोषणा की जिसके अनुसार

हिन्दू, मुस्लिम, सिख तथा ईसाई की भांति अछूतों को भी पृथक निर्वाचन का अधिकार तथा परिषद् में पृथक प्रतिनिधि भेजने का अधिकार दिया। यह व्यवस्था साम्प्रदायिक-पंचाट (कोम्युनल-अवार्ड) के नाम से जाना जाता है,[११९] जिसे 'मैकडोनल्ड अवार्ड भी कहा गया। इस पंचाट के अनुसार पृथक निर्वाचन पद्धति को न केवल मुसलमानों के लिए वरन् सिख और ईसाई की भांति दलित वर्गों पर भी लागू किया गया। निर्वाचकों को १७ भागों में बाँट दिया गया। जिन भागों में अल्पसंख्यक जैसे मुसलमान और सिख थे, उनको गुरूभार (वेटेज) दिया गया। कुल मिलाकर वर्तमान व्यवस्था की ही पुर्नावृत्ति की गई।[१२०]

दलित वर्ग के लिए पृथक चुनाव क्षेत्रों की योजना के पीछे अंग्रेजों की कूटनीतिज्ञ चाल थी जिसके द्वारा उन्हें हिन्दुओं से अलग कर दिया गया। इस पंचाट की कड़ी आलोचना की गई। दलित वर्ग के लिए पृथक निर्वाचन का प्रस्ताव गाँधीजी को मान्य नहीं था क्योंकि इससे हिन्दुओं के बीच स्थायी फूट हो जाती। उन्होंने चेतावनी दी कि प्राणों की बाजी लगा कर भी वे इस प्रकार के सरकारी प्रयत्नों का विरोध करेंगे।[१२१] इसके विरोधस्वरूप यरवदा जेल में गाँधीजी ने २० सितम्बर १९३२ को आमरण अनशन प्रारंभ किया। देश में अछूत निवारण हेतु व्यापक आन्दोलन चलाया गया। मदनमोहन मालवीय के प्रयत्नों से देश में हिन्दू नेताओं का सम्मेलन पूना में २७ सितम्बर को प्रारंभ हुआ जिसमें दलित वर्ग के नेता अम्बेडकर तथा मदनमोहन मालवीय तथा अन्य हिन्दू नेताओं के प्रयास से 'पूना-समझौते' द्वारा केन्द्रीय तथा प्रांतीय व्यवस्थपिका में दलितों के लिये कुछ स्थान सुरक्षित रखने तथा उनके संयुक्त निर्वाचन प्रणाली अपनाये जाने के बात कही गई।

इस प्रकार दलित वर्ग के नेता डॉ. अम्बेडकर तथा इस व्यवस्था के विरोध करने वालों के बीच समझौता हो गया। इस समझौते को 'पूना समझौता' (पूना पैक्ट) कहा गया। इस समझौते के अनुसार दलितों के पृथक-निर्वाचन की माँग छोड़ दी गई और दलित वर्ग के नेता डॉ. अम्बेडकर द्वारा संयुक्त निर्वाचन क्षेत्र का आधार स्वीकार कर लिया गया। इस प्रकार पूना समझौता द्वारा साम्प्रदायिक निर्णय की तुलना में हरिजनों को अधिक स्थान दिये गये। साम्प्रदायिक निर्णय के अनुसार प्रान्तीय व्यवस्थापिका सभा में ७१ स्थान सुरक्षित किये गये थे। पूना-समझौता के अनुसार दलितों के लिए १४८ स्थान सुरक्षित कर दिए गए। पूना समझौता में काँग्रेस की एक प्रकार से हार थी। सिद्धांत: हिन्दू समाज में साम्प्रदायिकवाद को स्वीकार कर लिया गया। समझौता के उपरांत गाँधीजी यरवदा जेल से मुक्त कर दिये गये।[१२२]

नवम्बर-दिसम्बर १९३२ को आयोजित तीसरे गोलमेज सम्मेलन में काँग्रेस के किसी प्रतिनिधि ने भाग नहीं लिया। उस समय सविनय अवज्ञा आन्दोलन का ब्रिटिश सरकार द्वारा पूरी शक्ति से दमन चल रहा था। अब मेक्डोनल्ड भी प्रधानमंत्री न रहे। नई अनुदार दल की सरकार कोई सुधार हेतु तत्पर न थी। २१ मार्च १९३३ में ब्रिटिश सरकार ने एक श्वेत-पत्र जारी किया जिसमें नये संविधान के प्रस्तावों को सम्मिलित किया गया था। प्रस्तावों में संघठनात्मक-व्यवस्था और प्रांतीय-स्वायत्ता का प्रावधान था।[१२३] नये भारत सचिव सेम्यूअल होर ने 'हाउस ऑफ कामन्स' में बोलते हुए कहा कि 'श्वेत -पत्र' की योजना भारत को स्वशासन देने की योजना नहीं हैं वह तो भारत में संवैधानिक प्रगति की दिशा में एक नई किश्त है"।[१२४]

जेल से मुक्त होने के पश्चात् जून १९३३ को सविनय अवज्ञा आन्दोलन के स्थगन के साथ सविनय अवज्ञा आन्दोलन के दूसरे चरण की समाप्ति हो गई तथा गाँधीजी अछूतोद्धार के रचनात्मक

कार्य में जुट गये।[१२५] यद्यपि जवाहरलाल नेहरू तथा सुभाषचन्द्र बोस जैसे युवा नेताओं ने सत्याग्रह के स्थगन का विरोध किया। यद्यपि यह आन्दोलन पूर्ण स्वतंत्राता के लक्ष्य को तुरंत न प्राप्त कर सकी तथापि यह आन्दोलन स्वाधीनता आन्दोलन के इतिहास में एक गौरवपूर्ण अध्याय है। इसने देश में एकता, जागृति तथा गौरवपूर्ण राष्ट्रीयता का संचार किया। आन्दोलन में सरकारी दमन चक्र तथा क्रूरता ने सरकार की निरंकुशता को बेनकाब कर दिया जिसने भारतीयों में ब्रिटिश सरकार के प्रति घृणा उत्पन्न कर दी। ठोस उपलब्धि के रूप में आन्दोलन को विश्व जनमत का नैतिक समर्थन प्राप्त हुआ और अंग्रेजों के समक्ष यह तथ्य उजागर हो गया कि वे अधिक समय तक स्वतंत्राता की माँग की उपेक्षा नहीं कर सकते।

इससे पूर्व १ अप्रैल १९३३ गें काँग्रेरा का रौतालिसनाँ अधितेशन कलकत्ता में सम्पन्न हुआ। यद्यपि सरकार द्वारा अधिवेशन के न होने देने का काफी प्रयास किया गया परंतु वह सफल न हो सकी। अधिवेशन में हिन्दुस्तानी मध्यप्रांत के ५०, मराठी मध्यप्रांत से २२ तथा बरार से १५ प्रतिनिधियों ने भाग लिया। अधिवेशन में स्वाधीनता के उद्देश्य को दोहराते हुए गाँधीजी के नेतृत्व में विश्वास प्रकट किया गया।[१२६]

१९३३ में गाँधीजी ने अखिल भारतीय 'हरिजन सेवक संघ' की स्थापना की। 'हरिजन कोष' हेतु चँदा एकत्रा करने के उद्देश्य से गाँधीजी देश का दौरा करते हुए मध्यप्रांत और बरार भी आये।[१२७] ८ नवम्बर १९३३ को वे नागपुर पहुँचे। जहाँ उन्हें 'हरिजन सेवक संघ' हेतु बड़ी धनराशि प्रदान की गई।[१२८] १६ नवम्बर को अमरावती और वहाँ से अकोला पहुँचे। नागपुर और विदर्भ को मिलाकर उन्होंने १४०० मील का दौरा किया और नवम्बर के तीसरे सप्ताह में महाकोशल पधारे।[१२९] महाकोशल के दौरे में व्योहार राजेन्द्र सिंह तथा रविशंकर शुक्ल भी गाँधीजी के साथ थे। उन्हें भी गाँधीजी के साथ प्रदेश का दौरा करने का सौभाग्य प्राप्त हुआ। सबसे पहले रायपुर, दुर्ग, छिंदवाड़ा, सिवनी, बैतूल तथा बिलासपुर होते हुए ८ दिसंबर को 'जबलपुर' पहुँचे, जहाँ वे कुछ दिनों तक व्योहार राजेन्द्र सिंह के मेहमान रहे। गाँधीजी के आगमन से जबलपुर नगर में विशेष उत्साह फैल गया। जबलपुर से गाँधीजी देवरी, सिहोरा, कटनी, मंडला, अनंतपुर, धमतरी, इटारसी बरमानघाट तथा सागर, दमोह, गोपालपुर, सोहागपुर, बाबई, हरदा, खंडवा, तथा बुरहानपुर होते हुए ६ अप्रैल १९३४ को दिल्ली प्रस्थान कर गये।[१३०] इस प्रकार दिसंबर माह में ६०० मील की यात्रा कर २१ हजार रुपये एकत्र किये। नौ माह की अपनी कुल यात्रा में गाँधीजी ने १२,५०० मील की यात्रा कर आठ लाख रुपये 'हरिजन सेवक संघ' के लिए एकत्र किये।[१३१]

१९३०-३४ तक का समय एक तरह से सत्याग्रहियों के व्यापक आन्दोलन में बीता। प्रान्तीय स्तर पर १८ से २० मई १९३४ को सेठ जमनालाल बजाज की अध्यक्षता में कार्यकारिणी सभा द्वारा औपचारिक रूप से सविनय अवज्ञा आन्दोलन की समाप्ति की घोषणा कर दी गई। शीघ्र ही सभी जिलों तथा प्रांतों में काँग्रेस समितियों का पुनर्गठन किया गया। सभी पुनर्गठित प्रान्तीय-काँग्रेस समितियों के लिए सभी अधिकारों सहित एक चुनाव प्रबंधक को नियुक्त किया गया जिसके अनुसार हिन्दुस्तानी मध्य प्रान्तीय काँग्रेस समिति में सेठ गोविंददास, मराठी मध्य प्रान्तीय काँग्रेस समिति में एम.व्ही. अभ्यंकर तथा बरार प्रान्तीय काँग्रेस समिति में एम.एस. अणे को नियुक्त किया गया।[१३२]

प्रान्तीय काँग्रेस समिति के गठन हेतु मराठी मध्यप्रांतीय काँग्रेस समिति की बैठक नीलकंठराव देशमुख, श्रीमती काले, भारुखा, घाटे, धर्माधिकारी, पूनमचंद रांका, टिकेकर, पटवर्धन, बृजलाल बियाणी आदि की उपस्थिति में १७ जून १९३४ को एम.वी. अभ्यंकर की अध्यक्षता में आयोजित की गई। इसी बैठक में आवारी, डांगरे, पुरनीक, भीखूलाल जी चांडक, भैया जी वाफ्के, रानाडे, गणपतराव जोशी, लोकरे, तिडके, शिवराज जी चूडीवाले, देवचंद जी रोडे तथा जोगलेकर की उपस्थिति में तालुक काँग्रेस समिति की बैठक भी आयोजित की गई।[१३३]

महाकोशल (हिन्दुस्तानी) मध्य प्रान्तीय काँग्रेस समिति की कार्यकारिणी बैठक डॉ. राजेन्द्र प्रसाद की अध्यक्षता में १५ सितम्बर १९३४ को जबलपुर में आयोजित की गई जिसमें जबलपुर से सेठ गोविंददास तथा द्वारका प्रसाद मिश्र, रायपुर से रविशंकर शुक्ल, दुर्ग से घनश्याम सिंह गुप्त, सागर से मौलवी चिरागुद्दीन तथा डॉ. पी.जी. सप्रे, बिलासपुर से सरदार अमर सिंह, खंडवा से 'कर्मवीर' पत्रिका के सम्पादक माखनलाल चतुर्वेदी, बैतूल से सेठ दीपचंद गोठी, मंडला से गिरजाशंकर अग्निहोत्री तथा होशंगाबाद से शंभू दयाल मिश्रा और रीवा के लाल अवधेश प्रताप सिंह उपस्थित हुए। इस बैठक में बाबू राजेन्द्र प्रसाद का नाम आगामी अखिल भारतीय काँग्रेस के अध्यक्ष पद के लिए प्रस्तावित किया गया।[१३४] इसी बैठक में महाकोशल (हिन्दुस्तानी) मध्यप्रांत को तीन भागों (संभागों) में बाँटा गया जिसके अनुसार नर्मदा संभाग-जिसमें निमाड़, होशंगाबाद, नरसिंहपुर, छिंदवाड़ा तथा बैतूल जिले, जबलपुर संभाग, जिसमें सागर, दमोह, जबलपुर, मंडला तथा सिवनी जिले तथा छत्तीसगढ़ संभाग में बिलासपुर, रायपुर, दुर्ग, छत्तीसगढ़ की रियासतें तथा बालाघाट जिले रखे गये। प्रान्तीय काँग्रेस कार्यकारिणी-समिति ने तीनों संभाग के लिए पृथक-पृथक चुनाव-प्रबंधक नियुक्त किये। नर्मदा संभाग में माखनलाल चतुर्वेदी, जबलपुर संभाग में ठाकुर प्यारेलाल सिंह तथा छत्तीसगढ़ संभाग में घनश्याम सिंह गुप्त को नियुक्त किया गया।[१३५]

बरार प्रान्तीय काँग्रेस समिति का भी पुनर्गठन एम.एस. अणे की अध्यक्षता में कार्यकारिणी समिति द्वारा किया गया जिसमें वीर वामनराव जोशी, अकोला के बृजलाल बियाणी, डॉ० पटवर्धन, दादा साहब सहस्त्रबुद्धे, पुरुषोत्तम झुनझुनवाला, दुर्गाबाई जोशी, त्रम्बकराव जोशी तथा अम्बुलकर आदि ने प्रभावी ढंग से चुनाव हेतु जिला, तहसील, काँग्रेस समितियों का पुनर्गठन किया।[१३६]

इन्हीं दिनों काँग्रेस के अन्तर्गत उत्पन्न कुछ नवीन विचारधाराओं के प्रादुर्भाव के फलस्वरूप काँग्रेस के क्रियाकलाप तीन विभिन्न दिशाओं में विभाजित होने लगे थे। एक भाग का उद्देश्य-काँग्रेस के ठोस कार्यक्रमों को पूरा करना। दूसरे भाग का उद्देश्य विधायिका में प्रवेश करना तथा तीसरे भाग का उद्देश्य समाजवादी विचारधाराओं को क्रियान्वित करना था। प्रत्येक विचारधाराओं के समर्थकों ने पृथक-पृथक संगठन स्थापित किये। उनके पृथक-पृथक उद्देश्य तथा कार्यक्रम थे।[१३७]

महात्मा गाँधी तथा उनके अनुयायी, काँग्रेस के ठोस कार्यक्रमों की ओर मुड़े। उनका कार्यक्रम अछूतोद्धार, खादी प्रचार (स्वदेशी) तथा ग्रामोद्योग का विकास था। जो काँग्रेस के कार्यक्रम का एक ठोस भाग था। अतएव १९३४ में बम्बई में आयोजित काँग्रेस के अधिवेशन में ग्रामोद्योग संबंधी प्रस्ताव पारित कर, इसे अखिल भारतीय स्वरूप प्रदान किया गया।[१३८] १४ दिसंबर १९३४ को वर्धा में अखिल भारतीय स्तर पर ग्रामोद्योग संस्था का उद्घाटन किया गया जो एक गैर राजनीतिक, स्वतंत्र तथा स्वनिर्मित संस्था थी जिसके प्रमुख उद्देश्य लोगों का समुचित कल्याण तथा ग्रामों की पहचान थी। इसके कार्यालय हेतु सेठ

जमनालाल बजाज़ द्वारा एक भवन दान दिया गया। महात्मा गाँधी के नेतृत्व में ३ वर्षों के लिए एक बोर्ड की स्थापना की गई।[१३९]

इन नवीन उत्पन्न विचारधाराओं के अन्तर्गत काँग्रेस के दूसरे भाग ने विधायिका में प्रवेश करने का निश्चय किया। १९ मई १९३४ पटना में डॉ. एम.ए. अंसारी की अध्यक्षता में आयोजित अखिल भारतीय काँग्रेस समिति की बैठक में एक 'पार्लियामेंट्री-बोर्ड' की नियुक्ति की गई। इसके सचिव भूलाभाई जे. देसाई थे। इस बोर्ड का उद्देश्य काँग्रेस के 'कौंसिल प्रवेश' की नीति तथा उसके ठोस कार्यक्रमों को क्रियान्वित करना था। जैसे विधायिका तथा निर्वाचन संबंधी कार्यों पर नियंत्राण स्थापित कर श्वेत-पत्र (व्हाइट-पेपर) तथा 'साम्प्रदायिक निर्णय' (काम्युनल अवार्ड) की योजना को रद्द करना था। यह बोर्ड पूर्णत: अखिल भारतीय काँग्रेस कमेटी के अधीन था।[१४०] मई १९३४ में अखिल भारतीय काँग्रेस समिति ने अपने सदस्यों को विधान मंडल के चुनाव लड़ने की एक बार पुन: अनुमति दे दी।

तीसरी समाजवादी विचारधारा थी, जो युवावर्ग के मध्य परिलक्षित हो रही थी। यह वर्ग गाँधीजी के अहिंसा, खादी, ग्राम-उद्योग तथा कौंसिल प्रवेश की नीति का विरोधी था। इसका उद्देश्य एक समाजवादी राज्य की स्थापना करना था जो मार्क्स तथा लेनिन के विचारधाराओं पर आधारित हो।[१४१] इधर अक्टूबर १९३४ में बम्बई में आयोजित अखिल भारतीय काँग्रेस के ४८ वें अधिवेशन में प्रस्तावित एक प्रस्ताव द्वारा काँग्रेस को धारा सभा में प्रवेश करने की अनुमति दे दी गई। काँग्रेस कार्यकारिणी समिति तथा प्रान्तीय काँग्रेस समिति के चुनाव तथा विभिन्न प्रांतों में निर्वाचन हेतु मुख्यालय निश्चित किये गये। हिन्दुस्तानी मध्यप्रांत का मुख्यालय जबलपुर, मराठी मध्यप्रांत का नागपुर तथा विदर्भ का अमरावती निश्चित किया गया।[१४२] ३ जनवरी १९३५ के महाकोशल प्रान्तीय काँग्रेस कमेटी की बैठक में पदाधिकारियों का चुनाव हुआ जिसमें अध्यक्ष रविशंकर शुक्ल, उपाध्यक्ष माखनलाल चतुर्वेदी तथा मौलवी चिरागुद्दीन, सचिव ठाकुर प्यारेलाल सिंह तथा एल.जी. भट्ट, कोषाध्यक्ष महंत लक्ष्मीनारायण दास चुने गये। प्रमुख सदस्यों में कैप्टन अवधेश प्रताप सिंह, के.जी. रेखाड़े, घनश्याम सिंह गुप्त, ठाकुर छेदीलाल, ईश्वरी प्रसाद खम्परिया, सैय्यद अहमद तथा बिहारीलाल आदि थे।[१४३] २६ जनवरी १९३५ के नागपुर प्रांतीय काँग्रेस कमेटी के पदाधिकारियों में अध्यक्ष श्रीमती अनुसुइयाबाई काले, उपाध्यक्ष पी.के. साल्वे, कोषाध्यक्ष डॉ. बी.पी. दल्वी तथा सचिव एन.जी. पांडे और एम.सी. दांते थे। प्रमुख सदस्यों में के.एल. सोनक, डी.एम. वाचा सुन्दरम्, पी.एम. नायडू तथा बारलिंगे थे।[१४४]

विदर्भ प्रान्तीय काँग्रेस कमेटी के अध्यक्ष एम.एस. अणे, सचिव बृजलाल बियाणी तथा प्रमुख सदस्यों में यवतमाल के डॉ. एस.व्ही. तांबे, पी.बी. गोले, डी.एल. कनाडे, दुर्गाबाई जोशी, एस.जी. कार्नितकर, केशव तुकाराम गर्दे, टी.एस. बापत, पी.जी. देशपांडे, के.जी. देशमुख तथा बाबा साहब निम्मेकर आदि थे।[१४५] तीनों प्रांतीय काँग्रेस कमेटी को मिलाकर एक संयुक्त प्रान्तीय कमेटी का निर्माण किया गया।[१४६] २४-२५ अप्रैल १९३५ को जबलपुर में आयोजित कार्यकारिणी समिति की बैठक में निर्वाचन संबंधी विवादों को सुलझाने पार्लियामेंट्री बोर्ड का पुनर्गठन किया गया जिसमें २५ सदस्यों वाली एक पार्लियामेंट्री बोर्ड का निर्वाचन एक वर्ष के लिए किया गया। इसके निर्वाचित सदस्यों में हिन्दुस्तानी मध्यप्रांत के सेठ गोविंददास तथा मराठी मध्यप्रांत के एन.बी. खरे थे।[१४७] इसी अवसर पर नये विधान के अनुसार प्रतिनिधियों की संख्या निश्चित की गई। विधानुसार महाकोशल के लिए ८३, मराठी मध्यप्रांत के लिए ९८ तथा बरार के लिए २० सदस्य निर्वाचित हुए। समिति के सदस्यों तथा आगामी काँग्रेस के

प्रतिनिधियों के निर्वाचन के संबंध में विभिन्न काँग्रेस समिति के द्वारा नियमों के अनुसरण हेतु समय-तालिका बनायी गई।[१४८] दूसरी ओर तृतीय गोलमेज परिषद् के संबंधित प्रस्ताव पर विचार-विमर्श हेतु ब्रिटिश संसद के दोनों सदनों की एक संयुक्त-समिति बनाई गई। इस समिति में लार्ड लिनलिथगो के नेतृत्व में अनुदार दल का महत्व था। इस समिति में गवाहों के रूप में ब्रिटिश भारत के देशी रियासतों के प्रतिनिधियों को उपस्थित होने का निमंत्राण दिया गया। इस समिति ने अपने रिपोर्ट में यह दोहराया कि संघ की स्थापना तब संभव हो सकेगी, जब कम से कम ५० प्रतिशत देशी रियासतें इसमें सम्मिलित हों। इसके अतिरिक्त केन्द्रीय विधान मंडल के लिए परोक्ष निर्वाचन, देशी रियासतों के प्रतिनिधियों का देशी नरेशों द्वारा नामांकन उच्च सदन को समाप्त करने की शक्ति, ब्रिटिश संसद को देने का प्रावधान था[१४९] जो श्वेत पत्र में दी गई योजना से भी अधिक बुरी थी। यह सब बातें भारतीय जनमत तथा राष्ट्रीय नेतृत्व को स्वीकार्य न था फिर भी संयुक्त प्रवर समिति की रिपोर्ट के आधार पर ब्रिटिश संसद ने एक विधेयक का प्रारूप बनाया जो संसद में पारित होने तथा सम्राट की अनुमति के पश्चात् अगस्त १९३५ को अधिनियम के रूप में लागू हो गया।

संदर्भ

१. जवाहरलाल नेहरूः एन-ऑटो बायोग्राफीः पृ. १३०.

२. नोट्स ऑन द सिविल डिसोबिडिन्स मूव्हमेंट इन द सी.पी. एंड बरार (३१ दिसंबर १९३०) पेरा-३ (III)

३. ए रिव्यू आफ द एडमिनिस्ट्रेशन आफ द सी.पी. एंड बरार १९२९-३०: पृ. ३१.

४. नोट्स आन द सिविल डिसोबिडिन्स मूव्हमेंट इन द सी.पी.एंड बरार (३१ दिसंबर १९३०: पेरा-४ (IV)

५. ताराचंदः द हिस्ट्री आफ द फ्रीडम मूव्हमेंट इन इंडिया भाग IV: पृ. १२५.

६. नोट्स आन द सिविल डिसोबिडिन्स मूव्हमेंट इन द सी.पी.एंड बरार (३१ दिसंबर १९३०) पेरा-५ (V)

७. नोट्स आन द सिविल डिसोबिडिन्स मूव्हमेंट इन दी सी.पी.एंड बरार (३१ दिसंबर १९३०: पेरा-५(V)

८. ए रिव्यू आफ द एडमिनिस्ट्रेशन आफ द सी.पी. एंड बरार १९२९-३०: पृ. १.

९. होम पोलिटिकल डिमार्टमेन्टः पोलिटिकल फाइल नं. १८/VI/१९३०.

१०. डी.पी. मिश्राः द हिस्ट्री आफ द फ्रीडम मूव्हमेंट इन मध्यप्रदेशः पृ. ३८५ तथा होम पोलिटिकलः एंड मिलिटरी डिपार्टमेंटः फाइल नं. ३७/१९३०.

११. ए.आई.सी.सी. पेपर्सः एम.पी.सी.सी.: काँग्रेस कमेटी रिपोर्ट-फाइल नं. २३/१९३०: पृ. १३० (नेहरू म्यूजियम लायब्रेरी)

१२. हितवादः २० अप्रैल १९३०: पृ. १ तथा २४ अप्रैल १९३०: पृ. ५.

१३. डी.पी. मिश्राः द हिस्ट्री आफ द फ्रीडम मूव्हमेंट इन मध्यप्रदेश पृ-३८५ तथा होम पोलिटिकल एंड मिलिटरी डिपार्टमेंटः फाइल नं. २०१/१९३०.

१४. ए.आई.सी. पेपर्सः एम.पी.सी.सी. काँग्रेस कमेटी रिपोर्टः फाइल नं. २०-२३/१९३०: पृ. १४९ (ने. म्यू.लाय. नई दिल्ली)

१५. सिविल डिसोबिडियन्स मूव्हमेंटः फाइल नं. ७/१९३० (जबलपुर कलेक्ट्रेट) तथा ए.आई.सी.सी. पेपर्सः फाइल नं. २०-२३/१९३० पृ. १.

१६. सीक्रेट रिपोर्ट आन द पोलिटिकल सिचुएशन इन सी.पी.एंड बरार फोर द फर्स्ट हाफ आफ जून १९३०.पृ. १७४.

१७. ए, फेनर ब्राक्वे. द इंडियन क्राइसेस पृ १४६.

१८. होम पोलिटिकल एंड मिल्ट्री डिपार्टमेंट: फाइल नं. १९ (७)/१९३० तथा फाइल नं. १९/४/१९३०.

१९. मित्रा: द इंडियन एनुअल रजिस्टर: एन एनुअल डायजेस्ट आफ पब्लिक अफेर आफ इंडिया, जनवरी-जून १९३०: भाग-१: पृ. १ तथा २: पृ. ४५.

२०. सी.पी. मराठी काँग्रेस कमेटी रिपोर्ट: पृ. १३०.

२१. हितवाद: दिनाँक २५ मई १९३०: पृ. १५.

२२. डी.ई.यू. बेकर: चेजिंग पोलिटिकल लीडरशीप इन एन इंडियन प्रोविन्स: द सी.पी. एंड बरार १९१९-१९३९: पृ. ८४.

२३. सीक्रेट रिपोर्ट आन द पोलिटिकल सिचुएशन इन सी.पी. एंड बरार फोर द सेकेंड हाफ आफ जून १९३०.

२४. सी.पी. मराठी काँग्रेस कमेटी रिपोर्ट: फाइल नं. २३/१९३०: पृ १२५, १२९, तथा १३०.

२५. होम पोलिटिकल डिपार्टमेंट: पोलिटिकल: फाइल नं. १८/III/१९३०.

२६. डी.पी. मिश्रा: लीविंग एन ऐरा: पृ. ९७.

२७. स्वराज्य: १५ अगस्त १९३०.

२८. ए.एम. जैदी तथा एस.जी. जैदी: द एनसाइक्लोपिडिया आफ द इंडियन नेशनल काँग्रेस: भाग-१०: १९३०-३५: द बैटल फोर स्वराज्य

२९. डी.पी. मिश्रा: द हिस्ट्री आफ द फ्रीडम मूव्हमेंट इन मध्य प्रदेश पृ. ३८६.

३०. ए कम्लीशन आफ इम्पोंटेंट पोलिटिकल ट्रायल्स इन द सी.पी. एंड बरार: पृ. ७ सीक्रेट आफ द पोलिटिकल सिचुएशन इन सी.पी. एंड बरार: फोर द सेकेंट हाफ आफ जुलाई १९३०.

३१. होम पोलिटिकल एंड मिलिट्री डिपार्टमेंट: फाइल नं. ३० (११)/१९३०.

३२. वही: फाइल नं. ३० (१२)/१९३०.

३३. हितवाद: दिनाँक ५ जून १९३०: पृ. ५

३४. होम पोलिटिकल एंड मिलिटरी डिपार्टमेंट फाइल नं. ३२/१९३०.

३५. वही: फाइल नं. ८९/९६/१९३०.

३६. डी.पी. मिश्रा: द हिस्ट्री आफ द फ्रीडम मूव्हमेंट इन मध्य प्रदेश पृ. ३८७.

३७. ए.आई.सी.सी. पेपर्स: एम.पी.सी.सी. रिपोर्ट: फाइल नं. २०-२३/१९३०.

३८. ए.आई.सी.पेपर्स: फाइल नं. २०-२३/१९३०: पृ. १५१-१५३.

३९. नोट्स आन सिविल डिसोबिडियन्स मूव्हमेंट १९३०: इन सी.पी.एंड बरार: पेरा-२७-२८,

४०. होम पोलिटिकल एंड मिलिटरी डिपार्टमेंट: फाइल नं: १५१/१९३१.

४१. सीक्रेट रिपोर्ट आन द पोलिटिकल सिचुएशन द सी.पी.एंड बरार: फोर द फर्स्ट हाफ आफ जुलाई १९३०.

४२. नोट्स आन द सिविल डिसोबिडियन्स मूव्हमेंट इन सी.पी. एंड बरार: १९३० पेरा-५

४३. डी.पी. मिश्रा: द हिस्ट्री आफ द फ्रीडम मूव्हमेंट इन मध्य प्रदेश पृ. ३८८.

४४. मित्रा: द इंडियन एनुअल रजिस्टर: जुलाई-दिसम्बर १९३०: भाग-२ पृ.५.

४५. ए.आई.सी.सी. पेपर्स: फाइल नं. २०-२३/१९३० पृ. १५३-१५५.

४६. वही: सी.पी. मराठी काँग्रेस कमेटी रिपोर्ट १९३० पृ. १५७.

४७. ए.आई.सी.सी. पेपर्स: फाइल नं. १३/१९३०: पृ. १५९.

४८. नोट्स आन द सिविल डिसोबिडियन्स मूव्हमेंट इन सी.पी.एंड बरार:पेरा-२२

४९. डिप्टी कमिश्नर जबलपुर द्वारा कमिश्नर जबलपुर संभाग को भेजी गई गोपनीय प्रतिवेदन: दिनांक ५ अगस्त १९३० फाइल नं. ६/ १९३० (जबलपुर कलेक्ट्रेट) तथा होम पोलिटिकल एडमिलिटरी डिपार्टमेंट: फाइल नं. २२२/१९३१.

५०. सिविल डिसोबिडियन्स मूव्हमेंट: फाइल नं. ७/१९३० पेरा १९ (जबलपुर कलेक्ट्रेट)

५१. होम पोलिटिकल एंड मिलिटरी डिपार्टमेंट: फाइल नं. ३२/१९३० तथा सीक्रेट रिपोर्ट आन द पोलिटिकल सिचुएशन इन द सी.पी.एंड बरार: फोर द फर्स्ट हाफ ऑफ जुलाई १९३० पृ. ९.

५२. कान्फिडेन्शियल रिपोर्ट आन द सी.पी.एंड बरार: फार द फोर द सेकेन्ड हाफ आफ जुलाई १९३० पृ २.

५३. ए कम्लीशन आफ इम्पोर्टेंट पोलिटिकल ट्रायल्स इन सी.पी. एंड बरार: पेरा-२०-२१.

५४. कान्फिडेन्शियल रिपोर्ट आन द पोलिटिकल सिचुएशन इन द सी.पी.एंड बरार: फोर द फोर द फर्स्ट हाफ आफ अगस्त १९३०.

५५. ए. कम्लीशन आफ इम्पोर्टेंट ट्रायल्स इन सी.पी. एंड बरार: पेरा २०-२१ तथा डी.पी. मिश्रा: द हिस्ट्री आफ द फ्रीडम मूव्हमेंट इन मध्य प्रदेश पृ. ३८९, तथा होम पोलिटिकल एंड मिलिटरी डिपार्टमेंट: फाइल नं. ३०१/१९३२ तथा १८२/१९३०.

५६. वही तथा नोट्स आन सिविल डिसोबिडियन्स मूव्हमेंट: इन सी.पी.एंड बरार १९३० पैरा- २७-२८.

५७. वही: पैरा-२८.

५८. ए रिव्यू आफ द एडमिनिस्ट्रेशन आफ द सी.पी. एंड बरार १९२९-३०: पृ. २१.

५९. सीक्रेट रिपोर्ट आन द पोलिटिकल सिचुएशन इन सी.पी. एंड बरार फोर द फर्स्ट हाफ आफ जुलाई १९३०.

६०. ए कम्लीशन आफ इम्पोर्टेंट पोलिटिकल ट्रायल्स इन सी.पी. एंड बरार पेरा-२२. तथा होम पोलिटिकल एंड मिलिटरी डिपार्टमेंट: फाइल नं. १९ (७)/१९३०. तथा फाइल नं. ३/१९३०.

६१. सी.पी. मराठी काँग्रेस कमेटी रिपोर्ट: फाइल नं. २३/१९३०. पृ. १३३-१३५.

६२. होम पोलिटिकल डिपार्टमेंट पोलिटिकल: सीक्रेट रिपोर्ट आन द पोलिटिकल सिचुएशन इन द सी.सी. एंड बरार: फोर द फर्स्ट हाफ आफ सितम्बर १९३०.

६३. वही: फोर द सेकेन्ड हाफ आफ अक्टूबर १९३०.

६४. होम पोलिटिकल एवं मिल्ट्री डिपार्टमेंट: फाइल नं. २७०-२७१, २७५/ १९३२.

६५. वही: फाइल नं. ४२८/१९३२.

६६. सीक्रेट रिपोर्ट आन द पोलिटिकल सिचुएशन इन सी.पी. एंड बरार: फोर द फर्स्ट हाफ आफ अगस्त १९३०.

६७. सी.पी. प्रोविंशियल बार कौंसिल रिपोर्ट ९७ (अ) फाइल नं. २३/१९३०.

६८. होम पोलिटिकल एंड मिलिट्री डिपार्टमेंट: फाइल नं. २०/१/१९३०

६९. होम पोलिटिकल डिपार्टमेंट: सीक्रेट रिपोर्ट आन द पोलिटिकल सिचुएशन इन सी.पी. एंड बरार: फोर द सेकेंट हाफ आफ सितम्बर १९३०.

७०. वही: फोर द फर्स्ट हाफ आफ अक्टूबर १९३०.

७१. सी.पी. (मराठी) काँग्रेस कमेटी रिपोर्ट : फाइल नं. २३/१९३० पृ. १३५.

७२. होम पोलिटिकल डिपार्टमेंट: सीक्रेट: रिपोर्ट आन द पोलिटिकल सिचुएशन सी.पी. एंड बरार: फोर द

सेकेंड हाफ आफ अक्टूबर १९३०.तथा होम पोलिटिकल एंड मिलिटरी डिपार्टमेंट: फाइल नं. ३० (०९) १९३०.

७३. सी.पी.एंड बरार: मराठी वार कौंसिल: वीकली रिपोर्ट १९३०: फाइल नं. २३/१९३०.

७४. होम पोलिटिकल डिपार्टमेंट पोलिटिकल: सीक्रेट: रिपोर्ट आन द पोलिटिकल सिचुएशन फार द सेकेंट हाफ आफ नवम्बर १९३०, तथा काँग्रेस वर्क इन सी.पी. मराठी प्रोविन्स: फाइल नं. २३/१९३० पृ. ३५.

७५. सी.पी.एंड बरार: मराठी वार कौंसिल: वीकली रिपोर्ट पृ. २८ तथा सी.पी. (मराठी) काँग्रेस कमेटी रिपोर्ट: फाइल नं. २३/१९३०: पृ. १३५.

७६. वही: पृ. १७-३८. तथा होम पोलिटिकल एंड मिलिटरी डिपार्टमेंट: फाइल नं. ३२/१९३०.

७७. होम पोलिटिकल एंड मिलिटरी डिपार्टमेंट: फाइल नं. ३२/१९३०. तथा डी.पी. मिश्रा: द हिस्ट्री आफ द फ्री.मू. इन मध्यप्रदेश पृ. ३९०.

७८. होम पोलिटिकल डिपार्टमेंट पोलिटिकल: सीक्रेट: रिपोर्ट आन द पोलिटिकल सिचुएशन फार द फर्स्ट हाफ आफ नवम्बर १९३०.

७९. ए रिव्यू आफ द एडमिनिस्ट्रेशन आफ द सी.पी. एंड बरार १९२९-३०. पृ. ३१.

८०. सी.पी. मराठी वार कौंसिल: वीकली रिपोर्ट: फाइल नं. २३/१९३०: पृ. ३३.

८१. होम पोलिटिकल डिपार्टमेंट: सीक्रेट रिपोर्ट: द सी.पी.एंड बरार फोर द फर्स्ट हाफ नवम्बर १९३०.

८२. होम पोलिटिकल डिपार्टमेंट: सीक्रेट रिपोर्ट: द सी.पी.एंड बरार फोर द फर्स्ट हाफ नवम्बर १९३०.

८३. सी.पी. मराठी बार कौंसिल: वीकली रिपोर्ट: फाइल नं. २३/१९३०. पृ. ३३.

८४. एक संस्मरण: जबलपुर के स्वतंत्राता संग्राम सेनानी सत्येन्द्र प्रसाद मिश्र का स्मरण पत्र: २६ जनवरी १९३०.

८५. होम पोलिटिकल डिपार्टमेंट: पोलिटिकल: फोर्टनाइटली रिपोर्ट फोर द सी.पी.एंड बरार: फाइल नं. १८२/XII/ १९३१ पृ ३०.

८६. मित्रा: द इंडियन एनुअल रजिस्टर: जुलाई दिसंबर १९३०: भाग-२ पृ. २७५.

८७. डी.पी. मिश्रा: लीविंग एन ऐरा: पृ. ९८.

८८. मित्रा: द इंडियन एनुअल रजिस्टर: जुलाई दिसंबर १९३०: भाग-२ पृ. २७५.

८९. मेकडोनल्ड स्पीच: रॉउन्ड टेबल कांफ्रेंस: सब कमेटी रिपोर्ट: कांफ्रेंस रेजोलूशन एंड प्राइम मिनिस्टर्स रिपोर्ट पृ. ४७५.

९०. नोट्स आन द सिविल डिसोबिडियन्स मूव्हमेंट इन द सी.पी. एंड बरार: १९३० पेरा ३३, तथा कांफिडेंशियल रिपोर्ट आन द पोलिटिकल सिचुएशन आफ द सी.पी. एंड बरार: फार द फर्स्ट हाफ आफ मार्च १९३१.

९१. डी.जी. तेन्दुलकर: महात्मा: भाग ३: पृ. ५६

९२. द हितवाद: दिनांक ६ मार्च १९३१: पृ. ३.

९३. सेठ गोविंददास: आत्म निरीक्षण: भाग-२: पृ. २४८ तथा रॉउंड टेबल कांफ्रेंस: द्वितीय अधिवेशन: प्रोसीडिंग्स आफ द प्लेनरी सेशंस: पृ. २६५-७५.

९४. सी.पी. गजट: एक्स्ट्रा आर्डिनरी पोलिटिकल एंड मिल्ट्री डिपार्टमेंट नोटिफिकेशन नं. २२४: सी.डी. दिनाँक ८ जनवरी १९३२.

९५. होम पोलिटिकल डिपार्टमेंट: पोलिटिकल: कान्फिडेन्शियल: रिपोर्ट आन द पोलिटिकल सिचुएशन: द सी.पी.एंड बरार: फोर द फर्स्ट हाफ आफ जनवरी १९३२.

९६. सेठ गोविंददास: आत्म निरीक्षण: भाग-२: पृ. १७०. तथा होम पोलिटिकल एंड मिलिटरी डिपार्टमेंट: फाइल नं. २७०/१९३२. तथा फाइल नं. २५० मार्च/१९३२.

९७. ए कम्लीशन आफ इम्पोर्टेट पेालिटिकल ट्रायल्स इन द सी.पी.एंड बरार: पृ. २७.

९८. होम पोलिटिकल एवं मिलिटरी डिपार्टमेंट: फाइल नं. २६३/१९३२.

९९. होम पोलिटिकल एंड मिलिट्री डिपार्टमेंट: फाइल नं. १९ (७) १९३० तथा डी.पी. मिश्रा: द हिस्ट्री आफ द फ्रीडम मूव्हमेंट इन म.प्र. पृ. ४०७.

१००. कांफिडेन्शियल: रिपोर्ट आन द पोलिटिकल सिचुएशन इन द सी.पी.एंड बरार: फोर द फर्स्ट हाफ आफ जनवरी १९३१.

१०१. होम पोलिटिकल एंड मिलिट्री डिपार्टमेंट: फाइल नं. १३२, १५१, १५२/१९३२ तथा ए कम्लीशन आफ इम्पोर्टेट पेालिटिकल ट्रायल्स इन द सी.पी.एंड बरार:१९३२ पृ. १२.

१०२. होम पोलिटिकल एंड मिलिट्री डिपार्टमेंट: फाइल नं. २५४, २५६, २६५, २६७/१९३२.

१०३. डी.पी. मिश्रा: लीविंग एन ऐरा पृ.१००.

१०४. होम पोलिटिकल एंड मिल्ट्री डिपार्टमेंट: फाइल नं. २५८/१९३२.

१०५. वही: फाइल नं. २५९/१९३२.

१०६. वही:

१०७. नोट्स आन द सिविल डिसोबिडियन्स मूव्हमेंट इन द सी.पी.एंड बरार: मार्च १९३२ तथा होमपोलिटिकल: डिपार्टमेंट पोलिटिकल: रिपोर्ट फोर द सेकेंड हाफ आफ मार्च १९३२.

१०८. कांफिडेंशियल: रिपोर्ट आन द पोलिटिकल सिचुएशन इन द सी.पी.एंड बरार: फोर द फर्स्ट हाफ आफ जनवरी १९३२.

१०९. ए.आई.सी.सी. पेपर्स: फाइल नं. ३८/१९३२. ए. वीकली रिपोर्ट आफ द वर्क इन सी.पी. (मराठी) पृ. ११, तथा होम पोलिटिकल एंड मिलिटरी डिपार्टमेंट फाइल नं. २५४/१९३२ तथा फाइल नं. ३० (०९) १९३० तथा फाइल नं. २६४/१९३२.

११०. होम पोलिटिकल: कांफिडेंशियल: रिपोर्ट आन द पोलिटिकल सिचुएशन इन द सी.पी.एंड बरार: फोर द सेकेंट हाफ आफ जनवरी १९३२. तथा होम पोलिटिकल एंड मिलिटरी डिपार्टमेंट फाइल नं. १८२/१९३२.

१११. वही: फोर द सेकेंट हाफ आफ फरवरी १९३२: पृ. १.

११२. वही: सेकेन्ड हाफ आफ जनवरी १९३२.

११३. होम पोलिटिकल एंड मिलिट्री डिपार्टमेंट: फाइल नं. ३३/१९३२ तथा डी.पी. मिश्रा: द हिस्ट्री आफ द फ्रीडम मूव्हमेंट इन मध्यप्रदेश पृ. ४०७.

११४. होम पोलिटिकल एंड मिलिट्री डिपार्टमेंट: फाइल नं. २५९/१९३२ तथा कांफिडेन्शियल: रिपोर्ट आफ़ द सी.पी.एंड बरार: फोर द फर्स्ट हाफ आफ फरवरी १९३२.

११५. डी.पी. मिश्रा: द हिस्ट्री आफ द फ्रीडम मूव्हमेंट इन मध्य प्रदेश पृ. ४०७.

११६. कांफिडेन्शियल: रिपोर्ट आफ द सी.पी.एंड बरार: फोर द सेकेंड हाफ आफ फरवरी १९३२.

११७. वही: सेकेंड हाफ आफ मई १९३२.

११८. शुक्ल अभिनंदन ग्रंथ: इतिहास खंड: पृ. १५७.

११९. १९३२ का आदेश पत्रा क्रमांक ४१४७/१९३२.

१२०. आर. कूपलैंड: द कांस्टीट्यूशनल प्राब्लम इन इंडिया, (मद्रास १९४५) भाग १ पृ. १२८.

१२१. अल्पसंख्यक वर्ग की बैठक में गाँधीजी का वक्तव्य: दिनाँक १३ नवम्बर १९३२.

१२२. पट्टाभि सीतारमैया: द हिस्ट्री आफ इंडियन नेशनल काँग्रेस: भाग-२: पृ. २०२.

१२३. व्हाइट पेपर आन द प्रपोजल्स फार इंडियन कांस्टीट्यूशनल रिफार्म (कमांड पेपर ४२६८) रिपोर्ट आफ द ज्वाइंट कमेटी आन इंडियन कांस्टीट्यूशनल रिफार्म: भाग १ पृ. २८२-३८०.

१२४. सी.वाई. चिंतामणि: इंडियन पॉलिटिक्स सिंस द म्यूटिनी (लंदन १९४०) पृ. १७३-७४.

१२५. मध्यप्रदेश और गाँधीजी पृ. ३१ तथा होम पोलिटिकल एंड मिलिटरी डिपार्टमेंट: फाइल नं. १३१/१९३३.

१२६. ए.एम. जैदी तथा एस जे. जैदी: द एनसाइक्लोपिडिया आफ द इंडियन नेशनल काँग्रेस: भाग-१० (१९३०-३५): द बैटल फोर स्वराज्य: पृ. २६७ तथा एपेंडिक्स नं.१: पृ. २३१.

१२७. द हरिजन: २३ सितंबर १९३३.

१२८. ए.आई.सी.सी पेपर्स: फाइल नं. ३८/१९३३: वीकली रिपोर्ट आफ द काँग्रेस वर्क इन सी.पी. मराठी: पृ. ११.

१२९. मध्यप्रदेश और गाँधी: पृ. ३२.

१३०. पट्टाभि सीतारमैया: द हिस्ट्री आफ इंडियन नेशनल काँग्रेस: भाग-२: पृ. २१०.

१३१. मध्यप्रदेश और गाँधी: पृ.३२.

१३२. ए.एम. जैदी तथा एस.जी. जैदी: द एनसाइक्लोपिडिया आफ द इंडियन नेशनल काँग्रेस: भाग-१०: (१९३०-३५): पृ. ३९२-९४.

१३३. ए.आई.सी.सी. पेपर्स: फाइल नं. पी १०/१९३४-३६. पृ. १०.

१३४. ए.आई.सी.सी. पेपर्स: फाइल नं. पी ९/१९३४-३६. पृ. ४२७.

१३५. वही: पृ. ४२८-४२५.

१३६. ए.आई.सी.सी. पेपर्स: फाइल नं. ९/१९३४-३६. पृ. २३०-३१.

१३७. अतुलचंद्र प्रधान: सोसलिस्ट स्टरिंग्स विदिन द काँग्रेस पृ. २१८-२१९. ए सेनटेरी हिस्ट्री आफ द इंडियन नेशनल काँग्रेस (१९३५-१९१७) भाग-३: से लिया गया।

१३८. डी.जी. तेंदुलकर: महात्मा: भाग-३ (दिल्ली १९६१) पृ. ३०३.

१३९. कलेक्टेड वर्क्स आफ महात्मा गाँधी: भाग-५८ (नई दिल्ली १९७४): पृ. २५८०.

१४०. पट्टाभि सीतारमैया: काँग्रेस का इतिहास: भाग-१ (१८८५-१९३५) पृ. २२०.

१४१. अतुलचंद प्रधान: सोशलिस्ट स्टरिंगस विदिन द काँग्रेस (१९३४-४०) ए सेन्टेनरी हिस्ट्री आफ द इंडियन नेशनल काँग्रेस (१८८५-१९८५) भाग ३: पृ. २१८-२१९

१४२. ए.एम. जैदी तथा एस.जी. जैदी: एनसाइक्लोपिडिया आफ द इंडियन नेशनल काँग्रेस: भाग-१०: (१९३०-३५) द बैटल फोर स्वराज्य: पृ. ४६२.

१४३. ए.आई.सी.सी. पेपर्स: फाइल नं. १०/१९३४-३५: पृ. ४१३.

१४४. वही: फाइल नं. १०/१९३४-३६: पृ. २०५.

१४५. वही: फाइल नं. पी-७/१९३६: पृ. २-३ तथा १५.

१४६. 'एम. जैदी तथा एस.जी. जैदी: द एनसाइक्लोपिडिया आफ द इंडियन नेशनल काँग्रेस: भाग-१० (१९३०-३५) द बैटल फार स्वराज्य: पृ. ४६९.

१४७. पट्टाभि सीतारमैया: काँग्रेस का इतिहास: भाग-१ (१८८५-१९३५) पृ. ४३३ तथा ए. सेन्टेनरी हिस्ट्री आफ द इंडियन नेशनल काँग्रेस भाग-३: (१९३५-४७) से लिया गया: पृ. २१९.

१४८. ए.एम. जैदी तथा एस.जी. जैदी: द एनसाक्लोपिडिया आफ द इंडियन नेशनल काँग्रेस: भाग-१०: (१९३०-३५) द बैटल फार स्वराज्य: पृ. ४६३

१४९. हाऊस आफ कॉमन्स डिबेट्स: १९३५ जिल्द २७६: कालम ६९८.

अध्याय-४

प्रान्तीय स्वायत्तता

भारत के संवैधानिक विकास में १९३५ का सुधार अधिनियम अत्यन्त महत्वपूर्ण था। इस अधिनियम द्वारा केन्द्र में संघात्मक शासन प्रणाली तथा प्रांतों में उत्तरदायी शासन की स्थापना की घोषणा की गई।[१] काँग्रेस द्वारा १९३५ के अधिनियम में प्रस्तावित वैधानिक सुधारों का विरोध किया गया। उन्हीं दिनों १९३५ में काँग्रेस की स्थापना के पचासवें वर्ष, स्वर्ण-जयन्ती मनाने के लिये डॉ. राजेन्द्रप्रसाद, वल्लभभाई पटेल, अबुल कलाम आजाद, राज गोपालाचार्य, भूलाभाई देसाई, गोविंद वल्लभ पंत आदि ने वर्धा में काँग्रेस कार्य समिति की बैठक का आयोजन कर एक संसदीय समिति का गठन किया। इसके अध्यक्ष वल्लभ भाई पटेल तथा सचिव राजेन्द्र प्रसाद तथा गोविंद वल्लभ पंत थे। इसमें विभिन्न प्रांतों के प्रतिनिधि भी उपस्थित थे [२] जिसमें महाकोशल के रविशंकर शुक्ल, सेठ गोविंददास, द्वारका प्रसाद मिश्र, माखनलाल चतुर्वेदी, घनश्याम सिंह गुप्त, कैप्टन लाल अवधेश प्रताप सिंह, मराठी मध्यप्रांत के डॉ. एन.बी. खरे, चतुर्भुज उसानी और सेठ जमनालाल बजाज तथा बरार के माधव श्रीधर अणे, दिनकर शास्त्री, लक्ष्मण शास्त्री, कनाडे, बृजलाल बियाणी आदि थे।[३]

१ जनवरी १९३६ में अखिल भारतीय काँग्रेस कमेटी की बैठक में विभिन्न प्रान्तीय काँग्रेस कमेटियों का पुनर्गठन किया गया जिसके अनुसार महाकोशल प्रान्तीय काँग्रेस कमेटी के अध्यक्ष रविशंकर शुक्ल, सचिव ठाकुर प्यारेलाल सिंह, द्वारका प्रसाद मिश्र, कैप्टन लाल अवधेश प्रताप सिंह, माखनलाल चतुर्वेदी तथा छेदीलाल थे। मराठी प्रान्तीय काँग्रेस कमेटी के अध्यक्ष डॉ. एन.बी. खरे, सचिव ई.एस. पटवर्धन कोषाध्यक्ष चतुर्भुज भाई जसानी तथा निर्वाचित सदस्यों में शिवराज जी चूड़ीवाले, भीखूलालजी चन्दर तथा जमनालाल बजाज थे। बरार प्रान्तीय काँग्रेस कमेटी के अध्यक्ष एम.एस. अणे, सचिव-बृजलाल बियाणी, कोषाध्यक्ष दिनकर शास्त्री तथा सदस्यों में लक्ष्मण शास्त्री, कानाडे तथा बृजलाल बियाणी आदि चुने गये।[४]

महात्मा गाँधी २३ फरवरी १९३६ को 'गाँधी सेवा संघ' की सभा में भाग लेने वर्धा पहुँचे। उन्होंने चाँदा जिले के सांपली नामक स्थान पर आयोजित 'गाँधी-सेवा-संघ' की दूसरी सभा में भी भाग लिया जो २९ फरवरी से ५ मार्च तक चली, इसमें विभिन्न प्रांतों के १२५ प्रतिनिधियों ने भाग लिया। इसमें खादी तथा स्वदेशी वस्तुओं की प्रदर्शनी लगायी गई और गाँधीजी द्वारा पुरस्कार वितरण किया गया।[५]

४ मार्च १९३६ को जबलपुर में अखिल भारतीय ग्रामीण परिषद् की एक शाखा की स्थापना महाकोशल प्रान्तीय काँग्रेस कमेटी के सचिव ठाकुर प्यारेलाल सिंह द्वारा की गई।[६] जिला काँग्रेस कमेटी द्वारा एक उपसमिति का गठन कर स्थानीय काँग्रेस-कार्यकर्ताओं सहित राजनीतिक स्थिति का निरीक्षण किया गया। इस समिति द्वारा १५, १६ तथा १७ मई १९३६ को सभाओं का आयोजन किया गया जिसमें प्रमुख वक्ता गोविंददास थे। इन सभाओं का उद्देश्य नवीन संविधान को भंग करना तथा चुनाव हेतु प्रचार-अभियान प्रारंभ करना था। इस समय राजनीतिक परिस्थितियों में परिवर्तन के फलस्वरूप काँग्रेस द्वारा १९३५ के नवीन संविधान के अन्तर्गत निर्वाचन में भाग लेना स्वीकार कर लिया गया।[७] मध्यप्रांत और बरार में १९३६ के उत्तरार्द्ध से चुनावी प्रचार अभियान का दौर प्रारंभ हो गया। महाकोशल काँग्रेस कमेटी के अध्यक्ष कैप्टन अवधेश प्रताप सिंह, नागपुर प्रान्तीय काँग्रेस कमेटी के डॉ. एन.बी. खरे तथा बरार प्रान्तीय काँग्रेस कमेटी के बृजलाल बियाणी द्वारा तूफानी चुनावी दौरा किया जाने लगा।[८] कैप्टन लाल अवधेश प्रताप सिंह ने जबलपुर तथा रायपुर में सभाओं को संबोधित किया। छिंदवाड़ा तथा बैतूल जिलों में भी इसी प्रकार चुनावी-सभाओं का आयोजन किया गया। सिवनी में डॉ. मेहता द्वारा ६ आम सभाओं का और बैतूल में भैयालाल और उनके साथियों द्वारा 'किसान सभाओं' का आयोजन किया गया। महाकोशल काँग्रेस कमेटी द्वारा जबलपुर को चुनावी प्रचार का केन्द्र बनाया गया।[९] महाकोशल 'पार्लियामेन्ट्री-बोर्ड' की एक बैठक ठाकुर छेदीलाल की अध्यक्षता में रायपुर में आयोजित की गई जिसमें माखनलाल चतुर्वेदी के प्रयत्नों से रविशंकर शुक्ल और सेठ गोविंददास के मतभेद दूर हो गये।[१०]

नागपुर (मराठी) प्रान्तीय काँग्रेस कमेटी द्वारा 'चुनाव प्रचार-समिति', प्रान्तीय किसान-समिति तथा 'संदेश-वाहक समिति' का गठन किया गया। डॉ. एन.बी. खरे की अध्यक्षता में प्रान्तीय काँग्रेस कमेटी द्वारा नागपुर के टाऊन हाल में आयोजित चुनावी सभा में ८०० व्यक्तियों ने भाग लिया। रविशंकर शुक्ल और माखनलाल चतुर्वेदी इस सभा के प्रमुख वक्ता थे। इस सभा में तीनों काँग्रेस कमेटियों द्वारा एक 'संयुक्त पार्लियामेंट्री बोर्ड' तथा अंतिम निर्णय हेतु एक 'लघु-कमेटी' की स्थापना की गई। डॉ. खरे के प्रभुत्व वाली यह लधु कमेटी भी काँग्रेस के अन्तर्गत स्थापित थी।[११] चुनावी अभियान में डॉ. खरे द्वारा नागपुर, जबलपुर, हरदा, खंडवा तथा बिलासपुर का दौरा किया गया। 'पार्लियामेंट्री बोर्ड' की बैठक जुलाई १९३६ में वल्लभभाई पटेल की अध्यक्षता में वर्धा में आयोजित की गई जिसके सचिव डॉ. राजेन्द्र प्रसाद तथा गोविंद वल्लभ पंत थे।[१२] प्रमुख सदस्यों में राज गोपालाचार्य, बाबूभाई जे. देसाई, टी. प्रकाशम, नरेन्द्रराव, सत्यपाल, एन.बी. खरे, सत्यमूर्ति तथा बंगाल के भी एक प्रतिनिधि थे।[१३]

प्रान्तीय चुनाव प्रचार अभियान में बरार के प्रत्याशी बृजलाल बियाणी द्वारा बरार के प्रमुख स्थानों का दौरा कर अनेक सभाओं का आयोजन किया गया। इस हेतु विदर्भ काँग्रेस कमेटी की बैठक ४ अक्टूबर १९३६ को तथा 'विदर्भ काँग्रेस पार्लियामेंट्री कमेटी' की बैठक १३ अक्टूबर १९३६ को बृजलाल बियाणी की अध्यक्षता में अकोला में आयोजित की गई सचिव दुर्गाबाई जोशी तथा सह सचिव एस. एल. काशीकर नियुक्त किये गये।[१४] २१ अक्टूबर १९३६ को पार्लियामेंट्री बोर्ड द्वारा जिला काँग्रेस के अध्यक्ष डॉ. देशमुख की अध्यक्षता में 'शेतकरी संघ' की एक सभा अमरावती में आयोजित की गई। इस सभा में 'शेतकरी-संघ' तथा काँग्रेस के मध्य यह निश्चित किया गया कि चुनाव में दोनों में से किसी भी

पक्ष की स्थिति कमजोर पड़ने पर दोनों एक दूसरे की सहायता करेंगे। इस हेतु १४ सूत्रीय कार्यक्रम की एक सूची भी प्रस्तावित की गई जिसे 'फारमर्स फोर्टीन' के नाम से जाना गया। २३ अक्टूबर १९३६ में जिला प्रान्तीय परिषद् की बैठक अमरावती में पूना के डॉ. एन.वी. गाडगिल की अध्यक्षता में आयोजित की गई जिसका उद्देश्य निर्वाचन में प्रत्याशियों का समर्थन करना था।[१५] नेताओं द्वारा आपत्तिजनक भाषण दिये जाने के कारण दुर्गाबाई जोशी पर खामगाँव में, वामनराव जोशी पर अकोला में तथा बृजलाल बियाणी पर सी.आर.पी.सी. के अन्तर्गत मुकदमा चलाया गया।[१६] उन्हीं दिनों आदर्श नामक पत्र का प्रकाशन प्रारंभ हुआ जो एक काँग्रेसी पत्र था और समाजवादी विचारों का पोषक। इसमें सरकार का खुलकर विरोध किया।

रविशंकर शुक्ल द्वारा छत्तीसगढ़ तथा वर्धा के अनेक स्थानों पर जवाहरलाल नेहरू के चुनावी दौरे का प्रबंध किया गया। उन्होंने १५ नवम्बर की सुबह रायपुर के बागबहारा नामक स्थान से रायपुर, बिलासपुर तथा दुर्ग आदि स्थानों पर ट्रेन तथा मोटर गाड़ियों द्वारा पहुँच कर, वहाँ की आयोजित सभाओं को संबोधित किया। उनकी प्रतिष्ठा तथा प्रसिद्धि के कारण इन सभाओं में बड़ी संख्या में लोग उपस्थित हुए। रायपुर की सभा में जवाहरलाल नेहरू की भेंट, पहली बार डॉ. एन.बी. खरे तथा द्वारका प्रसाद मिश्र के साथ हुई। बिलासपुर की सभा में नेहरू जी द्वारा चुनाव संबंधी अपने वक्तव्य में 'स्वराज्य प्राप्ति' का उद्देश्य 'कौंसिल में प्रवेश' नहीं अपितु कौंसिल के बाहर संघर्ष किये जाने का विचार प्रकट किया। शिक्षित वर्ग द्वारा उत्साहपूर्वक इस विचार का स्वागत किया गया। स्थानीय संस्थाओं द्वारा ७,००० रुपये की धनराशि एकत्र की गई। जवाहरलाल नेहरू ने वर्धा की एक सभा को भी संबोधित किया।[१७]

इसके पश्चात् जवाहरलाल नेहरू ने रविशंकर शुक्ल, सेठ गोविंददास तथा द्वारका प्रसाद मिश्र के साथ भी मध्यप्रांत और बरार के अन्य स्थानों हरदा, बानापुर, इटारसी, होशंगाबाद, बाबई, सोहागपुर, पिपरिया, छिंदवाड़ा, सिवनी, छपारा, गणेशगंज, लखनादौन तथा धूमा आदि का दौरा किया।[१८] नि:संदेह उनका यह दौरा काँग्रेस को चुनाव में अधिक मत प्राप्त करने में सहायक सिद्ध हुआ।[१९] सेठ गोविंददास तथा द्वारका प्रसाद मिश्र ने जनवरी १९३७ में जबलपुर सहित अन्य जिलों का दौरा कर लगभग ४० सभाओं को संबोधित किया। चुनाव में अपनी स्थिति को सुदृढ़ता प्रदान करने के लिए उन्होंने जबलपुर के पाटन क्षेत्र से चुनाव लड़ने का निश्चय किया।[२०]

मराठी मध्यप्रांत में सेठ जमनालाल बजाज़ ने 'यूनाइटेड दल' का गठन किया तो बरार में एम. एस. अणे द्वारा 'डेमोक्रेटिक दल' का गठन कर चुनाव में भाग लिया गया। एम.एस. अणे ने काँग्रेस के साथ समझौता कर चुनाव में साथ-साथ कार्य करने का निश्चय किया। बरार के १९ स्थानों में से ११ स्थानों से काँग्रेस तथा ८ स्थानों से 'डेमोक्रेटिक दल' के सदस्यों द्वारा चुनाव लड़ने का निश्चय किया गया। अब 'साम्प्रदायिक निर्णय' का विरोध विधायिका के भीतर तथा बाहर दोनों स्थानों पर किये जाने हेतु काँग्रेस के नेता सहमत हो गये। इधर 'शेतकरी-संघ' तथा 'ब्राह्मण-नेशनलिस्ट-दल' भी काँग्रेस में मिल गई। केवल 'नेशनालिस्ट-दल' ही काँग्रेस विरोधी दल के रूप में रहा।[२१]

इन्हीं परिस्थितियों के मध्य काँग्रेस का ४९ वाँ तथा ५० वाँ अधिवेशन क्रमशः लखनऊ तथा फैजपुर में १९३६-३७ में जवाहरलाल नेहरू की अध्यक्षता में सम्पन्न हुआ। १९३५ के अधिनियम के अनुसार काँग्रेस ने १९३७ में चुनाव में भाग लिया।[२२] तदानुसार काँग्रेस द्वारा चुनाव घोषणा-पत्र में

'भारत को स्वतंत्र कराने, शोषण की समाप्ति तथा भारतीयों के अभिवृद्धिपूर्ण सुखमय जीवन तथा राष्ट्रीय एकता की स्थापना की घोषणा की गई।[२३]

प्रान्तीय स्तर पर भी काँग्रेस प्रचार अभियान रविशंकर शुक्ल, द्वारका प्रसाद मिश्र, सेठ गोविंददास, कैप्टन लाल अवधेश प्रताप सिंह तथा डॉ. एन.बी. खरे द्वारा १२ जनवरी १९३७ से किया गया। इन नेताओं द्वारा मतदाताओं से काँग्रेस के लिए मतदान की अपील की गई।[२४] काँग्रेस के अतिरिक्त अन्य दलों-हिन्दू महासभा, मुस्लिम लीग, अब्राह्मण दल, नेशनालिस्ट तथा स्वतंत्र दलों के नेताओं ने भी अपने-अपने दलों के लिए जनता से मतदान की अपील की। बरार में अणे के नेतृत्व वाली काँग्रेस, 'नेशनलिस्ट दल' का प्रचार कर रही थी। मराठी मध्यप्रांतीय क्षेत्र में बी.एस. मुंजे के नेतृत्व में 'हिन्दू महासभा' ने भी काँग्रेस के विरुद्ध चुनाव अभियान छेड़ा हुआ था।[२५] इस चुनावी अभियान में नौकरशाही भी रुचि ले रही थी। प्रान्तीय शासन की कार्यकारिणी के सदस्य (गृह-सदस्य) डॉ. ई. राघवेन्द्रराव मध्यप्रांत में काँग्रेस के सबसे प्रबल विरोधी थे।[२६] जबलपुर, छत्तीसगढ़, बिलासपुर तथा बैतूल में सरकार-विरोधी सभाओं में आपत्तिजनक भाषण दिये गये।[२७] २ फरवरी १९३७ को सरोजनी नायडू ने मध्यप्रांत के खांडेकर के साथ अनेक स्थानों का दौरा किया।[२८]

इस प्रकार चुनावी मैदान में काँग्रेस के अतिरिक्त राघेवन्द्रराव का स्वतंत्र दल, अब्राह्मण दल, हिन्दू महासभा स्वतंत्र मजदूर दल, नेशनलिस्ट, नेशनलिस्ट राजा पार्टी, अम्बेडकर दल, मुस्लिम पार्लियामेन्ट्री बोर्ड, रऊफशाह ग्रुप, मुस्लिम लीग, शरीफ ग्रुप, यूरोपियन तथा एग्लों इंडियन आदि थे।[२९] नवीन संविधान के अन्तर्गत मध्यप्रांत और बरार के विधान परिषद् के कुल ११२ स्थानों के लिए ३१६ प्रत्याशी खड़े हुए। ५ स्थानों में प्रत्याशी निर्विरोध चुने गये। (१) मध्यप्रांत और बरार के जमींदारों की ओर से स्वतंत्र दल के एम.जी. चिटनवीस, (२) मोरसी ग्रामीण क्षेत्र के काँग्रेस प्रत्याशी रामराव आनंदराव देशमुख, (३) जबलपुर की काँग्रेस महिला प्रत्याशी श्रीमती सुभद्रा कुमारी चौहान, (४) यूरोपियन प्रत्याशी एल.एच. बार्टलेट (५) दुर्ग के निम्न वर्ग के काँग्रेस प्रत्याशी महन्त वासूदास आदि थे।[३०]

मध्यप्रांत और बरार के ११२ स्थानों में १४ स्थान मुसलमानों के, २ स्थान शहरी क्षेत्रें १२ स्थान ग्रामीण क्षेत्रें के, एक स्थान पिछड़ा तथा आदिम जाति के, १ स्थान नागपुर यूनिवर्सीटी, २ स्थान मजदूर, १ स्थान एंग्लो इंडियन, २ स्थान वाणिज्य (एक स्थान मध्यप्रांत तथा एक स्थान बरार के लिए) ३ स्थान जमींदारों (जिसमें २ स्थान मध्यप्रांत तथा १ स्थान बरार के लिए था)। पूना समझौते के अनुसार २० स्थान दलितों और निम्न वर्गों के प्रत्याशियों के लिए सुरक्षित रखे गये। ३ स्थान प्रांत में महिला प्रत्याशियों के लिए रखे गये जो जबलपुर, नागपुर तथा बरार चुनाव क्षेत्र के थे। इनके अतिरिक्त एक यूरोपियन प्रतिनिधि था। इस प्रकार ६४ सामान्य स्थानों में ९ स्थान शहरी क्षेत्रों के, ५५ स्थान ग्रामीण क्षेत्रें के थे। मतदाताओं की कुल संख्या १५,१४,९४० थी जिनमें १,८८,७७० शहरी तथा १३, २६,१७० ग्रामीण क्षेत्र के थे।[३१]

इस प्रकार ६४ सामान्य स्थानों के लिए (शहरी क्षेत्र ९ तथा ग्रामीण क्षेत्र ५५) प्रांत के विभिन्न स्थानों से विभिन्न दलों के लगभग १८० प्रत्याशी चुनावी मैदान में थे जिनमें १४ मुस्लिम निर्वाचन स्थानों के लिए (२ स्थान शहरी तथा १२ स्थान ग्रामीण क्षेत्र) ४२ मुस्लिम प्रत्याशी थे जो तीन वर्गों में बँटे हुए थे- रऊफशाह गुट, शरीफ गुट तथा स्वतंत्र। पूरे प्रांत में केवल एक स्थान पिछड़ा एवं

आदिम जाति का था जिनके लिए दो प्रत्याशी थे। अनुसूचित जाति के २० स्थानों के ६० प्रत्याशी, तीनों जिला-समूहों के प्रतिनिधित्व कर रहे थे। इनमें एक समूह अम्बेडकर, एक समूह राजा तथा एक समूह स्वतंत्र प्रत्याशियों का था। ११२ स्थानों में से ८५ स्थानों के लिए काँग्रेस चुनाव लड़ रही थी।[३२] प्रान्तीय सभाओं के लिए ४, ८, १२ तथा १६ फरवरी १९२७ को क्रमश: सभी स्थानों पर चुनाव सम्पन्न हुए।[३३] मतपत्रें की गणना का कार्य १७ फरवरी १९३७ को प्रारंभ हुआ।[३४]

चुनाव परिणाम में काँग्रेस को आशा से अधिक सफलता मिली। ६ प्रांतों में काँग्रेस को स्पष्ट बहुमत प्राप्त हुआ। काँग्रेस को मद्रास, बिहार तथा मध्यप्रांत में सबसे अधिक स्थान प्राप्त हुए। मध्यप्रांतीय विधान सभा के इस चुनाव में काँग्रेस ११२ स्थानों में से ७० स्थानों पर विजयी हुई। सामान्य शहरी चुनाव क्षेत्र के सभी ९ स्थानों पर चुनाव लड़ कर सभी स्थानों पर विजय प्राप्त की। ग्रामीण चुनाव क्षेत्र के ५६ स्थानों में से काँग्रेस ने ४९ स्थानों पर अधिकार कर लिया। अनुसूचित जाति के चुनाव क्षेत्रें के १९ स्थानों में से ९ स्थानों पर चुनाव लड़कर ५ स्थानों पर विजय प्राप्त की। मुस्लिम चुनाव क्षेत्र के २ स्थानों में काँग्रेस असफल रही। मजदूर तथा वाणिज्य के ४ चुनाव स्थानों में २ स्थान तथा जमींदारों के ३ चुनाव स्थानों में से २ स्थान प्राप्त किये। महिलाओं के ३ सुरक्षित चुनाव स्थानों में सभी स्थानों पर काँग्रेस विजयी हुई।[३५] २७ फरवरी १९३७ तक सभी मतदान केन्द्रों में मतपत्रें की गिनती पूर्ण हो चुकी थी। लगभग ६२.५ प्रतिशत मतदाताओं ने चुनाव में भाग लिया। इस चुनाव में काँग्रेस ने ६१ प्रतिशत मत प्राप्त कर, ६२.५ प्रतिशत स्थान प्राप्त किया।[३६]

मध्यप्रांतीय विधान परिषद् में विभिन्न दलों की स्थिति इस प्रकार थी। डॉ राघवेन्द्रराव की नेतृत्ववाली 'स्वतंत्र दल' को १७ स्थान, अब्राह्मण दल को-३, हिन्दूमहासभा को-१, 'स्वतंत्र मजदूर दल को-२, 'नेशनालिस्ट दल' को-२, नेशनालिस्ट राजा दल को-१, अम्बेडकर दल को-१, मुस्लिम पार्लियमेंट्री-बोर्ड (रऊफशाह गुट) को-८ तथा मुस्लिम लीग (शरीफ गुट) को-५, यूरोपियन को१, एंग्लो इंडियन को-१ और काँग्रेस को ७० स्थान प्राप्त हुए।[३७] इस प्रकार असेम्बली के ११२ स्थानों में हिन्दुस्तानी मध्यप्रांत को ५६ तथा मराठी मध्यप्रांत को ५४ स्थान निर्धारित किये गये। एक स्थान यूरोपीय तथा १ स्थान एंग्लो इंडियन को प्राप्त हुआ।[३८]

काँग्रेस की यह विजय अविस्मरणीय थी। मतदाताओं ने काँग्रेस में अपना पर्याप्त विश्वास व्यक्त किया। मध्यप्रांत और बरार में काँग्रेस की यह विजय काँग्रेस द्वारा पिछले कई वर्षों से किये गये कार्यों का परिणाम था।[३९] काँग्रेस की इस अभूतपूर्ण विजय के कारणों में कार्यकर्ताओं द्वारा चुनाव प्रचार समर्पित रूप से किया जाना, ग्रामीण क्षेत्रें में शिक्षक, छात्र, स्त्री-पुरुषों द्वारा किसी न किसी रूप में भाग लिया जाना[४०] तथा कार्यकर्ताओं द्वारा मतदाताओं को विजय के उपरांत नई नीति के लागू किये जाने का आश्वासन दिया जाना आदि था। इसके अतिरिक्त मतदाताओं पर गाँधी जी के नाम के जादू का प्रभाव था।[४१] 'हितवाद' के अनुसार "वास्तव में यह प्रत्याशियों की जीत न होकर, मतदाताओं की जीत थी।"[४२] काँग्रेस की इस विजय से ब्रिटिश शासन भी प्रभावित हुआ। इस संबंध में अंग्रेजी पत्रिका 'द टाइम्स' ने लिखा कि "चुनाव ने यह दिखा दिया कि प्रान्तीय आधार पर काँग्रेस अकेले ही चुनाव का आयोजन कर सकती है।"[४३] उनकी यह विजय अपने आप में एक उदाहरण सिद्ध हुई है, काँग्रेस की विजय का कारण विरोधियों की अपेक्षा उनका उत्तम कार्य एवं संगठन था जिसने लाखों ग्रामीणों को अपने पक्ष में मतदान

के लिए प्रेरित किया।[४४] चुनाव के परिणाम स्वरूप पहली बार देश का राजनीतिक-तंत्र काँग्रेसजनों के हाथों में आया। उनको अपने प्रांत का शासन संविधान द्वारा प्रदत्त सीमित अधिकारों के अन्तर्गत करने का अवसर प्राप्त हुआ।[४५]

निर्वाचन में काँग्रेस की अभूतपूर्व विजय से मध्यप्रांत और बरार में काँग्रेस मंत्रिमंडल के गठन की संभावना स्पष्ट दृष्टिगोचर होने लगी परंतु मंत्रिमंडल के निर्माण में विलंब का कारण काँग्रेस कार्यकारिणी समिति के सदस्यों में मंत्रिमंडल के निर्माण के प्रश्न पर विरोधाभास का होना था। कुछ सदस्य मंत्रिमंडल निर्माण के पक्ष में थे तो कुछ विपक्ष में। यह मतभेद दोनों पक्षों में था। एक पक्ष का नेतृत्व महात्मा गाँधी तथा वल्लभ भाई पटेल कर रहे थे। इस पक्ष का विचार, काँग्रेस द्वारा मंत्रिमंडल निर्माण किया जाना था। दूसरे पक्ष का नेतृत्व जवाहरलाल नेहरू द्वारा किया जा रहा था। उनका विचार काँग्रेस द्वारा नये संविधान का विरोध करना था। मध्यप्रांत और बरार में हिन्दी तथा मराठी भाषी नेताओं के मध्य भी नेतृत्व के प्रश्न पर मतभेद था।[४६]

मध्यप्रांत और बरार में मंत्रिमंडल बनाने के संबंध में निर्णय हेतु प्रांतीय काँग्रेस कमेटी की बैठक २५ फरवरी १९३७ को डॉ. एन.बी. खरे के निवास स्थान पर आयोजित की गई जिसमें मंत्रिमंडल के निर्माण के पक्ष में बहुमत रहा।[४७] २७-२८ फरवरी १९३७ को जवाहरलाल नेहरू की अध्यक्षता में अखिल भारतीय काँग्रेस कमेटी की कार्यकारिणी की सभा की बैठक वर्धा में सेठ जमनालाल बजाज के निवास स्थान पर आयोजित की गई। अध्यक्ष के आमंत्रण पर ८ बाह्य सदस्यों ने भी भाग लिया। गाँधीजी की उपस्थिति तथा वाद-विवाद में सक्रिय सहयोग, विशेष उल्लेखनीय थी। अधिकांश सदस्य मंत्रिमंडल बनाने के पक्ष में थे। २८ फरवरी से १ मार्च १९३७ तक, डॉ. एन.बी. खरे के निवास स्थान पर आयोजित प्रान्तीय परिषद् की सभा में मंत्रिमंडल बनाने के प्रश्न पर सेठ गोविंददास द्वारा आपत्ति उठाते हुए नेतृत्व के प्रश्न पर अनेक नाम प्रस्तावित किये गये परंतु डॉ. एन.बी. खरे के पक्ष में सर्वसम्मति से निर्णय ले लिया गया।[४८]

मंत्रिमंडल में पद ग्रहण करने के संबंध में महाकोशल प्रान्तीय काँग्रेस कमेटी ने जबलपुर में कैप्टन अवधेश प्रताप सिंह की अध्यक्षता में आयोजित सभा में प्रस्तावित प्रस्ताव के पक्ष में २४ तथा विपक्ष में १७ मत डाले गये। तदानुसार महाकोशल प्रान्तीय काँग्रेस कमेटी द्वारा भी मंत्रिमंडल बनाने के पक्ष में निर्णय लिया गया। इस पर टिप्पणी करते हुए 'हितवाद' ने लिखा कि "मध्यप्रांत और बरार में मंत्रिमंडल निर्माण के पक्ष में शत-प्रतिशत बहुमत रहा।"[४९] निर्वाचन परिणाम की घोषणा के पश्चात् 'नेशनल-कन्वेशन' का आयोजन दिल्ली के अंसारी नगर में १९-२० मार्च १९३७ में किया गया, जिसमें सभी काँग्रेस कार्यकारिणी सभा के सदस्य तथा सभी प्रांतों के निर्वाचित प्रतिनिधियों ने भाग लेकर इस आशय की शपथ ली[५०] कि "काँग्रेस का उद्देश्य असहयोग-नीति का क्रियान्वयन एवं स्वतंत्रता प्राप्ति हेतु संविधान के विरुद्ध कार्य करना है। ब्रिटिश साम्राज्यवादी नीति को सुदृढ़ बनाना नहीं।"[५१] निर्धारित नीतिनुसार काँग्रेस के सदस्य को ब्रिटिश सरकार द्वारा प्रदत्त उपाधियों को धारण न कर खादी के वस्त्र धारण किया जाना है। मंत्रिमंडल के संबंध में प्रान्तीय परिषद् के सदस्यों का व्यक्तिगत रूप से नहीं अपितु एक अनुशासित संस्था के रूप में बातचीत किया जाना निश्चित किया गया परंतु मंत्रिमंडल के निर्माण के संबंध में अंतिम निर्णय उच्चाधिकारियों द्वारा किया जाना था। अतः १७ मार्च १९३७ में

अखिल भारतीय काँग्रेस कमेटी के उच्चाधिकारियों द्वारा प्रांत में मंत्रिमंडल के निर्माण की स्वीकृति प्रदान कर दी गई। मंत्रिमंडल निर्माण में नेतागणों के विचारों में विरोधाभास के कारण कुछ नेतागण मंत्रिमंडल को स्वीकार करने के विरोधी थे। नेतृत्व के प्रश्न पर प्रान्त के हिन्दी तथा मराठी भाषी नेताओं में संघर्ष था। दूसरी ओर; कुछ प्रांतीय तथा केन्द्रीय नेतागण मंत्रिमंडल के निर्माण की स्वीकृति के पक्ष में थे। वे सामाजिक तथा राजनीतिक सुधार करने को उत्सुक थे। उनका विचार था कि सुधारों के माध्यम से वे जनता के अधिक निकट पहुँच सकेंगे तथा जनहित में इस अवसर का लाभ उठा सकेंगे।[५२]

मार्च १९३७ तक काँग्रेस कार्यकारिणी समिति में दोनों विचारधाराओं के नेताओं के मतभेद ने गंभीर रूप धारण कर लिया।[५३] काँग्रेस कार्यकारिणी समिति ने एक पार्लियामेन्ट्री बोर्ड की स्थापना की जिसका कार्य प्रांतों के काँग्रेस मंत्रिमंडल को नियंत्रित करना था। मध्यप्रांत का नियंत्रण कार्य वल्लभ भाई पटेल के अधिकार में था।[५४]

गाँधीजी के निर्देशानुसार काँग्रेस कमेटी की कार्यकारिणी ने सभी संवैधानिक मामलों में मंत्रियों के सलाह के अनुसार कार्य करने तथा गवर्नर द्वारा अपने विशेषाधिकर का प्रयोग न किये जाने का आश्वासन दिये जाने पर ही विशेष परिस्थितियों में पद ग्रहण करने का निश्चय किया गया।[५५]

मध्यप्रांत और बरार के गवर्नर सर हाइड गवान ने पचमढ़ी से मंत्रिमंडल के निर्माण हेतु २२ मार्च १९३७ को डॉ. खरे को पत्र भेजा जिसके फलस्वरूप २५ मार्च को डॉ. खरे के निवास स्थान पर प्रांतीय विधान परिषद् के नवनिर्वाचित सदस्यों की बैठक में ५ घंटों के विचार-विमर्श के उपरांत सर्वसम्मति से डॉ. एन.बी. खरे को प्रथम काँग्रेसी मंत्रिमंडल का नेता निर्वाचित किया गया।[५६]

गवर्नर हाइड गवान तथा डॉ. खरे के बीच २७ मार्च १९३७ को गुप्त वार्ता हुई। डॉ. खरे ने गवर्नर द्वारा अपने विशेषाधिकार का प्रयोग तथा मंत्रियों द्वारा संवैधानिक मामलों में निर्णय के संबंध में अवरोध उत्पन्न न किये जाने का आश्वासन दिये जाने पर ही, मंत्रिमंडल बनाने तथा नियंत्रण की शर्तों को स्वीकार करने की बात कही। गवर्नर द्वारा किसी प्रकार का आश्वासन देने से इंकार कर दिये जाने के कारण, डॉ. खरे ने मंत्रिमंडल के निर्माण में असमर्थता प्रकट की। उन्हें भय था कि गवर्नर द्वारा असहानुभूतिपूर्ण व्यवहार से राष्ट्रीय हित के कार्यों को कर सकने में वे असमर्थ होंगे। अतएव मध्यप्रांत में मंत्रिमंडल का निर्माण न हो सका। प्रान्त के राजनीतिक विचारधारा के व्यक्ति, काँग्रेस द्वारा पद ग्रहण न किये जाने के कारण निराश हो गये। जबलपुर के काँग्रेसी तथा विरोधी गुट (हिन्दी भाषी) का मत था कि काँग्रेस द्वारा पद ग्रहण न करना उनका एक भारी राजनीतिक भूल थी।[५७]

काँग्रेस द्वारा मंत्रिमंडल बनाने से इंकार कर दिये जाने के कारण गवर्नर हाइड गवान ने असंवैधानिक रूप से बिना बहुमत के मंत्रिमंडल बनाने का निर्णय लिया। तदानुसार २४ मार्च १९३७ को गवर्नर से डॉ. ई. राघवेन्द्रराव ने भेंट की तथा गवर्नर ने गवर्नमेंट आफ इंडिया एक्ट की धारा ५१ (१) के अनुसार उनसे मंत्रिमंडल बनाने का अनुरोध किया। डॉ. ई. राघवेन्द्रराव ने भी मंत्रिमंडल बनाने की अपनी इच्छा प्रकट करते हुए ३० मार्च १९३७ को मंत्रियों की सूची बना कर गवर्नर से पुनः भेंट की।[५८]

१ अप्रैल १९३७ को डॉ. ई. राघवेन्द्रराव-गृहमंत्री, बालकृष्ण गणेश खापर्डे-राजस्वमंत्री, सैय्यद वकील अहमद-वित्तमंत्री तथा धर्मराव भुजंग-कृषिमंत्री मनोनीत किये गये थे। उसी दिन मंत्रियों ने अपने

पद की शपथ ग्रहण की। मध्यप्रांत और बरार में मध्य कालीन मंत्रिमंडल का गठन, डॉ. ई. राघवेन्द्रराव के नेतृत्व में बिना विधायिका के सहयोग से किया गया।[५९] डॉ. ई. राघवेन्द्रराव को मंत्रिमंडल बनाने हेतु चुने जाने पर वे सिद्ध करना चाहते थे कि संकट काल में मध्यप्रांत के वे ही एक ऐसे व्यक्ति हैं जिस पर गर्वनर द्वारा भरोसा किया जा सकता है।[६०] वास्तव में दस वर्षों तक लगातार शासन में रहने के कारण डॉ. ई. राघवेन्द्रराव ने गवर्नर का विश्वास जीत लिया था। डॉ. ई. राघवेन्द्रराव के साथ गवर्नर के सौहार्द्रपूर्ण संबंध तो थे परंतु संवैधानिक नियमों को ताक में रखकर नये मंत्रिमंडल का गठन करना, आशा के विपरीत बात थी। गवर्नर तथा डॉ. ई. राघवेन्द्रराव के इस कार्य की सर्वत्र भर्त्सना की गई। साथ ही यह आशा की गई कि डॉ. राव द्वारा संवैधानिक भूलों को ध्यान में रखते हुए नये मंत्रिमंडल के निर्माण का विचार त्याग दिया जायेगा परंतु व्यक्तिगत स्वार्थ के कारण वे लोगों की आशा को पूर्ण करने में असफल रहे। इस प्रकार मध्यप्रांत और बरार में जिस मंत्रिमंडल का गठन हुआ, वह प्रतिनिधियों की सरकार न होकर गवर्नर द्वारा मनोनीत सदस्यों का मंत्रिमंडल था।[६१]

अत: नये मंत्रिमंडल के गठन का दिन १ अप्रैल १९३७ को सम्पूर्ण प्रांत में 'विरोध दिवस' के रूप में मनाया गया।[६२] उसी दिन भारत सरकार अधिनियम भी लागू किया गया। जवाहरलाल नेहरू तथा प्रसिद्ध ब्रिटिश राजनीतिवेत्ता प्रो. ए.बी. कीथ ने भी इस मंत्रिमंडल की आलोचना की। डॉ. खरे द्वारा गवर्नर पर असंवैधानिक मंत्रिमंडल के गठन का आरोप लगाया गया।[६३] विरोधस्वरूप १३ अप्रैल १९३७ को नागपुर के टाउन हाल में सभी दलों के प्रतिनिधियों की सभा को आमंत्रित किया। सर मोरोपंत जोशी (भूतपूर्व गृह-सदस्य), एन.जी. चिटनवीस (हिन्दू महासभा), जी.ए. ओगले, (सम्पादक महाराष्ट्र) तथा श्रीमती अनसुइयाबाई काले (काँग्रेस) आदि सभा के प्रमुख वक्ता थे। इसी प्रकार नागपुर, बिलासपुर, रायपुर तथा मध्यप्रांत के अनेक जिलों में 'विरोधी सप्ताह' का आयोजन किया गया।[६४]

इसी तारतम्य में नागपुर के व्यंकटेश्वर थियेटर में ११ एवं १२ मई १९३७ को प्रांतीय परिषद् की बैठक में डॉ. खरे ने सभा के उद्देश्यों की व्याख्या करते हुए सभा के वक्ता तथा उपवक्ता का चुनाव किया। प्रमुख वक्ता घनश्याम सिंह गुप्त और उपवक्ता अनुसुइयाबाई काले निर्वाचित हुई।[६५] सभा में तीन प्रस्ताव पारित किये गये। प्रथम, गवर्नर द्वारा आ्ंतरिक मंत्रिमंडल को भंग किया जाना, दूसरे, गवर्नर द्वारा परिषद् बुलाये जाने का आदेश दिया जाना तथा तीसरे प्रस्ताव द्वारा जमींदारों के संबंध में सरकारी हस्तक्षेप की निंदा की गई। इन प्रस्तावों का अभिप्राय गवर्नर द्वारा किये गये असंवैधानिक कार्यों का पर्दाफाश किया जाना था।[६६] इस प्रकार इस मध्यप्रांतीय मंत्रिमंडल की स्थिति दिन ब दिन बिगड़ने लगी क्योंकि उसे छ: माह के अन्तर्गत विधायिका की बैठक आमंत्रित करने तथा बजट का प्रस्ताव पारित करना था।[६७]

वाइसराय लार्ड लिनलिथगो के सामने इस गतिरोध को दूर करने के तीन उपाय थे। पहला; प्रांतों में गवर्नर काँग्रेसी नेताओं से सम्पर्क बनाये रखने हेतु प्रयत्नशील रहे। दूसरा, गवर्नर आश्वासन तथा सफाई देते रहें तथा तीसरा वाइसराय स्वयं नई विधानसभायें निमंत्रित करने के पूर्व बयान दें। अत: वाइसराय लार्ड लिनलिथगो ने २१ अप्रैल १९३७ को गवर्नर तथा मंत्रियों के संबंधों को स्पष्ट करते हुए घोषणा की कि 'गवर्नर को मंत्रियों के परामर्श से कार्य करने तथा मार्ग-दर्शन देने का अधिकार होगा।[६८]

वाइसराय द्वारा गवर्नर के मंत्रिमंडल के परामर्श से कार्य करने के आश्वासन दिये जाने पर ७

जुलाई १९३७ को काँग्रेस कार्यकारिणी समिति ने भी काँग्रेस मंत्रिमंडल के गठन की अनुमति दे दी। तदानुसार काँग्रेस भी पद-ग्रहण हेतु तैयार हो गई। अत: डॉ. एन. खरे ने १० जुलाई १९३७ के सुबह (१०.४५ पर) गवर्नर से मिलकर मंत्रिमंडल बनाने की इच्छा व्यक्त करते हुए मंत्रियों की सूची गवर्नर को सौंपी। काँग्रेस के इस निर्णय का प्रान्त में सभी वर्गों द्वारा स्वागत किया गया।[६९] तदोपरांत गवर्नर द्वारा १४ जुलाई १९३७ को मध्यप्रांत और बरार में डॉ. ई. राघवेन्द्रराव के मंत्रिमंडल का त्यागपत्र स्वीकार किये जाने पश्चात् उनके स्थान पर डॉ. खरे द्वारा निर्वाचित छ: मंत्रियों को मंत्रिमंडल में सम्मिलित किये जाने की घोषणा कर दी गई जिसके अनुसार महाकोशल से तीन मंत्री रविशंकर शुक्ल, द्वारका प्रसाद मिश्र तथा डी.के. मेहता। मराठी भाषी क्षेत्र से तीन मंत्री-आर.एम. देशमुख, पी.बी. गोले और एम.वाय. शरीफ लिये गये। इन मंत्रियों ने अपने पद की शपथ उसी दिन ग्रहण की।[७०]

इस प्रकार १४ जुलाई १९३७ को प्रांत में प्रथम काँग्रेस-मंत्रिमंडल का गठन हुआ।[७१] मंत्रिमंडल के सदस्यों ने मध्यप्रांतीय शासन के विभागों के वितरण के अनुसार डॉ. एन.बी. खरे (प्रधानमंत्री) बनाये गये। उनके नेतृत्व में शिक्षा-विभाग रविशंकर शुक्ल को, स्थानीय-स्वशासन द्वारका प्रसाद मिश्र को, लोक-कल्याण विभाग-आर.एम. देशमुख, विधि विभाग-एम.वाय. शरीफ, वित्त-विभाग डी.के. मेहता तथा राजस्व-विभाग पी.बी. गोले को प्राप्त हुए।[७२]

नये मंत्रिमंडल का सम्पूर्ण प्रांत में स्वागत किया गया। नागपुर में स्थान-स्थान पर नवगठित मंत्रिमंडल के स्वागत समारोह का आयोजन कर उत्सव मनाया गया। स्वागत समारोह में नागपुर के व्यंकटेश्वर थियेटर में अपार जनसमूह के बीच काँग्रेस मंत्रिगणों ने पुष्पहारों से एक दूसरे का स्वागत किया। मंत्री पद पर रविशंकर शुक्ल तथा द्वारका प्रसाद मिश्र के चुने जाने से रायपुर तथा जबलपुर की जनता हर्ष विभोर हो उठी थी।[७३]

३० जुलाई १९३७ को मध्यप्रांत और बरार के विधायिका परिषद् के प्रथम अधिवेशन के उद्‌घाटन के अवसर का दृश्य भुलाया नहीं जा सकता। विधायिका परिषद् के काँग्रेस सदस्यों द्वारा सफेद खादी वस्त्रों तथा गाँधी टोपी धारण कर तिरंगा झंडा सहित एक जुलूस निकाला गया। जुलूस डॉ. खरे के निवास स्थान से वर्धा रोड पर धीरे-धीरे बढ़ रहा था। विभिन्न गाँवों तथा शहरों से आयी प्रान्त की जनता, डॉ. खरे के निवास स्थान धन्तोली से असेम्बली भवन तक सड़क के दोनों किनारों पर स्वागतार्थ खड़ी थी।[७४]

उस समय जनता का विश्वास मंत्रिमंडल तथा सरकार के संवैधानिक स्वरूप से उठ चुका था क्योंकि भूतपूर्व मंत्रिमंडल जनता के बहुप्रतीक्षित प्रमुख उद्देश्य 'पूर्ण स्वराज्य' की प्राप्ति में असफल हो चुकी थी। नवीन काँग्रेस-मंत्रिमंडल के गठन से जनता को बड़ी आशा बँधी। उन्होंने उसका अर्थ 'प्रांतीय स्वराज्य' के रूप में लगाया। अत: काँग्रेस-मंत्रिमंडल ने इस बहुप्रतीक्षित उद्देश्य, "पूर्ण स्वराज्य" की प्राप्ति करने तथा जनता को राहत दिलाने के अनेक प्रयास किये। इस मंत्रिमंडल को अपने चुनावी कार्यक्रम तथा जनता की आशाओं के अनुरूप कार्य करना था। अत: इन बातों को ध्यान में रखते हुए काँग्रेस मंत्रिमंडल द्वारा सुधार कार्यक्रम की रूपरेखा बनायी गई।[७५] मध्यप्रांत और बरार में प्रारंभिक काल से ही काँग्रेस मंत्रिमंडल तथा नौकरशाही सरकार के संबंध सौहार्द्रपूर्ण नहीं थे। ऐसे वातावरण ने सुधार कार्य हेतु मंत्रिमंडल को गवर्नर के साथ संघर्ष की स्थिति उत्पन्न कर दी।[७६]

काँग्रेस मंत्रिमंडल के कार्यों के क्रियान्वयन में सबसे अधिक अवरोध मुस्लिम लीग द्वारा उत्पन्न

किया गया। झूठे मामले खड़े कर काँग्रेस मंत्रिमंडल को बदनाम करने के लिए साम्प्रदायिक झगड़ों को प्रोत्साहन दिया गया।[७७] अनेक साम्प्रदायिक दंगे मध्यप्रांत और बरार के जबलपुर, नागपुर, अकोला, बुरहानपुर, मंडला और सागर में हुए जिसमें अकोला, नागपुर तथा जबलपुर के दंगों ने गंभीर रूप ले लिया। १५ अक्टूबर १९३७ को प्रधानमंत्री डॉ. एन.बी. खरे, विधि-मंत्री एम.वाय. शरीफ तथा स्थानीय स्वशासन मंत्री द्वारका प्रसाद मिश्र अविलम्ब घटनास्थल पर पहुँचे।[७८] प्रधान मंत्री डॉ. एन.बी. खरे ने १० नवम्बर १९३७ को जबलपुर में आयोजित एक आमसभा में जनता से शांति और व्यवस्था बनाये रखने की अपील करते हुए घटना की जाँच का आश्वासन दिया। स्थानीय स्वशासन मंत्री द्वारका प्रसाद मिश्र ने साम्प्रदायिक दंगों की भर्त्सना करते हुए, काँग्रेस मंत्रिमंडल को बदनाम करने के सरकारी प्रयास से जनता को अवगत कराया और जनता से शांति तथा एकता बनाये रखने की अपील की।[७९] इसके संबंध में प्रधानमंत्री (मुख्यमंत्री) डॉ. एन.बी. खरे द्वारा एक प्रेस विज्ञप्ति भी जारी की गई।[८०] प्रांत के अन्य स्थानों पर भी साम्प्रदायिक दंगे हुए। इन्हीं दिनों अकोला के रिसोद नामक स्थान पर बृजलाल बियाणी की अध्यक्षता में जिला काँग्रेस परिषद् तथा बरार के बुल्ढ़ाना में प्रान्तीय काँग्रेस कमेटी की बैठक का आयोजन किया गया। साम्प्रदायिक दंगों की जाँच हेतु महाकोशल काँग्रेस कमेटी ने एक उप समिति का गठन किया जिनके प्रमुख सदस्य अवधेश प्रताप सिंह, लक्ष्मण सिंह चौहान, मौलाना चिरागुद्दीन तथा निरंजन सिंह थे।[८१] इसी प्रकार दिसम्बर १९३७ में अकोला में आयोजित एक आमसभा में बृजलाल बियाणी द्वारा हिन्दू महासभा के नेता वीर सावरकर पर हिन्दू-मुस्लिम दंगों को भड़काने का आरोप लगाया गया। दूसरी ओर, मुस्लिम लीग द्वारा साम्प्रदायिक दंगों को भड़काने के सभी प्रयत्न जारी रहे जो प्रांत के विभिन्न स्थानों पर छुट-पुट रूप से मार्च १९३८, तक चलते रहे।[८२] अमरावती में हिन्दू-विरोधी सभा का आयोजन कर बरार में सैय्यद खुर्शीद द्वारा साम्प्रदायिक दंगे फैलाने के प्रयत्न किये गये।[८३] इस प्रकार काँग्रेस मंत्रिमंडल के कार्य में विघ्न डालने के उद्देश्य से मुस्लिम लीग द्वारा अनेक साम्प्रदायिक कठिनाईयाँ उत्पन्न की गई।

यद्यपि काँग्रेस द्वारा पद ग्रहण के पश्चात् अनेक कठिनाईयों का सामना करना पड़ा परंतु क्रमश: मंत्रिमंडल ने सुधारवादी कदम उठाकर समस्याओं का निराकरण कर जेल प्रशासन में सुधार, राजनीतिक कैदियों की मुक्ति, प्रेस की सुरक्षा निधि की वापसी, जनसाधारण के स्वतंत्रता आदि के नियम लागू किये। प्रतिबंधित फिल्म तथा साहित्य से प्रतिबंध हटा कर, भ्रष्टाचार तथा आर्थिक कटौती कर फिजूल खर्च पर रोक लगाया। अयोग्य व्यक्तियों को पदच्युत कर प्रशासनिक ढाँचे को एक नया स्वरूप प्रदान किया।[८४]

काँग्रेस मंत्रिमंडल के प्रथम वर्ष के अन्त तक मंत्रिमंडल के सदस्यों के मध्य मतभेद उत्पन्न हो गये। फलस्वरूप मंत्रिमंडल के सदस्यों तथा प्रधानमंत्री डॉ. एन.बी. खरे के संबंध कटु हो गये[८५] जिससे प्रथम मंत्रिमंडल का अंत हो गया। यह घटना मध्यप्रांत और बरार की राजनीति में 'मिनिस्ट्रीयल क्राइसेस' अथवा 'मंत्रिमंडलीय-संकट' के नाम से प्रसिद्ध है जिसके फलस्वरूप प्रांत के मंत्रिमंडल के नेतृत्व में परिवर्तन हो गया। डॉ. एन.बी. खरे के स्थान पर रविशंकर शुक्ल प्रधानमंत्री बने।[८६]

वास्तव में प्रथम काँग्रेस मंत्रिमंडल में द्वारका प्रसाद मिश्र की सहायता से ही डॉ. खरे को प्रधानमंत्री का पद प्राप्त हुआ था। उनकी मित्रता का कारण दोनों का रविशंकर शुक्ल का प्रतिद्वंद्वी

होना था।[८७] शीघ्र ही डॉ. खरे और द्वारका प्रसाद मिश्र के मध्य मतभेद उत्पन्न हो गये।[८८] मतभेद का आंतरिक कारण जफ़र हुसैन नामक एक मुस्लिम इंस्पेक्टर आफ स्कूल पर वर्धा के एक आठ वर्षीय हरिजन बालिका के साथ बलात्कार करने का आरोप था, जिसे पदच्युत करने का आदेश विधिमंत्री एम.वाय. शरीफ को दिया गया था।[८९] यह मामला अनेक आमसभाओं में अनुसुइयाबाई काले द्वारा उठाया गया। काँग्रेस हाइ-कमान द्वारा इस मामले की जाँच हेतु एक 'जाँच-समिति' नियुक्त की गई।[९०] जाँच हेतु कलकत्ता के मनमथनाथ मुखर्जी की नियुक्ति की गई, जिनके रिपोर्ट के आधार पर एम.वाय. शरीफ को अपने पद से त्यागपत्र देना पड़ा।[९१] इस घटना ने काँग्रेस मंत्रिमंडल के सदस्यों के आपसी मनमुटाव को स्पष्ट कर दिया। इस घटना के पश्चात् प्रधानमंत्री डॉ. खरे तथा महाकोशल के मंत्रियों के संबंध बिगड़ते चले गये। महाकोशल के मंत्रियों ने अनुभव किया कि उनके नेता गवर्नर तथा ब्रिटिश नौकरशाही के हाथों की कठपुतली बन चुके हैं।[९२] दूसरी ओर, प्रधानमंत्री का विचार था कि उसके सहयोगी मंत्रिगण, शासन कार्यों में उनकी सहायता करने की अपेक्षा षडयंत्र रचकर उन्हें पद से हटाना चाहते हैं।[९३] अत: ६ मई १९३८ को प्रधानमंत्री डॉ. एन.बी. खरे द्वारा, शिक्षामंत्री रविशंकर शुक्ल, स्थानीय स्वशासन मंत्री द्वारका प्रसाद मिश्रा, वित्त मंत्री डी.के. मेहता तथा राजस्व मंत्री पी.बी. गोले को अपने पद से त्याग पत्र देने को कहा गया। यह मामला इतना अधिक बढ़ गया कि मंत्रियों ने त्याग पत्र न देने का निश्चय किया। अत: इस मामले को प्रान्तीय कार्यकारिणी के समक्ष रखा गया।[९४] घटना की जाँच के उपरांत सम्पूर्ण मामले को एक 'संयुक्त पार्लियामेंट्री-बोर्ड' के समक्ष रखने का निर्णय लिया गया। संयुक्त पार्लियामेंट्री बोर्ड की बैठक में तीनों प्रांतीय काँग्रेस समितियों के सदस्यों ने भाग लेकर समस्या को सुलझाने का प्रयास किया।[९५] तदानुसार २४ मई १९३८ को वल्लभभाई पटेल की अध्यक्षता में काँग्रेस की एक सभा का आयोजन पचमढ़ी में किया गया। डॉ. खरे ने 'माई डिफेंस' (मेरा बचाव) में लिखा है कि पचमढ़ी में काँग्रेस के कुल ७२ सदस्यों में से ६८ सदस्य ही उपस्थित थे। उनमें से ४४ ने निर्णय लिया कि यदि समझौता नहीं होता है तो डॉ. खरे सहित सभी ६ मंत्रियों को मंत्री पद से हटा दिया जाय।[९६] पचमढ़ी की सभा में अबुल कलाम आज़ाद तथा सेठ जमनालाल बजाज़ भी उपस्थित थे। सरदार पटेल ने मंत्रिमंडल के दोनों वर्गों में समझौता कराने का प्रयत्न किया जो 'पचमंढ़ी-समझौता' के नाम से जाना जाता है। पचमढ़ी में निम्नलिखित शर्तों पर समझौता किया गया। पहला; डॉ. खरे अपने सभी विभागों का त्याग करेंगे और विभागों का पुन: वितरण किया जायेगा। दूसरा; डॉ. खरे मंत्रियों के कार्य में सामंजस्य रखने का प्रयत्न करेंगे। तीसरा; विभागों का वितरण १ जुलाई तक निश्चित हो जावेगा। चौथा; कोई भी दल समाचार-पत्रों में छपे समाचार का सहारा लेकर समझौते से पीछे नहीं हट सकेगा। पाँचवां; विभागों के वितरण में मतभेद होने की स्थिति में महाकोशल, नागपुर तथा विदर्भ काँग्रेस कमेटियों के अध्यक्षों द्वारा दिया गया निर्णय अंतिम निर्णय होगा। छठवाँ, किसी भी मंत्री की पुलिस द्वारा निगरानी प्रधानमंत्री नहीं करा सकेंगे, अगर उन्हें किसी मंत्री से शिकायत हो तो उस मामले को मंत्री तथा उनके सहयोगियों के समक्ष रखकर जवाब-तलब कर सकते हैं[९७] परंतु यह समझौता सफल न हो सका।

पचमढ़ी से लौटने के पूर्व तीनों मंत्रियों, द्वारका प्रसाद मिश्र, रविशंकर शुक्ल तथा डी.के. मेहता द्वारा 'मेयो हास्पिटल' में मानद सर्जन के पद पर नियुक्त किये गये खरे के पुत्र तथा 'लॉ कालेज नागपुर'

में लेक्चरर के पद पर नियुक्त शुक्ल के पुत्र से त्यागपत्र की माँग की गई। शुक्लजी के पुत्र द्वारा त्यागपत्र तो दे दिया गया परंतु खरे के पुत्र के द्वारा त्यागपत्र देने से इंकार किये जाने तथा पुन: आवेदन किये जाने पर लोक-स्वास्थ्य मंत्री द्वारका प्रसाद मिश्र द्वारा खरे के पुत्र के आवेदन को नामंजूर कर दिया गया।[९८]

अंत: पचमढ़ी समझौते में किये गये निर्णयानुसार डॉ. खरे को अपने साथियों सहित पद से त्यागपत्र दे देना था जिससे मंत्रिमंडल का पुर्नगठन किया जा सके। इस निर्णय पर तीनों प्रांतीय काँग्रेस के अध्यक्ष मध्यस्थता हेतु तैयार थे।[९९] काँग्रेस अध्यक्ष सुभाषचंद्र बोस का भी यही मत था कि डॉ. खरे ही इस समझौते की शर्त को पूरा न करने के उत्तरदायी होंगे। सुभाषचन्द्र बोस ने कहा- 'ऊपरी तौर पर 'पचमढ़ी समझौता' 'सुलझा दिखाई' देता था परंतु वह उलझ कर रह गया'।[१००] अध्यक्ष द्वारा १३ जुलाई १९३८ को अंतिम बार नागपुर में एक सभा का आयोजन कर 'पचमढी समझौते' को पूरा करने का प्रयास किया गया परंतु यह अंतिम प्रयास भी विफल हुआ।[१०१] उसी दिन, पी.बी. गोले और आर.एम. देशमुख ने अपने पद से त्यागपत्र दे दिया। १३ जुलाई के उपरांत घटनाक्रम तेजी से आगे बढ़ने लगा।[१०२]

१५ जुलाई १९३८ को डॉ. खरे ने पत्र द्वारा वल्लभ भाई पटेल को सूचित करते हुए लिखा कि- 'वे तथा उनके साथी पचमढी समझौते की कुछ शर्तो को मानने को तैयार नहीं।' पत्र में डॉ. खरे ने त्यागपत्र देने के संबंध में कोई चर्चा नहीं की।[१०३] अत: सरदार पटेल ने अंतिम निर्णय उन्हीं पर छोड़ते हुए, सम्पूर्ण मामले को पार्लियामेंट्री उपसमिति तथा कार्यकारिणी समिति को अंतिम निर्णय हेतु प्रेषित कर दिया।[१०४]

इस बीच १७ जुलाई १९३८ को डॉ. खरे ने अपने एक प्रतिनिधि को ठाकुर प्यारेलाल सिंह के पास रायपुर भेजा। विचार-विमर्श के उपरांत १९ जुलाई को ठाकुर प्यारेलाल सिंह ने डॉ. खरे को पत्र द्वारा सूचित किया कि 'वे मंत्रिमंडल में सम्मिलित होने को तैयार है।'[१०५] ठाकुर प्यारेलाल सिंह की स्वीकृति प्राप्त होते ही १९ जुलाई १९३८ को डॉ. खरे ने तीनों मंत्रियों रविशंकर शुक्ल, द्वारका प्रसाद मिश्र तथा डी.के. मेहता को त्यागपत्र देने का आदेश दिया।[१०६] डॉ. खरे के आदेश के जवाब में मेहता ने डॉ. खरे को लिखा कि 'यदि प्रधानमंत्री गल्तियों की अपेक्षा परस्पर सद्भावना स्थापित करे तो प्रत्येक मंत्री उन्हें निष्ठापूर्वक समर्थन देगा। गलती सहयोगियों की नहीं अपितु आपकी है। अत: आप मंत्रियों को त्यागपत्र देने के लिए बाध्य नहीं कर सकते। यदि आप गवर्नर को अपना त्यागपत्र प्रेषित करेंगे तो हमें भी आपकी माँग का प्रतिरोध करने पर विवश होना पड़ेगा।'[१०७] डॉ. खरे की इच्छा थी कि तीनों मंत्रिगण भी त्यागपत्र दे दें। गवर्नर सर फ्रांसिस वाइली जिन्होंने २६ मई १९३८ को पद ग्रहण किया था, उनकी भी यह इच्छा थी।[१०८] इस समय डॉ. खरे के संदेहास्पद व्यवहार के कारण काँग्रेस मंत्रिमंडल संकटपूर्ण स्थिति से गुजर रहा था।[१०९]

इस स्थिति में महाकोशल के मंत्रिगण-रविशंकर शुक्ल, द्वारकाप्रसाद मिश्र तथा डी.के. मेहता ने त्यागपत्र देने से इंकार कर दिया।[११०] इस संबंध में उनका कथन था कि 'काँग्रेस "कार्यकारिणी की अनुमति के बिना हम कोई भी कदम उठा नहीं सकते"।[१११] २० जुलाई १९३८ को डॉ. खरे ने अपना त्यागपत्र गवर्नर सर फ्रांसिस वाइली को भेज दिया।[११२] अत: २१ जुलाई १९३८ को एक नये मंत्रिमंडल का गठन किया गया जिसमें डॉ. एन.बी. खरे प्रधानमंत्री आर.एम. देशमुख, पी.बी. गोले तथा रामेश्वर अग्निभोज मंत्री बनाये गये।[११३] दूसरे दिन ठाकुर प्यारेलाल सिंह भी इस नये मंत्रिमंडल में सम्मिलित कर

लिए गये। यह सभी घटनायें एक रात की बात थी जिसने मध्यप्रांत की राजनीति पर अपना गहरा प्रभाव डाला।[११४]

इन नवीन उत्पन्न स्थिति को देखकर 'काँग्रेस हाई-कमान' खामोश न रह सका। अतएव २२ जुलाई १९३८ को 'काँग्रेस-पार्लियामेंट्री'-उपसमिति की बैठक बुलाई गई। डॉ. खरे तथा उनके साथियों द्वारा किये गये असंवैधानिक व्यवहार की जाँच की माँग की गई जिसमें उन्हें बिना 'पार्लियामेंट्री उपसमिति' के परामर्श तथा अनुमति के मंत्रिमंडल बनाने का दोषी पाया गया।[११५] अतः महाकोशल के मंत्रियों द्वारा डॉ. खरे से मंत्रिमंडल तथा विधान परिषद् से त्यागपत्र देने की माँग की गई।[११६] काँग्रेस अध्यक्ष, सुभाषचंद्र बोस ने भी डॉ. खरे को पद से त्याग पत्र देने की सलाह दी।[११७]

२३ जुलाई १९३८ को डॉ. खरे ने नागपुर जाकर गवर्नर को अपना त्यागपत्र दिया।[११८] उसी दिन डॉ. खरे, वर्धा में काँग्रेस कार्यकारिणी की सभा आयोजित कर काँग्रेस दल के नेता पद से और प्रदेश काँग्रेस दल से त्यागपत्र देने की इच्छा प्रकट की। २५ जुलाई १९३८ को डॉ. खरे, सुभाषचन्द्र बोस तथा अन्य सदस्यों सहित इस संदर्भ में गाँधीजी से शेगाँव में मिले। गाँधीजी द्वारा डॉ. खरे को प्रेस में अपना वक्तव्य देने की सलाह दी गई परंतु इससे पूर्व डॉ. खरे नागपुर में अपने साथियों से मिलना चाहते थे। अतएव डॉ. खरे प्रेस के समक्ष वक्तव्य न दे सके।[११९] वर्धा में आयोजित काँग्रेस कार्यकारिणी सभा में डॉ. खरे के विरुद्ध प्रस्ताव प्रस्तुत किया गया जिसके अनुसार डॉ. खरे को मध्यप्रान्तीय काँग्रेस दल की प्रतिष्ठा तथा सम्मान को गिराने और काँग्रेस संस्था के उत्तरदायित्व को वहन करने के अयोग्य पाया गया।[१२०]

२७ जुलाई १९३८ को काँग्रेस कार्यकारिणी समिति की एक आपातकालीन बैठक, सुभाषचन्द्र बोस की अध्यक्षता में आयोजित की गई जिसमें मध्यप्रांतीय पार्लियामेंट्री बोर्ड के सदस्य, पार्लियामेंट्री उपसमिति के सदस्य, काँग्रेस दल के सचिव तथा तीनों मध्यप्रांतीय काँग्रेस कमेटी के सचिव तथा अध्यक्ष सम्मिलित थे। इस बैठक में डॉ. खरे ने मंत्रिमंडल के नेता पद से त्यागपत्र सभा के अध्यक्ष के समक्ष प्रस्तुत किया। डॉ. खरे के त्यागपत्र को स्वीकार कर लिया गया। डॉ. एन.बी. खरे के त्यागपत्र के स्वीकृति के पश्चात् गवर्नर फ्रांसिस वार्नर वाइली ने अपने विशेषाधिकार का पहली बार उपयोग करते हुए, तीनों मंत्रियों को पदच्युत कर दिया। मंत्रिगण संसदीय उपसमिति के निर्देश की अनुपस्थिति में गवर्नर के आग्रह पर त्यागपत्र न देकर उन्होंने काँग्रेस के प्रति अपनी भक्ति प्रदर्शित की। कार्यकारिणी की बैठक के पश्चात् 'मध्यप्रांतीय विधायक दल' की एक आपातकालीन बैठक आयोजित कर सदस्यों को अपने नये नेता के चुनाव के लिए आमंत्रित किया गया।[१२१] चुनाव में डॉ. खरे का नाम प्रस्तुत नहीं किया गया। उस समय भी डॉ. खरे को विधायकों का सांकेतिक बहुमत प्राप्त था। चुनावी मैदान में दो प्रमुख नेता रविशंकर शुक्ला तथा रामराव देशमुख थे। मतदान में रविशंकर शुक्ल को ४७ तथा देशमुख को १२ मत प्राप्त हुए।[१२२] मराठी भाषी क्षेत्र के सदस्य तटस्थ रहे। पार्लियामेंट्री उपसमिति ने काँग्रेस मंत्रीमंडल के नेता के रूप में रविशंकर शुक्ल के नाम की घोषणा की।[१२३]

अतः गवर्नर फ्रांसिस वार्नर वाइली ने रविशंकर शुक्ल को मंत्रिमंडल के गठन हेतु आमंत्रित किया। इस नये मंत्रिमंडल का गठन २९ जुलाई १९३८ को किया गया जो ८ नवम्बर १९३९ तक सफलतापूर्वक कार्य करता रहा।[१२४] इस मंत्रिमंडल में खरे गोले तथा देशमुख के स्थानों पर स्वयं रविशंकर शुक्ल तथा महाकोशल के दो अन्य सहयोगी द्वारका प्रसाद मिश्र तथा डी.के. मेहता मराठी भाषी क्षेत्र से सी.जे. भारूखा, तथा एस.वी. गोखले मंत्री हुए। द्वारका प्रसाद मिश्र स्थानीय स्वशासन, डी.के.

मेहता विधि-मंत्री बनाये गये। मराठी भाषी क्षेत्र के सदस्यों में मारवाड़ी-व्यवसायी सी.जे. भारूखा लोक कल्याण और बरार के एस.वी. गोखले राजस्व तथा शिक्षा-मंत्री बनाये गये। इस प्रकार मंत्रिमंडल में हिन्दुस्तानी मध्यप्रांत के सदस्यों का वर्चस्व स्थापित हो गया।[१२५] इन मंत्रियों का संगठन, ऐसे संघर्ष काल में अत्यन्त महत्वपूर्ण सिद्ध हुआ। यह सभी मंत्री भूतपूर्व मंत्रिमंडल के अनुभवी राजनीतिज्ञ थे।[१२६] इसके पश्चात् कार्यकारिणी समिति ने एक प्रस्ताव पारित कर डॉ. खरे को काँग्रेस पार्लियामेंट्री लेजिस्लेटिव असेम्बली से त्यागपत्र देने को बाध्य किया।[१२७] यह मतभेद, काँग्रेसी मंत्रिमंडल, प्रांत के आंतरिक राजनीतिक जीवन तथा काँग्रेस की नीति और कार्यक्रम में कोई परिवर्तन न कर सका। अब मंत्रिमंडल ने रविशंकर शुक्ल के नेतृत्व में काँग्रेस के उन सभी कार्यों को पूरा करने का प्रयास किया जिसे चुनाव-घोषणा-पत्र में कहा गया था।[१२८]

इस नवगठित मंत्रिमंडल के मंत्रिगण सुधार कार्य हेतु तत्पर थे। अर्थाभाव के कारण उन्हें अनेक प्रशासनिक कठिनाईयाँ हुई। मंत्रिमंडल ने अपने २७ माह के शासन में सभी कठिनाईयों को दूर कर 'पूर्ण स्वराज्य' को प्राप्त करने तथा जनता को राहत दिलाने के अनेक प्रयास किये। अत: काँग्रेस मंत्रिमंडल ने प्रांत में जनता तथा सरकार के समक्ष अपनी नयी छबि प्रस्तुत की। मंत्रिमंडल ने सीमित परिधि में पूर्ण निष्ठा तथा ईमानदारी के साथ शिक्षा, कृषि, स्थानीय स्वशासन, उद्योग वाणिज्य, राजनीतिक बंदियों की मुक्ति, सामाजिक कल्याण, स्वास्थ्य तथा आदिवासी क्षेत्रें के विकास हेतु महत्वपूर्ण सुधार कर प्रशासनिक ढाँचे को एक नया स्वरूप प्रदान किया।[१२९]

मंत्रिमंडल के सुधार कार्य:-

काँग्रेस मंत्रिमंडल द्वारा किये गये सुधारों में डॉ. खरे के प्रधान मंत्रित्वकाल में शिक्षा-मंत्री तदोपरांत मुख्यमंत्री (प्रधानमंत्री) के रूप में रविशंकर शुक्ल ने शिक्षा के क्षेत्र में 'विद्या मंदिर-योजना' नामक एक विशिष्ट शिक्षा-प्रणाली लागू कर सम्पूर्ण भारत का ध्यान आकर्षित किया। विद्या मंदिर द्वारा प्रांत के अनेक गाँवों तथा शहरों में अनिवार्य शिक्षा तथा प्रौढ़ शिक्षा की व्यवस्था की गई।[१३०] इस योजना के अनुसार एक मील के भीतर किसी भी गाँव में जहाँ कोई विद्यालय न हों और जहाँ ४० बाल बालिकायें-शाला जाने योग्य हों, वहाँ विद्या मंदिर स्थापित किया जाना था।[१३१] प्रांत में अनिवार्य नि:शुल्क शिक्षा के संबंध में वित्त मंत्री डी.के. मेहता द्वारा असमर्थता प्रकट किये जाने पर रविशंकर शुक्ल ने २० जुलाई १९३७ को अनिवार्य शिक्षा के अन्तर्गत बिना अधिक व्यय के विद्या मंदिरों की स्थापना के संबंध में गवर्नर को लिखा।[१३२] विद्या मंदिर योजना को २० जुलाई १९३७ को काँग्रेस उपसमिति की पहली तथा दूसरी बैठक में मान्यता प्राप्त हो गई। तदोपरांत १८ अगस्त १९३७ को विद्या मंदिर योजना प्रकाशित कर दी गई।[१३३] 'फेडरेशन आफ द रिकगनाइज्ड इंस्टीट्यूट' ने भी ५ नवम्बर १९३७ में इसे मान्यता प्रदान कर दी[१३४] जिसे नोटिफिकेशन नं. २७०६-२४१९-II द्वारा १२ नवम्बर १९३७ को 'शिक्षा समिति' में प्रस्तुत किया गया[१३५] जो ३ मतों के विरुद्ध १३ मतों से पारित हो गया। मध्यप्रांत और बरार की प्रान्तीय असेम्बली ने भी इस योजना को स्वीकार कर लिया। अत: भाषा के आधार पर विभिन्न स्थानों पर आवश्यकतानुसार हिन्दी विद्यामंदिर, मराठी विद्या मंदिर तथा उर्दू-विद्या मंदिरों की स्थापना की गई।[१३६]

वास्तव में विद्या मंदिर का अभिप्राय किसी धार्मिक स्थल से नहीं अपितु शिक्षा प्राप्ति के केन्द्र से था जो स्वयं के व्यय पर चलनेवाली एक ऐसी संस्था थी जिसके साथ लगी हुई भूमि से उत्पन्न उपज की आय से शाला का खर्च चलाया जाता था। जहाँ कृषि स्वच्छता, व्यक्तित्व के विकास तथा राष्ट्रीय हित का पाठ पढ़ाया जाता था और शिक्षा के साथ उद्योग तथा शिल्प की शिक्षा भी दी जाती थी जिससे विद्यार्थी शिक्षा समाप्त कर रोजगार प्राप्त करने में समर्थ हो सके। विद्या मंदिर के चल-अचल संपत्ति की देखरेख गाँव के बुजुर्ग तथा सम्मानित व्यक्तियों की समिति द्वारा की जाती थी।[१३७] इन विद्या मंदिरों में नियुक्त शिक्षकों को कम से कम मिडिल सर्टिफिकेट परीक्षा पास होना अनिवार्य था। वर्धा-योजना के अनुसार शिक्षकों के प्रशिक्षण हेतु एक 'ट्रेनिंग-स्कूल' की स्थापना की गई जिसका कार्यकाल साढ़े पाँच माह रखा गया। 'वर्धा-ट्रेनिंग स्कूल' के सभापति ई.डब्ल्यू. आर्यनायकम थे। मुख्य सदस्यों में विनोबा भावे, काका कालेलकर तथा कृष्णदास जाजू थे। शिक्षकों को विशेष रूप से प्रशिक्षित कर ५ वर्षों के लिए १५ रुपये महावार पर रखा जाता था। उनके कार्य संतोषजनक पाये जाने पर उनका कार्यकाल २० वर्षों के लिए बढ़ा कर स्थायी कर दिया जाता था। स्थायी होने पर ५०० रु. का उनका जीवन बीमा करवाया जाता था। मृत्योपरांत उनके द्वारा नामांकित व्यक्ति को वह राशि दे दी जाती थी।[१३८]

विद्या मंदिर-योजना के प्रांत में क्रियान्वयन के समय, मुस्लिम लीग द्वारा इसके 'मंदिर' कहे जाने पर आपत्ति की गई। इसके द्वारा हिन्दू सभ्यता, भाषा तथा संस्कृति का प्रचार और अन्य समुदायों की संस्कृति पर आघात पहुँचाने का आरोप लगाया गया। अतएव मुस्लिम-लीग द्वारा अनेक विरोधी सभाओं का आयोजन तथा झूठे वक्तव्यों द्वारा विरोध किया जाने लगा जिसका उद्देश्य साम्प्रदायिक भावना को भड़का कर काँग्रेसी मंत्रिमंडल की प्रतिष्ठा को गिराना था।[१३९] दूसरे विद्या मंदिर द्वारा निर्मित 'पाठ्यक्रम समिति' में एक भी मुस्लिम सदस्य को न रखे जाने का आरोप लगाया गया जो निराधार था। समिति में मुस्लिम संसद सदस्य अब्दुल रज्जाक खान के अतिरिक्त डॉ. जाकिर हुसैन और डॉ. अशरफ जैसे दो मुस्लिम नेता भी थे। मुस्लिम लीग द्वारा विद्या मंदिर योजना के विरुद्ध व्यापक प्रचार के बाद भी प्रांत के विभिन्न क्षेत्रें में ९३ विद्या मंदिरों की स्थापना की गई।[१४०]

२० मार्च १९३८ को पीरपुर राजा की अध्यक्षता में आयोजित अखिल भारतीय मुस्लिम लीग की बैठक में विद्या मंदिर-योजना के विरुद्ध गठित समिति द्वारा 'पीरपुर-रिपोर्ट' की सिफारिश के अनुसार कराँची में आयोजित मुस्लिम लीग की कार्यकारिणी की बैठक में नवाबजादा लियाकत अली खाँ को मध्यप्रांत और बरार के मुस्लिम समुदाय की शिकायत की जाँच हेतु बाध्य किया गया।[१४१] लियाकत अली खाँ ने मध्यप्रांत का दौरा कर शिक्षा मंत्री रविशंकर शुक्ल से भेंट की। रविशंकर शुक्ल द्वारा समझाये जाने पर कि विद्या मंदिर-योजना का उद्देश्य मुस्लिम समुदाय को हानि पहुँचाना नहीं है, वरन् रोजगारोन्मुख, मातृभाषा में शिक्षा प्रदान करना तथा प्रशिक्षण देना है जो मुस्लिम विरोधी कार्य नहीं है। अत: रविशंकर शुक्ल के इस तर्क से लियाकत अली खाँ संतुष्ट हुए।

१ फरवरी १९३९ तक प्रांत में १२६ विद्या मंदिर स्थापित हो चुके थे। इसी दिन मध्यप्रांत एवं बरार के प्रत्येक गाँव में विद्या मंदिर की स्थापना, व्यवस्था, दान एवं सरकारी अनुदान तथा आर्थिक सहायतार्थ 'को-आपरेटिव-बैंक' तथा 'विद्या मंदिर समिति' को स्थापित कर पंजीकृत किया गया[१४२] जिसके विरुद्ध सिद्धिकी अली खाँ के नेतृत्व में मुस्लिम समुदाय द्वारा आन्दोलन जारी रखते हुए मुकदमा

दायर किया गया। प्रधानमंत्री रविशंकर शुक्ल द्वारा मुस्लिम समुदाय का विद्या मंदिर योजना जैसी एक मुस्लिम शिक्षण-संस्था स्थापित करने के संबंध में विशेष रूप से आमंत्रित किया गया। मुस्लिम समुदाय की अंजुमन-मदिना-तुल-इल्म' संस्था द्वारा 'मदिना-तुल-इल्म' नामक संस्था बनाई गई। समझौता-पत्र रविशंकर शुक्ल तथा लियाकत अली खां के मध्य हस्ताक्षरित हुए। तत्पश्चात् लियाकत अली खाँ ने विद्या मंदिर के विरुद्ध मुकदमा वापस ले लिया।[१४३]

रविशंकर शुक्ल के मंत्रिमंडल में शिक्षा मंत्री एस.वी. गोखले ने प्रांत के विद्या मंदिरों का दौरा कर २ अगस्त १९३९ को विद्या मंदिर को कानूनी रूप प्रदान करने के उद्देश्य से अनिवार्य प्रायमरी 'शिक्षा-सुधार बिल' प्रस्तुत किया जिसका अनुमोदन 'सेलेक्ट कमेटी' में १९ मतों के विरुद्ध ६२ मतों से हो गया। अत: २ नवम्बर १९३९ को असेम्बली द्वारा विद्या मंदिर को कानूनी रूप प्रदान कर दिया गया। अनिवार्य प्रायमरी तथा वर्नाकुलर मिडिल स्कूलों में शिक्षा के पश्चात् शिक्षा की क्रमबद्धता बनाये रखने के लिए प्रत्येक गाँव के आदिवासी क्षेत्र में जिला कौंसिल के अन्तर्गत एक 'जन-पुस्तकालय' की स्थापना की गई। १९३७ से १९३९ तक प्रांत में लगभग ४४ ऐसे 'जन-पुस्तकालयों' की स्थापना विभिन्न जिलों में की गई। पुस्तकालयों में पुस्तकों की सूची तैयार करने हेतु एक समिति का गठन, शिक्षा के राष्ट्रीय पद्धति को ध्यान में रखते हुए किया गया।[१४४]

इस प्रकार जिला कौंसिल द्वारा २००० रुपये का अनुदान ७० प्रौढ़ शालाओं की स्थापना हेतु दिया गया। प्रत्येक शाला को ४० रुपये अनुदान दिये गये।[१४५] छात्र-छात्राओं के शारीरिक शिक्षा हेतु प्रांतीय सरकार द्वारा 'सेवा समिति बॉयस स्काउट एसोसिएशन' को मान्यता प्रदान कर रुपये ९७०० वार्षिक अनुदान निश्चित किया गया। शिक्षा-विभाग द्वारा आदिवासी बच्चों में प्रायमरी शिक्षा के प्रसार हेतु रुपये २५०० वार्षिक अनुदान देकर ऐसे ५४ विद्यालयों की स्थापना की गई। प्रत्येक ऐसे शालाओं को २४० रुपये अनुदान दिये गये। मंडला, बैतूल, चाँदा, छिंदवाड़ा, बिलासपुर तथा दुर्ग के आदिवासी क्षेत्रें में ५० अन्य प्रायमरी शालायें स्थापित की गई। प्रान्तीय सरकार के द्वारा सबसे अधिक शिक्षा-सुविधा हरिजनों को दी गई। १९ जिलों के 'हरिजन-सेवक संघ' हेतु रुपये ३०० का वार्षिक अनुदान की व्यवस्था की गई जिसके अनुसार 'प्रांतीय सेवक संघ' के अंतर्गत क्षेत्रीय स्तर पर जबलपुर, मंडला, सागर, दमोह, बैतूल, बालाघाट, छिंदवाड़ा तथा निमाड़ के लिए 'महाकोशल-हरिजन सेवक संघ', रायपुर, बिलासपुर तथा दुर्ग के लिए 'छत्तीसगढ़ हरिजन सेवक संघ', गोंदिया, भंडारा, वर्धा नागपुर, चाँदा के लिए 'मराठी हरिजन सेवक संघ' तथा अकोला यवतमाल, बुलढ़ाना और अमरावती के लिए 'विदर्भ हरिजन सेवक संघ' की स्थापना कर प्रत्येक जिले के हरिजन छात्रों की शिक्षा पर ६०० रु. वार्षिक व्यय किया गया।[१४६]

इस प्रकार मध्यप्रांत और बरार के काँग्रेस मंत्रिमंडल द्वारा शिक्षा के क्षेत्र में अपनायी गई विद्या मंदिर योजना पूर्णत: सफल रही। इसके द्वारा प्रांत के गाँवों, शहरों तथा आदिवासी क्षेत्रों में अनिवार्य शिक्षा की स्थापना तथा हरिजन और आदिवासियों के लिए सरकार द्वारा शिक्षा की उत्तम व्यवस्था की गई।

मध्यप्रांत और बरार की जनसंख्या का अधिकांश भाग कृषक है। वर्षो से यह वर्ग उपेक्षित तथा दयनीय रहा है जिसका कारण भारी भूराजस्व, अकाल, फसल का नष्ट हो जाना, सिंचाई का अभाव, कर की ऊँची दर, ऋणग्रस्तता और मालगुजारी प्रथा थी। अत: कृषि के क्षेत्र में काँग्रेस मंत्रिमंडल द्वारा ठोस कदम उठाये गये। चुनाव-कार्यक्रम में कृषकों से किये गये वादों के अनुसार काँग्रेस ने सत्ता में आते

ही कृषि के क्षेत्र में विशेष सुधार किये।[१४७] विधान परिषदों में विशेष कानूनों को पारित कर सिंचाई कर, भूराजस्व तथा ऋण की दर को कम कर कृषकों को राहत पहुँचायी गई। इसके अतिरिक्त स्थायी रूप से भूराजस्व में कटौती तथा तकाबी ऋण, चारागाह तथा सिंचाई करों में भी कटौती की गई। कृषकों को राहत पहुँचाने हेतु 'ऋण रियायती बोर्डों' तथा भूमि संबंधी मामलों के निर्णय तथा सुनवाई हेतु 'ऋण-राहत अदालतो' की स्थापना की गई।[१४८] 'हितवाद' के अनुसार- 'प्रांत में काँग्रेस मंत्रिमंडल बनते ही काँग्रेस ने कृषकों की ओर विशेष ध्यान दिया।[१४९]

काँग्रेस मंत्रिमंडल ने विभिन्न टेनेन्सी एक्ट पारित किये जैसे-(१) सी.पी. टेनेन्सी (अमेंडमेंट) बिल १९३७ (२) सी.पी. एंड बरार टेंपोरेरी एक्सीक्यूशन (अमेंडमेंट) बिल १९३८-३९ (३) द सी.पी. रिडक्शन ऑफ इन्ट्रेस्ट (अमेंडमेंट) बिल १९३९ (४) द सी.पी.एंड बरार रिलीफ आफ इन डेब्टेडनेस बिल १९३९ (५) द सी.पी. डेब्ट कोन्सीलिएशन (अमेंडमेंट) बिल १९३७-३९ तथा द बरार लैंड रेवेन्यू (अमेंडमेंट) बिल १९३८-३९ और द सी.पी. मनी लेंडर्स (अमेंडमेंट) बिल १९३७-३९ आदि पारित कर कृषकों को राहत पहुँचाने का प्रयास किया।[१५०] ३० सितम्बर १९३८ तक मध्यप्रांत में ३० 'डेब्ट-कोन्सिलिएशन बोर्ड' (ऋण-रियायती बोर्ड) कार्यरत थे जिसमें २५९ लाख ऋण की रकम पर रियायत देकर १०९.८२ लाख रुपये कर दी गई।[१५१] बरार में भी ३१ जुलाई १९३८ तक ऐसे 'ऋण-रियायती बोर्ड' १२ से बढ़कर १८ हो गये जिसमें ९३ लाख रुपये ऋण पर रियायत देकर ५० लाख रुपये की कर दी गई। अब तक प्रांत में भूमि-रहन रखकर ऋण देने वाले बैंकों की संख्या २० हो गई थी, जिस में ३० सितम्बर १९३८ तक भूमि-रहन पर अग्रिम दी जाने वाली राशि ८.२७ लाख रुपये हो गई थी।[१५२]

उसी प्रकार, २२ जुलाई १९३९ तक मंत्रिमंडल द्वारा स्थापित प्रथम श्रेणी की २० तथा द्वितीय श्रेणी की १६ 'ऋण-राहत अदालतें' कार्यरत थीं।[१५३] वन-विभाग द्वारा भी साधारण चरागाह कर में २५ % की रियायत किसानों को दी गई, जबकि प्रति जानवर ०-१-६ रुपये से भी अधिक चारागाह कर देना पड़ता था। यह रियायत १ अप्रैल १९३८ से लागू कर दी गई। इसके अतिरिक्त चारागाह नियम में भी सुधार करते हुए जानवरों के मालिकों के लिए चारागाह के लायसेंस की भी व्यवस्था की गई[१५४] जो १ जुलाई के स्थान पर १ अप्रैल से लागू की गई। निमाड़ और सिवनी-संभाग में भी इसी प्रकार की व्यवस्था की गई।[१५४] वर्ष १९३७-३८ तथा १९३८-३९ में सरकारी वनों के चारागाहों में चरने वाले कुल पशुओं की संख्या क्रमश: ३,०१०,३९७ तथा ३,१०२,९३७ थी। अत: चराई कर में रियायत दिये जाने के कारण चरागाहों से प्राप्त होने वाले राजस्व में क्रमश: १९३७-३८ में ७९,५८५ रुपये और १९३८-३९ में ६०,४२० रुपये का घाटा हुआ।[१५५]

इस प्रकार काँग्रेस मंत्रिमंडल ने कृषि के क्षेत्र में आने वाली कठिनाईयों के निवारण, कृषकों को राहत पहुँचाने, उनको ऋण की स्थिति से उबारने के प्रयासों द्वारा सुधार करने का प्रयत्न किया फिर भी मध्यप्रांत और बरार में किसान सभाओं के माध्यम से किसानों ने आन्दोलन किये। २१ नवम्बर १९३७ का नागपुर, वर्धा, भंडारा, रायपुर, सागर तथा जबलपुर जिले के किसानों द्वारा नागपुर में रैली निकाल कर आन्दोलन किया गया जिसमें 'मालगुजारी-प्रथा' को समाप्त करने, बलपूर्वक भूमिकर लगाने तथा तकाबी-कर वसूल करने की प्रथा की समाप्ति और भूराजस्व में ५ प्रतिशत रियायत दिये जाने के प्रस्ताव रखे गये जिसे पारित कर दिया गया।[१५६]

इसी प्रकार भंडारा जिले के कोरेगाँव में आयोजित किसान परिषद् में भी भूराजस्व की कटौती, गाँव के विवादों के निर्णय तथा नि:शुल्क शिक्षा की व्यवस्था संबंधी प्रस्ताव पारित किये गये।[१५७] अतएव कृषि के क्षेत्र में काँग्रेस मंत्रिमंडल द्वारा किये गये सुधारों से प्रमाणित होता है कि कृषकों की दशा में सुधार तथा उनकी कठिनाइयों को दूर करने के अनेक प्रयास किये गये।

स्थानीय-स्वशासन मंत्री के रूप में कार्यभार संभालते ही द्वारका प्रसाद मिश्र ने अपने अनुभवों के आधार पर स्थानीय स्वशासन के क्षेत्र अनेक महत्वपूर्ण कार्य किये। द्वारका प्रसाद मिश्र ने 'स्थानीय-स्वशासन का पुनर्निर्माण' नामक पुस्तक की रचना की जिसमें इस योजना के अन्तर्गत शक्ति तथा कार्यों का विकेन्द्रीकरण कर स्थानीय-स्वशासन की स्थापना वृहत पैमाने पर की। इस योजना का उद्देश्य ब्रिटिश शासन द्वारा स्थापित दोहरे-शासन को समाप्त करना भी था।[१५८] स्थानीय-स्वशासन मंत्री होने के कारण द्वारका प्रसाद मिश्र "स्थानीय-संस्थाओं की स्वतंत्रता एवं स्वायत्ता" के पक्षधर थे। अत: द्वारका प्रसाद मिश्र के नेतृत्व में काँग्रेस मंत्रिमंडल ने स्थानीय-संस्थाओं की दशा सुधारने हेतु "स्थानीय-बोर्डो" की स्थापना कर उन्हें पूर्ण स्वतंत्रता प्रदान की।[१५९] विभिन्न सुधार नियम पारित करवा कर नगरीय, ग्रामीण और पिछड़े वर्ग की दशा सुधारने तथा उनके स्तर को ऊँचा उठाने के विशेष प्रयास किये। विशेषकर आवागमन, शिक्षा, आर्थिक-विकास, कृषि, चिकित्सा और स्वास्थ्य संबंधी समस्याओं का निराकरण, पंचायती-व्यवस्था, ग्रामीण उद्योग अनिवार्य प्रायमरी शिक्षा की विशेष व्यवस्था की गई।[१६०]

मंत्रिमंडल द्वारा स्थानीय संस्थाओं के कर्मचारियों के वार्षिक-वृद्धि तथा भविष्य-निधि के नियम का निर्धारण किया गया और स्थानीय संस्थाओं के कर्मचारियों के आय-व्यय का लेखा-जोखा हेतु "नागपुर इम्प्रूमेंट ट्रस्ट" को २४ अगस्त १९३७ को जारी करते हुए चेतावनी दी गई कि निर्धारित नियमों के अन्तर्गत किसी स्थानीय संस्थाओं को उचित रूप से कार्य न करते पाये जाने पर संस्था को भंग कर दिया जायेगा।[१६१] अत: प्रान्तीय सरकार ने २९ मार्च १९३८ को नगरपालिका अधिनियम १९२२ की धारा ५७(१) के अन्तर्गत नगरपालिका कमेटी भंडारा को दिनाँक २३ जून १९३८ को,[१६२] बुल्ढ़ाना, जलगाँव, मोवार तथा पौनी को १२ जनवरी, २४ जनवरी और १७ फरवरी १९३९ में क्रमश: भंग कर दिया गया।[१६३] १० मार्च १९३९ को मुलताई-नगरपालिका कमेटी को ३ अगस्त १९३९ को जबलपुर नगरपालिका को नोटिस जारी कर स्थानीय-स्वशासन विभाग द्वारा भंग कर दी गई।[१६४] इस व्यवस्था के अन्तर्गत नागपुर नगरपालिका को भी ७ अक्टूबर १९३९ को भंग कर दिया गया।[१६५] नागपुर-उमरेर नगरपालिका अध्यक्ष तथा उपाध्यक्ष को दिनाँक १८ नवम्बर १९३९ को पद से हटा दिया गया[१६६] २६ नवम्बर १९३९ को उमरेर[१६७] तथा कामठी नगरपालिका को भी भंग कर दिया गया।[१६८]

प्रांतीय सरकार द्वारा स्थानीय-स्वशासन समिति का गठन कर स्थानीय-स्वशासन मंत्री द्वारका प्रसाद मिश्र को उसका अध्यक्ष बनाया गया जिससे स्थानीय संस्थायें अधिक निपुणता से नागरीय उत्तरदायित्व का वहन करने वाली निकाय बन सके।[१६९] अत: प्रांत में २५ 'जिला-कौंसिल' तथा ८३ 'स्थानीय बोर्ड' स्थापित किये गये।[१७०] पच्चीस जिला कौंसिलों को यथावत रखा गया। इनमें नागपुर, वर्धा, चाँदा, सिरौंच, बैतूल, छिंदवाड़ा, छिंदवाड़ा-खदान, सिवनी, जबलपुर, मंडला, सागर, दमोह, होशंगाबाद, नरसिंहपुर, निमाड़, रायपुर, बिलासपुर, दुर्ग, भंडारा, बालाघाट, मेलघाट तथा बरार के, अमरावती, अकोला, बुल्ढाना तथा यवतमाल थी जिसका क्षेत्रफल ९२, १४८ वर्गमील था।[१७१] ८३ 'स्थानीय-बोर्ड' भी अपरिवर्तित रहे। जैसे नागपुर, रामटेक, उमरेर, सांवनेर, वर्धा, आर्वी, हिंगनघाट, चाँदा, वरोरा,

ब्रम्हपुरी, गढ़चिरौली, बैतूल, मुल्ताई, भैंसदेही, छिंदवाड़ा, अमरवाड़ा, सौंसर, सिवनी, लखनादौन, जबलपुर, पाटन, मुड़वारा, सिहोरा, मंडला, डिंडौरी, निवास, सागर, खुरई, रेहली, बांदा, दमोह, हटा, होशंगाबाद, सोहागपुर, सिवनी-मालवा, हरदा, नरसिंहपुर, गाडरवारा, खंडवा, बुरहानपुर, हरसौद (हरसूद), रायपुर, धमतरी, बालौदा बाजार, पूर्वी-जमींदारी रायपुर, बिलासपुर, मुंगेली, जाँजगीर, बिलासपुर-जमींदारी, दुर्ग, बेमेतरा, संजरी, उत्तरी-जमींदारी दुर्ग, भंडारा, साकोली, गोंदिया, बालाघाट, बैहर, वारासिवनी, अमरावती, चाँदूर, मोरसी, एलिचपुर, दरियापुर, अकोला, अकोट, बेलापुर, बासीम, मंगरूल, मूर्तिजापुर, चिखली, मेहकर, मलकपुर, जलगाँव, खामगाँव, यवतमाल, दरवाहा, पूसद, केलापुर, वून तथा अन्य थे।[१७२] १९३८-३९ में सिवनी उपसंभाग, जबलपुर बिलासपुर बालाघाट तथा भंडारा जिले तथा बरार के सभी जिलों में चुनाव हुए परंतु कहीं भी पूरी तरह जिला कौंसिल का गठन न हो पाया।[१७३]

१९३७-३८ में जिला कौंसिलों की सभी मदों से प्राप्त होने वाले आय ७२.७६ लाख रुपये थी तथा व्यय ७३.७५ लाख रुपये थी । १९३८-३९ में आय ७१.५५ लाख रुपये तथा व्यय ७५.८४ लाख रुपये हो गई। १९३७-३८ में शिक्षा तथा भवन इत्यादि पर होने वाले ३०.१० लाख रुपये के व्यय में से ११. ५५ लाख रुपये सरकार द्वारा वहन किया गया।[१७४] १९३८-३९ में शिक्षा तथा भवन निर्माण पर होने वाले व्यय ३०.९५ में से १२.१० लाख रुपये सरकार द्वारा वहन किया गया जिससे १९३७-३८ में स्थापित ४१७६ स्कूलों की संख्या बढ़कर ४५०६ हो गई उनमें पंजीकृत छात्रों की संख्या ३,०५,०२३ से बढ़कर ३,०९,६९७ हो गई। उनकी उपस्थित संख्या भी २,३६,२५३ से बढ़कर २,४०,६६७ हो गई। १९३८-३९ में ऐसी शालाओं की संख्या ४५०६ से बढ़कर ४७६१ हो गई।[१७५]

स्थानीय-संस्थाओं के अंतर्गत १९३८ तक बैतूल जिला कौंसिल द्वारा ५६ तथा मंडला जिले में ८९ 'विद्या मंदिरों' की स्थापना की गई। जबलपुर, मंडला, दमोह तथा नरसिंहपुर जिला-कौंसिल को ग्रामीण पुस्तकालय हेतु अनुदान दिये गये।[१७६] १९३९ में वर्धा, छिंदवाड़ा, दमोह तथा नरसिंहपुर जिला-कौंसिल द्वारा अनिवार्य शिक्षा के प्रयास किये गये। निमाड़ तथा दमोह में कृषि-प्रशिक्षण हेतु माध्यमिक शालाओं तथा सत्रीय माध्यमिक शालाओं की व्यवस्था की गई। नागपुर, वर्धा, छिंदवाड़ा तथा चाँदा जिलों में 'भ्रमणशील-पुस्तकालयों' का भी प्रचार किया गया।[१७७]

स्थानीय-स्वशासन के क्षेत्र में चिकित्सा विभाग के अन्तर्गत २१ दिसम्बर १९३७ को सूचना क्रमांक-१२४४२.१८३०-XIV द्वारा प्रान्तीय सरकार ने एक समिति का गठन प्रांत में एक अलग चिकित्सा प्रणाली के परीक्षण हेतु किया जिसकी रिपोर्ट समति ने १७ अप्रैल १९३९ को दी।[१७८] प्रांतीय सरकार ने उसे स्वीकार कर लिया। सरकार तथा जिला कौंसिल द्वारा जनता को चिकित्सा सुविधा प्रदान करने हेतु अनेक चिकित्सा केन्द्र चाँदा, निमाड़, मंडला, जबलपुर, रायपुर तथा दुर्ग में स्थापित किये गये। चिकित्सा समिति द्वारा एक 'आयुर्वेदिक' तथा एक 'यूनानी चिकित्सा पद्धति' पर आधारित केन्द्र स्थापित किये जाने की भी सिफारिश की गई जिसके अनुसार प्रांत के प्रत्येक १० मील के अन्तर पर एक आयुर्वेदिक तथा एक यूनानी चिकित्सालय स्थापित किया गया।[१७९] जिला परिषद् के अन्तर्गत १९३९ तक प्रांत में ऐसे चिकित्सालयों की संख्या ७९ से बढ़कर ८३ हो गई जिसका चिकित्सा व्यय २.१० लाख रुपये से बढ़कर २.१९ लाख रुपये हो गई। जिला कौंसिल द्वारा सार्वजनिक हित के कार्यों पर १९३७-३८ में ८,१६,१७०

तथा १९३८-३९ में ६,५८,६२८ रुपये व्यय किये गये। प्रांत के विभिन्न नगरपालिकाओं द्वारा होने वाली कुल आय १९३७-३८ में ७०.८६ लाख रुपये तथा १९३८-३९ में ७१,३१,२४१ लाख रुपये हो गई।[१८०]

स्थानीय-स्वशासन विभाग ने स्थानीय संस्थाओं के सुधार हेतु ग्राम-पंचायतों की भी स्थापना की। प्रांत के ग्रामीण क्षेत्रें में १९३७-३८ में ग्राम पंचायतों की संख्या ९४४ से बढ़कर ९६८ तथा १९३८-३९ में ९६८ से बढ़कर ९९३ हो गई।[१८१] मध्यप्रांत के जबलपुर संभाग में १९३८ तक ग्राम पंचायतों की संख्या १८२, सागर में ४ तथा होशंगाबाद में ४ थी। १९३९ के अंत तक ग्राम-पंचायतों की संख्या १९३ हो गई जिनके कार्य निरीक्षण के दौरान संतोषजनक पाये गये।[१८२] उसी प्रकार नागपुर संभाग में १९३७-३८ में १७९, १९३८-३९ में १८४, छिंदवाड़ा में १२, तथा बैतूल में ५ ग्राम पंचायत स्थापित हो चुकी थी। छत्तीसगढ़ संभाग १९३७-३८ में १२३ से बढ़कर १२९ तथा १९३८-३९ तक रायपुर में १९, बिलासपुर में ४५ तथा दुर्ग में ४०, भंडारा में ८ तथा बालाघाट में १७ ग्राम पंचायतें कार्यरत थी। प्रांत में ग्रामीणों द्वारा किये गये अपराधों के निर्णय हेतु 'ग्राम पंचायती अदालतों' की स्थापना की गई। इन स्थापित ग्राम-पंचायती-अदालतों की संख्या १९३७-३८ में ९३० से बढ़कर ९५२ तथा १९३८-३९ में ९५२ से बढ़कर ९८७ हो गई। इन पंचायती-अदालतों के कारण गाँवों में अपराधों की संख्या में कमी आयी। सरकार द्वारा इन ग्राम पंचायतों को अनुदान दिया गया। प्रतिवर्ष प्रत्येक ग्राम-पंचायतों के लिए ३५०० रुपये प्रारंभिक अनुदान की राशि निश्चित की गई। १९३७-३८ में २१३३ रुपये तथा १९३८-३९ में २३९० रुपयों का व्यय सरकार द्वारा किया गया।[१८३] इन ग्राम पंचायतों से प्राप्त आय १९३७-३८ में २,१५,९२७ रुपये तथा १९३८-३९ में २,०९,८०८ रुपये हो गई। उसी प्रकार व्यय १९३७-३८ में १,४३,२९६ रुपये तथा १९३८-३९ में १.३९,८३५ रुपये हुआ। फसल के नष्ट होने के कारण अकाल तथा आर्थिक प्रभाव आदि को आय तथा व्यय के उतार-चढ़ाव का कारण माना गया।[१८४]

इस प्रकार स्थानीय-संस्थाओं में समय समय पर विभिन्न नियमों को पारित कर सुधार का प्रयास किया गया। जैसे 'द सी.पी. म्यूनिसिपालिटिस अमेंडमेंट बिल- ३४,३५,३६ तथा ४५/१९३९', द सी.पी. लोकल सेल्फ-गवर्नमेंट-बिल ७७/१९३८, ३७, ४६/१९३९ तथा विलेज पंचायत बिल ४१/१९३९ पारित कर[१८५] प्रांत में अनिवार्य प्रौढ़ शिक्षा, उद्योग-वाणिज्य, आर्थिक-कटौती, पदच्युक्ति तथा ग्राम-पंचायतों की स्वायत्ता, चिकित्सा एवं स्वास्थ्य की रक्षा की व्यवस्था की गई।[१८६]

इस प्रकार स्थानीय-स्वशासन विभाग में द्वारका प्रसाद मिश्र के नेतृत्व में जिला कौंसिल तथा नगरपालिका ने अनेक प्रशासकीय कार्य किये। जैसे-उपसमितियों का गठन तथा क्रियान्वयन स्वास्थ्य एवं चिकित्सा का विकास, स्वास्थ्य-संबंधी समस्याओं का निराकरण, करों का निर्धारण, जल-व्यवस्था, आवागमन, आर्थिक-विकास, कृषि, ग्रामीण उद्योग, अनिवार्य प्रायमरी शिक्षा आदि की विशेष व्यवस्था की गई।[१८७]

प्रांत में काँग्रेस मंत्रिमंडल ने सत्ता में आते ही जेल प्रशासन की ओर ध्यान देकर अनेक प्रशंसनीय कार्य किये। पूर्व में जेल प्रशासन में अनेक त्रुटियां थीं। जैसे:- कोड़े लगाने की प्रथा, पैरों में जंजीर डालना, सश्रम कठोर दंड, राशन की कटौती, जेल अधिकारियों द्वारा कैदियों के साथ अमानुषिक व्यवहार, राजनीतिक बंदियों के साथ हत्या के दोषी अपराधियों जैसा अपमानजनक व्यवहार आदि को दूर करने हेतु अनेक ठोस कदम उठाये गये।[१८८]

जेल-प्रशासन में सुधार के अन्तर्गत सर्वप्रथम जेल के कैदियों को श्रेणियों में विभक्त कर उन्हें

अधिक से अधिक सुविधा प्रदान करने का प्रयत्न किया गया। राजनीतिक बंदियों को अन्य अपराधियों से अलग रखने तथा उनके लिए अधिक सुविधाओं की व्यवस्था कर सरकार द्वारा जेल प्रशासन में अनेक परिवर्तन के प्रयास किये गये।[१८९]

जेल में सबसे प्रमुख समस्या राजनीतिक कैदियों की थी जिन्हें राष्ट्रीय आन्दोलन में भाग लेने के कारण बंदी बनाया गया था। उनमें क्रांतिकुमार नामक एक उच्च कोटि का रामायण वाचक था जिसे भारतीय दंड विधान की धारा १२४-ए के अन्तर्गत कैद कर लिया गया था। दूसरे और तीसरे बंदी सहस्त्रबुद्धे और नारायण नागू थे जिनमें से एक को सीताबर्डी के बमकांड में भारतीय दंड विधान की धारा १२०-बी के अन्तर्गत, दूसरे को प्रांत में मजदूर आन्दोलन को भड़काने के कारण धारा ४-ए के अन्तर्गत राजद्रोह के अपराध में गिरफ्तार किया गया था।[१९०]

काँग्रेसी मंत्रिमंडल द्वारा २४ जुलाई १९३७ को राष्ट्रीय आन्दोलन में भाग लेने के कारण बंदी बनाये गये कैदियों की रिहाई की घोषणा की गई जिसके अनुसार तीनों राजनीतिक बंदियों कांतिकुमार, सहस्त्रबुद्धे तथा नारायण नागू, रिहा कर दिये गये। सरकार ने एम.एल. जयवंत, ए.के. देशमुख, बी.एम. पेंडसे तथा एन.पी. अग्रवाल को उनके उत्तम व्यवहार के कारण धारा-१०८ क्रीमिनल कोड के अन्तर्गत मुक्त कर दिया।[१९१]

ग्रीष्मकाल में कैदियों के राशन से दाल की कटौती कर दी जाती थी। अब वह प्रथा बंद कर, उनके राशन में वृद्धि की गई। सरकार की ओर से कैदियों को गर्म-भोजन दिये जाने की भी व्यवस्था की गई। इसके अतिरिक्त प्रत्येक कैदियों को दो जोड़े वस्त्र तथा पानी पीने के लिए पीतल के 'मग' भी प्रदान किये गये। सरकार द्वारा नागपुर, जबलपुर, रायपुर तथा अकोला, जेल में वायरलेस सेट भी रखे जाने का आदेश दिया गया।

अच्छे आचरण वाले कैदियों तथा राजनीतिक बंदियों को ताश के अतिरिक्त सभी प्रकार के घरेलु खेलों को खेलने, स्वयं के व्यय पर समाचार पत्र और सिगरेट पीने की आज्ञा थी। कैदियों को कोड़े लगाने तथा अन्य कठोर शारीरिक दंड दिये जाने की जेल अधिकारियों को आज्ञा नहीं थी। कैदियों के स्वास्थ्य के संबंध में जेल अधिकारियों को इंस्पेक्टर-जनरल को रिपोर्ट देनी पड़ती थी। नागपुर, जबलपुर, रायपुर, नरसिंहपुर तथा आकोला जेल में कैदियों के शौचालयों में 'हाफ शटर' वाले दरवाजों की व्यवस्था की गई। अब प्रत्येक कैदियों को ३ माह के स्थान पर प्रत्येक माह एक पत्र लिखने तथा परिवार के सदस्यों से एक बार मुलाकात की सुविधा प्रदान की गई। १५ अप्रैल १९३८ को असेम्बली में प्रस्तुत विधेयक द्वारा बिना शर्त ३ माह की कैद में छूट की घोषणा के आधार पर ६५३ कैदियों को जेल से रिहा किया गया।[१९२]

१५ सितम्बर १९३८ को विधि मंत्री डी.के. मेहता द्वारा विधायिका में 'सी.पी. एंड बरार प्रीजनर्स अमेंडमेंट बिल' (४९-१९३८) प्रस्तुत किया गया जिसके अनुसार लम्बी अवधि तक सजा प्राप्त कैदियों को उनके उत्तम व्यवहार पर अपने परिवार से मिलने हेतु एक सप्ताह के अवकाश का प्रावधान किया गया।[१९३] जेल प्रशासन में यह सुधार १९३८ की बहुत बड़ी उपलब्धि सिद्ध हुई। इन सुधारों के फलस्वरूप जेल जीवन में होने वाले अपराधिक घटनाओं में कमी आयी।[१९४] १९३९ में जेल सुधार के अन्तर्गत कैदियों के पैरों में डाले जाने वाले बेड़ियों से मुक्ति मिल गई तथा कैदियों के उत्तम आचरण पर उन्हें

३ से ६ माह तक की सजा में छूट दी गई।[१९५] जेल प्रशासन में किये गये सुधारों में काँग्रेस मंत्रिमंडल ने यह भी निश्चय किया कि किसी भी राजनीतिक कैदियों को 'अंडमान' (काला पानी) नहीं भेजा जायेगा। यह पहली सरकार थी जिसने 'अंडमान' के राजनीतिक कैदियों को भी मुक्त कर दिया था।[१९६]

द्वैध-शासन के अन्तर्गत पूर्व सरकार द्वारा प्रांत के अनेक समाचार पत्रों की स्वतंत्रता का अपहरण कर उनपर प्रतिबंध लगा दिये गये थे। काँग्रेस मंत्रिमंडल के सत्ता में आते ही प्रेस तथा आम सभाओं पर लगाये गये प्रतिबंध हटा दिये गये जिसके अन्तर्गत द इंडिपेंडेंट, 'मातृभूमि' तथा 'महाराष्ट्र' आदि समाचार पत्रों पर से प्रतिबंध को हटा दिया गया।[१९७] प्रेस एक्ट के अन्तर्गत जिन समाचार पत्रों की जमानत राशि जब्त कर ली गई थी, मंत्रिमंडल ने ऐसे मामलों की सुनवाई कर २० जुलाई १९३७ को उनकी जमानतें लौटाये दिये जाने का आदेश दिया।[१९८] इस मंत्रिमंडल ने सविनय अवज्ञा आंदोलन के दौरान ब्रिटिश सरकार द्वारा नागपुर के 'तिलक-विद्यालय' की जब्त की गयी। ५३९ रुपये की राशि तथा जबलपुर 'असहयोग आश्रम' के ६३ रु. की जब्त राशि को लौटाये जाने का आदेश दिया।[१९९] इस प्रकार प्रेस तथा आम सभाओं पर सरकार द्वारा लगाये गये प्रतिबंधों को हटा दिया गया।

इसके अतिरिक्त राष्ट्रीय भावना से प्रेरित अनेक फिल्मों को ब्रिटिश सरकार द्वारा नोटिस जारी कर उनके प्रदर्शन पर रोक लगा दिया गया था।[२००] जैसे-'वीर दुर्गादास' नामक फिल्म को दिनाँक २१ जुलाई १९२४, 'समाजिक सुधारक-शिवाजी' नामक फिल्म को दिनाँक १ सितम्बर १९२४,[२०१] शारदा फिल्म कम्पनी द्वारा निर्मित 'महात्मा गाँधी मार्चड फोर फ्रीडम' नामक फिल्म को दिनाँक २१ मार्च १९३०,[२०२] तथा 'महात्मा गाँधीस् हिस्टोरिकल मार्च' को दिनाँक १२-१३ मार्च १९३०,[२०३] 'द पेट्रियाट' तथा 'महात्मा' नामक फिल्म को दिनाँक ११ जनवरी १९३३,[२०४] तथा इम्पीरियल फिल्म कम्पनी द्वारा निर्मित 'समाज की भूल' नामक फिल्म को जो ब्रिटिश सरकार द्वारा १७ फरवरी १९३६ को प्रतिबंधित कर दिया गया था,[२०५] उन सभी प्रतिबंधित फिल्म को काँग्रेसी मंत्रिमंडल ने नोटिस जारी कर उन्हें पुनः प्रदर्शन का आदेश दे दिया[२०६] तथा मेसर्स वार्नर ब्रदर्स द्वारा निर्मित फिल्म 'द चार्ज आफ द लाइट-ब्रिगेड' के प्रदर्शन पर रोक लगा दिया।[२०७]

उसी प्रकार राष्ट्रीय भावना को जागृत करने वाले जिन पुस्तकों तथा साहित्य पर प्रतिबंध लगा दिये गये थे, काँग्रेस मंत्रिमंडल द्वारा उन सभी पुस्तकों तथा साहित्य से प्रतिबंध हटाकर उन्हें पुनः प्रकाशन की अनुमति दे दी।[२०८] जैसे-सानी गुरुजी अमलनेर द्वारा रचित, कविता संग्रह-'पत्री', वी. एस. चिपलंकर की 'निबंध माला', स्व. प्रो. परांजपे द्वारा लिखित निबंध-संग्रह-'काली', लालजी पेंडसे द्वारा रचित उपन्यास 'गुनहगार', बैरिस्टर सावरकर की 'लाइफ आफ मेजिनी', जी.बी. मोडक की 'लोकमान्य-निरूप' (७ नवम्बर १९१० मद्रास), बिपिन चन्द्रपाल का भाषण (अंग्रेजी १२ नवम्बर १९१०, मद्रास) आदि को ८ अप्रैल १९३८ को पुनः प्रकाशन का आदेश दिया[२०९] तथा भारतभक्त की 'राष्ट्रीय तरंग', जय रतन लाल की 'राष्ट्रीय झंकार', लक्ष्मणदास अग्रवाल की 'राष्ट्रीय गीत-संग्रह', राजेन्द्र प्रसाद जयसवाल की 'स्वतंत्रता बिगुल', प्रवासीलाल वर्मा कृत 'आजादी की हुंकार', मदनमोहन कुमार सिन्हा कृत 'राष्ट्रीय गायन', राधाकृष्ण सौंधी कृत 'स्वराज्य दिग्दर्शन' तथा प्रभु नारायण मिश्रा कृत 'राष्ट्रीय तलवार' से २४ तथा २७ जून १९३८ को पूनः प्रकाशन हेतु आदेश दिया गया।[२१०] नगमा-ए-वतन (उर्दू) मारकंडे प्रसाद अग्रवाल कृत 'स्वराज्य का बमगोला' (कविता-संग्रह), बिस्मिलाह-उल-

रहमान-उल-रहीम (उर्दू-पर्चा), स्वराज्य क्या है और किस तरह मिल सकता है?' (उर्दू-पर्चा) आदि प्रतिबंधित साहित्यिक रचनाओं को १८-१९ तथा २२ जुलाई १९३८ को पुन: प्रकाशन की अनुमति प्रदान कर प्रांत की जनता को उपलब्ध करायी गयी।[२११] उसी प्रकार गणेश डोंडदेव काने कृत 'संगीत-लंका विध्वंश-' नाटक- २९ अप्रैल १९३९, एस.जी.के. चोलकर कृत-'रण गर्जना' १९ मई १९३९, विश्वनाथ दामले कृत 'पंजाब का सिंह' तथा महात्मा गाँधी कृत 'काली-करतूते' (१५ नवम्बर १९३०), दत्तात्रेय बालकृष्ण कृत 'जिंदा बनो' आदि साहित्यों से २३ जून १९३९ को प्रतिबंध हटा दिया गया।[२१२] इस प्रकार प्रान्तीय सरकार द्वारा राष्ट्रीय भावना उत्प्रेरिक पुस्तकों तथा साहित्य से प्रतिबंध हटा दिये जाने के कारण यह प्रांत अन्य प्रांतों से अग्रणी हो गया। प्रान्तीय सरकार द्वारा उठाये गये इस कदम की सर्वत्र सराहना की गई। प्रतिक्रिया स्वरूप 'हितवाद' ने लिखा कि 'प्रान्तीय-सरकार' (मंत्रिमंडल) पुन: विजयी हुई।'[२१३]

काँग्रेस सरकार द्वारा प्रशासनिक सुधार हेतु उठाये गये अन्य महत्वपूर्ण कदम के अन्तर्गत 'मद्य निषेध' भी था। आम चुनाव के समय काँग्रेस द्वारा मतदाताओं से 'मद्य निषेध-नीति' का पालन पूरे सामर्थ तथा शक्ति के साथ किये जाने का वादा किया गया था परंतु मद्य निषेध-नीति के पालन से सरकार को राजस्व की हानि थी। काँग्रेसी मंत्रिमंडल के समक्ष यह समस्या उत्पन्न हो गई कि मद्य निषेध के कारण सरकार को हो रही राजस्व की हानि की पूर्ति किन मदों से की जाय। मद्य निषेध-नीति के पालन का स्वाभाविक परिणाम- 'निषेधात्मक सुधार' था।[२१४] मद्य निषेध के संबंध में राजस्वमंत्री पी.बी. गोले ने अपने विचार प्रकट करते हुए कहा कि 'विदेशी शराब के संबंध में सरकार को पूर्ण प्रतिबंध लागू कर देना चाहिए। परिस्थितिवश शराब उपभोग के आदी व्यक्तियों को हर संभव सैद्धांतिक, सामाजिक, नैतिक तथा शिक्षा द्वारा सुधारने का प्रयास किया जाना चाहिए।'[२१५]

प्रान्तीय सरकार द्वारा २३ दिसंबर १९३७ को मद्य निषेध के संबंध में पूर्ण निषेध-नीति लागू किया गया। यह नीति प्रांत के समस्त स्थानों में १ जनवरी १९३८ से प्रभावी हुआ। इससे सागर, नरसिंहपुर, होशंगाबाद, अकोला, हिंगनघाट, कटनी आदि भी प्रभावित हुए। इन समस्त स्थानों में शराब की बिक्री से होने वाली कुल आय ६ लाख रुपये थी। प्रांत में पूर्ण मद्य निषेध के कारण आबकारी से प्राप्त होने वाले राजस्व में निश्चित रूप से हानि हुई।[२१६] १३ अप्रैल १९३९ को निषेधात्मक नीति (सुधार बिल) पारित हुआ। सरकार की इस नीति के फलस्वरूप २९ अक्टूबर १९३७ को वित्तमंत्री डी. के. मेहता की अध्यक्षता में एक 'वित्तीय-समिति' की स्थापना की गई जिसके प्रमुख सदस्यों में आर.एस. देशमुख, के.पी. पांडे, एम.पी. कोल्हे, वी.एम. जकातदार, ठाकुर छेदीलाल, श्रीमती अनुसुइयाबाई काले, जे.टी. चोपरा, डी.वाय. राजुरकर, सैय्यद हिफाजत अली, डी.एल. पाटिल, ठाकुर उदयभान सिंह आदि थे।[२१७] सरकार के वित्त सचिव सी.डी. देशमुख इस 'वित्त समिति' के सचिव नियुक्त किये गये।[२१८] अर्थ समिति की सिफारिश पर सरकार ने अनेक विभागों के व्यय में कटौती की जिसके परिणामस्वरूप मंत्रियों के दैनिक भत्तों में कटौती की गई। यह दैनिक भत्ता ९ रुपये से घटा कर ५ रुपये कर दिया गया। ५ अगस्त १९३८ से प्रांत के अन्तर्गत यात्रा-भत्ता आठ आने से घटाकर चार आने प्रति मील कर दिया गया।[२१९]

काँग्रेस मंत्रिमंडल सरकार ने मानसेवी जिलाधीशों से त्यागपत्र की माँग की।[२२०] १९३७ से १९३८ तक मानसेवी जिलाधीशों की संख्या में ह्रास हुआ। यह संख्या घटकर ८४३ से ३९४ हो गई।[२२१] १३

अप्रैल १९३९ को 'निषेध नीति' सुधार बिल पारित हुआ जिससे सरकारी अधिकारियों पर प्रतिबंध लगा दिया गया। इस प्रकार काँग्रेस मंत्रिमंडल देश की प्रथम मंत्रिमंडल थी जिसने ब्रिटिश सरकार द्वारा प्रदत्त अधिकारियों की उपाधियों को समाप्त करने का सौभाग्य प्राप्त हुआ। 'तिलक-सालगिरह' और 'गाँधी जयन्ती' को अवकाश का दिन घोषित कर प्रशासनिक ढाँचे को एक नया स्वरूप प्रदान किया।[२२२]

दूसरी ओर; जब यूरोप के राजनीतिक आकाश पर युद्ध के बादल मंडरा रहे थे और द्वितीय विश्व युद्ध की संभावना बढ़ती जा रही थी, उस समय सुभाष चन्द्र बोस की अध्यक्षता में काँग्रेस का ५१वाँ अधिवेशन १९, २०, तथा २१ फरवरी १९३८ में गुजरात के हरिपुरा (विठ्ठल नगर) में आयोजित किया गया। इस अधिवेशन में महाकोशल काँग्रेस कमेटी के सभापति ठाकुर छेदीलाल द्वारा काँग्रेस का अगला अधिवेशन हिन्दुस्तानी मध्यप्रांत 'महाकोशल' में आमंत्रित किया गया जिस पर शीघ्र सहमति हो गयी। उन दिनों महात्मा गाँधी की इच्छानुसार काँग्रेस के अधिवेशन गाँवों में ही होते थे। अतः काँग्रेस का आगामी अधिवेशन, जबलपुर के निकट त्रिपुरी में होना निश्चित हुआ। 'त्रिपुरी' एक ऐतिहासिक गाँव था।[२२३]

त्रिपुरी काँग्रेस अधिवेशन (१९३९) ई.

जबलपुर के निकट त्रिपुरी के विष्णु नगर में १९३९ में आयोजित काँग्रेस के ५२ वाँ अधिवेशन प्रांतीय राजनिति में महत्वपूर्ण स्थान रखता हैं। त्रिपुरी काँग्रेस-अधिवेशन तीन दृष्टिकोणों से महत्वपूर्ण था। पहला; इस अधिवेशन का जबलपुर के ऐतिहासिक क्षेत्र 'त्रिपुरी' में आयोजित किया जाना। दूसरा; सेठ गोविन्ददास की अध्यक्षता में स्वागत-समिति द्वारा भव्य आयोजन। तीसरा; राजनीतिक दृष्टिकोण से इस अधिवेशन की असफलता।

इससे पूर्व काँग्रेस के तीन अधिवेशन मध्यप्रांत में हो चुके थे। नागपुर में काँग्रेस का सातवाँ अधिवेशन १८९१ में, १३ वाँ अधिवेशन अमरावती में १८९७ में, तथा ३५ वाँ ऐतिहासिक अधिवेशन १९२० में नागपुर में। १९२० के नागपुर के अधिवेशन के पश्चात् काँग्रेस की बागडोर महात्मा गाँधी के हाथ में आ गई।[२२४]

त्रिपुरी अधिवेशन के आयोजन हेतु दो वस्तुओं, धन तथा काँग्रेस नगर-निर्माण करने योग्य व्यक्ति की आवश्यकता थी। धन एकत्रित करने का भार सेठ गोविन्ददास पर तथा काँग्रेस नगर-निर्माण का भार अखिल भारतीय काँग्रेस कमेटी के आर.डी. गुलाटी को सौंपा गया।[२२५] प्रांतव्यापी दौरा कर सेठ गोविन्ददास ने ८०,००० रु. एकत्रित किये। यथेष्ठ धन की सहायता से गुलाटी ने काँग्रेस को नगर में अधिक क्रियाशील किया।

त्रिपुरी-अधिवेशन हेतु सेठ गोविन्ददास स्वागत समिति के अध्यक्ष चुने गये। उन्हें अपनी कार्यकारिणी को नामजद करने का अधिकार दिया गया जिसमें ४ उप सभापति, १ प्रधानमंत्री तथा ४ अन्य मंत्री और कोषाध्यक्ष समिति, स्वयंसेवक दल के अधिपति थे। इस समिति के उपसभापति माखनलाल चतुर्वेदी, सेठ शिवदास डागा, चिरागुद्दीन साहब, बद्रीनाथ दुबे थे। प्रधानमंत्री घनश्यामदास सिंह गुप्त अन्य मंत्रियों में शंभुदयाल मिश्र, महंत लक्ष्मीनारायण दास, रघुनाथ सिंह किलेदार तथा कुंजीलाल दुबे थे। कोषाध्यक्ष-सुगनचन्द्र राठी तथा स्वयं सेवक दल के अधिपति ठाकुर छेदीलाल थे।[२२६]

प्रान्त में काँग्रेस का शासन होने के कारण प्रधान मंत्री (मुख्यमंत्री) रविशंकर शुक्ल तथा स्थानीय

स्वशासन मंत्री द्वारका प्रसाद मिश्र ने स्वागत समिति की पूरी सहायता की। गुलाटी ने प्रांतीय काँग्रेस तथा अखिल भारतीय काँग्रेस के पंडाल में प्रतिनिधियों तथा दर्शकों की ठहरने की उत्तम व्यवस्था की। ठाकुर छेदीलाल के नेतृत्व में ३ हजार स्वयंसेवक महाकौशल के प्रत्येक जिले से अपनी सेवा देने आये थे जिनमें सौ महिला स्वयं सेविकायें भी थीं। इस प्रकार सेठ गोविन्ददास के नेतृत्व में स्वागत समिति द्वारा भव्य आयोजन किया गया। जिस आपसी प्रेम, सहयोग तथा उत्साह के साथ स्वागत समिति ने कार्य किया वह विरले अवसर पर ही देखने को मिलता है।[२२७]

सम्पूर्ण तैयारी के पश्चात अखिल भारतीय काँग्रेस का ५२ वाँ अधिवेशन १० से १२ मार्च १९३९ को महाकोशल के त्रिपुरी क्षेत्र के विष्णुनगर में नर्मदा नदी के ऐतिहासिक स्थान पर संपन्न हुआ जिसको मानव तथा प्रकृति ने सभी प्रकार के कलात्मक अलंकरणों से सजाया था।[२२८] काँग्रेस अधिवेशन का यह आयोजन जबलपुर के इतिहास में एक स्मरणीय घटना थी। इस अधिवेशन में काँग्रेस नगर, प्रर्दशनी, जुलूस, झंडा-वादन, अखिल भारतीय काँग्रेस का खुला अधिवेशन, सभी दर्शनीय रहे। सबसे आकर्षक सभापति का बावन हाथियों के रथ पर निकलने वाला जुलूस था।[२२९]

अत्याधिक ज्वर के कारण अध्यक्ष सुभाष चन्द्र बोस स्ट्रेचर पर लाये गये। अखिल भारतीय काँग्रेस के नेताओं ने सुभाषचन्द्र बोस की बीमारी को ढोंग कहा। अध्यक्ष की अनुपस्थिति में मौलाना अबुल कलाम आजाद ने अध्यक्षीय भाषण तथा सेठ गोविन्ददास ने स्वागत भाषण पढ़ा। इस अधिवेशन में ३३१९ प्रतिनिधियों में से २२८५ प्रतिनिधियों ने भाग लिया। अधिवेशन में काँग्रेस द्वारा विशेष प्रस्ताव पारित किये गये। जैसे- काँग्रेस कार्यकारिणी द्वारा काँग्रेस को अनुदेश दिया गया कि "ऐसे व्यक्ति को अभ्यस्त खादी धारी समझा जाय जिसने पद पर निर्वाचित होने तथा समिति की सदस्यता प्राप्ति के छः माह पूर्व खद्दर पहनना प्रारंभ किया हो। खादी संबंधी धारा जो विधानसभा के सदस्यों पर लागू की जाती है, उन सभी व्यक्तियों पर लागू किये जाना चाहिए जिन्हें नगर पालिका, स्थानीय मंडलों तथा अन्य निर्वाचनों में टिकट दी जाती है।[२३०] अधिवेशन के अंतिम दिन सरोजनी नायडू ने स्वागत समिति को धन्यवाद दिया। स्वागत समिति के अध्यक्ष सेठ गोविन्ददास जी के निजी सचिव त्रिवेदी का प्रयत्न विशेष सराहनीय रहा।[२३१] परन्तु राजनीतिक दृष्टि से यह अधिवेशन असफल रहा क्योंकि हरिपुरा काँग्रेस के पश्चात् 'संघ-योजना' तथा 'जन आन्दोलन' के प्रति काँग्रेस के दक्षिण-पंथियों तथा वामपंथियों के बीच संघर्ष था। इस पृष्ठभूमि पर दोनों पक्षों में मतभेद होने के कारण त्रिपुरी काँग्रेस के अध्यक्ष पद हेतु वामपंथियों के उम्मीदवार सुभाषचंद्र बोस और दक्षिण-पंथियों के उम्मीदवार पट्टाभि सीतारमैया में प्रतिद्वंद्विता थी। सुभाषचन्द्र बोस का समर्थन राष्ट्रवादी, समाजवादी तथा साम्यवादी कर रहे थे और पट्टाभि सीतारमैया का समर्थन, गाँधीवादी कर रहे थे। गाँधीवादी, संघ योजना स्वीकार करने का विचार कर रहे थे और सुभाषचन्द्र बोस ब्रिटिश साम्राज्यवाद के विरुद्ध संग्राम की ओर जाना चाहते थे[२३२] क्योंकि काँग्रेस द्वारा १९३६ के फैजपुर अधिवेशन में, १९३५ के अधिनियम द्वारा स्थापित 'संघ योजना' को स्वीकार न करने का निश्चय किया गया था। १९३८ के हरिपुरा अधिवेशन में भी यह बात दोहरायी गई थी। अतः १९३५ के संविधान तथा संघ योजना को अस्वीकार करने का एकमात्र विकल्प जन आन्दोलन को तीव्र करना था। काँग्रेस के अध्यक्ष होने के कारण सुभाषचन्द्र बोस ब्रिटेन के साथ किसी समझौते के प्रति कड़ा रूख अपनाना चाहते थे और जन-आन्दोलन को तीव्र करना चाहते थे।[२३३] जबकि

गाँधीवादी ब्रिटिश सरकार के साथ किसी समझौते की आशा से संघ-योजना को स्वीकार करने की बातचीत कर रहे थे। उस समय वे किसी राष्ट्रीय आन्दोलन के लिए तैयार नहीं थे। सुभाषचन्द्र बोस राष्ट्रीय संघर्ष हेतु जनता को तैयार करने के उद्देश्य से खुला प्रचार कर रहे थे। इस प्रकार संघ योजना और जन-आन्दोलन के प्रति दक्षिण-पंथियों का यह रुख वामपंथियों के साथ संघर्ष का कारण बन गया।[२३४] सुभाषचन्द्र बोस जैसे वामपंथी को दक्षिण पंथी अपने मार्ग का रोड़ा समझ रहे थे। दक्षिण पंथियों को ब्रिटिश सरकार के साथ अन्य समझौते के मार्ग में जाने से रोकने के लिए, सुभाषचन्द्र बोस जैसे वामपंथी का काँग्रेस के अध्यक्ष पद पर होना आवश्यक था। अध्यक्ष का पद वामपंथियों के हाथ में रहने से काँग्रेस कार्यकारिणी समिति में वामपंथियों की संख्या बढ़ जाती जिससे दक्षिण पंथियों को समझौते के मार्ग में जाने से रोका जा सकता था। इस प्रकार उत्पन्न यह सैद्धांतिक मतभेद त्रिपुरी काँग्रेस में स्पष्ट रूप से उभर कर सामने आ गया।[२३५] दूसरे, इस अधिवेशन में गाँधीजी की इच्छा के विरुद्ध सुभाषचन्द्र बोस का १३७६ मतों के विरुद्ध १५७५ मतों से विजयी होकर अध्यक्ष निर्वाचित होने से दक्षिण पंथियों के शिविर में हलचल मच गई जिसने काँग्रेस के भीतर संकट उत्पन्न कर दिया।[२३६] गाँधीजी सदृश महान व्यक्ति में भी विचलित होकर पट्टाभि सीतारमैया की हार को अपनी व्यक्तिगत हार मानी। सुभाषचन्द्र बोस के अध्यक्ष चुने जाते ही काँग्रेस कार्यकारिणी के १५ सदस्यों में से १२ सदस्यों ने स्तीफा दे दिया। कार्यकारिणी में सिर्फ सुभाषचन्द्र बोस तथा उनके भाई शरतचन्द्र बोस ही रह गये थे।[२३८]

इस अधिवेशन में सबसे अधिक महत्व वल्लभ भाई पटेल के उस प्रस्ताव को मिला जिसमें कहा गया कि 'सुभाषचन्द्र बोस अपनी कार्यकारिणी गाँधीजी की इच्छा से बनायें जिसे सेठ गोविन्ददास ने अधिवेशन का सबसे 'बेहूदा प्रस्ताव' माना।[२३९] यह प्रस्ताव सब्जेक्ट कमेटी में १३५ के विरुद्ध २१८ मतों से पारित हो गया।[२४०] जबकि काँग्रेस कार्यकारिणी समिति का चुनाव नहीं होता था। उसके सदस्य अध्यक्ष द्वारा मनोनीत किये जाते थे। काँग्रेस के प्रस्तावानुसार काँग्रेस कार्यकारिणी के सदस्यों के विषय में सुभाषचन्द्र बोस ने गाँधीजी से सलाह ली परन्तु कोई परिणाम न निकला।[२४१] सुभाषचन्द्र बोस दक्षिण-पंथियों के हाथ की कठपुतली नहीं बनना चाहते थे और दक्षिणपंथी सुभाषचन्द्र बोस के नेतृत्व को मानने को तैयार न थे।[१४२] इस प्रकार दोनों पक्षों में आधारभूत सिद्धांतों पर मतभेद होने के कारण २९ अप्रैल १९३९ को सुभाषचन्द्र बोस ने काँग्रेस के अध्यक्ष पद से त्यागपत्र देकर[२४३] मई १९३९ में एक नया दल, अग्रगामी दल (फारवर्ड ब्लाक) की स्थापना की जिसमें केवल वामपंथ के उत्साही नवयुवक थे।[२४४]

१९३९ में, द्वितीय विश्व युद्ध प्रारंभ हो चुका था। काँग्रेस तथा ब्रिटिश-सरकार के मध्य युद्ध में सहयोग देने के प्रश्न पर गंभीर मतभेद हो गया। गाँधीजी युद्ध के उद्देश्यों को स्पष्ट करना चाहते थे परंतु ब्रिटिश सरकार ने इस ओर कोई ध्यान नहीं दिया। काँग्रेस ने साम्राज्यवादी युद्ध में ब्रिटिश सरकार को सहयोग देने से इंकार कर दिया। अतः काँग्रेस मंत्रिमंडल ने भी विरोध-स्वरूप एक घोषणा पत्र द्वारा जिन प्रांतों में काँग्रेस मंत्रिमंडल कार्यरत थे, मंत्रिमंडल से त्यागपत्र देने का निर्णय लिया। अतः मध्यप्रांत के काँग्रेस मंत्रिमंडल ने भी ८ नवम्बर १९३९ को त्यागपत्र दे दिया जिसे १० नवम्बर १९३९ को स्वीकृत कर लिया गया। इस प्रकार मध्यप्रांत में जिस काँग्रेस मंत्रिमंडल की स्थापना १४ जुलाई १९३७ को की गई थी, वह ८ नवम्बर १९३९ तक सफलतापूर्वक कार्य करती रही।

संदर्भ

१. मित्रा: द इंडियन एनुअल रजिस्टर १९३६: भाग-२: पृ० १८९.

२. डॉ. पट्टाभि सीतारमैया: संक्षिप्त काँग्रेस का इतिहास (१८८५-१९४७) पृ. २९१.

३. ए.एम. जैदी तथा एस.जी. जैदी: एन साइक्लोविडिया आफ द इंडियन नेशनल काँग्रेस: भाग-१० (१९३०-३५) द बैटल फॉर स्वराज्य पृ. ४८५-८६.

४. सीक्रेट: फोर्टनाइटली रिपोर्ट फोर द सी.पी. एंड बरार: फार द फर्स्ट हाफ आफ जनवरी १९३६.

५. वही: फोर द सेकेन्ड हाफ आफ फरवरी १९३६.

६. वही: फोर द फर्स्ट हाफ आफ मार्च १९३६.

७. वही: फोर द सेकेन्ड हाफ आफ मई १९३६.

८. डी.पी. मिश्रा: द हिस्ट्री आफ द फ्रीडम मूव्हमेंट इन मध्यप्रदेश: पृ. ४२४.

९. सीक्रेट: फोर्टनाइटली रिपोर्ट फोर द सी.पी.एंड बरार: फोर दर फर्स्ट हाफ ऑफ जून १९३६.

१०. वही: फोर द सेकेंड हाफ आफ जून १९३६.

११. वही: फोर द फर्स्ट हाफ आफ जुलाई १९३६.

१२. वही: फोर द सेकेन्ड हाफ आफ जून १९३६.

१३. ए.आई.सी.सी. पेपर्स: फाइल नं. पी-७/१९३६: पृ. १५.

१४. वही: पृ. १९.

१५. सीक्रेट: फोर्टनाइटली रिपोर्ट फोर द सी.पी.एंड बरार: फोर द सेकेंड हाफ ऑफ अक्टूबर १९३६.

१६. वही: फोर द फर्स्ट हाफ आफ नवम्बर १९३६.

१७. द हितवाद: ३ जनवरी १९३७: पृ.१.

१८. होम पोलिटिकल डिपार्टमेंट: फाइल नं. ४/३४/१९३६ मध्यप्रांत में जवाहरलाल नेहरू के भाषण तथा हितवाद: दिनाँक २७ दिसंबर १९३६: पृ. ४.

१९. सीक्रेट फोर्टनाइटली रिपोर्ट फोर द सी.पी.एंड बरार: फॉर द फर्स्ट हाफ आफ नवम्बर १९३६.

२०. वही: फार द सेकेंड हाफ आफ नवम्बर १९३६.

२१. मित्रा: द इंडियन एनुअल रजिस्टर १९३६: भाग-२: पृ. १८८.

२२. आर.सी. मजुमदार: स्ट्रगल फोर फ्रीडम: पृ. ५६०.

२३. पट्टाभि सीतारमैया: द हिस्ट्री आफ द इंडियन नेशनल काँग्रेस भाग-२: (१९३५-४७) पृ.१२.

२४. द हितवाद: (नागपुर) दिनाँक २२ जनवरी १९३७: पृ.९.

२५. ए.आई.सी.सी. पेपर्स: फाइल नं. ९/१९३७: (पी-९)

२६. सीक्रेट फोर्टनाइटली रिपोर्ट आफ द सी.पी.एंड बरार: फॉर द फर्स्ट हाफ आफ जनवरी १९३७.

२७. बी.एस. मुंजे डायरी क्रमांक. ९,१५ जनवरी १९३७.

२८. द हितवाद: ५ फरवरी १९३७: पृ.९.

२९. मित्रा: द इंडियन एनुअल रजिस्टर १९३७: भाग-१: पृ. १६८.

३०. सीक्रेट: फोर्टनाइटली रिपोर्ट फोर द सी.पी.एंड बरार: फोर द सेकेंड हाफ ऑफ जनवरी १९३७.

३१. द हितवाद: (नागपुर) दिनाँक २२ जनवरी १९३७: पृ.१.

३२. वही: पृ.९.

३३. द हितवाद: (नागपुर) दिनाँक ७ फरवरी १९३७:

३४. फोर्टनाइटली रिपोर्ट फोर द सी.पी.एंड बरार: फोर द फर्स्ट हाफ आफ फरवरी १९३७.

३५. मित्रा: द इंडियन एनुअल रजिस्टर, १९३७: भाग-१ पृ. १६८.

३६. डी.पी. मिश्रा: द हिस्ट्री आफ द फ्रीडम मूव्हमेंट इन मध्यप्रदेश: पृ. ४२६.

३७. मित्रा: इंडियन एनुअल रजिस्टर: १९३७: भाग-१ पृ. १६८. तथा

३८. हितवाद: दिनाँक ३ मार्च १९३७.

३९. सीक्रेट फोर्टनाइटली रिपोर्ट फोर द सी.पी.एंड बरार: फॉर द सेकेंड हाफ आफ फरवरी १९३७.

४०. डी.ई.यू. बेकर: पोलिटिक्स इन बाइ लिंग्युअल प्रोविंस द सी.पी. एंड बरार, इंडिया १९१९-३९. पृ.३४९.

४१. डी.पी. मिश्रा: द हिस्ट्री आफ द फ्रीडम मूव्हमेंट इन मध्यप्रदेश: पृ. ४२६.

४२. द हितवाद: (नागपुर) दिनाँक ३ मार्च १९३७: पृ. १, १२

४३. द टाइम्स: (लंदन) दिनाँक ८ मार्च १९३७. पृ. २-३.

४४. डी.जी. तेन्दुलकर: महात्मा: भाग-४: पृ. १७०-७१.

४५. ए.आई.सी.सी. पेपर्स: फाइल नं. १३/१९३७-३८: (नेहरू मेमोरियल म्यूजियम एंड लायब्रेरी) नई दिल्ली.

४६. मित्रा: इंडियन एनुअल रजिस्टर: १९३७ खंड-१ पृ. २३७.

४७. द हितवाद: (नागपुर) दिनाँक २६ फरवरी १९३७.

४८. सीक्रेट फोर्टनाइटली रिपोर्ट फोर द सी.पी.एंड बरार: फॉर द सेकेंड हाफ आफ फरवरी १९३७.

४९. द हितवाद: (नागपुर) दिनाँक १० मार्च १९३७: पृ.५.

५०. डी.जी. तेन्दुलकर: महात्मा: भाग-४: पृ. १७५.

५१. पट्टाभि सीतारमैया: द हिस्ट्री आफ द इंडियन नेशनल काँग्रेस (१९३५-४७) भाग-२: पृ.१२.

५२. अबुल कलाम आजाद: इंडिया विन्स फ्रीडम पृ. १४.

५३. एच.वी. हडसन: द ग्रेट डिवाइड: पृ. ६३.

५४. पट्टाभि सीतारमैया: द हिस्ट्री आफ द इंडियन नेशनल काँग्रेस (१९३५-४७) भाग-२: पृ.४२. तथा किशोरी मोहन पतेरा: द फर्स्ट आफ मिनिस्ट्री प्रोबलम एंड प्रोस्पेक्टस (१९३७.३९) चेप्टर ११: पृ१४७.

५५. मित्रा: द इंडियन एनुअल रजिस्टर १९३६: भाग-१: पृ.२३७. तथा के.टी. शाह: प्रोविंशियल ऑटोनामी: पृ. १६.

५६. द हितवाद: दिनाँक १० मार्च १९३७: पृ.१२. तथा डॉ. एन.बी. खरे पेपर्स: लेटर फ्राम सर हाइड गवान टू डॉ. एन.बी. खरे: दिनाँक २२ मार्च १९३७.

५७. होम पोलिटिकल डिपार्टमेंट: पोलिटिकल: सीक्रेट: फोर्टनाइटली रिपोर्ट फोर द सी.पी.एंड बरार: फोरद सेकेंड हाफ ऑफ जनवरी १९३७.

५८. द हितवाद: दिनाँक ३० मार्च १९३७: पृ.७. तथा डॉ. ई. राघवेन्द्रराव पेपर्स: डॉ. ई. राघवेन्द्रराव का गवर्नर हाइड गवान के नाम पत्र: दिनाँक: ३० मार्च.१९३७.

५९. द सी.पी.एंड बरार गजट: एक्स्ट्रा आर्डिनरी: अप्रैल १९३७: पृ. २.

६०. डॉ. ई. राघवेन्द्रराव पेपर्स: डॉ. ई. राघवेन्द्रराव के नाम गवर्नर हाइड गवान का पत्र: दिनाँक २ अप्रैल १९३७.

६१. द हितवाद: दिनाँक १ अप्रैल १९३७: पृ.७.

६२. होम पोलिटिकल: फाइल नं. १८/४/१९३७ फोर द फर्स्ट हाफ आफ अप्रैल १९३७ (राष्ट्रीय अभिलेखागार नई दिल्ली)

६३. मित्रा: द इंडियन एनुअल रजिस्टर १९३७: भाग-१: पृ. २३९.

६४. सीक्रेट: फोर्टनाइटली रिपोर्ट: फोर द सी.पी. एंड बरार फॉर द फर्स्ट हाफ आफ अप्रैल १९३७.

६५. डी.पी. मिश्रा: द हिस्ट्री आफ द फ्रीडम मूव्हमेंट इन मध्यप्रदेश: पृ. ४२७.

६६. होमपोलिटिकल: फाइल नं. १८/४/१९३७ १९३७ (राष्ट्रीय अभिलेखागार नई दिल्ली)

६७. डी.जी. तेन्दुलकर: महात्मा: भाग-४: पृ. १८५.

६८. हिज एक्सेलेंसी: द वायसराय स्टेटमेंट: दिनाँक २१ जून १९३७.

६९. सी.पी. बरार, गजट: एक्स्ट्रा आर्डिनरी: जुलाई १४/१९३७.

७०. सीक्रेट फोर्टनाइटली रिपोर्ट फॉर द सी.पी.एंड बरार: फॉर द फर्स्ट हाफ आफ जुलाई १९३७ तथा डी.पी. मिश्रा: द हिस्ट्री आफ द फ्रीडम मूव्हमेंट इन मध्यप्रदेश: पृ. १. ४२९.

७१. लीडर: (इलाहाबाद) दिनाँक १५/३/१९३७.

७२. डी.पी. मिश्रा: द हिस्ट्री आफ द फ्रीडम मूव्हमेंट इन मध्यप्रदेश: पृ. ४२९.

७३. द हितवाद: दिनाँक १५ जुलाई १९३७: पृ. ३.

७४. द हितवाद: दिनाँक १ अगस्त १९३७: पृ. ७.

७५. गवर्नमेंट आफ द सी.पी.एंड बरार: ट्रायेनियम रिपोर्ट आफ द जनरल एडमिनिस्ट्रेशन: फार १९३७-४०: पृ.९.

७६. डी.पी. मिश्रा: द हिस्ट्री आफ द फ्रीडम मूव्हमेंट इन मध्यप्रदेश: पृ. ४२९-४३२.

७७. द हितवाद: दिनाँक १७ अक्टूबर १९३७

७८. होम पोलिटिकल डिपार्टमेंट: पोलिटिकल: रिपोर्ट फोर द सी.पी.एंड बरार: फोर दर सेकेंड हाफ ऑफ अक्टूबर १९३७.

७९. वही: फोर द फर्स्ट हाफ आफ नवम्बर १९३७.

८०. प्रेस कोम्युनीक: जनरल एडमिनिस्ट्रेशन डिपार्टमेंट: ७ जनवरी १९३८.

८१. सीकेट फोर्टनाइटली रिपोर्ट: फोर द सी.पी.एंड बरार फोर द फर्स्ट हाफ आफ नवम्बर १९३६.

८२. वही: फोर द फर्स्ट हाफ आफ दिसंबर १९३७.

८३. वही: फोर द सेकेन्ड हाफ आफ मार्च १९३८.

८४. मित्रा: द इडियन एनुअल रजिस्टर १९३८: भाग-२ पृ-२५०.

८५. द हितवाद: दिनाँक २५ अगस्त १९३७: पृ. १.

८६. लीडर: (इलाहाबाद) दिनाँक १५ मार्च १९३७ तथा फोर्टनाइटली रिपोर्ट सी.पी. गवर्नमेंट: होम पोलिटिकल: जी.ओ. आई. डिपार्टमेंट: मार्च १९३७: पृ. २६७.८७.

८७. डॉ. एन.बी. खरे पेपर्स: कोरोसपोंडेंस फ्राम आर.आर. देशमुख टू खरे: दिनाँक ९ फरवरी १९३८.

८८. वही: कोरोसपोंडेंस फ्राम मिश्रा टू खरे: दिनाँक ७ मई १९३८

८९. डॉ. एन.बी. खरे पेपर्स: कांफिडेंशियल रिफ्रेंस नं. ३३: फाइल नं. १०८ (१८): दिनाँक ९ मार्च १९३८.

९०. लीडर: (इलाहाबाद) दिनाँक १९ मई १९३८.

९१. डॉ. एन.बी. खरे पेपर्स: फाइल नं. गप्प्रू लेटर फ्राम बोम्पर्ड टू डॉ. खरे: दिनाँक २१ मई १९३८.

९२. बाम्बे क्रानिकल: दिनाँक २६ मई १९३८.

९३. डी.ई.यू. बेकर: पोलिटिक्स इन बायलिंग्यूअल प्रोविन्स द सी.पी.एंड बरार, इंडिया १९१९: पृ-२६७.

९४. लीडर: दिनाँक १४ मई १९३८.

९५. डी.ई.यू. बेकर: पोलिटिक्स इन बायलिंग्यूअल प्रोविन्स द सी.पी.एंड बरार, इंडिया (१९१९-१९३९): पृ-३७९.

९६. डॉ. एन.बी. खरे: माई डिफेंस: पृ. १५.

९७. डी.पी. मिश्रा: लीविंग एन ऐरा- पृ. २८५.

९८. वही: पृ. ८८-८९.

९९. मित्रा: इंडियन एनुअल रजिस्टर १९३८: भाग-२ पृ. २६१.

१००. काँग्रेस अध्यक्ष सुभाषचन्द्र बोस का वक्तव्य: १३ जुलाई १९३७.

१०१. मित्रा: द इंडियन एनुअल रजिस्टर १९३८: भाग-२: पृ. २६१.

१०२. महाराष्ट्र: (नागपुर) दिनाँक १४ जुलाई १९३८ पृ. २-३.

१०३. डॉ. एन.बी. खरे पेपर्स: डॉ. एन.बी. खरे का सरदार वल्लभ भाई पटेल के नाम पत्र: दिनाँक १५ जुलाई १९३८.

१०४. मित्रा: द इंडियन एनुअल रजिस्टर १९३८: भाग-२ पृ. २६१-६२.

१०५. डॉ. एन.बी. खरे पेपर्स: ठाकुर प्यारेलाल का डॉ. एन.बी. खरे के नाम पत्र: दिनाँक १९ जुलाई १९३८.

१०६. महाराष्ट्र: दिनाँक १९ जुलाई १९३८ पृ. २.

१०७. डॉ. एन.बी. खरे पेपर्स: डॉ. एन.बी. खरे के नाम डी.के. मेहता का पत्र: दिनाँक १९ जुलाई १९३८.

१०८. वही: गवर्नर फ्रांसिस वाइली का डॉ. खरे के नाम पत्र: दिनाँक २० जुलाई १९३८.

१०९. महाराष्ट्र: दिनाँक २० जुलाई १९३८: पृ.२-३.

११०. लीडर: (इलाहाबाद) दिनाँक २० जुलाई १९३८.

१११. डी.पी. मिश्रा: लीविंग एन ऐरा: पृ. २९२.

११२. डॉ. एन.बी. खरे पेपर्स: डॉ. एन.बी. खरे का गवर्नर फ्रांसिस वाइली के नाम पत्र: दिनाँक २० जुलाई १९३८.

११३. द सी.पी.एंड बरार गजट: दिनाँक २१ जुलाई १९३८.तथा सी.पी. मिनिस्ट्रियल क्राइसेस: पृ-२०-२२.

११४. महाराष्ट्र: दिनाँक २४ जुलाई १९३८ पृ. ४.

११५. वही: सी.पी. मिनिस्ट्रीयल क्राइसेस: पृ. २१ (इलाहाबाद: किताबिस्तान फोर द ए.आई.सी.सी. १९३८) तथा एन.बी. खरे: माई डिफेंस: पृ. १८.

११६. लीडर: (इलाहाबाद) दिनाँक २५ जुलाई १९३८

११७. डी.जी. तेन्दुलकर: महात्मा: भाग-४: पृ. ३१७.

११८. सी.पी. मिनिस्ट्रीयल क्राइसेस: (इलाहाबाद: किताबिस्तान फोर द ए.आई.सी.सी. १९३८) पृ. २१ तथा एन.बी. खरे: माई डिफेंस (नागपुर, इंडिपेंडेंट प्रेस १९३८): पृ. १७-१८.

११९. सी.पी. मिनिस्ट्रीयल क्राइसेस: पृ. २१-२२.

१२०. डी.जी. तेंदुलकर: महात्मा: भाग-४: पृ. ३१७-३१९

१२१. डी.पी. मिश्रा: लीविंग एन ऐरा पृ. २९४.

१२२. बाम्बे क्रानिकल: (बम्बई) दिनाँक २७ जुलाई १९३८: पृ. ८ तथा मित्रा: द इंडियन एनुअल रजिस्टर १९३८: भाग-२: पृ-२६४.तथा आर. कूप लैंड: पृ १२४.

१२३. लीडर: (इलाहाबाद) दिनाँक २९ जुलाई १९३८.

१२४. द सी.पी. एंड बरार गजट: दिनाँक २९ जुलाई १९३८.

१२५. सी.पी. मिनिस्ट्रीयल क्राइसेस: पृ. २७

१२६. एस. मेहता: पं. द्वारका प्रसाद मिश्रा: सम रिकलेक्शनस एंड रिफलेक्शनस, इन समर्पित अर्धशती: पृ. १३७.

१२७. लीडर: दिनाँक ४ अक्टूबर १९३८.

१२८. डी.ई.यू. बेकर: चेजिंग पोलिटिकल लीडरशिप इन एन इंडियन प्रोविन्स द सेन्ट्रल प्रोविन्सेस एवं बरार १९१९-१९३९ पृ. १२९.

१२९. डी.पी. मिश्रा: द हिस्ट्री आफ द फ्रीडम मूव्हमेंट इन मध्यप्रदेश पृ. ४३२.

१३०. एम.पी. रिकार्डर्स: एजुकेशन डिपार्टमेंट: फाइल नं. ६/१९३७ भाग-१: पृ. १२-१३.

१३१. सी.पी.एंड बरार: लैजिस्लेटिव असेम्बली प्रोसिडिंग्स १९३७ भाग-१: पृ. ५९. तथा विद्या मंदिर योजना १९३८: पृ-५

१३२. एम.पी. रिकार्डस: एजुकेशन डिपार्टमेंट: फाइल नं: ६/१९३७ पृ. १३. तथा विद्या मंदिर योजना १९३८: एपेंडिक्स 'ए' पृ-१४.

१३३. द सी.पी. एंड बरार लेजिस्लेटिव प्रोसीडिंग्स १९३७: भाग-१. पृ. ५८-५९. तथा विद्या मंदिर योजना १९३८: पृ-६.

१३४. एम.पी. रिकार्डस: एजुकेशन डिपार्टमेंट: फाइल नं. ए/१९३८ तथा विद्या मंदिर योजना: एपेंडिक्स: फाइल नं. सं/१९३८.

१३५. द सी.पी.एंड बरार: लेजिस्लेटिव प्रोसीडिंग्स १९३८.

१३६. विद्या मंदिर योजना १९३८: पृ. ७-८

१३७. वही: पृ-१० तथा द सी.पी.एंड बरार लेजिस्लेटिव असेम्बली प्रोसीडिंग्स १९३८: भाग-५ पृ. १९३५.

१३८. डी.पी. मिश्रा: द हिस्ट्री आफ द फ्रीडम मूव्हमेंट इन मध्यप्रदेश पृ. ४३०. तथा एम.पी. रिकार्डस:एजुकेशन डिपार्टमेंट १९३७: फाइल नं. ६-१३/१९३७: पृ. १०. तथा विद्या मंदिर योजना १९३८: पृ-११.

१३९. डी.पी. मिश्रा: द हिस्ट्री आफ द फ्रीडम मूव्हमेंट इन मध्यप्रदेश पृ. ४३१.

१४०. एम.पी. रिकार्डस: एजुकेशन डिपार्टमेंट: फाइल नं. ६-३२/१९३८.

१४१. डी.पी. मिश्रा: द हिस्ट्री आफ द फ्रीडम मूव्हमेंट इन म.प्र. पृ. ४३४.

१४२. द हितवाद: (नागपुर) दिनाँक १ फरवरी १९३९.

१४३. वही: ८ फरवरी १९३९.

१४४. द सी.पी.एंड बरार गजट: एजुकेशन डिपार्टमेंट: १३ जून १९३९. पृ. ९३, तथा प्रेस नोट:९ जून १९३९-द सी.पी. एंड बरार गजट: एजुकेशन डिपार्टमेंट २३ जून १९३९: पृ. ४९३.

१४५. मित्रा: द इंडियन एनुअल रजिस्टर १९३८: भाग-२ पृ. २५३.

१४६. द सी.पी.एंड बरार: लेजिस्लेटिव असेम्बली प्रोसीडिंग्स १९३९: भाग-५: एजुकेशन डिपार्टमेंटनोटिफिकेशन नं. ७०३: दिनाँक ६ अप्रैल १९३९. पृ. १३४६.

१४७. मित्र: द इंडियन एनुअल रजिस्टर १९३७: (जुलाई दिसंबर) भाग-२ पृ. २७.

१४८. एम.पी.एस. रिकार्डस: रेवेन्यू डिपार्टमेंट १९३८: फाइल नं. २५: पृ. १९.

१४९. द हितवाद: दिनाँक २० जुलाई १९३७: पृ. ९.

१५०. सी.पी.एंड बरार लेजिस्लेटिव असेम्बली प्रोसीडिंग्स भाग II, III, IV, V, VI, और VII १९३७-३९.

१५१. लैंड रेवेन्यू एडमिनिस्ट्रेशन रिपोर्ट आफ द सी.पी.एंड बरार फार द ईयर १९३८: पृ.२.

१५२. गवर्नमेंट आफ सी.पी. एंड बरार: रेवेन्यू डिपार्टमेंट: रेजोलूशन नं. ५०३-३१९२.XII आफ १९३९: ९ फरवरी/१९४०.

१५३. सी.पी. एंड बरार गजट (एक्सट्रा आर्डिनरी) रेवेन्यू डिपार्टमेंट:२२ जुलाई १९३९ न. २८५२-३३१९. XII पृ. २९ तथा २८५४/३३१९. XII पृ. ३०.

१५४. गवर्नमेंट आफ सी.पी. एंड बरार: डिपार्टमेंट: रेजोलूशन नं. ४४२-१२५८ XI आफ १९३९: ३१ मई १९३९.

१५५. गवर्नमेंट आफ सी.पी. एंड बरार: ट्रायेनियम रिपोर्ट आफ द जनरल एडमिनिस्ट्रेशन फोर १९३७-४०: पृ. ४६.

१५६. हितवाद: दिनाँक २९ नवम्बर १९३७: पृ.१२.

१५७. सीक्रेट फोर्टनाइटली रिपोर्ट आफ द सी.पी.एंड बरार: फॉर द फर्स्ट हाफ आफ नवम्बर १९३७.

१५८. एम.पी. रिकार्डस: रिपोर्ट आफ द जनपद इन्क्वायरी कमेटी: (मध्यप्रदेश १९५२): पृ.५ तथा डी.पी. मिश्रा: लीविंग एन ऐरा: पृ. २७७.

१५९. डी.पी. मिश्रा: द हिस्ट्री आफ द फ्रीडम मूव्हमेंट इन मध्यप्रदेश पृ. ४३० तथा द सी.पी.एंड बरार:गर्वमेंट एटवर्क पृ१.

१६०. वही: तथा डी.पी. मिश्रा: लीविंग एन ऐरा: पृ. २७३.

१६१. द सी.पी. एंड बरार गजट: २४ अगस्त १९३७: पृ. २०५४.

१६२. द सी.पी. एंड बरार गजट: एक्स्ट्रा आर्डिनरी: २९ मार्च १९३८.

१६३. सी.पी.एंड बरार लेजिस्लेटिव असेम्बली प्रोसीडिंग्स १९३७: भाग V पृ. ८११ सूचना क्रमांक ४१५५-१८०४ एम.XIII दिनाँक २३ जून १९३८ तथा सूचना क्रमांक ५३०-३१५२ एम XIII दिनाँक १२,२४जनवरी तथा १७ फरवरी १९३८.

१६४. द.सी.पी.एंड बरार: गजट: एक्स्ट्रा आडिनरी: सूचना क्रमांक ४९४९-२०६८-एम XIII: दिनाँक ३ अगस्त १९३९.

१६५. वही: सूचना क्रमांक-८१६७-३५६७ एम- XIII: दिनाँक ७ अक्टूबर १९३९.

१६६. वही: सूचना क्रमांक-८१६७-३५६७ एम-XIII: दिनाँक १३ नवम्बर १९३९.

१६७. वही: एल.एस.जी. डिपार्टमेंट: दिनाँक १३ नवम्बर १९३९. पृ. ९७८-७९.

१६८. मित्रा: द इंडियन एनुअल रजिस्टर १९३९: भाग-२ पृ. १७१.

१६९. गवर्नमेंट आफ सी.पी. एंड बरार:-एल.एस.जी. डिपार्टमेंट: रेजोलूशन नं. ५९४३-९३५ एम. XIII: १५ सितम्बर १९३९.

१७०. एम.पी. रिकार्डस: एल.एस.जी. डिपार्टमेंट १९३९: फाइल नं. ८-३/१९३९.

१७१. एम.पी. रिकार्डस: एल.एस.जी. डिपार्टमेंट १९३९: फाइल नं. ८-३

१७२. वही:

१७३. गवर्नमेंट आफ सी.पी. एंड बरार:-एल.एस.जी. डिपार्टमेंट: रेजोलूशन नं. ३५१९-१७०-डी.XIII: २४ मई १९४०.

१७४. वही: रेसोलूशन नं. ४१२४-१८४९ डी.XIII आफ १९३८. दिनाँक ६ जुलाई १९३९.

१७५. वही: रेजोलूशन नं. ३४१९-१७०: २४ मई १९४०.

१७६. वही: रेजोलूशन नं. ३४१९-१७० डी. XIII: २४ मई १९४०.

१७७. वही: सूचना क्रमांक- १२४४२-१८३०.XIV: १७ अप्रैल १९३९.

१७८. वही: सूचना क्रमांक- १२४४२-१८३०.XIV: १७ अप्रैल १९३९.

१७९. द सी.पी.एंड बरार गजट: २१ अप्रैल १९३९: पृ. ३२७.

१८०. गवर्नमेंट आफ सेन्टूल प्रोविन्शेस एंड बरार: ट्रायेनियम रिपोर्ट आफ गवर्नमेंट एडमिनिस्ट्रेशन १९३७-४०: पृ. ३५.

१८१. वही: रिपोर्ट आफ द जनरल एडमिनिस्ट्रेशन (१९३७-४०): पृ. ८६

१८२. लैंड रेवेन्यू एडमिनिस्ट्रेशन रिपोर्ट: सी.पी.एंड बरार: फोर द ईयर १९३९: पृ. ४५.

१८३. वही:

१८४. गवर्नमेंट आफ सेन्ट्रल प्रोविन्शेस एंड बरार: ट्रायेनियम रिपोर्ट आफ गवर्नमेंट एडमिनिस्ट्रेशन १९३७-४०: पृ. ३७.

१८५. द सी.पी.एंड बरार: लेजिस्लेटिव असेम्बली प्रोसीडिंग्स १९३९: भाग-५:पृ. १६६२.

१८६. द सी.पी.एंड बरार गजट: १९ मई १९३९: पृ. १६२-६३.

१८७. गवर्नमेंट आफ द सी.पी.एंड बरार: ट्रायेनियम रिपोर्ट आफ द जनरल एडमिनिस्ट्रेशन (१९३७-४०) पृ. ५७.

१८८. एम.पी.एस. रिकार्डस: जेल डिपार्टमेंट १९३८: फाइल नं. १६-/२/१९३८.

१८९. मित्रा द इंडियन एनुअल रजिस्टर १९३८: भाग २ पृ. २५२-२५२.

१९०. द हितवाद: (नागपुर): दिनाँक २१ जुलाई १९३७.

१९१. द सी.पी. एंड बरार: गवर्नमेंट एट वर्क (१९३७-३८) पृ.१.

१९२. वही: पृ. १५२-२५३.

१९३. सी.पी.एंड बरार: लेजिस्टलेटिव प्रोसिडिंग्स १९३८-भाग-प्ट पृ. २०.

१९४. गवर्नमेंट आफ द सी.पी.एंड बरार: जेल डिपार्टमेंट: रेजोलूशन नं. ५६६-४७४-III: २२ सितंबर १९३९.

१९५. वही: रेजोलूशन नं. ४४७-२६८-III: दिनाँक ११ अक्टूबर १९४०.

१९६. द सी.पी. एंड बरार: गवर्नमेंट एट वर्क (१९३८): पृ.१

१९७. द हितवाद: (नागपुर): दिनाँक २५ अगस्त १९३७.

१९८. द. सी.पी.एंड बरार लेजिस्लेटीव असेम्बली प्रोसीडिंग्स १९३७: भाग-१ :पृ-१५९.

१९९. द सी.पी.एंड बरार: गवर्नमेंट एट वर्क: १९३८: पृ.२.

२००. वही: सूचना क्रमांक नं. ३७१-३८६. VI तथा ३७२-३८६ VI: दिनाँक २१ जुलाई १९२४.

२०१. वही: सूचना क्रमांक नं. ४६५-४७१- VI तथा ४६६-४७१ VI: दिनाँक १ सितम्बर १९२४.

२०२. वही: सूचना क्रमांक नं. १६०-१७५.VI तथा १६१-१७५. VI: दिनाँक २१ मार्च १९३०.

२०३. वही: सूचना क्रमांक नं. ५१७-५१७-VI तथा ५१८-५१७-VI: दिनाँक १२-१३ मार्च १९३०.

२०४. वही: सूचना क्रमांक नं. ४५-५-VII तथा ४६-५-VI दिनाँक ११ जनवरी १९३३.

२०५. वही: सूचना क्रमांक नं. १६७-५८-VI तथा १६८-५८ I: दिनाँक १७ फरवरी १९३६.

२०६. द सी.पी.एंड बरार गजट: पुलिस डिपार्टमेंट: २७ अगस्त १९३७: सूचना क्रमांक नं. ६८०-८००; भाग-१: पृ. १०-११

२०७. वही: दिनाँक २४ जून १९३८ पृ. ६४३.

२०८. द हितवाद: २५ अगस्त १९३७: पृ. ३.

२०९. सी.पी.एंड बरार गजट: सूचना क्रमांक ७४५-II: ३१ मार्च १९३८ तथा ८ अप्रैल १९३८: पृ. २८०.

२१०. सी.पी. एंड बरार गजट: जनरल एडमिनिस्ट्रेशन डिपार्टमेंट: दिनाँक २४ जून १९३८. तथा सूचना क्रमांक १३७६-६८६-II १९३७. दिनाँक २७ जून १९३८.

२११. वही: सूचना क्रमांक नं. १५१९-१८३१. II १८ जुलाई १९३८, सूचना क्रमांक १६१३-१५३१-II १९ तथा २२ जुलाई १९३८: पृ. ७३६.

२१२. वही: सूचना क्रमांक नं. ११४२-२९८.II २९ अप्रैल १९३९, सूचना क्रमांक नं. १२४७-४५०-II पृ. ४६३. १९ मई १९३९ पृ. ४६३. तथा २३ जून १९३९: पृ. ४९८.

२१३. हितवाद: दिनाँक २४ जून १९३९: पृ. ३.

२१४. एम.पी.एस. रिकार्डस सेपेरेट रेवेन्यू डिपार्टमेंट १९३८: फाइल नं. २९/१/१९३८: पृ. ०६.

२१५. द हितवाद: दिनाँक १५ सितम्बर १९३७: पृ.१.

२१६. गवर्नमेंट आफ द सी.पी.एंड बरार: सेपरेट रेवेन्यू डिपार्टमेंट: दिनाँक ८ सितम्बर १९३९.

२१७. सी.पी.एंड बरार: लेजिस्लेटिव असेम्बली प्रोसीडिंग्स १९३७: भाग-१ पृ. ५५.

२१८. द सी.पी. एंड बरार गजट: २९ अक्टूबर १९३७: पृ. १३-१७.

२१९. मित्रा: द एनुअल रजिस्टर १९३८: भाग-२ पृ. २५४.

२२०. द सी.पी.एंड बरार: गवर्नमेंट एट वर्क (१९३८): पृ. १०.

२२१. गवर्नमेंट आफ द सी.पी.एंड बरार: ट्रायेनियम रिपोर्ट आफ द जनरल एडमिनिस्ट्रेशन (१९३७-४०): पृ. ०३.

२२२. मित्रा: द इंडियन एनुअल रजिस्टर १९३८ पृ. ३.

२२३. सेठ गोविन्ददास: आत्म निरीक्षण: भाग-२ पृ. ४०४.

२२४. सेठ गोविन्ददास: आत्म निरीक्षण: भाग-२ पृ. ४०४.

२२५. सीक्रेट फोर्टनाइटली रिपोर्ट: सी.पी.एंड बरार: फोर द फर्स्ट हाफ आफ मार्च १९३९.

२२६. सीक्रेट फोर्टनाइटली रिपोर्ट: सी.पी.एंड बरार: फोर द फर्स्ट हाफ आफ मार्च १९३९.

२२७. सेठ गोविन्ददास: आत्म निरीक्षण: भाग-२ पृ. ४०५.

२२८. वही: पृ. ४०६.

२२९. वही: पृ. ४०६-०७.

२३०. पट्टाभि सीतारमैया: द हिस्ट्री आफ इंडियल काँग्रेस: भाग-२ पृ. १०९.

२३१. फोर्टनाइटली रिपोर्ट: फोर द सी.पी.एंड बरार: फोर द फर्स्ट हाफ आफ मार्च १९३९.

२३२. पट्टाभि सीतारमैया: द हिस्ट्री आफ इंडियन नेशनल काँग्रेस: भाग-२ पृ. १२०.

२३३. सेठ गोविन्ददास: आत्म निरीक्षण: भाग-२ पृ. ४०७.

२३४. सुभाषचन्द्र बोस: द इंडियन स्ट्रगल: (१९२०-४२) पृ. ३१६.

२३५. रजनी पाम दत्त: इंडिया टुडे: पृ. ४१०.

२३६. आर.सी. मजुमदार: स्ट्रगल फोर फ्रीडम: चेप्टर-१३ पृ. ३६५.

२३७. ताराचंद हिस्ट्री आफ द फ्रीडम मूव्हमेंट इन इंडिया: भाग-४ पृ. २७३.

२३८. एकार्डिंग टू एच.एन. गुप्त (आयोजित सी.सी.एल)

२३९. रजनी पाम दत्तः इंडिया टुडेः पृ. ५३१-३४. तथा सेठ गोविंददासः आत्मनिरीक्षणः भाग-२:पृ-४०८.

२४०. आर.सी. मजूमदारः स्ट्रगल फोर फ्रीडमः चेप्टर-१३ पृ. ५८१-८२.

२४१. सेठ गोविन्ददासः आत्म निरीक्षणः भाग-२ पृ. ४०८.

२४२. पट्टाभि सीतारमैयाः द हिस्ट्री आफ इंडियन कॉंग्रेसः भाग-२ पृ. १२०.

२४३. सुभाषचन्द्र बोसः इ इंडियन स्ट्रगलः (१९२०-४२) पृ. ३३२.

२४४. जिला गजेटियरः जबलपुरः पृ. १११. तथा २४५., सुभाषचन्द्र बोसः द इंडियन स्ट्रगल (१९२०-४२) भाग-३: पृ.३३३-३३९.

अध्याय-५

वामपंथी राजनीति

भारतीय राष्ट्रीय काँग्रेस ने एक दल के रूप में स्वाधीनता प्राप्ति में महत्वपूर्ण भूमिका निभाई, वहीं बदलती हुई राजनीतिक परिस्थितियों के फलस्वरूप गठित, अन्य दलों ने भी राष्ट्रीय राजनीति में अपना अस्तित्व बनाये रखने का प्रयास किया। ऐसे दल-वामपंथी एवं साम्प्रदायिक दल थे। वामपंथी दलों में-साम्यवादी दल (१९२५-४७), काँग्रेस-समाजवादी दल (१९३४-४७) तथा 'फारवर्ड-ब्लाक' (१९३९-४७) थे। वामपंथी दलों का उद्‌भव प्रारंभ में काँग्रेस के अन्तर्गत एक विरोधी दल के रूप में हुआ, बाद में उन्होंने अपना स्वतंत्र अस्तित्व स्थापित कर लिया और प्रांत की राजनीति पर अलग-अलग प्रभाव डाला।

प्रथम विश्वयुद्ध के पश्चात् भारतीय राजनीति में वामपक्ष के उदय के फलस्वरूप जिन विचारधाराओं का उद्‌भव हुआ, उसके दो कारण थे-पहला १९१७-१८ में लेनिन के नेतृत्व में बोलशेविक क्रांति तथा दूसरा; मार्क्स के सिद्धांत। इस नवीन विचारधाराओं ने भारत के राष्ट्रवादियों को प्रभावित किया। अन्तोगत्वा यह प्रभाव भारत में 'साम्यवादी तथा समाजवादी दल' के रूप में प्रकट हुआ। भारत में वामपंथी आन्दोलन का विकास २०वीं सदी के दूसरे दशक में प्रारंभ हुआ। १९१७ रूस की क्रांति की सफलता ने भारतीय के उग्र राष्ट्रवादियों की भावना को समाजवाद की ओर मोड़ दिया। असहयोग आन्दोलन की असफलता ने उनके विचारों को दृढ़ता प्रदान की। स्वराज्य दल के उद्देश्यों ने भी उन्हें आकर्षित नहीं किया। प्रथम महायुद्ध के पश्चात् बढ़ती हुई मँहगाई और बेरोजगारी ने भी समाजवादी विचारधारा को पनपने में सहायता दी। इन कारणों से भारत में आर्थिक समानता, वर्ग-संघर्ष तथा शोषण के विरुद्ध विद्रोह हुए। जिस समय रूस में 'बोलशेविक क्रांति' हुई, उस समय भारत के स्वाधीनता आन्दोलन का नेतृत्व बुर्जुआ-बुद्धिजीवियों के हाथों में था। उनकी विचारधारा तथा दृष्टिकोण के कारण राष्ट्रीय आन्दोलन में सक्रिय क्रांतिकारी युवकों में जो निराशा व्याप्त थी, उसे युवकों के इस वर्ग ने राष्ट्रीय स्वतंत्रता प्राप्ति हेतु नई विचारधारा और नये साधनों की खोज में लगायी।[१]

भारतीय 'साम्यवादी दल' की स्थापना अक्टूबर १९२० में ताशकंद में विधिवत की गई। भारत में सर्वप्रथम एम.एन. राय ने साम्यवादी दल के निर्माण का प्रयत्न किया। उनके प्रयत्नों से बम्बई, बंगाल, पंजाब और उत्तर प्रदेश में मजदूर एवं किसानों के दल का निर्माण हुआ। प्रारंभ में इस दल में अधिक सदस्य नहीं थे।[२] इस नवगठित दल के प्रथम सचिव मुहम्मद शफीक तथा शौकत उस्मानी, इसके सक्रिय सदस्य थे।[३] एम.एन. राय की पहली मार्क्सवादी पत्रिका 'एडवांस गार्ड' सामूहिक प्रचार और संगठन का स्रोत बनी।[४] भारत में पहली बार अक्टूबर १९२२ में 'वैनगार्ड आफ इंडियन इंडिपेंडेंस'

(१९२२-२४) और मासेज आफ इंडिया (१९२५-२६) नामक पत्रिकाओं का भूमिगत वितरण भी महत्वपूर्ण था।[५] वास्तव में, एम.एन. राय का उद्देश्य काँग्रेस के अन्तर्गत एक 'क्रांतिकारी दल' की स्थापना तथा काँग्रेस के बाहर 'क्रांतिकारी आन्दोलनों' का नेतृत्व करना था।[६] १९२२ के गया-काँग्रेस के पश्चात् एम.एन. राय के दो उद्देश्य थे- पहला, देश के सभी साम्यवादी एक स्थान पर एकत्र हों। दूसरा, यूरोप में आयोजित सम्मेलनों में भाग लेने के लिए एक शिष्ट मंडल भेजा जाय।[७] वैसे तो भारत में साम्यवादी गतिविधियाँ १९२० से ही प्रारंभ हो चुकी थी परंतु साम्यवादियों के विरुद्ध पहला 'पेशावर-षडयंत्र मुकदमा' (१९२२-२३) कानपुर में प्रारंभ हुआ जिसके फलस्वरूप श्रीपाद अमृत डांगे, मुज्जफर अहमद, शौकत उस्मानी, गुलाम हुसैन आदि को कारावास का दंड दिया गया। उन पर 'बोलशेविक-एजेंट' होने का आरोप लगाया गया। इन दमनकारी उपायों तथा ब्रिटिश गुप्तचरों की सक्रियता भी भारत से साम्यवादी आन्दोलन को समाप्त करने में असमर्थ रही।[८]

कानपुर षडयंत्र-केस (१९२४) के कुछ समय उपरांत सितंबर १९२४ में सत्यभक्त नामक एक पत्रकार ने वैधानिक रूप से 'भारतीय साम्यवादी दल' की स्थापना की घोषणा की। इस दल का संबंध 'कोमिंटर्न' (रूस द्वारा स्थापित अन्र्तराष्ट्रीय साम्यवादी सभा) तथा विदेशी क्रांतिकारी केन्द्रों से नहीं था, फिर भी मार्क्सवादियों के विभिन्न दलों को एकत्र करने का प्रयत्न करते रहे। वस्तुत: "भारतीय साम्यवादी दल" की स्थापना दिसंबर १९२५ में कानपुर में आयोजित प्रथम साम्यवादी दल के अखिल भारतीय सम्मेलन के अवसर पर की गई थी।[९] कानपुर में मद्रास के एम. सिंगारवेलू चेट्टियार की अध्यक्षता में दिसंबर १९२५ में भारतीय साम्यवादियों का पहला सम्मेलन हुआ। उसमें पारित प्रस्तावानुसार 'भारतीय साम्यवादी दल' के गठन का निश्चय किया गया। इस दल के अध्यक्ष एस.ए. डांगे तथा सचिव एस.व्ही. घाटे थे। बम्बई को इस दल का मुख्यालय बनाया गया। सम्मेलन में केन्द्रीय कार्यकारिणी समिति का गठन किया गया जिसमें भारत के साम्यवादी दल के सभी प्रमुख प्रतिनिधि सम्मिलित हुए।[१०] इस समय भारतीय साम्यवादी दल के प्रमुख सदस्य एस.ए. डांगे तथा शौकत उस्मानी जेल में थे।अत: मुज्जफर अहमद, सी.के. आयंगर, के.एन. जोगलेकर, एस.व्ही. घाटे, एस. निम्बकार, जे.पी. बर्गेहोट्टा तथा लाहौर के अब्दुल मज़ीद ने[११] देश की अर्थव्यवस्था को साम्राज्यवादी शिकंजे से मुक्त कराने, जमींदारों तथा राजवाड़ों की समाप्ति, श्रम-जीवियों को पूर्ण लोकतांत्रिक-स्वतंत्रता दिये जाने की माँग कर सभी वर्गों हेतु स्वाधीनता के लक्ष्य को ठोस रूप प्रदान करने, भारतीय राष्ट्रीय काँग्रेस के भीतर वामपंथी शक्तियों को एक सुसंगत, सुस्पष्ट, क्रांतिकारी दिशा प्रदान करने में महत्वपूर्ण योगदान दिया। कुछ समय के पश्चात् दल को ब्रिटेन से आये कुछ साम्यवादियों की सहायता प्राप्त हुई। इन्हीं में फिलिप स्पॉर्ट नामक व्यक्ति ने मास्को से प्राप्त आर्थिक सहायता और अपने प्रयत्नों से साम्यवादी दल की लोकप्रियता को बढ़ाया। शीघ्र ही साम्यवादी दल के अन्तर्गत कोमिंटर्न से सम्पर्क के संबंध में मतभेद उत्पन्न हो गये। सत्यभक्त का विचार था कि भारतीय साम्यवादी दल को अपना 'राष्ट्रीय स्वरूप' बनाये रखना चाहिए और कोर्मिंटन से कोई संबंध नहीं रखना चाहिए। जबकि १९२६ में कलकत्ता में आयोजित साम्यवादी दल के दूसरे सम्मेलन में अधिकांश प्रतिनिधियों ने इस दृष्टिकोण का समर्थन नहीं किया। अत: सत्यभक्त ने दल से अलग होकर 'भारतीय राष्ट्रीय साम्यवादी दल' की स्थापना की। साम्यवादी दल ने काँग्रेस के बाहर 'मुस्लिम लीग' के पश्चात् भारत में सबसे अधिक शीघ्रता से शक्ति अर्जित की। इस प्रकार भारत में साम्यवादी दल का वास्तविक उद्‌भव सत्यभक्त के साम्यवादी दल के इस सम्मेलन से

माना जाता है। इस प्रकार दिसंबर १९२५ से द्वितीय विश्वयुद्ध तक भारत में साम्यवादी आन्दोलन ने विकास किया। उसके पश्चात बम्बई में ३१ मई १९२७ को साम्यवादी दल का अगला सम्मेलन आयोजित किया गया जिसमें दल के प्रमुख नेताओं एस.ए. डांगे, एस.व्ही. घाटे, मुज्जफर अहमद, के.एस. आयंगर आदि ने भाग लिया। इनमें एस.ए. डांगे दल के अध्यक्ष तथा एस.व्ही. घाटे दल के सचिव (महामंत्री) निर्वाचित हुए।[१२]

१९२६-२७ के पश्चात् साम्यवादी दल ने 'श्रमिक-संघ-आंदोलन' तथा 'किसान आन्दोलन' को संगठित करने का बीड़ा उठाया। अत: १९२६-२९ के काल में कई प्रांतों में 'किसान तथा मजदूर दल' की स्थापना की गई। इन दलों के अधिकांश सदस्य साम्यवादी थे जिन्होंने इस समय श्रमिक संघर्षों को नेतृत्व प्रदान किया। इन्हीं दिनों 'भारतीय ट्रेड-यूनियन काँग्रेस' की स्थापना हुई। 'बम्बई गिरनी-कामगार-संघ' सबसे शक्तिशाली 'श्रमिक-संघ' के रूप में उभरा।[१३] अत: भारत में साम्यवादी आन्दोलन के विकास के फलस्वरूप 'ट्रेड-यूनियन आन्दोलन' तथा 'संगठन' तीव्र होते गये। अत: साम्यवादी दल के सदस्य, संगठनों और औद्योगिक कर्मचारियों के स्थानीय सहबंधों के नेतृत्व में सक्रिय भूमिका निभाने लगे। इन 'ट्रेड-यूनियनों का कार्य हड़ताल के द्वारा अधिक मजदूरी, मँहगाई-भत्ता, बोनस तथा काम के घंटे निश्चित करने की माँग करना था। इन ट्रेड यूनियनों के माध्यम से साम्यवादियों का कार्य निरंतर सुदृढ़ होता गया। इसके अतिरिक्त एस.ए. डांगे की साप्ताहिक समाचार पत्र 'सोशलिस्ट', मुज्जफर अहमद तथा फजल-उल-हक़ की 'नवयुवक', गुलाम हुसैन का मासिक पत्र 'इन्कलाब' ने भी इस दिशा में महत्वपूर्ण योगदान दिया।[१४]

अखिल भारतीय साम्यवादी दल की स्थापना का प्रभाव, मध्यप्रांत और बरार की राजनीति पर भी पड़ा। प्रांत के अनेक स्थानों पर इसकी शाखायें स्थापित की गई। अखिल भारतीय ट्रेड यूनियन काँग्रेस की प्रान्तीय शाखा की स्थापना नागपुर में १९२५ में डॉ. खरे की अध्यक्षता में की गई। आर.एस. रूईकर, एम.एल. जयवंत, एन.एम. जोशी तथा मराठे के नेतृत्व में 'ट्रेड-यूनियन' तथा 'किसान मजदूर संगठनों' का गठन किया गया। फलस्वरूप 'क्रांतिकारी ट्रेड-यूनियन' का विकास हुआ जो धरना और हड़ताल द्वारा राजनीतिक तथा आर्थिक संघर्ष को साथ-साथ चला कर मजदूरों के हित में संघर्ष करती रही।[१५]

१९२७ में काँग्रेस के कार्यकर्ताओं ने नागपुर के 'एम्प्रेस' तथा 'मॉडेल-मिल' के श्रमिकों के साथ एक संघ की स्थापना की। १९२८ को नागपुर में डॉ. खरे की अध्यक्षता में 'किसान तथा श्रमिक' सम्मेलन आयोजित किया गया। 'श्रमिक दिवस' की अध्यक्षता भी डॉ. खरे द्वारा की गई। इस प्रकार २० के दशक में कांग्रेसी नेताओं के साथ जी.डी. धावले, आर.एस. रूईकर, वी.एस. डांडेकर आदि नेताओं के श्रमिकों के साथ निकटतम संबंध स्थापित हो गये थे। पापुलिस्ट नेता एम. आवारी द्वारा आयोजित 'शस्त्र-सत्याग्रह' में रूईकर, धावले तथा ए.आर. तिजारे ने एक जुलूस निकाला।

१९२९-३० में हड़ताल तथा जुलूस निकालने हेतु प्रेरित करने के कार्य में रूईकर के साथ अन्य नेताओं में एम.एल. जयवंत, पी.एम. नायडू, एल. सेरलाकर, वी.एस. डांडेकर तथा वी.आर. कालप्पा थे। १९३१ में एम.एल. जयवंत ने वर्धा में 'गिरनी कामगार-यूनियन' की स्थापना की। काँग्रेस की सहानुभूति मजदूरों के साथ होने के कारण 'नागपुर टेक्सटाइल यूनियन' द्वारा काँग्रेसी नेताओं से सम्पर्क कर मजदूरी की दर कम किये जाने के लिए 'मॉडेल मिल' में चल रही श्रमिकों की हड़ताल में सहयोग करने की अपील की गई।[१६]

इस प्रकार प्रांत में भारतीय साम्यवादी दल ने विभिन्न 'ट्रेड-यूनियन काँग्रेस', 'किसान-मजदूर संघ', 'हिन्दुस्तान लाल-सेना' (हिन्दुस्तान रेड-आर्मी) तथा 'विद्यार्थी संगठनों द्वारा अपनी गतिविधियों को बढ़ाया। भारतीय साम्यवादी दल ने विभिन्न यूनियनों और संघों के माध्यम से कार्य-दिवस, वेतन सहित अवकाश, काम के घंटे, मजदूरी की दर आदि अधिकारों की प्राप्ति हेतु शासन के समक्ष माँगे प्रस्तुत की। 'रेड-ट्रेड यूनियन सेन्टर' नामक एक नये ट्रेड यूनियन सेन्टर तथा 'नवजवान-भारत सभा' नामक एक युवक-संगठन स्थापित किया गया। ये दोनों संगठन देश में वामपंथी क्रांतिकारी शक्तियों के बढ़ते हुए प्रभाव को व्यक्त करते थे। १९२९ के बाद साम्यवादी दल ने अपने आप को काँग्रेस के साथ पूरी तरह मिला लिया और अपनी गतिविधियाँ ट्रेड यूनियन, किसान आन्दोलनों तथा छात्र-संगठनों के माध्यम से जारी रखीं।[१७] बम्बई के सूती कपड़ा मिल श्रमिकों द्वारा हड़ताल करने के कारण २० मार्च १९२९ को सरकार ने ३१ साम्यवादी तथा ट्रेड-यूनियन के सदस्यों को गिरफ्तार कर मेरठ भेज दिया जहाँ उन पर मुकदमा चलाया गया।[१८] इस घटना को 'मेरठ षडयंत्र-केस' के नाम से जाना जाता है। 'मेरठ षड़यंत्र केस' १९२९ से १९३३ लगभग ४ वर्षों तक चलता रहा। इस लम्बी अवधि में इस मुकदमें ने साम्यवादियों पर प्रभाव डाला। उन्हें राष्ट्रवादियों की सहानुभूति प्राप्त हुई। नेहरू तथा अंसारी ने एक संयुक्त समिति का गठन कर मुकदमें की कार्यवाही के दौरान साम्यवादियों के बचाव का प्रयास किया। गाँधीजी ने भी जेल में जाकर साम्यवादियों के हौसले बढ़ाये। काँग्रेस के नेताओं सहित जनता ने भी अभियुक्तों को समर्थन प्रदान किया।[१९] साम्यवादियों ने बड़ी कुशलतापूर्वक 'मेरठ-षड़यंत्र केस' को ब्रिटिश नीति की निंदा और वैज्ञानिक समाजवाद के विचारों का प्रचार करने में उपयोग किया।[२०]

ट्रेड यूनियन आन्दोलन में साम्यवादियों और वामपंथियों के बढ़ते हुए प्रभाव के फलस्वरूप वी. वी. गिरी तथा एन.एस. जोशी के नेतृत्व में 'इंडियन ट्रेड यूनियन-फेडरेशन' नामक एक नये श्रमिक संगठन की स्थापना की गई। भारतीय श्रमिक आन्दोलन में यह पहली फूट थी।[२१] 'अखिल भारतीय ट्रेड-यूनियन-काँग्रेस' की बैठक नागपुर में आयोजित कर एक प्रस्ताव द्वारा 'ह्विट्ले-आयोग' का बहिष्कार करने का आव्हान किया गया।[२२] सुभाषचन्द्र बोस अखिल भारतीय ट्रेड यूनियन-काँग्रेस के अध्यक्ष निर्वाचित हुए जिससे साम्यवादी दल के नेता 'ट्रेड यूनियन-आन्दोलन' में सक्रिय रूप से भाग लेने लगे। इन नेताओं में कलकत्ता के अब्दुल हलीम, बम्बई के सुहासिनी नंबियार तथा राणाडीव थे। राणाडीव हड़ताल और प्रदर्शन में अब्दुल हलीम और बरार के पी.वाय. देशपांडे समाचार पत्रों तथा क्लबों के आयोजनों में विश्वास करते थे।[२३] नागपुर में आयोजित अखिल भारतीय ट्रेड यूनियन काँग्रेस के पश्चात् ट्रेड यूनियन के साम्यवादी सदस्यों के मध्य फूट पड़ गई। एक दल ने साम्यवादी दल का नेतृत्व ग्रहण किया तो दूसरे दल ने एम.एन. राय का। इस अधिवेशन में 'टेक्सटाइल वर्क्स-यूनियन' के अध्यक्ष आर. एस. रूईकर को आगामी एक वर्ष के लिए पुन: अध्यक्ष तथा कलकत्ता के एस. मुकुन्दलाल को सचिव चुना गया।[२४]

एम.एन.राय की प्रेरणा से १९३० के मध्य साम्यवादी दल ने तीन संगठन स्थापित किये। पहला, 'नेशनल-काँग्रेस यूथ-लीग' दूसरा, 'स्टूडेंट आर्गेनाइजेशन' तथा तीसरा; 'वालंटियर कॉपर्स।[२५] साम्यवादियों ने इसे प्रारूप-मंच की संज्ञा दी। इसकी मुद्रित प्रतियों को अवैध रूप से काँग्रेस के कराँची-अधिवेशन में वितरित किया गया। जब महात्मा गाँधी के नेतृत्व में १९३०-३२ में सविनय अवज्ञा आन्दोलन प्रारंभ हुआ, तब साम्यवादियों ने इसमें भाग नहीं लिया।[२६] अत: उनकी लोकप्रियता में कमी आ गई। इस

अवधि में साम्यवादियों को सिर्फ यह सफलता प्राप्त हुई कि उन्होंने श्रमिकों के भारतीय संगठन, अखिल भारतीय ट्रेड-यूनियन पर अपना प्रभुत्व जमा लिया।

जनवरी १९३१ में रूईकर तथा एम.एल. जयवंत द्वारा श्रमिक-आन्दोलन प्रारंभ कर अपने भाषणों में कॉंग्रेस तथा सरकार के प्रति विरोध प्रकट किया गया। सुभाषचन्द्र बोस की गिरफ्तारी के कारण रूईकर ने कॉंग्रेस की नीतियों की खुलकर आलोचना की। साम्यवादियों ने जनवरी १९३१ में कलकत्ता के 'अखिल भारतीय ट्रेड-यूनियन कॉंग्रेस' के सम्मेलन में, कॉंग्रेस से अलग होने की घोषणा कर दी। बाद में शैन:-शैन: 'ट्रेड यूनियन आन्दोलन' को कॉंग्रेस से पूर्णत: अलग कर दिया गया।[२७] उन्हीं दिनों 'रेड-ट्रेड-यूनियन सेन्टर' नामक एक नया राष्ट्रव्यापी ट्रेड-यूनियन का गठन तथा 'नौजवान भारत सभा' नामक युवा-संगठन का सम्मेलन आयोजित किया गया जिसमें 'मजदूरों' और 'किसानों' के हितों की रक्षा तथा जमींदारियों के उन्मूलन हेतु संघर्ष की आवश्यकता पर बल दिया गया।[२८]

१९३१ से १९३३ की अवधि में 'जी.आई.पी. रेल्वे यूनियन', (ग्रेट इंडियन पेनिनसूला रेल्वे यूनियन) जिसकी शाखायें बम्बई और नागपुर में स्थापित थी द्वारा हड़ताल की गई जो कि ट्रेड यूनियन की सबसे बड़ी हड़ताल थी। मार्च १९३१ में रूईकर के मुक्त हो जाने पर रूईकर तथा एम.एल. जयवंत के नेतृत्व में साम्यवादियों ने प्रांत में 'मजदूर आन्दोलन' प्रारंभ किया जिससे बरार के श्रमिकों द्वारा मजदूरी की दर बढ़ाये जाने की माँग की जाने लगी। छत्तीसगढ़-क्षेत्र से श्रमिकों के पारिश्रमिक का भुगतान न किये जाने के समाचार प्राप्त हुए।[२९] नागपुर के 'टेक्सटाइल-वर्क्स-यूनियन' तथा 'मॉडल मिल' नागपुर की गतिविधियों में भी सक्रियता आयी। उन्हीं दिनों 'कम्युनिस्ट वर्क्स-लीग' की स्थापना एम.एल. जयवंत तथा मराठे द्वारा की गई।[३०] नागपुर के 'मॉडल मिल' के आन्दोलनकारियों द्वारा मजदूरी की दर में कमी कर दिये जाने पर मिल-मालिकों को हड़ताल जारी रखे जाने की धमकी दी गई।[३१]

नागपुर अनाज मंडियों में भी लगभग ५०,००० मजदूरों द्वारा हड़ताल की गई। ११ दिसंबर १९३१ में स्थानीय रेल्वे-यूनियन के सचिव रायजादा का स्थानांतरण कलकत्ता कर दिया गया था। कलकत्ता जाने से इंकार किये जाने पर रायजादा को नौकरी से हटा दिया गया जिसके कारण 'बंगाल-नागपुर' रेल्वे वर्कशॉप में हड़ताल की गई।[३२] साम्यवादी नेता जयवंत के अनुयायी डांडेकर के नेतृत्व में ११०० मजदूरों ने २७ जनवरी १९३१ को काम बंद रखा। अधिकारियों के लिए विशेष पुलिस व्यवस्था की गई। मॉडेल-मिल नागपुर के मजदूर आन्दोलनकारी नेता रूईकर ने २ अक्टूबर १९३२ 'गाँधी दिवस' के दिन को मजदूर-प्रदर्शन के लिए निश्चित किया।[३३]

इस प्रकार 'मेरठ षडयंत्र केस' के निर्णय ने नागपुर ट्रेड-यूनियन को हड़ताल एवं प्रदर्शन का अवसर प्रदान किया। 'मॉडल मिल नागपुर' के मजदूर नेता आर.एस. रूईकर ने अपने भाषणों में सरकार तथा कॉंग्रेस की घोर निंदा करते हुए साम्राज्यवाद में सहायक होने का आरोप लगाया। रूईकर के भाषण नि:संदेह प्रभावी तथा कॉंग्रेस नीति के विरोधी थे।[३४] सरकार ट्रेड-यूनियन की गतिविधियों को अपने अधीन करना चाहती थी परंतु साम्यवादियों के प्रभाव के कारण असमर्थ थी। अत: १९३३ में सरकार द्वारा 'ट्रेड-यूनियनों' को अवैधानिक घोषित कर दिया गया। फलस्वरूप साम्यवादी दल भूमिगत होकर कार्य करने लगे।[३५]

विगत वर्ष मिल मजदूरों द्वारा हड़ताल किये जाने के कारण नौकरी से हटा दिये जाने पर २५

जनवरी १९३३ को प्रारंभ होने वाले रूईकर द्वारा भूख हड़ताल को २२ जनवरी १९३३ तक स्थगित कर दिया गया क्योंकि इस बीच 'बार-ऐसोसिएशन' के कुछ सदस्यों की मध्यस्थता के परिणामस्वरूप मिल के अधिकारियों तथा टेक्सटाइल-यूनियन के मध्य समझौता हुआ कि कार्यकारिणी समिति के पद त्याग करने पर यूनियन को मान्यता दी जावेगी तथा उन सभी २०० मजदूरों को काम पर वापस ले लिया जायेगा जिन्हें विगत वर्ष हड़ताल में भाग लिए जाने के कारण नौकरी से हटा दिया गया था। मजदूर नेता आर. एस. रूईकर पूरी शक्ति के साथ काँग्रेस में साम्यवादी दल की गतिविधियों को बढ़ाने में प्रयासरत थे।[३६] जुलाई १९३४ को ब्रिटिश सरकार ने साम्यवादी दल सहित उनके अन्य सहायक संगठनों जैसे- 'रेड-ट्रेड यूनियन-काँग्रेस' 'वर्क्स-पब्लिशिंग-हाऊस-बम्बई' तथा मद्रास की 'यंग-कम्युनिस्ट लीग' आदि को अवैधानिक घोषित कर दिया। अत: साम्यवादी दल पूर्णत: भूमिगत हो गया। सरकार के इस कदम ने वामपंथी-शक्ति के कार्यों पर पाबंदी लगा दी।[३७] सरकार द्वारा अवैधानिक घोषित कर दिये जाने के कारण साम्यवादी दल अपने नाम से कार्य नहीं कर सकता था। अत: उसने काँग्रेस के वामपंथी पक्ष के रूप में अपने आप को स्थापित करने का प्रयास करते हुए काँग्रेस संगठन को अपने दल के प्रचार का माध्यम बनाया। "कम्युनिस्ट वर्क्स-लीग" के नेता जयवंत तथा मराठे द्वारा नागपुर में सभा आयोजित कर साम्यवाद के सिद्धांतों का प्रतिपादन किया गया।[३८] 'मेरठ-षडयंत्र केस' से संबंधित साम्यवादी नेता जे.एन. जोगलेकर इस सभा के प्रमुख वक्ताओं में से एक थे। इस प्रकार साम्यवादियों ने १९३४ से १९३९ के मध्य, ट्रेड-यूनियनों के माध्यम से मजदूर-वर्ग के बीच अपने प्रभाव को बढ़ाया तथा 'ट्रेड यूनियन आन्दोलन' की एकता पुनर्स्थापित करने का प्रयास किया।[३९] १९३४ में 'रेड-ट्रेड यूनियन-काँग्रेस' तथा "असाम्यवादी अखिल भारतीय ट्रेड-यूनियन काँग्रेस" में एकता स्थापित की गई,[४०] परंतु सरकार ने १९३४ में साम्यवादी दल और उसके प्रभाव में आने वाली अन्य अनेक यूनियनों पर भी प्रतिबंध लगा दिया। सरकार के इस कदम ने वामपंथी शक्तियों के कार्यों को और भी पेचीदा बना दिया।[४१] जुलाई १९३४ तक एम.एन. राय के साम्यवादी दल के नेता चार्ल्स मैसक्रिन्हस ने मध्यप्रांत और बरार के नागपुर, जबलपुर, वर्धा, अकोला तथा अमरावती में इस दल की शाखायें स्थापित करने की पहल की।[४२]

भारत में साम्यवादी दल के प्रादुर्भाव के पश्चात् १९३४ में 'काँग्रेस के अन्तर्गत काँग्रेस समाजवादी दल' का प्रादुर्भाव हुआ। वस्तुत: २० वीं शताब्दी में आर्थिक एवं सामाजिक पुनर्निर्माण के दर्शन के रूप में समाजवादी विचारधारा का जन्म हुआ।[४३] बोल्शेविक क्रांति के पश्चात् रूस में निजी सम्पत्ति के अधिकार को समाप्त कर दिया गया जिसका विश्व के समाजवादियों पर भी दूरगामी प्रभाव पड़ा। भारत भी इस चेतना से अछूता न रह सका।[४४] वर्ग-संघर्ष के सिद्धांत की प्रबलता के कारण १९३०-३१ में काँग्रेस में ऐसे लोगों की जमात एकत्र हो गई जो गाँधीजी द्वारा निर्दिष्ट कार्यक्रम की अपेक्षा साम्राज्यवाद और उसके शोषक-वर्ग के विरुद्ध, मजदूरों और किसानों की सेना खड़ी करने के पक्ष में थे। इन लोगों ने काँग्रेस के अन्तर्गत समाजवादी दल की स्थापना की। काँग्रेस के समाजवादी विचारधारा के लोगों का उद्देश्य वर्ग-संघर्ष पर आधारित एक समाजवादी राज्य की स्थापना करना था जो मार्क्स तथा लेनिन के विचारधारा पर आधारित हो।[४५]

१९३०-३२ के गोलमेज परिषदों की असफलता ने गाँधीजी के नेतृत्व के प्रति समाजवादियों के

असंतोष में वृद्धि की। फलस्वरूप वामपंथी विचारधारा के लोग गाँधीजी के राष्ट्र... योजना को सन्देह की दृष्टि से देखने लगे।[४६] तरुण कांग्रेसियों का एक वर्ग तीव्र कार्यवा... था। यह वर्ग गाँधीजी के अहिंसा, खादी तथा ग्रामोद्योग तथा कौंसिल प्रवेश की नीति का विरोधी ... समाजवादी विचारधारा के लोगों ने एक अलग संगठन स्थापित करने का प्रयास किया।[४७] दूसरी ... भारतीय राजनीतिक जीवन में व्याप्त साम्प्रदायिकता ने भी समाजवादियों को प्रोत्साहन दिया। समाजवादियों का विश्वास था कि साम्प्रदायिकता के कारण संगठित राष्ट्रीय आन्दोलन पनप नहीं सकेगा। उनके विचार में स्वतंत्रता का उद्देश्य केवल विदेशी शासन को समाप्त करना ही नहीं अपितु देश के करोड़ों श्रमिकों एवं कृषकों को शोषण एवं सामंतवाद के कुचक्र से मुक्त कराना भी था।[४८]

सविनय अवज्ञा आन्दोलन के दौरान उदारवादियों द्वारा सागर में 'हिन्दुस्तान रिपब्लिकन आर्मी' नामक एक संस्था की स्थापना की गई जिसकी एक शाखा जबलपुर में भी स्थापित की गई। इसमें सैनिकों की भर्ती तथा प्रांतों से बाहर शस्त्रों की पूर्ति विध्वंसकारी उद्देश्यों हेतु की जाती थी।[४९] वास्तव में, सविनय अवज्ञा आन्दोलन के स्थगन के पश्चात् काँग्रेस के अन्तर्गत वामपंथी शक्तियों का प्रादुर्भाव हुआ। समाजवादी विचारधारा की ओर झुकाव रखने वाले जयप्रकाश नारायण, फूलन प्रसाद वर्मा, राहुल सांस्कृतायन आदि व्यक्तियों ने सर्वप्रथम १९३१ में बिहार में 'बिहार-समाजवादी दल' की स्थापना की। इस दल का उद्देश्य समाजवादी राज्य के अन्तर्गत सम्पत्ति, भूमि तथा धन पर सबका समान रूप से अधिकार था। इसी प्रकार १९३२-३३ में संयुक्तप्रांत में सम्पूर्णानंद, परिपूर्णानंद, कमलापति त्रिपाठी तथा ताराचंद भट्टाचार्य, बम्बई में युसूफ मेहर अली, एम.आर. मसानी, अच्युत पटवर्धन तथा कमलादेवी चटोपाध्याय तथा पंजाब में भी युवकों के एक वर्ग द्वारा 'राष्ट्रवादी-संस्था' के विरुद्ध 'नवजवान भारत सभा' के नाम से एक 'समाजवादी दल' का गठन किया गया।[५०]

नासिक केन्द्रीय कारावास में १९३३-३४ में नवजवान, जयप्रकाश नारायण, अच्युत पटवर्धन, एम.आर. मसानी, एन.जी. गोरे, अशोक मेहता, एन.एम. जोशी तथा एम.एल. दंतवाला आदि ने काँग्रेस के अन्तर्गत एक समाजवादी संगठन बनाने का निश्चय किया। उन्होंने अनुभव किया कि आर्थिक प्रश्नों पर गाँधीवाद प्रतिक्रियावादी है, वह निहित स्वार्थों पर कभी आक्रमण नहीं करेगा। गाँधीवाद मुख्यत: वर्गहित की एकता में विश्वास रखता हैं। अत: यह समाजवादी विचारधारा के प्रतिकूल था। जेल से मुक्त होने के बाद समाजवादी विचारधारा के नवयुवक-वर्ग ने एक समाजवादी गुट के संगठन की ओर कदम बढ़ाते हुए १९३४ में जवाहरलाल नेहरू, सुभाषचन्द्र बोस, सम्पूर्णानंद, जयप्रकाश नारायण और आचार्य नरेन्द्र देव आदि ने काँग्रेस के अन्तर्गत पटना में समाजवादी दल की स्थापना की।[५१] 'काँग्रेस समाजवादी दल' की स्थापना भारत में समाजवाद के 'संगठनात्मक विकास' में एक महत्वपूर्ण घटना थी।[५२]

पटना में १७ मई १९३४ में आचार्य नरेन्द्रदेव की अध्यक्षता में समाजवादियों का प्रथम अखिल भारतीय सम्मेलन आयोजित किया गया जिसमें दल के संगठन सचिव जयप्रकाश नारायण थे। अन्य सदस्यों में प्रोफेसर बारी, पुरुषोत्तमदास, त्रिकमदास, एम.आर. मसानी, सम्पूर्णानंद, सुभाषचन्द्र बोस, डॉ. सी.सी. बैनर्जी, अशोक मेहता, अच्युत पटवर्धन, फरीदुल हक अन्सारी, डॉ. राम मनोहर लोहिया, डॉ. अब्दुल अलिन तथा प्रोफेसर रंगा थे।[५३] सम्मेलन में दल के कार्यक्रम तथा नीतियों का निर्धारण किया गया। अखिल भारतीय समाजवादी दल का यह सम्मेलन पूर्णत: मौखिक था।[५४] अपने प्रारंभिक काल में

वादियों ने अपने दो उद्देश्य निश्चित किये। पहला, काँग्रेस के नेताओं को विश्वास दिलाना कि के द्वारा राष्ट्रीय-संघर्ष सफलतापूर्वक संचालित करने के लिए मजदूरों तथा किसानों को अधिक क्रियात्मक रूप से उनमें भाग लेने की प्रेरणा देना तथा दूसरा, जनता को उनके जीवन स्तर और कार्यों की दशा में सुधार हेतु दल द्वारा किये गये संघर्ष का विश्वास दिलाना था। इस प्रकार समाज में व्याप्त सामाजिक एवं आर्थिक विषमताओं को दूर कर राष्ट्रीय आन्दोलन के माध्यम से एक प्रजातांत्रिक राज्य की स्थापना करना समाजवादियों का प्रमुख उद्देश्य था।[५५] वे अपने उद्देश्यों की प्राप्ति, शांति एवं वैधानिक तरीकों से किसानों और मजदूरों को संगठित कर क्रांतिकारी-आन्दोलन में परिवर्तित करना चाहते थे। अतएव समाजवादी दल शीघ्रतिशीघ्र किसान तथा श्रमिक वर्ग के संगठन द्वारा राष्ट्रीय आन्दोलन में भाग लेकर देश की आवश्यक आर्थिक माँग की पूर्ति करना चाहते थे।[५६] अतः समाजवादी दल की माँग 'किसान-सभा, 'मजदूर-संघ और 'युवा-आन्दोलनों' के रूप में सामने आयी[५७] जो 'काँग्रेस-समाजवादी' दल की स्थापना का कारण बनी।

यद्यपि सैद्धांतिक दृष्टि से समाजवादी विचारधारा के नेता तीन मिश्रित प्रवृत्तियों में विभाजित थे- मार्क्सवादी, सामाजिक लोकतंत्रवादी तथा लोकतंत्रात्मक-समाजवादी प्रवृत्ति। प्रथम, प्रवृत्ति के प्रवर्तकों में जयप्रकाश नारायण तथा आचार्य नरेन्द्र देव थे। द्वितीय, प्रवृत्ति के प्रवर्तकों में एम.आर. मसानी तथा अशोक मेहता। तृतीय, प्रवृत्ति के प्रवर्तकों में अच्युत पटवर्धन और राममनोहर लोहिया थे। यद्यपि इनकी कोई परिभाषित विचारधारा नहीं थी तथापि उनके मध्य एक मूक समझौता था।[५८] इनमें से अधिकांश नेताओं ने अपनी राजनीतिक विचारधारा और देशसेवा के लिए अपने परिवार तथा वैवाहिक बंधन का परित्याग कर दिया था।[५९]

मध्यप्रांत और बरार में काँग्रेस-समाजवादी दल की शाखायें स्थापित करने के उद्देश्य से काँग्रेस-समाजवादी दल के संगठन सचिव जयप्रकाश नारायण ने मध्यप्रांत और बरार के विभिन्न स्थानों का दौरा किया जिससे जबलपुर, नागपुर, वर्धा, अकोला तथा अमरावती में दल की शाखायें स्थापित की गई।[६०] बरार के अमरावती जिले में पी.वाय. देशपांडे के नेतृत्व में 'बरार काँग्रेस-समाजवादी दल' की स्थापना कर उन्हें दल के संविधान निर्माण का अधिकार भी सौंपा गया।[६१]

इसीं समय 'अखिल भारतीय श्रमिक और किसान संगठनों' की एक राजनीतिक परिषद् की बैठक जबलपुर में आयोजित की गई। जबलपुर के डॉ. डिसल्वा के नेतृत्व में 'नेशनल बॉयज स्काउट एसोसिएशन' नामक एक संस्था का गठन किया गया जिसके माध्यम से मध्यप्रांत के हिन्दुस्तानी क्षेत्र में काँग्रेस समाजवादी दल की स्थापना की गई। इसमें रूढ़ीवादी काँग्रेसी नेताओं ने कोई सहयोग नहीं दिया।[६२] एम.एन. राय गुट के साम्यवादी दल के नेता चार्ल्स मैसक्रिन्हस ने जबलपुर में काँग्रेस समाजवादी संगठन के संदर्भ में दौरा कर द्वारका प्रसाद मिश्र से सहायता प्राप्त करने में सफल हुए। प्रारंभ में द्वारका प्रसाद मिश्र इस दल की स्थापना के विरुद्ध थे परंतु बाद में उन्होंने डॉ. डिसल्वा के नेतृत्ववाली 'नेशनल बॉयज स्काऊट एसोसिएशन' को हर प्रकार की सहायता का आश्वासन दिया।[६३] उन्हीं दिनों जबलपुर में किसान-मालगुजार सभा की बैठक में ५० प्रतिशत लगान में कमी तथा 'भूमि बंधक बैंक' की स्थापना की माँग की गई।[६४] इसी समय सागर में भी 'काँग्रेस-समाजवादी दल' की एक शाखा स्थापित की गई[६५] जिससे प्रांत का राजनीतिक जीवन नई दिशा में प्रवाहित होने लगा।

असंतोष में वृद्धि की। फलस्वरूप वामपंथी विचारधारा के लोग गाँधीजी के राष्ट्रीय-पुनर्निर्माण की योजना को सन्देह की दृष्टि से देखने लगे।[४६] तरुण कांग्रेसियों का एक वर्ग तीव्र कार्यवाही का इच्छुक था। यह वर्ग गाँधीजी के अहिंसा, खादी तथा ग्रामोद्योग तथा कौंसिल प्रवेश की नीति का विरोधी था। अतः समाजवादी विचारधारा के लोगों ने एक अलग संगठन स्थापित करने का प्रयास किया।[४७] दूसरी ओर, भारतीय राजनीतिक जीवन में व्याप्त साम्प्रदायिकता ने भी समाजवादियों को प्रोत्साहन दिया। समाजवादियों का विश्वास था कि साम्प्रदायिकता के कारण संगठित राष्ट्रीय आन्दोलन पनप नहीं सकेगा। उनके विचार में स्वतंत्रता का उद्देश्य केवल विदेशी शासन को समाप्त करना ही नहीं अपितु देश के करोड़ों श्रमिकों एवं कृषकों को शोषण एवं सामंतवाद के कुचक्र से मुक्त कराना भी था।[४८]

सविनय अवज्ञा आन्दोलन के दौरान उदारवादियों द्वारा सागर में 'हिन्दुस्तान रिपब्लिकन आर्मी' नामक एक संस्था की स्थापना की गई जिसकी एक शाखा जबलपुर में भी स्थापित की गई। इसमें सैनिकों की भर्ती तथा प्रांतों से बाहर शस्त्रों की पूर्ति विध्वंसकारी उद्देश्यों हेतु की जाती थी।[४९] वास्तव में, सविनय अवज्ञा आन्दोलन के स्थगन के पश्चात् काँग्रेस के अन्तर्गत वामपंथी शक्तियों का प्रादुर्भाव हुआ। समाजवादी विचारधारा की ओर झुकाव रखने वाले जयप्रकाश नारायण, फूलन प्रसाद वर्मा, राहुल सांस्कृतायन आदि व्यक्तियों ने सर्वप्रथम १९३१ में बिहार में 'बिहार-समाजवादी दल' की स्थापना की। इस दल का उद्देश्य समाजवादी राज्य के अन्तर्गत सम्पत्ति, भूमि तथा धन पर सबका समान रूप से अधिकार था। इसी प्रकार १९३२-३३ में संयुक्तप्रांत में सम्पूर्णानंद, परिपूर्णानंद, कमलापति त्रिपाठी तथा ताराचंद भट्टाचार्य, बम्बई में युसूफ मेहर अली, एम.आर. मसानी, अच्युत पटवर्धन तथा कमलादेवी चटोपाध्याय तथा पंजाब में भी युवकों के एक वर्ग द्वारा 'राष्ट्रवादी-संस्था' के विरुद्ध 'नवजवान भारत सभा' के नाम से एक 'समाजवादी दल' का गठन किया गया।[५०]

नासिक केन्द्रीय कारावास में १९३३-३४ में नवजवान, जयप्रकाश नारायण, अच्युत पटवर्धन, एम.आर. मसानी, एन.जी. गोरे, अशोक मेहता, एन.एम. जोशी तथा एम.एल. दंतवाला आदि ने काँग्रेस के अन्तर्गत एक समाजवादी संगठन बनाने का निश्चय किया। उन्होंने अनुभव किया कि आर्थिक प्रश्नों पर गाँधीवाद प्रतिक्रियावादी है, वह निहित स्वार्थों पर कभी आक्रमण नहीं करेगा। गाँधीवाद मुख्यतः वर्गहित की एकता में विश्वास रखता हैं। अतः यह समाजवादी विचारधारा के प्रतिकूल था। जेल से मुक्त होने के बाद समाजवादी विचारधारा के नवयुवक-वर्ग ने एक समाजवादी गुट के संगठन की ओर कदम बढ़ाते हुए १९३४ में जवाहरलाल नेहरू, सुभाषचन्द्र बोस, सम्पूर्णानंद, जयप्रकाश नारायण और आचार्य नरेन्द्र देव आदि ने काँग्रेस के अन्तर्गत पटना में समाजवादी दल की स्थापना की।[५१] 'काँग्रेस समाजवादी दल' की स्थापना भारत में समाजवाद के 'संगठनात्मक विकास' में एक महत्वपूर्ण घटना थी।[५२]

पटना में १७ मई १९३४ में आचार्य नरेन्द्रदेव की अध्यक्षता में समाजवादियों का प्रथम अखिल भारतीय सम्मेलन आयोजित किया गया जिसमें दल के संगठन सचिव जयप्रकाश नारायण थे। अन्य सदस्यों में प्रोफेसर बारी, पुरुषोत्तमदास, त्रिकमदास, एम.आर. मसानी, सम्पूर्णानंद, सुभाषचन्द्र बोस, डॉ. सी.सी. बैनर्जी, अशोक मेहता, अच्युत पटवर्धन, फरीदुल हक अन्सारी, डॉ. राम मनोहर लोहिया, डॉ. अब्दुल अलिन तथा प्रोफेसर रंगा थे।[५३] सम्मेलन में दल के कार्यक्रम तथा नीतियों का निर्धारण किया गया। अखिल भारतीय समाजवादी दल का यह सम्मेलन पूर्णतः मौखिक था।[५४] अपने प्रारंभिक काल में

समाजवादियों ने अपने दो उद्देश्य निश्चित किये। पहला, काँग्रेस के नेताओं को विश्वास दिलाना कि उनके द्वारा राष्ट्रीय-संघर्ष सफलतापूर्वक संचालित करने के लिए मजदूरों तथा किसानों को अधिक क्रियात्मक रूप से उनमें भाग लेने की प्रेरणा देना तथा दूसरा, जनता को उनके जीवन स्तर और कार्यों की दशा में सुधार हेतु दल द्वारा किये गये संघर्ष का विश्वास दिलाना था। इस प्रकार समाज में व्याप्त सामाजिक एवं आर्थिक विषमताओं को दूर कर राष्ट्रीय आन्दोलन के माध्यम से एक प्रजातांत्रिक राज्य की स्थापना करना समाजवादियों का प्रमुख उद्देश्य था।[५५] वे अपने उद्देश्यों की प्राप्ति, शांति एवं वैधानिक तरीकों से किसानों और मजदूरों को संगठित कर क्रांतिकारी-आन्दोलन में परिवर्तित करना चाहते थे। अतएव समाजवादी दल शीघ्रतिशीघ्र किसान तथा श्रमिक वर्ग के संगठन द्वारा राष्ट्रीय आन्दोलन में भाग लेकर देश की आवश्यक आर्थिक माँग की पूर्ति करना चाहते थे।[५६] अत: समाजवादी दल की माँग 'किसान-सभा, 'मजदूर-संघ और 'युवा-आन्दोलनों' के रूप में सामने आयी[५७] जो 'काँग्रेस-समाजवादी' दल की स्थापना का कारण बनी।

यद्यपि सैद्धांतिक दृष्टि से समाजवादी विचारधारा के नेता तीन मिश्रित प्रवृत्तियों में विभाजित थे- मार्क्सवादी, सामाजिक लोकतंत्रवादी तथा लोकतंत्रात्मक-समाजवादी प्रवृत्ति। प्रथम, प्रवृत्ति के प्रवर्तकों में जयप्रकाश नारायण तथा आचार्य नरेन्द्र देव थे। द्वितीय, प्रवृत्ति के प्रवर्तकों में एम.आर. मसानी तथा अशोक मेहता। तृतीय, प्रवृत्ति के प्रवर्तकों में अच्युत पटवर्धन और राममनोहर लोहिया थे। यद्यपि इनकी कोई परिभाषित विचारधारा नहीं थी तथापि उनके मध्य एक मूक समझौता था।[५८] इनमें से अधिकांश नेताओं ने अपनी राजनीतिक विचारधारा और देशसेवा के लिए अपने परिवार तथा वैवाहिक बंधन का परित्याग कर दिया था।[५९]

मध्यप्रांत और बरार में काँग्रेस-समाजवादी दल की शाखायें स्थापित करने के उद्देश्य से काँग्रेस-समाजवादी दल के संगठन सचिव जयप्रकाश नारायण ने मध्यप्रांत और बरार के विभिन्न स्थानों का दौरा किया जिससे जबलपुर, नागपुर, वर्धा, अकोला तथा अमरावती में दल की शाखायें स्थापित की गई।[६०] बरार के अमरावती जिले में पी.वाय. देशपांडे के नेतृत्व में 'बरार काँग्रेस-समाजवादी दल' की स्थापना कर उन्हें दल के संविधान निर्माण का अधिकार भी सौंपा गया।[६१]

इसीं समय 'अखिल भारतीय श्रमिक और किसान संगठनों' की एक राजनीतिक परिषद् की बैठक जबलपुर में आयोजित की गई। जबलपुर के डॉ. डिसल्वा के नेतृत्व में 'नेशनल बॉयज स्काउट एसोसिएशन' नामक एक संस्था का गठन किया गया जिसके माध्यम से मध्यप्रांत के हिन्दुस्तानी क्षेत्र में काँग्रेस समाजवादी दल की स्थापना की गई। इसमें रूढ़ीवादी काँग्रेसी नेताओं ने कोई सहयोग नहीं दिया।[६२] एम.एन. राय गुट के साम्यवादी दल के नेता चार्ल्स मैसक्रिन्हस ने जबलपुर में काँग्रेस समाजवादी संगठन के संदर्भ में दौरा कर द्वारका प्रसाद मिश्र से सहायता प्राप्त करने में सफल हुए। प्रारंभ में द्वारका प्रसाद मिश्र इस दल की स्थापना के विरुद्ध थे परंतु बाद में उन्होंने डॉ. डिसल्वा के नेतृत्ववाली 'नेशनल बॉयज स्काऊट एसोसिएशन' को हर प्रकार की सहायता का आश्वासन दिया।[६३] उन्हीं दिनों जबलपुर में किसान-मालगुजार सभा की बैठक में ५० प्रतिशत लगान में कमी तथा 'भूमि बंधक बैंक' की स्थापना की माँग की गई।[६४] इसी समय सागर में भी 'काँग्रेस-समाजवादी दल' की एक शाखा स्थापित की गई[६५] जिससे प्रांत का राजनीतिक जीवन नई दिशा में प्रवाहित होने लगा।

काँग्रेस समाजवादी दल द्वारा आपने दल के समक्ष 'काँग्रेस' शब्द जोड़ने पर गाँधीजी को आपत्ति थी क्योंकि काँग्रेस द्वारा 'समाजवादी दल' को एक भाग के रूप में कोई मान्यता प्रदान नहीं की गई थी। यद्यपि काँग्रेस समाजवादी दल की स्थापना हो गई थी परंतु सैद्धांतिक रूप से काँग्रेस समाजवादी दल अनेक बातों में काँग्रेस से भिन्न था। काँग्रेस समाजवादी दल के आर्थिक कार्यक्रम तथा उद्देश्य उन्हें स्पष्ट रूप से गाँधीजी के नेतृत्ववाली भारतीय राष्ट्रीय काँग्रेस दल से अलग करते थे।[६६] संवैधानिक मामलों में ब्रिटिश सरकार के साथ विचार-विमर्श किये जाने से इंकार किये जाने पर काँग्रेस समाजवादी दल का काँग्रेस के अहिंसात्मक कार्यक्रम के लिए घातक माना गया। दूसरी ओर; 'समाजवादी दल' ने यह अनुभव किया कि अति उग्रवादी तथा काँग्रेस विरोधी विचारधारा अपनाये जाने के कारण वे पूरी तरह से राजनीतिक-जीवन से पृथक किये जा रहे है। अत: इस दिशा में साम्यवादियों ने अपनी योजनानुसार जयप्रकाश नारायण की नेतृत्ववाली नवगठित काँग्रेस-समाजवादी दल के साथ समझौता करने का प्रयास किया।[६७] नागपुर 'टेक्सटाइल्स-यूनियन' कार्यालय में 'मजदूर समाजवादी दल' की स्थापना आर.एस. रूईकर द्वारा की जा चुकी थी। नागपुर के मार्क्सवादी नेता चार्ल्स मैसक्रिन्हस के नेतृत्व में नागपुर में 'एम्प्रेस मिल' के श्रमिकों द्वारा जुलूस निकाला गया जिसमें काँग्रेस समाजवादी दल के नेता जयप्रकाश नारायण ने भी भाग लेकर जुलूस को संबोधित किया। उनके भाषणों का उद्देश्य पूँजीवाद एवं पूँजीवादियों पर प्रहार करना था। उनके नेतृत्व में नागपुर 'एम्प्रेस मिल' की हड़ताल जारी रही। कुछ नेताओं ने मिल मालिकों तथा हड़ताली कर्मियों के मध्य समझौता कराने का प्रयास किया परंतु मिल मालिकों का रूख कठोर बना रहा फिर भी डिप्टी कमिश्नर नागपुर के प्रयासों के फलस्वरूप यह हड़ताल २५ जुलाई १९३४ को समाप्त हो गई।[६८]

बम्बई में २१-२२ अक्टूबर १९३४ में आयोजित 'काँग्रेस समाजवादी दल' के वार्षिक अधिवेशन में १३ प्रांतों के १५० प्रतिनिधियों ने भाग लिया जिसमें नागपुर के चार्ल्स मैसक्रिन्हस तथा बरार के पी. वाय. देशपांडे तथा अच्युत पटवर्धन भी सम्मिलित हुए। सम्मेलन में दल की कार्यकारिणी का गठन भी किया गया।[६९] कार्यकारिणी समिति का चुनाव उसके वार्षिक अधिवेशनों में विभिन्न प्रांतों के प्रतिनिधियों द्वारा किया गया। इनकी सदस्यता सिर्फ "भारतीय राष्ट्रीय काँग्रेस", "प्रान्तीय काँग्रेस-समाजवादी दल" तथा "अखिल भारतीय काँग्रेस-समाजवादी दल" के सदस्यों को ही प्राप्त हो सकती थी।[७०] संविधान के अनुसार काँग्रेस-समाजवादी दल के प्रमुख कार्यक्रमों में पहला, भारतीय राष्ट्रीय काँग्रेस के अन्तर्गत अपने कार्यक्रम तथा उद्देश्यों का निर्धारण करना। दूसरा, किसान तथा मजदूर संघों की स्थापना करना तथा किसान-मजदूर संघों द्वारा शक्तिशाली जन-आन्दोलन कर स्वतंत्रता एवं समाजवाद की प्राप्ति करना। तीसरा, 'यूथ-लीग,' महिला-संगठनों तथा 'स्वयं सेवक संघ' के माध्यम से दल के कार्यक्रमों का प्रचार करना। चौथा, पूँजीपतियों के विरुद्ध सक्रिय विरोधी रूख अपनाकर उसका उपयोग राष्ट्रीय आन्दोलन हेतु करना। पाँचवां, ब्रिटिश सरकार से संवैधानिक मामले में किसी भी शर्त पर किसी प्रकार का विचार विमर्श न किया जाना था।[७१]

इस अधिवेशन में समाजवादी स्वतंत्रता को परिभाषित किया गया जिसके अन्तर्गत स्वतंत्रता का वास्तविक अर्थ, ब्रिटिश साम्राज्यवाद के विरुद्ध जन-आन्दोलनों के माध्यम से प्रजातांत्रिक राज्य की स्थापना करना था। इस संबंध में काँग्रेस समाजवादी दल को एक ओर काँग्रेस-वामपंथी दलों की

सहानुभूति प्राप्त थी तो दूसरी ओर, काँग्रेसजनों तथा उग्रवादी वामपंथियों की आलोचना का शिकार होना पड़ा।[७२]

बम्बई में आयोजित "काँग्रेस समाजवादी दल" के अधिवेशन के पश्चात काँग्रेस समाजवादी दल की एक शाखा की स्थापना पूर्वी निमाड़ में की गई।[७३] बरार-काँग्रेस समाजवादी दल के नेता तथा अमरावती के वकील पी.वाय. देशपांडे ने अपना निवास स्थान अमरावती से नागपुर स्थानांतरित कर लिया जिससे मराठी क्षेत्र में काँग्रेस समाजवादी दल का कार्यालय स्थापित किया जा सके।[७४] इस दल ने स्वतंत्रता संग्राम में श्रमिकों के लिए महत्वपूर्ण कार्य की योजना बनाकर श्रमिक संघों का संगठन किया।[७५] फलस्वरूप बुरहानपुर में 'ताप्ती मिल-वर्क्स-यूनियन', 'बीडी कामगार-संघ' (बीड़ी वर्क्स यूनियन) और 'जी.पी. आई. रेल्वे-यूनियन' की स्थापना हुई।[७६]

लेनिन की मृत्यु की पुण्यतिथि के अवसर पर २१ जनवरी १९३५ को साम्यवादी दल की एक सभा अकोला में आयोजित की गई जिसमें नेताओं द्वारा बरार के कृषक तथा मजदूरों की दयनीय दशा की ओर ध्यान आकर्षित किया गया। इस अवधि में शक्तिशाली अखिल भारतीय 'श्रमिक-संघ', किसान एवं छात्र संगठनों की स्थापना की गई।[७७] इस प्रकार वामपंथी दल ने अपने को एक संगठित अखिल भारतीय राजनीतिक शक्ति के रूप में परिणित किया।[७८] दूसरी ओर, १६ से १८ फरवरी १९३५ को नागपुर में जयप्रकाश नारायण की अध्यक्षता में काँग्रेस-समाजवादी दल की कार्यकारिणी की गुप्त बैठक में[७९] ग्रामीण उद्योगों के प्रति अपनाये जाने वाली काँग्रेस-समाजवादी दल की नीतियों के संबंध में विचार-विमर्श हुआ।[८०] प्रांत के 'किसान-मजदूर' तथा 'यूथ-लीग' सम्मेलनों में जनता का ध्यान आकर्षित करने पर भी विचार किया गया।[८१] इसी प्रकार की सभा वर्धा में एम.एल. जयवंत की अध्यक्षता में आयोजित हुई।[८२]

भारत सरकार द्वारा ४ अगस्त १९३५ को सुधार अधिनियम के पारित होने पर काँग्रेस-समाजवादी दल की प्रतिक्रिया असहयोगात्मक थी और न वह इस अधिनियम के अन्तर्गत चुनाव में भाग लेने को तैयार थी।[८३] इस संबंध में सुभाषचन्द्र बोस का कथन था कि भारत सरकार अधिनियम १९३५ द्वारा भारत में स्वशासन की योजना नहीं अपितु ब्रिटिश कानून को नयी परिस्थितियों के अनुसार क्रियान्वित करना था।[८४]

इस प्रकार सरकार तथा कृषकों के मध्यस्थ के रूप स्थापित जमींदारी व्यवस्था समाप्त करने, ४० घंटे प्रति सप्ताह की कम से कम मजदूरी ३० रुपये, प्रेस की स्वतंत्रता, सरकारी ऋण तथा कम ब्याज पर राजस्व की प्राप्ति की व्यवस्था की माँग की गई। तद्नुसार जयप्रकाश नारायण द्वारा काँग्रेस-समाजवादियों को प्रांत के कृषकों के आन्दोलन में तीव्रता लाने का आदेश दिया गया। इस प्रकार काँग्रेस-समाजवादी आन्दोलन, किसान मजदूर तथा विद्यार्थी-वर्ग की जागरूकता के कारण विकसित हुआ।[८५]

अक्टूबर १९३५ में अच्युत पटवर्धन की अध्यक्षता में अमरावती में बरार प्रान्तीय काँग्रेस-समाजवादी दल के सम्मेलन में मंत्रिमंडल में पद की अस्वीकृति तथा काँग्रेस तथा अखिल भारतीय ट्रेड-यूनियन के बीच समन्वय स्थापित करने का प्रयास किया गया।[८६] अखिल भारतीय काँग्रेस- समाजवादी दल के संगठन सचिव जयप्रकाश नारायण ने काँग्रेस के उग्रवादियों, साम्यवादियों तथा काँग्रेस समाजवादी दल के गठन के अवसर पर नागपुर के राजनीतिक परिषद् की बैठक में २ नवम्बर १९३५ को अपने उद्घाटन भाषण में काँग्रेस द्वारा नये संविधान के अन्तर्गत मंत्रिमंडल बनाना स्वीकार किये जाने की काँग्रेस नीति की भर्त्सना की। उन्होंने ब्रिटिश साम्राज्यवाद के विरुद्ध श्रमिक तथा किसान संगठनों को

शक्तिशाली बनाने पर जोर दिया। नागपुर संभागीय प्रान्तीय राजनीतिक सम्मेलन ने भी उग्र समाजवादी-विचारधारा को प्रदर्शित किया।[८७] जयप्रकाश नारायण के अनुरोध पर काँग्रेस-समाजवादी दल की कार्यकारिणी में सर्वसम्मति से एक प्रस्ताव द्वारा साम्यवादी दल के सदस्यों को भी काँग्रेस समाजवादी दल की सदस्यता की अनुमति दे दी गई।[८८] १९-२० जनवरी १९३६ में अखिल भारतीय काँग्रेस-समाजवादी दल की दूसरी बैठक मेरठ में आयोजित की गई जिसका उद्देश्य १९३५ के भारत सरकार अधिनियम को रद्द करने हेतु समस्त काँग्रेस जनों को आमंत्रित करना था।[८९]

१९३६ में नागपुर में भारतीय राजनीतिक शक्ति के रूप में 'वामपंथी-दल' ने एक संगठित 'अखिल भारतीय श्रमिक-कृषक-संघ' तथा 'अखिल भारतीय छात्र-फेडरेशन' की स्थापना की।४ फरवरी १९३६ से 'मजदूर-सप्ताह', के अन्तर्गत प्रत्येक दिन, एक विशेष उद्देश्य के लिए निर्धारित किया गया। जैसे-'ग्रेट इंडियन पेनिनसुला रेल्वे हड़ताल-दिवस', 'रिप्रेशन डे (रोक-दिवस), 'युद्ध-विरोधी-दिवस', बेरोजगार-दिवस' तथा 'लाल झंडा अभिवादन-दिवस' आदि इस प्रकार पूरे सप्ताह राजनीतिक तथा मजदूर समाज का महत्व बना रहा। इस सप्ताह में सबसे अधिक व्यक्ति (लगभग २००) 'युद्ध विरोधी दिवस' के लिए एकत्रित हुए, जबकि 'लाल-झंडा-अभिवादन-दिवस' मनाने हेतु केवल ३० व्यक्ति ही एकत्र हो पाये। बुरहानपुर 'ताप्ती-मिल' की हड़ताल जारी रही। सरकार द्वारा अनुशासन बनाये रखने के लिए ७ हड़ताल कर्ताओं को दंडित किया गया।[९०] १९३६-३७ में जी.आई.पी. रेल्वे वर्क्स यूनियन' द्वारा आर. एस. रूईकर को अध्यक्ष चुन लिया गया। मार्च १९३६ में आर.एस. रूईकर की रिहाई की अपील रद्द हो जाने तथा रूईकर के कलकत्ता स्थानांतरण पर नागपुर में विदाई-सभा आयोजित की गई।[९१]

१७-१८ मार्च १९३६ को दिल्ली में आयोजित अखिल भारतीय काँग्रेस कमेटी की बैठक में दक्षिण-पंथी तथा वामपंथी काँग्रेसी नेताओं में मतभेद उत्पन्न हो गये।[९२] मंत्रिमंडल स्वीकार करने के संबंध में काँग्रेस समाजवादी दल के नेता जयप्रकाश नारायण द्वारा सुधार का प्रस्ताव रखा गया। स्वामी सहजानंद, श्रीमती कमला देवी चट्टोपाध्याय, पी.एच. पटवर्धन, एम.आर. मसानी तथा आचार्य नरेन्द्रदेव जैसे वामपंथी नेताओं द्वारा प्रस्ताव का समर्थन किया गया[९३] परंतु जयप्रकाश नारायण का सुधार प्रस्ताव १३५ मतों के विरुद्ध ७८ मतों से पराजित हुआ। मंत्रिमंडल स्वीकार करने के संबध में समाजवादी दल द्वारा विरोधी नीति ही अपनायी गई[९४] जबकि महात्मा गाँधी भी निश्चित रूप से मंत्रिमंडल को स्वीकार करने के पक्ष में थे। 'काँग्रेस समाजवादी दल' ने इस शर्त पर मंत्रिमंडल स्वीकार करने को अपना समर्थन देना स्वीकार किया कि उन्हें सरकार द्वारा यह आश्वासन प्रदान किया जाय कि मंत्रिमंडल में उनके कल्याण हेतु संविधान का पूर्ण प्रयोग करने दिया जावेगा।[९५] इस प्रकार १९३६ के काँग्रेस द्वारा जारी चुनाव घोषणा पत्र में समाजवादी प्रभाव स्पष्ट परिलक्षित हो रहा था।[९६]

मध्यप्रांत और बरार में जबलपुर काँग्रेस समाजवादी दल के नेता डॉ. डिसल्वा को प्रांतीय काँग्रेस कमेटी में मजदूर समिति का अध्यंक्ष मनोनीत किया गया। उन्होंने जबलपुर की सभी फैक्ट्रियों का दौरा किया जिसमें सभी खदान मजदूर तथा अन्य फैक्ट्रियों के मजदूर मतदाताओं की संख्या लगभग ८०२८ थी।[९७]

१९३६ में, साम्यवादियों के दो दस्तावेज प्रकाशित हुए। पहला, साम्राज्यवाद विरोधी 'संयुक्त राष्ट्रीय मोर्चा' स्थापित करने तथा दूसरा, श्रमिक संघों और किसान-संगठनों को काँग्रेस के साथ संबंध स्थापित करने के विषय में। इस प्रकार ट्रेड-यूनियन संगठनों के एकीकरण और संयुक्त अखिल

भारतीय ट्रेड-यूनियन-काँग्रेस के नेतृत्व द्वारा साम्यवादियों के कुछ मूलभूत सिद्धांतों की स्वीकृति से मजदूर-वर्ग की राजनीति में पुन: सक्रियता आयी।[९८]

इन्हीं दिनों; 'आल इंडिया ट्रेड-यूनियन काँग्रेस, "नेशनल ट्रेड-यूनियन-फेडरेशन" तथा "ट्रेड-यूनियन काँग्रेस" के संयुक्त हो जाने से मजदूर-वर्ग के संगठन के विकास पर महत्वपूर्ण प्रभाव पड़ा।[९९] १९३६ के प्रारंभ में प्रोफेसर एन.जी. रंगा, इंदुलाल याज्ञनिक, स्वामी सहजानंद सरस्वती के प्रयास से 'अखिल भारतीय किसान-काँग्रेस' में जमींदारी-प्रथा का उन्मूलन, भूमिकर में कटौती, लगान तथा ऋण में राहत आदि की माँग प्रस्तुत की गई।[१००] अप्रैल १९३६ में लखनऊ काँग्रेस के वार्षिक-अधिवेशन में समाजवादी दल के कृषि-कार्यक्रमों को प्रत्येक प्रांत के लिए अपनाकर इसे अखिल भारतीय कृषि-कार्यक्रम के रूप में मान्यता प्रदान कर दी गई।[१०१] इस अवसर पर, काँग्रेस समाजवादी दल के तीन प्रमुख व्यक्तियों, आचार्य नरेन्द्रदेव, जयप्रकाश नारायण, तथा अच्युत पटवर्धन को काँग्रेस कार्यकारिणी समिति में सम्मिलित किया गया।[१०२] इस अधिवेशन में यह स्पष्ट हो गया कि काँग्रेस में समाजवादी विचारधारा को बहुमत प्राप्त नहीं था। इस प्रकार लखनऊ काँग्रेस ने काँग्रेस के वामपंथी विचारधारा तथा समाजवादियों को राष्ट्रीय स्तर पर निराश किया। अत: काँग्रेस-समाजवादी दल द्वारा १९३५, १९३६ तथा १९३७ तक काँग्रेस का विरोध चलता रहा। वे अपने इस उद्देश्य में सफल भी रहे। जवाहरलाल नेहरू ने २५ अप्रैल को नागपुर में आयोजित काँग्रेस समाजवादी दल की एक सभा को संबोधित करते हुए कहा कि 'समाजवाद ही स्वराज्य प्राप्ति और बेरोजगारी की समस्या का हल है।' वर्धा में आयोजित दूसरी सभा को जयप्रकाश नारायण द्वारा संबोधित किया गया।[१०३]

अभी तक छात्र संस्थाओं पर काँग्रेस का नियंत्रण था परंतु साम्यवादी दल ने १९३६ में 'अखिल भारतीय छात्र-फेडरेशन' की स्थापना कर अखिल भारतीय संघ, देशराज्य-लेखक-संघ-परिषद् और 'अखिल भारतीय प्रगति-संघ', की स्थापना की। इन सभी संगठनों में काँग्रेस सहित साम्यवादी तथा 'क्रांतिकारी जनवादी-संघ' की भी सक्रिय भूमिका थी। इस प्रकार साम्यवादी दल, विद्यार्थी-संगठनों की गतिविधियों के माध्यम से सक्रिय हो गई। जुलाई १९३६ में 'अखिल-भारतीय-ग्रामीण-उद्योग-एसोसिएशन' नामक प्रशिक्षण स्कूल की स्थापना वर्धा में की गई। साथ ही इस सम्मेलन में अखिल भारतीय विद्यार्थी संघ के संविधान की रचना भी की गई।[१०४] अगस्त १९३६ में जवाहरलाल नेहरू द्वारा लखनऊ में प्रथम 'अखिल भारतीय विद्यार्थी सम्मेलन' का उद्घाटन किया गया। तीन माह पश्चात् विद्यार्थी संघ का दूसरा सम्मेलन सुभाषचंद्र बोस के ज्येष्ठ भ्राता शरतचन्द्र बोस की अध्यक्षता में लाहौर में आयोजित हुआ जिसका उद्देश्य बुद्धिजीवी-वर्ग का संबंध, विरोधी मजदूरों के साथ स्थापित करना था।[१०५]

दूसरी ओर अकोला तथा नागपुर के 'मॉडल-मिल' में हुई हड़ताल के कारण १० सितम्बर १९३६ को मिल बंद कर दिया गया।[१०६] इस संदर्भ में साम्यवादी दल के नेता एम.एल. जयवंत तथा अच्युत केशव देशपांडे को २१ सितम्बर १९३६ को धारा १०६ सी.पी.सी. की धारा ११७ के अन्तर्गत अकोला में बंदी बना लिया गया जिससे मिल की स्थिति में सुधार हुआ परंतु नागपुर तथा बरार के कृषक तथा मजदूरों में बेरोजगारी की समस्या उत्पन्न हो गई।[१०७] ४ अक्टूबर १९३६ को अकोला में बरार काँग्रेस-समाजवादी दल की एक गुप्त बैठक काँग्रेस के चुनाव प्रचार अभियान से लाभ उठाने के उद्देश्य से आयोजित की गई।[१०८]

अत: १९३६ के बम्बई के काँग्रेस अधिवेशन से काँग्रेस समाजवादी दल तथा काँग्रेस के

मध्य वैचारिक मतभेद देखे गये। जवाहरलाल नेहरू द्वारा मंत्रिमंडल स्वीकार करने के संबंध में पुनर्विचार पद्धति अपनाये जाने की माँग की गई।[१०९] फैजपुर अधिवेशन में काँग्रेस को जवाहरलाल नेहरू और काँग्रेस समाजवादी दल के घोर विरोधों का सामना करना पड़ा। किसान और मजदूर आन्दोलन की ओर परंपरावादी काँग्रेसी नेताओं को ध्यान देने पर बाध्य किया गया कि वे राष्ट्रीय और आर्थिक-संघर्ष को अपनाये। अत: संकुचित एवं परंपरावादी विचारधारा वाले काँग्रेसी नेताओं को फैजपुर काँग्रेस में कृषि-कार्यक्रमों को अपनाना पड़ा।[११०]

ऐसा ही दृष्टिकोण काँग्रेस समाजवादी दल ने युवक आन्दोलन के प्रति अपनाया। काँग्रेस को छोड़कर किसी भी एकांकी दल की अपेक्षा काँग्रेस समाजवादी दल ने देश के नवयुवकों को राष्ट्रीय सूत्र में बांधने हेतु सर्वाधिक प्रयत्न किया। मजदूर संघ एवं किसान समस्याओं के संबंध में समाजवादियों द्वारा उत्तम कार्य किये गये जिसमें दल की माँग, किसान सभा, मजदूर-संघ तथा युवा आन्दोलनों के माध्यम से की गई जिससे भारत के नवयुवक समाज, गाँधीवादी-काँग्रेस से विरक्त नहीं हुए।[१११] यह विचारधारा मार्क्सवाद के सुधारवादी कार्यों पर आधारित थी।

१९३७ के प्रारंभ में लखनऊ समझौते के अनुसार काँग्रेस समाजवादी दल तथा साम्यवादी दल ने मिलकर एक दल के रूप में संगठित होने का निश्चय किया। एक संयुक्त दल 'राष्ट्रीय-मोर्चा' (यूनाइटेड फ्रंट) की स्थापना का निश्चय किया परंतु दुर्भाग्यवश साम्यवादी दल के गुप्त-दस्तावेजों के द्वारा यह बात प्रकाश में आयी कि 'राष्ट्रीय-मोर्चा' का उपयोग साम्यवादी दल अपनी सर्वोपरिता स्थापित करने के लिए कर रहा है। यह बात प्रकाश में आते ही, लखनऊ समझौता असफल हो गया।[११२]

१९३७ से १९४७ तक काँग्रेस-समाजवादी दल के नेताओं ने दल के निश्चित कार्यक्रम को क्रियान्वित करने की अपेक्षा 'संघर्ष और प्रचार' पर अधिक बल दिया। काँग्रेस-विरोधी सभाओं का आयोजन किया गया। ऐसी अनेक सभाओं का आयोजन मध्यप्रांत और बरार के विभिन्न स्थानों में ट्रेड-यूनियन-सम्मेलन के माध्यम से किया गया।

काँग्रेस अध्यक्ष द्वारा १ अप्रैल १९३७ को देशव्यापी 'विरोध-दिवस' के रूप में मनाने का आव्हान किया गया। काँग्रेस समाजवादी दल ने १ अप्रैल १९३७ के 'विरोध दिवस' के दिन को सैनिक-रूप में मनाने का निश्चय किये जाने पर सरकार द्वारा काँग्रेस समाजवादी दल के विरुद्ध दमनकारी नीति अपनायी गई। फलस्वरूप दल के संगठन-सचिव जयप्रकाश नारायण अपने ३० सहयोगियों सहित गिरफ्तार कर लिये गये।[११३]

नागपुर के समाजवादियों द्वारा साम्राज्यवादी-विरोधी सम्मेलन का आयोजन नागपुर में 'अखिल भारतीय-यूनियन' के सम्मेलन के माध्यम से किया गया। १९३७ की आम हड़तालों ने श्रमिक-वर्ग के आर्थिक-संघर्ष के विकास में महत्वपूर्ण भूमिका निभाई। इनमें कानपुर के कपड़ा मिल मजदूरों, बंगाल तथा नागपुर के रेल्वे कर्मचारी और जूट मिलों के मजदूरों की हड़ताल शामिल थी। अत: नागपुर में भी ट्रेड-यूनियन काँग्रेस तथा 'ट्रेड-यूनियन फेडरेशन' में एकता स्थापित करने के प्रयास प्रारंभ हो गये। इस संबंध में बम्बई के आर.एस. निम्बकर ने नागपुर के मजदूरों को अनेक बार संबोधित किया। 'इंडियन-ट्रेड यूनियन-फेडरेशन' के नेता 'अखिल भारतीय ट्रेड यूनियन-काँग्रेस' के एस.ए. डांगे अध्यक्ष चुने गये जो अखिल-भारतीय काँग्रेस कमेटी के सदस्य थे। इधर, अप्रैल माह के अंतिम सप्ताह में आर. एस. रूईकर ने 'नागपुर टैक्सटाइल-यूनियन' के अध्यक्ष पद से त्यागपत्र दे दिया।[११४]

जबलपुर जिले की सिहोरा तहसील में द्वारकाप्रसाद मिश्र, डॉ. डिसल्वा तथा के.पी. पांडे द्वारा १ जुलाई १९३७ को आयोजित कृषकों की सभा को सम्बोधित किया गया जिसका उद्देश्य काँग्रेस द्वारा समाजवादी विचारधारा को दृढ़ करना तथा कृषकों की समस्याओं के प्रति ध्यान आकर्षित करना था। उसी दिन चाँदा में अच्युत पटवर्धन तथा डॉ. खरे द्वारा एक कृषक सभा को सम्बोधित कर सरकार को भू-लगान तथा करों के भुगतान न किये जाने की अपील की गई। इसी प्रकार एम.आर. मसानी द्वारा अमरावती में एक सभा को सम्बोधित करते हुए कहा गया कि समाजवाद की स्थापना हड़ताल, भू-लगान का भुगतान न किये जाने तथा पूँजीवाद का विरोध कर ही की जा सकती है।[११५]

साम्यवाद के आदर्शों की ओर आकर्षित नवयुवकों के एक समूह ने १९३७ में जबलपुर में 'फासिस्टवाद' नामक एक दल का गठन 'युद्ध विरोधी लीग' के नाम से किया गया। जबलपुर में साम्यवादी दल का गठन मूलरूप से इस शताब्दी के तीसरे दशक के अंतिम वर्षों में हुआ।[११६] १९३७ के निर्वाचन में भारतीय राष्ट्रीय काँग्रेस ६ प्रांतों में विजयी हुई और इन प्रांतों में काँग्रेस की सरकारें बनी। चुनाव के समय साम्यवादियों ने काँग्रेस का समर्थन करते हुए अपने उम्मीदवार केवल मजदूर निर्वाचन क्षेत्र में ही खड़े किये जिसमें से उन्हें मात्र तीन प्रतिशत स्थान ही प्राप्त हो सके।[११७] काँग्रेस-मजदूर समिति की एक सभा १८ एवं १९ सितम्बर १९३७ में आयोजित की गई जिसमें चुनाव घोषणा-पत्र में काँग्रेस द्वारा मजदूरों को दिये गये आश्वासन को पूरा किये जाने हेतु ६ प्रांतों के काँग्रेस-मंत्रिमंडल को आमंत्रित किया गया।[११८] दूसरी सभा २५ से २६ अक्टूबर १९३७ को कलकत्ता में आयोजित की गई जिसमें जयराम दौलतराम, शंकरलाल वैंकट, जयप्रकाश नारायण, एम.आर. मसानी तथा जे.पी. कृपलानी आदि प्रमुख सदस्य थे।[११९] इसी प्रकार समाजवादियों द्वारा वर्धा में ७ नवम्बर १९३७ को काँग्रेस विरोधी सभा को संबोधित किया गया जो पूर्णत: समाजवादी विचारधारा पर आधारित थी। ऐसी ही एक राजनीतिक सभा वारा-सिवनी, बालाघाट तथा जबलपुर में १३ नवम्बर १९३७ को एम.आर. मसानी की अध्यक्षता में आयोजित की गई। यह सभा वर्ग-रहित समाज तथा समानता के सिद्धांतों पर आधारित थी।[१२०] उन्हीं दिनों 'प्रजामंडल' की शाखायें खरगौन, भीकमगाँव तथा सनावद में स्थापित की गई। मंडल के घोषण-पत्र में राज्य शासन ने समाजवाद के सिद्धातों का स्पष्ट उल्लेख पाया।

जनवरी १९३८ को दिल्ली में आयोजित 'अखिल भारतीय ट्रेड यूनियन काँग्रेस' की बैठक में कृषकों तथा मजदूरों से संबंधित माँगों को घोषणा पत्र में शामिल किया गया।[१२१] 'अखिल भारतीय विद्यार्थी-संघ' का तृतीय सम्मेलन मद्रास में तथा चतुर्थ सम्मेलन कलकत्ता में २ जनवरी १९३९ को के. एन. अशरफ की अध्यक्षता में आयोजित किया गया।[१२२] साथ ही मध्यप्रांत और बरार में जनवरी १९३८ में मिल-मजदूरों द्वारा हड़ताल जारी रखी गई तथा किसान सभाओं द्वारा काँग्रेस का बराबर विरोध चलता रहा। स्थान-स्थान पर किसान सभाओं का आयोजन किया जाता रहा। १० फरवरी १९३८ को बैतूल में आयोजित किसान-सभा की बैठक में काँग्रेस मंत्रिमंडल से भूमि-लगान में कमी तथा मालगुजारी-प्रथा को समाप्त किये जाने की माँग की गई। ऐसी ही एक सभा का आयोजन नागपुर में भी किया गया।[१२३]

हरिपुरा (गुजरात) में १९-२१ फरवरी १९३८ को आयोजित काँग्रेस के ५१ वें अधिवेशन में सुभाषचन्द्र बोस निर्विरोध अध्यक्ष निर्वाचित हुए। हरिपुरा-काँग्रेस में सुभाषचन्द्र बोस के अध्यक्ष चुने जाने पर समाजवादियों को बड़ी प्रसन्नता हुई। सुभाषचन्द्र बोस के अध्यक्ष पद पर निवार्चित किये जाने

में काँग्रेस के वामपंथी दल विशेषकर काँग्रेस समाजवादी दल का बहुत बड़ा हाथ था[१२४] जिसमें किसानों के नेता स्वामी सहजानंद तथा जयप्रकाश नारायण ने महत्वपूर्ण सहयोग दिया।[१२५] अपने अध्यक्षीय भाषण में काँग्रेस द्वारा मंत्रिमंडल को स्वीकार करने के संबंध में टिप्पणी करते हुए सुभाषचन्द्र बोस ने कहा कि 'काँग्रेस द्वारा प्रांतों में मंत्रिमंडल का गठन, एक प्रयोग के रूप में किया गया है।'[१२६] इस नये नेता ने नेहरू की अपेक्षा वामपंथी दलों तथा काँग्रेस के उद्देश्यों के अन्तर को स्पष्ट रूप से परिभाषित किया। उन्होंने न केवल गाँधीजी के उद्देश्यों को दर्शाया, वरन् सामंतवादी-प्रथा, पूँजीवादी-औद्योगिक-व्यवस्था के प्रति गाँधीजी के विचारों को प्रकाशित कर उनके अहिंसात्मक सिद्धांतों को अप्रमाणित किया जिसके कारण तनावपूर्ण वातावरण में हरिपुरा-काँग्रेस अधिवेशन सम्पन्न हुआ।[१२७] 'ट्रेड-यूनियन' तथा 'किसान-सभा' में भी तनावपूर्ण तथा अशांत वातावरण व्याप्त रहा क्योंकि वे भी सरकार की सीमित सुधारवादी-नीति से असंतुष्ट थे।[१२८] हरिपुरा काँग्रेस में किसान-सभा के प्रति पारित प्रस्तावों ने वामपंथी दलों को निराश किया जिससे अधिवेशन में विरोधी वातावरण निर्मित हो गया।[१२९]

मार्च १९३८ में जबलपुर में आयोजित किसान सभा की एक बैठक में के.जी. कुलकर्णी तथा अन्य सदस्यों द्वारा त्रिपुरी-काँग्रेस के अधिवेशन के लिए बिहार के सहजानंद तथा बम्बई के इन्दुलाल याज्ञनिक के नेतृत्व में एक जुलूस आयोजित किये जाने का प्रचार किया गया।[१३०] उन्हीं दिनों डॉ. डि'सल्वा के प्रयत्नों के फलस्वरूप 'अखिल भारतीय समाजवादी दल' की एक शाखा की स्थापना जबलपुर में भी की गई जो १९४५ तक कार्य करती रही। जिले में स्वयं-सेवकों के प्रशिक्षण हेतु 'अखिल भारतीय हिन्दुस्तान सेवादल' का भी प्रारंभ किया गया। उसी वर्ष कटनी में आयोजित 'नवयुवक-सम्मेलन' में अंग्रेजी वस्तुओं के 'बहिष्कार' का प्रस्ताव पारित किया गया। 'राष्ट्रीय सेवक-संघ' तथा 'राष्ट्रीय आजाद-संघ' की भी स्थापना की गई।[१३१] मार्च १९३८ में नागपुर के 'टेक्सटाइल यूनियन' तथा साम्यवादी दल के नेता एम. एन. राय द्वारा नागपुर, अकोला, खामगाँव तथा बिलासपुर में दौरा कर अनेक सभाओं का आयोजन कर जनता से जन आंदोलन हेतु अपील की गई।[१३२] नागपुर में १५ अप्रैल १९३८ में आयोजित एक किसान सभा में बी.टी. रानाडीव, पी.डी. मराठे, एम.एल. जयवंत तथा प्रोफेसर रंगा जैसे वक्ताओं ने दावा किया कि किसान सभा ने जनता के हित में स्वतंत्रता संघर्ष में एक सहायक तत्व के रूप में कार्य किया है। सभा में मालगुजारी प्रथा को समाप्त किये जाने की माँग से संबंधित अनेक प्रस्ताव पारित किये गये। एक अन्य किसान-सभा वर्धा में १८ अप्रैल १९३८ को आयोजित की गई जिसके प्रमुख वक्ता इंदुलाल याज्ञनिक थे।[१३३]

'इंडियन टैक्सटाइल यूनियन-फेडरेशन' तथा 'इंडियन ट्रेड यूनियन-काँग्रेस' के आपस में विलय कर दिये जाने के कारण अप्रैल १९३८ में नागपुर में दोनों का एक संयुक्त अधिवेशन सम्पन्न हुआ। इस अधिवेशन में अखिल भारतीय ट्रेड-यूनियन काँग्रेस में काँग्रेसजनों को मुख्य पद प्राप्त हुए।[१३४] टैक्सटाइल मिल नागपुर के श्रमिकों द्वारा पारिश्रमिक की दर बढ़ाये जाने की माँग के संबंध में मिल मालिकों को विरोधस्वरूप, ४ मई १९३८ को टैक्सटाइल मिल नागपुर में हड़ताल प्रारंभ करने की सूचना दी गई।[१३५] दूसरी ओर; काँग्रेस समाजवादी दल की एक सभा १३ अगस्त १९३८ को एम.आर. मसानी की अध्यक्षता में जबलपुर में आयोजित की गई जिसमें लगभग १२५ नवयुवकों ने भाग लिया। अपने अध्यक्षीय भाषण में एम.आर. मसानी ने 'समानता के सिद्धांत' पर आधारित एक वर्गरहित-समाज का प्रतिपादन कर राष्ट्रीय आन्दोलन की सफलता हेतु श्रमिक- कृषक तथा छात्र-संगठनों की आवश्यकता पर बल

दिया।[१३६] उसी दिन, उन्होंने विद्यार्थियों की एक अन्य सभा को संबोधित कर उनसे 'अखिल भारतीय विद्यार्थी-संघ' में सम्मिलित होने की अपील की।[१३७]

मध्यप्रांत के मराठी-भाषी क्षेत्र नागपुर में भी किसान सभा का आयोजन १५ अगस्त १९३८ में किया गया जिसके प्रमुख वक्ताओं में बी.टी. रानाडीव, पी.डी. मराठे, एम.एल. जयवंत तथा प्रोफेसर रंगा थे।[१३८] सितंबर १९३८ में नागपुर में 'किसान-दिवस'के अवसर पर आर.एस. रूईकर ने फिलिस्तीन के संबंध में अपनाये जाने वाली ब्रिटिश-नीति की आलोचना की। इन्हीं दिनों, 'अखिल भारतीय ट्रेड-यूनियन-काँग्रेस' की कार्यकारिणी सभा की बैठक आर.एस. रूईकर के नेतृत्व में नागपुर में आयोजित की गई जिसमें 'आर्मी रिक्रूटमेंट-बिल' तथा 'फेडरेशन-बिल' तथा 'फेडरेशन-विरोधी प्रस्ताव' पारित किये गये। इस प्रकार १९३८ में ट्रेड यूनियन काँग्रेस की राजनीतिक हलचल में कमी के उपरांत भी संगठनों के एकीकरण ने मजदूर वर्ग के आर्थिक-संघर्ष पर सकारात्मक प्रभाव डाला।[१३९]

१९३९ में द्वितीय विश्वयुद्ध प्रारंभ हो गया। साम्यवादी दल ने इसे साम्राज्यवादी-युद्ध कहकर निंदा की और स्वाधीनता हेतु एक राष्ट्रीय-संघर्ष का आव्हान किया। अवैध रूप से जारी अपने पेम्पफ्लेट 'सर्वहारा पथ' (प्रोलेटेरियन पाथ) में दल ने राष्ट्रव्यापी संघर्ष के कार्यक्रमों को प्रस्तुत किया। देश में मंहगाई भत्ता बढ़ाने तथा युद्ध-विरोधी हड़तालों के लिए मजदूरों को ललकारा। इस अवधि में साम्यवादी दल को अवैधता की कड़ी शर्तों के अन्तर्गत कार्य करना पड़ा।[१४०] दूसरी ओर, काँग्रेस समाजवादी दल के प्रोत्साहन तथा कृषकों की जागरूकता के कारण, मध्यप्रांत और बरार में स्थान-स्थान पर किसान सभाओं का आयोजन किया गया। ऐसी ही एक सभा का आयोजन २० फरवरी १९३९ को बैतूल जिले में कर, भू-लगान में कमी तथा मालगुजारी-प्रथा को समाप्त करने की माँग की गई।[१४१]

१९३९ के त्रिपुरी काँग्रेस में सुभाषचन्द्र बोस के पुन: अध्यक्ष पद पर निर्वाचित होने के कारण काँग्रेस और सुभाषचन्द्र के मध्य सैद्धांतिक मतभेद उत्पन्न हो गये। दक्षिणपंथियों के विरोध के कारण २९ अप्रैल १९३९ को सुभाषचन्द्र बोस ने काँग्रेस के अध्यक्ष पद से त्यागपत्र देकर काँग्रेस के अन्तर्गत ३ मई १९३९ को 'फारवर्ड-ब्लाक' नामक एक नये दल का गठन किया। सुभाषचन्द्र बोस को बंगाल प्रांत के अध्यक्ष पद से भी हटा दिया गया और ३ वर्षों के लिए काँग्रेस से निष्कासित कर दिया गया।[१४२] 'फारवर्ड-ब्लाक दल' की स्थापना के संबंध में ३० अप्रैल को अपने आशय से अवगत कराते हुए जवाहरलाल नेहरू को लिखा कि 'फारवर्ड-ब्लाक' की स्थापना करते समय उन्हें दो आशायें थी। प्रथम, भविष्य में काँग्रेस के साथ संघर्ष की स्थिति में अधिक प्रभावशाली ढंग से संघर्ष करने में समर्थ होंगे और एक न एक दिन काँग्रेस को उनके विचारों से सहमत होना पड़ेगा। दूसरे, यदि वे काँग्रेस को अपने मत पर सहमत न कर पायें तो वे अपने ढंग से और अधिक संघर्ष करेंगे।"[१४३] अत: इस दल का उद्देश्य अपने ढंग से देश को शीघ्रातिशीघ्र स्वतंत्र कराना था।

सुभाषचंद्र बोस, महात्मा गाँधी के राजनीतिक विचारों के आलोचक थे। उनकी निष्ठा गाँधीजी की अहिंसावादी नीति में नहीं थी। वे गाँधीजी की भांति राजनीतिक तथा नैतिक प्रश्नों को संयुक्त करना नहीं चाहते थे। वे देश की राजनीतिक स्वतंत्रता को एक अनिवार्य आवश्यकता तथा सामाजिक स्वतंत्रता के संघर्ष को आवश्यक मानते थे। उनका विचार था कि जमींदारों, पूँजीपतियों, किसानों, मजदूरों, अमीरों तथा गरीबों के आंतरिक तथा सामाजिक संघर्षों को स्थगित नहीं किया जा सकता। सुभाषचन्द्र बोस राजनीतिक और सामाजिक संघर्ष को साथ-साथ चलाये जाने के पक्ष में थे।

उनकी मान्यतानुसार 'जो दल भारत के लिए राजनीतिक स्वतंत्रता प्राप्त करेगा वही दल देश की जनता को सामाजिक और आर्थिक स्वतंत्रता भी दिलायेगा।[१४४] अत: उन्होंने भारत में वामपंथियों की शक्ति को बढ़ाने के उद्देश्य से ही श्रमिक तथा किसान-वर्ग के हितों का समर्थन किया। इस प्रकार सुभाषचन्द्र बोस 'फारवर्ड ब्लाक' के झंडे के नीचे देश की वामपंथी शक्तियों को एकत्र कर तथा देश के नवयुवकों में क्रांतिकारी भावनाओं का संचार करना चाहते थे।[१४५]

सुभाषचंद्र बोस द्वारा स्थापित 'फारवर्ड-ब्लाक' में आर.एस. रूईकर के सम्मिलित हो जाने से इस दल की सदस्यता में तीव्रगति से वृद्धि हुई। इसके ट्रेड-यूनियन की गतिविधियों में वृद्धि के परिणामस्वरूप अनेक पंजीकृत यूनियनों की स्थापना हुई जिनकी संख्या १९३४ में १९१, १९३८ में २९६ तथा १९३९ में बढ़कर ८०० से ९०० तक हो गई।[१४६]

२२ जून १९३९ को बम्बई में आयोजित 'फारवर्ड-ब्लाक' के अखिल भारतीय सम्मेलन में सुभाषचंद्र बोस द्वारा 'वामपंथी एकीकरण-समिति' (लेफ्ट कंसोलिडेशन कमेटी) की स्थापना की गई जो 'संयुक्त-मोर्चा' कहलायी। इस समिति की स्थापना का उद्देश्य वामपंथी-शक्तियों को एक साथ एक स्थान पर एकत्र करना था। इस समिति का गठन फारवर्ड-ब्लाक, काँग्रेस-समाजवादी दल, उग्रवादी तथा रॉययिस्ट साम्यवादी दल को मिलाकर किया गया।[१४७] इस बैठक में फारवर्ड-ब्लाक के प्रांतीय अध्यक्ष भी चुने गये। बिहार प्रान्तीय फारवर्ड-ब्लाक के अध्यक्ष स्वामी सहजानंद, बम्बई के के.एफ. नरीमन, महाकोशल के डॉ. डिसल्वा, नागपुर के टी.जे. केदार और बरार के डॉ. पटवर्धन चुने गये।[१४८]

८ अगस्त १९३९ को वर्धा में काँग्रेस कार्यकारिणी की बैठक में सुभाषचन्द्र बोस द्वारा काँग्रेस को ब्रिटिश साम्राज्यवाद के विरुद्ध सविनय अवज्ञा आन्दोलन प्रारंभ किये जाने की सलाह दी गई क्योंकि उस समय ब्रिटिश शक्ति का ध्यान पूरी तरह युद्ध की ओर आकर्षित था।[१४९] अत: सुभाषचन्द्र बोस द्वारा युद्ध विरोधी प्रचार अभियान का तूफानी दौर प्रारंभ करते हुए सम्पूर्ण देश का दौरा किया गया। स्थान-स्थान पर जनता को संबोधित कर ब्रिटिश सरकार को युद्ध में किसी प्रकार की सहायता न कर परिस्थितियों का लाभ उठाते हुए आन्दोलन प्रारंभ करने की अपील की गई। इसी दौर में नागपुर की एक सभा में सुभाषचन्द्र बोस ने काँग्रेस-मंत्रिमंडल की आलोचना करते हुए कहा कि 'मंत्रिमंडल प्राप्त करते ही काँग्रेस ने स्वतंत्रता प्राप्ति के अपने उद्देश्य को भुला दिया है। गाँधीजी को उनके अनुयायियों द्वारा विश्वास दिला दिया गया है कि दूसरे सविनय अवज्ञा आन्दोलन के लिए देश तैयार नहीं हैं।'[१५०]

अत: साम्यवादी तथा काँग्रेस समाजवादी दल द्वारा युद्ध-विरोधी प्रदर्शनों का सिलसिला सितम्बर १९३९ से प्रारंभ हो गया जिससे साम्यवादी दल की संख्या में वृद्धि हुई। स्पष्ट है कि द्वितीय महायुद्ध के प्रारंभ तक साम्यवादी दल को राष्ट्रीय आन्दोलन में वामपंथी पक्ष को सशक्त बनाने तथा स्वाधीनता आन्दोलन में एक महत्वपूर्ण स्थान अर्जित करने में सफलता प्राप्त हुई। इस प्रकार राष्ट्रीय आन्दोलन के वामपंथी पक्ष को मजबूत करने में वह सफल हुई। अत: साम्यवादी दल की सदस्य संख्या में कई गुना वृद्धि हुई।[१५१] अक्टूबर १९३९ में साम्राज्यवाद-विरोधी सम्मेलन को नागपुर में भारी सफलता प्राप्त हुई। साथ ही 'वामपंथी एकीकरण समिति' के भंग होने की संभावना भी दृष्टिगोचर होने लगी क्योंकि अक्टूबर १९३९ को काँग्रेस-समाजवादी दल के लखनऊ सम्मेलन में काँग्रेस-समाजवादी दल द्वारा

वामपंथी-एकीकरण समिति के आदेशों के पालन न करने तथा अपने दल के नियमानुसार ही कार्य करने की घोषणा की गई।[१५२]

सुभाषचन्द्र बोस द्वारा निर्मित 'वामपंथी एकीकरण समिति' का उपयोग साम्यवादियों द्वारा अपने दल के प्रचार हेतु किया जा रहा था। साम्यवादी दल इसके द्वारा साम्राज्यवाद विरोधी आन्दोलन की एकता को गंभीर हानि पहुँचाना चाहता था। इस बात का ज्ञान होते ही काँग्रेस समाजवादी दल द्वारा साम्यवादी दल को 'संयुक्त मोर्चा' से बहिष्कृत कर दिया गया।[१५३] 'संयुक्त मोर्चा' से साम्यवादी दल को बहिष्कृत किये जाने पर 'वामपंथी एकीकरण समिति' में सिर्फ दो दल रह गये। एक स्वामी सहजानंद की किसान सभा तथा दूसरा सुभाषचन्द्र बोस का 'फारवर्ड-ब्लाक'।[१५४] अत: वामपंथी दल को एकत्र रखने का सुभाषचन्द्र बोस द्वारा किया गया प्रयास असफल हो गया। 'संयुक्त-मोर्चे' के भंग होते ही वामपंथ की एकता भी भंग हो गई।[१५५] १९३९ में काँग्रेस मंत्रिमंडल द्वारा त्यागपत्र दिये जाने के कारण काँग्रेस-समाजवादी दल तथा साम्यवादी दल के क्रियाकलापों पर कुछ समय के लिए रोक लग गयी परंतु अप्रत्यक्ष रूप से मध्यप्रांत के कुछ स्थानों पर काँग्रेस समाजवादी दल की शाखायें स्थापित की गई।[१५६] इधर मध्यप्रांत के छत्तीसगढ़-संभाग के बिलासपुर जिले में ५ दिसंबर १९३९ को एच.व्ही. कामथ द्वारा बुलाये गये 'फारवर्ड-ब्लाक' की एक सभा में जनता को संबोधित करते हुए कहा कि 'फारवर्ड ब्लाक द्वारा बताये गये नियमों के पालन से ही स्वतंत्रता प्राप्त हो सकती है।' उक्त संबोधन के तुरंत बाद वे गिरफ्तार कर लिये गये। कुछ दिनों उपरांत, मुक्त होने पर १० दिसंबर १९३९ को आयोजित नागपुर की एक सभा में भी एच.व्ही. कामथ ने महात्मा गाँधी तथा काँग्रेस नेताओं की नीतियों की आलोचना की। अन्य वक्ताओं में आर.एस. रूईकर तथा अमरावती के डॉ. पटवर्धन भी थे। इसी प्रकार बैतूल में 'फारवर्ड-ब्लाक' के नेता आनंदराव लोखंडे द्वारा काँग्रेस की नीति की आलोचना करते हुए युद्ध-विरोधी आन्दोलन में भाग लेने हेतु जनता से तैयार रहने की अपील की गई। फारवर्ड ब्लाक द्वारा संयुक्त मोर्चा भंग किये जाने पर भी रामगढ़ सम्मेलन में काँग्रेस द्वारा युद्ध-नीति के संबंध में कोई भी निर्णय नहीं लिया जा सका।[१५७]

२६ जनवरी १९४० को स्वतंत्रता दिवस का दिन परंपरागत ब्रिटिश विरोधी जन-प्रदर्शनों और हड़तालों में परिवर्तित हो गया[१५८] जिसके कारण ट्रेड-यूनियन के श्रमिक और किसान नेताओं की गिरफ्तारी प्रारंभ हो गई। कुछ ही दिनों में एस.ए. डांगे, बी.टी. रानाडीव, एस.एस. मिराजकर, एस.व्ही. पारूलकर, ए.एस. आयंगर, सज्जाद जहीर, एस.व्ही. घाटे, आर.एस. निम्बकर तथा एस.जी. पातकर आदि साम्यवादी दल के प्राय: सभी नेतागण जेल में डाल दिये गये।[१५९] काँग्रेस-समाजवादी दल के नेताओं में जयप्रकाश नारायण, एन.जी. रंगा, राहुल सांस्कृतायन, स्वामी सहजानंद सरस्वती सहित गिरनी-कामगार-यूनियन, अखिल-भारतीय किसान-सभा तथा अखिल-भारतीय ट्रेड-यूनियन काँग्रेस के सभी नेताओं को भी बंदी बना लिया गया। शासकीय रिपोर्ट के अनुसार साम्यवादी दल तथा उसके सहायक दलों से संबंधित ४८० व्यक्तियों को गिरफ्तार कर लिया गया।[१६०] रामगढ़ में 'समझौता विरोधी-सम्मेलन' का आयोजन मार्च १९४० में फारवर्ड ब्लाक तथा किसान सभा द्वारा किया गया जिसमें फारवर्ड ब्लाक तथा किसान सभा को अपूर्व सफलता प्राप्त हुई। फलस्वरूप ६ अप्रैल से १३ अप्रैल १९४० तक फारवर्ड ब्लाक द्वारा 'राष्ट्रीय-सप्ताह' मनाते हुए सभी स्थानों में सविनय अवज्ञा आन्दोलन प्रारंभ किया गया।[१६१]

अब 'फारवर्ड ब्लाक' का कार्य सरकार-विरोधी भाषण देना एवं 'इंकलाब-जिन्दाबाद' वाली सरकार विरोधी-पर्चियाँ बँटवाना था। २८ अप्रैल १९४० को बैतूल जिले के फारवर्ड ब्लाक के अध्यक्ष

तथा सक्रिय कार्यकर्ता बाबूराव धोते द्वारा हिन्दी भाषा में 'इंकलाब जिन्दाबाद' के नारे की कुछ पर्चियों को लिखकर बैतूल जिले के मोटर-स्टैंड के समीप बँटवाया गया। इन पर्चियों को बाँटने का उद्देश्य ब्रिटिश सरकार के विरुद्ध जनता में जागृति उत्पन्न करना था। फारवर्ड-ब्लाक के नेताओं द्वारा बैतूल जिले के ग्रामीण क्षेत्रें जैसे भैसदेही और मुल्ताई तहसील के गौंड-जाति के लोगों में भी आन्दोलन को भड़काने हेतु सरकार विरोधी-पर्चियाँ बँटवायी गई। २८ अप्रैल १९४० को बैतूल जिले के मुल्ताई तहसील में काँग्रेस द्वारा आयोजित सरकार तथा युद्ध विरोधी-सभा में किसान सभा के अध्यक्ष बांकाराम खांडे द्वारा सरकार की कड़ी आलोचना की गई। किसान सभा द्वारा बँटवाये गये आन्दोलनकारी पर्चों पर क्रिमिनल प्रोसीजर-कोड की धारा ९९-ए के अन्तर्गत रोक लगा दी गई।[१६२]

दूसरी ओर, नागपुर, जबलपुर, बुरहानपुर, रायपुर तथा अकोला के मजदूरों द्वारा १ मई १९४० को 'मई- दिवस' का आयोजन किया गया तथा अकोला के साम्यवादी दल की एक सभा में ओमप्रकाश मेहता द्वारा आपत्तिजनक भाषण दिये गये।[१६३] आर.एस. रूईकर ने भी टेक्सटाइल-मिल के मजदूरों द्वारा २७ मई से हड़ताल प्रारंभ किये जाने की घोषणा की। छिंदवाड़ा जिले के 'कोयला-खदान मजदूर-यूनियन' तथा जबलपुर-संभाग के कटनी के नगर-निगम के जमादारों द्वारा १९ मई १९४० से ५ दिवसीय हड़ताल की सूचना दी गई। १८ मई १९४० को अकोला में 'बरार प्रांतीय साम्यवादी दल' द्वारा बरार प्रान्तीय काँग्रेस-कार्यकर्ताओं के शिविर में नागपुर के ओमप्रकाश मेहता तथा छोटेलाल के नेतृत्व में 'लाल झंडे' सहित कुछ छपे हुए पर्चे फेंके गये। ये पर्चे भारतीय दंड-सहित १८९८ के विरुद्ध होने के कारण छोटेलाल तथा ओमप्रकाश मेहता की गिरफ्तारी के आदेश जारी किये गये।[१६४]

बैतूल जिले के दो शिक्षकों सहित दो गौंडों द्वारा भैंसदही के तहसीली कार्यालय में १८ मई १९४८ को तहसीलदार की कुर्सी पर कब्जा कर लिया गया। उनको फौजदारी कानून भंग करने पर सजा दी गई। इसी प्रकार २४ मई १९४० को ६ गौंड़ों द्वारा आमला स्टेशन से रेलगाड़ी द्वारा यात्रा न कर बैलगाड़ी द्वारा यात्रा किये जाने के लिए जनता से अपील की गई। उनके विचारानुसार रेलगाड़ी के सरकारी सम्पत्ति होने के कारण रेलगाड़ी से यात्रा करने पर सरकार को आय होती है। अतः जनता को बैलगाड़ियों द्वारा यात्रा किये जाने के लिए प्रोत्साहित करने पर गौंड़ों के विरुद्ध रेल तथा सुरक्षा अधिनियम के अन्तर्गत ३ बार दण्डात्मक कार्यवाही की गई। बलराम तथा बाकांराम खांडे को सरकार विरोधी भाषण देने के कारण चेतावनी दी गई। फारवर्ड-ब्लाक के नेता आनंदराव लोखंडे, नामदेव तथा बैतूल जिला फारवर्ड ब्लाक के अध्यक्ष बाबूराव धोते को 'इंकलाब जिन्दाबाद' के नारे लगाने तथा सरकार विरोधी-पर्चे बँटवाने के अपराध में भारतीय सुरक्षा अधिनियम के अन्तर्गत मुलताई तहसील के तेन्दूखेड़ा नामक स्थान पर गिरफ्तार कर ३ वर्षों की निश्चित अवधि की सजा दी गई।[१६५] इस प्रकार बैतूल जिले की राजनीतिक स्थिति ने सरकार का ध्यान अपनी ओर आकर्षित किया। फलस्वरूप जिले में सुरक्षा की दृष्टि से अतिरिक्त पुलिस दल में एक उप थानेदार, दो हवलदार, ३० सिपाहियों सहित एक अतिरिक्त पुलिस निरीक्षक और एक सहायक-कमिश्नर भेजे गये।[१६६]

छिंदवाड़ा जिले के कोयला खान क्षेत्र के जुन्नारदेव नामक स्थान पर ९ जून १९४० को आर. एस. रूईकर की अध्यक्षता में 'ट्रेड-यूनियन काँग्रेस' की बैठक में सरकार विरोधी आपत्तिजनक भाषण दिये गये।[१६७] सुभाषचन्द्र बोस की अध्यक्षता में फारवर्ड-ब्लाक का द्वितीय अखिल भारतीय सम्मेलन १८-१९ जून १९४० को नागपुर में आयोजित किया गया जिसमें दल को एक समझौतावादी तथा स्वतंत्रता

प्राप्ति हेतु संघर्षशील सामाजिक पुनर्गठन करने वाले एक दल के रूप में स्थापित किया गया।[१६८] देश के विभिन्न भागों के प्रतिनिधि भी इस सम्मेलन में उपस्थित हुए। आर.एस. रूईकर ने इस सम्मेलन के स्वागताध्यक्ष के रूप में अपने स्वागत भाषण में काँग्रेस कार्यकारिणी समिति की नीतियों की कटु आलोचना करते हुए, युद्ध-काल में ब्रिटिश सरकार की कठिन परिस्थितियों को ही भारतीय स्वतंत्रता प्राप्ति का स्वर्ण-अवसर निरूपित किया। सुभाषचंद्र बोस भी फारवर्ड-ब्लाक द्वारा सरकार विरोधी पर्चियों को बँटवाना ही उद्देश्य की पूर्ति हेतु पर्याप्त नहीं मानते थे। अत: सम्मेलन के दूसरे दिन १९ जून १९४० को प्रस्तुत १२ प्रस्तावों में सबसे महत्वपूर्ण प्रस्ताव सुभाषचन्द्र बोस द्वारा प्रस्तुत किया गया जिसके अनुसार एक 'स्वतंत्र-सुरक्षा दल' की स्थापना पर जोर देते हुए कठोरता पूर्वक स्थानीय आन्दोलन को जारी रखे जाने की बात कही गई तथा काम चलाऊ राष्ट्रीय- सरकार को तुरंत स्थापित करने की माँग की गई। सुभाषचंद्र बोस के इस भाषण को सरकार ने बहुत गंभीरतापूर्वक लिया। बरार के यवतमाल जिले के धामनगाँव में फारवर्ड ब्लाक की सभा को सुभाषचंद्र बोस तथा कलकत्ता से पधारे दत्त मजुमदार ने संबोधित किया। इसी प्रकार अमरावती में आयोजित फारवर्ड ब्लाक की सभा में भी लगभग २०० व्यक्तियों ने भाग लिया।[१६९]

जून १९४० में जब सुभाषचन्द्र बोस ने कलकत्ता के सार्वजनिक स्थानों से अंग्रेजों की मूर्तियों को हटाने के लिए आन्दोलन प्रारंभ किया। उस समय उनकी मुलाकात वीर सावरकर से हुई। वीर सावरकर ने सुभाषचन्द्र बोस को इन छोटे-मोटे आन्दोलनों में अपना समय बरबाद करने की अपेक्षा भारत से बाहर फासिस्ट तथा नाज़ी शक्तियों के हाथों में पड़े हुए भारतीय कैदियों को नेतृत्व प्रदान कर देश को स्वतंत्रता दिलाने का प्रयत्न किये जाने की सलाह दी।[१७०] इन्हीं दिनों मध्यप्रांत में काँग्रेस समाजवादी दल द्वारा 'स्वयं-सेवक-संघ' और 'राष्ट्रीय आजाद-संघ' तथा मगनलाल बागड़ी द्वारा नागपुर में 'हिन्दुस्तान रेड-आर्मी' (हिन्दुस्तानी लाल-सेना) की स्थापना की गई। काँग्रेस समाजवादी दल, किसान सभाओं तथा विद्यार्थी-संगठनों के माध्यम से निरंतर क्रियाशील बनी रही।[१७१] दूसरी ओर, नागपुर के एक सिनेमा हाल के बाहर २१ जून १९४० को फेंके गये बम से एक व्यक्ति की मृत्यु हो गई तथा ५ व्यक्ति गंभीर रूप से घायल हुए। इस दुर्घटना के लिए स्थानीय साम्यवादी दल के व्यक्तियों पर संदेह किया गया। संदेहवश स्थानीय साम्यवादी कार्यकर्ताओं तथा 'हिन्दुस्तान रेड-आर्मी' के कार्यालयों की तलाशी ली गई। नागपुर में आयोजित साम्यवादी दल की एक सभा में सरकार की इस कार्यवाही की भर्त्सना की गई। इन सभाओं के प्रमुख वक्ताओं वी.एस. दांडेकर, एस.वाय. कुलकर्णी, मगनलाल बागड़ी तथा श्यामलाल नाई सहित सभी व्यक्तियों को भारतीय सुरक्षा अधिनियम के अन्तर्गत सजायें दी गई।[१७२]

इन साम्यवादी दल के नेतागणों की गिरफ्तारी के कारण 'हिन्दुस्तान रेड-आर्मी' द्वारा १६ जुलाई १९४० को नागपुर में आयोजित एक विरोधी सभा को डॉ. राम सिंह गौर, परांजपे तथा पानके द्वारा संबोधित किये जाने के कारण सुरक्षा-अधिनियम के अन्तर्गत उन्हें दंडित किया गया। दो अन्य साम्यवादी दल के वक्ताओं बलवंत घाटे तथा मराठे को चेतावनी दी गई। सरकार के इस विरोधी रूख के कारण १७ जुलाई १९४० को नागपुर में साम्यवादियों ने एक अन्य सभा का आयोजन कर दो उपसमितियों का गठन किया। एक, सक्रिय-उपसमिति जिसका कार्य युद्ध-विरोधी भाषण देकर स्वयं को गिरफ्तार करवाना था तथा दूसरी, निष्क्रिय-उपसमिति जिसका कार्य बिना गिरफ्तारी के दल के कार्यों को जारी रखना था। इन उपसमितियों की गतिविधियों पर सरकार द्वारा कड़ी नजर रखी गई। 'हिन्दुस्तान रेड-आर्मी' के ४

स्वयं सेवकों द्वारा नागपुर में दौरा कर युद्ध विरोधी नारे लगाते हुए जनता से सरकार की सहायता तथा करेंसी नोटों को स्वीकार न करने की अपील की गई और उन्हें तुरंत गिरफ्तार कर लिया गया। उनकी गिरफ्तारी के कारण २३ स्वयं सेवकों के एक जत्थे ने पुन: नगर में जुलूस निकाला जिसमें ब्रिटिश सरकार के विरुद्ध किसी प्रकार के आपत्तिजनक नारों का प्रयोग न कर अपने विरोध को पोस्टरों द्वारा नागपुर जिले के ग्रामीण क्षेत्रों में प्रदर्शित किया।उन पोस्टरों को सरकार द्वारा तुरंत हटवा दिया गया।[१७३]

कलकत्ता में 'हॉलवेल स्मारक', बंगाल-सचिवालय भवन से हटाये जाने की माँग करते हुए सुभाषचन्द्र बोस २ जुलाई १९४० में गिरफ्तार कर जेल भेज दिये गये। अत: सुभाषचन्द्र बोस के अनुयायियों द्वारा एक जुलूस स्मारक तक ले जाया गया। उन्हें गिरफ्तार कर उन पर मुकदमा चलाया गया। २३ जुलाई १९४० को बंगाल फारवर्ड-ब्लाक के मंत्री फजलूल हक ने सरकार से शीघ्रातिशीघ्र 'हॉलवेल-स्मारक' हटा दिये जाने की अपील की।[१७४] सुभाषचंद्र बोस की गिरफ्तारी का मध्यप्रांत पर भी प्रभाव पड़ा। जबलपुर, मंडला, तथा बुल्ढ़ाना जिले में हड़ताल की स्थिति निर्मित हुई। नागपुर, बुरहानपुर तथा अमरावती में अनेक सरकार विरोधी सभाओं का आयोजन किया गया।[१७५]

नागपुर जिले के काटोल नामक स्थान पर २७ अगस्त १९४० को हिन्दुस्तान रेड-आर्मी के स्वयं सेवकों द्वारा सरकार विरोधी जुलूस निकाले जाने के कारण ३ स्वयं सेवकों को नागपुर के उमरेर तहसील में गिरफ्तार कर लिया गया। स्वयं सेवकों की गिरफ्तारी के प्रभाव के कारण हिन्दुस्तान रेड आर्मी के दो सक्रिय सदस्यों ने स्तीफा दे दिया।[१७६] हिन्दुस्तान रेड आर्मी के स्वयं सेवकों द्वारा ३ सितम्बर १९४० को काटोल नामक स्थान पर आपत्तिजनक नारे लगाने पर ३ स्वयं सेवकों को गिरफ्तार कर लिया गया जिनमें से एक को अवयस्क होने के कारण चेतावनी देकर छोड़ दिया गया।[१७७]

अखिल भारतीय 'विद्यार्थी-संघ' पर राष्ट्रवादी प्रभाव और विद्यार्थी-संघ पर साम्यवादी प्रभाव होने के कारण विद्यार्थी संघ दो भागों में बँट गया। एक साम्यवादी विद्यार्थी-संघ दूसरा असाम्यवादी विद्यार्थी-संघ।[१७८] 'साम्यवादी विद्यार्थी-संघ' 'फारूख-गुट' कहलाया। असाम्यवादी विद्यार्थी संघ ने 'राष्ट्रीय-संघ' की स्थापना अखिल भारतीय 'विद्यार्थी-काँग्रेस' के नाम से की। यह संघ १९४९ तक कार्य करता रहा। 'साम्यवादी विद्यार्थी संघ' अपने पुराने नाम 'अखिल भारतीय विद्यार्थी संघ' के नाम पर ही कार्य करता रहा।[१७९] दोनों पक्षों के विरोधी मत होने के कारण दोनों का सम्मेलन अलग-अलग आयोजित किया गया। साम्यवादी पक्ष के विद्यार्थी-संघ का सम्मेलन के.एस. अशरफ तथा हीरेन मुखर्जी की अध्यक्षता में और असाम्यबादी विद्यार्थी-संघ का सम्मेलन एम.एस. शाह तथा अरविंद बोस की अध्यक्षता में आयोजित हुआ। नागपुर विश्वविद्यालय के उपकुलपति द्वारा इन दो गुटों में मध्यस्थता का प्रयास किया गया परंतु वे असफल हुए। अत: दोनों गुटों में गंभीर मतभेद होने के कारण वे पूर्णत: एक दूसरे से अलग हो चुके थे।[१८०]

आर.एस. रूईकर की अध्यक्षता में १२ और १३ अक्टूबर १९४० को छिंदवाड़ा में आयोजित एक 'युवक-सम्मेलन' (यूथ-कान्फ्रेंस) में रूईकर द्वारा युवकों से 'स्वतंत्रता प्राप्ति तक युद्ध में किसी प्रकार भाग न लेने की अपील की गई।' इस सम्मेलन के दूसरे वक्ता पी.के. तारे तथा तीसरे खांडेकर थे। सरकार विरोधी भाषण देने पर सभी नेताओं को चेतावनी दी गई।[१८१] कुछ दिनोपरांत काँग्रेस द्वारा 'व्यक्तिगत-सत्याग्रह' प्रारंभ किया गया।आचार्य विनोबा भावे १७ अक्टूबर १९४० को युद्ध तथा सरकार

विरोधी भाषण देकर व्यक्तिगत सत्याग्रह करते हुए गिरफ्तार कर लिए गये। विनोबा भावे व्यक्तिगत-सत्याग्रह के प्रथम सत्याग्रही बने। विनोबा भावे की गिरफ्तारी पर फारवर्ड-ब्लाक के कार्यकर्ताओं द्वारा नागपुर में एक सभा आयोजित कर विनोबा भावे को बधाई देते हुए ब्रिटिश सरकार के कार्यों की निंदा की गई। इस सभा के प्रमुख वक्ता प्रान्तीय फारवर्ड-ब्लाक के अध्यक्ष आर.एस. रूईकर और विधायिका परिषद् के सदस्य खांडेकर थे। इस सभा में यह आशा की गई कि यह आन्दोलन एक जनव्यापी आन्दोलन में परिणित हो जायेगी।[१८२] बरार के बुलढ़ाना जिले में भी डॉ. पटवर्धन ने फारवर्ड-ब्लाक की अनेक सभायें आयोजित कर आन्दोलन में भाग लिया। फारवर्ड-ब्लाक भी काँग्रेस के कार्यक्रमानुसार अपने क्रांतिकारी उद्देश्यों की पूर्ति करना चाहता था। अत: १९४०-४१ में फारवर्ड-ब्लाक के अनेक सदस्य आन्दोलन में भाग लेने के कारण गिरफ्तार कर जेल भेज दिये गये जिनमें अमीन चंद, एच.व्ही. कामथ, मजदूर नेता एस.ए. डांगे तथा महाराष्ट्र के भुसकुटे प्रमुख थे।[१८३]

ट्रेड यूनियन-काँग्रेस के नेता आर.एस. रूईकर को ३ दिसंबर १९४० को आपत्तिजनक भाषण देने के कारण गिरफ्तार कर लिया गया। एम.एन. राय ने डॉ. खरे के साथ मध्यप्रांत का दौरा किया तथा काँग्रेस के कार्यक्रमों पर विचार-विमर्श कर ७ दिसंबर १९४० की आयोजित सभा को संबोधित करते हुए कहा कि 'फासीवाद, साम्राज्यवाद से भी बुरा है। अत: भारत की दोनों शक्तियों 'नाजीवाद तथा 'फॉसीवाद' के विरुद्ध युद्ध में ब्रिटिश सरकार की सहायता करना चाहिए। उसके दूसरे दिन ८ दिसंबर १९४० को अमरावती में युवक-सम्मेलन (यूथ कांफ्रेंस) को संबोधित करते हुए उन्होंने काँग्रेस की नीतियों की कड़ी आलोचना की तथा जनता को युद्ध में सम्पूर्ण शक्ति से भाग लेने हेतु प्रेरित किया।[१८४] इधर नागपुर में आयोजित 'अखिल भारतीय विद्यार्थी संघ' के अधिवेशन के समय २५ दिसंबर १९४० में साम्यवादियों ने गाँधीजी के व्यक्तिगत सत्याग्रह को लेकर 'विद्यार्थी आन्दोलन' पर अपना प्रभाव स्थापित करने हेतु नयी नीति अपनायी।

स्वतंत्रता प्राप्ति हेतु सुभाषचंद्र बोस को गाँधीजी द्वारा अपनायी गयी अहिंसात्मक-नीति पर विश्वास न होने के कारण वे विदेशी सहायता से सशस्त्र क्रांति द्वारा देश को आजादी दिलाने के समर्थक थे। फारवर्ड-ब्लाक के जन्मदाता सुभाषचंद्र बोस का विश्वास था कि बिना विदेशी सहायता के स्वतंत्रता प्राप्त नहीं की जा सकती।[१८५] महायुद्ध के काल में सरकार ने सुभाषचंद्र बोस को कलकत्ता स्थित उनके मकान में नजरबंद कर दिया था।[१८६] १७ जनवरी १९४० को अपने कलकत्ता स्थित मकान से वे बड़े नाटकीय ढंग से वेश बदलकर पलायन कर गये। उनके इस पलायन में उनके भतीजे शिशिर कुमार बोस का भारी योगदान था। सरकार द्वारा उन्हें पहचानते ही गिरफ्तार कर लिये जाने का आदेश दिया गया।[१८७]

२९ जनवरी १९४१ को सुभाषचंद्र बोस भारत से पेशावर पहुँचे। वहाँ से मौलवी जियाउद्दीन के वेष में भगतराम तलवार जो रहमतखान का वेष धारण किये हुए थे, के साथ काबुल पहुँचे। काबुल में लगभग २ माह तक रहे।[१८८] काबुल में जर्मनी और जापान के प्रतिनिधियों से अधिक सहायता प्राप्त न हो सकी परंतु काबुल में इटली के प्रतिनिधि अलबर्टो कुआरोनी से मुलाकात अधिक लाभप्रद सिद्ध हुई।[१८९] सुभाषचंद्र बोस ने बर्लिन को अपने क्रिया-कलापों का केन्द्र बनाये।[१९०] अलबर्टो कुआरोनी की सहायता से सुभाषचंद्र बोस के लिए सिग्नोर ओरनाल्डो माज्जोट्टा के नाम से पासपोर्ट की व्यवस्था की

गई। सुभाषचंद्र बोस दो जर्मन और एक इटालियन के साथ बर्लिन पहुँचे। जब वे हिटलर से मिलने जर्मनी गये हुए थे, तब ब्रिटिश सरकार ने उन्हें शत्रुओं का ऐजेंट घोषित कर दिया।[१९१]

२७ मई १९४१ को सुभाषचंद्र बोस की मुलाकात हिटलर से हुई। हिटलर ने उनकी दक्षिण- पूर्व एशिया से संबंधित योजना को समर्थन दिया परंतु इसका कोई लाभ न हुआ।[१९२] २२ जून १९४१ को हिटलर द्वारा सोवियत संघ पर आक्रमण किये जाने पर युद्ध की स्थिति में आमूल परिवर्तन हुआ। इन घटनाओं ने भारतीय साम्यवादियों के रूख को प्रभावित किया जिससे भारतीय साम्यवादी दल ने स्वतंत्रता संघर्ष जारी रखने के साथ-साथ, धुरी-राष्ट्रों के विरुद्ध युद्ध को एक 'जन-युद्ध' में बदलने का प्रयत्न किया जिससे भारत के विभिन्न राजनीतिक दलों के समक्ष एक गंभीर समस्या उत्पन्न हो गई। इस प्रकार १९४१ के मध्य तक साम्यवादी दल की नीति में कोई परिवर्तन नहीं हुआ। बाद में उन्होंने काँग्रेस-विरोधी रूख अपना लिया। साम्यवादियों द्वारा अपनायी गई नई नीति 'प्रोलीटेरियन-पाथ' कहलाई।[१९३] इस समय साम्यवादियों, काँग्रेस तथा अन्य वामपंथी समूहों के मध्य भीषण संघर्ष प्रारंभ हो गया था। उधर जर्मनी द्वारा रूस पर आक्रमण किये जाने के कारण जून से दिसंबर १९४१ तक सत्याग्रह या अन्य कोई भारतीय राजनीतिक समाचार से अधिक महत्वपूर्ण युद्ध के समाचार हो गये।[१९४] इस समय वामपंथियों में फारवर्ड ब्लाक तथा काँग्रेस-समाजवादी दल के ९० प्रतिशत सत्याग्रही जेल भेजे जा चुके थे।[१९५]

इसी बीच १९ अक्टूबर १९४१ को आर.एस. रूईकर की अध्यक्षता में 'पटवर्धन-भवन', अमरावती में मराठी मध्यप्रांतीय फारवर्ड-ब्लाक का सम्मेलन आयोजित किया गया।[१९६] इस सम्मेलन में प्रांतीय फारवर्ड ब्लाक के उपस्थित सदस्यों में नागपुर के आर.एस. रूईकर तथा पी.के. तारे, वर्धा के सत्यनारायण बजाज, अमरावती के डॉ. डी.बी. सोमण, सीताराम बापू तथा पी.बी. भोजराज थे। इस सभा के पश्चात् चुनाव-बोर्ड की बैठक २४ अक्टूबर को आर.एस. रूईकर के नेतृत्व में अमरावती में आयोजित की गई। १९४१ के अंत तक ब्रिटिश सरकार ने काँग्रेस तथा अन्य वामपंथी सत्याग्रहियों को युद्ध में भाग लेने तथा सहायता के उद्देश्य से मुक्त कर दिया।[१९७]

उधर, सुभाषचन्द्र बोस ने इटली और जर्मनी के हाथ पड़ गये भारतीय सैनिकों को मिलाकर एक 'मुक्ति-सेना' बनायी और उसका कार्यालय, ड्रेसडेम (जर्मनी) में बनाया।[१९८] भारत के एक पुराने क्रांतिकारी रासबिहारी बोस, जो उन दिनों जापान में थे, युद्ध को स्वतंत्रता प्राप्ति का अच्छा अवसर समझकर २८-३० मार्च १९४१ को 'भारतीय स्वतंत्रता-लीग' तथा 'आजाद हिंद-सेना' के गठन की घोषणा की जिसकी शाखायें वर्मा में १००, मलाया में ७० तथा स्याम में २४ स्थापित की गई। इसके अतिरिक्त जावा, सुमात्रा, बोर्नियो, फिलिपिन्स, इंडोचीन, चीन तथा मंचूरिया में भी स्थापित की गई। संगठन और प्रशिक्षण का दायित्व कैप्टन मोहन सिंह को सौंपा गया और केन्द्र सिंगापुर को बनाया गया। समकालीन राजनीतिक सवालों पर बहस करने के उद्देश्य से टोकियो स्थित 'भारतीय स्वतंत्रता-सम्मेलन' में भाग लेने तथा स्वतंत्रता संग्राम के नेतृत्व हेतु सुभाषचंद्र बोस को आमंत्रित किया गया।[१९९]

भारत में भी साम्यवादियों, काँग्रेस, काँग्रेस-समाजवादी दल तथा अन्य दलों के मध्य भीषण संघर्ष प्रारंभ हो गया था। अत: कानपुर में फरवरी १९४२ में आयोजित अखिल भारतीय ट्रेड-यूनियन काँग्रेस के १९ वें सम्मेलन में युद्ध के निहित अर्थों के मूल्यांकन तथा ब्रिटेन के युद्ध-प्रयासों के प्रति मतभेदों के परिणाम स्वरूप एम.एन. राय तथा वी.बी. कार्णिक आदि भी अखिल भारतीय ट्रेड यूनियन-काँग्रेस से

अलग हो गये और 'भारतीय मजदूर-संघ' (इंडियन लेबर-फेडरेशन) नामक एक नया संगठन स्थापित किया। इस प्रकार मजदूर आन्दोलन में फिर से फूट पड़ गई।[२००]

उधर, टोकियो यात्रा के समय हवाई जहाज़ के टकरा जाने के कारण सुभाषचन्द्र बोस की मृत्यु का समाचार २८ मार्च १९४२ को 'लंदन रेडियो' द्वारा प्रसारित किया गया जिसका खंडन सुभाषचंद्र बोस द्वारा 'आजाद-हिंद-रेडियो' बर्लिन से किया गया।[२०१] जून १९४२ को रासबिहारी बोस की अध्यक्षता में आयोजित 'भारतीय स्वतंत्रता-लीग' के सम्मेलन में जापान से वर्मा तक के क्षेत्र में रहने वाले भारतीय सम्मिलित हुए। सम्मेलन में इस आशय का प्रस्ताव पारित किया गया कि 'आजाद हिन्द-सेना', का प्रयोग केवल भारतीय स्वतंत्रता हेतु किया जायेगा और जापान इस सेना को भारत की 'स्वतंत्रता सेना' के रूप में मान्यता प्रदान करेगा।[२०२]

भारत में काँग्रेस तथा फारवर्ड ब्लाक के समझौते पर कठोर कदम उठाते हुए भारत सरकार ने राष्ट्रीय नीति की सक्रियता हेतु २२ जून १९४२ को 'अखिल-भारतीय फारवर्ड-ब्लाक' के संगठन को सुरक्षा-अधिनियम (डी.आई.आर.) की धारा २७ (ए) के अन्तर्गत अवैधानिक घोषित कर दिया। सुरक्षा अधिनियम की इस धारा के अनुसार फारवर्ड-ब्लाक को किसी भी प्रकार की सहायता किये जाने पर ७ वर्ष के कारावास का दंड तथा जुर्माना किये जाने अथवा दोनों ही सजायें दिये जाने की व्यवस्था थी।[२०३]

सरकार द्वारा जुलाई १९४२ से साम्यवादी दल से प्रतिबंध हटा दिया गया और साम्यवादी दल के नेता जेल से मुक्त किये जाने लगे। औपनिवेशिक अधिकारियों का अनुमान था कि भारतीय साम्यवादी दल से पाबंदी उठाते ही राष्ट्रीय आन्दोलन में फूट उत्पन्न हो जायेगी और भारतीय साम्यवादी दल प्रतिबंधित राष्ट्रीय काँग्रेस का विरोध करेगी।[२०५]

अत: १९४२ के अखिल भारतीय काँग्रेस समिति के अधिवेशन में प्रस्तुत 'भारत छोड़ो आन्दोलन' के प्रस्ताव का १३ साम्यवादियों द्वारा विरोध किया गया परंतु उनका प्रस्ताव रद्द कर दिया गया। परिणामस्वरूप काँग्रेस द्वारा प्रारंभ राष्ट्रव्यापी भारत छोड़ो आन्दोलन में साम्यवादियों द्वारा नकारात्मक भूमिका अपनायी गई। वस्तुत: १९४२ तक साम्यवादी दल ब्रिटिश सरकार के विरोध में व्यापक जन-आन्दोलन छेड़ने की माँग करता रहा; किंतु जर्मनी द्वारा रूस पर आक्रमण के पश्चात् उनकी दृष्टि में साम्राज्यवादियों का गृह-युद्ध विश्व की जनता का 'फासिस्ट-विरोधी संघर्ष' बन गया। फलत: साम्यवादियों ने ब्रिटिश सरकार के युद्ध प्रयत्नों को समर्थन देना प्रारंभ किया। इसके अतिरिक्त साम्यवादियों ने 'मुस्लिम-लीग' के 'पाकिस्तान' की माँग को भी अपना वैचारिक समर्थन दिया।[२०६] साम्यवादी दल का मुस्लिम-लीग द्वारा उठाई गई पाकिस्तान की 'पृथकतावादी-माँग' को वास्तविक समर्थन प्रदान करना एक महान भूल थी। अत: भारतीय साम्यवादी दल के भारतीय राष्ट्रीय काँग्रेस के नेताओं से संबंध बिगड़ते गये। इन सभी कारणों से साम्यवादी दल को नुकसान उठाना पड़ा।[२०७] दूसरी ओर, काँग्रेस ने भारत छोड़ो आन्दोलन में काँग्रेस समाजवादी दल के राजनीतिक कार्यक्रम को स्वीकार कर लिया। १९४२ के आन्दोलन में काँग्रेस-समाजवादी दल द्वारा उत्साहपूर्वक कार्य किये जाने के कारण देश में काँग्रेस-समाजवादियों का राजनीतिक प्रभुत्व बढ़ा।[२०८]

मध्यप्रांत के चोराडोंगरी में १९ अगस्त १९४२ को फारवर्ड-ब्लाक के सदस्यों की एक औपचारिक बैठक में स्थानीय काठ गोदाम (टिम्बर डिपो) को जलाने, सुरंग के पास रेल्वे लाइनों को उखाड़ने,

टेलीफोन के तारों को काटने तथा रायपुर रेल्वे स्टेशन को जलाने का निश्चय किया गया।[२०९] अपने निश्चित कार्यक्रमानुसार फारवर्ड-ब्लाक के सदस्यों ने चोराडोंगरी के काठ-गोदाम को जला दिया तथा २१-२२ अगस्त १९४२ को सरकावाडी के अनेक ग्रामवासियों द्वारा टेलीफोन के तारों को काटने और रेल्वे लाइनों को उखाड़ने का कार्य किया गया। इन कार्यों के फलस्वरूप ११ व्यक्तियों को गिरफ्तार कर सज़ायें दी गई।[२१०]

इन दिनों 'भारत छोड़ो आन्दोलन' में भाग लेने के कारण अधिकांश भारतीय नेता बंदीगृह में डाल दिये गये थे। फारवर्ड ब्लाक के सदस्यों द्वारा मध्यप्रांत और बरार में 'आजाद हिंद-दल' की स्थापना की गई जिसका मुख्यालय नागपुर था। मध्यप्रांत में फारवर्ड-ब्लाक के अध्यक्ष आर.एस. रूईकर तथा अन्य सदस्यों द्वारा 'ट्रेड-यूनियन' तथा 'प्रांतीय फारवर्ड-ब्लाक' के बंदियों को मुक्त कराने हेतु अनेक सभाओं का आयोजन किया गया। इस सभाओं में पारित प्रस्तावों द्वारा 'आष्टी तथा चिमूर' के बंदियों के साथ नरम व्यवहार, प्रांत में 'राष्ट्रीय सरकार' की स्थापना तथा सभी राजनीतिक बंदियों की मुक्ति की माँग की गई। इस संबंध में स्थानीय फारवर्ड-ब्लाक के नेता एल.एम. बाखरे पुन: बंदी बना लिये गये।[२११]

उधर, रासबिहारी बोस तथा कैप्टन मोहन सिंह के मध्य मतभेद उत्पन्न हो गये थे परंतु प्रीतम सिंह और मेजर फूजीहारा के समझाने पर कैप्टन मोहन सिंह भारत की स्वतंत्रता के लिए जापानियों के साथ मिलकर लड़ने के लिए तैयार हो गये। अत: कैप्टन मोहन सिंह के प्रयत्नों से 'बैंकांक सम्मेलन' में २५,००० स्वयं सेवकों ने अपनी सेवायें दी। अगस्त १९४२ के अंत तक ४०,००० भारतीयों ने शपथ ग्रहण कर 'आजाद हिंद-सेना' में सम्मिलित हो गये।[२१२] वास्तव में 'आजाद हिंद-सेना' की स्थापना १ सितम्बर १९४२ को की गई थी परंतु रासबिहारी बोस तथा कैप्टन मोहन सिंह के मध्य मतभेदों के कारण मोहन सिंह को सेनाध्यक्ष के पद से हटा कर सुभाषचंद्र बोस को आमंत्रित किया गया।[२१३]

इस बीच प्रांत में फरवरी १९४३ के नागपुर में नगरपालिका समिति, मध्यप्रांतीय 'लिबरल-फेडरेशन, नागपुर जर्नालिस्ट (पत्रकार) एसोसिएशन', साम्यवादी दल, प्रान्तीय ट्रेड-यूनियन, काँग्रेस तथा मध्यप्रांतीय तथा बरार के 'स्टूडेंट-फेडरेशन' आदि ने राजनीतिक बंदियों की बिना शर्त रिहाई की माँग की और २३ फरवरी १९४३ में 'टेक्सटाइल-मिल' के मजदूरों द्वारा पूर्ण हड़ताल रखी गई। जबलपुर में साम्यवादी दल द्वारा आमसभा का आयोजन कर सरकार विरोधी-पर्चे बँटवाये गये।[२१४]

इसी तारतम्य में २३ मार्च १९४३ को बम्बई में भारतीय साम्यवादी दल का पहला सम्मेलन आयोजित किया गया जिसमें दल के राजनीतिक-कार्यक्रमों का सूत्रीकरण कर पी.सी. जोशी द्वारा नयी केन्द्रीय समिति का गठन किया गया। इस सम्मेलन में प्रान्तीय समितियों और जिला इकाईयों सहित दल के संगठन की राष्ट्रव्यापी संरचना के निर्माण का श्रीगणेश हुआ। सम्मेलन में विभिन्न प्रांत के ३०० प्रतिनिधियों ने भाग लिया।[२१५]

नागपुर में 'अखिल भारतीय ट्रेड-यूनियन-काँग्रेस' की बैठक में सरकार विरोधी दो पर्चे बँटवाये गये जिनमें से एक जयप्रकाश नारायण, राममनोहर लोहिया तथा अच्युत पटवर्धन द्वारा निर्मित था जिसका शीर्षक 'अखिल भारतीय ट्रेड-यूनियन को संदेश' तथा दूसरा 'नागपुर हिन्दुस्तान रेड आर्मी' के कर्णधार मगनलाल बागड़ी द्वारा 'सरकार को चेतावनी' नामक शीर्षक के थे। पहले पर्चे का उद्देश्य मजदूरों को स्वतंत्रता प्राप्ति तक संघर्ष करने हेतु अपील करना तथा मगनलाल बागड़ी के पर्चे का उद्देश्य

'बागड़ी गैंग' के सदस्यों के परिवार को परेशान न करने के सम्बन्ध में सरकार को चेतावनी देना था। इसी प्रकार चारुचरण बैनर्जी की अध्यक्षता में आयोजित ट्रेड यूनियन-काँग्रेस की सभा में लगभग २०० से अधिक व्यक्तियों ने भाग लिया जिसमें साम्यवादी तथा फारवर्ड ब्लाक के सदस्यों के बीच संघर्ष की स्थिति निर्मित हो जाने के कारण दोनों ने एक दूसरे पर जापान या अंग्रेजों के एजेन्ट होने का आरोप लगाया। काँग्रेस जनों की मुक्ति-संबंधी प्रस्ताव नागपुर में बांगल-नागपुर रेलवे वर्क्स यूनियन के सचिव तथा संगठनकर्त्ता वी.आर. कालप्पा द्वारा प्रस्तुत किया गया परंतु वह असफल हुआ। इस बैठक में साम्यवादी दल तथा अन्य यूनियनों के सदस्यों के बीच वाद-विवाद के अलावा कोई निष्कर्ष नहीं निकाला जा सका।[२१६]

उधर, 'बैंकांक-सम्मेलन' से निमंत्रण प्राप्त होते ही सुभाषचंद्र बोस ने 'बैंकांक-रेडियो' पर जर्मनी संदेश भेजकर अपनी स्वीकृति दे दी। अनेक बाधाओं को पार करते हुए १३ जून १९४३ को वे टोकियो पहुँचे। टोकियो में उनका स्वागत जापानी प्रधानमंत्री टोज़ो ने किया। टोकियो में २१ जून १९४३ को सुभाषचंद्र बोस ने घोषणा की कि 'इस महायुद्ध ने हमें स्वतंत्रता प्राप्ति का ऐसा अवसर दिया है जो शायद भविष्य के सौ वर्षों में भी प्राप्त न हो सकेगा। अत: इस अवसर का लाभ उठाते हुए स्वतंत्रता का मूल्य चुकाने हेतु खून दें'।[२१७] २ जुलाई १९४३ को सुभाषचंद्र बोस टोकियो से सिंगापुर पहुँचे। जहाँ लाखों लोगों ने ४ जुलाई १९४३ को 'कैथे सिनेमा-हाल' में उनका स्वागत किया। उनका विचार था कि 'यही वह अंतिम व्यक्ति है जो उन्हें आजादी दिला सकता है।' ४ जुलाई १९४३ को रासबिहारी बोस ने पूर्वी एशिया के २००० भारतीय सैनिकों के समक्ष 'स्वतंत्रता-लीग' का प्रधान पद सुभाषचंद्र बोस को सौंपा तथा स्वयं उनके परामर्शदाता बने रहे। सुभाषचंद्र बोस के सहयोग से भारत में 'अस्थायी-सरकार' बनाने का निश्चय किया।[२१८] यहाँ एक प्रेरणादायक संदेश देते हुए सुभाषचंद्र बोस ने कहा कि 'यह लड़ाई साम्राज्यवाद के विरुद्ध है। यदि आप भूख, प्यास, कठिन-यात्रा तथा मृत्यु हेतु तैयार हैं तो विजय आपके चरण चूमेंगी।' यहीं पर सुभाषचंद्र बोस ने 'दिल्ली-चलो' तथा 'जय-हिंद' का नारा दिया और उन्हें 'नेताजी' का सम्बोधन भी प्राप्त हुआ।[२१९]

इधर, मध्यप्रांत और बरार में ८ जुलाई १९४३ को अमरावती तथा नागपुर के साम्यवादियों ने 'चीनी-दिवस' मनाते हुए चीनी जनता को संदेश भेजा तथा नागपुर में स्थानीय 'महिला साम्यवादी दल' की स्थापना की।[२२०] ९ अगस्त १९४३ को नागपुर के 'मॉडल मिल' तथा एम्प्रेस-मिल के मजदूरों ने हड़ताल रखते हुए अपने काम पर अनुपस्थित रहे। बरार में अकोला के 'सावतराम- मिल' में भी प्राय: ऐसी ही स्थिति बनी रही। अकोला से कुछ टेलीफोन के तार तथा कुछ रेल की पांते उखाड़ने का समाचार प्राप्त हुआ।[२२१] प्रांत के 'बंगाल-नागपुर रेल्वे-वर्कर्स-यूनियन' के नेता तथा सचिव एम.एल.ए. वी.आर. कालप्पा के गिरफ्तारी तथा नागपुर के फैक्ट्री मजदूरों द्वारा सरकार-विरोधी पर्चे बाँटने के समाचार प्राप्त हुए। 'नागपुर हिन्दुस्तान रेड-आर्मी' के नेता मगनलाल बागड़ी अपने ५ सहयोगियों सहित गिरफ्तार कर लिए गये। कुछ दिनोंपरांत उनके जेल से पलायन पर सरकार द्वारा उनकी गिरफ्तारी पर इनाम की घोषणा की गई। दूसरी ओर, जापानी संरक्षित रेडियो द्वारा मगनलाल बागड़ी के सुरक्षित रंगून पहुँचने के समाचार भी प्रसारित किए गए। जनवरी १९४३ से अगस्त १९४३ तक प्रांत के लगभग १६६ व्यक्तियों को गिरफ्तार किया गया।[२२२]

२१ अगस्त १९४३ को सुभाषचंद्र बोस ने नियमित रूप से 'आजाद हिन्द-फौज' की कमान संभाल ली और आजाद हिंद-सेना के सर्वोच्च कमान का गठन कर स्वयं सर्वोच्च सेनापति बने। 'आजाद हिंद-सेना' की बागडोर संभालने के तुरंत बाद सुभाषचंद्र बोस ने ३ प्रशिक्षण शिविरों की स्थापना की। गाँधी, नेहरू तथा आजाद ब्रिगेड। तीनों ब्रिगेडों के चुने हुए जवानों को मिलाकर १ सितम्बर १९४३ को ताइपिंग में 'शेरदिल गुरिल्ला-रेजीमेंट' नामक एक ब्रिगेड बनाया गया। मेजर जनरल शाहनवाज़ खान इसके कमांडर नियुक्त किये गये। जवानों ने इस ब्रिगेड का नाम 'सुभाष -ब्रिगेड' रखा। इसके सदस्यों में मेजर जनरल जे.के. भोंसले, मेजर जनरल एम.जेड. कियानी, मेजर जनरल अजीज़ अहमद, मेजर जनरल शाहनवाज खान, कर्नल आई. जे. कियानी, कर्नल गुलजारा सिंह, कर्नल हबीबुर्रहमान और कर्नल पी.के. सहगल थे। यह प्रशिक्षण शिविर स्त्री तथा पुरुषों दोनों के लिए थे। स्त्री स्वयं सेविकाओं के लिए 'रानी झांसी-रेजीमेंट' का गठन २२ अक्टूबर १९४३ को विधिवत किया गया। लक्ष्मी स्वामीनाथन इस रेजीमेंट की कमांडर नियुक्त की गई। इन शिविरों में ६ माह के कठिन प्रशिक्षण के बाद स्त्री स्वयं-सेविकाओं को 'आजाद हिंद-सेना' में सम्मिलित कर लिया जाता था। सिंगापुर में रेजिमेंट के प्रशिक्षण शिविर की स्थापना के साथ ही थाईलैंड की राजधानी बैंकांक, बर्मा की राजधानी रंगून, कुआलालमपुर, सिंगापुर के आसपास के क्षेत्र हांगकाँग, जावा, सुमात्रा तथा इंडोनेशिया में रानी झांसी रेजीमेंट के प्रशिक्षण शिविर स्थापित किये गये। १६ वर्ष से अधिक और चालीस वर्ष से कम आयु की महिलाओं को प्रशिक्षण हेतु भर्ती किया जाता था। रेजीमेंट में सभी धर्मों तथा समुदाय की मध्यम तथा उच्च घरों की अध्यापिकायें, लेडी डॉक्टर तथा अध्ययनरत छात्रायें भी थी। रेजीमेंट में प्रशिक्षण हेतु दो विभाग थे। एक विभाग-नागरिक सेवा के प्रशिक्षण और दूसरा विभाग- सैनिक प्रशिक्षण हेतु। नागरिक सेवा का प्रशिक्षण स्वास्थ्य विभाग के अन्तर्गत था और सैनिक सेवा का प्रशिक्षण सैन्य प्रशासन विभाग के अन्तर्गत था। प्रशिक्षण के दो भिन्न-भिन्न स्वरूप होते हुए भी प्रत्येक दल को दोनों प्रकार का प्रारंभिक प्रशिक्षण लेना पड़ता था। नागरिक सेवा हेतु प्रशिक्षण के अन्तर्गत नारी-कल्याण, जन-कल्याण, शिक्षा एवं संस्कृति, पुनर्निर्माण, प्रचार, शारीरिक-व्यायाम तथा प्रारंभिक सैन्य-प्रशिक्षण। सैनिक सेवा प्रशिक्षण के अन्तर्गत- शारीरिक दक्षता, सैनिक-परेड, हथियारों की सफाई तथा उपयोग, जंगल-युद्ध का अभ्यास, सामान्य-ज्ञान तथा राजनीतिक शिक्षा, नैतिकता, अनुशासन, जासूसी तथा नागरिक शिक्षा का प्रारंभिक ज्ञान था। इसके अतिरिक्त सुभाषचंद्र बोस ने एक 'सिविल-डिपार्टमेंट' की स्थापना भी की थी उसका मुख्यालय सिंगापुर तथा शाखायें बैंकांक, रंगून, मलाया, जावा तथा फिलिपिन्स में स्थापित की गई।[२२३]

२१ अक्टूबर १९४३ को सिंगापुर में सुभाषचन्द्र बोस ने आजाद हिंद सेना के सर्वोच्च सेनापति के रूप में स्वतंत्र भारत की 'अस्थायी सरकार' की स्थापना की जिसमें १४ सदस्यीय-मंत्रिमंडल का गठन किया गया। इस मंत्रिमंडल में कर्नल श्रीमती लक्ष्मी सहगल (महिला-संगठन मंत्री), एस.ए. अय्यर (प्रचार एवं प्रकाशन मंत्री), लेफ्टिनेंट कर्नल ए.सी. चटर्जी (वित्त मंत्री) तथा सशस्त्र सेना के प्रतिनिधियों में लेफ्टिनेंट कर्नल अजीज़ अहमद, एन.एस. भगत, जे.के. भोसलें, गुलजारा सिंह, एम.जेड. कियानी, ए.डी. लोंगनाथन, एहसान कादिर तथा शाहनवाज खाँ थे। ए.एम. सहाय (सचिव, मंत्री के समकक्ष), रासबिहारी बोस (सर्वोच्च परामर्शदाता) तथा करीम गनी, देवनाथ दास, डी.एम. खान, ए. अलप्पा, जे.ए.एन.

सरकार आदि कानूनी परामर्शदाता थे।[२२४] इस अस्थायी सरकार के सुभाषचंद्र बोस सर्वोच्च अधिकारी, प्रधानमंत्री, युद्ध-मंत्री तथा विदेश-मंत्री बनाये गये। इस अवसर पर उन्होंने भारत के ३० करोड़ जनता को स्वतंत्र कराने में जीवन के अंतिम घड़ी तक संघर्ष जारी रखने तथा स्वतंत्रता प्राप्ति के पश्चात् स्वतंत्रता को बनाये रखने में अपनी रक्त की अंतिम बूँद भी बहाने को तैयार रहने की शपथ ग्रहण की। इसी समय उन्होंने "तुम मुझे खून दो, मैं तुम्हें आजादी दूँगा।" का प्रसिद्ध नारा दिया।[२२४ए]

एक माह के अन्तर्गत जापान, बर्मा, कोरिया, जर्मनी, चीन, मंचूरिया इटली, थाईलैंड और फिलीपीन्स ने इस सरकार को मान्यता प्रदान की। आजाद हिंद सरकार की शासन प्रणाली के अन्तर्गत सामान्य, वित्त, प्रसार-प्रचार, गुप्तचर, भर्ती, सैनिक-संगठन, प्रशिक्षण आदि विभागों को स्थापित कर शासन-तंत्र के निर्माण के साथ-साथ चरित्र-निर्माण हेतु स्वास्थ्य एवं समाज-कल्याण, नारी-कल्याण, पुनर्निर्माण, संभरण (सप्लाई), वैदेशिक-संबंध, गृह-निर्माण और परिवहन विभाग आदि पृथक-पृथक विभाग स्थापित किये गये। २५ अक्टूबर १९४३ को आजाद हिंद फौज ने ब्रिटेन और अमेरिका के विरुद्ध युद्ध की घोषणा कर दी। जब वर्मा में रंगून, जापानियों के अधिकार में आया, तब आजाद हिंद फौज ने कुछ युवकों को नौसेना एवं वायुसेना के प्रशिक्षण हेतु जापान भेजा। ये युवक 'टोक्यो-बॉयस' कहलाये। ६ नवम्बर १९४३ को सुभाषचंद्र बोस महान 'पूर्वी एशियाई सम्मेलन' में भाग लेने टोकियो पहुँचे, जहाँ अस्थायी-सरकार के सर्वोच्च अधिकारी के रूप उनका स्वागत किया गया। इस सम्मेलन में जापान के प्रधानमंत्री टोज़ो द्वारा अण्डमान-निकोबार प्रायद्वीप को आजाद- हिंद-सेना के 'प्रांतीय-सरकार' को दे दिये गये।[२२५] नेताजी ने इन द्वीपों का नाम क्रमशः 'शहीद द्वीप' तथा 'स्वराज्य द्वीप' रखा। ३१ दिसंबर १९४३ को इन द्वीपों पर स्वतंत्र भारत का झंडा फहराया गया। नेताजी द्वारा गठित समिति ने भारत की राष्ट्रीय भाषा-हिन्दी, अभिवादन-जय-हिंद, राष्ट्रीय-झंडा-तिरंगा, राष्ट्रीय गान-शुभ-सुख-चैन, राष्ट्रीय-चिन्ह-सिंह और उद्घोष- 'दिल्ली चलो' निश्चित किया। ४ जनवरी १९४४ को नेताजी ने आजाद हिंद फौज का कार्यालय तथा अस्थायी सरकार की राजधानी सिंगापुर से रंगून स्थानांतरित कर दिया।[२२६]

इस समायावधि में मध्यप्रांत और बरार में 'किसान सभा' निरंतर गतिशील रही। जनवरी १९४४ में बरार के अमरावती जिले के चांदूर बाजार में किसान सभा का सम्मेलन आयोजित किया गया जिसकी अध्यक्षता बी.एन. बैनर्जी ने की। अपने अध्यक्षीय भाषण में उन्होंने खाद्य समस्या की ओर जनता का ध्यान आकर्षित करते हुए प्रत्येक गाँव में एक 'खाद्य-समिति' के गठन का परामर्श देकर किसानों से अन्न-संग्रह की अपील की। ऐसे ही अन्य किसान सभाओं का आयोजन वर्धा, चाँदा तथा बरार में किया गया, परंतु मध्यप्रांत के मराठी भाषी क्षेत्र में किसान सभाओं को अधिक सफलता प्राप्त हुई। इस समय मगनलाल बागड़ी द्वारा स्थापित 'हिन्दुस्तानी लाल-सेना' की शाखायें प्रांत के अन्य स्थानों में भी स्थापित की गई।[२२७]

स्वाधीनता युद्ध में भाग लेने हेतु सुभाषचंद्र बोस के नेतृत्व में आजाद हिंद फौज़ का प्रथम जत्था, रंगून से अराकान पहुँचा। १८ मार्च १९४४ को इस जत्थे ने जय हिंद का नारा लगाते हुए अंग्रेजी सेना की पश्चिमी अफ्रीकी सेना के कमान को परास्त कर पहली बार भारत की सीमा (मणिपुर) में प्रवेश किया। कर्नल एस. मलिक के नेतृत्व में सेना की एक टुकड़ी मोरांग (मणिपुर) तक पहुँच गई। १९ मार्च १९४४ को आजाद हिंद-सेना ने भारत के मणिपुर में राष्ट्रीय ध्वज फहराया और कर्नल मलिक ने आजाद-हिंद सरकार का मुख्यालय मोरांग को बनाकर वहाँ अढ़ाई माह तक शासन किया। ४ अप्रैल

१९४४ को कोहिमा के किले तथा छावनी पर सुभाष ब्रिगेड द्वारा अधिकार कर लिया गया। आजाद-हिंद सरकार ने ५ अप्रैल १९४४ को एक बैंक रंगून में स्थापित किया। मई १९४४ तक मोडक पर भी अधिकार कर लिया गया। शीघ्र ही सफलता की लहर ने विपरीत दिशा की ओर अपना रूख बदला। इम्फाल में युद्ध जून तक चला। बरसात के मौसम में परिस्थितियाँ अनुकूल न होने के कारण जून १९४४ में जापानी सेना, बर्मा से खदेड़ दी गई। ६ जुलाई १९४४ को रंगून रेडियो से सुभाषचंद्र बोस ने गाँधीजी को 'राष्ट्रपिता' का सम्बोधन देते हुए युद्ध हेतु 'आशीर्वाद' तथा 'शुभ-कामनाओं' की भावात्मक अपील की।[२२८ए] आजाद हिंद कोष में ९ जुलाई १९४४ को एक धन सम्पन्न मुसलमान हबीब भाई ने अपनी संपूर्ण सम्पत्ति तथा १ करोड़ रुपये भारतीय स्वतंत्रता संघर्ष हेतु दान दिये जिसके लिए उसे 'सेवक-ए-हिंद' की उपाधि दी गई। सितम्बर १९४४ में ब्रिटिश सेना द्वारा मोडक पर अधिकार कर लिया गया। विपरीत परिस्थितियों के फलस्वरूप आजाद हिंद-सेना को पीछे हटना पड़ा जिससे वह अपने लक्ष्य को प्राप्त न कर सकी।[२२८]

२० अप्रैल १९४५ को जब सुभाषचंद्र बोस रंगून में थे, तब जापानियों द्वारा जापान छोड़ने के लिए बाध्य किये जाने के कारण अपने सहयोगियों सहित १५ मई को वे बैंकांक पहुँचे। मई १९४५ में जर्मनी द्वारा आत्म समर्पण कर दिये जाने के कारण जापान के अधीन समस्त प्रदेश अंग्रेजों के हाथों में आ गये। जून १९४५ को सुभाषचंद्र बोस ने सिंगापुर से भारतीय नेताओं से अपील की कि वे शिमला समझौता न करें। ५ अगस्त १९४५ को हिरोशिमा और ८ अगस्त को नागासाकी पर परमाणु बम गिराये जाने के कारण जापान द्वारा आत्मसमर्पण कर दिया गया। जापान की पराजय के साथ आजाद हिंद फौज की भी पराजय मान ली गई जिससे १२ अगस्त १९४५ को सुभाषचंद्र बोस को सिंगापुर पलायन करना पड़ा। सुभाषचंद्र बोस सेगौन से १८ अगस्त १९४५ को अय्यर, गुलजारा सिंह तथा हबीबुल्ला रहमान के साथ टोकियो जाने वाले हवाई जहाज में सवार हुए[२२९] टोकियो जाते हुए फारमोसा के निकट ताइहोकू नामक स्थान पर हवाई-दुर्घटना में सुभाषचन्द्र बोस की मृत्यु की घोषणा कर दी गई।[२३०] इस प्रकार भारतीय स्वातंत्रता हेतु सुभाषचंद्र बोस ने अपना जीवन-बलिदान कर अमर हो गये। उनकी मृत्योपरांत उनके द्वारा स्थापित 'फारवर्ड-ब्लाक' का महत्व भी बहुत कम हो गया जिसका प्रभाव मध्यप्रांत और बरार की राजनीति पर भी पड़ा।

१९४५ में लार्ड वेवल, लार्ड लिनलिथगो के स्थान पर वायसराय बनकर भारत आये। युद्ध समाप्ति पर 'आजाद-हिंद फौज' के अफसरों लेफ्टिनेंट गुरूबख्श सिंह ढिल्लन, कैप्टन प्रेम कुमार सहगल और कैप्टन शाहनवाज खाँ को बंदी बनाकर दिल्ली के लाल किले में रखकर मुकदमा चलाया गया। आजाद हिंद-फौज के तीनों अभियुक्तों के विरुद्ध सरकारी पक्ष की ओर से एडवोकेट जनरल एन.पी. ऐंजियार ने 'अभियोग-पत्र' पढ़ा। उन पर आई.पी.सी. की धारा १२१ के अन्तर्गत सम्राट के विरुद्ध युद्ध करने का आरोप लगाते हुए गुरूबख्श सिंह ढिल्लन के विरुद्ध बर्मा के 'पोपाहिल' के पास हरी सिंह, दुलीचंद, दरयाव सिंह और धर्म सिंह नामक चार व्यक्तियों के कत्ल का अभियोग लगाया गया। कैप्टन पी.के. सहगल के विरुद्ध इन चार कत्लों में सहायता करने तथा कैप्टन शाहनवाज खाँ के विरुद्ध 'मोहम्मद' नामक बंदूकची की कत्ल में खानिजशाह तथा आगा सिंह की सहायता करने का आरोप लगाया गया। तीनों अभियुक्तों ने अभियोगों को मानने से इंकार कर दिया।[२३०ए] काँग्रेस ने उनके बचाव पक्ष का बीड़ा उठाया। बचाव पक्ष में देश के शीर्षस्थ बैरिस्टरों में भूलाभाई देसाई, तेजबहादुर सप्रू तथा

जवाहरलाल नेहरू ने पैरवी की। बचाव पक्ष में दिये गये ठोस तर्कों के बावजूद तीनों अफसरों को दोषी ठहरा कर मृत्युदंड दिया गया परंतु जनमत के दबाव के कारण मृत्युदंड की सजा को कार्यरूप न दिया जा सका। वायसराय लार्ड वेवेल द्वारा विशेषाधिकार का उपयोग करते हुए उन्हें क्षमादान कर मुक्त कर दिया गया।

इसके अतिरिक्त लार्ड वेवेल ने केन्द्रीय तथा प्रांतीय विधान मंडलों में निर्वाचन द्वारा भारतीय निर्वाचकों की इच्छा जानने के उद्देश्य से 'संविधान-सभा' के गठन की घोषणा की। इस निर्वाचन की समयावधि में अत्यधिक हिंसात्मक साम्यवाद विरोधी आन्दोलन चलाये गये। साम्यवादी दल को 'देशद्रोही-दल' कहकर बदनाम किया गया। इनके चुनावी सभाओं पर आक्रमण कर इनके कार्यकर्ताओं की पिटाई की गई।[२३१]

काँग्रेस ने भी निर्वाचन में भाग लेने का निश्चय किया। काँग्रेस-समाजवादी दल ने पहले संविधान-सभा में कार्य करने का निश्चय किया परंतु बाद में उसने अपने निर्णय को बदल दिया और प्रांतों के विधान सभाओं का बहिष्कार किया।[२३२] साम्यवादी दल ने १९४५-४६ के निर्वाचन में पहली बार चुनाव में भाग लेते हुए एक सीमित ढंग से हिस्सा लिया।[२३३] खुली हिंसा तथा आतंकपूर्ण वातावरण में साम्यवादी दल ने १०८ उम्मीदवार खड़े किये। निर्वाचन में साम्यवादी दल को ७ लाख मत प्राप्त हुये। उन्हें प्रांतीय विधान-सभा में केवल ९ स्थान प्राप्त हुए। मध्यप्रांत और बरार में भारत के स्वाधीन होने तक साम्यावादी दल वह स्थान प्राप्त न कर सका जो उन्हें १९४२ के अगस्त-क्रांति से पहले प्राप्त था। उनकी छबि 'जनयुद्ध' की घोषणा से धूमिल हो चुकी थी।[२३४]

१९४६ के अपने घोषणा पत्र में काँग्रेस ने 'समाजवादी-आर्थिक लक्ष्य' को मान कर काँग्रेस-समाजवादी दल के नेताओं के विचारों को अपने कार्यक्रमों में स्थान दिया। अपनी कार्य-समिति, संविधान-सभा तथा अंतरिम-सरकार (मंत्रिमंडल) में उन्हें अल्पसंख्यक वर्ग की स्थिति प्रदान की। इस प्रकार काँग्रेस-समाजवादी दल को संतुष्ट करने का काँग्रेस ने पूरा प्रयत्न किया। इन्हीं कारणों से जयप्रकाश नारायण तथा आचार्य नरेन्द्र देव जैसे काँग्रेस-समाजवादी नेताओं को काँग्रेस के साथ समझौता करने की प्रेरणा मिली जिससे कुछ समय के लिए उन्होंने काँग्रेस से अलग होने का विचार टाल दिया। जब १९४६ में काँग्रेस मंत्रिमंडल का गठन हुआ, तब काँग्रेस-समाजवादी दल ने काँग्रेस-मंत्रिमंडल के साथ कार्य करने से इंकार कर दिया। काँग्रेस-समाजवादी दल द्वारा १९४६ तक अपने कार्यों का सम्पादन छुपे तौर पर अवैध रूप से निर्मित भूमिगत-केन्द्रों से किये जाते रहे जिसके कारण उनकी स्थिति कमजोर हो गई और वे काँग्रेस तथा जनता दोनों में बदनाम हो गये।[२३५]

काँग्रेस-समाजवादी दल ने ठोस संगठन, बदलते क्रिया-कलापों के संघर्ष और प्रचार पर अधिक बल दिया। काँग्रेस-समाजवादी नेताओं द्वारा निरंतर संसदीय क्रियाक़लापों की निंदा एवं आलोचना की गई। काँग्रेस के प्रति अपनी-विरोध नीति के बावजूद उन्होंने अपने पैर जमाने का प्रयत्न किया। एक ओर, तो राजनीति में अपने सैद्धांतिक दृष्टिकोण को भी कायम रखने तथा अपने दल की कार्यपद्धति के विकास का प्रयत्न किया तो दूसरी ओर, राजनीतिक-घटनाक्रम में कभी कोई निर्णय नहीं कर पाये और स्वयं ही विरोधाभास का निर्माण करते रहे जिसका प्रतिकूल प्रभाव पड़ा। अत: काँग्रेस-समाजवादियों की झूठी मान्यताओं का मूल कारण-राजनीतिक समस्याओं को व्यावहारिक तत्वों के आलोक से परखने का

प्रयास न किया जाना तथा युक्तिहीन रूढ़ियों के आधार पर उन्हें सुलझाने की कोशिश करना था। काँग्रेस-समाजवादी दल के व्यवहारिक एवं राजनीतिक विश्लेषण से स्पष्ट होता है कि युद्धोपरांत उन्होंने मूलभूत मान्यताओं और राजनीतिक कार्यों में भयंकर भूलें की। उनका 'संयुक्त-नेतृत्व' का सिद्धांत गलत धारणाओं पर आधारित था। उनकी दूसरी त्रुटि यह थी कि उन्होंने अधिकारवादी लोकतंत्रात्मक शासन-पद्धति को आपस में मिला दिया। उनकी साधारण सदस्यता का आधार स्वयं के संगठन में नहीं अपितु काँग्रेस, मजदूर-संगठनों, कृषक-संस्थाओं तथा युवक आन्दोलनों में निहित थी। युद्ध के समय उनके द्वारा भूमिगत-केन्द्रों को अवैध रूप से संचालित किया जाना तथा दल के नीति निर्धारण का संवैधानिक-नियंत्रण उनके नेताओं के हाथ में निहित होना था। ऐसे लोगों की संख्या दल में साढ़े छः प्रतिशत से अधिक नहीं थी जिन्हें दल की 'राष्ट्रीय कार्यकारिणी' समझा जाता था।[२३६]

अतः काँग्रेस-समाजवादी दल ने १९४७ के अपने कानपुर-अधिवेशन में दल के नाम में से 'काँग्रेस' शब्द को हटा देने का निर्णय लिया जिससे उनका दल नये नाम से स्वतंत्र इकाई के रूप में आविर्भूत हो। काँग्रेस- समाजवादी दल ने १९४७ में, अपने नाम का पहला शब्द 'काँग्रेस' हटा कर 'समाजवादी दल' कहलाया।[२३७] इसके शीघ्र बाद मध्यप्रांत के जबलपुर, सिहोरा, कटनी, पाटन आदि स्थानों पर भी इसकी शाखायें स्थापित की गई।[२३८]

वस्तुतः राजनीतिक विश्लेषण के आधार पर इस दल ने अपनी राजनीतिक भूलें, अदूरदर्शिता और दलगत-विरोधाभास के कारण अंततः अपने आपको काँग्रेस से अलग कर लिया। परिणामतः काँग्रेस समाजवादी दल द्वारा अपने दल के नाम से 'काँग्रेस' शब्द के हटा दिये जाने के कारण धीरे-धीरे जन-आकर्षण खोता गया और अंतोगत्वा, इसके प्रभाव में भी कमी आ गई।

संदर्भ

१. एन.के. कृष्णन: भारतीय साम्यवादी दल: पृ. ३८.

२. राय मेमॉयर्स: २ मई १९५४: पृ. २१०-११.

३. एल.पी. सिन्हा: द लेफ्ट विंग इन इंडिया (मुज्जफरपुर १९६५): पृ. ४५, तथा द टाइम्स (लंदन) दिनांक २५ अक्टूबर १९२० पृ. १६.

४. एम.एन. रॉयस् प्लान: द एडवांस गार्ड: भाग-१:१ अक्टूबर १९२२: पृ.-१.

५. द वैनगार्ड आफ इंडियन इंडिपेंडेंस: भाग-१: जून १९२२: पृ.५.

६. एम.एन.राय: द इंडियन नेशनल काँग्रेस: चेप्टर-३:१ मार्च/१९२३. पृ. १२७

७. सर सेसिल कॉय: द कोम्युनिज्म इन इंडिया: पृ. ७९.

८. कानपुर: केस एविडेन्स: इन्ट्रोडक्शन: पृ. ५.

९. एन.के. कृष्णन: भारतीय साम्यवादी दल: पृ. ३८.

१०. न्यू पोलिटिकल पार्टीज: मासेज आफ इंडिया: भाग-१: अक्टूबर १९२५.

११. मित्रा: द इंडियन क्वाटरली रजिस्टर: जुलाई-दिसंबर १९२५: भाग-२: पृ. ३८.

१२. एन.के. कृष्णन: भारतीय साम्यवादी दल: पृ. ३८.

१३. एल.पी. सिन्हा: द लेफ्ट विंग इन इंडिया (मुज्जफरपुर १९६५) पृ. ४५.

१४. वही: पृ. ५२.

१५. ए.सी.मैकवाटर इन लेजिस्लेटिव असेम्बली डिबेट्स: आफिशियल रिपोर्ट: १९२८: भाग-३: (शिमला; गवर्नमेंट आफ इंडिया: १९२९) पृ. ६७६.

१६. सी.पी.एंड बरार: एडमिनिस्ट्रेशन रिपोर्ट फोर द ईयर १९२९-३०: पृ. १.

१७. वही: पृ. २-३.

१८. द मेरठ ट्रायल फैक्टस ऑफ द केस (लंदन नेशनल मेरठ प्रीजनर्स डिफेन्स कमेटी, १९२९) पृ. १०.

१९. लेस्टर हटचिन्सन: कांस्पिरेसी एट मेरठ (लंदन नेशनल एंड एलविन) पृ. १०७. तथा मेरठ सेशन जजमेंट: पृ. २११.

२०. एम.आर. मसानी: द कम्युनिस्ट पार्टी आफ इंडिया (लंदन: १९५४).

२१. जीन डी. ओवरस्ट्रीट एंड मार्शल विंडमिलर: कम्युनिज्म इन इंडिया: पृ. १४०.

२२. जिला गजेटियर: नागपुर: इतिहास खंड: पृ. २४०

२३. सुभाषचंद्र बोस: द इंडियन स्ट्रगल १९२०-४२: पृ. २३३

२४. होम पोलिटिकल डिपार्टमेंट: फोर्ट नाइटली रिपोर्ट आन द पोलिटिकल सिचुएशन इन द सी.पी.एंड बरार, फोर द फर्स्ट हाफ आफ अप्रैल १९२९.

२५. इंडिया एंड कोम्युनिज्म: (शिमला: गवर्नमेंट आफ इंडिया, १९३३:) पृ. १६३.

२६. जीन डी. ओवर स्ट्रीट एंड मार्शल विंडमिलर: कोम्युनिज्म इन इंडिया: पृ. १४०.

२७. होम पोलिटिकल डिपार्टमेंट: कांफिन्डेशियल रिपोर्ट आन द पोलिटिकल सिचुएशन इन द सी.पी.एंड बरार फोर द फर्स्ट हाफ आफ जनवरी १९३२: पृ. २.

२८. जवाहरलाल नेहरू: एन ऑटोबायोग्राफी: पृ. २६६.

२९. होम पोलिटिकल डिपार्टमेंट:कांफिन्डेशियल रिपोर्ट आन द पोलिटिकल सिचुएशन इन द सी.पी.एंड बरार फोर द सेकेन्ड हाफ आफ मार्च १९३१: पृ. २.

३०. वही: फर्स्ट हाफ आफ मई १९३१, पृ. ३.

३१. वहीं: सेकेंड हाफ आफ अगस्त १९३१: पृ. १.

३२. वही: फोर द फर्स्ट हाफ आफ दिसंबर १९३१: पृ.२

३३. वही: फोर द फर्स्ट हाफ आफ अक्टूबर १९३२

३४. होम पोलिटिकल डिपार्टमेंट: कांफिन्डेशियल रिपोर्ट आफ द पोलिटिकल सिचुएशन इन द सी.पी.एंड बरार फोर द सेकेन्ड हाफ आफ जनवरी १९३३: पृ. २.

३५. आर.सी. मजुमदार: हिस्ट्री आफ द फ्रीडम मूव्हमेंट इन इंडिया: भाग-३: पृ. ६८५.

३६. होम पोलिटिकल डिपार्टमेंट: फोर्टनाइटली रिपोर्ट आन द पोलिटिकल सिचुएशन फोर द फर्स्ट हाफ आफ जनवरी १९३४:

३७. एम.आर. मसानी: द कम्युनिस्ट पार्टी आफ इंडिया (लंदन १९५४:) पृ. ५३.

३८. होम पोलिटिकल डिपार्टमेंट: सीक्रेट रिपोर्ट आन द पोलिटिकल सिचुएशन आन द सी.पी.एंड बरार फोर द सेकेन्ड हाफ आफ फरवरी १९३४: पृ. १.

३९. एम.आर. मसानी: द कम्युनिस्ट पार्टी आफ इंडिया: पृ. ५१-५३.

४०. वही: पृ. ५९.

४१. आर.सी. मजुमदार: हिस्ट्री आफ द फ्रीडम मूव्हमेंट इन इंडिया: भाग-३: पृ. ६५८.

४२. होम पोलिटिकल डिपार्टमेंट: सीक्रेट रिपोर्ट आन द पोलिटिकल सिचुएशन इन द सी.पी.एंड बरार फोर द फर्स्ट हाफ आफ जुलाई १९३४:

४३. अतुलचन्द्र प्रधान: सोसलिस्ट स्टरिंग विदिन द काँग्रेस (१९३४-४०) ए सेन्टनरी हिस्ट्री आफ द इंडियन नेशनल काँग्रेस (१८८५-१९८५) भाग ३: पृ. २२०से

४४. रामचन्द्र गुप्त-भारतीय समाजवादी दल के बदलते आयाम एक विश्लेषण 'लोकतंत्र' समीक्षा १९६२ में रामचंद्र गुप्त का विश्लेषणात्मक लेख: पृ. ११६.

४५. डी.सी. गुप्ता: इंडियन नेशनल मूव्हमेंट: पृ. १६२.

४६. जयप्रकाश नारायण: व्हाई सोशिलिज्म: पृ. ८७.

४७. डा. पट्टाभि सीतारमैया: द हिस्ट्री आफ इंडियन: नेशनल काँग्रेस, भाग-१ पृ ५४.

४८. रामचंद्र गुप्त: भारतीय समाजवादी दल के बदलते आयाम: एक विश्लेषण: पृ. ११६.

४९. डी.सी. गुप्ता: इंडियन नेशनल मूव्हमेंट: पृ. १६२ तथा ए कम्पाइलेशन आफ इम्पोर्टेंट पोलिटिकल ट्रायल्स इन सी. पी. एंड बरार १९३०-३५ पृ. ६.

५०. अतुलचन्द्र प्रधान: सोसलिस्ट स्टरिंग विदिन द काँग्रेस (१९३४-४०) ए सेन्टनरी हिस्ट्री आफ द इंडियन नेशनल काँग्रेस (१८८५-१९८५) भाग ३: पृ. २३१ से लिया गया।

५१. डी.सी. गुप्ता: इंडियन नेशनल मूव्हमेंट: पृ. १६३.

५२. सुभाषचंद्र बोस: द इंडियन स्ट्रगल १९२०-४२: पृ. २९.

५३. मित्रा: द इंडियन एनुअल रजिस्टर: १९३४ भाग-१: पृ. ३२.

५४. होम पोलिटिकल डिपार्टमेंट: फाइल नं. १२/१९३४: पृ. ४५.

५५. जगदीश शरण शर्मा: इंडियास स्ट्रगल फोर फ्रीडम: पृ. ६९९ तथा डी.पी. मिश्रा: द हिस्ट्री आफ द फ्रीडम मूव्हमेंट इन मध्यप्रदेश: पृ. ४१७.

५६. होम पोलिटिकल डिपार्टमेंट: फाइल नं. ३६/३/१९३४ (मद्रास) में दिये गये जयप्रकाश नारायण के भाषण का एक अंश २७ जुलाई १९३४ (राष्ट्रीय अभिलेखागार नई दिल्ली)

५७. रामचंद्र गुप्त: भारतीय समाजवादी दल के बदलते आयाम: एक विश्लेषण पृ. १

५८. मधु लिमये: इवोलुशन ऑफ सोशिलिस्ट पोलिसी (चेतन प्रकाशन, हैदराबाद १९५२) पृ. ११०.

५९. रामचन्द्र गुप्त: भारतीय समाजवादी दल के बदलते आयाम एक विश्लेषण तथा सुभाष कश्यप का भारत में राजनीतिक दल(द इंस्टीटयूट आफ कोस्टीटूयशन एंड पार्लियामेंट्री स्टडीज, रिसर्च, दिल्ली १९७१) पृ. ११६.

६०. होम पोलिटिकल डिपार्टमेंट: सी.पी.एंड बरार, रिपोर्ट आन द पोलिटिकल सिचुएशन फोर द फर्स्ट हाफ आफ जून १९३४.

६१. वही: फोर फर्स्ट हाफ आफ जुलाई १९३४ पृ. २२.

६२. जिला गजेटियर: जबलपुर: इतिहास खंड: पृ ५९४.

६३. होम पोलिटिकल डिपार्टमेंट: सी.पी.एंड बरार रिपोर्ट आन द पोलिटिकल सिचुएशन फोर द सेकेंड हाफ आफ जुलाई १९३४.

६४. वही: फोर द फर्स्ट हाफ सितम्बर १९३४.

६५. जिला गजेटियर: सागर: इतिहास खंड: पृ. ७६-७७.

६६. कलेक्टिव वर्क्स आफ महात्मा गाँधी: भाग-५८: पृ. २७४-७७: तथा महात्मा गाँधी द्वारा आचार्य नरेन्द्र देव को लिखा गया पत्र: दिनांक २ अगस्त १९३४. (राष्ट्रीय अभिलेखागार नई दिल्ली).

६७. ए.आई.सी.सी. पेपर्स: फाइल नं. जी-२३/१९३४-३६ (ने.म्यु.ला नई दिल्ली)

६८. होम पोलिटिकल डिपार्टमेंट: सी.पी.एंड बरार, फोर्टनाइटली रिपोर्ट आफ द पोलिटिकल सिचुएशन फोर द सेकेंड हाफ आफ जुलाई १९३४. पृ. ६.

६९. मित्रा: द इंडियन एनुअल रजिस्टर: १९३४ भाग:२ पृ. २९४.

७०. मित्रा: द इंडियन क्वाटरली रजिस्टर: जुलाई-दिसंबर १९३४: भाग२: पृ. २९३.

७१. जयप्रकाश नारायण पेपर्स: फाइल नं. २/१९३४-३९ (ने.म्यू.लाय. नई दिल्ली)

७२. ए.आई.सी.पी. पेपर्स: फाइल नं. जी-२३/१९३४-३६ तथा होम पोलिटिकल डिपार्टमेंट: सी.पी. एंड बरार: फोर्टनाइटली रिपोर्ट आन द पोलिटिकल सिचुएशन आफ द फर्स्ट हाफ नवम्बर १९३४: पृ. ६१.

७३. जिला गजेटियर: पूर्वी निमाड़ (इतिहास खंड): पृ. ५११.

७४. होम पोलिटिकल डिपार्टमेंट: सी.पी.एंड बरार, रिपोर्ट आन द पोलिटिकल सिचुएशन फोर द सेकेंड हाफ आफ दिसंबर १९३४. पृ. २४.

७५. ए.आई.सी.सी. पेपर्स: फाइल नं. ३/१९३५ तथा संपूर्णानंद की थीसीस अवर रोल इन द काँग्रेस (नेहरू म्युजियम लायब्रेरी, नई दिल्ली.)

७६. लिस्ट आफ पोलिटिकल एंड क्वासी पोलिटिकल आर्गेनाइजेशन: द सी.पी. एंड बरार १९३४-३५.

७७. सीक्रेट रिपोर्ट आन द पोलिटिकल सिचुएशन इन द सी.पी. एंड बरार, फोर द फर्स्ट हाफ आफ जनवरी १९३५.

७८. होम पोलिटिकल: डिपार्टमेंट: फोर्टनाइटली रिपोर्ट फोर द सेकेन्ड हाफ जनवरी १९३५: पृ. २२.

७९. वही: फोर द सेकेंड हाफ आफ फरवरी १९३५ पृ. ६४ (राष्ट्रीय अभिलेखागार नई दिल्ली)

८०. वही: फर्स्ट हाफ आफ मई १९३५: पृ.२५ (राष्ट्रीय अभिलेखागार नई दिल्ली)

८१. फोर्टनाइटली रिपोर्ट: द सी.पी. एंड बरार, फोर द सेकेंड हाफ आफ सितंबर १९३५: पृ. ६३ (राष्ट्रीय अभिलेखागार नई दिल्ली)

८२. सरवेदापल्ली गोपाल: जवाहरलाल नेहरू: ए बायोग्राफी भाग-१ (१८८९-१९४७) आक्सफोर्ड १९७५: पृ. २००.

८३. सुभाषचंद्र बोस: द इंडियन स्ट्रगल १९२०-४२: पृ. ३२४.

८४. मित्रा: द इंडियन एनुअल रजिस्टर १९३५: भाग-२, पृ. ३४५.

८५. आर.सी. मजुमदार: हिस्ट्री आफ द फ्रीडम मूव्हमेंट इन इंडिया: भाग-३ पृ. ६५८.

८६. सीक्रेट फोर्टनाइटली रिपोर्ट आफ द सी.पी.एंड बरार: फर्स्ट हाफ आफ अक्टूबर १९३५: पृ. १.

८७. सीक्रेट फोर्टनाइटली रिपोर्ट आफ द सी.पी.एंड बरार: फर्स्ट हाफ आफ नवम्बर १९३५: पृ. १.

८८. जयप्रकाश नारायण: टूवर्डस स्ट्रगल (बम्बई पदमा प्रकाशन १९४६) पृ. १७०.

८९. मित्रा: द इंडियन एनुअल रजिस्टर १९३५: भाग-२: पृ. २८.

९०. सीक्रेट: रिपोर्ट फोर द सी.पी.एंड बरार: फोर द फर्स्ट हाफ आफ फरवरी १९३६.

९१. वही: फोर द सेकेंड हाफ आफ फरवरी १९३६ तथा द फर्स्ट हाफ आप मार्च १९३६.

९२. मित्रा: द इंडियन एनुअल रजिस्टर १९३६: भाग-१: पृ. १७८.

९३. वही: १९६.

९४. वही: २०९.

९५. होम पोलिटिकल डिपार्टमेंट: सी.पी.एंड बरार: कांफिडेंशियल रिपोर्ट फोर द सेकेंड हाफ आफ फरवरी १९३७: पृ. ४.

९६. मित्रा: द इंडियन एनुअल रजिस्टर १९३६: भाग-२: पृ. १९०.

९७. ए.आईसी.सी. पेपर्स १९३४-३६: फाइल नं. ९/१९३४-१९३६: पृ. ४२५.

९८. होम पोलिटिकल डिपार्टमेंट: सी.पी.एंड बरार: कांफिडेंशियल रिपोर्ट फोर द फर्स्ट हाफ आफ अप्रैल १९३६:

९९. वही: फोर द सेकेंड हाफ आफ अप्रैल १९३६: पृ. १.

१००. लखनऊ में आयोजित कॉंग्रेस के ४९ वाँ अखिल भारतीय सम्मेलन की रिपोर्ट: अप्रैल १९३६: पृ. ९६.

१०१. होम पोलिटिकल डिपार्टमेंट: पोलिटिकल: फाइल नं. ४/२८/१९३६.

१०२. ए.आई.सी.सी. पेपर्स: फाइल नं. २१/१९३६ (नेहरू मेमोरियल म्युजियस एण्ड लायब्रेरी नई दिल्ली)

१०३. होम पोलिटिकल डिपार्टमेंट: पोलिटिकल: फाइल नं. ४/२८/१९३६ कांफिडेंशियल रिपोर्ट फोर द सेकेंड हाफ आफ अप्रैल १९३६: पृ. २२.

१०४. वही: फोर द सेकेन्ड हाफ आफ जुलाई १९३६.

१०५. प्रबोधचन्द: स्टूडेन्ट मूव्हमेंट इन इंडिया (लाहौर, ए.आई.एस.एफ १९३८) पृ. ५३-५४.

१०६. होम पोलिटिकल डिपार्टमेंट: सीक्रेट फोर्टनाइटली रिपोर्ट फोर द सी.पी.एंड बरार, फोर द फर्स्ट हाफ आफ सितम्बर १९३६.

१०७. वही: फोर द सेकेंड हाफ आफ सितम्बर १९३६.

१०८. मित्रा: द इंडियन एनुअल रजिस्टर १९३८: भाग-१: पृ. ४१३-१४, तथा होम पोलिटिकल डिपार्टमेंट: सीक्रेट रिपोर्ट आफ सी.पी.एंड बरार फार द फर्स्ट हाफ आफ अक्टूबर १९३६: पृ.२५.

१०९. डा. पट्टाभि सीतारमैया: द हिस्ट्री आफ द इंडियन नेशनल कॉंग्रेस: भाग-२ (१९३५-१९४७):पृ.३१-३२.

११०. डी.पी. मिश्रा: लीविंग एन ऐरा: पृ. २६८.

१११. रामचन्द्र गुप्त: भारतीय समाजवादी दल के बदलते आयाम: एक विश्लेषण: पृ. ११८

११२. जीन डी. ओवर स्ट्रीट तथा मार्शल विंडमिलर: काम्युनिज्म इन इंडिया: पृ. १६४-६५

११३. सीक्रेट: फोर्ट नाइटली रिपोर्ट फोर द सी.पी. एंड बरार, फोर द फर्स्ट हाफ आफ अप्रैल १९३७.पृ. १-२.

११४. सीक्रेट: फोर्ट नाइटली रिपोर्ट फोर द सी.पी. एंड बरार, फोर द फर्स्ट हाफ आफ जुलाई १९३६.पृ. २४.

११५. वही:

११६. जिला गजेटियर: जबलपुर: इतिहास खंड पृ. ५९४.

११७. सीक्रेट: फोर्ट नाइटली रिपोर्ट फोर द सी.पी. एंड बरार, फोर द सेकेन्ड हाफ आफ सितंबर १९३७.

११८. वही: फोर द सेकेंड हाफ आफ अक्टूबर १९३७.

११९. वही: फोर द फर्स्ट हाफ आफ नवम्बर १९३७.

१२०. होलकर स्टेट: पुलिस एडमिनिस्ट्रेशन रिपोर्ट: १९३८: पृ.-१

१२१. सीक्रेट फोर्टनाइटली रिपोर्ट फोर द सी.पी.एंड बरार: फोर द फर्स्ट हाफ आफ जनवरी १९३८: पृ.२.

१२२. वही:

१२३. होम पोलिटिकल डिपार्टमेंट: फोर्टनाइटली रिपोर्ट फोर द सी.पी.एंड बरार, फोर द फर्स्ट हाफ आफ फरवरी १९३८: पृ.३

१२४. मित्रा: द इंडियन एनुअल रजिस्टर: १९३८: भाग-१: पृ. २९.

१२५. डी.जी. तेन्दुलकर: महात्मा: भाग-५: पृ. ३२.

१२६. बी.के. अहलुवालिया तथा शशि अहलुवालिया: नेताजी एंड गाँधीजी (नई दिल्ली १९८२) पृ. ११०.

१२७. सुभाषचंद्र बोस: द इंडियन स्ट्रगल (१९२०-४२:) पृ. २९८.

१२८. पट्टाभि सीतारमैया: द हिस्ट्री आफ द इंडियन नेशनल काँग्रेस भाग-२ (१९३५-४७) पृ. ३७७.

१२९. डी.जी. तेन्दुलकर: महात्मा: भाग-४: पृ. २२४.

१३०. होम पोलिटिकल डिपार्टमेंट: फोर्टनाइटली रिपोर्ट फोर द सी.पी.एंड बरार, फोर द फर्स्ट हाफ आफ मार्च १९३८

१३१. जिला गजेटियर: जबलपुर (इतिहास खंड) पृ. १९०

१३२. होम पोलिटिकल डिपार्टमेंट: फोर्टनाइटली रिपोर्ट फोर द सी.पी.एंड बरार, फोर द सेकेन्ड हाफ आफ मार्च १९३८.

१३३. वही: फोर द सेकेंड हाफ आफ अप्रैल १९३८.

१३४. वही:

१३५. वही: फोर द फर्स्ट हाफ आफ मई १९३८.

१३६. वही: फोर द फर्स्ट हाफ आफ अगस्त १९३८: पृ.१

१३७. वही: फोर द फर्स्ट हाफ आफ अगस्त १९३८: पृ.२.

१३८. वही: फोर द सेकेंड हाफ आफ अगस्त १९३८: पृ. १

१३९. वही: फोर द फर्स्ट हाफ आफ सितम्बर १९३८: पृ. १.

१४०. एन.के. कृष्णन: भारतीय साम्यवादी दल: पृ. ३८-४० (लोकतंत्र समीक्षा)

१४१. सीक्रेट: फोर्टनाइटली रिपोर्ट आफ द सी.पी. एंड बरार फोर द सेकेंड हाफ आफ फरवरी १९३९: पृ.१.

१४२. सुभाषचंद्र बोस: द इंडियन स्ट्रगल (१९२०-४२:) पृ. ३३२.

१४३. नेहरू पेपर्स: ए लेटर फ्राम सुभाषचंद्र बोस टू जवाहरलाल नेहरू दिनांक ३० अप्रैल १९३९.

१४४. सुभाषचंद्र बोस: द इंडियन स्ट्रगल १९२०-४२: पृ. ४०३.

१४५. वही: पृ. ४०४.

१४६. रजनी पामदत्त: इंडिया टूडे (बम्बई पब्लिशिंग हाऊस) १९४९: पृ. ३९५.

१४७. होम पोलिटिकल डिपार्टमेंट: फाइल नं. १८/६/१९३९.

१४८. लीडर: २३/६/१९३९.

१४९. जगदीश शरण शर्मा: इंडियास स्ट्रगल फोर फ्रीडम: भाग-२ पृ. ७६३.

१५०. होम पोलिटिकल डिपार्टमेंट: फाइल नं. १८/९/१९३९: फोर्ट नाइटली रिपोर्ट आन पोलिटिकल सिचुएशन आफ सी पी. फोर द सेकेंड हाफ आफ सितम्बर १९३९.

१५१. एन.के. कृष्णन: साम्यवादी दल (स्वतंत्रता समीक्षा) बम्बई पब्लिशिंग हाउस १९४९ पृ. ३९५.

१५२. होम पोलिटिकल डिपार्टमेंट: फोर्ट नाइटली रिपोर्ट आफ द सी.पी.एंड बरार फोर द फर्स्ट हाफ आफ अक्टूबर १९३९.

१५३. एम.आर. मसानी: कम्युनिज्म इन इंडिया: पृ. ६६-६७ तथा लीडर: ११/१०/१९३९.

१५४. मित्रा: द इंडियन एनुअल रजिस्टर १९३९: भाग-२: पृ. १५.

१५५. सुभाषचंद्र बोस: द इंडियन स्ट्रगल १९२०-४२: पृ. ४०९.

१५६. होम पोलिटिकल डिपार्टमेंट: फोर्ट नाइटली रिपोर्ट आफ द सी.पी.एंड बरार फोर द फर्स्ट हाफ आफ नवम्बर १९३९. पृ. २.

१५७. वही: फोर द फर्स्ट हाफ आफ दिसंबर १९३९: पृ. ६८.

१५८. निपेन्द्रनाथ मित्रा: द इंडियन एनुअल रजिस्टर १९४०: भाग १. पृ. ४७.

१५९. द हिन्दू (मद्रास): १५ मार्च १९४०: पृ. ९.

१६०. सीक्रेट: फोर्टनाइटली रिपोर्ट आफ द सी.पी. एंड बरार फोर द सेकेंड हाफ आफ जनवरी १९४०: पृ.२.

१६१. सुभाषचंद्र बोस: द इंडियन स्ट्रगल १९२०-४२: पृ. ४१४.

१६२. होम पोलिटिकल डिपार्टमेंट: फोर्ट नाइटली रिपोर्ट आन द सी.पी.एंड बरार फोर द सेकेंड हाफ आफ अप्रैल १९४०. पृ.२.

१६३. होम पोलिटिकल डिपार्टमेंट: सीक्रेट फोर्ट नाइटली रिपोर्ट आन द सी.पी.एंड बरार फोर द फर्स्ट हाफ आफ मई १९४०. पृ. ६.

१६४. वही: फोर द सेकेंड हाफ आफ मई १९४०: पृ.५

१६५. बैतूल जिला: केस फाइल नं. ३३ तथा ३५, १९४०.

१६६. होम पोलिटिकल डिपार्टमेंट: सीक्रेट फोर्टनाइटली रिपोर्ट आफ द सी.पी.एंड बरार, फोर द सेकेंड हाफ आफ मई १९४०: पृ.२.

१६७. होम पोलिटिकल डिपार्टमेंट: सीक्रेट फोर्टनाइटली रिपोर्ट फोर द सी.पी.एंड बरार, फोर द फर्स्ट हाफ आफ जून १९४०: पृ. ६.

१६८. सुभाषचंद्र बोस: द इंडियन स्ट्रगल १९२०-४२: पृ. ४१२.

१६९. होम पोलिटिकल डिपार्टमेंट: सीक्रेट फोर्टनाइटली रिपोर्ट आफ द सी.पी.एंड बरार, फोर द सेकेंड हाफ आफ जून १९४०: पृ. ५-६. तथा स्पीचेस एंड राइटिंग्स आफ सुभाषचंद्र बोस:

१७०. बालशास्त्री हरदास: आर्म्ड स्ट्रगल फोर फ्रीडम: पृ. ४२४.

१७१. सीक्रेट: फोर्टनाइटली रिपोर्ट आफ द सी.पी.एंड बरार: फोर द फर्स्ट हाफ आफ मई १९४०:

१७२. वही: फोर द सेकेंड हाफ आफ जून १९४०.

१७३. वही: फोर द सेकेंड हाफ आफ जुलाई १९४०: पृ. ३-४.

१७४. द हिन्दुस्तान स्टैंडर्ड (कलकत्ता दिल्ली एडीशन); ३ तथा ४ जुलाई १९४०, रिपोर्ट आफ द हालवेल मोनोमेंट आफ द ब्लैक होल ट्रेजडी एंड रिपोर्ट आफ सुभाषचंद्र बोस अरेस्टेड अन्डर सेक्सन १२९/डी.आई.आर.।

१७५. होम पोलिटिकल डिपार्टमेंट: सीक्रेट फोर्टनाइटली रिपोर्ट फोर द फर्स्ट हाफ आफ जुलाई १९४०.

१७६. सीक्रेट: फोर्टनाइटली रिपोर्ट आफ द सी.पी. एंड बरार, फोर द सेकेंड हाफ आफ अगस्त १९४०: पृ. २-४.

१७७. वही: फोर द फर्स्ट हाफ आफ सितम्बर १९४०: पृ. ३.

१७८. एम.आर. मसानी: द कम्युनिस्ट पार्टी आफ इंडिया: पृ-७१-७२.

१७९. जीन डी. ओवरस्ट्रीट तथा मार्शल विंडमिलर: काम्युनिज्म इन इंडिया: पृ. ३९७.

१८०. मित्रा: द इंडियन एनुअल रजिस्टर १९४०: भाग २. पृ. ४१४.

१८१. होम पोलिटिकल डिपार्टमेंट: सीक्रेट रिपोर्ट आफ द सी.पी.एंड बरार फोर द फर्स्ट हाफ आफ अक्टूबर १९४०: पृ. ४.

१८२. वही: फोर द सेकेंड हाफ आफ अक्टूबर १९४०: पृ. ४.

१८३. ए.आई.सी.सी पेपर्स: फाइल नं. आर-१/१९४० पृ. १-६.

१८४. सीक्रेट फोर्टनाइटली रिपोर्ट आफ द सी.पी.एंड बरार, फोर द फर्स्ट हाफ आफ दिसंबर १९४०: पृ. २.

१८५. सेलेक्टेड स्पीचेज आफ सुभाषचंद्र बोस: पृ. १५५-५६.

१८६. एच.एन. गुप्ता: सुभाषचंद्र बोस: पृ. १९९.

१८७. जगदीश शरण शर्मा: इंडियाज स्ट्रगल फोर फ्रीडम: भाग-२ पृ. ७६४ तथा सीक्रेट रिपोर्ट: होम डिपार्टमेंट: इंटेलिजेंस ब्यूरो डी.आई.बी.यू.ओ. नं. १२ पी ७ (डी) XI.ए.आई.डी. दिनांक ३०/१/१९४१

१८८. भगतराम तलवार: द ग्रेट स्केप: फिफ्टी फाइव डेज़ विद नेताजी सुभाषचंद्र बोस: (पेपर प्रेजेंटेड एट द इंटरनेशनल सेमीनार, कलकत्ता: २३-२६ जनवरी १९७३.

१८९. सुभाषचंद्र बोस: द इंडियन स्ट्रगल १९२०-४२: पृ. ४१५-१८.

१९०. वही: पृ. ४३८.

१९१. सेलेक्टेड स्पीचेज आफ सुभाषचंद्र बोस: पृ. १७०-७१. तथा एन.जी.गनपुले: नेताजी इन जर्मनी: पृ. १९.

१९२. एन.जी. गनपुले: नेताजी इन जर्मनी: पृ. १९-२०

१९३. एन.पी. राजकुमार (सं) द बैंकग्राउन्ड आफ इंडियाज फॉरेन पालिसी (नई दिल्ली) आल इंडिया कॉंग्रेस कमेटी १९५२. पृ. ८५.

१९४. एन.जी. जोग: इन फ्रीडम क्वेस्ट: पृ. १९७.

१९५. लीडर: (इलाहाबाद) २३ अक्टूबर १९४१.

१९६. ए.आई.सी.सी. पेपर्स: फाइल नं. पी-२१/१९४०-४१: पृ. ९.

१९७. होम पोलिटिकल डिपार्टमेंट: सीक्रेट रिपोर्ट फोर द सी.पी.एंड बरार फोर द सेकेंड हाफ आफ अक्टूबर १९४० तथा मित्रा: द इंडियन एनुअल रजिस्टर १९४१: भाग-२ पृ. १९४.

१९८: एन.जी. गनपुले: नेताजी इन जर्मनी: पृ. १७८-७९.

१९९. बालशास्त्री हरदास: आर्म्ड स्ट्रगल फोर फ्रीडम: पृ. ४३१. तथा इंडियन इंडिपेंडेंस मूव्हमेंट इन ईस्ट इंडिया: ब्रांचेज आफ इंडियन इंडिपेंडेंस लीग (नेताजी रिसर्च ब्यूरो)

२००. आर.सी. मजुंमदार: द स्ट्रगल फोर फ्रीडम (भारतीय विद्या भवन, बम्बई १९६९): पृ. ७०७.

२०१. वही: तथा एन.जी. गनपुले: नेताजी इन जर्मनी (१९५९) : पृ. १७९.

२०२. बालशास्त्री हरदास: आर्म्ड स्ट्रगल फोर फ्रीडम: पृ. १८०.

२०३. आर.सी. मजुमदार: हिस्ट्री आफ द फ्रीडम मूव्हमेंट इन इंडिया: भाग-३: पृ. ७०४-७०५ (फरमा, क्रे.ए.मुखोपाध्याय, कलकत्ता १९६३).

२०४. फोर द गवर्नमेंट अनाउंसमेंट: इंडियन इनफोरमेशन XII, १ सितंबर १९४२: पृ. १९७.

२०५. जीन डी. ओवर स्ट्रीट तथा मार्शल विंडमिलर: कम्युनिज्म इन इंडिया: पृ. २०६.

२०६. वही: पृ. २०७.

२०७. वही:

२०८. रामचंद्र गुप्त: भारतीय समाजवादी दल के बदलते आयाम: एक विश्लेषण पृ. १२१.

२०९. बैतूल जिला: केस फाइल नं. २८७ /१९४२.

२१०. वही: केस फाइल नं. ३१९/१९४२.

२११. ए.आई.सी.सी. पेपर्स: फाइल नं. पी-१४/भाग-२ १९४५-४६: पृ.१.

२१२. आर.सी. मजुमदार: हिस्ट्री आफ द फ्रीडम मूव्हमेंट इन इंडिया: भाग-३: पृ. ७०६.

२१३. ए.सी. चटर्जी: इंडियाज स्ट्रगल फोर फ्रीडम (कलकत्ता १९४७): पृ. ३५.

२१४. सीक्रेट: फोर्टनाइटली रिपोर्ट फार द सी.पी.एंड बरार फार द सेकेंड हाफ आफ फरवरी १९४३.

२१५. वही: फोर द सेकेंड हाफ आफ मार्च १९४३: पृ. २.

२१६. वही: द फर्स्ट हाफ आफ मई १९४३: पृ. २-३.

२१७. आर.सी. मजुमदार: हिस्ट्री आफ द फ्रीडम मूव्हमेंट इन इंडिया: भाग-३: पृ. ७०९-७११. तथा सेलेक्टेड स्पीचेज आफ सुभाषचंद्र बोस: पृ. १८१.

२१८. हफ टॉय: सुभाषचंद्र बोस: द स्प्रींगिंग टाईगर (बम्बई १९५७) पृ. ८१.

२१९. सेलेक्टेड स्पीचेज आफ सुभाषचंद्र बोस: पृ. १८२.

२२०. सीक्रेट: फोर्टनाइटली रिपोर्ट फोर द सी.पी.एंड बरार फोर द फर्स्ट हाफ आफ जुलाई १९४३: पृ.२.

२२१. वही: फोर द फर्स्ट हाफ आफ अगस्त १९४३: पृ. २.

२२२. वही: फोर द सेकेंड हाफ आफ अगस्त १९४३: पृ. २-३.

२२३. ए.सी. चटर्जी: इंडियाज स्ट्रगल फोर फ्रीडम: चेप्टर-३ पृ. १२०-२९ तथा कर्नल लक्ष्मी स्वामीनाथन (लक्ष्मी सहगल): द रोल आफ वूमेन इन आजाद हिंद मूव्हमेंट: तथा कंटैम्पोरेरी जुलाई-अगस्त, सितम्बर, अक्टूबर, नवम्बर १९६९ में प्रकाशित तथा इंडियन इंडिपेडेंस मूव्हमेंट इन ईस्ट-एशिया १९४३. (नेताजी रिसर्च ब्यूरो)

२२४. वही तथा बालशास्त्री हरदास: आर्म्ड स्ट्रगल फोर फ्रीडम: पृ. ४३२. तथा आजाद हिंद सरकार का घोषणा पत्र: सिंगापुर दिनाक २१ अक्टूबर १९४३.

२२४ए. सेलेक्टेड स्पीचेज आफ सुभाषचंद्र बोस: पृ. १८३.

२२५. एस.ए. अय्यर: द इंडियन इंडिपेडेंस मूव्हमेंट इन ईस्ट एशिया: (नेताजी रिसर्च ब्यूरो, बुलेटिन.जुलाई १९६१) भाग-२: नं. १: पृ. ८-९. तथा बालशास्त्री हरदास: आर्म्ड स्ट्रगल फोर फ्रीडम: पृ. ४३२-३३ तथा रिप्रेसेन्टेटिव स्पीचेज एट द ग्रेट ईस्ट ऐशियाटिक कांफ्रेंस: स्पीच मेड बाय प्राइम मिनिस्टर टोज़ो आन द रिवर्सन डे आफ द अंडमान एंड निकोबार आइलैंड टू इंडिया: दिनांक ६ नवम्बर १९४३.

२२६. आर.सी. मजुमदार: हिस्ट्री आफ द फ्रीडम मूव्हमेंट इन इंडिया भाग-३: पृ. ७१३.

२२७. होम पोलिटिकल डिपार्टमेंट: फोर्टनाइटली रिपोर्ट आफ द सी.पी.एंड बरार, फोर द फर्स्ट हाफ आफ जनवरी १९४४: पृ.२.

२२८. आर.सी. मजुमदार: हिस्ट्री आफ फ्रीडम मूव्हमेंट इन इंडिया: भाग-३: पृ. ७१३-१४.

२२८ए. रेडियो एड्रेस टू महात्मा गाँधी १९४४: नेताजी ब्रॉडकास्ट: एड्रेस टू महात्मा गाँधी ओवर द रंगून इंडिया आन दिनांक: ६ जुलाई १९४४.

२२९. शंकर घोष: लीडरस आफ मार्डन इंडिया: पृ. ३६९-७०.

२३०. अकोर्डिंग टू द डेथ डिक्लेरेशन सर्टिफिकेट आफ सुभाषचंद्र बोस: गिवन बॉय डॉक्टर तानेयोशी योशिमी: दिनांक १८ अगस्त १९४५. तथा जगदीश शरण शर्मा: इंडियाज स्ट्रगल फोर फ्रीडम: पृ. ७६४.

२३०ए. आजाद हिंद फौज के तीन अफसरों पर चलाये गये मुकदमें का विवरण: एडवोकेट जनरल एन.पी. ऐंजियार का अभियोग

पत्र- १९४५ (नेता जी रिसर्च ब्यूरो)

२३१. पीपुल्स वार: भाग-४: दिनाँक १८ नवम्बर १९४५: पृ.४.

२३२. डी.पी. मिश्रा: द हिस्ट्री आफ द फ्रीडम मूव्हमेंट इन मध्यप्रदेश पृ. ४८३.

२३३. एन.के. कृष्णन: भारतीय साम्यवादी दल: पृ. ४१.

२३४. ए.आई.सी.सी. पेपर्स: फाइल नं. पी-१४/भाग-२ १९४६ तथा पीपुल्स वार: भाग-४: १८ नवम्बर १९४५-पृ. ४ तथा २७ जनवरी १९४६: पृ. ३.

२३५. रामचन्द्र गुप्त: भारतीय समाजवादी दल के बदलते आयाम: एक विश्लेषण: भारत में राजनीतिक दल: पृ.२१ तथा डी.पी.मिश्रा: द हिस्ट्री आफ द फ्रीडम मूव्हमेंट इन मध्यप्रदेश: पृ. ४८३.

२३६. जयप्रकाश नारायण: टूवर्डस स्ट्रगल (पद्मा पब्लिकेशन १९४६) पृ. १७६-१८२.

२३७. मधु लिमये: इवोलुशन आफ सोशिलिस्ट पॉलिसी (चेतन प्रकाशन, हैदराबाद १९५२) पृ. २-३.

२३८. जिला गजेटियर: जबलपुर: इतिहास खंड: पृ. १२१.

अध्याय ६

साम्प्रदायिक राजनीति

भारत में राष्ट्रवादी विचारधारा तथा आन्दोलन के साथ चार अन्य विचारधाराओं का भी प्रादुर्भाव हुआ। उदारवाद, उग्रवाद, क्रांतिकारी तथा साम्प्रदायवाद। उदारवाद, उग्रवाद तथा क्रांतिकारी विचारधारा का प्रभाव प्रथम विश्व युद्ध तथा उसके आस-पास के काल तक ही रहा। गाँधीयुग में यह प्रवृत्तियाँ विशिष्ट रूप से प्रभावी नहीं रहीं लेकिन साम्प्रदायवाद की लहर ने सम्पूर्ण राष्ट्रीय आन्दोलन तथा देश की राजनीति को प्रभावित किया और अंततः देश को दो भागों में विभाजत कर दिया।[१]

भारत में साम्प्रदायिक दलों का विकास बहुत दुर्भागयपूर्ण रहा। भारत में साम्प्रदायिक दल 'मुस्लिम-लीग' तथा 'हिन्दू-महासभा' और 'राष्ट्रीय स्वयं सेवक-संघ' के नाम से उभरे। जहाँ मुस्लिम-लीग का दृष्टिकोण साम्प्रदायिक रहा, वहीं दूसरी ओर उसे सुदृढ़ बनाने का कार्य 'हिन्दू-महासभा' ने भी किया। 'राष्ट्रीय स्वयं सेवक-संघ' ने हिन्दुत्व को सैनिक रूप प्रदान किया। भारत में साम्प्रदायिकता की समस्या धार्मिक की अपेक्षा राजनीतिक अधिक रही। भारत की राष्ट्रीय एकता को नष्ट करने हेतु अंग्रजों ने हिन्दुओं तथा मुसलमानों के धार्मिक तथा सामाजिक मतभेदो का पूरा लाभ उठाते हुए इनका प्रयोग राष्ट्रीयता के प्रभाव को कम करने में किया। अतः भारत में साम्प्रदायिकता का विकास एक ओर जहाँ अंग्रेजों की 'फूट डालों और राज करो' की नीति की परिणिती थी तो वहीं: दूसरी ओर, हिन्दू तथा मुस्लिम सम्प्रदाय के संकुचित और कट्टरपंथी मनोवृत्ति का भी परिणाम था।[२]

१८८५ में काँग्रेस की स्थापना के पश्चात अंग्रेजों ने मुस्लिम साम्प्रदायकिता को सुनियोजित ढंग से संगठित करने का प्रयास प्रारंभ कर दिया। प्रारंभ में काँग्रेस के अधिवेशनों में मध्यमवर्ग के बुद्धिजीवी मुस्लिम युवकों ने रूचि लेकर काँग्रेस अधिवेशनों में भाग लेना प्रारंभ किया जिससे काँग्रेस अधिवेशनों में इनकी संख्या में उत्तरोत्तर वृध्दि होने लगी। १८८५ में काँग्रेस के प्रथम अधिवेशन में मुस्लिम सदस्यों की संख्या २, द्वितीय में ५५ तथा तृतीय में ७६ हो गई। तृतीय अधिवेशन की अध्यक्षता बैरिस्टर बद्रूद्दीन तैय्यब जी ने की जो एक मुस्लिम थे।[३] सर सैय्यद अहमद खाँ ने १८८६ में 'मोहम्मडन एजुकेशन काँग्रेस' की स्थापना की जिसका उद्वेश्य शिक्षित मुसलमानों को राष्ट्रीय काँग्रेस में शामिल होने से रोकना था। सर सैय्यद अहमद खाँ तथा उनके साथियों का विचार था कि मात्र काँग्रेस के अधिवेशनों में भाग लेने से मुसलमानों का भला नहीं हो सकता। अतः काँग्रेस के चौथे अधिवेशन में सर सैय्यद अहमद खाँ ने खुले रूप से काँग्रेस का विरोध किया तथा काँग्रेस से विमुख होकर असहयोग करते हुए प्रतिक्रियावादी संगठनों की स्थापना की। उनके प्रभाव में 'सेन्ट्रल नेशनल मोहम्मडन एसोशिएशन्' तथा 'मोहम्मडन लिटरेरी-सोसायटी' ने भी काँग्रेस से असहयोग किया। १८८८ में सर सैय्यद अहमद खाँ और

प्रिंसीपल बेक् द्वारा स्थापित 'मोहम्मडन डिफेंस एसोशिएशन आफ-इंडिया' का उद्धेश्य भी मुसलमानों को काँग्रेस से विरोध और अंग्रेजों से सहयोग की दिशा में प्रेरित करना था। इस प्रकार अंग्रेजों का एक मात्र उद्धेश्य साम्प्रदायिकता को बढ़ावा देकर भारतीय राष्ट्रवाद के बढ़ते हुए ज्वर को रोकना था[४] परन्तु फिर भी १८९० के कलकत्ता अधिवेशन में भाग लेने वाले ७०२ प्रतिनिधियों में से १५६ मुस्लिम प्रतिनिधि थे तथा १८९६ के कलकत्ता अधिवेशन की अध्यक्षता रहमतुल्ला एम. सयानी ने की जो एक मुस्लिम नेता थे।[५]

सर सैय्यद अहमद खाँ का विश्वास था कि अंग्रेजो के साथ गठबंधन के बिना मुसलमानों की स्थिति में सुधार नहीं हो सकता। अंग्रेजों द्वारा भी सर सैय्यद अहमद खाँ को विश्वास दिलाया गया कि अंग्रेज-मुस्लिम गठबंधन, मुसलामानों की दशा को उन्नत करने में सहायक होगा। अतः सैय्यद अहमद खाँ ने मुसलमानों को चेतावनी दी कि काँग्रेस द्वारा भारत में जो प्रतिनिधि-शासन की माँग की गई है, उसमें मुस्लिम समुदाय किसी प्रकार का सहयोग न करें। भारत हिन्दुओं का देश है अतः प्रतिनिधि-शासन का अभिप्रायः हिन्दुओं का शासन है।[६]

दूसरी ओर, रूढ़िवादी हिन्दुओं का अखिल भारतीय संगठन 'हिन्दू महासभा' ने बीसवीं शताब्दी में हिन्दुओं को एक नया रूप प्रदान किया।[७] एक अखिल भारतीय संगठन के रूप में 'हिन्दू महासभा' की स्थापना समस्त हिन्दुओं को संगठित करने के अनेक प्रयासों का एकमात्र परिणाम था। १८९० में नागपुर में 'गोरक्षा' नामक मासिक पत्रिका का प्रकाशन प्रारंभ हुआ। १९०० में दरभंगा के महाराजा की अध्यक्षता में हिन्दू संगठन का प्रथम राष्ट्रीय सम्मेलन दिल्ली में आयोजित किया गया जिसमें लगभग १ लाख व्यक्तियों ने भाग लिया। १९०२ में 'अखिल धर्म महामंडल' के अन्तगर्त उनके स्थानीय संगठनों की स्थापना मथुरा में की गई थी जिन्हें पंजीकृत कर संविधान की रचना की गई। १९०५ में इनका केन्द्र मथुरा से बनारस स्थानांतरित कर दिया गया। इस संगठन का उद्देश्य 'सनातन धर्म' के अनुसार हिन्दू-शिक्षा का विकास करना था जो प्राचीन वेदों, स्मृतियों, पुराणों तथा अन्य हिन्दू धार्मिक शास्त्रें पर आधारित हों। ऐसी शिक्षा की सहायता से हिन्दू-जीवन तथा समाज को सुधारा जा सके।[८] साम्प्रदायिक वातावरण के निर्माण में अलीगढ़ कॉलेज के अंग्रेज प्रिसिंपल थ्योडोर बेक् की विशेष भूमिका रही। साम्प्रदायिक विचारों के पीछे थ्योडोर बेक ने एक प्रेरक शक्ति के रूप में कार्य किया और उनके विशेष प्रयासों से सैय्यद अहमद खाँ राष्ट्रवाद से अलग रहे जिससे अंग्रेजों तथा मुसलमानों में निकटता स्थापित हो सकी। प्रिसीपल बेक के प्रभाव में सर सैय्यद का प्रतिक्रियावादी सम्प्रदायवादी स्वरूप उभर आया।[९]

भारतीय नव जागरण के फलस्वरूप विभिन्न जातियों और सम्प्रदायों द्वारा पृथक-पृथक शिक्षण संख्याओं को प्रोत्साहन दिया गया। जैसे मुसलमानों ने देवबंद में 'दारूल-उलूम', आर्य-समाजियों ने 'गुरूकुलों' की स्थापना की तो सेनानियों ने 'ऋषिकुलों की नींव डाली। धार्मिक आधार पर अलीगढ़ में 'मुस्लिम-विश्वविद्यालय' और बनारस में 'हिन्दू-विश्वविद्यालय' की स्थापना की गई। इन संस्थाओं ने विभिन्न सम्प्रदायों को निकट लाने की अपेक्षा एक दूसरे से पृथक करने में अधिक सहयोग दिया। लार्ड कर्जन की कुटिल नीति का प्रतिफल बंगाल-विभाजन ने भी हिन्दू-मुस्लिम भेदभाव को बढ़ाकर मुस्लिम साम्प्रदायिकता को बढ़ावा दिया।[१०]

१९०६ में लार्ड मिंटो ने भारत में वैद्यानिक सुधारों पर विचार विमर्श हेतु एक समिति के गठन की सिफारिश की जिससे भारत में प्रतिनिध्यात्मक संस्थाओं की स्थापना की जा सके। ऐसे अनुकूल समय

में आगा खाँ की अध्यक्षता में एक मुस्लिम प्रतिनिधि-मंडल मुसलमानों के लिये पृथक-निर्वाचन क्षेत्र की व्यवस्था. विधानमंडलों में मुसलमानों की आबादी से अधिक स्थान दिये जाने तथा सम्राट के प्रति उनकी भक्ति को दृष्टिगत रखते हूए उन्हे अधिक प्रतिनिधित्व दिये जाने की माँग के साथ शिमला में वायसराय मिंटो भेंट की। मुस्लिम-प्रतिनिधि-मंडल की माँग को स्वीकार करने हेतु तत्पर वायसराय लार्ड मिंटो ने उन्हे तत्काल आश्वासन देते हुए कहा कि किसी भी प्रकार की प्रतिनिधि-संस्था में जैसे-नगरपालिका, जिला बोर्डो तथा व्यवस्थापिका-सभा जिसमें भी निर्वाचन के सिद्धांत लागू होते हों, मुस्लिम जाति को पृथक प्रतिनिधित्व दिया जायेगा। इस प्रतिनिधि मंडल का पूर्ण आयोजन ब्रिटिश नौकरशाही द्वारा ही रचा गया था जिसकी पुष्टि मौलाना मोहम्मद अली के इस कथन '१९०६ के मुस्लिम शिष्टमंडल का अभिनय अंग्रेजी सूत्रधारों के निर्देशानुसार किया गया था' के द्वारा होती है।[११] रेम्ज़े मेकडोनाल्ड के अनुसार लेडी मिंटो को प्राप्त एक पत्र द्वारा भी इस निर्मित नाटक का पर्दाफाश होता है कि 'आज कूटनीतिज्ञता का ऐसा कार्य हुआ जिसका प्रभाव भारत और भारतीय इतिहास पर वर्षो तक रहेगा। ६ करोड़ बीस लाख व्यक्तियों को राजद्रोहियों की पंक्ति में सम्मिलित होने से रोकने का कार्य कम महत्वपूर्ण नहीं हैं।'[१२]

इस प्रकार भारतीय इतिहास में पहली बार साम्प्रदायिक प्रतिनिधित्व को शासकीय स्तर पर स्वीकार कर साम्प्रदायिकता को खुला प्रोत्साहन दिया गया। यद्यपि भारत सचिव लार्ड मार्ले द्वारा इसका विरोध किया गया। लार्ड मार्ले संयुक्त प्रतिनिधित्व के पक्ष में थे परंतु इस संबंध में लार्ड मिंटो के अडिग रहने के फलस्वरूप लार्ड मिंटो भारत में मुस्लिम साम्प्रदायिकता के जनक बन गये। इस प्रकार लार्ड मिंटो ने अपने निर्णय को आगे चलकर साम्प्रदायिक प्रतिनिधित्व के आधार पर १९०९ में, 'मार्ले-मिंटो सुधार योजना' में प्रथम चुनाव व्यवस्था में समावेश किया। इस पृथक-निर्वाचन व्यवस्था का परिणाम राष्ट्रीय विचारधारा का अंत देश के विभाजन तथा पृथक राष्ट्रों की स्थापना से हुआ।[१३]

मध्यप्रांत और बरार में मुस्लिम-लीग की स्थापना से पहले नागपुर के चीफ कमिश्नर स्वर्गीय सर रेजीनाल्ड क्रॉडोक भी मध्यम वर्गीय मुसलमानों तथा हिन्दुओं के बीच मतभेद उत्पन्न करने के एक महत्वपूर्ण स्त्रोत थे। बरार का दौरा करते समय १२ नवम्बर १९०६ को अमरावती में मुसलमानों द्वारा आयोजित अपने स्वागत समारोह में मुसलमानों को संबोधित करते हुए परामर्श दिया कि 'उनकी भलाई काँग्रेसी आन्दोलन से दूर रहने में ही है।'[१४]

ब्रिटिश सरकार के प्रोत्साहन पर अपनी पृथकतावादी माँगों के प्रति मुस्लिम शिष्टमंडल का उत्साह वर्धन हुआ। फलस्वरूप ३० दिसंबर १९०६ में मुस्लिम नेताओं द्वारा नवाब बकारूलमुल्क की अध्यक्षता में ढ़ाँका में एक सम्मेलन आयोजित किया गया जिसके प्रथम प्रस्ताव द्वारा 'अखिल भारतीय मुस्लिम-लीग' के नाम से एक राजनीतिक संगठन स्थापित किया गया[१५] जिसका उद्धेश्य मुस्लिम समुदाय में ब्रिटिश शासन के प्रति सभी भ्रांतियों को दूर कर निष्ठा की भावना उत्पन्न करना, मुसलमानों की राजनीतिक और अन्य अधिकारों की रक्षा करना तथा अपनी अकाँक्षाओं को नम्र भाषा में सरकार के समक्ष प्रस्तुत करना था। जहॉ तक संभव हो दूसरी जातियों के मध्य मित्रता के भाव उत्पन्न करने का लक्ष्य निर्धारित किया गया।[१६]

मुस्लिम-लीग की राजनीतिक आकाँक्षाओं और अंग्रेजी शासन के प्रति लीग का दृष्टिकोण बकारूलमुल्क के अध्यक्षीय भाषण से स्पष्ट हो जाता है जिसमें मुसलमानों को संबोधित करते हुये कहा गया है कि 'ईश्वर न करे अंग्रेजी शासन समाप्त हो जाये और हिन्दू ऐश करे। इस खतरे से बचने का एक ही रास्ता है, अंग्रेजी शासन को कायम रखने में अंग्रेजों की सहायता करना। अपने आपको अंग्रेजी फौज का सिपाही समझों।'[१७] बकारूलमुल्क के इस वक्तव्य द्वारा मुस्लिम-लीग के उद्वेश्यो से भारत के राष्ट्रवादियों को विश्वास हो गया कि लीग का उद्वेश्य भारत में विदेशी सत्ता के प्रति राजभक्ति तथा राष्ट्रीय आन्दोलन के प्रवाह को रोकना है। परिणामत: राष्ट्रवादी मुस्लिम नेताओं ने मुस्लिम-लीग की स्थापना का विरोध किया।[१८] २९ दिसंबर १९०७ को कराँची में मुस्लिम-लीग के प्रथम अधिवेशन तथा ३० दिसंबर १९०८को अमृतसर में द्वितीय अधिवेशन आयोजित की गई।[१९]

मुस्लिम-लीग की स्थापना के कुछ वर्षो तक मध्यप्रांत और बरार में मुस्लिम-लीग की, शाखायें स्थापित नहीं की जा सकीं क्योकि मध्यप्रांत और बरार को अब तक मुस्लिम सम्प्रदाय को नेतृत्व प्रदान करने वाला कोई नेता प्राप्त नहीं हुआ था जो उनके समुदाय को महत्व दिला सके। उस समय प्रांत में कुछ नेता जैसे बुल्ढ़ाना में देवघाट नामक स्थान के नवाब सलीमुल्ला खान तथा नागपुर के खान बहादुर एच. एम. मलक ही ऐसे व्यक्ति थे जिनका स्थानीय तथा प्रान्तीय प्रभाव था। अत: १९०९ में आगा खाँ की अध्यक्षता में दिल्ली में आयोजित मुस्लिम-लीग के तृतीय अधिवेशन में नागपुर के खान बहादुर, एच. एम. मलक ने भाग लेकर नागपुर में मुस्लिम-लीग की शाखा की स्थापना तथा लीग के आगामी अधिवेशन को आयोजित करने हेतु आमंत्रित किया। अत: दिल्ली से मोहम्मद युसुफ खाँ को मध्यप्रांत के मराठी क्षेत्र में मुस्लिम-लीग की शाखाये स्थापित करने के उद्वेश्य से भेजा गया। प्रांत का दौरा कर उन्होने मुसलमानों को मुस्लिम-लीग में सम्मिलित होने के लिये प्रेरित किया। इस बीच १९०९ में मिंटो मार्ले सुधार द्वारा हिन्दुओं और काँग्रेस के प्रभाव को कम करने के उद्वेश्य से विधान मंडलों में मुसलमानों को उनकी संख्या के अनुपात में अधिक स्थान दिया गया। नागपुर में खान बहादुर एच.एम. मलक के प्रयासों के फलस्वरूप ३० दिसंबर १९१० को मुस्लिम-लीग का चौथा अधिवेशन सैय्यद नबीवुल्ला की अध्यक्षता में नागपुर में आयोजित किया गया जिसमें पारित प्रस्तावों में से एक प्रस्ताव मध्यप्रांत और बरार में विधायिका परिषद् का गठन किये जाने की माँग की गई जिसमें मुसलमानों को भी प्रतिनिधित्व प्राप्त हो सके।[२०] यहं नवगठित दल मध्यप्रांत और बरार में अधिक सक्रिय नहीं था फिर भी स्थानीय नेताओ के प्रयास से इस प्रांत में अनेक स्थानो में इसकी १३ शाखायें स्थापित की गई।[२१]

इस प्रकार १९०९ से १९१९ तक मुस्लिम-लीग का प्रमुख उद्वेश्य राजनीतिक विशेषाधिकार को प्राप्त करना था। एक समुदाय के रूप में मुस्लिम सम्प्रदाय ईमानदार तथा अपने सम्प्रदाय की उन्नति और भलाई के लिए सदैव उत्सुक रही परंतु १९११ तक मुस्लिम-लीग साम्प्रदायकि नीति पर ही चलती रही। तत्पश्चात परिवर्तित स्थिति में धीर-धीरे लीग के दृष्टिकोण में भी परिवर्तन हुआ। मुस्लिम-लीग ब्रिटिश शासन से विमुख हो काँग्रेस के निकट आती गई जिसका प्रमुख कारण अन्तर्राष्ट्रीय स्तर पर तुर्की के सुल्तान हामिद जो इस्लामी जगत के खलीफा थे, उनके प्रति इग्लैंड द्वारा शत्रुतापूर्ण रूख अपनाया जाना था। काँग्रेस के प्रति सरकारी नीति में परिवर्तन और १२ दिसंबर १९११ को 'बंग-भंग-योजना' को रद्द किये जाने की घटना ने मुसलमानों को आघात पहुँचाया। ब्रिटिश शासन द्वारा 'बंग-भंग-योजना'

रद्द किये जाने के पूर्व मुसलमानों से परामर्श न लिये जाने के कारण भारतीय मुसलमान अत्यंत रूष्ट हो गये, अतएव अंग्रेजों की सद्भावना में उन्हे विश्वास नहीं रहा।[२२]

प्रारंभ से ही मुस्लिम-लीग का उददे्श्य मुसलमानों के लिए राजनीतिक विशेषाधिकार प्राप्त करना तथा साम्प्रदायिक आधार पर प्रतिनिधित्व प्राप्त करना था। दूसरी ओर, हिन्दू-महासभा की स्थापना मुस्लिम-लीग की प्रतिरोधी संस्था के रूप में की गई। १९०६ में मुस्लिम-लीग की स्थापना तथा पृथक साम्प्रदायिक चुनाव पद्धति के लागू किये जाने पर लाला लाजपतराय तथा वी. वाय. चिंतामणि जैसे राष्ट्रवादियों ने हिन्दू संगठनों की स्थापना की आवश्यकता अनुभव करते हुए एक हिन्दू संगठन की स्थापना की माँग की। इस राष्ट्रवादी विचारधारा को कुछ राष्ट्रवादी मुस्लिम नेताओं का समर्थन भी प्राप्त था।[२३]

इसमें कोई संदेह नहीं कि 'हिन्दू-महासभा' की स्थापना अन्य हिन्दू-संगठनों की भाँति मुस्लिम-लीग के समकक्ष हुई अर्थात हिन्दू महासभा की स्थापना का दृष्टिकोण मुस्लिम-लीग के विरूद्ध प्रतिद्वंदात्मक था। तद्ानुसार हिन्दू महासभा का प्रमुख कार्यक्रम देश में हिन्दुओं को ठोस स्थिति प्रदान कर हिन्दू-राष्ट्र के निर्माण हेतु कार्य करना तथा प्रजातांत्रिक हिन्दुस्तानी राज्य की स्थापना करना था जो प्राचीन भारतीय सभ्यता तथा संस्कृति पर आधारित हो।[२४] अत: प्राचीन वेदों, स्मृतियों तथा पुराणों पर आधारित शिक्षा द्वारा हिन्दू-जीवन तथा समाज को सुधारने के उददेश्य से स्वामी जनानंद के नेतृत्व में १९१० तक 'महामंडल' द्वारा अनेक आंग्ल-हिन्दी मासिक पत्रिकाओं तथा वर्नाकुलर-पत्रिकाओं का प्रकाशन किया गया।[२५] जिसमें 'गो सेवक' 'निगमागम चंद्रिका,' 'धर्मामृत,' 'सनातन धर्म, हितकारिणी' आदि का प्रकाशन १८९४ से १९११ के मध्य किया गया। इस सीमित अवधि के बीच 'महामंडल' को हिन्दू धर्म तथा समाज के प्रधानों द्वारा सम्पूर्ण हिन्दू समाज के प्रतिनिधि-संस्था के रूप में मान्यता प्रदान कर दी गई।[२६] १९११ में बंग-भंग-योजना को रदद् कर दिये जाने पर मुस्लिम-लीग के सक्रिय सदस्य मौलाना अबुल कलाम आजाद को बहुत आघात पहुँचा फलस्वरूप १९१२ में उन्होंने 'अल-हिलाल' नामक उर्दू साप्ताहिक पत्रिका प्रकाशित की। इस साप्ताहिक पत्रिका ने अल्पकाल में ही भारतीय मुसलमानों पर राष्ट्रवाद के पक्ष में गहरा प्रभाव डाला। ब्रिटिश शासन ने 'अल-हिलाल' की जमानतें माँगी। अंतत: १९१४ में उनके प्रेस को जब्त कर लिया गया और तब से मौलाना अबुल कलाम आजाद कट्टर राष्ट्रवादी बन गये।[२७] १९१२ में दरभंगा महाराजा की अध्यक्षता में आयोजित सम्मेलन में मदन मोहन मालवीय हिन्दू-महासभा के प्रमुख नेता चुन लिये गये। इस संगठन के रूढ़ीवादी सदस्यों को शिक्षित हिन्दुओं की कड़ी आलोचना का सामना करना पड़ा। इसके अतिरिक्त ४ अन्य हिन्दू-सम्मेलनों का आयोजन १९११ से १९१४ तक अमृतसर, दिल्ली, फिरोजपुर तथा अम्बाला में किया गया।[२८]

मुस्लिम-लीग पर राष्ट्रवादियों के प्रभाव की स्पष्ट झलक १९१३ के मुस्लिम-लीग के लखनऊ अधिवेशन में परिवर्तित हुई। राष्ट्रीय एकता तथा सहयोग की नीति का विरोध मुस्लिम-लीग के रूढ़ीवादी सदस्यों द्वारा किया गया।[२९] मुस्लिम-लीग की इस परिवर्तित नीति का काँग्रेस द्वारा उत्साहपूर्वक स्वागत किया गया। १९१४ के मुस्लिम-लीग के अधिवेशन में डॉ. अंसारी तथा अबुल कलाम आजाद द्वारा हिन्दू-मुस्लिम सद्भावना की स्थापना पर विशेष बल दिया गया जिसके फलस्वरूप काँग्रेस और लीग एक दूसरे के निकट आये।[३०] १९१५ में 'ताज' नामक उर्दू पत्रिका का प्रकाशन जबलपुर से प्रारंभ किया गया।

मुस्लिम-लीग तथा काँग्रेस में एकता स्थापित करने के उद्देश्य से १९१५ में मुस्लिम-लीग के बम्बई अधिवेशन की अध्यक्षता एक पुराने काँग्रेसी नेता मजहरूल हक द्वारा की गई। इस अधिवेशन में राष्ट्रवादी मुसलमानों के प्रभुत्व की स्थापना के कारण महात्मा गाँधी तथा श्रीमती सरोजनी नायडू जैसे राष्ट्रवादी काँग्रेसी नेता सम्मिलित हुए। मुस्लिम-लीग के प्रमुख नेता मोहम्मद अली जिन्ना द्वारा राजनीतिक सुधारों पर विचार-विमर्श हेतु एक समिति के निर्माण की योजना प्रस्तुत की गई जो काँग्रेस के साथ मिलकर कार्य करें। जिन्ना के प्रस्तावों पर दिसंबर १९१६ में एक योजना बनाई जिसके आधार पर कांग्रेस और मुस्लिम-लीग के बीच एक समझौता हुआ जो 'लखनऊ-समझौता' के नाम से प्रसिद्ध है। इस समझौते के अनुसार मुस्लिम-लीग ने काँग्रेस के स्वशासन की माँग को स्वीकार कर लिया तथा काँग्रेस ने मुस्लिम-लीग की पृथक-निवार्चन प्रणाली को स्वीकृति दे दी।[३१] वास्तव में लखनऊ समझौते में काँग्रेस द्वारा स्वयं अपने सिद्धांतों की आहुति दे दी गई। मुसलमानों के प्रतिनिधि-संस्था के रूप में मुस्लिम-लीग के अस्तित्व को स्वीकार करना, काँग्रेस के अब तक घोषित संकल्पों और सिद्धातों के नितांत विरूद्ध था।[३२] लखनऊ समझौते द्वारा स्थापित हिन्दू-मुस्लिम राजनीतिक भाई-चारे की चरम परिणिती 'खिलाफत' और 'असहयोग आन्दोलन' में हुई। १९१६ का लखनऊ-समझौता, मुस्लिम-लीग के १९१७ के कलकत्ता तथा १९१८ के दिल्ली अधिवेशन तक चलता रहा।[३३] १९१६ में 'अखिल भारतीय हिन्दू महासभा' की वार्षिक बैठक उसके मुख्यालय हरिद्वार में आयोजित की गई। इसमें १९१६ के लखनऊ-समझौते की हिन्दू संस्थाओं द्वारा सराहना की गई।[३४] १९१८ में दिल्ली में राजा राजपाल सिंह की अध्यक्षता में आयोजित हिन्दू महासभा के पाँचवे अधिवेशन में विभिन्न प्रांतों के हिन्दू महासभा के प्रतिनिधियों द्वारा भाग लेकर हिन्दू महासभा को हिन्दुओं के हितों के रक्षार्थ एक मात्र संस्था निरूपित किया गया।[३५] १ मार्च १९१९ के 'रॉलेट- बिल' को कानूनी रूप प्रदान करने पर गाँधीजी द्वारा इस दमनकारी 'काले-कानून' का विरोध करने का आव्हान किया गया। अनेक स्थानों पर ६ अप्रैल १९१९ को पूर्ण हड़ताल रखी गई। अन्य समुदायों के साथ मुसलमानों द्वारा भी सत्याग्रह किया गया। मध्यप्रांत के नागपुर, चाँदा तथा छिंदवाडा में भी हडताल की गई। छिदवाड़ा में अली-बंधुओं की उपस्थिति के कारण पूर्ण हड़ताल की स्थिति बनी रही।[३६] मध्यप्रांत की विधायिका के सभी निर्वाचित सदस्यों द्वारा एक रिपोर्ट पर हस्ताक्षर कर धारा सभा के गैर-सरकारी सदस्यों ने भी विरोध प्रकट किया जिसमें काँग्रेसी नेता मदनमोहन मालवीय, पी. जे. पटेल, तेज बहादुर सप्रू, शास्त्री, गंगाधरराव व चिटनवीस, दादा साहब खापर्डे, विष्णुदत्त शुक्ल के अतिरिक्त मुस्लिम सदस्यों में अशरफ अली तथा मोहम्मद अली भी थे।[३७]

१३ अप्रैल १९१९ को 'जलियाँवाला बाग-हत्याकांड' ने देश के राजनीतिक वातावरण में आग में घी का काम किया। जालियाँवाला बाग-हत्याकांड की पुनरावृत्ति रोकने तथा खलीफा के प्रति नम्र व्यवहार अपनाये जाने के संबंध में गाँधी जी द्वारा असहयोग आन्दोलन प्रारंभ करने के निश्चय[३८] के कारण मुस्लिम-लीग ने भी १९१९ के काँग्रेस के अमृतसर-अधिवेशन के पश्चात् मुस्लिम-लीग का अधिवेशन हकीम अजमलखाँ के नेतृत्व में आयोजित किया। अधिवेशन को अली बंधुओं द्वारा संबोधित किया गया। अधिवेशन में एक प्रस्ताव पारित कर 'बकरीद' के अवसर पर 'गो-हत्या' पर रोक लगाने की बात कही गई।[३९] इसी बीच १९१९ के भारत सरकार अधिनियम द्वारा निर्वाचन-पद्धति का विस्तार करके भारत में साम्प्रदायिक दंगों तथा पारस्परिक भेदभाव को बढ़ाया गया। मुसलमानों के लिए पृथक-

निर्वाचन पद्धति को स्वीकार कर लेने के फलस्वरूप प्रान्तीय-परिषदों में मुस्लिम प्रतिनिधियों की सदस्य संख्या निश्चित कर दी गई जिसके अनुसार मध्यप्रांत और बरार के लिए मुस्लिम सदस्यों की संख्या १५ प्रतिशत निश्चित कर दी गई। फलस्वरूप साम्प्रदायिक विद्वेष की भावना फैली। मुस्लिम समुदाय के प्रति अंग्रेजों की सहानुभूति तथा सहयोग की नीति ने मुस्लिम-लीग को प्रोत्साहन प्रदान किया।[४०] इधर मुसलमानों में खिलाफत के प्रश्न पर अंग्रेजों के विरूद्ध एक नया आन्दोलन उमड़ रहा था। सरकार द्वारा भारतीय मुसलमानों के प्रति अपनायी गई नीति के कारण मोहम्मद अली तथा शौकत अली, महात्मा गाँधी से आ मिले।[४१] फलस्वरूप सितम्बर १९२० में कलकत्ता के विशेष अधिवेशन में मुसलमानों द्वारा 'असहयोग' के प्रस्ताव का तथा काँग्रेस द्वारा 'खिलाफत-आन्दोलन' का समर्थन किया गया।[४२] इस प्रकार १९२०-२१ में असहयोग आन्दोलन के दौरान दोनों सम्प्रदायों के बीच सहयोग चलता रहा परंतु हिन्दू-मुस्लिम सहयोग का यह काल क्षणिक सिद्ध हुआ।[४३] १९२२ में मुस्तफा कमालपाशा के नेतृत्व में स्थिति-परिवर्तित हो जाने के कारण खिलाफत-आन्दोलन समाप्त हो चुका था और १९२२ में गाँधीजी द्वारा असहयोग आन्दोलन स्थगित किये जाने के कारण मुस्लिम समुदाय में राष्ट्रीयता के स्थान पर साम्प्रदायिक प्रवृत्तियाँ पुनः सिर उठाने लगीं। मुस्लिम-समुदाय के एक बड़े भाग द्वारा राष्ट्रीयता के स्थान पर साम्प्रदायिक प्रवृत्ति को अपना लिया गया क्योंकि भारतीय मुसलमानों के पास ब्रिटिश सरकार के विरोध का अब कोई आधार नहीं रहा। मुस्लिम-लीग के नेता, उस महत्वपूर्ण स्थिति को पुनः प्राप्त करना चाहते थे जो उन्हें काँग्रेस के साथ सहयोग करने से पूर्व प्राप्त थी। अब वह काँग्रेस के साथ सहयोग करने के कारण उनके हाथ से निकलती जा रही थी। दूसरी ओर, मुस्लिम-साम्प्रदायिकता की प्रतिक्रिया स्वरूप पहले ही हिन्दू महासभा की स्थापना हो चुकी थी। अतः परिस्थितियों ने मुस्लिम-साम्प्रदायिकता को उग्र रूप प्रदान किया।[४४] इसी बीच मध्यप्रांत के जबलपुर जिले में मुस्लिम-लीग की एक शाखा स्थापित की गई। लगभग एक दशक के पश्चात नवयुवक मुसलमानों में राजनीतिक चेतना के प्रचार की दृष्टि से 'मुस्लिम-यूथ-लीग' की स्थापना की गई।[४५]

संयुक्त प्रांत में १९२२ में मदनमोहन मालवीय तथा लाला लाजपत राय जैसे हिन्दू राष्ट्रवादी नेताओं ने हिन्दू धर्म, धन तथा स्त्रियों के सम्मान के रक्षार्थ 'अखिल भारतीय हिन्दू महासभा' की स्थापना की। गया में ३० दिसंबर १९२२ को हिन्दू-महासभा का अखिल भारतीय सम्मेलन आयोजित किया गया। इस सम्मेलन के कार्यकारी अध्यक्ष मदन मोहन मालवीय थे। इस प्रकार १९२२ के पश्चात् हिन्दू-महासभा की बागडोर मदनमोहन मालवीय तथा लाला लाजपतराय के हाथों में आ गई।[४६] १९२२ के हिन्दू-मुस्लिम दंगों के कारण दोनों सम्प्रदायों की एकता का प्रायः अंत हो गया। साम्प्रदायिक दंगों ने विवेकशील जनता की आत्मा को झकझोर दिया। मध्यप्रांत और बरार में भी साम्प्रदायिक दंगों के लक्षण दृष्टिगोचर होने लगे। मध्यप्रांत में 'पशुवध-एक्ट' की घोषणा से मुस्लिम-साम्प्रदाय में असंतोष दिखाई दिया।[४७] जबलपुर में नगर निगम के अधिकारियों द्वारा भी मस्जिद के संबध में हिन्दू-मुस्लिम एकता भंग होने तथा बरार में हिन्दू-मुस्लिम सम्प्रदाय के मध्य तनाव पूर्ण स्थिति उत्पन्न हो गई।[४८]

अखिल भारतीय हिन्दू-महासभा की दूसरी बैठक २ जनवरी १९२३ को आयोजित कर अनेक प्रस्ताव पारित किये गये। जिनमें सबसे महत्वपूर्ण प्रस्ताव हिन्दू-मुस्लिम एकता का था। कुछ प्रस्ताव प्रांत के प्रत्येक शहर तथा गाँव में 'हिन्दू रक्षक-मंडल' की स्थापना के संबध में थे। इस सम्मेलन में हिन्दू

महासभा की संगठन समिति की स्थापना की गई।[४९] हिन्दू-महासभा के प्रतिनिधियों को विभिन्न प्रांतो में प्रचारार्थ भेजा गया। जनवरी १९२३ में हिन्दुओं के सम्मान के रक्षार्थ मदन मोहन मालवीय तथा लाला लाजपत राय के नेतृत्व में संयुक्त प्रांत में 'हिन्दू रक्षक मंडल' की स्थापना की गई। नव गठित दल के बनारस सम्मेलन में प्रांत के डॉ. बी. एस. मुंजे, भाई परमानंद तथा महान क्रांतिकारी वीर सावरकर ने भी सदस्यता ग्रहण की। १९२३ में बनारस में आयोजित हिन्दू-महासभा के अखिल भारतीय सम्मेलन में 'शुद्धि और संगठन' आन्दोलन को औपचारिक मान्यता प्राप्त हुई। अतः १९२३ में हिन्दू महासभा ने 'शुद्धि एवं संगठन-आन्दोलन' प्रारंभ किया। 'शुद्धि-आन्दोलन' को स्वामी श्रद्धानंद तथा 'संगठन-आन्दोलन' को मदनमोहन मालवीय ने नेतृत्व प्रदान किया। 'शुद्धि-आन्दोलन' का उद्वेश्य मुस्लिम बनाये गये हिन्दुओं को पुनः हिन्दू-धर्म में दीक्षित करना और 'संगठन-आन्दोलन' का उद्वेश्य हिन्दुओं को संगठित करना था।[५०] इसके प्रमुख नेताओं में स्वामी श्रद्धानंद, मदनमोहन मालवीय, लाला लाजपत राय तथा मध्यप्रांत के बी. एस. मुंजे, भाई परमानंद तथा वीर सावरकर थे। इन आन्दोलनों के प्रचारार्थ तीन दैनिक क्रांतिकारी पत्रों-हिन्दुस्तान टाइम्स (अंग्रेजी), तेज (उर्दू) तथा अर्जुन (हिन्दी) का प्रकाशन प्रारंभ हुआ। इन आन्दोलनों को सफल बनाने में अखिल-भारतीय 'हिन्दू शुद्धि-सभा' 'दयानंद निर्वाण-मिशन', 'दलितोद्धार-सभा', 'हिन्दू अबला-आश्रम' आदि इन संस्थाओं तथा 'शुद्धि-सभा' ने महत्वपूर्ण योगदान दिया।[५१] इन संस्थाओं ने धर्म परिवर्तित व्यक्तियों को पुनः हिन्दू धर्म में प्रविष्ट कराने हेतु कार्य किये। इस प्रकार इस समयावधि में हिन्दू-महासभा ने हिन्दूओं को 'धर्म' तथा 'सम्मान' के रक्षार्थ एक राजनीतिक संगठन के रूप में संगठित किया। हिन्दू-महासभा के प्रचारार्थ देश के प्रमुख नेताओं तथा व्यक्तियों का भी सहयोग प्राप्त हुआ। जैसे-कलकत्ता के रामानंद चटर्जी (मार्डन रिव्यू के सम्पादक), नागपुर के डॉ. बी. एस. मुँजे, एन. सी. केलकर, मदन मोहन मालवीय तथा लाला लाजपतराय जैसे काँग्रेस के प्रमुख नेता भाई परमानंद तथा वीर सावरकर जैसे प्रसिद्ध क्रांतिकारी नेताओं ने भी हिन्दू महासभा के प्रचारार्थ प्रमुख भूमिका निभाई।[५२] दूसरी ओर, मुसलमानों ने भी डॉ. सैफुद्दीन किचलू के नेतृत्व में 'तबलीग' तथा 'तनजीम' आन्दोलन प्रारंभ किया। 'तबलीग-आन्दोलन' का उद्वेश्य इस्लाम का विस्तार करना तथा 'तनजीम-आन्दोलन' का उद्वेश्य मुसलमानों को संगठित करना था। इन्हीं दिनों मुस्लिम-लीग के फजहल हुसैन ने हिन्दुओं के दलित और पीड़ित वर्ग को इस्लाम धर्म अपनाने के लिए प्रोत्साहित किया। इस प्रकार हिन्दू-मुस्लिम विरोधी संगठन अस्तित्व में आये। 'खिलाफत' तथा 'असहयोग आन्दोलन' के दिनों की हिन्दू-मुस्लिम एकता साम्प्रदायिक दंगों में परिवर्तित हो गई। इस प्रकार दोनों समुदायों के मध्य का संबंध एक दूसरे के विरूद्ध विरोधी सम्प्रदायों के संगठनों में बदल गये।[५३] हिन्दू-महासभा द्वारा २७ अगस्त को मदनमोहन मालवीय की अध्यक्षता में बनारस में एक विशेष सम्मेलन का आयोजन कर दल के उद्वेश्य निश्चित किये गये।[५४] दल की कार्यकारिणाी समिति में बाबू भगवानदास, गुरू कामता प्रसाद धवन, रमाकांत मालवीय तथा प्रोफेसर गंगाप्रसाद मेहता आदि प्रमुख सदस्य थे। इस बैठक में कार्यकारिणी समिति के अतिरिक्त ९ अन्य उपसमितियों का भी गठन विभिन्न प्रांतों में हिन्दू-महासभा की शाखाओं की स्थापना हेतु किया गया। डॉ. बी. एस. मुंजे को मध्यप्रांत और बरार में 'हिन्दू-महासभा' के प्रतिनिधि के रूप में चुना गया। सम्मेलन में हिन्दू-महासभा के संविधान की भी रचना की गई।[५५] इस सम्मेलन में १५०० से भी अधिक सदस्य मुसलमान तथा

ईसाईयों को छोड़कर सिख, जैन, पारसी, बौद्ध, सनातनी और आर्य-समाजी थे। इस सम्मेलन में हिन्दू महासभा के नियमों का संशोधन तथा हिन्दू-महासभा की प्रान्तीय शाखाओं की स्थापना हेतु विशेष कदम उठाये गये।[५६]

अतः मध्यप्रांत और बरार में डॉ. बी. एस. मुंजे के नेतृत्व में २ अक्टूबर १९२३ को हिन्दू महासभा का गठन किया गया। हिन्दू-महासभा की शाखायें मध्यप्रांत के नागपुर, वर्धा, चाँदा, निमाड़, होशंगाबाद, नरसिंहपुर, सागर, दमोह तथा बरार के अमरावती, बुलढ़ाना तथा अकोला में स्थापित की गई। मध्यप्रांत और बरार में डॉ. बी. एस. मुंजे के अतिरिक्त एन. सी. केलकर, एम. आर. जयकर, बी. जी. खापर्डे, जे. वाय. दोहनकर, रामकृष्ण पांडे, डॉ. एल. व्ही. परांजपे, के. जी. चिटनवीस, एम. जी. देशपांडे, के. व्ही. हेडगवार तथा बालशास्त्री हरदास थे।[५७] इनके अतिरिक्त भाई परमानंद ने भी हिन्दू महासभा के प्रचार में महत्वपूर्ण योगदान दिया। वीर सावरकर ने हिन्दू-महासभा को 'सैनिक' रूप प्रदान किया।[५८] उनका विचार था कि 'जो व्यक्ति जितना सच्चा हिन्दू होगा वह उतना ही अधिक देशभक्त होगा।' इस प्रकार वीर सावरकर ने राष्ट्रवाद तथा हिन्दुत्व में घनिष्ठ संबंध स्थापित किया।[५९] १९२३ में देश के अनेक स्थानों पर हिन्दू-मुस्लिम दंगे हुए। मेरठ, अजमेर, आगरा, अमृतसर, तथा मध्यप्रांत के नागपुर, जबलपुर, बिलासपुर आदि स्थानों पर हुए दंगों ने भीषण रूप धारण कर लिया था।[६०] प्रांत में इन साम्प्रदायिक दंगों का तत्कालिक कारण साधारणतः गोवध, मस्जिद के समक्ष बाजे बजाना तथा होली के अवसर पर रंग डालने की मामूली घटना होती थी। शासन की रूचि इन उपद्रवों को दबाने की अपेक्षा बढ़ा-चढ़ा कर उनकी व्याख्या करने अथवा उन्हें टाल देने में थी।[६१]

१९२४ का सम्पूर्ण वर्ष साम्प्रदायिक दृष्टि से बुरा वर्ष सिद्ध हुआ। साम्प्रदायिक दंगे दिल्ली से प्रारंभ होकर मध्यप्रांत तक फैल गये। मध्यप्रांत में प्रमुखतः जबलपुर, नागपुर, सागर, तथा दमोह बरार के अकोला, अमरावती और बुलढ़ाना में भीषण रूप धारण कर लिया और साम्प्रदायिक दंगों का क्रम चलता रहा। प्रांत के अनेक जिलों में इन साम्प्रदायिक दंगों की अनेक घटनायें हुई। 'बकरीद' के अवसर पर मुसलमानों द्वारा वध हेतु कुछ गायों को हिन्दू-क्षेत्र से ले जाने के प्रश्न पर नागपुर, जबलपुर तथा बिलासपुर में दंगों ने भीषण रूप धारण कर लिया। १२ जुलाई १९२४ को नागपुर में 'एकादशी' के अवसर पर हिन्दुओं द्वारा एक जुलूस हिन्दू पद्धतिनुसार मंदिर के प्रांगण तक ले जाते समय जुलूस के मस्जिद के समक्ष पहुँचते ही मुसलमानों द्वारा पथराव किया जाने लगा। पथराव के कारण १३ व्यक्ति घायल हो गये। शहर में कठोर पुलिस व्यवस्था की गई। २१ जुलाई को नगर में एक सभा आयोजित कर तनावपूर्ण स्थिति को सुलझाने तथा हिन्दू-मुस्लिम एकता पुनः स्थापित करने का प्रयास किया गया परंतु प्रयास असफल रहा।[६२] सितम्बर १९२४ में हिन्दू-मुस्लिम तनाव ने प्रांत के अनेक जिलों में 'गणपति' तथा 'पोला' जुलूस के अवसर पर भीषण रूप धारण कर लिया।[६३]

देश में हो रहे इन दंगों से महात्मा गाँधी अत्यन्त पीड़ित हुए। उन्होंने २ सितम्बर १९२४ से २१ दिन का उपवास किया तथा इसी वर्ष कलकत्ता में 'एकता-सम्मेलन' आयोजित कर 'राष्ट्रीय-पंचायत' की स्थापना की गई। इस पंचायत का उद्देश्य साम्प्रदायिक एकता की भी स्थापना करना था। इस सम्मेलन ने कुछ समय तक उपद्रवी तत्वों पर रोक लगा दी परंतु साम्प्रदायिकता की भयावह समस्या का कोई स्थायी हल निकला नहीं जा सका। ८ अक्टूबर को महात्मा गाँधी ने अपना उपवास तोड़ा। उनकी यह तपस्या भी साम्प्रदायिक एकता की स्थापना के प्रयास में असफल रही।[६४]

इस संदर्भ में लाला लाजपतराय द्वारा १९२४ में 'ट्रिब्यून' में अनेक लेख लिखे गये जिसमें जनता को चेतावनी दी गई थी कि 'यदि उनके द्वारा एक बार साम्प्रदायिक निर्वाचन-पद्धति को स्वीकार कर लिया गया तो बिना 'जन-युद्ध' के उसे समाप्त नहीं किया जा सकेगा जिससे देश दो भागों में विभाजित हो कर एक 'हिन्दू-भारत' तथा दूसरा 'मुस्लिम-भारत' बन जायेगा।'[६५]

अत: २७ दिसंबर १९२४ में बेलगाँव में आयोजित अखिल भारतीय हिन्दू महासभा के वार्षिक अधिवेशन का उद्देश्य छुआछूत 'अब्राह्मण-आन्दोलन' तथा हिन्दू-समाज की सामाजिक, राजनीतिक तथा आलोचनात्मक परीक्षण कर हिन्दू-समाज की वास्तविक स्थिति का पता लगाना था। सम्मेलन में महात्मा गाँधी, सी. आर. दास, लाला लाजपतराय, शौकतअली, डॉ. मोहम्मद अली, मोतीलाल नेहरू, हसरत मोहानी, स्वामी श्रद्धानंद, मौलाना अबुल कलाम आजाद तथा मध्यप्रांत और बरार के एन. सी. केलकर, डॉ. बी. एस. मुंजे, एम. आर. जयकर आदि थे। सम्मेलन के स्वागत समिति के अध्यक्ष राव जे. गंगाधर खोटे थे। हिन्दुत्व के प्रचारार्थ पहले से ही 'हिन्दुस्तान टाइम्स, 'तेज' तथा 'अर्जुन' नामक समाचार-पत्रों द्वारा अपना बहुमूल्य योगदान दिया जा रहा था।[६६] इसके अतिरिक्त 'अखिल भारतीय हिन्दू-शुद्धि-सभा' दयानंद निर्वाण-मिशन, 'दलितोद्धार-सभा' 'हिन्दू-अबला-आश्रम', 'शुद्धि-सभा' आदि का योगदान भी सराहनीय था। साम्प्रदायिक दंगों के समय दोनों सम्प्रदायों के बीच एकता स्थापित करने के उद्देश्य से मोतीलाल नेहरू तथा अबुल कलाम आजाद ने ९ जनवरी १९२५ को नागपुर का दौरा किया तथा जबलपुर में भी एक सभा को संबोधित किया। काँग्रेस समिति द्वारा साम्प्रदायिक घटनाओं की जॉच का आश्वासन दिया गया।[६७] २३ जनवरी १९२५ को गाँधीजी के परामर्श से दिल्ली में 'सर्वदलीय-सम्मेलन' आयोजित किया गया। सभी दलों में एकता स्थापित करने के उद्देश्य से एक समिति का गठन किया गया। जिन्ना द्वारा पृथक-निर्वाचन पद्धति की माँग दोहराये जाने तथा हिन्दू महासभा द्वारा उसका विरोध किये जाने के कारण कोई समझौता नहीं हो सका जिससे यह सम्मेलन पूर्णत: असफल रहा। अगले दो वर्षो तक साम्प्रदायिक स्थिति अत्यन्त शोचनीय हो गई जिससे देश में हिंसात्मक घटनाओं की संख्या बढ़ती गई।[६८] साम्प्रदायिक दंगों से मध्य प्रांत और बरार के अनेक स्थान प्रभावित रहे। जबलपुर में नगरपालिका के अधिकारियों के चुनाव में एक भी मुस्लिम प्रत्याशी विजयी नहीं हुआ।[६९] जबलपुर और अकोला में दशहरे के अवसर पर हिन्दुओं ने स्थानीय अधिकारियों के पक्षपातपूर्ण व्यवहार के कारण जुलूस निकालने से इंकार कर दिया परंतु नागपुर में जुलूस, हिन्दू-मुस्लिम समझौते के अनुसार बिना किसी कठिनाई के निकाला गया। इस प्रकार १९२५ में विभिन्न स्थानों पर लगभग १६ साम्प्रदायिक दंगे हुए।[७०]

एक ओर १९२५ में 'तनजीम-समिति' की एक शाखा की स्थापना सागर में की गई।[७१] दूसरी ओर, मुस्लिम साम्प्रदायिकता के विरोधी अनेक हिन्दू संगठनों में नागपुर के 'देशस्थ ब्राह्मण' डाक्टर केशव बलिराम हेडगेवार के नेतृत्व वाला 'राष्ट्रीय स्वयंसेवक संघ' भी महत्वपूर्ण स्थान रखता है। १९२५ में 'राष्ट्रीय-स्वयंसेवक-संघ की स्थापना कर डॉ. हेडगेवार ने हिन्दू महासभा को एक 'सैनिक' रूप प्रदान किया। यह हिन्दू महासभा की एक सहयोगी संस्था थी। इसकी स्थापना हिन्दू-जाति, धर्म तथा संस्कृति की रक्षा, प्राचीन हिन्दू-राष्ट्र का सर्वांगीण विकास एवं पुनरूस्थान के लिये किया गया।[७२] वास्तव में 'राष्ट्रीय स्वंय सेवक संघ' मध्यम वर्ग की एक ऐसी प्राथमिक-संस्था थी जिसने बुद्धिजीवी

मराठी-ब्राह्मणों को आकर्षित किया जिसमें धनिक तथा व्यापारी वर्ग, जमींदार आदि द्वारा देश के हितार्थ और मुसलमानों के विरूद्ध पहले जो राशि बी. एस. मुँजे के हिन्दू महासभा को दी जाती थी। अब वह सहायता-राशि हेडगवार के 'राष्ट्रीय-स्वयंसेवक-संघ' को दी जाने लगी।[७३] इसके अतिरिक्त 'राष्ट्रीय स्वयंसेवक-संघ' विद्यार्थियों में भी प्रचलित हुआ। 'संघ' की गतिविधियाँ व्यायाम शालाओं तथा क्लबों के माध्यम से शिक्षकों, लिपिकों, सरकारी-कर्मचारियों, छोटे व्यापारियों तथा दूकानदारों के मध्य सक्रिय हुआ जिसने उनके सामाजिक-आर्थिक तनाव से मुक्ति का अवसर प्रदान किया।[७४] १९२५-२७ तक हेडगेवार ने संघ की कार्याविधि में परिवर्तन कर प्रांत के सागर, नागपुर तथा बरार के कुछ स्थानों में इसकी शाखायें स्थापित की जिसमें लगभग २०० से अधिक सदस्य थे। इन शाखाओं में हेडगेवार ने संघ के कार्यक्रमों में समूह-व्यायाम, समूह-खेलकूद, भाषण तथा विचार-विमर्श को सम्मिलित किया जिससे कार्यकर्ताओं में शारीरिक क्षमता, अनुशासन तथा एकता की भावना में वृद्धि हो सके। उस समय फज़हल हुसैन द्वारा दलित तथा पीड़ित वर्ग को इस्लाम धर्म अपनाने के लिये बाध्य किया जा रहा था जिसके फलस्वरूप साम्प्रदायिक दंगे जोर पकड़ रहे थे।[७५]

मई १९२५ में स्वामी सत्यदेव ने 'हिन्दू-संगठन' तथा 'शुद्धि-आन्दोलन' के प्रचारार्थ मध्यप्रांत और बरार का दौरा कर अपने वक्तव्यों से गंभीर साम्प्रदायिक परिस्थिति उत्पन्न की जिससे स्थानीय अधिकारियों द्वारा समय-समय पर प्रांत में शांति बनाये रखने की अपील की गई। इसी समय जबलपुर नगरपालिका के चुनाव पूर्णत: साम्प्रदायिक रूप से लड़े गये।[७६] अब तक मध्यप्रांत तथा बरार में हिन्दू महासभा की शाखायें नागपुर, वर्धा, चाँदा, अकोला, बुलढ़ाना तथा अमरावती और बिलासपुर, रायपुर तथा सागर में स्थापित की गईं। इस प्रकार हिन्दू संगठन के प्रचार ने मुस्लिम साम्प्रदायकिता को उग्र बनाने तथा साम्प्रदायिक दंगों को भड़काने का कार्य किया। बरार में स्वामी शंकराचार्य के भाषण ने साम्प्रदायिक दंगों की आग में घी का काम किया। साम्प्रदायिक तनाव को कम करने के उद्वेश्य से सरकार द्वारा मस्जिद के सामने बाजे सहित जुलूस निकालने पर प्रतिबन्ध लगा दिया गया इसके बावजूद मध्यप्रांत और बरार के अनेक स्थानों में हिन्दुओं द्वारा मस्जिद के सामने से धार्मिक जुलूस निकाले गये। ऐसे धार्मिक जूलूस १ अक्टूबर १९२५ को जबलपुर में, ६ अक्टूबर को नागपुर में, ८ अक्टूबर को वर्धा में निकाले गये। वर्धा के आर्वी तहसील में राव बहादुर धोबल, डॉ. बी. एस. मुँजे तथा डॉ. एन. बी. खरे द्वारा सत्याग्रहियों के जुलूस का नेतृत्व किया गया।[७७] अतएव १३ अक्टूबर १९२५ को हिन्दुओं के जुलूस पर मुसलमानों द्वारा आक्रमण एवं पथराव किये जाने के कारण कई स्थानों पर साम्प्रदायिक दंगे हुए।[७८]

इसी बीच हिन्दू-महासभा का विशेष अखिल भारतीय सम्मेलन काँग्रेसी पंडाल में २९ दिसंबर १९२५ को कानपुर में आयोजित हुआ जिसमें लाला लाजपतराय, एन.सी. केलकर, मदनमोहन मालवीय सहित लगभग २०. हजार लोगों ने भाग लिया। इस अधिवेशन के स्वागत-समिति के अध्यक्ष रायबहादुर विशम्भर नाथ थे। इस बैठक में हिन्दू महासभा के उद्वेश्यों को दोहराया गया।[७९]

अखिल भारतीय मुस्लिम-लीग का १७ वाँ अधिवेशन ३० दिसंबर १९२५ में अलीगढ़ में सर अब्दुल रहीम की अध्यक्षता में आयोजित किया गया जिसमें मोहम्मद शफी, अली इमाम, मोहम्मद अली जिन्ना, मौलाना मोहम्मद अली, शौकत अली, सेठ याकूब हुसैन, डॉ. शैफुद्दीन किचलू, सेठ मोहानी, आसफ अली, अली नबी, तसादुक अहमद खान शेरवानी, डॉ. रहीम तथा सोहराब जी रूस्तम जी थे।[८०] अधिवेशन के

अध्यक्षीय भाषण में अब्दुल रहीम ने मुसलमानों को परामर्श देते हुए कहा कि 'मुस्लिम-लीग' को 'मुस्लिम-सम्प्रदाय' के प्रतिनिधि-संस्था के रूप में परिवर्तित तथा स्थापित करने का समय आ गया है जिससे हिन्दुओं द्वारा मुस्लिम-सम्प्रदाय पर किये जाने वाले आक्रमण से बचाया जा सके। विधायिका में मुस्लिम.लीग को एक ठोस स्थिति प्रदान करने का प्रयास करे जिससे उनका राजनीतिक शोषण न किया जा सके।[८१] इस प्रकार अपने अध्यक्षीय भाषण में उन्होंने यह निरूपित करने का प्रयास किया कि हिन्दूओं द्वारा मुस्लिम समुदाय पर प्रहार किया जा रहा हैं अतः अब मुस्लिम-लीग को मुस्लिम प्रतिनिधि दल के रूप में परिणित होने का समय आ गया हैं।[८२]

१९२६ में कलकत्ता में भीषण साम्प्रदायिक दंगे हुए जिनका प्रभाव मध्यप्रांत और बरार की राजनीति पर भी पड़ा। जबलपुर तथा अकोला में हिन्दू-मुस्लिम सबंध तनावपूर्ण बने रहें। साम्प्रदायिक तनाव के कारण बरार के अमरावती जिले में विधायिका परिषद् के सदस्य जे.बी. देशमुख की हत्या का प्रयास एक मुसलमान द्वारा किया गया।[८३] साम्प्रदायिक दंगों में बरार के बुलढ़ाना जिले की स्थिति बिगड़ गई परंतु वहाँ के पुलिस सुपरिन्टेंडेंट द्वारा स्थिति पर नियंत्रण कर लिया गया। अकोला की स्थिति पर भी नियंत्रण करने का प्रयास किया गया। इस बीच शौकत अली ने मध्यप्रांत का दौरा किया। जबलपुर जिले के दौरे के समय उन्हें २५०/- रूपये की भेंट प्रदान की गई।[८४] अप्रैल माह में साम्प्रदायिक दंगों ने भीषण रूप धारण कर लिया। १० दिनों में ३२६ हिन्दू तथा २३८ मुस्लिम घायल हुए तथा ४० मारे गये।[८५] इस समय मुस्लिम एकता पर विचार विमर्श हेतु ३० मुस्लिम नेताओं ने दिल्ली में मोहम्मद अली जिन्ना की अध्यक्षता में २० मार्च को एक सम्मेलन आयोजित कर अनेक प्रस्ताव पारित किये।[८६] इस सम्मेलन में मुस्लिम नेता पृथक-निर्वाचन की माँग को त्याग कर संयुक्त निर्वाचन में उनकी निश्चित स्थान (प्रतिशत) की शर्त पर सहमत हो गये।[८७] काँग्रेस कार्यकारिणी ने मुस्लिम-लीग के इस प्रस्ताव को कुछ संशोधन के पश्चात् स्वीकार कर लिया। किन्तु हिन्दू महासभा द्वारा इस प्रस्ताव को स्वीकार किये जाने में कोई रूचि नहीं दर्शायी गई। मुस्लिम लीग का एक गुट भी इस पक्ष में नहीं था। [८८]

१९२६ में बढ़ते हुए साम्प्रदायिक तनाव से हिन्दू महासभा की गतिविधियों में वृद्धि के फलस्वरूप जबलपुर में प्रान्तीय हिन्दू महासभा की शाखा स्थापित की गई। अप्रैल १९२६ में मदन मोहन मालवीय, लाला लाजपत राय, ने 'नेशनालिस्ट दल' की स्थापना की। मध्यप्रांत में डॉ. बी. एस. मुँजे ने इस दल का गठन किया। यह पूर्णतः हिन्दू दल था जो हिन्दू महासभा से निकट से जुड़ा हुआ था।[८९] अनेक हिन्दू काँग्रेसी, हिन्दू-महासभा में सम्मिलित हो गये। इसके अतिरिक्त एन.सी. केलकर तथा एम.आर. जयकर की अनुक्रियावादी दल भी हिन्दू साम्प्रदायिक दल के रूप में जाना जाने लगा था।[९०]

नवंबर १९२६ में होने वाले विधायिका परिषद् के चुनाव की ओर सभी दलों का ध्यान लगा हुआ था। प्रांत में सभी दल प्रचार कार्य में संलग्न थे। चुनाव अभियान में व्यक्तिगत ईर्ष्या की प्रमुख भूमिका थी। विधायिका परिषद् का चुनाव ९ नवंबर १९२६ को साम्प्रदायिक तनावपूर्ण वातावरण में सम्पन्न हुआ। इस चुनाव में हिन्दू-महासभा ने भाग नहीं लिया। विधायिका परिषद् के चुनाव में कुल ७३ स्थानों में से मुस्लिम-लीग को ७ स्थान प्राप्त हुए।[९१] साम्प्रदायिक विद्वेष के परिणामस्वरूप स्वामी श्रद्धानंद की हत्या के साथ १९२६ का अंत हुआ। स्वामी श्रद्धानंद 'गुरूकुल-कांगड़ी' के संस्थापक तथा 'शुद्धि-आन्दोलन' के प्रवर्तक थे। इसके अतिरिक्त वे 'आर्य-समाज' से भी निकट रूप से जुड़े हुए थे।[९२]

१९२७ में पूर्वी निमाड़ में हिन्दू महासभा ही एक ऐसा दल था जिसने जिले में अपनी शाखा स्थापित की जिसमें सिर्फ १५ सदस्य थे।[९३] अप्रैल १९२७ में लाला लाजपत राय ने मोरसी, अकोला तथा अमरावती का दौरा कर हिन्दू महासभा द्वारा आयोजित सभाओं में भाग लेकर बिलासपुर के 'स्वामी श्रद्धानंद मेंमोरियल फंड' हेतु धनराशि एकत्र की। वहाँ मुसलमानों द्वारा लाला लाजपत राय पर आक्रमण करने का असफल प्रयास किया गया।[९४] ४ सितंबर १९२७ को नागपुर में गंभीर साम्प्रदायिक दंगे हुए। लगभग २००० मुसलमानों द्वारा जुलूस निकाला गया। जुलूस में हिन्दुओं द्वारा अवरोध उत्पन्न किया जाना, दंगों का प्रमुख कारण बना जिससे २२ हिन्दू मारे गये तथा लगभग १०० घायल हुए।[९५]

१९२७ तक 'राष्ट्रीय-स्वयंसेवक संघ' की स्थिति काफी सुदृढ़ हो गई थी। डॉ. बी. एस. मुंजे, परांजपे तथा चोलकर की सहायता से हेडगेवार ने नागपुर संभाग के नगर, ताल्लुक तथा गाँवो में इसका विस्तार किया। प्रत्येक जिले में 'संघ' की शाखा एक बाह्मण-व्यवसायी व्यक्ति के नेतृत्व में स्थापित की गई। इसके अतिरिक्त हेडगेवार ने इस संस्था की शाखायें हिन्दुस्तानी भाषी क्षेत्र तथा बरार में भी स्थापित की और कार्यकर्ताओं को प्रत्येक नगर में प्रचारार्थ भेजा।[९६] १९२७ के पश्चात् डॉ. मुंजे ने संघ के विस्तार में महत्वपूर्ण भूमिका निभायी। इधर, मुस्लिम-लीग में तीव्र मतभेद होने के कारण वह दो गुटों में बँट गई थी एक राष्ट्रवादी तथा दूसरा प्रतिक्रियावादी। अतः दोनों गुटों का अलग-अलग अधिवेशन हुआ। एक अधिवेशन कलकत्ता में मौलाना मोहम्मद याकूब की अध्यक्षता में जिसमें मोहम्मद अली जिन्ना भी सम्मिलित हुए। दूसरा अधिवेशन, लाहौर में मोहम्मद शफी की अध्यक्षता में सम्पन्न हुआ। इसी अवसर पर जिन्ना के नेतृत्व में एक विरोधी मुस्लिम-लीग की स्थापना की गई।[९७] जिन्ना ने साइमन कमीशन का बहिष्कार किया और शफी गुट ने साइमन कमीशन को सहयोग दिया। फरवरी १९२८ में आयोजित सर्वदलीय सम्मेलन में काँग्रेस, मुस्लिम-लीग, हिन्दू-महासभा तथा उदार दल के नेताओं ने भाग लिया। इसमें सिंध के अलग प्रांत किये जाने का प्रस्ताव मोहम्मद अली जिन्ना द्वारा रखा गया जिसका प्रबल विरोध मध्यप्रांत के जयराम दास, दौलतराम, डॉ. बी.एस. मुंजे तथा एम. आर. जयकर सहित लाला लाजपतराय ने भी किया।[९८] आपसी विरोध ने गंभीर रूप ले लिया और मुस्लिम-लीग ने सम्मेलन के बहिष्कार का निश्चय किया।[९९] इसी बीच ८ अप्रैल १९२८ को हिन्दू-महासभा का ११ वाँ अखिल भारतीय सम्मेलन जबलपुर में एन. सी. केलकर के नेतृत्व में आयोजित किया गया जिसमें 'शुद्धि-आन्दोलन' तथा हिन्दुओं के संबंध में प्रस्ताव पारित किये गये।[१००]

हिन्दू महासभा तथा मुस्लिम-लीग के मध्य समझौता हेतु सर्वदलीय सम्मेलन मई १९२८ में बम्बई में पुनः आयोजित किया गया परतु मतभेद दूर नहीं किये जा सके। सम्मेलन में भी संघर्ष की स्थिति बनी रही। मोहम्मद अली जिन्ना तथा हिन्दू महासभा के बीच विषद्-विवाद की स्थिति उत्पन्न हो गई। एक तरफ जिन्ना तथा उनका गुट था तो दूसरी ओर हिन्दू-महासभा परन्तु कोई समझौता नहीं हो सका।[१०१] अतः जिन्ना ने भारतीय राजनीति से अवकाश ग्रहण करने का निश्चय कर वकालत करने इंगलैंड चले गये। कुछ समय पश्चात् ही अखिल भारतीय मुस्लिम-लीग के नेता फजल हुसैन, अजमल खॉ, मुहम्मद शफी तथा मोहम्मद अली की मृत्यु के पश्चात् जिन्ना को मुस्लिम नेता बनने का स्वर्ण अवसर प्राप्त हुआ। अतः इंग्लैड से वापस आकर उन्होंने पुनः मुस्लिम-लीग का नेतृत्व संभाला।[१०२] जब २५ अगस्त १९२८ को नेहरू रिपोर्ट प्रकाशित की गई तब मुस्लिम-लीग पर इसकी तीव्र प्रतिकिया हुई। जिन्ना के

नेतृत्व वाली राष्ट्रवादी मुस्लिम-लीग के एम.ए. अंसारी, अबुल कलाम आजाद, अली इमाम, शैफुद्दीन किचलू, जफर अली, सैय्यद मेहमूद, मोहम्मद अलाम, खालीकुज्ज़मान, सैय्यद अब्दुल्ला, याकूब हसन, तथा मेहमूदाबाद के राजा आदि ने अपना समर्थन देते हूए स्वीकार कर लिया। मुस्लिम-लीग के शफी गुट के हसरत मोहानी, शफी दाऊदी, मोहम्मद अली तथा आजाद सोमानी ने 'नेहरू-रिपोर्ट' को अस्वीकार कर दिया।[१०३]

कलकत्ता में अक्टूबर १९२८ को आयोजित राष्ट्रीय सम्मेलन में जिन्ना ने भाग लिया और दिसंबर १९२८ में कलकत्ता में आयोजित 'सर्वदलीय-कन्वेंशन' की बैठक में नेहरू रिपोर्ट में संशोधन हेतु जिन्ना ने तीन प्रस्ताव प्रस्तुत किये। प्रस्ताव पर काँग्रेस तथा हिन्दू महासभा के नेता एम. आर. जयकर तथा एन. सी. केलकर द्वारा आपत्ति किये जाने के कारण सम्मेलन की उपसमिति ने इस प्रस्ताव को अस्वीकार कर दिया।[१०४] क्रोधित हो जिन्ना इसे मुस्लिम सम्प्रदाय का अपमान समझकर इस निष्कर्ष पर पहुँचे कि महात्मा गाँधी तथा काँग्रेस से कोई न्याय प्राप्त नहीं किया जा सकता। घोर निराशा की मनः स्थिति में जिन्ना ने अपने प्रगतिशील-विचारों का परित्याग कर साम्प्रदायिक-राजनीति को अपनाना उचित जानकर शफी-गुट से समझौता कर लिया। इस प्रकार मुस्लिम राजनीति में पृथकतावादी-तत्व ही प्रभावशाली हो गये। अब राष्ट्रवादी-जिन्ना, पृथकतावदी-नीति के पोषक बन गये। अब नेहरू-रिपोर्ट का विरोध करते हुए पृथकतावादी तत्वों ने ३१ दिसंबर १९२८ को दिल्ली में आगा खाँ के नेतृत्व में 'सर्वदलीय-मुस्लिम-सम्मेलन' आयोजित किया।[१०५]

१९२८ के मुस्लिम-लीग के दिल्ली अधिवेशन में मोहम्मद अली जिन्ना ने 'चौदह-सूत्रीय कार्यक्रम' प्रस्तुत किया जिसके अनुसार जिन्ना द्वारा मुस्लिम-सम्प्रदाय के लिए विधायिका में एक तिहाई स्थान सुरक्षित रखे जाने तथा उनमें पृथक-निर्वाचन-पद्धति लागू किये जाने की माँग की गई। अधिवेशन में जिन्ना के १४ सूत्रीय कार्यक्रमों को अस्वीकृत कर दिया गया जिससे जिन्ना और भी अधिक कुपित होकर काँग्रेस की खुले आम आलोचना करने लगे।[१०६]

२० अप्रैल १९२९ को बरार के अकोला जिले में 'बरार हिन्दू-महासभा' का सम्मेलन मदन मोहन मालवीय की अध्यक्षता में आयोजित किया गया जिसमें हिन्दू महासभा के प्रचारार्थ 'सिटिजन-वालंटियर कोर्पस' बनाये जाने पर बल दिया गया। उन्हीं दिनों कटनी में भी हिन्दू-महासभा की एक शाखा स्थापित की गई।[१०७] यद्यपि डॉ. बी.एस. मुंजे साम्प्रदायिक-निर्णय के संबंध में काँग्रेस नीति के विरोधी थे परंतु मुस्लिम-साम्प्रदायिकता की प्रगति के कारण अनेक राष्ट्रवादी मुस्लिम नेता मुस्लिम-लीग की ओर आकर्षित हुए। अतः मेकडोनाल्ड के साम्प्रदायिक-निर्णय में मुस्लिम हितों को अनुचित संरक्षण देने की बात प्रायः मान ली गई।[१०८]

राष्ट्रवादी मुसलमानों ने २७ जुलाई १९२९ को 'नेशनालिस्ट मुस्लिम-दल' की स्थापना की। राष्ट्रवादी मुसलमान, मुस्लिम-लीग की माँगों से सहमत नहीं थे। वे पृथक-निर्वाचन की व्यवस्था के विरूद्ध थे। उसी प्रकार २१ दिसंबर १९२९ को पेन्ड्रा रोड पर जगत नारायण लाल की अध्यक्षता में आयोजित मध्यप्रांतीय-हिन्दू महासभा' के सम्मेलन में भी 'मुस्लिम-लीग के आधारभूत माँगों का विरोध किया गया।[१०९]

इस बीच १९३० में 'तनजीम कमेटी' की स्थापना के पश्चात् सागर तथा नागपुर में 'जमायत-उल-कुरैश' अथवा 'कसाई-मंडली वालंटियर-कोर्पस' के नाम से एक एसोसियेशन की स्थापना की गई

जिसका उद्देश्य मुस्लिम समाज की सेवा करना था।[११०] जबलपुर में 'मुस्लिम यूथ-लीग' तथा नरसिंहपुर, बुरहानपुर, मंडला और निमाड़ जिले में मुस्लिम-लीग की शाखायें स्थापित की गई। बरार के कुछ क्षेत्रों में भी मुस्लिम-लीग की शाखायें स्थापित की गई। मध्यप्रांत एवं बरार के मुसलमान 'रऊफशाह-गुट' और 'शरीफ-गुट' में बँटे हुए थे जिसके प्रमुख नेताओं में नागपुर के खान बहादुर एच. एम. मलक तथा इसरार अहमद, बुलढ़ाना के नवाब मोहम्मद अब्दुल बहाब, खान बहादुर सिद्धिकी अली खॉ, डॉ. अशरफ तथा लियाकत अली खान थे। उसी प्रकार ८ जनवरी १९३० को दिल्ली में हिन्दू महासभा की कार्यकारिणी की बैठक अखिल भारतीय हिन्दू-महासभा की कार्यकारिणी के अध्यक्ष डॉ. बी. एस. मुंजे की अध्यक्षता में सम्पन्न हुई जिसमें मदनमोहन मालवीय, राजा नरीन्द्र नाथ, गोकुलचंद नारँग तथा एन. सी. केलकर ने भाग लेकर अनेक प्रस्ताव पारित किये।[१११] हेडगेवार ने १९३० तक राष्ट्रीय स्वयं सेवक-संघ का काफी विस्तार कर लिया था। १९३० में संघ के कुछ सदस्यों द्वारा सविनय अवज्ञा-आन्दोलन में भाग लेने के कारण संघ की गतिविधियों में कुछ रूकावट आई। अत: संघ के प्रचार तथा सविनय अवज्ञा-आन्दोलन में भाग लेने वाले सदस्यों पर नियंत्रण स्थापित करने के उद्देश्य से हेडगेवार ने गाँधीजी की नीतियों के विरोधी होते हुए भी अनुक्रियाशील सहयोगी दल द्वारा यवतमाल में आयोजित 'जंगल-सत्याग्रह' में भाग लेने का निश्चय किया गया।[११२] जंगल-सत्याग्रह में भाग लेते हुए हेडगेवार गिरफ्तार कर लिये गये परंतु वे अपने अनुयायियों को संगठित करने में सफल हुए।[११३]

दूसरी ओर, अखिल भारतीय मुस्लिम-लीग का बम्बई अधिवेशन ५ अप्रैल १९३० को सम्पन्न हुआ जिसमें मोहम्मद अली जिन्ना ने १९३० के गाँधीजी के सत्याग्रह में सहयोग देने स्पष्ट इंकार कर दिया। उनकी दृष्टि में यह आन्दोलन 'पूर्ण-स्वराज्य' हेतु न होकर केवल सात लाख भारतीय मुसलमानों को हिन्दुओं पर आश्रित करने के उद्देश्य से किया जा रहा है।[११४] वास्तव में इस समय मुस्लिम-लीग में अली-बंधुओं तथा उनके गुट का प्रभाव समाप्त हो चुका था। भारतीय मुसलमान जिन्ना के नेतृत्व में एकत्र हो रहे थे तथा अपने राजनीतिक अस्तित्व की दृढ़ता की ओर उनका ध्यान आकर्षित हो रहा था।[११५] अत: जब गाँधीजी ने 'डाँडी-यात्रा' प्रारंभ की तब जिन्ना के नेतृत्व वाली मुस्लिम लीग ने इस सत्याग्रह में भाग नहीं लिया। राष्ट्रवादी मुसलमान भी मुस्लिम-लीग की माँग से सहमत न होने के कारण वे भी मुस्लिम लीग के पृथक निर्वाचन की व्यवस्था के विरूद्ध थे। अत: १९३१ में सर अली इमाम की अध्यक्षता में एक 'मुस्लिम-राष्ट्रीय सम्मेलन' आयोजित कर अपनी माँगे रखी। यद्यपि मुस्लिम राष्ट्रीय सम्मेलन की माँग और 'सर्वदलीय मुस्लिम-सम्मेलन' की माँगों में काफी समानता थी लेकिन दोनों में कोई समझौता न हो सका।[११६]

१९३१ में मुस्लिम-लीग के प्रयास से 'नारूल-इस्लाम स्कॉउट-ट्रूप' की स्थापना सागर के कन्टोंमेन्ट क्षेत्र में की गई। उसके साथ ही 'नासीर-उल-इस्लाम' नामक एक नई संस्था की स्थापना की गई।[११७] उन्हीं दिनों मध्यप्रांत के सागर, नागपुर, बुरहानपुर, निमाड़ तथा बरार के बुलढ़ाना जिले में हिन्दू तथा मुसलमानों के बीच तनावपूर्ण स्थिति बनी रही तथा साम्प्रदायिक दंगों की छुटपुट घटनायें घटती रही।[११८] इन्हीं परिस्थितियों में ८ से ९ अगस्त १९३१ को अखिल भारतीय हिन्दू महासभा का १३ वॉ अधिवेशन एम.सी. राजगोपालाचार्य की अध्यक्षता में अकोला में आयोजित किया गया उसके पश्चात् छात्रों की 'यूथ-लीग' का गठन अन्य जिलों में किया गया तथा वहीं हिन्दू-महासभा की शाखायें भी स्थापित की गई।[११९]

१९३२ में बरार में 'राष्ट्रीय स्वयं सेवक-संघ' का विस्तार हुआ। एम. एस. अणे, बी. जी. खापर्डे तथा देशमुख जैसे नेताओं तथा स्थानीय व्यक्तियों के सहयोग से हेडगेवार ने बरार का दौरा कर नगर तथा ग्रामीण क्षेत्रों में संघ की शाखायें स्थापित की। इसी तरह का प्रयास मध्य प्रांत के मराठी भाषी क्षेत्रों में भी किया गया।[१२०] इन दिनों 'राष्ट्रीय स्वयं सेवक-संघ' प्रगति पर था। जनवरी १९३२ में शंकरनाथ के विशेष सभा का आयोजन प्रांत में किया गया। संघ की गतिविधियों में सरकार द्वारा अवरोध उत्पन्न किये गये। सरकारी कर्मचारियों को इसमें सम्मिलित होने पर प्रतिबंध लगा दिया गया। मोरोपंत जोशी तथा डॉ. मुंजे ने सरकार की इस नीति की कड़ी आलोचना की।[१२१]

२९ मार्च १९३२ को दिल्ली में आयोजित बैठक में 'दलित वर्ग एसोसिएशन' के अध्यक्ष डॉ. भीमराव अम्बेडकर तथा हिन्दू महासभा के अध्यक्ष डॉ. बी. एस. मुंजे द्वारा 'अखिल भारतीय दलित वर्ग एसोसिएशन' की बैठक में सर्वसम्मिति से जनसंख्या के आधार पर हिन्दू महासभा के सुरक्षित स्थान पर हिन्दू वर्ग के साथ संयुक्त रूप से चुनाव में भाग लेने का निर्णय किया गया, जिसकी सूचना २१ मार्च को राव बहादुर एम. सी. राजा ने प्रधान मंत्री रेम्जे मेकडोनाल्ड को पत्र द्वारा दे दी थी। यह घटना 'राजा-मुंजे समझौता' के नाम से प्रसिद्ध है।[१२२] हिन्दू महासभा हिन्दुओं की एक संगठित संस्था थी जो अच्छूतोद्धार, हिन्दूओ के सामाजिक-धार्मिक संबध तथा दलित समुदाय का प्रतिनिधित्व करती थी। हिन्दू महासभा के अध्यक्ष बी. एस. मुंजे १९२३ से १९२६ तक मध्यप्रांतीय विधायिका परिषद् के सदस्य तथा १९२६ से १९३०. तक केन्द्रीय विधायिका परिषद् के सदस्य बने रहे। प्रत्येक वर्ष हिन्दू महासभा की कार्यकारिणी के अध्यक्ष चुने जाते रहे।[१२३] उन्होंने द्वितीय गोलमेज परिषद् में हिन्दू महासभा के प्रतिनिधि के रूप में भाग लिया।[१२४] परंतु वे मुस्लिम-लीग के साथ किसी प्रकार के समझौते पर सहमत नहीं हुए। गाँधीजी भी परिषद् में हिन्दू-मुस्लिम एकता स्थापित करने में असफल रहे।[१२५] १६ अगस्त १९३२ को विभिन्न सम्प्रदायों के प्रतिनिधित्व हेतु साम्प्रदायिक निर्णय की घोषणा की गई। गाँधीजी सहित अनेक नेताओं ने इसका विरोध किया। गाँधीजी का विचार था कि दलितों को पृथक-निर्वाचन का अधिकार देकर हिन्दुओं से अलग किया जा रहा है। कांग्रेस सभी वर्गो की प्रतिनिधि संस्था हैं क्योंकि इस पंचाट (कोम्युनल अवार्ड) में पृथक-निर्वाचन-पद्धति को न केवल मुसलमानों के लिए वरन दलित वर्गो पर भी लागू कर दिया गया । इस पंचाट के अनुसार मुसलमानों, ईसाईयों, आंग्ल-भारतीयों, सिक्खों तथा महिलाओं तक के लिए पृथक-निर्वाचन-व्यवस्था की गई। निर्वाचकों को भी विभिन्न भागों में बाँट दिया गया।[१२६] जिन प्रांतों में मुसलमान अल्प संख्या में थे, वहाँ उनके लिए 'गुरूभार' (वेटेज) की व्यवस्था थी। कुल मिलाकर वर्तमान व्यवस्था की ही पुनरावृत्ति की गई। अत: गाँधीजी ने जेल में आमरण अनशन प्रारंभ कर दिया। दलितों के पृथक-निर्वाचन का प्रस्ताव गाँधीजी को मान्य नहीं था। क्योंकि इससे हिन्दुओं में स्थायी विभाजन हो जाता। गाँधीजी ने चेतावनी दी कि प्राणों की बाजी लगाकर भी वे इसका विरोध करेंगे।[१२७] देश में अछूत-निवारण का व्यापक आन्दोलन चला। इसके विरोध में मदन मोहन मालवीय ने सक्रिय भूमिका निभाई गई तथा उनके प्रयत्नों से २६ सितम्बर १९३२ को देश के हिन्दू नेताओं का सम्मेलन पूना में हुआ। इस सम्मेलन में दलित वर्ग के नेता अम्बेडकर तथा गाँधीजी के बीच समझौता हुआ जिसके अनुसार संयुक्त निर्वाचन प्रणाली के आधार पर ही दलित-वर्ग द्वारा चुनाव लड़ना निश्चित किया गया। इस समझौते को 'पूना-समझौता' के नाम से जाना जाता है।[१२८] नवम्बर-

दिसम्बर १९३२ में 'तृतीय गोलमेज सम्मेलन' आयोजित हुआ। इसमें काँग्रेस का कोई प्रतिनिधि सम्मिलित नहीं हुआ। इंग्लैड के 'श्रमिक-दल' ने भी सम्मेलन में भाग लेना स्वीकार नहीं किया। उस समय भारत में सविनय-अवज्ञा-आन्दोलन का ब्रिटिश सरकार द्वारा पूरी शक्ति से दमन चल रहा था क्योंकि ब्रिटेन में अनुदार दल की सरकार थी और मेकडोनाल्ड भी अब प्रधानमंत्री नहीं रहे। नई सरकार कोई सुधार करने को तैयार न थी। अत: तृतीय गोलमेज-परिषद् में हिन्दू-मुस्लिम समस्या का निराकरण न हो सका वरन् दोनों सम्प्रदायों ने अपने आप को पूरी तरह विभाजित अनुभव किया।[१२९]

१९३२ तक हेडगेवार ने अपने नेतृत्व में संघ की स्थिति सुदृढ़ कर महासभा के साथ किसी प्रकार के सहयोग को समाप्त कर दिया था। अपने इन विचारों को वे १९२९ में ही अभिव्यक्त कर चुके थे। हिन्दू महासभा के राजनीतिज्ञ वी.डी. सावरकर द्वारा 'राष्ट्रीय स्वयं सेवक-संघ' को हिन्दू महासभा का एक सहयोगी संस्था होने का दावा किया जा रहा था, परंतु 'राष्ट्रीय स्वयं सेवक-संघ' राजनीतिक संगठन नहीं है, घोषित कर हेडगेवार ने हिन्दू महासभा से अपने सभी संबंधों को तोड़ दिया। डॉ. मुंजे द्वारा नागपुर में संघ को महासभा के विचारों की अभिव्यक्ति का माध्यम बनाया गया जिसके फलस्वरूप हेड़गवार द्वारा १९३२ में पुन: 'संघ' और 'सभा' में किसी प्रकार के संबंधों से इंकार किया गया।[१३०] इस प्रकार दोनों संस्थाओं के बीच संबंधों की स्थापना में डॉ. मुंजें के सभी प्रयासों का अंत हो गया।[१३१] फलस्वरूप १९३३ में महासभा के अध्यक्ष पद से मुंजे ने त्यागपत्र दे दिया। इस प्रकार १९३२ तक संघ सभी प्रकार के संकटों से मुक्त हो कर नागपुर संभाग के ६६ शाखाओं में हेडगेवार द्वारा ६००० अनुयायी बनाने में सफल हुए। संघ की सदस्यता में वृद्धि, सरकारी कर्मचारियों की संघ में भर्ती तथा उनकी सभाओं में साम्प्रदायिक विचारों की अभिव्यक्ति से सरकार चिंतित हो उठी। अत: दिसंबर १९३२ में सरकारी कर्मचारियों के संघ में भर्ती पर प्रतिबंध लगा दिया गया। दूसरी ओर, नेशनालिस्ट (राष्ट्रवादी) मुस्लिम, काँग्रेस पर हिन्दू महासभा के प्रभाव से अप्रसन्न थे। उनका विचार था कि हिन्दू महासभा की गतिविधियाँ साम्प्रदायिक एकता के लिए हानिकारक सिद्ध होंगी। राष्ट्रवादी मुसलमानों को शिकायत थी कि हिन्दू महासभा के नेताओं जैसे मदन मोहन मालवीय, डॉ. बी.एस. मुंजे, एम.आर. जयकर आदि ने १९२७ के बाद समझौते के सभी अवसर गवाँ दिये हैं परंतु हिन्दू महासभा का कथन था कि वे काँग्रेस को तो किसी हद तक सहन कर सकते हैं परंतु मुस्लिम-लीग को नहीं।[१३२] गोलमेज परिषद् की असफलता के पश्चात् ब्रिटिश सरकार द्वारा २१ मार्च १९३३ को 'श्वेत-पत्र' जारी किया गया जिसमें नये संविधान के प्रस्तावों को लेखबद्ध किया गया था। प्रस्तावों में संघात्मक-व्यवस्था और प्रान्तीय स्वायत्तता का प्रावधान था। नये भारत सचिव सेमुअल होर ने २१ मार्च १९३३ को हाऊस ऑफ कॉमन्स में बोलते हुए कहा कि 'श्वेत-पत्र की योजना भारत को स्वशासन देने की योजना नहीं अपितु भारत में संवैधानिक प्रगति की दिशा में एक नई किस्त है।'[१३३] श्वेत-पत्र में दी गई योजना इतनी प्रतिक्रियावादी थी कि भारतीय जनमत के प्रत्येक प्रगतिशील वर्ग के लिए वह सर्वथा अमान्य थी, लगभग सभी भारतीय नेताओं ने उसकी कठोर शब्दों में निंदा की। गोलमेज-सम्मेलन की समितियों की सिफारिशों से श्वेत-पत्र की सिफारिशें किसी प्रकार मेल नहीं खाती थी।[१३४] अत: इस पर भारत के सभी दलों ने अपनी प्रतिक्रिया व्यक्त की। २२ मार्च १९२३ को हिन्दू महासभा की कार्यकारिणी के अध्यक्ष डॉ. बी.एस. मुंजे ने श्वेत-पत्र के संबंध में अपनी प्रतिक्रिया व्यक्त करते हुए कहा कि 'श्वेत-पत्र' ने व्यापक रूप से राजनीतिक एकता स्थापित करने में सहयोग प्रदान किया है।[१३५]

डॉ. मुंजे की अध्यक्षता में १७-१८ मई १९३३ को सागर में आयोजित मध्य प्रान्तीय हिन्दू महासभा के सम्मेलन में ३ प्रमुख विषयों पर विचार विमर्श किया गया। पहला, हिन्दू-मुस्लिम एकता पर पुर्नविचार दूसरा, अस्पृश्यता-निवारण अभियान तथा तीसरा, संयुक्त पार्लियामेंट कमेटी के संबंध में[१३६] ३१ दिसंबर १९३३ को हिन्दू महासभा के पंद्रहवें अखिल भारतीय सम्मेलन तथा हिन्दू महासभा की नागपुर बैठक में भाई परमानंद ने अध्यक्षता करते हुए हिन्दू-मुस्लिम एकता पर साम्प्रदायिक-निर्णय की भर्त्सना की।[१३७]

२८ जुलाई १९३४ को दिल्ली में आयोजित हिन्दू महासभा की कार्यकारिणी बैठक में एक घोषणा पत्र प्रकाशित किया गया जिसमें विधायिका परिषद् के आगामी चुनाव में भाग लेने के इच्छुक हिन्दू प्रत्याशियों को हिन्दू महासभा द्वारा सक्रिय सहयोग प्रदान किये जाने का आश्वासन दिया गया। वैसे आगामी विधायिका परिषद् के चुनाव में भाग लेने हेतु अनेक संगठन संघर्ष कर रहे थे। जैसे काँग्रेस पार्लियामेंट्री बोर्ड, नेशनालिस्ट दल, डेमोक्रेटिक दल (महाराष्ट्र) तथा मद्रास की 'जस्टिस पार्टी' आदि। हिन्दू महासभा किसी भी ऐसे दल के साथ सहयोग करने को तैयार थी जो साम्प्रदायिक-निर्णय को रदद् करने हेतु संघर्ष कर रही हो। उस समय तक डॉ. बी.एस. मुंजे 'नेशनालिस्ट दल' में सम्मिलित हो चुके थे परंतु वे हिन्दू-महासभा के प्रत्याशी के रूप में चुनाव लड़ रहे थे।[१३८]

१९३४ में प्रांत में साम्प्रदायिक तनावपूर्ण स्थिति पुनः प्रारंभ हो गयी थी। हिन्दुस्तानी मध्यप्रांत के सागर, निमाड़, बुरहानपुर, छिंदवाड़ा, छपारा, होशंगाबाद, शहपुरा, हरदा, रायपुर, राजिम, बैतूल, जबलपुर, मंडला तथा नरसिंहपुर[१३९] तथा मराठी मध्यप्रांत के नागपुर, चाँदा, वर्धा, हिंगनघाट,[१४०] बरार के अकोला, आदेगाँव, बुलढ़ाना, मेहकार और खामगाँव आदि में साम्प्रदायिक स्तर पर छुटपुट घटनायें घटती रही।[१४१]

साम्प्रदायिक दंगों के फलस्वरूप राष्ट्रीय स्वयंसेवक संघ भी अपनी गतिविधियों को नागपुर में बढ़ा रही थी। हिन्दू महासभा द्वारा बम्बई में डॉ० एन. सी. केलकर की अध्यक्षता में आयोजित एक सभा आयोजित कर साम्प्रदायिक-निर्णय को रदद् किया गया तथा राष्ट्रीय स्वयं सेवक संघ के कार्यकर्ताओं को उनकी गतिविधियों के लिए बधाई दी गई।[१४२] राष्ट्रीय स्वयं सेवक संघ की शाखायें नागपुर, वर्धा, चाँदा, तथा अकोला में स्थापित की गईं जो सक्रिय रूप से कार्यरत थी।[१४३]

'राष्ट्रीय स्वयं सेवक संघ' में संघ को अनुशासन बद्ध रखने के प्रयास में सदस्यों द्वारा 'परेड' का आयोजन किया जाना संघ की गतिविध्यिों का एक हिस्सा था। नागपुर में लगभग १,५०० सदस्यों के परेड का आयोजन किया गया जिसकी सलामी सर गोविंदराव प्रधान द्वारा ली गईं। वर्धा संघ का निरीक्षण गोविंदराव प्रधान, एस.वी. तावेड़ा तथा हेडगेवार द्वारा किया गया। संघ ने विधायिका परिषद् में डॉ. बी. एस. मुंजे तथा हिन्दू महासभा के कार्यकर्ताओं को सहयोग देने का निर्णय किया। डॉ. मुंजे ने भी 'हिन्दुस्तान' हिन्दुओं का है का नारा दिया।[१४४] वर्धा में आयोजित परेड की सलामी सर मोरोपंत जोशी द्वारा ली गई। अपने संबोधन में उन्होंने संघ की दो प्रमुख विशेषताओं पर प्रकाश डालते हुए कहा कि 'संघ एक अराजनीतिक-संस्था है जो हिन्दुओं के हितों की रक्षा करती है। दूसरे, संघ सिर्फ विद्यार्थियों का संगठन नहीं वरन् इसमें अब्राह्मण, साम्यवादी सदस्य भी हैं।'[१४५] नागपुर के तुलसीबाग स्थित राष्ट्रीय स्वयं सेवक संघ की एक शाखा का दौरा डॉ. एन.सी. केलकर द्वारा किया गया। डॉ. मुंजे ने भी एक सभा की अध्यक्षता कर उन्हे संबोधित किया। बरार के अकोला जिले का भी दौरा किया। एम.एस.

अणे द्वारा अकोला में आयोजित एक हिन्दू महासभा की बैठक में साम्प्रदायिक निर्णय को राष्ट्र विरोधी प्रक्रिया दर्शाते हुए, संयुक्त निर्वाचन पद्धति को उचित ठहराया गया।[१४६]

डॉ. हेडगेवार की अध्यक्षता में राष्ट्रीय स्वयं सेवक संघ की एक गोपनीय सभा ६ फरवरी १९३५ को आयोजित की गई और फरवरी १९३५ को नागपुर की एक सभा में डॉ. मुंजे द्वारा साम्प्रदायिक-निर्णय विरोधी-दिवस के संबंध में प्रस्ताव प्रस्तुत किया गया। डॉ. हरि सिंह गौर के समर्थन पर प्रस्ताव पारित कर दिया गया।[१४७]

बुरहानपुर तथा दमोह में पशुवध के प्रश्न पर हिन्दू-मुस्लिम सम्प्रदायों में तनावपूर्ण स्थिति निर्मित हो गई थी।[१४८] नागपुर, वर्धा तथा छिंदवाड़ा में राष्ट्रीय स्वयं सेवक संघ द्वारा वार्षिक 'गुरूपूजा' का आयोजन किया गया। १५ मई १९३५ को नागपुर की सभा को हेडगेवार ने संबोधित करते हुए संघ के उद्देश्यों पर प्रकाश डाला। उन्होंने हिन्दू सम्प्रदाय को दूसरे सम्प्रदाय द्वारा किये गये आक्रमण के विरूद्ध शक्ति संगठन करने का आव्हान किया।[१४९] अगस्त १९३५ में काँग्रेस के सहयोग से राष्ट्रीय स्वयं सेवक संघ द्वारा नागपुर में युवक सम्मेलन का आयोजन स्वामी ब्रह्मानंद की अध्यक्षता में किया जिसमें मुस्लिम तथा सरकार विरोधी अनेक प्रस्ताव पारित किये गये। राष्ट्रीय स्वयं सेवक संघ की रायपुर शाखा में भी यह सकिय रूप से क्रियान्वित हुई।[१५०]

१९३५ के पश्चात् देश में मुस्लिम राजनीति ने एक नया मोड़ लिया। मुस्लिम-लीग ने १९३५ के पश्चात् साम्प्रदायिक स्थिति में सक्रिय भूमिका निभाते हुए 'प्रतीक्षा की नीति' अपनायी और काँग्रेस तथा सरकार के बीच उत्पन्न गहरे मतभेदों से लाभ उठाने की कोशिश की।[१५१] नागपुर में फरवरी १९३६ को 'नागपुर-मुस्लिम एसोसिएशन' की बैठक को आयोजित कर 'तबलीग-कमेटी' के सचिव मोहम्मद जाकिर तथा नजीर अहमद मौलवी द्वारा दलित वर्ग को मुसलमान बनाने के लिए प्रोत्साहित किया गया। अधिकांश स्थानीय मुसलमानों ने भी इस बैठक में भाग लिया।[१५२] सर सैय्यद वजीर की अध्यक्षता में मोहम्मद अली जिन्ना द्वारा बम्बई में ११-१२ अप्रैल १९३६ को मुस्लिम-लीग का २४ वाँ अधिवेशन बुलाया गया जिसमें मुस्लिम-लीग द्वारा नये संविधान के अन्तर्गत चुनाव लड़ने तथा हिन्दू-विरोधी पृथकतावादी अभियान भी जारी रखने का निश्चय किया गया। जिन्ना द्वारा प्रांत में मुस्लिम लीग के प्रचारार्थ दौरा किया गया और प्रांत के प्रत्येक स्थान पर मुस्लिम लीग की शाखा की स्थापना की गई।[१५३] दूसरी ओर, 'अखिल भारतीय शुद्धि सभा' के अध्यक्ष द्वारा सागर में धर्म परिवर्तन की नीति अपनाये जाने पर मुस्लिम तथा ईसाई-विरोधी भाषण दिये गये। सौरभगढ़ के राजा की अध्यक्षता में ५ से ७ मई १९३६ को 'अखिल भारतीय गौंड महासभा' की वार्षिक बैठक का आयोजन किया गया जिसमें अध्यक्ष द्वारा स्थानीय आन्दोलन कारियों से छोटे-छोटे आन्दोलन में भाग लेकर अपने राजनीतिक शक्ति का ह्रास न किये जाने की प्रार्थना की। बुलढ़ाना जिले में भी हिन्दू महासभा की सक्रिय गतिविधियों ने जिले में साम्प्रदायिक गतिविधियों को जन्म दिया।[१५४] १४ जून १९३६ नागपुर के टाऊन हाल में मुस्लिम धर्म में दीक्षित १८ वर्ष से कम उम्र के महार जाति के लोगो की शुद्धि हेतु हिन्दू महासभा द्वारा 'शुद्धि समारोह' काआयोजन किया गया जिससे चुनाव के पूर्व प्रांत में हिन्दू-मुस्लिम संबंध तनाव पूर्ण रहे।[१५५]

हिन्दू महासभा की नागपुर शाखा के अधिक कियाशील होने के कारण सितम्बर १९३६ के दूसरे

सप्ताह में अनेक मुस्लिम विरोधी-सभाओं का आयोजन कर हिन्दू स्त्रियों के प्रति मुसलमानों द्वारा किये गये व्यवहार की भत्सर्ना की गई। चुनावी दौर में काँग्रेस की अतिरिक्त अन्य दलों की भी गतिविधियाँ नागपुर में बढ़ती जा रही थी।[१५६] डॉ. सावरकर की अध्यक्षता में अक्टूबर १९३६ में 'राष्ट्रीय स्वयं सेवक संघ' द्वारा वर्धा तथा चाँदा में आम सभा का आयोजन किया गया जिसमें सावरकर द्वारा मुस्लिम-लीग तथा सरकार की नीतियों की आलोचना की गई।[१५७]

दूसरी ओर २४ अक्टूबर १९३६ को मौलाना शौकत अली की अध्यक्षता में मध्यप्रांतीय मुस्लिम-लीग का सम्मेलन नागपुर में आयोजित किया गया।[१५८] इसके पश्चात् सागर जिले के बीना, कोटा, खुरई आदि स्थानों में भी मुस्लिम-लीग की शाखाओं की स्थापना की गई। इसके अतिरिक्त मुस्लिम-लीग के अन्तगर्त तीन 'मुस्लिम-वालेंटियर ट्रूपस' की स्थापना की गई। सागर कन्टोंमेंन्ट क्षेत्र (छावनी क्षेत्र) में कमल ट्रूपस, मुस्लिम ट्रूपस तथा ए और बी मुस्लिम ट्रूपस' की स्थापना की गई। इन संस्थाओं की स्थापना मध्यप्रांत और बरार में विधायिका परिषद् के चुनाव के भाग लेने के उद्देश्य से ही की गई।[१५९]

मध्य प्रांत और बरार में मुस्लिम-लीग की शाखायें खंडवा, बुरहानपुर में स्थापित की गई। खंडवा शाखा में लगभग २०० तथा बुरहानपुर में १००० सदस्य थे। हरसूद में भी मुस्लिम-लीग की शाखायें स्थापित की गई जिसमें १४ सदस्य थे।[१६०] बरार के विभिन्न जिलों में भी मुस्लिम-लीग की शाखायें स्थापित की गई। मुस्लिम-लीग की प्रान्तीय शाखाओं में १२०० सदस्य थे।[१६१] कटनी और जबलपुर छावनी क्षेत्र तथा नरसिंहपुर जिले के कन्देली, गोटेगाँव, करेली, तथा गाडरवारा में मुस्लिम-लीग की शाखायें स्थापित की गई। कंदेली शाखा में ११३, गोटेगाँव में ३००, करेली में १५० तथा गाडरवारा में ८८ सदस्य थे।[१६२] इसके अतिरिक्त जबलपुर-मंडला मुस्लिम ग्रामीण निर्वाचन क्षेत्रों से प्रांतीय सभा के लिए मुस्लिम-लीग के उम्मीदवारों ने भी भाग लिया।[१६३] चुनाव के दौरान काँग्रेस तथा 'नेशनालिस्ट दल' का समझौता समाप्त हो चुका था। संविधान के अन्तर्गत गठित होने वाले प्रान्तीय विधान सभाओं के चुनाव की तैयारी न केवल काँग्रेस वरन् अन्य दलों सहित हिन्दू महासभा और मुस्लिम-लीग भी कर रही थी। बरार के यवतमाल जिले में डॉ. के. बी. हेडगेवार ने प्रांत के विभिन्न क्षेत्र का दौरा कर विभिन्न आयोजित सभाओं में राष्ट्रीय स्वयं सेवक संघ के उद्देश्यों को स्पष्ट किया।[१६४] प्रचार हेतु 'राष्ट्रीय स्वयं सेवक संघ' के अनेक शिविर बरार के यवतमाल, बुलढ़ाना, अकोला तथा मराठी क्षेत्र के चाँदा जिले में लगाए गए। हिन्दू महासभा ने भी विधायिका के चुनाव हेतु प्रत्याशियों के चयन में व्यस्तता दिखाई। इस प्रकार विभिन्न दलों द्वारा प्रचार हेतु सभाओं का आयोजन किया गया।[१६५]

मध्यप्रांत और बरार के विधान परिषद् चुनाव में नवीन संविधान के अतंगर्त कुल ११२ स्थानों में काँग्रेस ८५ स्थानों पर अन्य दलों के प्रत्याशियों में ५० स्थानों पर हिन्दू महासभा तथा १४ स्थानों पर मुस्लिम-लीग २ शहरी तथा १२ स्थान ग्रामीण क्षेत्रों के लिये चुनाव लड़ रही थी।[१६६] हिन्दू महासभा के डॉ. परांजपे, डॉ. एन. बी. खरे (काँग्रेस) के विरोध में चुनाव लड़ रहे थे। डॉ. मुंजे की डायरी के अनुसार मध्यप्रांत के मराठी क्षेत्र में मतदाताओं की कुल संख्या १५,१४,९४० थी जिनमें १,८८,७७० शहरी क्षेत्र के तथा १३,२६,१७० ग्रामीण क्षेत्र के थे।[१६७]

प्रांत के विभिन्न स्थानों से लगभग १०० प्रत्याशी चुनाव मैदान में उतरे जिनमें १४ मुस्लिम

स्थानों के लिए ४२ प्रत्याशी थे जो तीन भागों में बँटे हुए थे। पहला, रऊफशाह गुट, दूसरा, शरीफ गुट तथा तीसरा, इंडिपेंडेंट। फरवरी माह के प्रथम एवं द्वितीय सप्ताह ४, ८, ९, १२ और १६ फरवरी को प्रान्तीय परिषद् के लिए चुनाव सम्पन्न हुए[१६८] जिसमें कांग्रेस को स्पष्ट बहुमत प्राप्त हुआ। मुस्लिम-लीग के रऊफशाह गुट को ८ स्थान तथा शरीफ गुट को ५ स्थान और हिन्दू महासभा को सिर्फ एक स्थान प्राप्त हुए।[१६९]

१९३७ का चुनाव परिणाम काँग्रेस और मुस्लिम-लीग के संबंधों के लिए अत्यन्त दुर्भाग्यपूर्ण सिद्ध हुआ। १९३७ के निर्वाचन में लीग को मनोवांछित सफलता नहीं मिली एवं काँग्रेस को आशातीत सफलता प्राप्त हुई। बम्बई, बिहार, उड़ीसा, मद्रास सयुक्त प्रांत, सीमंत प्रांत तथा मध्यप्रांत में काँग्रेसी-मंत्रिमंडल बने। लीग द्वारा काँग्रेस के साथ मिलकर संयुक्त मंत्रिमंडल बनाने की इच्छा प्रकट की परंतु कांग्रेस द्वारा लीग के प्रस्ताव को अस्वीकार कर दिया गया जिससे लीग को बड़ी निराशा हुई। मो० अली जिन्ना ने इसे अपना अपमान समझकर साम्प्रदायिकता को उभारना प्रारंभ कर दिया और 'इस्लाम खतरे में है' का नारा देते हुए काँग्रेस मंत्रिमंडल की निंदा करना प्रारंभ किया। काँग्रेस मंत्रिमंडल के कार्यों के क्रियान्वयन में सबसे अधिक अवरोध मुस्लिम-लीग द्वारा उत्पन्न किये गये तथा झूठे मामले खड़े किये गये। मुस्लिम-लीग के साथ मिलकर मंत्रिमंडल बनाने से काँग्रेस द्वारा इंकार किया जाना घातक प्रमाणित हुआ जिसके लिए भारत को बड़ी कीमत चुकानी पड़ी। मुसलमान भी पूरी तरह समझ गये थे कि एक पृथक-समाज के नाते भारत में उनका कोई राजनीतिक भविष्य नहीं है। काँग्रेस के इंकार ने दोनों के रास्ते अलग कर पाकिस्तान की स्थापना तक पहुँचा दिया।[१७०]

अतः काँग्रेस मंत्रिमंडल को बदनाम करने के लिए मुस्लिम-लीग द्वारा साम्प्रदायिक दंगो को प्रोत्साहन दिया जाने लगा। ऐसे साम्प्रदायिक दंगे जबलपुर, बुरहानपुर, मंडला, सागर तथा अकोला में हुए जिनमें अकोला, नागपुर तथा जबलपुर के १४ अक्टूबर के दंगों ने अधिक गंभीर रूप ले लिया। जबलपुर के दंगों के निरीक्षण हेतु १५ अक्टूबर १९३७ प्रधानमंत्री (मुख्यमंत्री) डॉ. एन. बी. खरे, विधिमंत्री एम.वाय. शरीफ तथा स्थानीय-स्वशासन मंत्री द्वारका प्रसाद मिश्र ने घटना स्थल पर पहुँच कर[१७१] लोगों को ढ़ाँढ़स बँधाया। साम्प्रदायिक दंगे प्रांत के अन्य स्थानों पर भी दोहराये गये। भंडारा जिले के सदभार नामक स्थान तथा बुरहानपुर में तनावपूर्ण स्थिति बनी हुई थी।[१७२]

८ अक्टूबर को सागर के समीप 'कटरा मस्जिद' के जुलूस पर तथा ११ से १४ अक्टूबर को मंडला में दशहरा जुलूस पर भी मस्जिद के समीप पथराव किया गया। बैतूल में उर्दू शाला के प्रश्न पर हिन्दु-मुस्लिम तनाव बना रहा। बरार में अकोला जिले में वसीम नामक स्थान पर तनावपूर्ण स्थिति निर्मित हो गई। उप कमिश्नर अमरावती के रिपोर्ट के अनुसार अमरावती के एलिचपुर ताल्लुक में दंगों ने गंभीर रूप धारण कर लिया। साम्प्रदायिक दंगो की लहर जबलपुर संभाग के कटनी, होशंगाबाद, नरसिंहपुर तथा मराठी क्षेत्र के वर्धा, हिंगनघाट आदि में भी फैल गयी। डॉ. चोलकर द्वारा नागपुर में हिन्दू महासभा की एक सभा में हिन्दू स्त्रियों के साथ मुसलमानों द्वारा अनुचित व्ववहार किये जाने पर हिन्दू-स्त्रियों के सम्मान की रक्षा की गई।[१७३] दूसरी सभा में वी. डी. सावरकर के साथ कारावास में किये जाने वाले कठोर व्यवहार को समाप्त करने की अपील की गई। इस प्रस्ताव पर असंख्य व्यक्तियों ने अपने हस्ताक्षर द्वारा सहमति दी। इस समय जबलपुर, सागर और नागपुर में भी साम्प्रदायिक दंगें

दोहराये गये। उसी दिन जबलपुर में 'भरत-मिलाप' के समय निकाले जाने वाले जूलूस में लाठी लेकर चलने पर प्रतिबंध लगा दिया गया। अत: हिन्दुओं ने लाठी के बिना ही जुलूस निकालने का निश्चय कर १७ अक्टूबर को बिना लाठी के जुलूस निकाला।[१७४] हिन्दू महासभा द्वारा 'चिटनवीस पार्क' में एक अन्य जुलूस भी निकाला गया। बम्बई में कांग्रेस मंत्रिमंडल के गठन के कारण जमनादास मेहता के प्रयत्नों से वीर सावरकर जेल से मुक्त कर दिये गये। नागपुर शाखा द्वारा १८ अक्टूबर १९३७ तक हिन्दू महासभा की अन्य शाखाओं की भी स्थापना की गई। इसी के साथ डॉ. मुंजे को 'डेमोक्रेटिक स्वराज्य दल' के अध्यक्ष तथा जी. ए. ओगले को दल के प्रमुख संयोजक के रूप में मराठी भाषी क्षेत्रों के लिए चुन लिये गये। इसी बीच 'हिन्दू स्वयं सेवक दल' तथा 'हिन्दू महिला सुरक्षा बल' की भी स्थापना की गई। हिन्दू महासभा का यह उप संगठन काँग्रेस के स्वयंसेवक संघ के ढाँचे पर आधारित थी।[१७५]

नवंबर १९३७ में दंगों के फलस्वरूप अधिकांश घायल हिन्दुओं की मृत्यु के कारण जबलपुर तथा प्रांत के अन्य स्थानों पर भी तनावपूर्ण स्थिति बनी रही। नागपुर में मंदिर के प्रांगण में मांस के टुकड़े और मस्जिद की छत पर मृत सूअर फेंके जाने की घटना के कारण तनावपूर्ण स्थिति निर्मित हुई जिससे कट्टर साम्प्रदायवादी नेता जे.व्ही. वर्मा को किसी ऐसे कार्य में भाग न लेने की चेतावनी दी गई जिससे तनावपूर्ण स्थिति निर्मित होती हो।[१७६]

दिसंबर १९३७ में नागपुर तथा बरार में हिन्दू महासभा की वर्धा शाखा द्वारा बम्बई के जमनादास द्वारकादास की अध्यक्षता में एक सभा का आयोजन कर वीर सावरकर का स्वागत किया गया। सावरकर ने भी बरार के चारों जिलों का दौरा कर हिन्दू महासभा की आयोजित सभा को 'हिन्दू राष्ट्र' तथा 'संगठन' हेतु संबोधित किया।[१७७]

दिसंबर १९३७ में अहमदाबाद में आयोजित हिन्दू महासभा के अखिल भारतीय अधिवेशन में वीर सावरकर को हिन्दू महासभा का प्रधान अध्यक्ष चुना गया। इस सभा में सावरकर के द्वारा हिन्दू अथवा हिन्दुत्व की तीन कसौटियाँ बताई गई। पहला, राष्ट्र अथवा प्रादेशिक एकता। दूसरा, जाति अथवा रक्त संबंध तथा तीसरा, संस्कृति। इस प्रकार हिन्दू महासभा के अध्यक्ष के रूप में वीर सावरकर ने देश की राजनीति के हिन्दूकरण तथा हिन्दू सैनिकीकरण का नाम दिया।[१७८] सावरकर ने हिन्दुत्व और राष्ट्रवाद के बीच घनिष्ठ सबंध स्थापित करते हुए कहा-'जो व्यक्ति जितना सच्चा हिन्दू होगा, वह उतना ही अधिक देशभक्त होगा।'[१७९] वीर सावरकर ने दिसंबर माह के दूसरे सप्ताह में वर्धा, भंडारा, रायपुर आदि का दौरा कर आयोजित सभाओं को संबोधित किया। इन सभाओं में अनेक भाषणों का विषय-'हिन्दुत्व की रक्षा' था।[१८०]

जबलपुर में हुए साम्प्रदायिक दंगों की शांति एवं सद्भावना हेतु ७ जनवरी १९३८ को एक प्रेस विज्ञप्ति द्वारा साम्प्रदायिक दंगों की जाँच का आश्वासन डॉ. खरे द्वारा लोगों को दिया गया।[१८१] इसके अतिरिक्त १२ जनवरी १९३८ में नागपुर में आयोजित हिन्दू महासभा की बैठक में मोहम्मद अली जिन्ना की माँग संबंधी, जवाहरलाल नेहरू के वक्तव्य की कड़ी आलोचना की गई। इसके साथ ही 'अखिल भारतीय शुद्धि सभा' की एक शाखा, बैतूल जिले के शाहपुर में स्थापित की गई। २० मार्च १९३८ को मुस्लिम-लीग की एक सभा में यह आरोप लगाया गया कि मुस्लिम-लीग तथा मुस्लिम समुदाय के साथ उचित व्यवहार नहीं किया जा रहा है। अत: इसकी जाँच हेतु एक विशेष समिति का गठन पीरपुर के

महाराजा की अध्यक्षता में किया गया। मध्य प्रांत तथा बरार के मुसलमानों द्वारा की गई शिकायत की जाँच हेतु लियाकत अली खॉ को बाध्य किया गया।[१८२] इसी बीच जून १९३८ में बैतूल में हिन्दू महासभा की एक शाखा स्थापित की गई।[१८३] उसी प्रकार १८ सितम्बर १९३८ को हिन्दू महासभा की एक सभा में प्रान्तीय सरकार द्वारा हिन्दुओं के व्यय पर, मुस्लिम-समुदाय का पक्ष लेने की नीति का विरोध किया गया। इन विषयों के प्रमुख वक्ता जे.व्ही. वर्मा थे। चाँदा में भी पंचलेगाँवकर द्वारा एक अन्य सभा का आयोजन किया गया। बल्लारशाह में भी हिन्दू महासभा की एक शाखा स्थापित की गई। हिन्दू महासभा की अन्य शाखायें बरार के जिलों में भी स्थापित की गई। बरार में अकोला, बरार-प्रांतीय हिन्दू महासभा का केन्द्र था।[१८४]

प्रान्तीय हिन्दू महासभा के अध्यक्ष वीर सावरकर का बरार का दौरा करते समय अनेक स्थानों पर स्वागत किया गया। इन स्वागत समारोहों में काँग्रेसी नेताओं द्वारा भी सक्रिय भाग लिया गया। काँग्रेस मंत्रिमंडल के सदस्य रामराव देशमुख ने सावरकर के स्वागतार्थ आयोजित सभा की अध्यक्षता की तथा अन्य काँग्रेसी नेताओं द्वारा इन सभाओं को संबोधित भी किया गया। इसी समय 'राष्ट्रीय स्वयं सेवक संघ' की अनेक शाखाओं की स्थापना मध्यप्रांत एवं बरार में की गई जो हिन्दू महासभा की एक स्वयं सेवी संस्था थी जिसकी बाहरी रूपरेखा पूर्णतः साम्प्रदायिक थी। इसने शीघ्र ही देश के नवजवानों पर अपना सशक्त प्रभाव डाला। इसी के आधार पर 'प्रान्तीय-सेवा दल' नामक एक नवीन दल की भी स्थापना की गई।[१८५]

मुस्लिम-लीग द्वारा काँग्रेसी मंडल को बदनाम करने तथा उसके कार्यों में विघ्न डालने के उद्वेश्य से अनेक कठिनाईयाँ उत्पन्न की जा रही थी। जिस समय प्रांतीय सरकार के शिक्षा विभाग द्वारा 'विद्या मंदिर योजना' लागू की जा रही थी। उस समय मुस्लिम नेताओं द्वारा इसके 'मंदिर' कहे जाने पर आपत्ति की गई। मुस्लिम लीग द्वारा काँग्रेसी मंत्रिमंडल पर आरोप लगाते हुए कहा गया कि 'काँग्रेस विद्या मंदिर योजना द्वारा भारत में हिन्दू राज्य की स्थापना हेतु हिन्दू-सभ्यता, भाषा तथा संस्कृति का प्रचार करने का प्रयास कर रही है।'[१८६] अतः प्रतिक्रिया स्वरूप मुस्लिम सदस्यों द्वारा 'विद्या मंदिर योजना' के विरोध में अनेक सभाओं का आयोजन किया गया। प्रान्तीय परिषद् में मुस्लिम सदस्यों द्वारा डी.पी. राजुरकर के शिक्षा-संबधी प्रस्ताव को रद्द कर दिया गया। इस संबंध में मुस्लिम सदस्यों द्वारा आपत्ति का कारण यह था कि विद्या मंदिर योजना के माध्यम से काँग्रेसी मंत्रिमंडल अन्य समुदायों की संस्कृति को नष्ट कर अपना प्रभाव जमाने का प्रयास कर रही हैं।[१८७] इस प्रकार मुस्लिम-लीग का उद्वेश्य साम्प्रदायिक भावना को उभारकर कांग्रेसी मंत्रिमंडल की प्रतिष्ठा को गिराना था।

मुस्लिम-लीग के सदस्यों का विचार था कि प्रांतीय सरकार द्वारा 'पाठ्यक्रम समिति' में एक भी मुस्लिम सदस्य नहीं रखा गया है जबकि मुस्लिम-लीग इस समिति में उपस्थित दो प्रमुख नेताओं डॉ. जाकिर हुसैन तथा डॉ. अशरफ के महत्व को न आँक सकी। मुस्लिम सदस्य यह भूल चुके थे कि शिक्षा समिति में मुस्लिम संसद सदस्य अब्दुल रज्जाक खान भी थे। मुस्लिम-लीग के विद्या मंदिर योजना' विरोधी भावना का साम्प्रदायिक विद्रोह के अतिरिक्त कोई दूसरा उचित कारण न था क्योकि विद्या मंदिर की योजना का कोई भी कार्य मुस्लिम विरोधी प्रमाणित नहीं हो सका।[१८८]

मुस्लिम समुदाय द्वारा विद्या मंदिर योजना के विरोध में निरंतर प्रचार किया जाता रहा। अब्बास

अली कलाम द्वारा मुस्लिम-समुदाय को १५ सितम्बर १९३८ को नागपुर में विद्या मंदिर योजना के विरोध में निकाले जाने वाले जुलूस में भाग लेने हेतु आमंत्रित किया गया। अब्दुल मजीद द्वारा मुस्लिम जनता को 'गाँधी-टोपी' धारण करने से रोका गया। इसरार अहमद ने नागपुर में आयोजित मुस्लिम-लीग की दूसरी सभा में मुख्यमंत्री पर 'विद्या मंदिर योजना' के संबंध में संतोषजनक उत्तर न दिये जाने का आरोप लगाते हुए मुस्लिम-लीग द्वारा काँग्रेसी मंत्रिमंडल के विरूद्ध 'सीधी-कार्यवाही' किये जाने की धमकी दी गई 'संसार की कोई भी शक्ति काँग्रेस मंत्रिमंडल को नहीं बचा सकती' की भविष्यवाणी भी की गई। इसी बीच जबलपुर में भी १३ सितंबर १९३८ को इफ्तिख़ार अली की अध्यक्षता में आयोजित सभा में विद्या मंदिर योजना के विरूद्ध मुस्लिम-लीग के प्रमुख नेताओं द्वारा वक्तव्य दिये गये। बरार के अमरावती जिले में आयोजित सभा में निजामुद्दीन द्वारा रोष प्रकट करते हुए कहा गया कि काँग्रेसी मंत्रिमंडल मुसलमानों को हिन्दी शिक्षा हेतु बाध्य नहीं कर सकती। उसी प्रकार वर्धा तथा सिवनी में भी विद्या मंदिर योजना के विरुद्ध जुलूस निकाले गये।[१८९] दिसंबर १९३८ मुस्लिम जनता की शिकायतों पर लियाकत अली ख़ाँ ने मध्यप्रांत और बरार के मुस्लिम क्षेत्रों का दौरा कर अपनी रिपोर्ट १५ नवम्बर १९३८ को प्रस्तुत कर[१९०] १८ दिसंबर १९३८ को मुख्यमंत्री रविशंकर शुक्ल से भेंट की। रविशंकर शुक्ल द्वारा लियाकत अली खॉ को आश्वस्त किया गया कि मुस्लिम सम्प्रदाय को किसी प्रकार की हानि पहुँचाने का विद्या मंदिर-योजना का उद्देश्य नहीं है।[१९१]

इस बीच मुस्लिम-लीग की एक शाखा की स्थापना सिहोरा तहसील में की गई। एक वर्ष के अन्तगर्त 'मुस्लिम नेशनल गार्ड ' नामक एक स्वयं सेवी संगठन की भी स्थापना की गई। इस प्रकार १९३८ में मुस्लिम संगठन की दो अन्य शाखाओं की स्थापना बैतूल तथा अमलई में भी की गई।[१९२] अकोला, अमरावती, खामगाँव, तथा अन्य स्थानों पर 'हैदराबाद-दिवस' मनाया गया। खामगाँव, वर्धा, सागर आदि में स्वयं सेवकों की भर्ती की गई। नागपुर में हिन्दू महासभा द्वारा एक विशाल जुलूस की व्यवस्था कर डॉ० परांजपे के नेतृत्व में २४ स्वयं सेवकों के एक जत्थे को विदाई दी गई। इस जत्थे का जुलूस पुलिस की कठोर नियंत्रण में मुस्लिम क्षेत्र से निकाला गया।[१९३] अकोला में आर्य समाजियों द्वारा 'हैदराबाद-सत्याग्रह' हेतु 'प्रभात-फेरियों' की व्यवस्था की गई जिस पर मुसलमानों द्वारा आपत्ति उठायी गई।[१९४] ऐसे सत्याग्रहियों के एक अन्य जत्थे का नेतृत्व उमरेर के वकील भैयालाल दानी के द्वारा किया गया और मस्जिद के सामने से मुस्लिम विरोधी नारों के साथ जुलूस नगर में घुमाया गया। सत्याग्रहियों के स्वागत हेतु सभायें भी आयोजित की गई। बरार के पूसद नामक स्थान पर शिविर लगाकर स्वयं सेवको द्वारा जुलूस, प्रभात-फेरियाँ तथा सभाओं का आयोजन किया गया। हिन्दू महासभा तथा आर्य समाजियों के जत्थे जबलपुर, सागर, होशंगाबाद तथा निमाड़ जिले से होकर हैदराबाद जाने लगी। बरार में यवतमाल जिला, सत्याग्रहियों के जत्थों को हैदराबाद भेजने का केन्द्र बना हुआ था।[१९५] बिलासपुर जिले के अकलतारा, रतन नगर, शिवरीनारायण तथा बरार के बुलढ़ाना जिले के फतहखेड़ा नामक स्थानों और नरसिहंपुर जिले के तेंदूखेड़ा में भी हिन्दू महासभा की शाखायें स्थापित की गई।[१९६]

इस बीच मध्यप्रांतीय काँग्रेसी सरकार द्वारा २६ जनवरी १९३९ को प्रांत में १२६ विद्या मंदिर प्रारंभ किये जाने के समाचार से मुस्लिम-लीग की विरोधी गतिविधियाँ पुन: प्रारंभ हो गई। सिद्दिकी अली खान के नेतृत्व में प्रांत के विभिन्न स्थानों पर मुसलमानों द्वारा विद्या मंदिर का विरोध किया गया। उसी

दिन नागपुर सचिवालय के समक्ष धरना देने के कारण सिद्दिकी अली खान को गिरफ्तार कर लिया गया परंतु कुछ ही घंटों के पश्चात् छोड़ दिया गया। लगभग ७००० मुसलमानों द्वारा 'विद्या मंदिर-योजना' के विरूद्ध तीन अन्य जुलूस निकाले गये।[१९७]

मुख्यमंत्री रविशंकर शुक्ल द्वारा ७ फरवरी १९३८ को प्रांतीय विधायिका परिषद् के मुस्लिम सदस्यों की एक बैठक आमंत्रित की गई जिसमें अखिल भारतीय मुस्लिम-लीग के सचिव लियाकत अली खॉ भी उपस्थित हुए। इस परिषद् में मुख्यमंत्री द्वारा विद्या मंदिर की रूपरेखा तथा उद्देश्य को स्पष्ट करते हुए मुस्लिम समुदाय हेतु ऐसी ही एक पृथक मुस्लिम संस्था की स्थापना की इच्छा को स्वीकृति प्रदान करने का प्रस्ताव रखा गया। मुख्यमंत्री के इस प्रस्ताव से सहमत होकर लियाकत अली खॉ ने 'अन्जुमन-मंदिना-तुल-इल्म' नामक संस्था बनाये जाने की इच्छा प्रकट की। मुख्यमंत्री द्वारा इस योजना को भी पूर्ण सहायता दिये जाने का आश्वासन दिया गया[१९८] जिससे मुस्लिम लीग की विद्या मंदिर संबंधी शिकायतें दूर हो गईं। इस प्रस्ताव से प्रान्तीय विद्या मंदिर परिषद् के मुस्लिम सदस्य तथा अखिल भारतीय मुस्लिम-लीग के सचिव भी संतुष्ट हुए। फलस्वरूप रविशंकर शुक्ल तथा लियाकत अली खाँ के बीच एक समझौता हस्ताक्षरित हुआ।[१९९]

दूसरी ओर, जुलाई १९३८ के मध्य सागर में हिन्दू महासभा की तीन अन्य 'स्वयं सेवी एसोशिएशन' की स्थापना की गई। पहला 'हिन्दू ट्रूप', दूसरा 'मेडन ट्रूप', तथा तीसरा 'चरण ट्रूप'। यह तीनों संस्थायें सागर के छावनी क्षेत्र में ही स्थापित किये गये। उन्हीं दिनों हिन्दू महासभा की एक अन्य शाखा की स्थापना रेहली तथा 'आदर्श हिन्दू सेवा संघ' की स्थापना देवरी में की गई जो हिन्दू महासभा से ही संबंधित थी।[२००] सितम्बर १९३८ में 'फामियत-उल-उलेमा' ने सभी मुस्लिम संगठनों को एकत्र कर मुस्लिम लीग विरोधी सयुक्त मोर्चा 'आजाद-मुस्लिम सम्मेलन' के नाम से संगठित किया गया जिसने भारतीय राजनीति में एक प्रमुख भूमिका निभाई। इसके अतिरिक्त 'अहरार' नामक एक अन्य मुस्लिम संगठन की भी स्थापना की गई। वैसे तो जवाहरलाल नेहरू ने कई बार जिन्ना को लिख कर पूछा कि वे स्पष्ट और निश्चित रूप से बताये कि लीग क्या चाहती है? किन्तु जिन्ना स्पष्ट कुछ बताने से सदा बचते रहे। वे अनिश्चता और अस्पष्टता बनाये रखने में अपनी जीत समझते थे। केन्द्रीय सभा में चुने जाने के बाद जिन्ना मुस्लिम-लीग को पुनर्गठित करने लगे। भारतीय नेतृत्व के लिए उन्हे किसी प्रतिद्वंद्वी का सामना नहीं करना था वरन अपनी स्थिति को ठोस भूमि प्रदान करने हेतु प्रांतीय मुस्लिम नेताओं को अपनी ओर मिलाने का प्रयास किया जाना था। मुस्लिम-पार्लियामेंट्री-बोर्ड पर प्रगतिशील मुसलमानों का अधिकार था जिसमें 'अहरार, जमायत-उल-उलेमा, मोमिन-शिया-पालिटिकल-कांफ्रेस' और 'काँग्रेस' की ओर आकर्षित मुसलमानों के प्रतिनिधि थे। दूसरा गुट जिनका प्रभाव बोर्ड की कार्यवाही पर बढ़ता जा रहा था, जिन्ना के साम्प्रदायिक आधार पर काम करना चाहता था।

३ सितम्बर १९३९ को इंग्लैण्ड भी द्वितीय विश्व युद्ध में सम्मिलित हो गया। बिना काँग्रेसी मंत्रिमंडल की अनुमति के भारत को भी इस युद्ध में सम्मिलित कर दिये जाने के कारण विरोध-स्वरूप काँग्रेस-मंत्रिमंडल ने अक्टूबर १९३९ में त्यागपत्र दे दिया। इस घटना से 'मुस्लिम लीग' को बड़ी प्रसन्नता हुई और इस अवसर पर मुस्लिम लीग ने मुसलमानों को 'मुक्ति-दिवस' मनाने का आव्हान किया। अतः मुस्लिम लीग द्वारा २२ दिसंबर १९३९ को 'मुक्ति-दिवस' (डे ऑफ डेलिवरेंस) मनाया गया।

उस समय जिन्ना ने काँग्रेस के नेताओं के साथ पत्र व्यवहार कर उसका उपयोग अपने महत्व को बढ़ाने तथा काँग्रेस के उद्देश्यों के विषय में झूठा प्रचार करने के लिए किया। लीग का प्रचार काफी मात्रा में सफल भी रहा। धर्म का आधार लेकर अधिकांश मुसलमानों को अपने पक्ष में करने में सफल हो गई। इधर द्वितीय विश्वयुद्ध प्रारंभ होते ही, अंग्रेजों ने आश्वासन देना प्रारंभ किया कि उनका अंतिम लक्ष्य ब्रिटेन के संरक्षण में भारत को स्वतंत्रता प्रदान करना है। ऐसी स्थिति में मुस्लिम लीग ने भी अपनी माँग को प्रस्तुत करने का उपयुक्त समय समझ कर ब्रिटिश सरकार को चेतावनी दी कि यदि वे युद्ध काल में मुसलमानों की सहायता चाहते है तो वह मुस्लिम लीग को भारतीय मुसलमानों की एकमात्र प्रतिनिधि संस्था स्वीकार कर ले। संवैधानिक विकास के संबंध में काँग्रेस को कोई आश्वासन न दें तथा मुस्लिम-लीग की अनुमति और समर्थन के बिना किसी प्रकार के संविधान का निर्माण न करें।[२०१]

हिन्दू महासभा द्वारा २२ दिसंबर १९३९ को नागपुर, वर्धा तथा अमरावती में भव्य-समारोह का आयोजन कर 'स्वामी श्रद्धानंद-दिवस' मनाया गया। डॉ. मुंजे की अध्यक्षता में नागपुर में आयोजित सभा में मुस्लिम-विरोधी भाषण दिये गये। उनकी इस नीति के कारण काँग्रेसी नेताओं द्वारा हिन्दू महासभा को राष्ट्र-विरोधी-संस्था कहा गया।[२०२] दिसम्बर १९३९ को बिलासपुर में आयोजित हिन्दू महासभा के २६ वें अखिल भारतीय अधिवेशन का उद्देश्य समझौता तथा सहयोग द्वारा सभी दलों के साथ मिलकर ब्रिटिश साम्राज्यवाद के विरूद्ध 'अखण्ड स्वतंत्र-हिन्दुस्तान' की स्थापना करना था। हिन्दू महासभा ने इसी अवसर पर अपनी शाखाओं के सदस्यों एवं पदाधिकारियों का भी निर्वाचन किया।[२०३]

अखिल भारतीय हिन्दू महासभा के महाकोशल क्षेत्र हिन्दुस्तानी मध्यप्रांत के सदस्यों में बिलासपुर के त्रम्बक यादू देहानकर, रामकृष्ण पांडे महासचिव,[२०४] द्वारका प्रसाद भार्गव, गोविन्द दास, जादिया, लाल गुरूदत्तमल, बी. एन. दिग्वेकर, गंगाधर राव शेष, गोविन्दराव, आर. आर. तिमरनिकर तथा द्वारका प्रसाद श्रीवास्तव थे।[२०५] मराठी मध्यप्रांत के सदस्यों में के. जी. चिटनवीस (अध्यक्ष), उपाध्यक्षयों में के. जी. बूटी, व्ही. आर. गूजर, एस. एम. देशमुख, के. एस. चिटनवीस, ए. व्ही. खरे महासचिव गोस्वामी महेश्वरी, सह सचिव-व्ही. केलकर, जी. डी. दल्ली, एच. एन. गोखले जे. पी. द्विवेदी, व्ही. जी. देशपांडे, बालशास्त्री हरदास, कार्यालय सचिव-आर. एम. काले, सदस्यों में बी. एस. मुँजे, आर. एन. पांडे, व्ही. व्ही. कालिकर, वी. जी. देशपांडे, के.वी. हेडगेवार, आर. बी. एम. बी. किंखेड़े, एल. व्ही. परांजपे, एम. आर. बोबाडे, जी. ए. ओगले, टी.एल. शेवाडे, कन्हैयालाल पाटिल, गणपतराव, बाबूराव शिंदे, यादोराव दोके, जगन्नाथ प्रसाद वर्मा, माणिक लाल मिश्रा तथा जी.ए. गवई थे।[२०६] बरार क्षेत्र से अकोला के अटकजी, बी. एन. फड़के तथा लक्ष्मीकांत देशपांडे और बुलढ़ाना के आर. एन. कानितकर तथा अमरावती के जी. एन. गवई आदि थे।[२०७]

अखिल भारतीय हिन्दू महासभा की बैठक में प्रान्तीय-हिन्दू महासभा के पदाधिकारियों का भी निर्वाचन किया गया जिसके अनुसार महाकोशल प्रान्तीय हिन्दू महासभा के पदाधिकारियों में बिलासपुर के जे. वाय. देहानकर, उपाध्यक्ष-महेन्द्रलाल चौधरी, बी. एल. शराफ, राय साहब सीताचरण दुबे, दिनकर राव गोखले, आदि। महासचिव-बिलासपुर के रामकृष्ण पांडे, सचिव-रायपुर के सुखनंदनलाल अग्रवाल, कोषाध्यक्ष-बिलासपुर के व्ही. आर. काले तथा मुरलीधर थे।[२०८]

मराठी मध्य प्रान्तीय हिन्दू महासभा के अध्यक्ष-नागपुर के डॉ. एल. व्ही. परांजपे, महासचिव नागपुर के बालशास्त्री हरदास, साहित्याचार्य, उपाध्यक्ष एम. जी. चिटनवीस, के. जी. बूटी, वी. आर. गूजर,

एन.एन. चाटाले, एल.एस. देशमुख, के. एस. चिटनवीस तथा ए. व्ही. खरे आदि थे। सहसचिव-व्ही. व्ही केलकर, जी. डी. दल्वी, एच. एन. गोखले, जे. पी. द्विवेदी, व्ही. जी. देशपांडे, बालशास्त्री हरदास तथा सदस्यों में बी.एस. मुंजे, आर. एल. पांडे, व्ही. व्ही. कालिकर, एम. जी. देशपांडे, के.वी. हेडगेवार आर. वी. किंखेडे, एल. व्ही. परांजपे, जी. ए. गवई तथा जी. ए. ओगले थे।[२०९] बरार प्रांतीय हिन्दू महासभा के अध्यक्ष अमरावती के बी.जी. खापरडे, महासचिव ए. डव्ल्यू नवाडे, तथा सचिव एस. एस. गुप्ता, पातवरे थे।[२१०] सदस्यों में डी. एम. ओगले, एस. शास्त्री, माधव बाकाराव रिसाकर, श्रीधर गुणवंत देशपांडे, नीलकंठ वासुदेव सहस्त्रबुद्धे, डॉ. साने, डॉ. नेरकर, भेरवदर, एम. जी. जोशी, जी. बी. बापत, पी. सी. जोगलेकर, एस. व्ही. केलकर आदि थे।[२११]

जिला स्तर पर भी हिन्दू महासभा का गठन किया गया[२१२] महाकोशल जबलपुर जिला हिन्दू महासभा के अध्यक्ष श्यामसुन्दर भार्गव, सागर के लक्ष्मणप्रसाद तिवारी, दमोह के भगवानदास, नरसिंहपुर के दौलत सिंह चौधरी, होशंगाबाद के सेठ घासीराम, बैतूल के रामप्रसाद अवस्थी, छिंदवाड़ा के त्रिपाठी, बालाघाट के वेकेंटेश्वर नारायण कोठेकर, मंडला के धनेश्वर पाठक, बिलासपुर के खनखोजे थे।[२१३] मराठी मध्यप्रांत में नागपुर के व्ही.जी. देशपांडे, वर्धा के डॉ. देशमुख, चाँदा के नारायणराव पुराणिक, भंडारा के श्रीवास नकलजी दलाल[२१४] तथा बरार में अकोला के लक्ष्मीकांत देशपांडे, बुल्ढाना के आर. एन. कानितकर तथा अमरावती के जी.एन. गवई थे।[२१५]

वर्ष १९३९-४० के मध्य मध्यप्रांत के कुछ स्थानों जबलपुर, सागर तथा धमतरी बरार के अमरावती जिले में स्थिति तनावपूर्ण बनी हुई थी। अत: ५ दिसंबर १९३९ को आयोजित सभा में साम्प्रदायिक दंगों में सरकारी नीति की कड़ी आलोचना की गई।[२१६]

यद्यपि पाकिस्तान की माँग, जन्म और उत्थान में हिन्दू महासभा जैसे हिन्दू साम्प्रदायिक संस्थाओं का भी बहुत योगदान था। प्रारंभिक अवस्था में तो हिन्दू महासभा का नेतृत्व मदनमोहन मालवीय और लाला लाजपतराय जैसे कट्टरपंथी राष्ट्रवादी और प्रतिक्रियावादी नेताओं ने की और महासभा पर अपना प्रभुत्व जमा लिया था। इसमें कोई संदेह नहीं कि हिन्दू साम्प्रदायिकता, मुस्लिम साम्प्रदायिकता की प्रतिक्रिया थी। इसने साम्प्रदायिक विद्वेष की ज्वाला को भड़काये रखा जिससे मुस्लिम लीग को पाकिस्तान की दिशा में सोचने की प्रेरणा मिली। पृथक्तावाद की भावना को बढ़ाने में हिन्दू साम्प्रदायिक संस्थाओं से अधिक, ब्रिटिश नौकरशाही ने काम किया। कतिपय सरकारी पदाधिकारी पाकिस्तान के विचार के प्रति बड़े उत्साही थे। अत: १९४० में मुस्लिम लीग ने 'पाकिस्तान' को अपना लक्ष्य घोषित कर दिया। उसके पश्चात् प्रत्यक्ष और परोक्ष रीति से ब्रिटिश सरकार ने हर कदम पर लीग को प्रोत्साहन दिया।[२१७]

वायसराय के साथ बार-बार भेंट तथा सांठ-गांठ के बीच १९४० के लीग के लाहौर अधिवेशन में जिन्ना द्वारा 'पाकिस्तान' का प्रस्ताव प्रस्तुत करते हुए मुस्लिम लीग द्वारा पाकिस्तान की माँग का आधार उसका 'द्वि-राष्ट्र-सिद्धांत' (टू-नेशन थ्योरी) था जिसका निरूपण करते हुए लाहौर काँग्रेस में मोहम्मद अली जिन्ना ने कहा-'हिन्दू धर्म और इस्लाम शाब्दिक अर्थो में धर्म नहीं अपितु दो पृथक और स्पष्ट सामाजिक व्यवस्थायें हैं। हिन्दू और मुस्लिम कभी भी एक राष्ट्र के रूप में नहीं रह सकते। हिन्दू और मुसलमानों के धार्मिक सिद्धांत, सामाजिक रीति-रिवाज, दर्शन और साहित्य एक दूसरे से सर्वथा भिन्न हैं। उनमें परस्पर रोटी और बेटी का संबंध नहीं है। वस्तुत: दोनों की सभ्यतायें तथा

जीवन-सबंधी दृष्टिकोण में अन्तर है। ऐसे दो राष्ट्रों को एक राज्य में गूँथने का प्रयत्न अवश्य असंतोष उत्पन्न करेगा। अत: वे एक सयुक्त-राष्ट्र के रूप में संगठित नहीं हो सकते।'[२१८] लाहौर अधिवेशन में मुस्लिम बहुसंख्यक प्रांतो को एक अलग सम्प्रभुता पूर्ण सम्पन्न मुस्लिम राज्य स्थापित किये जाने की माँग की गई। मुस्लिम-लीग द्वारा जिस पृथक पाकिस्तान की माँग की गई थी उसके अन्तगर्त उत्तर-पश्चिम व उत्तर-में पश्चिमोत्तर सीमा प्रांत, पंजाब, सिंध और बलूचिस्तान व उत्तर-पूर्व में असम और बंगाल सम्मिलित थे। काँग्रेस देश के विभाजन के विरूद्ध थी। अनेक मुस्लिम संस्थाओं ने भी मुस्लिम-लीग के पाकिस्तान के आन्दोलन का विरोध किया। इन संस्थाओं में 'जमायतुल-उलेमा-ए-हिन्दू', 'मजालिस-ए-अहरार-ए-हिन्द'। पश्चिमोत्तर प्रांत के 'खुदाई खिदमतगार', बलूचिस्तान के राष्ट्रवादी-मुस्लिम, 'अखिल-भारतीय मोमिन-सम्मेलन' और 'अखिल भारतीय शिया राजनीतिक-सम्मेलन' आदि संस्थाये भारत-विभाजन की विरोधी थी।[२१९] इन सारे विरोधों के बाद भी पाकिस्तान का आन्दोलन बढ़ता गया जिसके दो उत्तरदायी कारण थे। पहला, मुसलमानों का अपेक्षाकृत अशिक्षित तथा पिछड़ा होना तथा उनकी धार्मिक कट्टरता। दूसरा, ब्रिटिश अधिकारियों की पाकिस्तान की माँग के प्रति सहानुभूति।[२२०] इस प्रकार १९४० में जिन्ना ने 'भारत-विभाजन योजना' को व्यवहारिक रूप प्रदान किया। पाकिस्तान की माँग के बहुत से समर्थक बन गये। मई १९४० में चर्चिल प्रधानमंत्री बने परंतु उनके दृष्टिकोण में कोई परिवर्तन नहीं हुआ। ब्रिटिश सरकार ने भी मुस्लिम-लीग और पाकिस्तान योजना को प्रोत्साहित किया जिससे मुस्लिम-लीग द्वारा पाकिस्तान की माँग के समर्थन में प्रांत के विभिन्न भागों में सभाओं का आयोजन किया गया।[२२१]

नागपुर में 'राष्ट्रीय स्वयं सेवक संघ' की हिन्दू महासभा द्वारा ३ मई से ४० दिनों का वार्षिक ग्रीष्मकालीन शिविर लगाकर स्वयं-सेवको के प्रशिक्षण की व्यवस्था की गई। ७ मई १९४० को हिन्दू महासभा की सामूहिक बैठक आयोजित की गई जिसमें जी. सी. वर्मा तथा मन्ना ब्राह्मण द्वारा दिये गये आपत्तिजनक भाषण के कारण जबलपुर में दंगे की स्थिति निर्मित हो गई। ९ मई १९४० को डॉ. परांजपे की अध्यक्षता में नागपुर में हिन्दू महासभा द्वारा लगभग २५००० व्यक्तियों का जुलूस निकालकर वार्षिक-महोत्सव मनाया गया।[२२२]

मई १९४० में राष्ट्रवादी मुसलमानों तथा कुछ 'लाल शर्टधारी-स्वयं सेवकों' ने प्रांत के अधिकांश स्थानों का दौरा कर सभाओं का आयोजन किया।[२२३] बम्बई के हफीज़ अली बहादुर खाँ तथा आबिद अली जफर भाई के नेतृत्व वाली सभा में पाकिस्तान की माँग के संबंध में मुस्लिम लीग की नीति की कटु आलोचना की गई तथा ब्रिटिश सरकार के विरूद्ध काँग्रेस की युद्ध संबंधी नीति का समर्थन किया गया।[२२४] २८ मई १९४० को बी. डी. सावरकर के जन्म-दिवस के अवसर पर प्रांत के अनेक स्थानों पर सभायें आयोजित की गई। नागपुर की सभा में डॉ. परांजपे द्वारा मुस्लिम लीग की पाकिस्तान योजना में मुस्लिम तत्वों तथा सरकारी नीति की आलोचना की गई।[२२५] २३ जून की सभा में प्रत्येक नगर में युद्ध-समिति स्थापित करने की अपील की गई तथा २४ जून १९४० के हिन्दू-महासभा के समाचार पत्र 'प्रजा-प्रकाश' ने भी अपने लेख में सरकार की नीति की कटु आलोचना की।[२२६]

हिन्दू महासभा की कार्यकारिणी समिति द्वारा १७ अगस्त को मध्यप्रांत के जबलपुर, नागपुर, वर्धा, भंडारा तथा बरार के अमरावती और यवतमाल में सभाओं का आयोजन कर 'साम्प्रदायिक-निर्णय विरोधी दिवस' मनाया गया तथा 'साम्प्रदायिक-निर्णय विरोधी' प्रस्ताव पारित किये गये।[२२७] प्रांत में

साम्प्रदायिक घटनाओं का दौर शांत न हो पाया। २ सितम्बर १९४० को नागपुर के शतरंजपुरा-मस्जिद के हिन्दुओं द्वारा बाजे सहित जुलूस निकाले जाने के कारण कुछ मुसलमानों द्वारा आपत्ति कर मारपीट की गई। पुलिस के हस्तक्षेप से ३ मुसलमानों सहित १२ पुलिस जवान घायल हुए ४ मुसलमान गिरफ्तार कर लिये गये।[२२८] घटना के विरूद्ध नागपुर में केन्द्रीय विधायिका के सदस्य खान बहादुर सिद्दिकी अलीखाँ द्वारा आपत्ति जनक भाषण दिये जाने पर साम्प्रदायिक दंगे भड़काने के आरोप में उन्हें गिरफ्तार कर लिया गया। मुस्लिम-लीग द्वारा प्रांत के मुस्लिम सदस्यों से खान बहादुर सिद्दिकी अली खान की गिरफ्तारी के विरोध में सभाओं के आयोजन तथा प्रदर्शन जारी रखने की अपील की गई। खान बहादुर सिद्दिकी अलीखाँ की गिरफ्तारी के विरोध में मुस्लिम-लीग द्वारा प्रस्ताव पारित कर गवर्नर के पास एक प्रति भेजी गई।[२२९]

राष्ट्रीय स्वयं सेवक संघ 'हनुमान व्यायाम शाला' तथा 'प्रसारक-मंडल' ने सितम्बर १९४० में प्रान्तीय सरकार के प्रतिनिधियों से भेंटकर, सैनिक पद्धति से अभ्यास की आज्ञा प्राप्त कर ली। ८ सितम्बर १९४० को भाई परमांनद की अध्यक्षता में नागपुर की आयोजित सभा में एम. एस. अणे का ६१ वाँ जन्म-दिवस मनाया गया। अपने अध्यक्षीय भाषण में परमानंद ने मुस्लिम-लीग के प्रति काँग्रेस की पक्षपात् पूर्ण नीति की कटु आलोचना की तथा डॉ. बी. एस. मुंजे द्वारा एम. एस. अणे को काँग्रेस तथा हिन्दू-महासभा के मध्य समझौता कराने की सलाह दी।[२३०]

मुस्लिम-लीग द्वारा १३ सितम्बर १९४० को नागपुर की आयोजित सरकार विरोधी सभा में आपत्तिजनक भाषण दिये जाने के कारण इसरार अहमद पर धारा २४-ए, आई, पी. सी, तथा धारा ३४ (६-ए,) सुरक्षा अधिनियम के अन्तर्गत मुकदमा चलाया गया। उसी प्रकार नागपुर के हरकृष्ण वर्मा द्वारा चाँदा में आपत्ति जनक भाषण दिये गये जिससे तनाव की स्थिति निर्मित हो गईं। ऐसी स्थिति होशगांबाद, हरदा, सुहागपुर, गोटेगाँव, तथा छत्तीसगढ़ के बलौद में भी देखी गयी।[२३१]

अक्टूबर १९४० के प्रथम सप्ताह में मध्यप्रांत के जबलपुर तथा बरार के यवतमाल जिले में 'दशहरा-उत्सव' के कारण तनावपूर्ण स्थिति उत्पन्न हो गई। १० अक्टूबर १९४० को डॉ. बी. एस. मुंजे की अध्यक्षता में आयोजित हिन्दू महासभा की एक बैठक में पाकिस्तान योजना, काँग्रेस और गाँधीजी के असहयोगात्मक नीति, शतरंजपुरा में पुलिस अधिकारियों द्वारा मुसलमानों के प्रति पक्षपातपूर्ण नीति अपनाये जाने तथा हिन्दुओं द्वारा निकाले गये धार्मिक जुलूस पर प्रतिबंध लगा दिये जाने की कटु आलोचना की गई।[२३२] अतः बरार के बुलढ़ाना, अकोला तथा पूसद में आयोजित सभाओं पर पथराव किया गया जिससे तनावपूर्ण स्थिति निर्मित हो गई।[२३३] बरार के अमरावती जिले में सर एम.एस. मुखर्जी की अध्यक्षता में 'बरार प्रान्तीय हिन्दू महासभा' की बैठक में बी. जी. खापरडे ने यवतमाल जिले के पूसद नामक स्थान पर निर्मित साम्प्रदायिक तनावपूर्ण स्थिति की ओर सभा का ध्यान आकर्षित करते हुए अपने विचार प्रकट किये जो पूर्णतः साम्प्रदायिक थे।[२३४] १७ नवम्बर १९४० को यवतमाल में आयोजित बरार प्रान्तीय हिन्दू महासभा के अधिवेशन में पी.सी. जोगलेकर को अखिल भारतीय हिन्दू महासभा का सदस्य चुन लिया गया। दूसरी ओर, नागपुर के शंतरंजपुरा मस्जिद की घटना में १२ मुसलमानों पर चलाये गये मुकदमों को वापस लिये जाने के संबंध में विचार विमर्श हेतु प्रान्तीय मुस्लिम-लीग की कार्यकारिणी सभा की बैठक १० नवम्बर १९४० को नागपुर में बुलाई गई। शतरंजपुरा मस्जिद की

घटना के गंभीर रूप धारण कर लिये जाने के कारण नागपुर नगर मुस्लिम लीग के उपसभापति इसरार अहमद ने १८ नवम्बर को नागपुर की घटना के विरोध में सत्यागृह प्रारंभ करने की घोषणा की।[२३५] नागपुर नगर मुस्लिम लीग का यह आन्दोलन उग्र रूप धारण कर लिया। इस मामले को सुलझाने तथा प्रान्तीय सरकार से विचार विमर्श हेतु मोहम्मद अली जिन्ना तथा लियाकत अली खाँ ने अखिल भारतीय मुस्लिम-लीग के सदस्य तथा केन्द्रीय विधायिका परिषद् के सदस्य हाजी अब्दुल सत्तार इसहाक सेठ को नागपुर भेजा। इसहाक सेठ की अध्यक्षता में जिला मुस्लिम-लीग की सभा की बैठक १४ दिसम्बर १९४० को आयोजित कर मामले को सुलझाने का प्रयास किया गया जिससे यह आन्दोलन समाप्त हो गया।[२३६]

७-८ दिसंबर १९४० को बिलासपुर में भी आयोजित हिन्दू महासभा की वार्षिक अधिवेशन में उपकुलपति डॉ. श्यामा प्रसाद मुखर्जी के अध्यक्षीय भाषण पूर्णत: साम्प्रदायिक होने के कारण उनकी जाँच की कार्यवाही की गई। उसी प्रकार २०-२२ दिसंबर १९४० को चाँदा में पंजाब के भूतपूर्व मंत्री सर गोकुलचंद नारंग की अध्यक्षता में मध्य प्रान्तीय हिन्दू महासभा का वार्षिक अधिवेशन आयोजित किया गया जिसमें बी. एस. मुंजे, राजा महेश्वर दयाल तथा एल. वी. भोपतकर आदि प्रमुख व्यक्तियों ने भाग लिया। इस अधिवेशन का प्रमुख उद्देश्य मुस्लिम लीग द्वारा प्रस्तावित 'पाकिस्तान-योजना' को रद्द करना था। इस बैठक में बरार के निजाम द्वारा ब्रिटिश सरकार से भारत को स्वायत-शासन प्रदान किये जाने तथा हिन्दू नवयुवकों से हिन्दू स्वयं सेवी संस्था 'रामसेना' में सम्मिलित होने की अपील की गई। हिन्दू महासभा की प्रांतीय बैठक भी इसी उद्देश्य से २८ दिसंबर १९४०. को पी. सी. जोगलेकर के मुख्यातिथ्य में आयोजित की गई।[२३७]

१९४०-४१ में काँग्रेस द्वारा जब व्यक्तिगत सत्याग्रह प्रारंभ किया गया, उस समय जिन्ना ने मुस्लिम भाईयों को आन्दोलन से दूर रहने की सलाह दी तथा गाँधीजी और काँग्रेस को यह समझाने का प्रयास किया कि 'भारतीय स्वतंत्रता का मार्ग 'पाकिस्तान' से होकर ही जायेगा।' उस समय हिन्दू महासभा ने भारी संख्या में युद्ध में भाग लेकर अंग्रेजों की सहायता करने की हिन्दुओं से अपील की क्योंकि हिन्दू महासभा पूर्ण स्वतंत्रता प्राप्ति से कुछ कम प्राप्त कर ही संतुष्ट थी।[२३८] १५ अप्रैल १९४१ के मद्रास में आयोजित मुस्लिम-लीग के अधिवेशन में जिन्ना ने अपने अध्यक्षीय भाषण में अल्पसंख्यकों के अधिकारों तथा हितों के संरक्षण पर विशेष बल देते हुए कहा कि अल्पसंख्यों में रक्षा और विश्वास की भावना उत्पन्न किये बिना सरकार कभी सफल नहीं हो सकती। इस अधिवेशन में पाकिस्तान का प्रस्ताव मुस्लिम.लीग के संविधान में सम्मिलित करा लिया गया। साथ ही मुस्लिम-लीग ने काँग्रेस द्वारा संचालित व्यक्तिगत सत्याग्रह की भत्सर्ना करते हुए घोषणा की कि काँग्रेस का उद्देश्य ब्रिटिश सरकार को भावी संविधान संबंधी उन माँगो को देने के लिए मजबूर करना है जिसका अर्थ प्रभुसत्ता का अधिकार हिन्दुओं को दिया जाय।[२३९] २८ अगस्त १९४१ में आयोजित सभा में अखिल भारतीय हिन्दू महासभा के उपाध्यक्ष दीवान बहादुर के. एस. रामास्वामी शास्त्री ने व्यक्तिगत सत्याग्रह के संबंध में अपने विचार प्रकट करते हुए स्पष्ट रूप से कहा कि 'काँग्रेस के इस युद्ध विरोधी सत्याग्रह में तथा मुस्लिम-लीग के संगठित भारत विरोधी सत्याग्रह में हम भाग नहीं ले सकते।[२४०]

उधर जापान ने जब सिंगापुर, मलाया, इंडोनेशिया तथा अंडमान-निकोबार द्विपों पर अधिकार कर लिया, उसने घोषणा की कि शीघ्र ही वे भारत को अंग्रेजी दासता से मुक्त करा देंगे।

सुभाषचन्द्र बोस भी 'आजाद हिन्द-फौज' सहित ब्रिटेन के विशाल भारतीय साम्राज्य का दरवाजा खटखटा रहे थे। जापान के समक्ष लगभग ८५ हजार सैनिकों ने हथियार डाल दिये और लगभग २० हजार सैनिक मारे जा चुके थे। ऐसी विकट स्थिति में ब्रिटिश सरकार भारत की सुरक्षा करने में असमर्थ थी। अतएव इस संकटपूर्ण स्थिति में भारतीय सहयोग प्राप्त करने के उद्देश्य से ११ मार्च १९४२ को ब्रिटिश प्रधानमंत्री चर्चिल ने घोषणा की कि 'भारत के गतिरोध को दूर करने के लिए ब्रिटिश सरकार एक योजना सहित स्टेफोर्ड क्रिप्स को भारत भेज रही हैं।'[२४१]

क्रिप्स, मजदूर दल के वामपंथी सदस्य और भारतीय राष्ट्रीय आन्दोलन के समर्थक थे। २२ मार्च १९४२ को क्रिप्स दिल्ली पहुँचे। उन्होंने सभी दलों से मिलकर ब्रिटिश सरकार की ओर से कुछ प्रस्ताव रखे जो 'क्रिप्स प्रस्ताव' के रूप में प्रसिद्ध है। क्रिप्स प्रस्ताव के दो भाग थे। पहला दूरगामी प्रस्ताव, जो युद्धोपरांत लागू किया जाना था जिसके अनुसार एक संविधान सभा का निर्माण तथा उसके द्वारा भारतीय संघ का संविधान बनाने का प्रावधान था। मुस्लिम लीग को संतुष्ट करने के लिए इन प्रस्तावों में यह भी कहा गया था कि यदि कोई प्रांत भारतीय संघ में सम्मिलित न होना चाहेगा तो उसे पृथक-संघ और संविधान बनाने का अधिकार प्राप्त होगा। दूसरा तात्कालिक प्रस्ताव, जो तुरंत लागू होना था जिसके अनुसार वायसराय की कार्यकारिणी में युद्ध मंत्री के अधिकारों से संबंधित विषय थे।[२४२] २ अप्रैल को स्टेफोर्ड क्रिप्स ने मुस्लिम लीग को सूचित किया कि जिस प्रांत को भारतीय संघ में सम्मिलित होने के लिए उसकी असेम्बली में ६० प्रतिशत वोट मिलेंगे वे संघ में सम्मिलित हो जायेंगे। यदि किसी प्रांत को असेम्बली में स्वीकृति नहीं मिलेगी, तब कोई दल जनमत संग्रह की माँग कर सकता है। चौधरी खलीकुज्ज़मान की राय थी कि इस शर्त के साथ क्रिप्स के दूरगामी प्रस्ताव पंजाब और बंगाल के विभाजन के खतरे के बिना पाकिस्तान कायम करने के अवसर प्रदान करते हैं।[२४३] इस बात से क्रिप्स को भी विश्वास हो गया कि मुस्लिम लीग को यह प्रस्ताव मंजूर है परंतु अन्त में मुस्लिम-लीग ने उसे स्वीकार करने से इंकार कर दिया। उसे भय था कि सभी जनों के व्यस्क मताधिकार के प्रयोग से मुसलमानों को पंजाब और बंगाल में उनके आत्मनिर्णय के अधिकार से वंचित किया जा सकता है। इस संबंध में जिन्ना का विचार था कि जब तक मुसलमानों के लिए राष्ट्रीय आत्मनिर्णय का सिद्धांत स्पष्ट शब्दों में स्वीकार नहीं किया जाता, तब तक भारतीयों को संतोष नहीं हो सकता।[२४४]

सिक्खों को दूरगामी प्रस्ताव स्वीकार नहीं था क्योकि उसमें देश के विभाजन तथा पाकिस्तान का निर्माण निहित था और जिसमें सिक्खों के हितों का ध्यान नहीं दिया गया था।[२४५] हिन्दू-महासभा ने घोषणा की कि 'भारत अविभाज्य है तथा हिन्दू महासभा किसी ऐसी योजना को स्वीकार नहीं कर सकती जो किसी भी रूप में भारत के राजनीतिक विभाजन की पुष्टि करता हो।'[२४६]

काँग्रेस ने भी क्रिप्स मिशन को अस्वीकार कर दिया क्योंकि उसमें उत्तरदायी शासन की स्थापना की कोई बात नहीं कही गई थी। यद्यपि क्रिप्स प्रस्ताव में अप्रत्यक्ष रूप से पाकिस्तान की माँग स्वीकार कर ली गई थी। तथापि मुस्लिम लीग ने भी क्रिप्स प्रस्तावों को स्वीकार नहीं किया क्योंकि उसमें पाकिस्तान-निर्माण के संबंध में स्पष्ट स्वीकृति नहीं थीं। अन्य राजनीतिक दलों ने भी क्रिप्स प्रस्ताव स्वीकार नहीं किया।[२४७] अत: क्रिप्स महोदय ११ अप्रैल १९४२ को इंग्लैड लौट गये।

क्रिप्स मिशन की असफलता ने भारत में धोर निराशा का वातावरण निर्मित कर दिया था। भारतीयों की यह धारणा बन चुकी थी कि ब्रिटिश सरकार भारत के गतिरोध को दूर करने की इच्छुक

नहीं हैं। क्रिप्स प्रस्ताव का एक मात्र उद्देश्य यह सिद्ध करना था कि काँग्रेस ही भारत की एक मात्र प्रतिनिधि संस्था नहीं हैं। भारतीयों में एकता के अभाव के कारण ब्रिटेन भारत को सत्ता हस्तांतरित नहीं कर सकती।

एक ओर, युद्ध के कारण वस्तुओं की कीमत में अप्रत्याशित वृद्धि हुई तथा कागजी नोटों पर से भारतीयों का विश्वास उठ गया था। दूसरी ओर, जापानी आकमण से भारत की सुरक्षा करने में ब्रिटेन की असमर्थता ने ब्रिटिश साम्राज्य से भारतीयों का विश्वास समाप्त कर दिया। गाँधीजी का विश्वास था कि इस संकटपूर्ण स्थिति में यदि अंग्रेज भारत छोड़कर चले जाये तो जापान भारत पर आकमण नहीं करेगा।[२४८] वास्तव में भारत की सुरक्षा समय रहते अंग्रेजों द्वारा भारत छोड़ देने से ही होगी। इस प्रकार जापानी आकमण के भय और ब्रिटिश सुरक्षा व्यवस्था का आभाव तथा भारतीय अविश्वास ने गाँधीजी को अंतिम संघर्ष के लिए बाध्य किया जो 'भारत छोड़ो आन्दोलन' के रूप में सामनेआया।[२४९]

१४ जुलाई १९४२ को जब काँग्रेस तथा गाँधीजी द्वारा पुन: सविनय अवज्ञा आन्दोलन प्रारंभ करने और ब्रिटिश साम्रज्य से भारत छोड़ने की माँग की गई। तब हिन्दू महासभा के नेता बी. डी. सावरकर ने १८ जुलाई १९४२ को घोषणा की कि 'काँग्रेस दल की यह नीति न केवल हिन्दुओं को वरन् मुसलमानों को भी स्वीकार नहीं थी। बी.डी. सावरकर ने गाँधीजी द्वारा प्रस्तावित 'भारत छोड़ो-आन्दोलन' के संबंध में स्पष्ट वक्तव्य देते हुए कहा कि 'जब तक कांग्रेस द्वारा आन्दोलन के संबंध में स्पष्ट स्थिति की घोषणा नहीं की जावेगी, तब तक हिन्दू महासभा इस आन्दोलन में काँग्रेस के साथ भाग नहीं लेगी।'[२५०] इस प्रकार हिन्दू महासभा ने बाह्रय रूप से सक्रिय होकर ब्रिटिश सरकार की युद्ध में सहायता की ओर क्रियात्मक रूप से हिन्दुओं को सेना में भर्ती होने के लिए प्रोत्साहित किया। ३०. अगस्त १९४२ को हिन्दू महासभा ने राष्ट्रीय माँग पर एक प्रस्ताव पारित करते हुए उसके पक्ष में जनमत तैयार करने तथा प्रमुख राजनीतिक दलों के नेताओं के साथ बातचीत करने के उद्वेश्य से डॉ. श्यामाचरण मुखर्जी की अध्यक्षता में एक समिति का गठन किया। इस समिति की तरफ से हिन्दू महासभा के प्रधानमंत्री राजा माहेश्वर दयाल सेठ ने अपने एक मित्र के माध्यम से जिन्ना से बातचीत कर समझौते की माँग की। अखिल भारतीय हिन्दू महासभा के ३० अगस्त १९४२ के प्रस्ताव में सम्मिलित स्वतंत्रता संबंधी राष्ट्रीय माँग का लीग के नेताओ के समर्थन द्वारा कुछ सिद्धांतों के आधार पर समझौता होने पर ही लीग देश की आजादी के लिए अन्य दलों सहित आन्दोलन में शामिल हो जायेगी। विभाजन की स्थिति में हिन्दूस्तान के मुस्लिम अल्पसंख्यकों के लिए मुस्लिम लीग किसी विशेष संरक्षण की माँग नहीं करेगी। दोनों (हिन्दू-हिन्दुस्तान और मुस्लिम-हिन्दुस्तान) अपने राज्यों धार्मिक दृष्टि से अल्पसंख्यकों की रक्षा के लिए आपसी प्रबंध करेंगे परंतु हिन्दू महासभा की इन शर्तों को जिन्ना तथा मुस्लिम-लीग ने अपनाने से इंकार कर दिया क्योंकि अल्पसंख्यक प्रांत में मुसलमानों की रक्षा कम हो जायेगी।[२५१]

अत: जब काँग्रेस द्वारा अंग्रेजों के विरूद्ध 'भारत छोड़ो आन्दोलन' प्रारंभ किया गया तो मुस्लिम लीग ने आन्दोलन के प्रति कोई सहानुभूति नहीं दिखलाई और हर संभव ब्रिटिश सरकार की सहायता की । मुस्लिम लीग के नेता मोहम्मद अली जिन्ना ने मुस्लिम भाईयों से इस आन्दोलन से दूर रहने की अपील की।[२५२] अगस्त माह के प्रथम सप्ताह में जबलपुर में आयोजित मुस्लिम-लीग की बैठक में भी मुस्लिम जनता को संबोधित करते हुए कहा गया कि 'गाँधीजी द्वारा आयोजित भारत छोड़ो आन्दोलन ने

मुसलमानों के लिए पाकिस्तान प्राप्ति की समस्त आकाँक्षाओं को धूल में मिला दिया गया है।' अतः मुस्लिम जन-समुदाय को इस आन्दोलन से दूर रहने और मुस्लिम लीग की आगामी आदेश की प्रतीक्षा करने की अपील की गई। साथ ही मुस्लिम जनता को अपनी सुरक्षा हेतु किसी न किसी हथियार को धारण करने की सलाह दी गई। निमाड़ जिले के बुरहानपुर में आयोजित मुस्लिम-लीग की एक सभा में मोहम्मद असगर द्वारा मुसलमानों को काँग्रेस द्वारा आयोजित आन्दोलन से दूर रहने तथा उसके द्वारा आयोजित किसी कार्यक्रम में भाग न लेने की सलाह दी गई।[२५३] अमरावती में भी हिन्दू महासभा तथा मुस्लिम-लीग के नेताओं ने काँग्रेस द्वारा आयोजित जुलूस में भाग न लेने का निश्चय किया। इसी तारतम्य में ६ सितंबर १९४२ को नागपुर में आयोजित मुस्लिम छात्रों की एक सभा में हैदराबाद के निजाम नबाव बहादुर यारजंग ने छात्रों से काँग्रेस के द्वारा आयोजित आन्दोलन में भाग न लेने की सलाह के साथ कुरान की हिदायतों के पालन करने की बात कही गई। नागपुर में आयोजित अखिल भारतीय मुस्लिम-लीग के अधिवेशन में मोहम्मद अली जिन्ना द्वारा भी यही हिदायतें दी गई।[२५४] इस प्रकार १९४२ के आन्दोलन में मुस्लिम वर्ग ने यथा संभव ब्रिटिश सरकार की सहायता की। अतः सरकार ने भी आदेश निकाल कर मध्यप्रांत और बरार के विभिन्न जिलों में किये गये सामूहिक जुर्माने से मुस्लिम वर्ग को पूर्णतः मुक्त कर दिया। दलित वर्ग को भी जुर्माने की राशि में कुछ रियायत दी गई।[२५५]

१९४२ तक काँग्रेस लगभग सभी नेता जेल में डाल दिये गये थे। अतः उनकी अनुपस्थिति का लाभ उठाते हुए मुस्लिम लीग ने पाकिस्तान के पक्ष में जबरदस्त प्रचार किया। धर्म के आधार पर जिन्ना सहित अनेक मुस्लिम लीग के नेताओं ने मुसलमानों को लीग का और पाकिस्तान के माँग का समर्थन करने हेतु उकसाया। इसमें उलमा वर्ग तथा अलीगढ़ विश्वविद्यालय के विद्यार्थियों को प्रशिक्षित कर प्रत्येक प्रांत में प्रचार हेतु भेजा गया। प्रचार सभाओं में प्रख्यात वक्तओं में नबाव बहादुर यारजंग तथा मौलाना जफ़र अली खाँ ने भाषण दिया। उस समय पाकिस्तान के सर्मथन में लीग का प्रयास जिन्ना के शब्दों के द्वारा स्पष्ट होता है कि तुम पाकिस्तान चाहते हो अथवा नहीं? यदि तुम पाकिस्तान चाहते हो तो तुम लीग के समर्थकों को अपना मत दो। यदि हम आज अपने कर्तव्य की पूर्ति में असफल हो गये तो तुम्हारी स्थिति शूद्रों जैसी हो जायेगी। इस्लाम भारत से समाप्त हो जायेगा परन्तु मैं मुसलमानों को कभी भी हिन्दुओं का गुलाम बनने नहीं दूँगा।'[२५६] पाकिस्तान की स्थापना हेतु अपने प्रचार के सिलसिले में जिन्ना ने कहा कि 'काँग्रेस एक हिन्दू संस्था है जो भारत में हिन्दू राज्य की स्थापना करना चाहती है'।[२५७] अनेक समाचार-पत्रों ने भी 'पाकिस्तान' के बनाये जाने का समर्थन किया। दिल्ली से अंग्रेजी में 'डॉन', उर्दू में 'अंजाम', जंग तथा मंसूर, लाहौर से उर्दू में इंकलाब, नवां-ए-वक्त और 'जमींदार', लखनऊ से उर्दू में 'हमदम', कलकत्ता से अंग्रेजी में स्टार आफ-इंडिया, बंगाली में 'आजाद' और उर्दू में 'अस्रे-जदीद,' आदि समाचार-पत्रों ने पाकिस्तान के समर्थन में जबरदस्त प्रचार किया। १० फरवरी १९४३ को जेल में आमरण अनशन किये जाने पर अस्वस्थ हो जाने के कारण गाँधीजी को जेल से तुरंत मुक्त कराये जाने के संबध में आयोजित निर्दलीय सम्मेलन में जिन्ना ने सम्मिलित होने से इंकार कर दिया। डॉ. बी. एस. मुंजे द्वारा उनकी खिल्ली उड़ाई गई। तेजबहादुर सप्रू द्वारा दिल्ली में १९ फरवरी १९४३ को आयोजित सर्वदलीय सम्मेलन में गाँधीजी को तुरंत मुक्त कर दिये जाने की अपील की

गई।[२५८] श्यामाचरण मुखर्जी की अध्यक्षता में आयोजित अखिल भारतीय हिन्दू महासभा की कार्यकारिणी समिति की बैठक में श्यामाचरण प्रसाद मुखर्जी नें गाँधीजी को जेल से मुक्त किये जाने पर बल देते हुए कहा कि 'महात्मा गाँधी के बिना कोई भारतीय समस्या नहीं सुलझ सकती।'[२५९]

जिन्ना ने भी मुस्लिम-लीग के २४ वें अधिवेशन के अवसर पर पाकिस्तान के संबंध में समझौता हेतु २४ से २८ अप्रैल १९४३ तक अधिकारियों से बातचीत जारी रखी जिससे गाँधीजी देश के भविष्य हेतु अत्यंत चिंतित हो उठे।[२६०] २० अक्टूबर १९४३ को लार्ड लिनलिथगो के कार्य मुक्त होने पर आर्चिबाल्ड वेवेल वायसराय बने। उन्होने २ वर्षो में गाँधीजी की रिहाई के अतिरिक्त कुछ नहीं किया। जनवरी १९४४ में नवजवान पीढ़ियों के बीच 'राष्ट्रीय स्वयं-संघ' द्वारा हिन्दुओं को संगठित करने हेतु मध्यप्रांत और बरार के अनेक स्थानों पर शिविर लगाये गये।[२६१]

१९-२० जनवरी १९४४ को नागपुर में आयोजित 'अखिल भारतीय' अन्जुमन तारीख-ए-उर्दू' सम्मेलन की अध्यक्षता नवाब हबीबुल्ला रहमान शेरवानी द्वारा तथा उद्घाटन निजाम नवाब मिर्जा यारजंग बहादुर द्वारा किया गया। इस अधिवेशन में नागपुर में एक उर्दू विश्वविद्यालय की स्थापना की माँग का प्रस्ताव रखा गया। उन्हीं दिनों निमाड़ जिले के बुरहानपुर में भी हिन्दू-मुस्लिम साम्प्रदायिक भावना के उग्र रूप धारण कर लिये जाने के कारण मोहर्रम के अवसर पर नगर में तनावपूर्ण स्थिति निर्मित हो गई। अतः जिला न्यायधीश द्वारा १-२ माह के लिए सार्वजनिक सभाओं पर प्रतिबंध लगा दिया गया।[२६२]

कुछ दिनों उपरांत महाकोशल प्रान्तीय हिन्दू-महासभा का ६ वाँ वार्षिक अधिवेशन फरवरी १९४४ में बिलासपुर जिले के रतनपुर नामक स्थान पर डॉ. बी. एस. मुंजे की अध्यक्षता में आयोजित किया गया। अपने अध्यक्षीय भाषण में उन्होंनें 'अखंड भारत' में अटूट् विश्वास प्रकट करते हुए प्रत्येक परिवार से एक सदस्य द्वारा सैनिक प्रशिक्षण लेने की आवश्यकता पर बल दिया। अधिवेशन के पारित प्रस्तावों में से एक प्रस्ताव, द्वारा राजनीतिक बंदियों की मुक्ति तथा ७५ प्रतिशत हिन्दुओं को सेना में भर्ती किये जाने की अपील की गई।[२६३] उसी प्रकार १५ फरवरी १९४४ को बी.जी. खापर्डे की अध्यक्षता नागपुर में आयोजित अखिल भारतीय हिन्दू महासभा की बैठक, अखिल भारतीय हिन्दू महासभा के माननीय सचिव प्रोफेसर वी.जी. देशपांडे द्वारा सभा को संबोधित किया गया। इस सभा में प्रमुख रूप से युद्ध और हिन्दू महासभा की आगामी बैठक की रूपरेखा पर विचार-विमर्श किया गया।[२६४] २२ फरवरी १९४४ को दिल्ली में पृथक 'हिन्दू-विद्यार्थी-फेडरेशन' के सम्मेलन का आयोजन भी अखिल भारतीय हिन्दू महासभा के माननीय सचिव प्रोफेसर वी. जी. देशपांडे की अध्यक्षता में किया गया।[२६५]

हमेशा की भांति प्रांत में 'राष्ट्रीय स्वयं सेवक संघ' की सकियता के कारण बरार के अकोला, बुलढ़ाना तथा अमरावती जिलों में राष्ट्रीय स्वयं सेवक संघ के शिविर लगाये गये जिसमें सफेद पैंट-शर्ट धारी लगभग १५० स्वयं सेवकों ने भाग लिया। कैम्प में अर्धसैनिक-अनुशासन व्यवस्था लागू की गई। सैनिक ढाँचें पर परेड का भी आयोजन किया गया। राष्ट्रीय स्वयं संघ के मुख्यालय नागपुर से प्राप्त आदेशानुसार संघ की जबलपुर शाखा में बुध्दिजीवियों द्वारा ब्रिटिश सरकार-विरोधी प्रचार कार्य किये गये।[२६६]

उन्हीं दिनों अमरावती में मुस्लिम समुदाय द्वारा नयी 'खाक़सार कार्यालय' की स्थापना कर उस पर खाक़सार संस्था का ध्वज फहराया गया। खाक़सारों की एक सभा आयोजित कर उसमें आलम

मशरूकी का पत्र पढ़कर सुनाया गया जिसमें सभी स्थानीय अधिकारियों के ओहदों को उनकी निष्क्रियता के कारण घटाकर तीन माह के लिऐ 'खाकसार' का दर्जा दिया गया तथा धार्मिक क्षेत्र में अमरावती के प्रत्येक खाकसारो को नियमित नमाज पढ़ने और कुरान के आदेशों का पालन करने का आदेश दिया गया।[२६७] हैदराबाद और बरार के नायब हकीम-ए-आला असगर हुसैन खाकसार ने बरार के अमरावती जिला तथा नगर हेतु तीन अधिकारियों की नियुक्ति की। १९ मार्च १९४४ को यवतमाल तथा अमरावती में स्थानीय खाकसारों द्वारा 'लाहौर-दिवस' मनाया गया जिसमें लाहौर आन्दोलन के कारण गिरफ्तार किये गये खाकसारों को मुक्त कर दिये जाने की माँग की गई। इस माँग के पक्ष में लगभग १०० खाकसारों ने भूख हड़ताल की और खाकसार-ध्वज' को आधा झुका दिया गया।[२६८] २३ मार्च को बुरहानपुर में मोहम्मद असगर ने पुनः मुस्लिम समुदाय के समक्ष आपत्तिजनक भाषण देकर 'पाकिस्तान-दिवस' मनाया। सभा में आपत्तिजनक भाषण दिये जाने के कारण उनके भाषण की जाँच की कार्यवाही की गई।[२६९]

मार्च १९४४ को राजाजी ने मुस्लिम लीग तथा काँग्रेस के मध्य समझौता हेतु एक फार्मूले पर मुस्लिम-लीग से बातचीत की। गाँधीजी उस समय जेल में थे तथा गाँधीजी के साथ बातचीत के अभाव में कुछ निष्कर्ष निकालना कठिन था। जबलपुर में १६-१८ अप्रैल १९४४ को जब ५३ वाँ 'अखिल भारतीय मुस्लिम शैक्षणिक अधिवेशन' का आयोजन किया गया जिसमें अनेक बुध्दिजीवियों सहित वायसराय की कार्यकारिणी परिषद् के माननीय सदस्य अजीज-उल-हक ने भी भाग लिया। उन्होंने अधिवेशन की अध्यक्षता करते हुए अपने अध्यक्षीय भाषण में प्रांत के मुसलमानों के लिए तकनीकी तथा वैज्ञानिक प्रशिक्षण संस्थानों की स्थापना की आवश्यकता पर बल दिया। अधिवेशन में मौलाना बुरहानुल हक को सभा को संबोधित करने की मनाही कर दी गई क्योंकि यह समझा गया कि वे स्त्री-शिक्षा के विरूध्द बोलेंगे। उन्हीं दिनों जबलपुर में मौलाना बुरहान उल हक की अध्यक्षता में आयोजित अखिल भारतीय राज्य (स्टेट्स) मुस्लिम-लीग के अधिवेशन में 'पाकिस्तान की माँग' दोहरायी गई। जबलपुर में मुस्लिम लीग की एक अन्य साधारण सभा में मौलाना बुरहानउल-हक द्वारा कसाई खाने को 'महावीर-जयंती' पर बंद रखने पर नगरपालिका समिति की आलोचना की गई तथा दंगों के दौरान मुसलमानों को अपनी आंतरिक एवं बाह्य-सुरक्षा हेतु हथियार रखने की सलाह दी गई।[२७०]

जबलपुर में 'राष्ट्रीय स्वयं सेवक संघ' की दो बैठकें आयोजित कर संघ द्वारा होशंगाबाद जिले में 'ईस्टर कैम्प' का आयोजन किया गया जिसमें लगभग ४०० स्वयं सेवको ने भाग लिया। इस शिविर में स्वयं सेवकों को शारीरिक व्यायाम का प्रशिक्षण दिया गया। शिविर में गोलवलकर द्वारा संघ की शक्ति में वृध्दि तथा गोपनीयता बनाये रखने पर जोर दिया गया। उसी प्रकार 'अनुसूचित जाति-फेडरेशन' द्वारा नागपुर तथा अन्य शहरों में 'अम्बेडकर-जयंती' मनायी गई। उन्हीं दिनों संत तुकोजी ने छत्तीसगढ़ संभाग के अनेक स्थानों तथा यवतमाल जिले में भजन के अनेक कार्यक्रम प्रस्तुत किये जो पूर्णतः धार्मिक थे।[२७१]

६ मई १९४४ को गाँधीजी के जेल से मुक्ति के पश्चात् राजा जी द्वारा अपने प्रस्ताव गाँधीजी के समक्ष रखे गये। १० जुलाई को इस फार्मूले को प्रकाशित किया गया जिसके अनुसार मुस्लिम-लीग द्वारा भारतीय स्वतंत्रता का समर्थन और अंतरिम-सरकार में सहयोग करने तथा युद्धोपरांत एक आयोग की स्थापना की जो मुस्लिम बहुल क्षेत्र का निर्माण करेगी और वयस्क मताधिकार द्वारा यह तय करेगी कि

वह भारत का अंग रहना चाहती है अथवा नहीं।'[२७२] इसी आधार पर सितम्बर १९४४ को बम्बई स्थित जिन्ना के निवास स्थान पर १८ दिनों तक जिन्ना तथा गाँधीजी के मध्य वार्ता हुई परंतु जिन्ना ने उसे अस्वीकार कर दिया क्योंकि उनकी इच्छा मुस्लिम बहुल प्रांत पंजाब, सिंध, बलूचीस्तान, उत्तर पश्चिमी सीमांत प्रदेश, बंगाल और आसाम आदि को मिलाकर बिना जनमत-संग्रह से 'पाकिस्तान' बना देने की थी। गाँधीजी द्वारा जिन्ना के साथ बातचीत ने मुस्लिम लीग के हौसले बुलंद कर दिये जिससे पाकिस्तान की माँग को नई प्रतिष्ठा मिली।[२७३]

गाँधी-जिन्ना वार्ता भी असफलता के पश्चात् अक्टूबर १९४४ को तेजबहादुर सप्रू की अध्यक्षता में गठित सप्रू समिति (कांसिलियेशन समिति) ने गाँधीजी के परामर्श से नवम्बर १९४४ को एक 'सर्व दलीय सम्मेलन' आमंत्रित कर मुस्लिम लीग के 'पाकिस्तान' के प्रस्ताव को अस्वीकृत कर दिया।[२७४] जनवरी १९४५ को बरार के अमरावती में निजाम के दौरे के समय बिलासपुर में आयोजित अखिल भरतीय 'हिन्दू महासभा' की बैठक में प्रांत में निजाम के दौरे का बहिष्कार का प्रस्ताव प्रस्तुत किया गया परंतु वह अस्वीकृत कर दिया गया जिसके फलस्वरूप अब्राह्मण और ब्राह्मण दलों में संघर्ष की स्थिति उत्पन्न हो गई क्योंकि उन्होंने भी निजाम को बरार का दौरा करने का निमंत्रण दिया था।[२७५] इसके विपरीत महाकोशल के जबलपुर तथा सागर के एक दो स्थानों पर मुहर्रम के अवसर पर साम्प्रदायिक स्थिति में सुधार नजर आया तथा कोई अप्रिय घटना नहीं घटी। दूसरी ओर, बरार के बुलढ़ाना जिले में मुहर्रम के अवसर पर संगीत सहित जुलूस निकाले जाने के कारण हिन्दुओं तथा मुसलमानों में तनावपूर्ण स्थिति उत्पन्न हो गई। अकोला में भी मुहर्रम-जुलूस के अवसर पर तनाव उत्पन्न हो गया परंतु शीघ्र ही स्थिति पर नियंत्रण स्थापित कर लिया गया।[२७६]

नागपुर में एम.एस. गोलवलकर की अध्यक्षता में जनवरी १९४५ द्वितीय सप्ताह में 'राष्ट्रीय स्वयं सेवक संघ' के लगभग २००० स्वयं सेवको ने 'तिल संक्रांत' का त्यौहार मनाया। इस सभा में कोई भाषण नहीं दिया गया। राष्ट्रीय स्वयं सेवक संघ द्वारा 'परेड' तथा 'शिविर' का आयोजन किया गया। पिकनिक के उद्धेश्य से इन शिविरों का आयोजन किया गया। इसके अतिरिक्त प्रांत के अनेक स्थानों पर 'राष्ट्रीय स्वयं सेवक संघ' द्वारा 'तिलक-जयन्ती' मनाई गई। बरार में निजाम यारजंग के दौरे का बहिष्कार जारी रहा। अखिल भारतीय हिन्दू महासभा के सचिव वी.जी. देशपांडे के प्रोत्साहन से बरार में तनावपूर्ण स्थिति बनी रही।[२७७] बरार प्रान्तीय हिन्दू महासभा की कार्यकारिणी सभा द्वारा बरार के राजकुमार (हैदराबाद के निजाम यारजंग) के निर्धारित दौरे के बहिष्कार न किये जाने की अपील की गई। फिर भी अखिल भारतीय हिन्दू महासभा के सचिव वी.जी.देशपांडे द्वारा बरार में निजाम के दौरों का बहिष्कार जारी रखा गया। देशपांडे के भाषण ने बरार में साम्प्रदायिक भावना को भड़काने में काफी प्रोत्साहन दिया। दूसरी ओर, मुस्लिम-लीग के कार्यकत्ताओं द्वारा अमरावती के सिनेमा-घरों में कुछ दिनों तक धरना दिया गया जिससे मुस्लिम स्त्रियाँ सिनेमा देखने न जा सकें।[२७८]

प्रांत में 'होली' तथा 'ईद' के त्यौहार शांतिपूर्ण ढ़ंग से मनाये गये तथा किसी प्रकार के साम्प्रदायिक तनावपूर्ण समाचार प्राप्त नहीं हुए । अखिल भारतीय हिन्दू महासभा के संगठन सचिव द्वारा बरार के राजकुमार के दौरे के बहिष्कार हेतु किये गये प्रचार अभियान में हिन्दू महासभा के बाहरी सदस्यों की भी रूचि बढ़ी। लाहौर के इन्द्र नारायण, बरार के राजकुमार यारजंग के बहिष्कार अभियान

हेतु बरार पधारे।[२७९] बरार के राजकुमार निजाम ने अमरावती, अकोला तथा खामगाँव में मार्च के तीसरे सप्ताह में दौरा किया।[२८०] उन्हीं दिनों नागपुर में प्रान्तीय मुस्लिम-लीग की कार्यकारिणी द्वारा काँग्रेस के कार्यक्रम के विरूध्द मुसलमानों से जन सम्पर्क की योजना बनायी गयी।[२८१]

ब्रिटिश सरकार से भारत में संवैधानिक व्यवस्था पर विचार-विमर्श हेतु मार्च १९४५ में लार्ड वेवेल लंदन गये। अमेरिका तथा रूस ने भी प्रधानमंत्री चर्चिल पर भारत के संवैधानिक समस्या के उचित हल यथाशीघ्र ढूँढ़ निकालने पर जोर दिया। शीघ्र ही चुनाव होने वाले थे और लोकमत का झुकाव, श्रमिक दल की ओर था। मई १९४५ तक द्वितीय विश्व युध्द भी प्राय: समाप्त हो गया था।

हिन्दू महासभा भवन दिल्ली में अखिल भारतीय हिन्दू महासभा की कार्यकारिणी समिति की बैठक २३ जून १९४५ को डॉ. एन.बी.खरे की अध्यक्षता में आयोजित की गई जिसमें देवेन्द्रनाथ मुखर्जी, आशुतोष लाहरी, आर.ए. कार्नितकर, इन्द्रप्रकाश, नरेन्द्रनाथ दास, हरदयाल देवगुण, तेज नारायण, प्रोफेसर ओमप्रकाश कोहली, माखनलाल विश्वास, एल.एस.वर्मा, बृज नारायण बृजेश, पं. बाखले, गुरू दत्तमल, भाई हरिलाल राम, ए.एस.भिंडे, सेठ बिशनचंद, के.एच. धमधेरी, प्रो. राम सिंह, रामनाथ कालिया, लाल सोहनलाल आदि ने भाग लिया। उसी दिन ४ बजे आशुतोष लाहिरी की अध्यक्षता में केन्द्रीय पार्लियामेंट्री बोर्ड की बैठक आयोजित कर एक उपसमिति का गठन किया गया। इस उपसमिति में बी.जी. देशपांडे, आर.ए. कानितकर तथा नरेन्द्रनाथ दास सदस्य निर्वाचित किये गये[२८२] जिससे हिन्दू महासभा की गतिविधियों में तीव्रता आयी।

लार्ड वेवेल ने राजनीतिक गतिरोध को दूर करने के लिए २१ भारतीय नेताओं का एक सर्वदलीय सम्मेलन ४ जून १९४५ को शिमला में आयोजित किया जो २२ जून १९४५ से १४ जुलाई १९४४ तक चला।[२८३] वेवेल योजानुसार भारतीयों द्वारा संविधान निर्माण तक एक अंतरिम व्यवस्था की गई थी जिसके अनुसार परिषद् में सर्वण हिन्दुओं और मुसलमान सदस्यों की संख्या बराबर रखी गई थी। इस सम्मेलन में कार्यकारिणी के सदस्यों में गहरा मतभेद उत्पन्न हो गया। जिन्ना चाहते थे कि परिषद् के सभी मुस्लिम सदस्यों को मनोनीत करने का अधिकार मुस्लिम-लीग को होना चाहिए क्योंकि मुस्लिम-लीग ही मुसलमानों की एकमात्र प्रतिनिधि संस्था है। काँग्रेस सभी सवर्ण हिन्दुओं को मनोनीत कर सकती है।[२८४] सम्मेलन में ७० प्रतिशत हिन्दुओं को ३० प्रतिशत मुसलमानों के बराबर ठहराया गया जबकि इस योजना में हिन्दुओं और मुसलमानों की संख्या बराबर रखने का प्रावधान था। जिन्ना की माँग थी कि मुस्लिम-लीग को मुसलमानों की एक मात्र प्रतिनिधि-संस्था मान लिया जाय परंतु काँग्रेस स्वयं को सिर्फ हिन्दुओं की प्रतिनिधि संस्था मानने को तैयार नहीं थी। जिन्ना की माँग को स्वीकार कर लेने से काँग्रेस का राष्ट्रीय महत्व समाप्त हो जाता। अत: जिन्ना की हठधर्मिता के कारण कोई समझौता न हो सका और राजनीतिक गतिरोध पूर्ववत् बना रहा। वेवेल द्वारा १४ जुलाई १९४५ को शिमला सम्मेलन की असफलता की घोषणा कर दी गई।[२८५]

केन्द्रीय तथा प्रांतीय विधान मंडलों के निर्वाचन में भारतीय निर्वाचकों की इच्छा का ज्ञान प्राप्त करने के लिए लार्ड वेवेल ने १९ सितम्बर १९४५ को संविधान सभा के गठन की घोषणा की।[२८६] ८ सितम्बर १९४५ को भारत सरकार ने एक विज्ञप्ति द्वारा केन्द्रीय तथा प्रान्तीय विधान मंडलों के निर्वाचन क्षेत्रों में भिन्न भिन्न प्रांतों के मतदान केन्द्रों में भिन्न-भिन्न दिनाँकों में निर्वाचन की घोषणा की गई। मध्यप्रांत और बरार सहित प्रांतीय विधान मंडलों के निर्वाचन की प्रक्रिया ९ जनवरी से लेकर

अप्रैल १९४६ तक चलती रही।[२८७] मध्यप्रांत में ९ जनवरी को चुनाव हुआ। परिणामानुसार प्रांतीय विधान मंडलों के ११ प्रांतो में से ६ प्रांतो में काँग्रेसी मंत्रिमंडल बने ।[२८८] केन्द्रीय विधान परिषद् के लिए हुए प्रान्तीय विधायिका परिषद् के चुनाव में मध्यप्रांत और बरार में हिन्दू महासभा के २ प्रत्याशियों ने चुनाव लड़ा। मध्यप्रांत के अमुस्लिम ग्रामीण क्षेत्र से राव बहादुर पराँजपे तथा बरार से बी.एन. देशमुख प्रत्याशी थे परन्तु दोनों प्रत्याशी विजय प्राप्त न कर सके। राव बहादुर परांजपे को ५४० मत प्राप्त हुए जबकि उनके प्रतिद्वंदी काँग्रेस प्रत्याशी पी.के.साल्वे ने ५,८४० मत प्राप्त कर हिन्दू महासभा के रावबहादुर परांजपे को परास्त किया। बरार में बी.एन.देशमुख को २४२ मत प्राप्त हुए तथा उनके प्रतिद्वंदी काँग्रेस प्रत्याशी पी.बी. गोले ५,७५७ मत प्राप्त कर हिन्दू महासभा के बी.एन.देशमुख को पराजित किया।[२८९] इस प्रकार मध्यप्रांत और बरार के विधान मंडलों में हिन्दू महासभा को कोई स्थान प्राप्त न हो सका।[२९०]

मुस्लिम चुनाव क्षेत्र में मुस्लिम-लीग के प्रत्याशी नवाब सिद्धिकी अली खान थे। मध्यप्रांत और बरार के विभिन्न मुस्लिम चुनाव क्षेत्रो से विजयी मुस्लिम-लीग प्रत्याशियों में हिन्दुस्तानी मध्यप्रांत (महाकोशल) के होशंगाबाद-छिंदवाडा तथा बैतूल से अब्दुल रज्जाक खाँ, जबलपुर-मंडला से मौलाना बुरहानउल-हक़, सागर-नरसिंहपुर से जमीरूद्दीन, रायपुर-बिलासपुर-दुर्ग से एस.डब्ल्यू. रिज़वी, सी.ई.वी. निमाड़ से मोहम्मद असगर तथा बालाघाट-सिवनी से नागफ़अली खाँ थे। मराठी मध्यप्रांत के नागपुर से अब्दुल सत्तार फारूखी, वर्धा और चाँदा से अब्दुल बहाव तथा भंडारा से दीवान नागफ़ अली खाँ। पूर्वी बरार से काज़ी सैय्यद करीमुद्दीन, पश्चिमी बरार से अब्दुल सत्तार खाँ, अमरावती से हिदायत अली, अकोला से हारून मोहम्मद शाह, यवतमाल से सैय्यद अब्दुल रऊफ शाह तथा बुलढ़ाना से खान साहब मुहम्मद अब्दुर्रहमान खाँ थे। मध्यप्रांत और बरार में काँग्रेस को बहुमत प्राप्त होने के कारण २६ अप्रैल १९४६ को रविशंकर शुक्ल के नेतृत्व में मंत्रिमंडल का गठन हुआ।[२९१]

भारत सचिव पैथिक लॉरेंस द्वारा 'कैबिनेट मिशन भारत भेजे जाने की घोषणानुसार[२९२] तीन सदस्यीय मंत्रिमंडल मिशन २४ मार्च १९४६ को दिल्ली पहुँचा। मिशन का उद्धेश्य एक नवीन संविधान की रूपरेखा तैयार करना तथा केन्द्र में एक उत्तरदायी शासन की स्थापना करना था। मिशन ने भारत में आते ही विभिन्न भारतीय दलों से बातचीत प्रारंभ की। सर्वाधिक जटिल समस्या काँग्रेस तथा मुस्लिम-लीग में समझौते की थी। मुस्लिम-लीग अपने 'पाकिस्तान की माँग' पर तो काँग्रेस अखंड-भारत की माँग पर अड़ी हुई थी । मुस्लिम-लीग ने 'पाकिस्तान की माँग' तथा काँग्रेस ने 'अखंड भारत' के अपने भावी शासन की योजना प्रस्तुत की। कैबिनेट मिशन ने दोनों की योजनाओं को अस्वीकृत कर स्पष्ट कर दिया कि पाकिस्तान का निर्माण साम्प्रदायिक समस्या का हल नहीं हैं। हिन्दू बहुल क्षेत्रों को पाकिस्तान में मिलाना उचित न होगा।[२९३]

जब काँग्रेस और लीग में साम्प्रदायिक प्रश्न पर कोई समझौता न हो सका तब समझौते के अंतिम प्रयास के रूप में शिमला में एक सम्मेलन बुलाया गया जो ११ मई तक चलता रहा । यह सम्मेलन भी जिन्ना की हठधर्मिता तथा पाकिस्तान की माँग के कारण असफल हो गया। १६ मई को कैबिनेट-मिशन योजना प्रकाशित कर दी गई।[२९४] १६ जून १९४६ को अखिल भारतीय हिन्दू-महासभा की बैठक में पूरी निष्ठा तथा ईमानदारी के साथ हिन्दू महासभा द्वारा कैबिनेट मिशन के सिध्दांतों का पालन कर भारतीय एकता की स्थापना तथा पाकिस्तान के प्रस्ताव को रद्द करने का प्रस्ताव पारित किया गया परंतु हिन्दू

महासभा ने पाकिस्तान के निर्माण तथा भारत विभाजन की कैबिनेट मिशन योजना की बात स्वीकार नहीं की क्योंकि हिन्दू-महासभा मुस्लिम-राज्य की स्थापना की माँग की प्रबल विरोधी थी।[२९५] १९४६ में कैबिनेट मिशन योजनानुसार संविधान सभा का चुनाव हुआ। मिशन के अनुसार संविधान सभा में प्रांतो को प्रतिनिधित्व, जनसंख्या के आधार पर दिया गया था। मध्यप्रांत और बरार के लिए कुल सदस्य संख्या १७ थी जिसमें १६ स्थान सामान्य तथा १ स्थान मुसलमानों के लिए थे। मुस्लिम प्रतिनिधि काजी सैय्यद करीमुद्दीन थे।[२९६]

गर्वनर जनरल ने १२ अगस्त १९४६ को जवाहरलाल नेहरू को 'अंतरिम-सरकार' बनाने का निमंत्रण दिया। मुस्लिम लीग ने काँग्रेस के साथ मंत्रिमंडल में सम्मिलित होने से इंकार कर दिया। मुस्लिम-लीग ने १६ अगस्त १९४६ को ' सीधी कार्यवाही ' करने का निश्चय किया जिससे देश तथा प्रांत में साम्प्रदायिक दंगे प्रारंभ हो गये। मध्यप्रांत के जबलपुर, कटनी, बादनेरा तथा बरार के अमरावती में भीषण साम्प्रदायिक दंगे हुए।[२९७] सभी प्रांतो में साम्प्रदायिक दंगे कर मुस्लिम लीग यह सिध्द करने का प्रयास कर रही थी देश में विभाजन के अतिरिक्त अन्य कोई रास्ता नहीं है। इस प्रकार १९४६ के अंत में लीग ने पाकिस्तान हेतु हिंसात्मक आन्दोलनों का सहारा लिया जिनसे काँग्रेस-लीग के संबंध बिगड़ते गये।[२९८] प्रधानमंत्री एटली ने काँग्रेस के जवाहरलाल नेहरू, वल्लभभाई पटेल तथा मुस्लिम लीग के नेता जिन्ना तथा लियाकत अली को लंदन बुला कर नवम्बर १९४६ से लेकर ६ दिसंबर १९४६ तक काँग्रेस तथा मुस्लिम-लीग के नेताओं के साथ बैठकों में भाग लिया। अंत में ६ दिसंबर १९४६ को में प्रधानमंत्री एटली ने घोषणा की कि 'ब्रिटिश सरकार अंतरिम-सरकार में संविधान सभा को देश के किसी भी भाग पर उनकी इच्छा के विरूध्द लागू नहीं करेगी।' इस प्रकार मिशन योजना को सफल तथा असफल बनाने की कुंजी,एक बार फिर लीग के हाथों में आ गई।[२९९] संविधान सभा में काँग्रेस की सशक्त स्थिति को देखकर मोहम्मद अली जिन्ना को अत्यंत निराशा हुई। अतः मुस्लिम-लीग ने अंतरिम-सरकार तथा संविधान सभा में भाग लेने से इंकार कर दिया। ९ दिसंबर १९४६ को संविधान सभा का विधिवत उद्‌घाटन डॉ.राजेन्द्रप्रसाद की अध्यक्ष्यता में हुआ। अपने पूर्व नियोजित योजना के अनुसार लीग ने इसमें भाग नहीं लिया। वेवल के प्रयत्नों से मुस्लिम-लीग ने में अपना प्रतिनिधि भेजना स्वीकार कर लिया। लीग के प्रतिनिधियों ने अंतरिम-सरकार के अन्य सदस्यों की सहायता नहीं की और न ही संविधान निर्माण में भाग लिया वरन् उन्होंने अपने पद का दुरूपयोग करते हुए पाकिस्तान के संघर्ष को आगे बढ़ाया। उनका उद्देश्य मिशन को सफल बनाने अथवा अंतरिम-सरकार में सहयोग करना नहीं था।[३००] मुस्लिम-लीग के प्रमुख सदस्य लियाकत अली खाँ के पास वित्त-विभाग होने के कारण वे अंतरिम-सरकार के अन्य विभागों के कार्यो में रोड़े अटकाते रहे।[३०१] साम्प्रदायिक दंगों की भीषणता को देखकर प्रधानमंत्री एटली ने २० फरवरी १९४७ को ३० जून १९४८ तक भारत छोड़ देने की घोषणा की।[३०२]

मार्च १९४७ को वेवेल के स्थान पर माउंटबेटन वायसराय नियुक्त किये गये।[३०३] २४ मार्च १९४७ को माउंटबेटन द्वारा गवर्नर जनरल का पद संभालते ही मुस्लिम-लीग ने २७ मार्च १९४७ को 'पाकिस्तान-दिवस' मनाया। भारत-आगमन के तुरंत पश्चात् माउंटबेटन ने विभिन्न दलों के भारतीय नेताओं से बातचीत की। बातचीत के उपरांत माउंटबेटन इस निष्कर्ष पर पहुँचे कि भारतीय दलों में गहरे मतभेद के कारण भारत-विभाजन के अतिरिक्त अन्य कोई समाधान नहीं है।[३०४]

जिन्ना की सीधी कार्यवाही की चेतावनी तथा भारत में चल रहे भीषण साम्प्रदायिक दंगों को

देखकर माउंटबेटन ने भारतीयों को सत्ता शीघ्रातिशीघ्र सौंप देने का विचार किया।[३०५] यद्यपि काँग्रेसी नेता विभाजन के अत्यन्त विरोधी थे परंतु इस स्थिति में न केवल माउंटबेटन वरन् वल्लभभाई पटेल तथा जवाहरलाल नेहरु भी विभाजन के लिए सहमत हो गये। ताकि साम्प्रदायिक दंगे समाप्त हो जाये। काँग्रेस नेता विभाजन को 'अनिवार्य बुराई' मानकर उसे स्वीकार करने को बाध्य हुए। यदि विभाजन को स्वीकार नहीं किया जाता तो देश में अनेक पाकिस्तान बनने की संभावना निर्मित हो गई थी।[३०६]

विभाजन के अत्यन्त विरोधी होने के कारण गाँधीजी का कथन था कि 'विभाजन मेरी लाश के ऊपर से होगा।'[३०७] दिल्ली पहुँचकर गाँधीजी माउंटबेटन से ३१ मार्च १९४७ को दो बार तथा २ अप्रैल को तीसरी बार मिले। माउंटबेटन के साथ तीन मुलाकातों के उपरांत गाँधीजी भी देश के साम्प्रदायिक दंगों की भीषणता को देखकर विभाजन को अवश्यम्भावी समझ कर विभाजन के प्रस्ताव पर सहमत हो गये। काँग्रेस द्वारा विभाजन हेतु सहमत हो जाने पर हिन्दू महासभा ने कुपित होकर काँग्रेस पर प्रबल प्रहार करना प्रारंभ कर दिया।[३०८]

माउंटबेटन ने २ मई १९४७ को विभाजन-योजना के प्रारूप को लंदन भेजा। १० मई को ब्रिटेन की सरकार कुछ संशोधन के साथ इस योजना को स्वीकार कर भेज दिया।[३०९] सत्ता-हस्तांतरण के संदर्भ में वायसराय माउन्टबेटन जिन्ना से छः बार मिले। बातचीत के दौरान जिन्ना द्वारा पाकिस्तान को 'डोमिनियन स्टेट्स' का दर्जा देने की बात कही गई।[३१०] उसके पश्चात् माउंटबेटन ने वी.पी. मेनन द्वारा निर्मित विभाजन की योजना पर विचार-विमर्श कर १८ मई १९४७ को वी.पी. मेनन के साथ स्वीकृति हेतु लंदन गये। ब्रिटिश सरकार की स्वीकृति के पश्चात् माउंटबेटन भारत लौटे[३११] विभाजन योजना को दिल्ली में सभी दलों का सम्मेलन बुलाकर 'जून-योजना' के रूप में प्रस्तुत किया।[३१२] काँग्रेस कार्यकारिणी समिति ने इस योजना पर अपनी स्वीकृति भेज दी। मुस्लिम लीग तथा सिख नेता बलदेव सिंह ने भी विभाजन के सिद्धांत को स्वीकार कर लिया। ३ जून को इस योजना को प्रसारित किया गया जो 'माउंटबेटन योजना' कहलायी। इस योजनानुसार ४ जुलाई १९४७ को ब्रिटिश संसद ने 'भारतीय स्वतंत्रता अधिनियम' पारित किया। १८ जुलाई १९४७ को स्वाधीनता-अधिनियम को राजकीय स्वीकृति प्राप्त होते ही[३१३] भारतीय स्वतंत्रता-अधिनियम के आधार पर भारत-पाकिस्तान नामक दो डोमिनियम-स्टेटस् (अधिराज्यों) की स्थापना तथा उनके लिये अलग-अलग संविधान सभा बनाने की व्यवस्था की गई।[३१४]

अंततः एक लम्बे संघर्ष के उपरांत १४ अगस्त की मध्यरात्रि को भारत-पाकिस्तान नामक दो अधिराज्यों की स्थापना हो गई। विभाजन के साथ भारत से ब्रिटिश शासन की समाप्ति हो गई। १४ अगस्त को पाकिस्तान का निर्माण तथा १५ अगस्त १९४७ को भारत स्वतंत्र हुआ। पाकिस्तान के गवर्नर जनरल मोहम्मद अली जिन्ना और प्रधानमंत्री लियाकत अली खान हुए।[३१५] पाकिस्तान की प्राप्ति के पश्चात् मध्यप्रांत और बरार से भी मुस्लिम लीग की गतिविधियाँ समाप्त हो गई। भारत को स्वतंत्रता प्राप्ति, देश-विभाजन तथा पाकिस्तान के निर्माण के साथ प्राप्त होने के कारण, 'हिन्दू महासभा' संतुष्ट नहीं थी। देश के विभाजन से हिन्दू महासभा की उम्मीदों पर पानी फिर गया था क्योंकि हिन्दू महासभा तो 'अखंड-भारत' के सिद्धांत पर भारत में सामाजिक, आर्थिक तथा भारतीय परंपरा पर आधारित एक 'हिन्दू राज्य' की स्थापना के लिए संघर्ष कर रही थी।।[३१६]

संदर्भ

१. मेहता एंड पटवर्धन : द कोम्युनल ट्रायेंगल : पृ-६९
२. एम. के. गाँधी : द इंडियन प्रोब्लम (१९३३-१९३५) कूपलैड पृ.६५
३. सुन्दरलाल : द हिस्ट्री ऑफ हिन्दू मुस्लिम प्रोब्लम १९५१) पृ-१४२
४. डॉ. राजेन्द्र प्रसाद : इंडिया डिवाइडेड : पृ-९६
५. डी. पी. मिश्रा : द हिस्ट्री ऑफ द फ्रीडम मूव्हमेंट इन मध्यप्रदेश : २३६
६. मेहता एंड पटवर्धन : द कोम्युनल ट्रायेंगल : पृ-७५८
७. इन्द्रप्रकाश : ए रिव्यू ऑफ द हिस्ट्री एंड वर्क आफ द हिन्दू महासभा (नई दिल्ली १९३८) पृ-४१९
८. बी. मजुमदार : इंडियन पोलिटिकल एशोसिएशन एंड रिफार्म्स आफ लेजिस्लेचर (१९१६-१९१७) पृ-२५६-५८
९. मेहता और पटवर्धन : द काम्युनल ट्रायेंगल : पृ-७५८
१०. के. के. अजीज़ : द मेंकिंग ऑफ पाकिस्तान : पृ- २०.
११. मित्रा : द इंडियन एनुअल रजिस्टर १९२४ पृ-६२
१२. मेरी : काऊंटेस आफ मिंटो-इंडिया : मिंटो-मार्ले : पृ-४५
१३. डी. पी. मिश्रा : द हिस्ट्री आफ द फ्रीडम मूव्हमेंट इन मध्यप्रदेश : पृ-२४०
१४. वही।
१५. तुफैल अहमद : मुसलमानों का रोशन मुस्तकबिल : पृ-३६३
१६. बी. एन. पांडे : ट्रेन्ड इन मुस्लिम इंडियन पोलिटिक्स (१८५७-१९१८) ए सेन्टेनरी हिस्ट्र ऑफ इंडियन नेशनल काँग्रेस भाग-१ : चेप्टर-IV : पृ-३०३
१७. लाल बहादुर: द मुस्लिम.लीग पृ-७१-७२
१८. वही : पृ-७७.
१९. वही : पृ-७८.
२०. डी.पी. मिश्रा : द हिस्ट्री आफ द फ्रीडम मूव्हमेंट इन मध्यप्रदेश पृ २४१
२१. वही: पृ-२६३.
२२. डॉ. राजेन्द्र प्रसाद : इंडिया डिवाइडेड : पृ-११७
२३. ए रिव्यू आफ द हिस्ट्री एंड वर्क आफ द हिन्दू महासभा एंड द हिन्दू संगठन मूव्हमेंट (पब्लिशड बाय द अखिल भारतीय हिन्दू महासभा. नई दिल्ली १९३८) पृ-४१९.
२४. जगदीश शरण शर्मा : इंडियाज़ स्ट्रगल फोर फ्रीडम : पृ-७७६.
२५. बी.मजुमदार : इंडियन पोलिटिकल एशोसिएशन एंड रिफार्मस आफ लेजिस्लेचर (१९१७-१८) : पृ-२५६-५८.
२६. वही। पृ-२५७-२५८
२७. जवाहरलाल नेहरू : द डिसकवरी आफ इंडिया : पृ-४११(७) (१९४६, लंदन)
२८. इन्द्रप्रकाश: ए-रिव्यू आफ हिस्ट्री एंड वर्क आफ द हिन्दू महासभा एंड द हिन्दू संगठन मूव्हमेंट (अखिल भारतीय हिन्दू महासभा नई दिल्ली १९३८) : पृ-४१९-२०.

२९. लाल बहादुर : द मुस्लिम-लीग : पृ-५९

३०. आर.सी. मजुमदार : स्ट्रगल फोर फ्रीडम : चेप्टर -४ : द मुस्लिम पोलिटिक्स : पृ-२४०

३१. डी.पी. मिश्रा : द हिस्ट्री आफ द फ्रीडम मूव्हमेंट इन मध्यप्रदेश : पृ-२७१.

३२. गैरेट : एन इंडियन सीमेटरी : पृ-१७९.

३३. रिपोर्ट आफ द मुस्लिम-लीग सेशन १९१७.१९१८ : एड्रेस आफ द चेयरमेन रिसेप्शन कमेटी.

३४. डॉ. पट्टाभि सीतारमैया : काँग्रेस का इतिहास (हिन्दी अनुवाद) भाग-१ : पृ-१६५. तथा जगदीश शरण शर्मा : इंडियाज स्ट्रगल फोर फ्रीड़म : पृ-७७६.

३५. आर.सी. मुजमदार : स्ट्रगल फोर फ्रीडम (भारतीय विधान भवन बम्बई १९६९) : पृ-९८८.

३६. सी.पी. एडमिनिस्ट्रेशन : पोलिटिकल डिपार्टमेंट : फाइल नं.-५३/१९२०.

३७. डी.पी. मिश्रा : द हिस्ट्री आफ द फ्रीडम मूव्हमेंट इन मध्यप्रदेश: पृ-२८५.

३८. ए.आई.सी.सी पेपर्स : फाइल नं. ४/ १९२० (नेहरू मेमोरियल म्युजियम एंड लायब्रेरी, नई दिल्ली)

३९. पी.सी. बमफोर्ड : हिस्ट्री आफ द नॉन को-आपरेशन एंड खिलाफत मूव्हमेंट : (दिल्ली १९७४, रिप्रंट) : पृ-१४६-१४७.

४०. डी.पी. मिश्रा : द हिस्ट्री आफ द फ्रीडम मूव्हमेंट इन मध्यप्रदेश पृ-३५०.

४१. हफीज़ मलिक: मुस्लिम नेशनालिज्म इन इंडिया एंड पाकिस्तान (पब्लिक अफेयर वाशिंगटन. डी.सी. १९६३) : पृ-२८८

४२. पी.सी. बमफोर्ड : हिस्ट्री आफ द नान को-आपरेशन एंड खिलाफत मूव्हमेंट, (दिल्ली १९७४, रिप्रिंट) : पृ-१६४.

४३. मौलाना अबुल कमाल आजाद : मसलहाये-खिलाफत और जंजीरा तुल्ला अरब (उर्दू. कलकत्ता १९२३) पृ-१४७-४८.

४४. होम पोलिटिकल डिपार्टमेंट : फाइल नं. १८/१९२२ : सीक्रेट रिपोर्ट फोर द सी.पी. एंड बरार फोर द फर्स्ट हाफ आफ जुलाई-अगस्त १९२२. तथा -मौलाना अबुल कलाम आजाद : मसलहाये- खिलाफत और जंजीरा तुल्ला अरब (उर्दू, कलकत्ता १९२३) पृ-१४७-४८.

४५. होम पोलिटिकल डिपार्टमेंट : फाइल नं. १८/६/१९२२ फोर द सेकेंड हाफ जून १९२२. पृ-८३.

४६. मित्रा : द इंडियन एनुअल रजिस्टर १९२२ : भाग -१ : पृ-९४३-४४.

४७. वही: तथा होम पोलिटिकल डिपार्टमेंट : फाइल नं. १८/६ / १९२२. रिपोर्ट फोर द फर्स्ट एंड सेकेंड हाफ आफ जून १९२२ : पृ-४३.

४८. वही : फाइल नं. १८/८/१९२२ रिपोर्ट फोर द फर्स्ट हाफ आफ अगस्त १९२२ : पृ-८३.

४९. मित्रा : द इंडियन एनुअल रजिस्टर १९२२ : भाग -२ : पृ-६९.

५०. आर.सी. मजुमदार : स्ट्रगल फोर फ्रीडम : चेप्टर नं. IV-(हिन्दू मुस्लिम रिलेशन १९१९-२८) : पृ-४२५.

५१. डॉ. बी.एस मुंजे पेपर्स : एल नं. ३७ : जनवरी १९२७ (नेशनल लायेब्रेरी कलकत्ता)

५२. सुभाषचंद्र बोस : द इंडियन स्ट्रगल १९२०-४२ : पृ-३१.

५३. अबुल कलाम आजाद : कुतबत-ए-आजाद (मलिकराम द्वारा संशोधित नई दिल्ली १९४८) पृ-२०५-६.

५४. डी.पी. मिश्रा : द हिस्ट्री आफ द फ्रीडम मूव्हमेंट इन मध्यप्रदेश : पृ-३५१.

५५. मित्रा : द इंडियन ऐनुअल रजिस्टर १९२३ : भाग-२. पृ-१४०.

५६. आर.सी. मजुमदार : स्ट्रगल फोर फ्रीडम (भारतीय विद्याभवन बम्बई १९६९) पृ-९८९.

५७. मित्रा : द इंडियन एनुअल रजिस्टर १९२३ : भाग-२: पृ-६९.

५८. आर.सी. मजुमदार : स्ट्रगल फोर फ्रीडम : चेप्टर IV: हिन्दू मुस्लिम रिलेशन (१९१९-२८) : पृ-९८९.

५९. होम पोलिटिकल डिपार्टमेंट : फाइल नं. २५/१०/ १९२३ : सीक्रेट रिपोर्ट आफ द सी.पी. एंड बरार फोर द फर्स्ट हाफ आफ अक्टूबर १९२३. (राष्ट्रीय अभिलेखागार नई, दिल्ली)

६०. होम पोलिटिकल डिपार्टमेंट : सीक्रेट फोर्टनाइटली रिपोर्ट फोर द सी.पी. एंड बरार फोर द सेकेड हाफ आफ सितम्बर-अक्टूबर १९२३.

६१. बी.एस. मुंजे पेपर्स : एल. नं. ३७ जनवरी १९२७ (नेशनल लायब्रेरी कलकत्ता) तथा डी.ई.यू. बेकर : चेंजिंग पोलिटिकल लीडरशिप इन इंडियन प्रोविन्स : द सी.पी. एंड बरार (१९१९-१९३९) : पृ-१०१.

६२. होम पोलिटिकल डिपार्टमेंट : फाइल नं. २५/७/१९२४ : रिपोर्ट फोर द सी.पी. एंड बरार फोर द सेकेन्ड हाफ आफ जुलाई १९२४. पृ-१३.

६३. वही : फोर द फर्स्ट हाफ आफ सितम्बर १९२४ : पृ-१४.

६४. चौधरी खालिकुज़्ज़मान : पाथ वे टू पाकिस्तान (लाहौर १९६१) पृ-७०-७३. तथा द कलेक्टिव वर्क्स आफ महात्मा गाँधी: भाग -२५ पृ-४१८.

६५. व्ही.सी. जोशी (सं) लाला लाजपत राय. रायटिग्स एंड स्पीचेज भाग-२ (दिल्ली १९६६) पृ-१७५-७८. तथा ट्रिब्यून : दिनांक २ अक्टूबर १९२४.

६६. मित्रा : द इंडियन क्वाटरली रजिस्टर : जुलाई-दिसंबर १९२४ : भाग २ पृ-१८३. तथा होम पोलिटिकल डिपार्टमेंट : रिपोर्ट फोर द फर्स्ट हाफ आफ सितम्बर १९२४.

६७. होम पोलिटिकल डिपार्टमेंट : फाइल नं. २५/१०/१९२४ कांफिडेंशियल रिपोर्ट फोर द सेकेड हाफ आफ दिसंबर १९२४ :पृ-६३.

६८. कलेक्टिव वर्कस आफ महात्मा गाँधी : भाग -२५ : पृ-४१८.

६९. होम पोलिटिकल डिपार्टमेंट : फाइल नं. ११२/८/१९२५ कांफिडेंशियल रिपोर्ट फोर द सेकेंड हाफ आफ अगस्त १९२५- पृ-६१

७०. वही: रिपोर्ट फोर द सेकेंड हाफ आफ सितम्बर १९२५.

७१. जिला गजेटियर : सागर : इतिहास खंड : पृ-७६.

७२. जे.एन. करन : मिलिटेंट हिन्दूइज्म इन इंडियन पोलिटिक्स : ए स्टडी आफ द राष्ट्रीय स्वयं सेवक संघ (न्यूयार्क. इन्टरनेशनल सेक्रीटेरियट इन्स्टीटयूट आफ पेसीफिक रिलेशन्स १९५१) पृ-१०.

७३. एम.आर. जयकर पेपर्स : एल. क्रमांक. ६५,६७ (नोट आन द राष्ट्रीय स्वयं सेवक संघ)

७४. जी. सहाय : ए क्रिटिकल एनालिसिस आफ राष्ट्रीय स्वयं सेवक संघ (नई दिल्ली. १९५६) पृ-९-१०

७५. जे.एन. करन : मिलिटेंट हिन्दूइज्म इन इंडियन पोलिटिक्स : पृ-४५-४६ तथा एस. जोशी : आर.एस.एस. इस इट ए पोलिटिकल आर्गेनाइजेशन? (नई दिल्ली. इंडियन प्रिंटिग ए.डी.) पृ-१४.

७६. होम पोलिटिकल डिपार्टमेंट : फाइल नं. ११२/८/१९२५ : फोर द सेकेन्ड हाफ आफ अगस्त १९२५

७७. वही : फाइल नं. १०६/१०/१९२५.(सिविल एंड मिलिट्री गजट : ८ अक्टूबर १९२५ लाहौर)

७८. सीक्रेट : फोर्टनाइटली रिपोर्ट फोर द सी.पी. एंड बरार : फोर द फर्स्ट हाफ आफ अक्टूबर १९२५ : पृ-१०

७९. मित्रा : द इंडियन क्वाटरली रजिस्टर १९२५ : भाग-२ : जुलाई-दिसंबर १९२५ : पृ-३४८.

८०. वही : पृ-३५५

८१. डी.पी. मिश्रा : द हिस्ट्री आफ द फ्रीडम मूव्हमेंट इन मध्यप्रदेश पृ-३५४.

८२. एस.एस. पीरजादा : (सं) फाऊन्डेशन आफ पाकिस्तानं : भाग २ : पृ-४०.

८३. होम पोलिटिकल डिपार्टमेंट : फाइल नं. ११२/१.२.५/जनवरी.फरवरी-मई १९२६,पृ-३१.

८४. वही : पृ-१७४.

८५. जिला गजेटियर : जबलपुर (इतिहास खंड) पृ-१०५, तथा होम पोलिटिकल डिपार्टमेंट: फाइल नं. ११२/८/१९२६.

८६. डी.पी. मिश्रा : द हिस्ट्री आफ द फ्रीडम मूव्हमेंट इन मध्यप्रदेश. : पृ-३५९.

८७. वही : पृ-३५९-६०

८८. मशरूल हसन : द देहली प्रोपोजल : ए स्टडी इन कोम्युनल पोलिटिक्स : द इंडियन इकोनोमिक एंड सोशल हिस्ट्री रिव्यू : भाग नं-४:पृ-३९०.

८९. होम पोलिटिकल डिपार्टमेंट : फाइल नं.-११२/४/१९२६ : रिपोर्ट आफ द सी.पी. एंड बरार फोर द फर्स्ट हाफ आफ अप्रेल १९२६. तथा जिला गजेटियर: जबलपुर (इतिहास खंड) पृ-१०५.

९०. डी.सी. गुप्ता : इंडियन नेशनल मूव्हमेंट : पृ-११४.

९१. होम पोलिटिकल डिपार्टमेंट : सीक्रेट: फोर्टनाइटली रिपोर्ट आफ द सी.पी. एंड बरार फोर द फर्स्ट हाफ आफ नवम्बर १९२६ : पृ-१५.

९२. आर.सी. मजुमदार : स्ट्रगल फोर फ्रीडम : चेप्टर- IV: हिन्दू मुस्लिम रिलेशन (१९१९-२८) पृ-४३५.

९३. जिला गजेटियर : पूर्वी निमाड़ : इतिहास खंड : पृ-५११.

९४. होम पोलिटिकल डिपार्टमेंट : फाइल नं. ३२-२७/अप्रैल/१९२७: फोर द सेकेंड हाफ आफ अप्रैल १९२७ : पृ-१४.

९५. मित्रा : द इंडियन क्वाटरली रजिस्टर १९२७ : भाग-२ : जुलाई-दिसंबर १९२७ (क्रोनिकल आफ इवेन्ट्स) पृ-१

९६. होम पोलिटिकल डिपार्टमेंट : फाइल नं. एफ-३२/४ सितम्बर १९२७ पृ-१

९७. डी.पी. मिश्रा : द हिस्ट्री आफ द फ्रीडम मूव्हमेंट इन मध्यप्रदेश : पृ-३६५-६६.

९८. डी.पी. मिश्रा : लीविंग एन ऐरा : पृ-१२८.

९९. मुशरूल हसन : द देहली प्रोपोजल : ए स्टडी इन कोम्युनल पोलिटिक्स : द इंडियन इकोनोमिक एंड सोशल हिस्ट्री रिव्यू : भाग ४ पृ-३९२.

१००. मित्रा : द इंडियन क्वाटरली रजिस्टर १९२८ : जनवरी-जून १९२८ : भाग १ : पृ-१. तथा गजेटियर: जबलपुर: (इतिहास खंड) पृ १०५.

१०१. जवाहरलाल नेहरू पेपर्स: लेटर फ्राम जवाहरलाल नेहरू टू सैय्यद मेंहमूद : १८ मई १९२८ तथा आल पार्टीस कान्फ्रेंस १९२८ : पृ-८८.

१०२. हुमायूँ कबीर : मुस्लिम पोलिटिक्स १९०५-१९४२ : पृ-१४२.

१०३. मुशरूल हसन : नेशनल एंड कोम्युनल पोलिटिक्स इन इंडिया : १९१६-२८ (नई दिल्ली) १९७०. पृ. ३१७.

१०४. जयकर पेपर्स : फाइल नं. ४४२/१२/१९२८ (राष्ट्रीय अभिलेखागार नई दिल्ली)

१०५. डी.पी. मिश्रा : लीविंग एन ऐरा : पृ-२४९.

१०६. डा. राजेन्द्रप्रसाद : इंडिया डिवाइडेड : पृ-२०३.

१०७. मित्रा : द इंडियन क्वाटरली रजिस्टर १९२९ : भाग १ : जनवरी-जुलाई १९२९ : पृ-१. जिला गजेटियर: जबलपुर (इतिहास खंड) : पृ. १०५.

१०८. एच.सैय्यद : मोहम्मद अली जिन्ना : पृ-५५९.

१०९. डी.पी. मिश्रा : द हिस्ट्री आफ द फ्रीडम मूव्हमेंट इन मध्यप्रदेश: पृ-३६४.

११०. जिला गजेटियर : सागर : इतिहास खंड : पृ-७७.

१११. द इंडियन क्वाटरली रजिस्टर १९३० : भाग १ : जनवरी-जून १९३० : पृ-२१.

११२. जे.एन. करन : मिलिटेंट हिन्दूइज्म : पृ-१३.

११३. होम पोलिटिकल : फाइल नं. ८८/१९३३. आर.एस.एस. नोट बाई सी एम. त्रिवेदी : २६ जनवरी १९३३ : पृ-३

११४. द टाइम्स आफ इंडिया : ६ तथा २४ अप्रैल १९३०.

११५. आर.सी. मजुमदार : हिस्ट्री आफ द फ्रीडम मूव्हमेंट इन इंडिया : भाग-३ : पृ-५४५.

११६. उमा कौर : मुस्लिम एंड इंडियन नेशनालिज्म : द इमर्जेंस आफ द डिमांड फोर इंडियाज, पार्टिशन (नई दिल्ली १९७७): पृ-९६.

११७. डिस्ट्रीक्ट गजेटियर : सागर (पोलिटिकल पार्टीस) : पृ-५१०

११८. होम पोलिटिकल डिपार्टमेंट : सीक्रेट रिपोर्ट आफ द पोलिटिकल सिचुएशन इन द सी.पी. एंड बरार, फोर द फर्स्ट हाफ आफ जून-जुलाई १९३१.

११९. हिन्दू महासभा पेपर्स : फाइल नं. २३०/ १९३२ : पृ-६८.

१२०. होम पोलिटिकल डिपार्टमेंट : फाइल नं. २३०/१९३२ : एनुअल स्टेटमेंट सी.पी. एंड बरार : पृ-१५-१६.

१२१. होम पोलिटिकल डिपार्टमेंट : कांफिडेंशियल रिपोर्ट फोर द सी.पी. एंड बरार फोर द फर्स्ट हाफ आफ जनवरी १९३२.

१२२. हिन्दू महासभा पेपर्स : फाइल नं. २२/१९३१-३२ : पृ-७०.

१२३. मित्रा : द इंडियन एनुअल रजिस्टर : जनवरी-जून १९३२ भाग १ : पृ-४२३.

१२४. वही : जुलाई-दिसंबर १९३२ भाग-२ : पृ-२०१.

१२५. द टाइम्स आफ इंडिया : ३ अगस्त १९३१.

१२६. मित्रा : द इंडियन एनुअल रजिस्टर १९३२ : भाग २ : (जुलाई-दिसंबर १९३२) : पृ-२३३-३७.

१२७. आर. कूपलैड : द कांस्टीट्शनल प्राब्लम इन इंडिया, (मद्रास. १९४५) : भाग १ : पृ-१२८.

१२८. हिन्दू महासभा पेपर्स : फाइल नं. २२/१९३२ : पृ-८०.

१२९. डेविड पेज : प्रीलूड टू पार्टिशन द इंडियन मुस्लिम एंड द इम्पारियल सिस्टम आफ कन्ट्रोल १९२०-३२ (दिल्ली १९२२) पृ-१०३.

१३०. मुंजे पेपर्स : डी ५ (डीस्पैच नं. ५) २० जनवरी १९३३ (राष्ट्रीय अभिलेखागार नई दिल्ली)

१३१. जे.एन. करन : मिलिटेंट हिन्दूइज्म : पृ-३९.

१३२. हिन्दू महासभा पेपर्स : फाइल नं. २२/१९३२ -४० : पृ-८०-८१.

१३३. व्हाइट पेपर आन द प्रोपोजल्स फोर इंडियन कान्सटीट्यूशनल रिफार्म (कमांड पेपर ४२६८) रिपोर्ट आफ द ज्वाइन्ट कमेटी आन इंडियन कांस्टीट्यूशनल रिफार्म : पू.उ. भाग -१ : पृ-२८२ तथा उमाकौर : मुस्लिम एंड इंडियन नेशनालिज्म : द इर्मेंजेंस आफ डिमांड फोर इंडियाज पार्टिशन (नई दिल्ली १९७७) पृ-१२३.

१३४. सी.वाय. चिंतामणि : इंडियन पालिटिक्स सिंस द म्यूटिनी (लंदन १९४०) : पृ-१७३-१७४.

१३५. कांफिडेंशियल : रिपोर्ट फोर द सी.पी. एंड बरार फोर द सेकेंड हाफ आफ मार्च १९३३.

१३६. मित्रा : द इंडियन एनुअल रजिस्टर : जनवरी -जून १९३३ : भाग १ : पृ-४२३.

१३७. वही : जुलाई-दिसंबर १९३३ : भाग २ : पृ-२०१.

१३८. मित्रा : द इंडियन एनुअल रजिस्टर : जुलाई-दिसंबर १९३४ : भाग-२ : पृ-३०८.

१३९. कांफिडेशियल : रिपोर्ट फोर द सी. पी. एंड बरार. फोर द फर्स्ट हाफ आफ मार्च १९३४.

१४०. वही : फोर द सेकेंड हाफ आफ जुलाई, अगस्त एंड सितंबर १९३४.

१४१. वही : फोर द सेकेंड हाफ आफ दिसंबर १९३४ : पृ-१.

१४२. वही : फर्स्ट हाफ आफ जुलाई १९३४.-पृ-१.

१४३. वही : फर्स्ट हाफ आफ अगस्त १९३४. पृ-१-२.

१४४. होम पोलिटिकल डिपार्टमेंट: कांफिडेंशियल : रिपोर्ट फोर द सी. पी. एंड द बरार फोर द सेकेंड हाफ आफ अक्टूबर १९३४

१४५. वही : फोर द फर्स्ट आफ दिसंबर १९३४.

१४६. वही : फोर द सेकेंड हाफ आफ दिसंबर १९३४.

१४७. वही : फोर द फर्स्ट हाफ आफ फरवरी १९३४.

१४८. वही : फोर द सेकेंड हाफ आफ मार्च १९३५.

१४९. वही : फोर द फर्स्ट हाफ आफ मई १९३५.

१५०. वही : फोर द सेकेंड हाफ आफ अगस्त १९३५.

१५१. वही : फोर द सेकेंड हाफ आफ अक्टूबर १९३५.

१५२. सीक्रेट : फोर द फर्स्ट हाफ आफ द सी. पी. एंड बरार : फोर द फर्स्ट हाफ आफ फरवरी १९३६ : पृ-१.

१५३. मित्रा : द इंडियन एनुअल रजिस्टर : जनवरी-जून १९३६. भाग-१ पेरा १ : पृ-२९३ तथा सीक्रेट: फोर्टनाइटली रिपोर्ट : फोर द सी. पी. एंड बरार फोर द फर्स्ट हाफ आफ अप्रैल १९३६.

१५४. सीक्रेट : फोर्टनाइटली रिपोर्ट आफ द सी. पी. एंड बरार. फोर द फर्स्ट हाफ आफ मई १९३६ : पृ-१.

१५५. वही : फोर द फर्स्ट हाफ आफ जून १९३६.

१५६. वही : फोर द फर्स्ट हाफ आफ सितम्बर १९३६.

१५७. वही : फोर द फर्स्ट हाफ आफ अक्टूबर १९३६

१५८. मित्रा : द इंडियन एनुअल रजिस्टर : जुलाई-दिसंबर १९३६ : भाग-२ : पृ-२७३

१५९. जिला गजेटियर : सागर : पोलिटिकल पार्टीज एंड आर्गेनाइजेशन : पृ-५१०.

१६०. वही : पूर्वी निमाड़ : इतिहास खंड : पृ-५११.

१६१. ए. आई. सी. सी. पेपर्स : फाइल नं. पी-२२/भाग-१/१९३६ पृ-४५.

१६२. जिला गजेटियर: नरसिंहपुर: (इतिहास खंड) पृ ४३२ इतिहास खंड : पृ-५११.

१६३. वही : जबलपुर : इतिहास खंड पृ-५९७.

१६४. सीक्रेट : फोर्टनाइटली रिपोर्ट : आफ द सी. पी. एंड बरार : फोर द सेकेंड हाफ आफ नवम्बर १९३६.

१६५. वही: फोर द सेकेंड हाफ आफ नवम्बर १९३६.

१६६. डॉ. बी. एस. मुंजे डायरी : एम. एस. एस. डायरीज न०-८/एन्ट्रीज आफ १९/१२/१९३६ तथा २९/१२/१९३६.

१६७. द हितवाद : दिनांक २२ जनवरी १९३७ : पृ-९.

१६८. सीक्रेट : फोर्टनाइटली रिपोर्ट आफ द सी. पी. एंड बरार. फोर द फर्स्ट हाफ फरवरी १९३७ : पृ-२.

१६९. वही : फोर द सेकेंड हाफ आफ फरवरी १९३७. पृ-३ तथा हितवाद : २७ फरवरी १९३७-पृ-१४.

१७०. एच. सैय्यद : मोहम्मद अली जिन्ना : पृ-५५९.

१७१. सीक्रेट : फोर्टनाइटली रिपोर्ट फोर द सी. पी. एंड बरार फोर द सेकेंड हाफ आफ अक्टूबर १९३७ तथा द हितवाद: १४ अक्टूबर १९३७.

१७२. हितवाद : १४ अक्टूबर १९३७.

१७३. सीक्रेट फोर्टनाइटली रिपोर्ट आफ द सी. पी. एंड बरार. फोर द सेकेंड हाफ आफ अक्टूबर १९३७.

१७४. हितवाद : दिनांक १७ अक्टूबर १९३७.

१७५. सीक्रेट फोर्टनाइटली रिपोर्ट: फोर द सेकेंड हाफ आफ अक्टूबर १९३७.

१७६. वही : फोर द फर्स्ट हाफ आफ नवंबर १९३७ : पृ-३-४.

१७७. वही : फोर द फर्स्ट हाफ आफ दिसंबर १९३७ : पृ-३.

१७८. वही : फोर द सेकेंड हाफ आफ दिसंबर १९३७ : पृ-३-४.

१७९. शिव कुमार गोयल : हिन्दुस्तान : दिनांक २४ मई १९७० में प्रकाशित लेख 'स्वतंत्र वीर सावरकर की कुछ स्मृति चिन्गारी'

१८०. सीक्रेट : फोर्टनाइटली रिपोर्ट : द सी. पी. एंड बरार फोर द सेकेंड हाफ आफ दिसंबर १९३७: पृ-३-४.

१८१. प्रेस कोम्युनिक : जनरल एडमिनिस्ट्रेशन डिपार्टमेंट : ७ जनवरी १९३८. (म. प्र. स. भोपाल) वही : फोर द फर्स्ट हाफ आफ जनवरी १९३८.

१८२. डी.पी. मिश्रा: द हिस्ट्री आफ द फ्रीडम मूव्हमेंट इन मध्यप्रदेश पृ. ४३४.

१८३. सीक्रेट : फोर्टनाइटली रिपोर्ट : द सी. पी. एंड बरार फोर द सेकेंड हाफ आफ जून १९३८.

१८४. वही : फोर द सेकेंड हाफ आफ सितम्बर १९३८.

१८५. ए.आई सी. सी. पेपर्स : फाइल नं० पी-२२/भाग-१/१९३८ : पृ-४५.

१८६. एम.पी. रिकार्डस : एजुकेशन डिपार्टमेंट १९३८ : फाइल नं. ६-३२/१९३८(म. प्र. सचिवालय रिकार्डरूम. भोपाल)

१८७. सी. पी. बरार लेजिस्वलेटिव असेम्बली प्रोसीडिंग्स १९३८ : भाग- ४/१९३८.

१८८ एम. पी. रिकार्डस : एजुकेशन डिपार्टमेंट १९३८ : फाइल नं. ६-३२/१९३८(म. प्र. सचिवालय रिकार्ड रूम, भोपाल)

१८९. सीक्रेट फोर्टनाइटली रिपोर्ट : द सी. पी. एंड बरार : फोर द सेकेंड हाफ आफ सितम्बर १९३८.

१९०. राजेन्द्रप्रसाद : इंडिया डिवाइडेड : पृ-१४६.

१९१. डी. पी. मिश्रा :(सं) द हिस्ट्री आफ द फ्रीडम मूव्हमेंट इन मध्यप्रदेश पृ-४२४.

१९२. वही : पृ-४२८.

१९३. ए.आई. सी. सी. पेपर्स : फाइल नं. पी-२२/भाग-१/१९३८ : पृ-४५.

१९४. सीक्रेट : फोर्टनाइटली रिपोर्ट : फोर द सी. पी. एंड बरार फोर द फर्स्ट हाफ आफ जनवरी १९३९ : पृ-२ तथा विद्या मंदिर योजना पृ-६.

१९५. द हितवाद : २७ जनवरी १९३९ : पृ-१.

१९६. वही : १ फरवरी १९३९ : पृ-१.

१९७. सीक्रेट : फोर्टनाइटली रिपोर्ट फोर द सी. पी. एंड बरार फार द सेकेंड हाफ आफ जनवरी १९३९.

१९८. वही : फोर द फर्स्ट हाफ आफ फरवरी १९३९ तथा हितवाद: दिनांक ८ फरवरी १९३८.

१९९. राजेन्द्र प्रसाद : इंडिया डिवाइडेड : पृ-१५०, तथा सीक्रेट: फोर्टनाइटली रिपोर्ट फोर द सी. पी. एंड बरार फोर द सेकेंड हाफ आफ फरवरी १९३९, पृ-२-३.

२००. जिला गजेटियर : सागर : इतिहास खंड : पृ- ४३२.

२०१. डी. सी. गुप्ता : इंडियन नेशनल मूव्हमेंट : पृ-१८६-८७.

२०२. सीक्रेट : फोर्टनाइटली रिपोर्ट फोर द सी. पी. एंड बरार फोर द सेंकड हाफ आफ दिसंबर १९३९ : पृ-०५.

२०३. हिन्दू महासभा पेपर्स: फाइल नं० सी.-२३/१९३९ : पृ-३

२०४. वही : पृ-३०७.

२०५. वही : पृ-३०९.

२०६. वही : पृ-४७३.

२०७. वही : -३०७.

२०८. वही : पृ-४५९.

२०९. वही : पृ-४७३.

२१०. वही : पृ-३०१.

२११. वही : पृ-३२१.

२१२. वही : पृ-५४३.

२१३. वही : पृ-५४७. ५४९, ५४५, ५३३, ५३६, ५१६, ५१७, ५१५, ५०७, ५३९, ५४१, ५३१, ५२१ तथा ५३५.

२१४. वही : पृ-५७५, ४८५, ४८७, ४९१ तथा ४९३.

२१५. वही : पृ-३०७.

२१६. होम पोलिटिकल डिपार्टमेंट : सीक्रेट फोर्टनाइटली रिपोर्ट फोर द सी. पी. एंड बरार फोर द फर्स्ट हाफ आफ दिसंबर १९३९ : पृ-४

२१७. एडवर्ड टॉमसन : एनलिस्ट इंडिया फोर फ्रीडम : पृ- ५९.

२१८. मुस्लिम-लीग के लाहौर अधिवेशन में पारित पाकिस्तान प्रस्ताव: २३ मार्च १९४०.

२१९. ग्वायर एंड अप्पा दोराई: स्पीचेज एंड डाक्यूमेंटस आन द इंडियन कांस्टीट्यूशन(आक्सफोर्ड १९५७) जिल्द-२ पृ-४४३.

२२०. वी. शिवाराय : द फ्रेमिंग आफ इंडियाज कान्स्टीट्यूशन ए स्टडी(नई दिल्ली १९६८) पृ-३५ तथा राजेन्द्र प्रसाद: इंडिया डिवाइडेड : पृ-१५०.

२२१. वही : पृ-१५१.

२२२. होम पोलिटिकल : सीक्रेट: फोर्टनाइटली रिपोर्ट फोर द सी. पी. एंड बरार- फोर द सेकेंड हाफ आफ मार्च-जुलाई-१९४०.

२२३. वही : फोद द फर्स्ट हाफ आफ मई १९४०.

२२४. वही :

२२५. वही : फोर द सेकेंड हाफ आफ मई १९४०

२२६. प्रजा प्रकाश : दिनांक-२४ जून १९४०

२२७. सीक्रेट: फोर्टनाइटली रिपोर्ट आफ द सी. पी. एंड बरार फोर द सेकेंड हाफ आफ अगस्त १९४०.

२२८. वही : फोर द फर्स्ट हाफ आफ सितम्बर १९४०.

२२९. वही: पृ-३.

२३०. वही : पृ-३-४.

२३१. वही :पृ-४.

२३२. वही : फोर द फर्स्ट हाफ आफ अक्टूबर १९४०.

२३३. वही फोर द सेकेंड हाफ आफ अक्टूबर १९४०.

२३४. हिन्दू महासभा पेपर्स : फाइल नं० २९/१९४०: पृ २१.

२३५. सीक्रेट : फोर्टनाइटली रिपोर्ट : फोर द सी. पी. एंड बरार. फोर द फर्स्ट एंड सेकेंड हाफ आफ नवम्बर १९४०.

२३६. वही : फोर द फर्स्ट हाफ आफ दिसंबर १९४०: पृ ३.

२३७. वही : पृ-२-३.

२३८. वही : पृ-२१.

२३९. नोमान : मुस्लिम इंडिया : पृ-४२२-२३.

२४०. मित्रा : द इंडियन एनुअल रजिस्टर १९४१ : भाग-२ :पृ-१५.

२४१. बी. शिवाराव : द फ्रेमिंग आफ इंडियाज कांस्टीट्यूशन, ए स्टडी(नई दिल्ली १९३८) पृ-३५.

२४२. स्टेट्मेंटस एंड ड्राफ्ट बाय हिज मेजेस्टी गर्वमेंट विद कोरेस्पोंडेंस एंड रेजोलूशनस् कनेक्टेड देयर विद १९४२ के आदेश पत्र (कमांड पेपर) नं. ६३५० : (गर्वमेंट आफ इंडिया प्रेस नई दिल्ली१९४६)

२४३. चौधरी खालिकुज्ज़मान : पाथ वे टू पाकिस्तान : पृ-२७७-७८.

२४४. वही : पृ-२७८.

२४५. मित्रा : द इंडियन एनुअल रजिस्टर १९४२ : खंड-१ : पृ-२५०.

२४६. वही।

२४७. एच. एस. ब्रेल्सफोर्ड : सब्जेक्ट इंडिया : पृ-१०६.

२४८. हरिजन : दिनांक २६ अप्रैल १९४२.

२४९. अबुल कलाम आजाद : इंडिया विंस फ्रीडम : पृ-७२.

२५०. सीक्रेट: फोर्टनाइटली रिपोर्ट : फोर द सी. पी. एंड बरार फोर द फर्स्ट एंड सेकेंड हाफ आफ जुलाई १९४२.

२५१. खालिकुज्ज़मान : पाथ वे टू पाकिस्तान : पृ-४२४-२५.

२५२. अबुल कलाम आजाद : इंडिया : इंडिया विंस फ्रीडम : पृ-७८.

२५३. सीक्रेट: फोर्टनाइटली रिपोर्ट : फोर द सी. पी. एंड बरार फोर द फर्स्ट हाफ आफ अगस्त १९४२.

२५४. वही : फोर द फर्स्ट हाफ आफ सितंबर १९४२.

२५५. सीक्रेट : फोर्टनाइटली रिपोर्ट फोर द सेकेंड हाफ आफ सितम्बर १९४२, पृ-१०.

२५६. जिन्ना का अभिभाषण :-१० सितंबर १९४२.

२५७. टाइम्स और इंडिया को दिया गया जिन्ना का वक्तव्य : ६ दिसंबर १९४२.

२५८. डी० पी० मिश्रा : द हिस्ट्री आफ द फ्रीडम मूव्हमेंट इन मध्यप्रदेश पृ-४४२.

२५९. निकोलस मानसर्ग एंड ई० डब्ल्यू लुम्बी (सं): द ट्रांसफर आफ पावर १९४२-४७ : भाग पृ-२: ७४१ (लंदन १९४१)

२६०. डी. सी. गुप्ता : इंडियन नेशनल मूव्हमेंट : पृ-२४१.

२६१. सीक्रेट : फोर्टनाइटली रिपोर्ट फोर द सी. पी. एंड बरार फोर द फर्स्ट हाफ आफ जनवरी १९४४: पृ-२.

२६२. वही : फोर द सेकेंड हाफ आफ जनवरी १९४४. पृ-३

२६३. वही : फोर द फर्स्ट हाफ आफ फरवरी १९४४ पृ-२.

२६४. वही : फोर द सेकेंड हाफ आफ फरवरी १९४४ : पृ-३

२६५. हिन्दू महासभा पेपर्स : फाइल नं. सी-४२/१९४४ : पृ-१३

२६६. सीक्रेट फोर्टनाइटली रिपोर्ट फोर द सी.पी.एंड बरार. फोर द सेकेंड हाफ आफ फरवरी १९४४. पृ-२

२६७. वही : फोर द फर्स्ट हाफ आफ मार्च १९४४ : पृ-२

२६८. वही : फोर द सेकेंड हाफ आफ मार्च १९४४ : पृ-२.

२६९. वही : फोर द फर्स्ट हाफ आफ अप्रैल १९४४ : पृ-२.

२७०. वही : फोर द सेकेंड हाफ आफ अप्रैल १९४४ : पृ-२-३.

२७१. वही : पृ-२-३.

२७२. राजाजी फामूर्ला १९४४.

२७३. अबुल कलाम आजाद : इंडिया विंस फ्रीडम : पृ-९३.

२७४. कास्टीट्यूशनल प्रोपोजल्स आफ द कांसीलियेशन कमेटी: रिपोर्ट आफ सप्रू कमेटी १९४५.

२७५. सीक्रेट: फोर्टनाइटली रिपोर्ट फोर द फर्स्ट हाफ आफ जनवरी १९४५.

२७६. वही।

२७७. वही : फोर द सेकेंड हाफ आफ जनवरी १९४४ : पृ-२.

२७८. वही : फोर द फर्स्ट हाफ आफ फरवरी १९४४, पृ-३.

२७९. वही : फोर द सेकेंड हाफ आफ फरवरी १९४४ : पृ-२

२८०. वही : फोर द सेकेंड हाफ आफ मार्च १९४४ : पृ-२.

२८१. वही:

२८२. हिन्दू महासभा पेपर्स : फाइल नं.-सी.-८२/१९४५ पृ-१२५-२७.

२८३. वेवेल योजना : २९ जून १९४५.

२८४. जिन्ना का लार्ड वेवेल के नाम पत्र : दिनांक ७ जुलाई १९४५. (मेनसर्ग एंड लुम्बी: ट्रांसफर आफ पावर १९४२-४७)

२८५. मित्रा : द इंडियन एनुअल रजिस्टर १९४५ : भाग-१ पृ-१३९-४०.

२८६. वही : भाग-२ : पृ- १४८-४९.

२८७. डी. पी. मिश्रा : द हिस्ट्री आफ द फ्रीडम मूव्हमेंट इन मध्यप्रदेश पृ-४८२.

२८८. ए. आई. सी. सी. पेपर्स : फाइल नं.-२१/१९४२-४६.

२८९. ए.आई. सी. सी. पेपर्स : फाइल नं.-पी-३८/१९४५-४६ :पृ-५.

२९०. डी.पी. मिश्रा : हिस्ट्री आफ द फ्रीडम मूव्हमेंट इन मध्यप्रदेश, पृ-४८२.

२९१. एम. पी. सी. सी. पेपर्स : फाइल नं. ३१/१९४५-४६ : पृ-१०१.

२९२. हाऊस आफ लार्डस डिबेट्स १९४५-४६ : भाग -१३९, कॉलम-६७६-६७०.

२९३. वी. पी. मेनन : द ट्रांसफर आफ पावर इन इंडिया : पृ-२३४-३५.

२९४. डी.पी. मिश्रा : द हिस्ट्री आफ द फ्रीडम मूव्हमेंट इन मध्यप्रदेश : प्र-४८५.

२९५. मित्रा : द इडियन एनुअल रजिस्टर १९४६ : भाग-१ : पृ-२०६-७.

२९६. रिपोर्ट आफ कमेंटीज:(पहली सीरीज):कांस्टीट्यूयंट असेम्बली आफ इंडिया (दिल्ली १९४८) पृ-४८.

२९७. जिन्ना का वेवेल के नाम पत्र : २२ जुलाई तथा १५ अगस्त १९४६. (मेनसर्ग एंड लुम्बी: ट्रांसफर आफ पावर १९४२-४७)

२९८. डी. पी. मिश्रा : द हिस्ट्री आफ द फ्रीडम मूव्हमेंट इन मध्यप्रदेश: पृ-४८७.

२९९. वही : पृ-६६०

३००. १९४६ ग्वायर एंड अप्पादोराई: स्पीचज एंड डाक्यूमेंटस आन द इंडियन कांस्टीट्यूशन (आक्सफोर्ड १९५७) भाग २ : पृ-६५३.

३०१. अबुल कलाम आजाद : इंडिया विन्स फ्रीडम : पृ-११६.

३०२. प्रधानमंत्री एटली की घोषणा : दिनांक २० फरवरी १९४७ कास्टीट्यूयंट असेम्बली डिबेट्स : भाग-२ पृ-७३.

३०३. डी. पी. मिश्रा : द हिस्ट्री आफ द फ्रीडम मूव्हमेंट इन मध्यप्रदेश : पृ-४८८.

३०४. वही : ४९२.

३०५. वायसराय माउंटबेटन के व्यक्तिगत रिपोर्ट नं. १ दिनांक-२. अप्रैल १९४७ (निजी एवं गुप्त) दिनांक ३/४/४७ (इंडिया कौंसिल व्हाइट हाल)

३०६. अबुल कलाम आजाद : इंडिया विन्स फ्रीडम : पृ- १९६.

३०७. अबुल कलाम आजाद : इंडिया विन्स फ्रीडम : पृ १८५.

३०८. वही : पृ-१८७.

३०९. मजुमदार : स्ट्रगल फोर फ्रीडम : पृ-७७३.

३१०. वायसराय माउंटबेटन के व्यक्तिगत रिपोर्ट(विभाजन योजना) रिपोर्ट कमांक-३ : विवरण कमांक-१७ तथा २०.

३११. वी. पी. मेनन : द ट्रांसफर आफ पावर इन इंडिया : पृ-३८५.

३१२. डी. पी. मिश्रा : द हिस्ट्री आफ द फ्रीडम मूव्हमेंट इन मध्यप्रदेश पृ-४९२.

३१३. भारतीय स्वतंत्रता विधेयक : ४ जुलाई १९४७. (१८ जुलाई १९४७ को उसपर ब्रिटिश सम्राट की स्वीकृति प्राप्त हुई)

३१४. वी. पी. मेनन : ट्रांसफर आफ पावर इन इंडिया : पृ-३८५-८६.

३१५. लेनार्ड मोसले : द लास्ट डेज़ आफ द ब्रिटिश राज : पृ-२४४.

३१६. वी. एस. देशपांडे : व्हाई हिन्दू राष्ट्र? (१९४९): पृ-१५.

अध्याय ७

निर्णायक संघर्ष तथा स्वाधीनता

१ सितम्बर १९३९ को पोलैंड पर जर्मन-आक्रमण के साथ द्वितीय विश्व-युध्द प्रारंभ हो गया। ३ सितम्बर १९३९ को इंग्लैंड भी जर्मनी के विरूध्द 'लोकतंत्र एवं स्वतंत्रता के रक्षार्थ' युध्द में सम्मिलित हो गया। उसी दिन वायसराय लिनलिथगो ने भारत को भी युध्द में सम्मिलित करने की घोषणा कर दी। उन्होंने भारतीय नेताओं तथा केन्द्रीय व्यवस्थापिका के सदस्यों से कोई परामर्श नहीं किया। इस संबंध में गाँधीजी का स्पष्ट मत था कि भारत को युध्द में कोई योगदान नहीं देना चाहिए। भारत जब स्वयं परतंत्र हैं तो दूसरो की स्वतंत्रता की रक्षा में वह क्या योगदान देगा? यदि युध्द में योगदान के पुरस्कार स्वरूप भारत को स्वतंत्रता मिलती है तो इस कीमत पर युध्द में भाग लिया जा सकता है।[१]

काँग्रेस के अंन्तर्गत वामपंथी दलों ने भी इस पर अपनी प्रतिक्रिया प्रकट की। साम्यवादी, काँग्रेस-साम्यवादी तथा फारवर्ड ब्लाक, ब्रिटेन शासकों को किसी भी प्रकार युध्द में सहयोग देने के विरोधी थे। साम्यवादी युध्द विरोधी थे क्योंकि वह साम्राज्यवादी युद्ध था। ब्रिटेन, फ्रांस, जर्मनी, इटली आदि साम्राज्यवादी देश दो गुटों में बँटकर पुन: बँटवारे के लिए युध्द कर रहे थे। अत: ब्रिटिश साम्राज्यवादियों को मदद देने का प्रश्न ही नहीं उठता था और न जर्मन फासिस्टों के साथ हमदर्दी दिखाने का। उनका विचार था कि साम्राज्यवादियों की सहायता करना साम्राज्यवाद को बनाये रखना और फासिज्म की मजबूत करना है। साम्यवादी, साम्राज्यवादी युध्द में राष्ट्रीय-मुक्ति-युध्द को बल देना चाहते थे।[२]

काँग्रेस-समाजवादी दल तथा फारवर्ड ब्लाक का दृष्टिकोण इससे कुछ भिन्न था। वे किसी भी प्रकार ब्रिटेन की पराजय चाहते थे क्योंकि ब्रिटिश साम्राज्यवाद के ध्वस्त होने के पश्चात् ही भारत की स्वतंत्रता की आशा की जा सकती थी। उनका रास्ता व्यक्तिगत सत्याग्रह में गिरफतारी देने तथा विदेशी वस्तुओं के 'बहिष्कार' का था। सभी वामपंथी चाहते थे कि राष्ट्रीय आन्दोलन ब्रिटिश शासकों के साथ कोई समझौता न करे तथा युध्द में किसी प्रकार की सहायता न करके स्वाधीनता का प्रयास किया जाय।[३]

दूसरी ओर, मुस्लिम लीग साम्राज्यवादी युध्द में ब्रिटिश सरकार को सहयोग देने के पक्ष में थी। १८ सितंबर १९३९ को एक प्रस्ताव पारित कर मुस्लिम-लीग ब्रिटिश साम्राज्यवादियों को इस शर्त पर समर्थन देने को तैयार थी कि बिना मूस्लिम लीग की सहमति के संविधान निर्माण संबंधी कोई कदम न उठाया जाय परंतु उनकी शर्त काँग्रेस से भिन्न थी। वह मुसलमानों के लिए केवल रियायत ही नहीं चाहती थी वरन लीग की सहमति के बिना सरकार द्वारा काँग्रेस को किसी भी प्रकार का आश्वासन न दिये जाने की स्वीकृति भी चाहती थी।[४] राजभक्त संगठनों में अंग्रेजी सरकार को सहयोग प्रदान करने हेतु परस्पर प्रतिस्पर्धा होने लगी। 'हिन्दू महासभा' ने सरकार को समर्थन देने हेतु प्रस्ताव पारित किये

बगैर दृढ़ता प्रदान करने तथा सहयोग को प्रभावी बनाने हेतु केंद्र में उत्तरदायी सरकार का गठन कर साम्प्रदायिक निर्णय पर पुन: विचार तथा फौज में हिन्दुओं की भर्ती पर बल दिया। साम्प्रदायिक निर्णय पर पुन: विचार तथा केंद्र में उत्तरदायी शासन की स्थापना की संभावना न होने पर हिन्दू महासभा द्वारा फौज में हिन्दुओं की भर्ती इस बात का सूचक थी कि हिन्दू महासभा द्वारा फौज में भर्ती हिन्दू एजेन्ट का काम करने के लिए तैयार थे। हिन्दू महासभा उदारवादियों की संस्था 'लिबरल फेडरेशन' तथा 'भारतीय रियासतों' द्वारा बिना शर्त सरकार की सहायता की घोषणा पहले ही की जा चुकी थी।[५] अत: द्वितीय विश्व युध्द में सरकार की सहायता करने के प्रश्न पर विभिन्न दलों की मिली जुली प्रतिक्रिया दृष्टि गोचर हुई।

काँग्रेस कार्यकारिणी समिति की बैठक वर्धा में एक सप्ताह तक चलती रही जिसमें महात्मा गाँधी के अतिरिक्त सुभाषचन्द्र बोस, बरार के एम.एस.अणे, समाजवादी नेता आचार्य नरेन्द्र देव तथा जय प्रकाश नारायण भी सम्मिलित हुए। इस बैठक में जिन्ना को भी आमंत्रित किया गया था परंतु उन्होंने व्यस्तता का बहाना बनाकर क्षमा माँग ली थी। कार्यकारिणी समिति ने जर्मनी द्वारा पोलैंड पर किये गये आक्रमण की निंदा करते हुए देशवासियों से आंतरिक विवादों को समाप्त कर देश की एकता को बनाये रखते हुए आजादी हेतु संघर्ष के लिए तैयार रहने की अपील की।[६] बैठक को समाप्त करने से पूर्व युध्द की बदलती परिस्थितियों से उत्पन्न समस्याओं पर विचार-विमर्श हेतु नेहरू, आजाद और पटेल की एक 'उपसमिति नियुक्त की गई। काँग्रेस के प्रस्ताव पर टिप्पणी करते हुए गाँधीजी ने कहा कि ब्रिटेन यश्दि भारत को उसकी इच्छा के विरूध्द युध्द में घसीटना चाहेगा तो भारत प्रजातंत्र के रक्षार्थ सहयोग न करें। 'युध्द के प्रश्न पर काँग्रेस द्वारा निर्णय लिए जाने के दो दिन पश्चात् लिनलिथगो ने गाँधीजी को वार्ता हेतु निमंत्रित किया। उन्होंने लिनलिथगो को काँग्रेस कमेटी के विचारों से अवगत कराते हुए भारत की स्वाधीनता और केन्द्रीय शासन में उसकी भागीदारी के संबंध में घोषणा किये जाने की माँग की। इन दोनों माँगों के संबंध में वायसराय का उत्तर निराशाजनक था जिससे स्पष्ट हो गया कि काँग्रेस जनों को साम्प्रदायिकता की खाई वास्तविक गहराई, पहले की अपेक्षा अधिक दिखाई देने लगी।[७]

गाँधीजी का मत था कि काँग्रेस को यूरोप के अन्तर्राष्ट्रीय संकटों के प्रति अपने रूख को स्पष्ट कर देना चाहिए। गाँधीजी के इस निर्णायक रूख ने काँग्रेस के अन्य वरिष्ठ नेताओं को भी दुविधा में डाल दिया कि भारत को यूरोप में प्रजातंत्र की रक्षा हेतु नाज़ी और फासीवाद के विरूध्द भाग लेना चाहिए परंतु भारत की प्रमुख राजनीतिक समस्या केवल यही थी कि जब भारत स्वयं परतंत्र है तो वह स्वतंत्रता की रक्षा हेतु योगदान नहीं दे सकता है। अत: युध्द के संबंध में गाँधीजी का स्पष्ट मत था कि युध्द में भारत को कोई योगदान नहीं देना चाहिए। वायसराय लिनलिथगो द्वारा भारतीय जनमत की पूर्ण उपेक्षा कर बिना किसी परामर्श के भारत को युध्द में सम्मिलित कर लिये जाने से यह स्पष्ट हो गया कि अंग्रेजों के सम्मुख भारतीय जनमत या काँग्रेस के विचारों का कोई मूल्य नहीं था। ब्रिटिश सरकार का विचार था कि काँग्रेस को युध्द में सक्रिय रूप से भाग लेना चाहिए और वे जैसा उचित समझेगे वैसा भारत के संवैधानिक ढाँचे में परिवर्तन करेंगे। अंग्रेजों का यह दृष्टिकोण गाँधीजी और काँग्रेस के लिए एक चुनौती थी कि अब काँग्रेस अंग्रेजों के हाथों की कठपुतली बने या अंग्रेजो की

राजनीतिक चालों का मूक दर्शक बने अथवा पुनः किसी आन्दोलन द्वारा देश में राजनीतिक संकट उत्पन्न करें।

दूसरी ओर, काँग्रेस ने भी अपने एक प्रस्ताव द्वारा सरकार से युध्द के उद्धेश्यों के संबंध में स्पष्टीकरण देने तथा भारत की स्वतंत्रता की घोषणा की माँग की। ब्रिटेन के तत्कालीन प्रधानमंत्री चेम्बरलेन का तत्कालीन उद्धेश्य केवल युध्द जीतना तथा आत्मरक्षा थी। काँग्रेस द्वारा केन्द्र में उत्तरदायी शासन की स्थापना की माँग के संबंध तत्कालिक गर्वनर-जनरल लार्ड लिनलिथगो ने महात्मा गाँधी, जवाहरलाल नेहरू, सुभाषचन्द्र बोस तथा मोहम्मद अली जिन्ना जैसे विभिन्न दलों के ऐसे ५२ प्रतिनिधियों से वार्ता के उपरान्त बम्बई गये और काँग्रेस की माँग के जबाव में अपनी नीति की घोषणा १७ अक्टूबर १९३९ को की जिसके अनुसार सभी संवैधानिक योजना पर युध्दोपरांत विचार किये जाने, युध्द के संचालन तथा सहायतार्थ एक सलाहकार समिति (परामर्शदात्री-समिति) का गठन करना था। गवर्नर जनरल द्वारा जिस 'परामर्शदात्री-समिति' के गठन की बात कही गई थी उससे काँग्रेस की उत्तरदायी शासन संबंधी माँग के किसी प्रकार से पूरी होने की आशा नहीं थी। गाँधीजी ने इस घोषणा को अत्यंत निराशाजनक कह कर निंदा की। जवाहरलाल नेहरू ने भी इस संबंध में टिप्पणी की कि 'इसके द्वारा ब्रिटिश साम्राज्य को समाप्त करने में अंतिम निर्णय सरकार के हाथों में ही निहित रहा।' लार्ड लिनलिथगों की घोषणा काँग्रेस, उदारवादी दल और मुस्लिम लीग आदि विभिन्न दलों के लिए भी निराशाजनक थी। इससे कोई भी भारतीय संतुष्ट नहीं हुआ।[८]

वायसराय के निराशापूर्ण एवं असंतोषजनक घोषणा के कारण सरकार के प्रति अपना रोष व्यक्त करने के लिए काँग्रेस कार्य समिति ने एक प्रस्ताव पारित कर एक घोषणा पत्र द्वारा जिन प्रांतो में काँग्रेस मंत्रिमंडल थे, उन्हें मंत्रिमंडल से त्यागपत्र देने का आदेश दिया। तदानुसार सभी प्रांतो के मंत्रिमंडलों ने त्यागपत्र दे दिया।[९] मध्यप्रांत के काँग्रेसी मंत्रिमंडल ने भी ८ नवम्बर १९३९ को त्यागपत्र दे दिया जो १० नवम्बर १९३९ को स्वीकार कर लिया गया। १९३५ के अधिनियम की धारा ९३ के अनुसार प्रान्तीय शासन का कार्यभार गवर्नरों ने ग्रहण कर लिया। इस प्रकार प्रांतो में उत्तरदायी शासन व्यवस्था का स्थान गर्वनरों की निरंकुश शासन व्यवस्था ने ले लिया।[१०]

काँग्रेस मंत्रिमंडलों के त्यागपत्र से देशवासियों को काफी निराशा हुई दूसरी ओर, प्रतिक्रियावादी, मुस्लिम लीग ने अपनी प्रसन्नता व्यक्त की और एक प्रस्ताव परित कर ब्रिटिश सरकार के प्रति अपनी सहानुभूति प्रदर्शित करते हुए सरकार को पूर्ण सहयोग देने का आश्वासन दिया। मुसलमानों को न्याय दिलाने और संवैधानिक प्रगति के विषय में मुस्लिम लीग के परामर्श के बिना कोई कदम न उठाने की आशा भी व्यक्त की गई। काँग्रेस मंत्रिमंडल द्वारा त्यागपत्र दिये जाने पर जिन्ना द्वारा हिन्दू राज से मुक्ति पाने की खुशी में २२ दिसंबर को 'मुक्ति-दिवस' (डे आफ डेलीवेरेंश) मनाने की घोषणा की। लीग के 'सहयोग-प्रस्ताव' और उसके द्वारा मनाये गये 'मुक्ति-दिवस' के परिणामस्वरूप सरकार का रूख मुस्लिम लीग की ओर हो गया। लार्ड लिनलिथगो अब जिन्ना की सहायता करने के अधिक इच्छुक हो गये।[११] इन परिस्थितियों में लार्ड लिनलिथगो का रवैया बदल गया। इससे जिन्ना को वस्तुतः भारत के भावी संवैधानिक प्रगति पर निषेधाधिकार प्रदान कर दिया गया।[१२] हिन्दू-मुस्लिम जिस एकता के लिए लार्ड लिनलिथगो इच्छुक थे। वह दोनों सम्प्रदायों को एकत्रित कर, एकीकृत-भारत को स्वाधीनता की ओर

ले जाने वाली एकता नहीं थी। उनकी इच्छा उस अस्थायी एकता की थी जो युध्द में सहायता पहुँचाने के सीमित उद्धेश्य को पूर्ण करती थी। मजदूर दल के नेता एटली एक ऐसे व्यक्ति थे जो स्वाधीन और एकीकृत भारत देखना चाहते थे। अत: एटली ने लिनलिथगो की नीति की निंदा की। तब वायसराय ने साम्प्रदायिक प्रश्न का सहारा लेकर कहा कि 'वे मुसलमानों को नाराज नहीं करना चाहते क्योंकि भारतीय सेना में मुसलमानों की संख्या सर्वाधिक है।'[१३] यद्यपि जिन्ना मुसलमानों के लिए पाकिस्तान के इच्छुक थे परंतु मुसलमानों के प्रति वे जरा भी रचनात्मक वृत्ति के नहीं थे। अत: अंग्रेजों की १९०५ से 'फूट डालो और राज करो की नीति' को सहज परिणिति तक ले जाने का जो काम जिन्ना कर रहे थे, उसमें लिनलिथगो सहायता कर रहे थे।[१४] अत: अपने सार्वजनिक वक्तव्य में जिन्ना ने गाँधीजी को चुनौती दी कि 'यदि गाँधी तर्क मुक्त रहना चाहते है तो उन्हें अपमान-जनक ब्रिटिश संगीम को हटाये जाने की माँग करना चाहिए जिससे भारतवासी आत्म-निर्णय कर सके।'[१५] गाँधीजी ने जिन्ना की चुनौती को स्वीकार कर जाहिर कर दिया कि वे तर्क से काम लेना चाहते हैं। गाँधीजी का कथन था कि यदि जिन्ना तर्क युक्त होना चाहते हैं तो वे अंग्रेजी सरकार को संगीनो सहित भारत से खदेड़ने के लिए गाँधीजी से हाथ मिला सकते हैं परंतु वे स्वयं हिन्दुस्तान का एक टुकड़ा प्राप्त करने लिए अंग्रेजों पर आश्रित थे। जिन्ना की राजनीति अंग्रेजों के भारत में रहने की अवधि को बढ़ाने के लिए मात्र औचित्य प्रदान करती थी क्योंकि काँग्रेस की माँग का प्रतिरोध करने के लिए अंग्रेजों को उनकी जरूरत थी।[१६]

काँग्रेस तथा लीग का वार्षिक अधिवेशन मार्च १९४० में हुआ। राजनीतिक दृष्टि से यह अधिवेशन काँग्रेस तथा मुस्लिम लीग दोनों के लिए महत्वपूर्ण था। काँग्रेस का ५३ वाँ अधिवेशन रामगढ़ में २०-२२ मार्च को और लीग का अधिवेशन २३ मार्च को लाहौर में आयोजित किया गया। रामगढ़ अधिवेशन में काँग्रेस ने स्वतंत्रता, प्रजातंत्र एवं राष्ट्रीय एकता के आधार पर भारत में विधान निर्माण हेतु एक विधान परिषद् की माँग रखी तथा ब्रिटेन की युध्द में सहायता न करने और पुन: संविनय अवज्ञा आन्दोलन प्रारंभ करने के अपने निश्चय की स्पष्ट घोषणा करते हुए अपनी निष्ठा के अनुसार अपनी माँग को पुन: दोहराया। अधिवेशन में गाँधीजी को परिस्थिति के अनुसार किसी भी प्रकार के आन्दोलन प्रारंभ करने और ब्रिंटिश शासन के विरूध्द संकट उत्पन्न करने की अनुमति प्राप्त हो गई। अब काँग्रेस स्पष्ट कर देना चाहती थी कि युध्द एवं शांति-विषयक नीतियों का निर्धारण केवल भारतीयों द्वारा ही किया जाना चाहिए। भारत प्रजातंत्र का समर्थक होने के कारण किसी ऐसे युध्द में साथ नहीं देगा जो नाममात्र के लिए प्रजातंत्र के रक्षार्थ लड़ा जा रहा हो और भारत की ही स्वतंत्रता की अवहेलना की जा रही हो। अत: भारत को भी युध्द में एक पक्ष बना देने के विरोध में काँग्रेस ने व्यक्तिगत-सत्याग्रह प्रारंभ करने का निश्चय करते हुए पुन: असहयोग के मार्ग पर चलने को बाध्य हो गई।[१७]

मुस्लिम लीग के समक्ष भी अपने नियत लक्ष्य की ओर बढ़ने के अतिरिक्त कोई दूसरा विकल्प नहीं था। अत: २३ मार्च १९४० को लाहौर अधिवेशन में प्रथम बार जिन्ना ने 'पाकिस्तान की माँग' स्पष्ट रूप से रखी। मुलिस्म लीग ने मुसलमानों के लिए जिस पृथ्क 'पाकिस्तान की माँग' की थी, उसके अन्तर्गत उत्तर-पश्चिम सीमांत प्रदेश में पंजाब, सिंध और बलूचिस्तान, उत्तर पूर्व में असम तथा बंगाल सम्मिलित थे। मुस्लिम जनसंख्या हिन्दुओं की अपेक्षा अधिक थी। जिन्ना का कथन था कि मुस्लिम एक

अलग राष्ट्र है, उसकी अलग भूमि तथा राज्य होना चाहिए।[१८] अतः अधिवेशन में जिन्ना ने अपना 'द्वि-राष्ट्र सिध्दाँत' का प्रस्ताव भी रखा जिसे सर्वसम्मति से स्वीकार कर लिया गया।[१९]

तीसरे दशक के पश्चात् लीग की राजनीति अपने तर्क-संगत परिणाम पर और जिन्ना की महत्वाकाँक्षा अपने चरम बिंदू पर पहुँच गयी जिससे जिन्ना के अभिभावक लिनलिथगों बड़े संतुष्ट हुए। जिन्ना और मुस्लिम लीग में इतनी शक्ति आ गई कि वायसराय उसकी अवहेलना नहीं कर सके और लीग को समुचित सहायता देने लगे। उनका विचार था कि काँग्रेस, मुस्लिम लीग को जिस हेय दृष्टि से देखती रही है, अब उस तरह उसे नहीं देख पायेगी।[२०]

गाँधीजी द्वारा रामगढ़ अधिवेशन में सनिवय अवज्ञा आन्दोलन प्रारंभ किये जाने की स्पष्ट घोषणा तथा सहमति प्राप्त होते ही, प्रांत के सभी जिलों की काँग्रेस समितियाँ, युध्द समितियों में परिणित हो गई। युध्द समितियों का निर्माण मध्यप्रांत के जबलपुर, रायपुर, बिलासपुर, दुर्ग, नरसिंहपुर, निमाड़, बैतूल, मंडला, होशंगाबाद, नागपुर, वर्धा, चाँदा तथा भंडारा। बरार के अकोला, अमरावती, बुल्ढ़ाना तथा यवतमाल में किया गया। इन युध्द समितियों के निर्माण के पश्चात् अनेक उपसमितियों का गठन किया गया। इन उपसमितियों का कार्य युध्द विरोधी प्रचार, सत्याग्रहियों का नामांकन, धनराशि एकत्र करना, साप्ताहिक समाचार देना तथा सत्याग्रहियों के प्रशिक्षण कैम्पों की स्थापना तथा व्यवस्था हेतु कार्य करना था।[२१]

मध्यप्रांत और बरार में काँग्रेस द्वारा सत्याग्रह हेतु प्रांत के अनेक स्थानों में युध्द-विरोधी सभाओं का आयोजन किया जाने लगा। नागपुर के उमरेर तहसील में एक राजनीतिक परिषद् आयोजित कर साओजी, मोटे, डांडेकर तथा भीसे द्वारा सरकार विरोधी भाषण दिये गये। बैतूल जिले के मुल्ताई तहसील के सेनखेड़ा नामक स्थान पर विधायक दीपचंद की अध्यक्षता में जिला कौंसिल के शिक्षकों द्वारा सभा आयोजित की गई। सभा में बालाराम नामक शिक्षक तथा किसान सभा के अध्यक्ष बांकाराम खांड़े का भाषण आपत्तिजनक तथा सरकार विरोधी होने के कारण उन्हें चेतावनी दी गई। बैतूल जिले के दो स्थानों पर क्रांतिकारी पर्चे बाँटे गये जिसे अपराधिक दंड संहिता की धारा-९९ के अन्तर्गत प्रतिबंधित कर दिया गया। प्रेस तथा लेखकों के लिए भारतीय सुरक्षा-अधिनियम के अन्तर्गत दंड का प्रावधान किया गया।[२२] होशंगाबाद जिले में भी संसद सदस्य शंकरलाल चौधरी द्वारा सिवनी-मालवा के क्षेत्रों तथा सागर-दमोह का दौरा कर सरकार के विरूध्द सत्याग्रह में भाग लेने की जनता से अपील की गई। छत्तीसगढ़-संभाग में रायपुर और दुर्ग की काँग्रेस समितियों ने जिला कौंसिल के शिक्षकों से सत्याग्रह हेतु सक्रिय सहयोग किया। अतः जिला कौंसिल के शिक्षकों द्वारा अनेक सभाओं का आयोजन किया गया। रायपुर जिले के महासमुंद तहसील तथा बिलासपुर में आयोजित एक राजनीतिक सभा में सत्याग्रह हेतु जनता से आग्रह किया गया। बालौद नामक स्थान पर क्रांतिकुमार मोदी द्वारा आपत्तिजनक भाषण दिये गये। उसी प्रकार बरार के मुर्तिजापुर ताल्लुक में आयोजित सभा में एस. के. पटेल द्वारा सरकार विरोधी भाषण देकर जनता से सत्याग्रह में भाग लेने ने की अपील की गई। भाषण का प्रमुख विषय रामगढ़ काँग्रेस अधिवेशन में पारित युध्द संबंधी प्रस्ताव थे।[२३]

प्रांत में युध्द विरोधी सभाओं के आयोजन के अतिरिक्त सत्याग्रह में भाग लेने हेतु सत्याग्रहियों के नामांकन कराये गये। मई १९४० तक सत्याग्रह हेतु नामांकन कराने गये सत्याग्रहियों की कुल संख्या

महाकोशल क्षेत्र में ५७१ थी जिसमें जबलपुर के ४५, रायपुर के १००, बिलासपुर के २६ तथा दुर्ग के ४०० सत्याग्रही थे। इन नामांकित सत्याग्रहियों द्वारा सत्याग्रह में भाग लेने के लिए प्रांत के अनेक स्थानों पर 'सत्याग्रह-प्रशिक्षण कैम्प' लगाकर प्रशिक्षण की भी व्यवस्था की गयी। 'महाकोशल प्रशिक्षण कैम्प' का केन्द्र जबलपुर था। नरसिंहपुर में प्रशिक्षण कैम्प ८ से १५, अकोला में ५ से ७ मई तक लगाये गये। रायपुर, दुर्ग और होशंगाबाद में भी इस अवधि में प्रशिक्षण कैम्प लगाये गये। बिलासपुर में जिला कौंसिल के 'शिक्षक-संघ' द्वारा एक 'प्रशिक्षण-आश्रम' भी स्थापित किया गया।[२४] रायपुर जिले के खट्टी नामक स्थान पर प्रशिक्षण कैम्प लगाकर उद्घाटन भाषण में मंहत लक्ष्मीनारायण तथा अनंतराम कुर्मी द्वारा सत्याग्रहियों को स्वराज्य प्राप्ति हेतु प्रेरित किया गया। दुर्ग के प्रशिक्षण कैम्प को रविशंकर शुक्ल और द्वारका प्रसाद मिश्र द्वारा बालौद तथा डोन्डी कैम्प को कांतिकुमार मोदी द्वारा संबोधित किया गया। इसी प्रकार होशंगाबाद जिले के हरदा और पिपरिया में भी कैम्प लगाये गये। हरदा कैम्प में १२ और पिपरिया कैम्प में १९ सत्याग्रही थे। इस समय तक 'महाकोशल-प्रशिक्षण कैम्प' में नामांकित सत्याग्रहियों की संख्या ९४८ हो गई थी जिसमें जबलपुर जिले के ८० सत्याग्रही थे। मराठी क्षेत्र में आवारी द्वारा चाँदा, नागपुर तथा आमला में भी २६ से ३० मई तक प्रशिक्षण कैम्प लगाये गये।

बरार के बुल्ढ़ाना जिले में नांदूरा नामक स्थान तथा आकोला में सत्याग्रह प्रशिक्षण-कैम्प १८ से २० मई तक लगाये गये जिसमें ४० सत्याग्रहियों तथा २२५ जिला कौंसिल के शिक्षकों ने भाग लिया। २० मई को रविशंकर शुक्ल तथा सी.जे. भारूखा द्वारा कैम्प का निरीक्षण किया गया। अपने उद्घाटन भाषण में रविशंकर शुक्ल ने सत्याग्रहियों से देश के लिए प्राण न्यौछावर करने हेतु तैयार रहने की अपील की। इसी संदर्भ में अकोला में आयोजित 'बरार प्रांतीय काँग्रेस' के कार्यकत्ताओं की सभा में ओम प्रकाश मेहता तथा नागपुर के चौथमल द्वारा काँग्रेस कार्यकर्त्ताओं के कैम्प में सरकार विरोधी पर्चियां फेंकी गई। इन पर्चियों को बाँटने के अपराध में चौथमल को दंड संहिता १८९६ की धारा ९९-ए के अन्तर्गत दंडित किया गया। ओमप्रकाश मेहता को इससे पूर्व ही अकोला में आपत्तिजनक भाषण दिये जाने के अपराध में गिरफ्तार कर लिया गया था। अकोला प्रशिक्षण कैम्प का निरीक्षण रविशंकर शुक्ल तथा सी.जे.भारूखा द्वारा किया गया। बरार के मुर्तिजापुर ताल्लुक की आयोजित सभा को एस.के. पटेल द्वारा संबोधित किया गया।[२५]

नागपुर में 'युध्द सहायता-कोष' में धन एकत्रित करने के विरूध्द आवारी की अध्यक्षता में एक सभा आयोजित की गई। इसी प्रकार चाँदा के वरोरा ताल्लुक तथा चिमूर में भी सभाओं का आयोजन किया गया। नागपुर की जनता द्वारा युध्द समिति के गठन हेतु सभा का आयोजन कर डॉ. एन.बी.खरे, आर.ए.कार्नितकर, सीताराम दुबे, खान बहादुर हिफाजत अली तथा सी.बी.प्रकाश द्वारा संबोधित किया गया। इस संदर्भ में काँग्रेस द्वारा अनेक औपचारिक समितियों की स्थापना के अतिरिक्त आमला नामक स्थान पर ८ जून १९४० को आर.एस. रूईकर द्वारा एक 'युवा-सम्मेलन' का आयोजन कर 'यूथ लीग' की स्थापना की गई जिसका उद्धेश्य काँग्रेस को सहायता पहुँचना था। इस सभा के प्रमुख वक्ताओं में संसद सदस्य बिहारीराम दौलतराव तथा धनकटलाल थे।[२६]

इस प्रकार युध्द विरोधी सभाओं के आयोजन सत्याग्रहियों के नामांकन तथा प्रशिक्षण-कैम्पों के गठन के पश्चात् 'प्रान्तीय अदालतों' तथा 'जिला अदालतों' का भी गठन किया गया। महाकोशल प्रान्तीय

अदालत के सभापति सेठ गोविंददास, मंत्री शंभूदयाल मिश्र तथा सदस्य शंकरलाल चौधरी थे। अन्य सदस्यों में सागर के भैयालाल सराफ, गौरीशंकर श्रीवास्तव, फूलचंद, लक्ष्मण सिंह बिसेन, रामनारायण सैनी, रायपुर के बृजलाल तिवारी, लक्ष्मणराव उद्दीरकर, बाबू हरि सिंह, राजेन्द्र प्रसाद वर्मा, फरीद खाँ, सैय्यद याकूब अली, बिलासपुर जिले के नरोत्तमप्रसाद गुप्ता, काशीप्रसाद बाजपेयी, चन्द्रभूषण सिंह , एच. सी.मुखर्जी, वी.डी.भावे, विकासचन्द्र मित्रा तथा निहालचंद्र सक्सेना और जबलपुर जिले के कालूराम जैन, बद्रीप्रसाद राय, आर.सी. नावलेकर, गुलाबचन्द्र गुप्त तथा कुँजीलाल दुबे नियुक्त किये गये।[२७]

इसके साथ ही प्रान्तीय काँग्रेस कमेटी के 'निर्वाचन प्राधिकरण' (इलेक्शन ट्रीबूनल) की व्यवस्था नागपुर काँग्रेस कमेटी द्वारा सेठ पूनमचंद्र रांका के सभापतित्व में की गई जिसमें १३ सदस्य सम्मिलित हुए। वर्धा के कृष्णदास जाजू, नागपुर के एम.भगवान दीन तथा एम.वाय. शरीफ प्रमुख थे। चुनाव प्राधिकरणों के कार्य तथा मार्गदर्शन स्थानीय मंडलों में स्थापित उपसमितियों द्वारा किया जाने लगा। इसके प्रमुख सदस्य गोपालराव काले, एम.वाय. शरीफ तथा पूनमचंद रांका थे।[२८]

१९४० के मध्य विश्व युध्द में इंग्लैंड की स्थिति अत्यन्त खराब हो गई। युध्द में जर्मनी द्वारा चेकोस्लोवाकिया, पोलैड, नार्वे, हालैंड, इग्लैंड, बेल्जियम और फ्रांस जैसे बड़े-बड़े राष्ट्र ध्वस्त हो चुके थे। इग्लैंड भी 'डर्न्डक' के मोर्च पर बुरी तरह परास्त हो चुका था। जर्मनी के हवाई हमलों में भी अत्यधिक वृध्दि हो जाने के कारण ब्रिटेन की स्वतंत्रता के लिए खतरा उत्पन्न हो गया था। ऐसी स्थिति में ब्रिटेन में चेम्बरलेन के स्थान पर विंसेंट चर्चिल प्रधानमंत्री तथा लार्ड जेटलैंड के स्थान पर एल. एस.एमरी भारत मंत्री बने।[२९]

युध्द में ब्रिटेन की विषम स्थिति को देखते हुए काँग्रेस के अधिकांश नेताओं में ब्रिटेन के प्रति सहानुभूति उत्पन्न हो गई। गाँधीजी ने जून १९४० को अपने वकव्य में कहा कि 'हम ब्रिटेन के विनाश से अपनी स्वतंत्रता प्राप्त करना नहीं चाहते। जवाहरलाल नेहरू ने भी इस संबंध में कहा कि 'ब्रिटेन की कठिनाई भारत का सौभाग्य नहीं है[३०] फिर भी काँग्रेस ब्रिटेन को बिना शर्त सहयोग देने के पक्ष में नहीं थी। ४ जुलाई १९४० को वायसराय ने एक वक्तव्य प्रकाशित किया जिसका तात्पर्य था कि "सरकार भारतवासियों को शासन-तंत्र का एक अंग बनाने को तैयार हैं परंतु स्वाधीनता देने के पक्ष में नही।[३१] अतः काँग्रेस कार्य-समिति ने ७ जुलाई १९४० में आयोजित 'पूना प्रस्ताव' में दो शर्तो पर ब्रिटेन को सहयोग देने का निश्चय किया। पहला, युध्दोपरांत भारत को पूर्ण स्वतंत्रता प्रदान करने का आश्वासन दिया जाय। दूसरा, भारतीय प्रशासन में सभी राजनीतिक दलों के प्रतिनिधियों को सम्मिलित कर एक ऐसे 'अंतिरम-सरकार' का गठन किया जाये जो केन्द्रीय विधानमंडलों के निर्वाचित सदस्यों के प्रति उत्तरदायी हो। इन प्रस्तावों के माध्यम से काँग्रेस ने ब्रिटेन को सहयोग प्रदान करना चाहा परंतु साम्राज्यवादी विचारों से प्रेरित प्रधानमंत्री विंसेन्ट चर्चिल पर इसका कोई प्रभाव नहीं पड़ा।[३२] उन्होंने कहा कि 'मैं महामहिम सम्राट का प्रधानमंत्री, ब्रिटिश साम्राज्य का दिवाला निकालने के लिए नहीं बना हूँ।'[३३] जबकि भारत मंत्री एल.एस.एमरी ने युध्द समाप्ति के एक वर्ष पश्चात् भारत को 'औपनिवेशिक-स्वराज्य' देने का प्रस्ताव कर संवैधानिक समझौता किये जाने की चिन्ता व्यक्त की। चर्चिल ने नाराजगी प्रकट करते हुए औपनिवेशिक स्वराज्य (डेमिनियन स्टेट) की तिथि निश्चित करने से इंकार कर दिया। इस पर एमरी ने वायसराय को लिखा कि 'चर्चिल ४० वर्ष पूर्व जिस भारत सरकार से परिचित हैं, उसके

अतिरिक्त किसी भी प्रकार की सरकार की कल्पना के वे विरूध्द हैं।'[३४] दूसरी ओर, प्रान्तीय स्तर पर काँग्रेस की सक्रियता के कारण सत्याग्रह हेतु नामांकन कराने वाले सत्याग्रहियों का सिलसिला जारी रहा। जिससे मध्यप्रांत और बरार में जुलाई १९४० तक नामांकित सत्याग्रहियों की संख्या बढ़कर मराठी क्षेत्र में ३०० तथा महाकौशल में १४०० हो गई थी जिसमें जबलपुर के १२५ और होशंगाबाद के १०० सत्याग्रही थे।[३५]

काँग्रेस के पूना प्रस्ताव के उत्तर में वायसराय ने संवैधानिक गतिरोध को दूर करने के उद्धेश्य से ८ अग्रस्त १९४० को एक वक्तव्य दिया जिसमें 'औपनिवेशिक-स्वराज्य' भारत का लक्ष्य घोषित किया गया। यह घोषणा 'अगस्त-प्रस्ताव' के नाम से प्रसिध्द हुआ जिसके अनुसार युध्दोपरांत एक ऐसी समिति नियुक्त करने की बात कही गई जो पूर्णतः राष्ट्रीय होगी और वह भारत के 'भावी-संविधान' की रूपरेखा तैयार करेगी। गवर्नर की कार्यकारिणी में भारतीय प्रतिनिधियों को भी सम्मिलित करने का आश्वासन दिया गया। युध्द संबंधी मामलों में परामर्श हेतु एक 'युध्द परामर्श-समिति' गठित करने की बात भी कही गई जिसमें भारतीय रियासतों तथा भारत के राष्ट्रीय जीवन के सभी तत्वों को समाहित करने की व्यवस्था थी।[३६]

यद्यपि गवर्नर जनरल द्वारा प्रस्तावित योजना के अनुसार गर्वनर जनरल की कार्यकारिणी में भारतीयों की नियुक्ति, काँग्रेस की राष्ट्रीय सरकार की माँग को पूरा नहीं करती थी। इसके अतिरिक्त संवैधानिक योजना के लिए मुस्लिम लीग की सहमति को अनिवार्यता प्रदान करना, काँग्रेस की दृष्टि में राष्ट्रीय हितों के विपरीत था। इस प्रस्ताव को अस्वीकार करने के अतिरिक्त काँग्रेस के समक्ष कोई दूसरा विकल्प न था। अतः काँग्रेस ने इस घोषणा को स्वीकार नहीं किया।[३७] प्रस्तावित योजना में लीग के १९४० के लाहौर अधिवेशन में की गई माँग के अनुरूप मुसलमानों के लिए 'पृथक-पाकिस्तान' निर्माण का कोई आश्वासन नहीं दिया गया था तथा गर्वनर जनरल की कार्यकारिणी में लीग को काँग्रेस के बराबर ही प्रतिनिधित्व दिये जाने की भी कोई व्यवस्था नहीं की गई थी। जबकि लीग काँग्रेस के समान ही प्रतिनिधित्व चाहती थी। इस प्रकार 'अगस्त-प्रस्ताव' को कांग्रेस तथा लीग दोनों के द्वारा अस्वीकृत कर दिया गया।[३८] चूंकि अगस्त प्रस्ताव को प्रमुख राजनीतिक दलों ने भी स्वीकार नहीं किया। अतः वह लागू नहीं किया जा सका।[३९] वायसराय तथा एमरी ने घोषणा की कि भारत को युध्द सहायता-कोष में धन देकर ब्रिटेन को धन द्वारा सहायता पहुँचाये। अतः युध्द सहायता-कोष में धन एकत्रित करने के विरोध में सभाओं का आयोजन किया जाने लगा। इस हेतु मध्यप्रांत के नागपुर जिले में २३, २६ तथा २९ अगस्त १९४० को सेठ पूनमचंद रांका की अध्यक्षता में नागपुर काँग्रेस कमेटी की बैठक आयोजित की गई जिसमें ९००० व्यक्तियों ने भाग लिया। इस सभा में उल्लेखनीय बात यह थी कि प्रान्तीय सरकार के ४ भूतपूर्व मंत्रियों-द्वारका प्रसाद मिश्र, डी.के.मेहता, एस.व्ही. गोखले तथा सी.जे.भारूखा सहित डॉ. चोलकर, एमं.आर.आवारी, एल.एस.सार्लेकर, एम.एस. केनेमवार ने सभा को संबोधित किया। द्वारका प्रसाद मिश्र तथा एम.आर.आवारी का भाषण आपत्तिजनक होने के कारण भाषण की जाँच करवायी गई।[४०] इसके पश्चात् बरार के अमरावती जिले में २३ से २६ अग्रस्त १९४० तक आयोजित अनेक सभाओं में वायसराय के वक्तव्य की आलोचना कर विरोध प्रकट किया गया। इसी प्रकार प्रांत में आयोजित अनेक सभाओं में ब्रिटिश सरकार के विरूध्द सत्याग्रहियों से सत्याग्रह हेतु तैयार रहने की

अपील की गई। इन सभाओं के प्रमुख वक्ताओं में हरदा के विधायक दादाभाई नायक, अमरावती के पी. के. देशमुख, पंजाबराव तथा रतनराव काले को उनके आपत्तिजनक भाषण के कारण चेतावनी दी गई।[४१]

'हिन्दुस्तानी लाल-सेना' (हिन्दुस्तान रेड-आर्मी) के स्वयं सेवकों द्वारा भी २७ अगस्त १९४० को नागपुर में युध्द तथा सरकार की नीति के विरोध में एक जुलूस निकाला कर जनता से करेंसी नोटों को स्वीकार न किये जाने की अपील की गई जिसके कारण ३ स्वयं सेवकों को गिरफ्तार कर लिया गया।[४२] इसी संदर्भ में विधायिका परिषद् की एक सभा का आयोजन १० तथा २१ सितम्बर १९४० को नागपुर में पूनमचंद्र रांका की अध्यक्षता में किया गया जिसमें मध्यप्रांत और बरार के ५३ सत्याग्रहियों सहित रविशंकर शुक्ल, बृजलाल बियाणी, धर्माधिकारी आदि ने महात्मा गाँधी के नेतृत्व में पूर्ण आस्था प्रकट करते हुए २ प्रस्ताव पारित किये। पहले प्रस्ताव के अनुसार वायसराय के वक्तव्य को असंतोषजनक मानकर आलोचना की गई। दूसरे, प्रस्तावनुसार प्रांत की अनुत्तरदायी सरकार के प्रति विरोध प्रकट किया गया तथा सत्याग्रह की तैयारी पूर्ण हो जाने की सूचना दी गई। इस समय परिस्थितिवश यह आम धारणा बन चुकी थी कि अखिल भारतीय काँग्रेस के बम्बई अधिवेशन के शीघ्र पश्चात् काँग्रेस, सविनय अवज्ञा-आन्दोलन प्रारंभ कर देगी।[४३]

व्यक्तिगत सत्याग्रह (१९४०-४१)

अगस्त-प्रस्ताव को अस्वीकार कर देने के पश्चात् जनता की सम्पूर्ण जिज्ञासा ११ अक्टूबर १९४० को वर्धा में आयोजित होने वाली काँग्रेस कार्यकारिणी सभा की ओर केंद्रित हो गई। वर्धा की कार्यकारिणी सभा में गाँधीजी ने व्यक्तिगत-सत्याग्रह की योजना प्रस्तुत की जिसे स्वीकृत प्रदान कर दी गई।[४४] इस प्रकार काँग्रेस ने महात्मा गाँधी के नेतृत्व में पुनः असहयोग मार्ग पर चलने का निश्चय किया।[४५] महात्मा गाँधी व्यक्तिगत सत्याग्रह द्वारा भारतीय भावनाओं को व्यक्त करना चाहते थे। इस बार उन्होंने सामूहिक कार्यवाही के स्थान पर सीमित और प्रतीकात्मक रूप में व्यक्तिगत सत्याग्रह प्रारंभ किया। इस सत्याग्रह का उद्धेश्य नैतिक विरोध की अभिव्यक्ति मात्र था।[४६]

गाँधीजी व्यक्तिगत सत्याग्रह को प्रारंभ करने के लिए एक ऐसे सत्याग्रही का चयन करना चाहते थे, जो पूर्णतया अंहिसा का पालन करते हुए सार्वजनिक रूप से गिरफ्तारी के लिए स्वयं को प्रस्तुत कर सके। इस कसौटी के आधार पर गाँधीजी ने अपने परम विश्वस्त अनुयायी आचार्य विनोबा भावे को प्रथम सत्याग्रही के रूप में चुना। प्रथम सत्याग्रही के रूप में विनोबा जी ने १७ अक्टूबर १९४० को वर्धा से ६ मील दूर पावनेर नामक स्थान पर ५७५ व्यक्तियों की सभा में युध्द विरोधी-भाषण देकर व्यक्तिगत सत्याग्रह का शुभारंभ किया। १८ तारीख को सुरगाँव में ३७५, सेलु में २०० तथा देवली में ७०० व्यक्तियों की सभा में चार दिनों तक लगातार युध्द-विरोधी भाषण देकर सरकार की घोषित नीति के विरूध्द जनता से युध्द में किसी भी प्रकार की सहायता या सहयोग न देने की अपील की। उनके भाषण, न्यायाधिकरण की धारा ३४ (६) (डी) (ई) तथा (के) के अन्तर्गत सरकार विरोधी होने के कारण पाँचवे दिन, २१ अक्टूबर १९४० को उन्हें गिरफ्तार कर लिया गया। विनोबा भावे को ३ माह के कारावास का दंड दिया गया।[४७]

गाँधीजी ने दूसरे सत्याग्रही के रूप में जवारहलाल नेहरू का चयन किया परंतु इससे पूर्व ही वे

विनोबा भावे का अनुसरण करते हुए आपत्तिजनक भाषण दिया। फलस्वरूप उन्हें उनके निवास स्थान इलाहाबाद में गिरफ्तार कर लिया गया। उन्हें सर्वाधिक लम्बी ४ वर्ष के कारावास का दंड दिया गया। मौलाना अबुल कलाम आजाद भी १८ माह के लिए जेल भेज दिये गये। धीरे-धीरे सभी प्रमुख नेता सरदार पटेल, राजगोपालाचारी अनेक भूतपूर्व मंत्री. विधानसभाओं तथा काँग्रेस समितियों के सदस्य आदि भी गिरफ्तार कर लिये गये। गिरफ्तारियों से सम्पूर्ण देश में उत्तेजना फैल गई। सत्याग्रह ने एक राष्ट्रव्यापी आन्दोलन का रूप धारण कर लिया। इस आन्दोलन में उल्लेखनीय बात यह थी कि यह पूर्णतः अहिंसक तथा प्रतीकात्मक था जिसमें सामूहिक कार्यवाही को विशेष रूप से स्थगित कर व्यक्तिगत रूप से अपनाया गया था। अतः इसे 'व्यक्तिगत-सत्याग्रह' का नाम दिया गया। इसमें सत्याग्रहियों द्वारा सरकार को सत्याग्रह के स्थान तथा समय की सूचना देकर जनता से युध्द में सरकार को किसी प्रकार से सहायता न करने का आग्रह करना तथा व्यक्तिगत रूप से अपनी गिरफ्तारी देना था।[४८]

अतः सत्याग्रह प्रारंभ होते ही काँग्रेस समितियाँ अवैध घोषित कर दी गई। सभी समाचार-पत्रों पर प्रतिबंध लगा दिया गया। गाँधीजी ने भी 'हरिजन' तथा अन्य दो सप्ताहिक पत्रों का प्रकाशन स्थगित कर दिया।[४९] इसके पश्चात् महात्मा गाँधी द्वारा मनोनीत सत्याग्रहियों द्वारा अलग-अलग स्थानों पर शांतिपूर्ण ढ़ंग से सत्याग्रह किया जाने लगा।

व्यक्तिगत सत्याग्रह का प्रभाव मध्यप्रांत और बरार की राजनीति पर भी पड़ा। व्यक्तिगत सत्याग्रह में जबलपुर के प्रथम सत्याग्रही बाबू गोविन्ददास हुए जो उन दिनों व्यक्तिगत कारणो से कलकत्ता में निवास कर रहे थे। सत्याग्रह प्रारंभ होते ही अपने गृहनगर वापस आकर सत्याग्रह हेतु एक विशाल जुलूस सहित सत्याग्रह स्थल 'मंगेला ग्राम' पहुँचे। वहाँ पर उन्होंने जनता से सरकार को किसी भी प्रकार की सहायता न किये जाने का अनुरोध किया। भाषण देते समय उन्हें गिरफ्तार कर १ वर्ष के कारावास का दंड देकर जबलपुर सेन्ट्रल जेल में रखा गया।[५०] नरसिंहपुर के ठाकुर निरंजन सिंह, श्यामसुन्दर नारायण मुशरान, कुंदनलाल तिवारी, शंकरदत्त तिवारी, राम सिंह चौहान, ठाकुर रूद्र प्रताप सिंह, दौलत सिंह, हरिनारायण राठी, श्यामलाल जायसवाल वी.पी.पचौरी आदि भी आन्दोलन में कूद पड़े। अनेकों को जुर्माना तथा विभिन्न अवधि के कठोर कारावास का दंड दिया गया। उन्हीं दिनों निमाड़ जिले में गाँधीजी ने सत्याग्रह के लिए २५ सत्याग्रहियों के नाम का अनुमोदित किया जिसमें भगवन्त राव, आर. जसवाड़ी ने स्वयं को गिरफ्तार करवा कर प्रथम सत्याग्रही हुए। द्वारका प्रसाद मिश्र ने रायपुर तथा बिलासपुर पहुँचकर सत्याग्रहियों की सूची तैयार की।[५१] उन्हीं दिनों छिंदवाड़ा में नागपुर के 'मिल वर्कर्स-एसोशियेशन' के अध्यक्ष आर.एस.रूईकर के नेतृत्व में एक युवा सम्मेलन (यूथ-कांफ्रेंस) आयोजित कर नवयुवकों से अपील की गई कि जब तक 'स्वराज्य' प्राप्त नहीं हो जाता, तब तक सरकार को किसी भी प्रकार की सहायता न की जाय। इसी प्रकार छत्तीसगढ़-संभाग में रायपुर और दुर्ग के सरजू प्रसाद द्वारा जनता से आव्हान किया गया। महाकोशल काँग्रेस कमेटी तथा बिलासपुर काँग्रेस कमेटी के अध्यक्ष ठाकुर छेदीलाल के नेतृत्व में २२ अक्टूबर से २५ अक्टूबर तक युध्द विरोधी सभाओं का आयोजन कर जनता को सत्याग्रह में भाग लेने हेतु प्रोत्साहित किया गया। इन सभाओं के प्रमुख वक्ता रामगोपाल तिवारी तथा भुवन भाष्कर सिंह सुरक्षा अधिनियम की धारा ३४ (६) के अन्तर्गत गिरफ्तार कर लिये गये। ठाकुर छेदीलाल की गिरफ्तारी के पश्चात् रघुनाथ सिंह महाकोशल काँग्रेस कमेटी के अध्यक्ष के रूप में मनोनीत

किये गये। रायपुर जिले के माना कैम्प में रविशंकर शुल्क ने भी सत्याग्रह कर अपनी गिरफ्तारी दी। उसी दिन ७४ व्यक्तियों के गिरफ्तार होने के समाचार भी प्राप्त हुए।[५२]

मराठी मध्यप्रांतीय काँग्रेस कमेटी के अध्यक्ष पूनमचंद रांका की अध्यक्षता में २१ अक्टूबर को नागपुर में युध्द विरोधी सभा आयोजित कर जिले में सत्याग्रहियों के नामांकन हेतु ८ केन्द्रों की स्थापना की गई। भंडारा जिले में सरकार विरोधी आपत्तिजनक भाषण दिये जाने के कारण पूनमचंद रांका को गिरफ्तार कर १ वर्ष के कारावास का दंड दिया गया। उन्होंने अपने स्थान पर गोपालराव काले को नागपुर प्रान्तीय काँग्रेस कमेटी का अध्यक्ष मनोनीत किया।[५३] ठाकुर छेदीलाल तथा पूरनमचंद रांका की गिरफ्तारी के विरूध्द सभायें आयोजित की गई। उसी प्रकार बरार में बी.जी. खरे (बम्बई के भूतपूर्व मंत्री) द्वारा अमरावती, अकोला तथा बुल्ढ़ाना जिलों की सभाओं को संबोधित किया गया। केन्द्रीय विधायक एम.एस. अणे द्वारा 'दशहरा-दिवस' आयोजन पर हिन्दू महासभा का झंडा फहराकर गाँधीजी के अहिंसात्मक तथा युध्द विरोधी प्रचार हेतु काँग्रेस द्वारा 'भाषण की स्वतंत्रता की माँग' की कटु आलोचना की गई।[५४]

इस प्रकार ३१ अक्टूबर १९४० तक प्रांत के विभिन्न जिलों से व्यक्तिगत सत्याग्रह में भाग लेकर अपनी गिरफ्तारियाँ देने वाले सत्याग्रहियों में जबलपुर से १५४, दमोह से १३, सागर से १६३, नरसिंहपुर से २३८, होशंगाबाद बाद से ५२, पूर्वी तथा पश्चिमी निमाड़ से १३२, बैतूल से ६०, छिंदवाड़ा से १५, सिवनी से ३६, मंडला से ६, बालाघाट से ३६, रायपुर से ३८२, दुर्ग से १०० तथा बिलासपुर से ७२ थे।[५५]

सत्याग्रह को गति प्रदान करने के उद्धेश्य से गाँधीजी ने काँग्रेस कार्यकारिणी, अखिल भारतीय काँग्रेस कमेटी, केन्द्रीय तथा प्रान्तीय धारा सभाओं के सदस्यों में से सत्याग्रही चुने तथा उन्हें छोटे-छोटे समूहों में विभाजित कर सत्याग्रह की अनुमित दे दी। इस प्रकार व्यक्तिगत सत्याग्रह का दूसरा चरण १७ नवम्बर १९४० को अकोला में बृजलाल बियाणी के आव्हान के साथ प्रारंभ हुआ। वे १७ नवम्बर १९४० को ५००० व्यक्तियों के जनसमूह के समक्ष सरकार विरोधी भाषण देते समय गिरफ्तार कर लिये गये। उसी दिन होशंगाबाद के संसद सदस्य अग्निभोज भी गिरफ्तार कर लिये गये। २१ नवम्बर १९४० को ३ भूतपूर्व मंत्री नागपुर के सी.जे.भारूखा ६००० जनसमूह के समक्ष 'युध्द में धन और जन से सहायता करना पाप है' के नारे सहित तथा अमरावती के गोखले भी इसी संदर्भ में जनसमूह से अपील करते हुए गिरफ्तार कर लिये गये। द्वारका प्रसाद मिश्र ने जबलपुर जिले के महाराजपुर ग्राम में ३००० जनसमूह सहित पैदल यात्रा कर जुलूस निकला। 'न कोई व्यक्ति सेना में भर्ती होगा और न कोई धन देगा' के नारे लगाने पर गिरफ्तारी हेतु तत्काल ही अंग्रेज डिप्टी कमिश्नर एन.के. पेटरसन द्वारा उनके हाथ पकड़ लिये जाने पर प्रतिरोध करते हुए उन्होंने कहा गया कि 'वे स्वयं ही गिरफ्तारी के लिए प्रस्तुत हैं।' अत: उन्हें जेल पहुँचा दिया गया। उसी दिन श्रीमती प्रमिला जो प्रथम महिला सत्याग्रही थी उन्होंने ने भी लगभग २५०० जनसमूह के समक्ष बृजलाल बियाणी द्वारा दिये गये नारे के साथ सत्याग्रह किया। उसी प्रकार बरार विधायिका परिषद् के वक्ता जी.एस.गुप्ता ने दुर्ग में लगभग ५००० जनसमूह के समक्ष सत्याग्रह किया। इसके अतिरिक्त संसद सदस्य बी.नायक द्वारा होशंगाबाद जिले में डॉ. एम.बोर द्वारा बुलढ़ाना के खामगाँव तथा रविशंकर शुल्क को २१ नवम्बर १९४० को रायपुर में सरकार विरोधी

भाषण देते हुए भारतीय सुरक्षा अधिनियम की धारा-१२९ के अन्तर्गत गिरफ्तार कर १-१ वर्ष के कारावास का दंड दिया गया।[५६]

व्यक्तिगत सत्याग्रह में भाग लेने हेतु महाकौशल क्षेत्र से अनुमोदित सत्याग्रहियों में नरसिंहपुर के ३११ सत्याग्रही थे। नरसिंहपुर जिला कौंसिल के अध्यक्ष निरंजन सिंह ने करेली (नरसिंहपुर) में गुरूवार ५ दिसंबर को 'सत्याग्रह-कैम्प' का श्री गणेश किया।[५७] इसी समय महात्या गाँधी के सचिव श्री प्यारेलाल को वर्धा में दो सभाओं को संबोधित करने तथा युध्द विरोधी नारे लगाने के अपराध में गिरफ्तार कर ३ माह के साधारण कारावास का दंड दिया गया। मराठी मध्यप्रांत में सेठ जमनालाल बजाज़ तथा नागपुर प्रान्तीय कॉंग्रेस कमेटी के अध्यक्ष गोपालराव काले ने सत्याग्रह के प्रचार हेतु नागपुर तथा भंडारा जिलों का दौरा किया।[५८]

महाकौशल क्षेत्र में जबलपुर के सवाईमल जैन को १५ दिसंबर १९४० को पनागर में, नर्मदाप्रसाद मिश्र को २१ दिसंबर को गढ़ा गौतमजी की मढ़ैया के पास, व्यौहार राजेन्द्र सिंह को २२ दिसंबर को बुढ़ागर (गाँधी-ग्राम) में तथा श्रीमती इंदिरा तिवारी को सत्याग्रह करते हुए गिरफ्तार कर २ वर्ष से लेकर १ वर्ष तक के कारावास का दंड दिया गया।[५९] १३ जनवरी १९४१ को देवीप्रसाद चौधरी, सप्ताहिक 'प्रहरी' नामक समाचार पत्र के संपादक भवानी प्रसाद तिवारी, 'नेशनल बॉयस एसोशिएशन' के एक संस्थापक गणेश प्रसाद नायक, गुलाबचंद गुप्त, कुँजीलाल दुबे, छेदीलाल अग्रवाल, बद्रीनाथ गुप्त, गोविंद प्रसाद तिवारी, मूलचंद यादव, गणेश प्रसाद वैश्य, गोकुल प्रसाद बरसैया, बृजविहारी श्रीवास्तव आदि ने अपनी गिरफ्तारियाँ दी। सुमद्राकुमारी चौहान को गिरफ्तार न कर परेशान किया गया। अंत में नगर दंडाधिकारी गजाधर प्रसाद तिवारी के आदेश पर उन्हें गिरफ्तार कर लिया गया।[६०]

फरवरी १९४१ में इलाहाबाद के कमला नेहरू अस्पताल के उद्घाटन के लिए जाते समय गाँधीजी के जबलपुर में रूकने की सूचना मिली। उस समय व्यक्तिगत सत्याग्रह के कारण नगर के प्रमुख कार्यकर्त्ता जेल में थे। उसी दिन गाँधीजी का मीरगंज (भेड़ाघाट स्टेशन) पर उतर कर भेड़ाघाट देखने तथा उसके पश्चात् नगर के आने का कार्यक्रम था। सूचना पाकर नर्मदा प्रसाद सराफ, हुकुमचंद नारद, लक्ष्मी शंकर भट्ट, सेठ लक्ष्मीदास आदि भेड़ाघाट पहुँचे। भेड़ाघाट में बंदरकूदनी आदि का अवलोकन कर गाँधीजी, महादेव भाई देसाई, कनु गाँधी तथा महाराज कुमार विजयानगरम् के साथ जबलपुर आये तथा सेठ हीरजी गोविदजी के चेरीताल स्थित 'रत्नहीर' निवास पर ठहरे। खबर फैलते ही हजारों की संख्या में नागरिक गाँधीजी के दर्शनार्थ एकत्र हो गये। जनता के आग्रह पर गाँधीजी भवन की छत पर खड़े हो गये। जनसमूह ने जय जयकार कर उनका स्वागत किया। विश्राम के पश्चात् वे इलाहाबाद रवाना हुए। २६ फरवरी १९४१ को गाँधीजी के तीसरी बार जबलपुर आगमन पर 'हरिजन-कोष' के लिए सेठ हीरजी गोविंद जी से ५०१ तथा सेठ मोहनलाल हरगोविंद दास से १००१ रूपये की राशि प्राप्त हुई। गाँधीजी के इस प्रवास की व्यवस्था हुकुमचंद नारद तथा रामेश्वर गुरू तथा 'हीरजी गोविंद जी-फर्म' के संचालक सेठ रतनशी भाई द्वारा की गई।[६१] गाँधीजी के नगर से वापसी के पश्चात् नर्मदा प्रसाद सराफ द्वारा सत्याग्रह की सूचना जिला प्रशासन को लिखित रूप में देने पर उन्हें उनके निवास स्थान पर गिरफ्तार कर नागपुर जेल भेज दिया गया।[६२]

इस प्रकार व्यक्तिगत सत्याग्रह का दौर चलता रहा। इस दौर में कॉंग्रेस कार्यकारिणी कमेटी के

सदस्य शंभू दयाल मिश्र, सेठ जमनालाल बजाज़ तथा प्रान्तीय तथा केन्द्रीय विधायिका परिषद् के सदस्यों द्वारा भारी जनसमूह के मध्य सत्याग्रह करने के कारण भारतीय सुरक्षा अधिनियम १२१ के अन्तर्गत मुकदमा चलाया गया। बैतूल जिले के संसद सदस्य सेठ दीपचंद को ५०० रु. का जुर्माना तथा कचहरी उठने तक कैद की सजा दी गई। बरार में ९ सत्याग्रहियों को जेल भेजा गया।[६३]

इस प्रकार फरवरी १९४१ तक गिरफ्तार होने वाले तथा कारावास का दंड प्राप्त करने वाले सत्याग्रहियों की कुल संख्या २,४११ तक पहुँच गई। जबलपुर के ३२८, दमोह के २५, सागर के १९३, नरसिंहपुर के १८०, होशंगाबाद के २४३, निमाड़ के ६९, बैतूल के २२२, छिंदवाड़ा के ६९, सिवनी के ३५, मंडला के ३७, बालाघाट के २६१, दुर्ग के १००, रायपुर के ४७३ तथा बिलासपुर के १७६ थी। बाद में उनकी संख्या बढ़कर २,४६८ हो गई।[६४] मार्च १९४१ में भी विभिन्न तिथियों में विभिन्न जिलों तथा स्थानों पर सत्याग्रह किया गया। नागपुर के महादेव नारायण चौधरी, प्रेमचंद घासीराम वर्मा, शीतल प्रसाद नारायण राव, गाडरवारा के बाबूलाल अमान सिंह। नागपुर के नारायण राव, कांतिलाल पारेख तुलसीदास नकछिड़े। चाँदा के रामचंद नारायण ढवले, रामचंद वासुदेव तथा लक्ष्मणराव थे।[६५] सागर जिला काँग्रेस कमेटी अध्यक्ष स्वामीकृष्ण चंद, सदस्य रामभरोसे पाठक और सालिगराम तिवारी[६६] छिंदवाड़ा जिले के एस.सी. सोनी अपने ४ सहयोगियों सहित, नीलकंठराव झालके, दुलीचंद मेहता ने पांडुरना से ३ मील दूर मोरडोंगरी में तथा रामचंद्र ने पांडुरना में तथा बाबूलाल ने सिवनी में सत्याग्रह किया। अन्य सत्याग्रहियों में जी.आर. त्रिवेदी, गोकुल सिंह, भागवत प्रसाद, भट्टीलाल सुन्दरलाल, नीलकंठराव, दुलीचंद बाबूराव, नंदलाल धनलाल, भाऊराव, चोखेलाल सेवकराम, हरदुल्ला, दुर्गा प्रसाद और जिला कौंसिल के छोटेलाल भाऊराव आदि ने सत्याग्रह किया।[६७] छिंदवाड़ा के अर्जुन सिंह सिसोदिया, रमाकांत हल्दूकर, रायचन्द्र भाई शाहू . शिवदयाल मालवीय, सुन्दरलाल तिवारी, भट्टूलाल, सुन्दरलाल पानघाटे, अन्नाजी चांदोरकर. बद्रीप्रसाद सोनी, गोविंद प्रसाद सुबोध, रामकरण सिंह चौहान आदि ने सत्याग्रह किया। इन्हें ६ माह से २ माह तक कारावास का दंड दिया गया।[६८]

वर्धा में दौलतराम वाटोलकर, वामन राजाराम मणिपुर, केशव राजाराम घुडे तथा द्वलपा भगवान कूहले, बरार में यवतमाल जिले में व्यंकटराव, आखल, लीलाधर पानघटे, वीर अन्नाजी चांदोरकर आदि को जेल भेज दिया गया। छत्तीसगढ़ संभाग के दुर्ग में अब तक काँग्रेस कमेटी के अन्तर्गत ४४ व्यक्तियों को सत्याग्रह करने की मंजूरी दी गई जिनमें ११ व्यक्तियों को कारावास, ७ व्यक्तियों को जुर्माना किया गया। ११ सत्याग्रहियों को दफा १२९ के अन्तर्गत तथा ३ व्यक्तियों को सत्याग्रह के प्रचार करते समय गिरफ्तार कर लिया गया। अनेक व्यक्तियों को पुन: सत्याग्रह किये जाने के कारण ३-४ माह के कारावास का दंड दिया गया जिनमें सागर के कुन्दनलाल नायक, प्राण सिंह ठाकुर, रामप्रसाद तिवारी, सालिगराम तिवारी, कन्छेदीलाल दलाल, बाबूलाल धनपुरिया, महादेव प्रसाद चौधरी, गरीबदास धोबी, आदि क्रमश: खुरई, करीपुर, मालधौन, छिंदली, देवरी तथा चन्द्रपुर में गिरफ्तार किये गये। दमोह के बालचन्द्र चौधरी, मुरलीधर चतुर्वेदी, जुगल किशोर पाठक, बाबूजी मुंशी, हरिचंद्र मराठी, बाबूलाल जैन आदि को क्रमश: पथरिया, ढाना, पसंदी में गिरफ्तार कर उन्हें ९ माह की सजा दी गई। सत्याग्रह के इस दौर में छोटे-छोटे गाँवो से भी सत्याग्रही आने लगे। इस प्रकार सत्याग्रह करके जेल जाने वाले सत्याग्रहियों की संख्या उत्तरोत्तर बढ़कर २० हजार के लगभग हो गयी।[६९]

प्रान्तीय परिषद् के सदस्यों को भी विभिन्न अवधि के कारावास का दंड तथा जुर्माना किया गया जिनमें विदर्भ प्रान्तीय काँग्रेस कमेटी के अध्यक्ष बृजलाल बियाणी, अमरावती के बी.जे.देशमुख, भूतपूर्व मंत्री एस.वी.गोखले, जी.आर.असरेकर, एस.सी.दानवत, एस.एन.नाथे, अकोला के भूतपूर्व मंत्री पी.बी. गोले, पी.बी.गहलोत, यवतमाल के एन.वी.पाटिल, बुल्ढाना के पी.सी.पाटिल तथा बुल्ढाना हरिजन सम्प्रदाय के सदस्य एल.एस.भाटकर आदि को ६ माह से १ वर्ष तक के कारावास का दंड तथा ५० रू, से ५०० रूपये तक जुर्माना किया गया।[७०]

१९४१ में ब्रिटिश राजनीति में महत्वपूर्ण परिवर्तन हुए। अब तक नाजी जर्मनी पोलैंड, बेलजियम तथा हालैंड और नार्वे, फ्रांस और यूरोप के बहुत से हिस्सों पर कब्जा कर चुका था। २२ जून १९४१ का सोवियत संघ पर भी हमला किया गया था। जापान भी इग्लैंड के विरूद्ध धुरी राष्ट्रों के साथ युद्ध में सम्मिलित हो चुका था। जिससे युद्ध में इग्लैंड की स्थिति अत्यन्त गंभीर हो गई। दूसरी ओर युद्ध के कारण माल की कमी हो जाने से वस्तुओं की कीमतें बढ़ने लगी। लोग युद्ध के भय से भागने लगे। इधर सरकार के अड़ियल रूख को देखकर न केवल काँग्रेस वरन जन साधारण भी अपना धैर्य खो चुका था। उनका विचार था कि जब तक काँग्रेस मुस्लिम साम्प्रदायवादियों के साथ किसी समझौते पर नहीं आती, तब तक संवैधानिक सुधार का प्रश्न ही नहीं उठता। वह अनेक अध्यादेश जांरी कर अभिव्यक्ति तथा प्रेस की स्वतंत्रता, सभा एवं संगठन का अधिकार छीन रही थी। दूसरी ओर, १५ मई १९४१ तक २५ हजार से अधिक सत्याग्रहियों को व्यक्तिगत सत्याग्रह में भाग लेने के कारण दंडित किया जा चुका था।

एक वर्ष पश्चात् १७ अक्टूबर १९४१ को देश भर में व्यक्तिगत सत्याग्रह की जयन्ती मनायी गई। उसके पश्चात् यह सत्याग्रह रूक-रूक कर दिसंबर १९४१ तक चलता रहा। गाँधीजी ने भी २३ दिसम्बर १९४१ को बारदोली में हुए काँग्रेस कार्यकारिणी की बैठक के पश्चात् ३० दिसंबर १९४१ को व्यक्तिगत सत्याग्रह को काँग्रेस के नेतृत्व से मुक्त कर दिया।[७१] इस सत्याग्रह में शीर्षस्थ नेता से लेकर साधरण नागरिकों ने जेल की यात्रा की। मध्यप्रांत और बरार के जनमानस ने भी उत्साहपूर्वक भाग लेकर इस सत्याग्रह को सफल बनाया।[७२] उन्हीं दिनों जबलपुर में साप्ताहिक हिन्दी 'प्रजा पुकार' तथा द्वारका प्रसाद मिश्र के संपादन में 'सारथी' का प्रकाशन किया गया।

इस आंदोलन से यह भावना बलवती होने लगी कि भारतीयों को कुछ अधिकार दिये बिना युद्ध में उनका सहयोग प्राप्त नहीं किया जा सकता। युद्ध में जब मित्र राष्ट्रों की स्थिति बिगड़ने लगी, तब ब्रिटेन को भारतीयों के सहयोग की आवश्यकता हुई। अमेरिका के राष्ट्रपति रूजवेल्ट, चीन के राष्ट्रपति च्यांग काई शेक तथा ब्रिटेन के मजदूर दल के नेताओं ने चर्चिल पर दबाव डाला कि युद्ध में भारतवासियों का सहयोग प्राप्त करने के लिए सत्याग्रहियों को मुक्त कर दें। अत: जवाहरलाल नेहरू तथा मौलाना अबुल कलाम आजाद सहित सत्याग्रहियों को मुक्त कर दिया गया। सत्याग्रहियों को जेल से मुक्त करने के पीछे सरकार का विचार था कि जेल जीवन से ऊब कर काँग्रेसी जन अब सरकार से युद्ध प्रयासों में सहयोग करना चाहेंगे। देश पर आये संकट ने काँग्रेस को युद्ध प्रयासों में सरकार से समझौते का एक और प्रयत्न करने को तो प्रेरित किया किन्तु अपनी माँगों में कोई कमी करने को तैयार ना थी।[७५]

बारदोली में कार्यकारिणी की बैठक के कुछ सप्ताह पश्चात् १९ जनवरी १९४२ को बनारस जाते समय गाँधीजी जबलपुर में भोजन तथा विश्राम के पश्चात्, स्टेशन जाते समय विक्टोरिया अस्पताल पहुँचे, जहाँ सेठ गोविंददास का आपरेशन हुआ था। स्टेशन पर आसाम जाने वाले फौजियों को विदा देने आयी महिलाओं ने गाँधीजी द्वारा माँगे जाने पर संहर्ष 'हरिजन-कोष' में चंदा दिया।[७६]

उधर, जापान ने सिंगापुर, मलाया, इंडोनेशिया, अंडमान-निकोबार द्विपों को जीत लिया था और प्रचार किया कि वह भारत को अंग्रेजों के नियंत्रण से मुक्त करवायेगा। अत: जापान भारत की ओर बढ़ता आ रहा था और नेताजी सुभाबचंद्र बोस भी 'आजाद हिंद फौज' के साथ ब्रिटेन के विशाल भारतीय साम्राज्य का दरवाजा खटखटा रहे थे। १५ फरवरी १९४२ को सिंगापुर में लगभग ८५ हजार बचे हुए ब्रिटिश सैनिकों ने जापानियों के समक्ष हथियार डाल दिये। २० हजार सैनिक पहले ही मारे जा चुके थे और अनेक बंदी बना लिये गये थे। ऐसी स्थिति में ब्रिटिश सरकार भारत की रक्षा करने में असमर्थ थी। इस बात को ब्रिटिश संसद में स्वयं चर्चिल ने खुले आम स्वीकार किया था। फरवरी १९४२ एक रेडियो-प्रसारण तथा संवाददाता-सम्मेलन में जनरल मोल्सबर्थ ने जापानी जहाजों का हिंद महासागर और बंगाल की खाड़ी में प्रवेश कर लिये जाने की बात स्वीकार की।[७७] ऐसे संकटपूर्ण स्थिति में ब्रिटिश सरकार को भारतीयों के सहयोग की आवश्यकता थी। अत: ११ मार्च को प्रधानमंत्री चर्चिल ने घोषणा की कि' भारत के राजनीतिक गतिरोध को दूर करने के लिए ब्रिटिश सरकार एक योजना सहित स्टेफोर्ड-क्रिप्स को भारत भेज रही है। क्रिप्स मजदूर दल के वामपंथी सदस्य तथा भारत के राष्ट्रीय आन्दोलन के समर्थक थे।[७८]

२२ मार्च १९४२ को दिल्ली पहुँच कर क्रिप्स ने काँग्रेस, मुस्लिम लीग, हिन्दू महासभा, दलित (हरिजन) भारतीय नरेशों तथा उदारवादियों के प्रतिनिधियों से मिलकर ब्रिटिश सरकार की ओर से कुछ प्रस्ताव रखें जो 'क्रिप्स-प्रस्ताव' के नाम से प्रसिध्द हैं। क्रिप्स-प्रस्ताव के दो भाग थे। पहला, दूरगामी प्रस्ताव जो युध्द के पश्चात् लागू किये जाने थे। दूसरा, तात्कालिक प्रस्ताव जो तुरंत लागू किये जाने थे। इस दूरगामी प्रस्ताव में एक 'संविधान-निर्मात्री-सभा' का गठन तथा उसके द्वारा भारतीय संघ का संविधान बनाने का प्रावधान था। मुस्लिम लीग को संतुष्ट करने के लिए इन प्रस्तावों में यह कहा गया कि यदि कोई प्रांत भारतीय-संघ में सम्मिलित नहीं होना चाहेगा तो ऐसे प्रांत को अपना पृथक संघ और संविधान बनाने का अधिकार होगा। तात्कालिक प्रस्तावानुसार वायसराय की कार्यकारिणी में युद्ध-मंत्री के अधिकारों से संबंधित विषय थे।[७९]

क्रिप्स प्रस्ताव से यह स्पष्ट हो गया था कि अंग्रेजी सरकार सरलता से भारतीयों को सत्ता नहीं सौंपेगी।[८०] युध्द के परिणामों की अनिश्चिता के कारण क्रिप्स के तात्कालीन प्रस्ताव, इतने अपूर्ण और अनिश्चित थे कि तत्कालीन भारतीय सरकार के स्वरूप में कोई महत्वपूर्ण परिवर्तन नहीं हो सकता था। इस प्रकार क्रिप्स द्वारा प्रस्तुत प्रस्ताव नितांत महत्वहीन थे। काँग्रेस के असंतोष का कारण यह था कि इन प्रस्तावों में काँग्रेस द्वारा की गई पूर्ण स्वराज्य की माँग की उपेक्षा कर 'औपनिवेशिक-स्वराज्य' दिये जाने की बात कही गई और कोई तिथि निश्चित नहीं की गई। अत: गाँधीजी ने क्रिप्स प्रस्तावों को 'दिवालिया बैंक के नाम पर भविष्य की तिथि में डाले गये चैक' के समान निरूपित किया।[८१] जवाहरलाल नेहरू ने 'इस योजना के क्रियान्विति होने से देश के अनगिनत विभाजन की संभावना व्यक्त की।'[८२]

मुस्लिम लीग ने इस योजना में निहित पाकिस्तान की मान्यता का स्वागत किया परंतु उसे प्राप्त करने की जटिल प्रक्रिया की आलोचना की।[८३]

एक संवाददाता सम्मेलन में २६ मार्च १९४२ को क्रिप्स ने कहा कि 'जहाँ तक संभव हों, सुरक्षा के अतिरिक्त सभी विषयों में ब्रिटिश सरकार भारतीयों के हाथ में शक्ति देना चाहती है।' ३० मार्च को क्रिप्स प्रस्ताव प्रकाशित कर दिया गया और क्रिप्स ने भारतीय जनता से उनके प्रस्तावों को स्वीकार कर लेने की अपील की। भारतीय नेताओं से क्रिप्स की बातचीत २० दिनों तक चलती रही परंतु कोई परिणाम न निकला।[८४] भारत के सभी राजनीतिक दलों ने अपने अलग-अलग कारणों से क्रिप्स प्रस्तावों को अस्वीकार कर दिया। काँग्रेस ने भी क्रिप्स प्रस्ताव को अस्वीकार कर दिया क्योंकि उसमें उत्तरदायी-शासन की स्थापना की कोई बात नहीं कही गई थी। यद्यपि क्रिप्स प्रस्तावों में अप्रत्यक्ष रूप से पाकिस्तान की माँग स्वीकार कर ली गई थी परंतु लीग ने भी क्रिप्स प्रस्तावों को स्वीकार नहीं किया क्योंकि उसमें पाकिस्तान निर्माण के संबंध में स्पष्ट स्वीकृति नहीं थी। अन्य राजनीतिक दलों ने भी क्रिप्स-प्रस्तावों को स्वीकार नहीं किया। तेज बहादुर सप्रू और डॉ. जयकर जैसे उदारवादी नेताओं ने क्रिप्स-प्रस्तावों को 'आत्म-निर्णय के सिध्दांत का उपहास' कहकर अस्वीकार कर दिया। विफल स्टैफोर्ड-क्रिप्स ११ अप्रैल को इग्लैंड वापस चले गये।[८५] 'लिबरल-फेडरेशन' की राय थी कि इसमें भारतीय संघ में सम्मिलित होने तथा न होने की स्वतंत्रता संवैधानिक कठिनाईयों उत्पन्न कर सकती हैं और इस प्रश्न को लेकर साम्प्रदायिक तनाव की स्थिति निर्मित हो सकती हैं। 'हिन्दू-महासभा' ने भी इसे स्वीकार नहीं किया।[८६] क्रिप्स मिशन का उद्देश्य भारतीयों को सीमित अधिकार देना था। इससे ब्रिटिश शासकों और भारतीय नेताओं के बीच की खाई और अधिक गहरी हो गई।[८७] क्रिप्स मिशन की विफलता से यह स्पष्ट हो गया कि ब्रिटिश सरकार युध्द में भारत की साझेदारी तो चाहती है परंतु किसी सम्मानजनक समझौते हेतु तैयार नहीं हैं। अत: क्रिप्स-मिशन योजना द्वारा अंग्रेजी सरकार की नीति स्पष्ट हो गई कि वह भारत को स्वतंत्रता प्रदान करना नहीं चाहती है अप्रैल १९४२ के पश्चात् गाँधीजी इस निष्कर्ष पर पहुँचे कि भारत में ब्रिटिश साम्राज्य का समाप्त होना आवश्यक हैं।[८८]

क्रिप्स मिशन की असफलता ने भारत में घोर निराशा का वातावरण उत्पन्न कर दिया और भारतीयों के इस धारणा को अधिक दृढ़ कर दिया कि ब्रिटिश सरकार भारत के संवैधानिक गतिरोध को दूर करने की इच्छुक नहीं है। वस्तुत: वह दिखावा मात्र कर के अपने युध्द सहयोगियों चीन तथा अमेंरिका को संतुष्ट करने के लिए क्रिप्स-मिशन की पूर्व अनुमानित असफलता का उत्तरदायित्व भारतीय राजनीतिक दलों के सिर मढ़ना चाहती थी। क्रिप्स के द्वारा अनेक राजनीतिक दलों के साथ लम्बी वार्ताओं का एक मात्र उद्धेश्य विश्व के देशों के समक्ष यह सिद्ध कर देना था कि काँग्रेस भारत की वास्तविक प्रतिनिधि-संस्था नहीं है और भारतीयों में एकता के अभाव के कारण ही ब्रिटेन-भारत को सत्ता हस्तांतरित नहीं कर सकता।[८९]

उन्हीं दिनों, ब्रिटिश सैनिक अधिकारियों द्वारा वर्मा से भारत आने के लिए भारतीय शरणार्थियों को अत्यन्त कष्टदायक मार्ग बताये गये। बर्मा में भारतीयों के साथ किये जा रहे अमानवीय व्यवहार का अवलोकन करने गये, गर्वनर जरनल की कार्यकारिणी के सदस्य हदयनाथ कुँजरू, मि. एम.एस. अणे और

मि. डॉम ने बताया कि भारतीय शरणार्थियों के साथ अपमानजनक व्यवहार किया जा रहा हैं जैसे वे किसी घटिया जाति के हो।[९०]

भारत छोड़ो आन्दोलन (१९४२-४३)

इस समय युध्द के कारण दैनिक उपयोग की वस्तुओं की कीमतों में हुई अप्रत्याशित वृद्धि के कारण भारतीय जनता की आर्थिक स्थिति पर विपरीत प्रभाव पड़ा। दूसरी ओर, ब्रिटिश सरकार जापानी आक्रमण से भारत की रक्षा करने में असमर्थ थी। अत: बढ़ती हुई कीमत, आवश्यक वस्तुओं का अभाव तथा असुरक्षा की भावना से जनसाधारण की आस्था ब्रिटिश सरकार के प्रति इतनी घट गई थी कि वे बैंकों तथा डाकघरों से अपना रूपया निकाल कर अपनी बचत को सोने, चाँदी और सिक्कों में बदल कर रखने लगे। जन-साधारण में ब्रिटिश सरकार के प्रति बेहद अविश्वास तथा असंतोष व्याप्त था। अत: संघर्ष अपरिहार्य होता जा रहा था।[९१] सप्ताहिक-पत्र 'हरिजन' में महात्मा गाँधी ने लिखा कि 'भारत के लिए उसके परिणाम कुछ भी क्यों न हो, भारत और ब्रिटेन की वास्तविक सुरक्षा समय रहते अंग्रेजों के भारत छोड़ देने में ही है।'[९२] गाँधीजी का विचार था कि अंग्रेज भारत छोड़कर चले जाये तो जापान भारत पर आक्रमण नहीं करेगा। इस प्रकार जापानी आक्रमण के भय और ब्रिटिश सुरक्षा व्यवस्था का अभाव तथा भारतीयों के अविश्वास ने गाँधीजी को एक और अंतिम संघर्ष के लिए बाध्य किया जो 'भारत छोड़ों आन्दोलन' के रूप में सामने आया। गाँधीजी युध्द की हिंसा से दुखी थे और युध्दकाल में किसी भी जन आन्दोलन के विरूद्ध थे। देश की तत्कालीन परिस्थितियों में गाँधीजी की अहिंसा की नीति अधिक उपयुक्त थी परंतु प्रमुख उद्धेश्य देश की स्वाधीनता प्राप्त करना ही था।[९३]

इस प्रकार भारत में व्याप्त घोर निराशा के वातावरण से भारतीयों को निकालने तथा आगामी कार्यक्रम पर विचार हेतु २७ अप्रैल १९४२ को इलाहाबाद में अखिल भारतीय काँग्रेस कमेटी की बैठक आयोजित की गई जिसमें ब्रिटिश सरकार की भारत विरोधी नीतियों के प्रति क्षोभ प्रकट करते हुए ब्रिटेन को युध्द में सहयोग न देने की बात दोहराई गयी और यह निश्चय किया गया कि काँग्रेस किसी ऐसी स्थिति को स्वीकार नहीं कर सकती जिसमें भारतीयों को ब्रिटिश सरकार के दास के रूप में कोई कार्य करना पड़े।[९४] गाँधीजी ने कहा कि 'भारतीय समस्या का एक मात्र हल अंग्रेजों द्वारा भारत छोड़ देने में ही है।' इलाहाबाद में हुए अखिल भारतीय काँग्रेस कमेटी के अधिवेशन ने काँग्रेस कार्यकारिणी को भारत के स्वाधीनता संघर्ष को जारी रखने एवं आवश्यक कार्यवाही हेतु अधिकृत कर दिया जिससे गाँधीजी द्वारा इस दिशा में कोई कदम उठाया जा सके। इस उद्धेश्य से काँग्रेस कार्यकारिणी की बैठक १४ जुलाई १९४२ वर्धा में बुलाई गई।[९५] गांधीजी ने इलाहाबाद की बैठक में व्यक्त किये गये विचारों का समर्थन करते हुए एक प्रस्ताव पारित किया जिसमें कहा गया कि 'जो घटनायें प्रतिदिन हो रही है उनसे काँग्रेसी कार्यकर्त्ताओं की धारण पुष्ट होती जा रही हैं कि भारत में ब्रिटिश शासन का अंत शीघ्र होना चाहिए। यदि यह अपील व्यर्थ गई तो काँग्रेस को अपनी सभी अहिंसात्मक शक्ति का अनिच्छापूर्वक उपयोग करने को बाध्य होना पड़ेगा'।[९६] इस प्रस्ताव में यह स्पष्ट कर दिया गया कि भारत पर भारतीयों का शासन हो और अंग्रेज केवल शासक के रूप में ही भारत से विदा हों। काँग्रेस कार्य समिति द्वारा पारित यह प्रस्ताव 'वर्धा-प्रस्ताव' के नाम से प्रसिध्द हैं। वर्धा प्रस्ताव के पश्चात् गाँधीजी ने पत्रकारों को बताया कि अब 'हम (काँग्रेस) खुला-विद्रोह करेंगे।' अब जवाहरलाल नेहरू ने अपने सभी संदेहों को

त्यागकर गाँधीजी की बात को स्वीकार करते हुए एक नये नारे को जिसमें गाँधीजी ने जो कुछ सोचा, कहा और लिखा उसमें समाहित था, तैयार किया। उन्होंने 'भारत-छोड़ो' को 'खुले-विद्रोह' की संज्ञा दी और गाँधीजी ने उस पर अपनी स्वीकृति की मोहर लगा दी।[९७] इस प्रकार काँग्रेस कार्य समिति ने 'भारत छोड़ो' प्रस्ताव पारित किया। इस प्रस्ताव के अनुसार अंग्रेजी शासकों को एक निश्चित अवधि के अन्तर्गत भारत छोड़ने को कहा गया क्योंकि पराधीन रहते हुए भारत अपनी रक्षा करने के लिए कोई कार्य नहीं कर सकता था और न मानवता विरोधी युध्द में कोई प्रभाव डाल सकता था परंतु इसका भी अंग्रेजी सरकार पर कोई उल्लेखनीय प्रभाव नहीं पड़ा।[९८] अत: काँग्रेस कार्यकारिणी का प्रस्ताव प्रकाशित होते ही जनता में एक स्फूर्ति सी उत्पन्न हो गई। जनता को यह विश्वास हो गया कि काँग्रेस, अंग्रेजों को भारत से निकालने के लिए एक भारी जन आन्दोलन करने जा रही हैं। 'तिलक-दिवस' पर बोलते हुए जवाहरलाल नेहरू ने साफ-शब्दों में घोषणा की कि 'संघर्ष निरंतर संघर्ष ही अब हमारा उत्तर है, एमरी और क्रिप्स को।'[९९]

राजेन्द्र बाबू वर्धा से पटना जाते समय सैय्यद मेहमूद के साथ गोंदिया गये। बनारस जाने के लिए वे जबलपुर आये और द्वारका प्रसाद मिश्र के साथ कुछ घंटे रूके। वर्धा में हुए विचार विमर्श तथा देश की आजादी के लिये 'अंतिम-संघर्ष' की तैयारी से अवगत कराया। मेहमूद 'भारत छोड़ो' प्रस्ताव के विरोधी थे। अत: काँग्रेस कार्यकारिणी से उन्होंने त्यागपत्र दे दिया।[१००]

वर्धा की कार्यकारिणी की बैठक में 'भारत छोड़ो' प्रस्ताव के अनुमोदन के लिए बम्बई में ७ तथा ८ अगस्त १९४२ को अखिल भारतीय काँग्रेस कमेटी का अधिवेशन बुलाने का निर्णय किया गया। अत: ७ अगस्त १९४२ को बम्बई के ग्वालियर टैंक मैदान में 'भारत छोड़ो प्रस्ताव पर निर्णय हेतु अखिल भारतीय काँग्रेस की कार्यकारिणी का ऐतिहासिक अधिवेशन प्रारंभ हुआ। मौलाना अबुल कलाम आज़ाद की अध्यक्षता में सपन्न होने वाले इस अधिवेशन में देश के विभिन्न प्रांतों के लगभग २० हजार व्यक्तियों ने भाग लिया। इस अधिवेशन के ऐतिहासिक महत्व को देखते हुए विश्व के कोने-कोने से आये पत्रकार भी अधिवेशन स्थल पर उपस्थित थे। इस अधिवेशन में महात्मा गाँधी ने अंग्रेजों को भारत छोड़ने की चुनौती दी। अबुल कलाम आजाद के उद्घाटन भाषण के पश्चात् जवाहरलाल नेहरू ने ऐतिहासिक 'भारत छोड़ो' तथा 'पूर्ण स्वतंत्रता' की माँग का प्रस्ताव प्रस्तुत किया और कहा कि 'यदि ब्रिटिश सरकार स्वतंत्रता की माँग को स्वीकार नहीं करेगी तो अहिंसात्मक प्रणाली पर एक जन आन्दोलन प्रारंभ किया जायेगा।' साथ ही साथ इस प्रस्ताव में स्वतंत्रता की तत्काल स्वीकृति और निरंकुश तथा साम्राज्यवादी ब्रिटिश शासन के अंत की भी माँग की गई।[१०१] प्रस्ताव के अंत में कहा गया कि 'जब स्वाधीनता मिलेगी और सत्ता भारतीयों के हाथों में आयेगी तो वह सारे देशवासियों के लिए होगी केवल काँग्रेस के लिए ही नहीं।' वल्लव भाई पटेल द्वारा उक्त प्रस्ताव का अनुमोदन किये जाने के पश्चात् अध्यक्ष महोदय ने करतल ध्वनि के बीच महात्मा गाँधी से सभा को संबोधित करने का निवेदन किया। गाँधीजी ने अपने संक्षिप्त भाषण में कहा कि 'मैं वही गाँधी हूँ जो १९२० में था। हमारा लक्ष्य सत्ता हथियाना नहीं अपितु भारत की स्वाधीनता हेतु अहिंसात्मक संघर्ष करना है। जब सत्ता हाथ में आयेगी, तब जनता यह तय करेगी वह किसके हाथ में दी जाय। अहिंसात्मक रूप से स्थापित प्रजातंत्र में सबको समान स्वतंत्रता प्राप्त होगी। अत: इस प्रकार के प्रजातंत्र में सम्मिलित होने के लिये मैं आज आप को निमंत्रित करता हूँ।[१०२]

दूसरे दिन ८ अगस्त को जब अखिल भारतीय काँग्रेस कमेटी की बैठक हुई। साम्यवादियों ने अनेक संशोधन प्रस्तुत कर विरोध किया। विरोध में १३ मत डाले गये परंतु कुछ संशोधन के साथ भारत छोड़ो प्रस्ताव बहुमत से पारित हो गया।[१०३]

इस प्रस्ताव की स्वीकृति महात्मा गाँधी की सूझबूझ, धैर्य तथा दूसरों को अपने पक्ष में करने की उनकी क्षमता की जीत थी। आधी रात बीत जाने पर वे अखिल भारतीय काँग्रेस कमेटी के सदस्यों तथा राष्ट्र को संबोधित करने हेतु खड़े हुए। गाँधीजी ने पत्रकारों को राष्ट्रीय माँग में उनके समर्थन के लिए बधाई दी तथा देशी नरेशों को चेतावनी देते हुए कहा 'अगर राजाओं ने सही कदम उठाया तो स्वाधीन भारत में उन्हें प्रतिष्ठित स्थान मिल सकता है।' काँग्रेस कार्य समिति के समक्ष अपने विद्वतापूर्ण और ओजस्वी भाषण में गाँधीजी ने आगे कहा कि 'मैं स्वतंत्रता के लिए अब और प्रतीक्षा नहीं कर सकता। मैं जिन्ना साहब के हृदय परिवर्तन की भी प्रतीक्षा नहीं कर सकता। यह मेरे जीवन का अंतिम संघर्ष है। हम विजयी होंगे या फिर नष्ट हो जायेंगे।' स्वतंत्रता की माँग से अब कोई समझौता संभव नहीं कायर मत बनो, कायरों को जीने का कोई अधिकार नहीं है। स्वतंत्रता ही हमारा मंत्र होना चाहिए।[१०४] वास्तव में गाँधीजी उस दिन एक अवतार और पैगम्बर की प्रेरक शक्ति से प्रेरित होकर भाषण दे रहे थे।[१०५] ७० मिनिट के अपने भाषण के अंत में गाँधीजी ने भारतवासियों को 'करो या मरो' का मूलमंत्र दिया। अपने जीवन के सबसे महत्वपूर्ण भाषण को 'करो या मरो' कहकर समाप्त किया। वे एक मिनिट तक हाथ जोड़कर मौन खड़े रहे, मानो अपने साथियों से अंतिम विदा ले रहे हों। उस समय उनके रूप में स्वतंत्रता मूर्त हो गयी थी। ९ अगस्त १९४२ को 'हरिजन' में भी गाँधीजी के लेख में उन्होंने स्वीकार किया था कि मेरे सामने बस एक ही रास्ता है 'करो या मरो'।[१०६] गाँधीजी के इस कथन का अभिप्राय यह नहीं था कि जनसाधारण अहिंसा का मार्ग छोड़कर हिंसा का मार्ग अपनाये। अहिंसा का परित्याग करके वे भारत को स्वतंत्र कराने के पक्षपाती नहीं थे वरन् उनके कथन का अभिप्राय था कि 'अंतिम दम तक संघर्ष करो।' इस प्रकार 'भारत छोड़ो' प्रस्ताव पारित हो जाने तथा गाँधीजी के हृदय स्पर्शी उद्बोधन के पश्चात् यह बैठक समाप्त हो गई।[१०७]

आंदोलन प्रारंभ करने के पूर्व समझौतावादी गाँधीजी ने अंतिम बार गर्वनर जनरल से वार्ता कर लेना चाहते थे परंतु लार्ड लिनलिथगो अंग्रेजी सरकार के विरूद्ध भारत में बढ़ते हुए असंतोष से भली-भांति परिचित होने के कारण आन्दोलन प्रारंभ होने से पूर्व ही उन्हें कुचल देना चाहते थे। अत: आंदोलन प्रारंभ होने के पूर्व ही ९ अगस्त १९४२ को प्रात:काल महात्मा गाँधी, काँग्रेस के सभी वरीष्ठ नेताओं मौलाना अबुल कलाम आजाद, सरदार पटेल, जवाहरलाल नेहरू, सरोजनी नायडू तथा काँग्रेस कार्यकारिणी के सदस्यों तथा १२ अन्य नेताओं सहित गिरफ्तार कर लिए गये। इनमें महादेव देसाई तथा मीरा बेन भी थी। इस प्रकार काँग्रेस के सभी महत्वपूर्ण नेताओं को गिरफ्तार कर[१०८] काँग्रेस समिति को अवैध घोषित कर दिया गया। विशेषकर ८ अगस्त १९४२ को दिये गये गाँधीजी के भाषण के प्रकाशन पर भी प्रतिबंध लगा दिया गया। आंदोलनकारियों के विरूध्द शक्ति प्रयोग के लिए सैनिक अधिकारियों को विशेषाधिकार प्रदान किया गया।[१०९] गिरफ्तारी के पश्चात् गाँधीजी तथा सरोजिनी नायडू को पूना के आगाखाँ महल में और काँग्रेस कार्य समिति के अन्य नेताओं को अहमद नगर के ऐतिहासिक किले में रखा गया। इन नेताओं की गिरफ्तारी के औचित्य को सिध्द करने के लिए ब्रिटिश सरकार द्वारा समाचार

पत्रों में प्रकाशनार्थ एक विज्ञप्ति दी गई जिसमें काँग्रेस ने अपने आगामी कार्यक्रम में देश में अराजकता फैलाने, रेल की पटरियाँ उखाड़ने, टेलीफोन के तार काटने के कार्यक्रम अपनाने का आरोप लगाते हुए इन नेताओं की गिरफ्तारी को आवश्यक बताया गया।[११०]

९ अगस्त की प्रातः समस्त भारत का जनमानस शासकीय दमनात्मक कार्यवाही के समाचार पाकर क्रोध से उबल पड़ा। इस दमनकारी नीति से जनता उत्तेजित हो गई और आंदोलन में सम्मिलित हो गई। यद्यपि काँग्रेस के प्रमुख नेताओं की गिरफ्तारी से जनता नेतृत्वहीन हो गई। आन्दोलन हेतु नेताओं को कार्यक्रम बनाने का कोई मौका नहीं मिला था। ऐसी स्थिति में काँग्रेस कमेटी की ओर से १२ सूत्रीय कार्यक्रम प्रकाशित किया गया जिसमें हड़ताल करने, सार्वजानिक सभायें आयोजित करने, नमक बनाने, लगान न देने आदि की बात कही गई थी और आंदोलन के असहयोगात्मक स्वरूप पर विशेष बल दिया गया था। १९४२ के आन्दोलन की कोई पूर्व तैयारी नहीं थी और न आन्दोलन के संचालन की रूपरेखा तैयार की गई थी।[१११] अतः सरकार की दमन नीति के विरोध में प्रदर्शन, सार्वजनिक सभायें और हड़तालें की गई। सरकार ने भी इस आन्दोलन को कुचलने का निश्चय किया निहत्थे प्रदर्शनकारियों पर लाठियाँ बरसायी गई। कही-कही गोली की वर्षा भी की गई। सरकारी नीति के विरूद्ध कुशल नेतृत्व तथा मार्गदर्शन के अभाव में अहिंसक आन्दोलनकारियों द्वारा सरकारी भवनों, रेल्वे स्टेशनों, रेलगाड़ियों, डाकघरों तथा पुलिस-स्टेशनों आदि को आग लगाने, रेल की पटरियों को उखाड़ने, टेलीफोन के तारों को काटने, बिजली के खंभों को उखाड़कर आवागमन तथा संचार के साधनों को नष्ट किया जाने लगा। इस प्रकार अनेक प्रांतो में सार्वजनिक जीवन ठप्प हो गया जिससे ब्रिटिश शासन का अन्त निकट दिखाई देने लगा। प्रत्योत्तर में सरकार ने दमन-चक्र को तीव्र कर दिया और गिरफ्तारियों की गति बढ़ा दी गई और आन्दोलनकारियों को देखते ही गोली से उड़ा देने का आदेश दे दिया गया।[११२] सरकारी आंकड़ों के अनुसार नेताओं के तुरंत गिरफ्तारी के पश्चात् आंदोलनकारियों द्वारा की गई सरकारी सम्पत्ति की क्षति की कीमत १ करोड़ रूपये आँकी गई।[११३]

इधर, मध्यप्रांत और बरार ने भी इस आन्दोलन में सक्रिय रूप से भाग लिया। बम्बई के 'सरदार गृह' में एकत्रित विभिन्न प्रांतों के काँग्रेसी नेतागणों ने भूमिगत होकर कार्य करने का निश्चय किया। मध्यप्रांत और बरार के श्रीराम शर्मा, रामानंद मिश्रा, जगनप्रसाद राऊत, ठाकुर निरंजन प्रसाद, सहस्त्रबुद्धे तथा द्वारका प्रसाद मिश्र के छोटे भ्राता सत्येन्द्र प्रसाद मिश्र भी भूमिगत रहकर कार्य करने वालों में सम्मिलित हो गये।[११४] अखिल भारतीय स्तर पर अरूणा आशफ अली, अच्युत पटवर्धन, युसूफ मेहरअली तथा जयप्रकाश नारायण आदि का नेतृत्व था।[११५]

कस्तूरबा गाँधी दादर के शिवाजी पार्क में सार्वजनिक भाषण देने वाली थी। सैकड़ों महाराष्ट्र तथा गुजरात की महिलायें एकत्र हुई परंतु दादर जाते समय कस्तूरबा गाँधी गिरफ्तार कर ली गई। काँग्रेस महासमिति की बैठक में महाकोशल के विभिन्न जिलों से लगभग ३० कार्यकर्ता सम्मिलित होने गये थे। उन्हें नागपुर होकर अपने जिलों को वापस लौटना था। रविशंकर शुक्ल तथा द्वारका प्रसाद मिश्र, सेठ गोविंददास, ठाकुर छेदीलाल तथा निरंजन सिंह आदि बम्बई से लौटते समय मलकापुर स्टेशन पर गिरफ्तार कर बुलढ़ाना जेल भेज दिये गये। ठाकुर निरंजन सिंह भूमिगत होकर कार्य करना चाहते थे। उसकी धन की आवश्यकता की पूर्ति द्वारका प्रसाद मिश्र द्वारा प्रान्तीय काँग्रेस कमेटी की जमा धन

राशि का अधिकार पत्र देकर की गई परंतु वे गिरफ्तार कर लिये गये थे।[११६] कुछ दिनों के बाद वे नागपुर जेल लाये गये। १५ दिनों के पश्चात् मद्रास फिर वेलौर जेल में उन्हें एक अवरोधक कैम्प में रखा गया। जेल में उस समय रविशंकर शुक्ल सहित २५ कार्यकर्ता थे।[११७] जबलपुर के वरिष्ठ पत्रकार हुकुमचंद नारद जो इस ऐतिहासिक महासमिति की बैठक की कार्यवाही की त्वरित जानकारी समाचार पत्रों के माध्यम से जनता तक पहुँचाने के उद्देश्य से बम्बई पहुँचे थे। वे देशप्रेम के जोश में 'इंकलाब जिन्दाबाद' के नारे लगाते समय गिरफ्तार कर लिये गये। बम्बई के प्रसिद्ध देशभक्त देवजी भाई और सत्येन्द्र प्रसाद मिश्र बम्बई के पायधुनी पुलिस चौकी पहुँचे। बड़ी कठिनाईयों के बाद उन्हें नारदजी से मिलने दिया गया। कुछ कार्यकर्ता बचते-बचाते किसी तरह जबलपुर पहुँचे तथा कुछ भूमिगत हो गये। प्रांत के ११७ कार्यकर्ताओं में से केवल ५ कार्यकर्ता भूमिगत होने में सफल हुए जिनमें सत्येन्द्र प्रसाद मिश्र भी एक थे। वे भूमिगत रहकर ही आंदोलनकारी गतिविधियों में संलग्न रहे।

९ अगस्त की सुबह भवानी प्रसाद तिवारी सहित कुँजीलाल दुबे, लक्ष्मण सिंह चौहान, नरसिंहदास अग्रवाल तथा नर्मदा प्रसाद मिश्र आदि वरिष्ठ नेताओं को गिरफ्तार कर जेल पहुँचा दिया गया। प्रमुख नेताओं की गिरफ्तारी से सामान्य जनता मार्गदर्शन के अभाव में पुलिस अत्याचार के विरुद्ध विद्रोही हो उठी। टेलीफोन के तार काटना, डाकघरों तथा सरकारी भवनों, कार्यालयों को जलाना, पुलिस से मुठभेड़ में आक्रमणकारी प्रदर्शन आदि का कार्य दिनचर्या बन गई।[११८]

काँग्रेस के प्रमुख कार्यकर्त्ता व्यौहार राजेन्द्र सिंह को जबलपुर नगर में हो रही गिरफ्तारियों की जानकारी प्राप्त होते ही वे स्वत: ही सामान सहित कोतवाली पहुँच गये। डिप्टी कमिश्नर पेटरसन ने उन्हें जेल पहुँचाने की तत्काल व्यवस्था की। काँग्रेस की गतिविधियाँ पुन: न भड़क उठे और उनमें तीव्रता न आ पाये, इस दृष्टि से जिला-प्रशासन ने जिले के सभी प्रमुख नेताओं को ९ अगस्त १९४२ को ही गिरफ्तार कर लिया। देवी प्रसाद चौधरी, देवदत्त तिवारी, पत्नि इंदिरा तिवारी सहित हुकुमचंद जैन, गणेश प्रसाद श्रीवास्तव, बद्रीप्रसाद गुप्त, बसंत कुमार मिश्र, ज्ञानचंद तथा प्रेमचंद जैन, अधिवक्ता रतनचंद जैन, लक्ष्मीचंद समैया, रामगोपाल पांडे, श्याम सुन्दर बड़ेरिया, नर्मदा प्रसाद सराफ, प्रतापभानु सुल्लेरे, प्रभावती सराफ, शारदा प्रसाद सोनी, छेदीलाल अग्रवाल आदि कार्यकर्त्ता भी जेल पहुँचा दिये गये। नगर में गिरफ्तारियों और तलाशियों का अटूट सिलसिला प्रारंभ हो गया। तलाशियों में कोई आपत्तिजनक सामग्री पुलिस के हाथ नहीं लगी।[११९]

जबलपुर के शेष बचे हुए कार्यकर्त्ताओ ने पुलिस की दमनकारी कार्यवाहियों के विरूध्द ' तिलक भूमि की तलैया ' पर ९ अगस्त १९४२ को एक जनसभा में प्रत्येक संध्या को एक सार्वजनिक सभा का आयोजन तथा एक सप्ताह तक हड़ताल करने का निर्णय लिया गया। उसी समय मंच पर गेरूआ वस्त्रधारी अयोध्यानंद और शिवानंद सरस्वती आ पहुँचे और उपस्थित जनसमूह में देशप्रेम से ओतप्रोत उद्बोधन द्वारा ब्रिटिश सरकार के विरूध्द विद्रोह की ज्वाला भड़का दी। पुलिस ने भीड़ को तितर-बितर करने के लिए आश्रु गैस का सहारा लिया।[१२०] उद्वत भीड़ पर लाठी बरसायी गई। नवजवानों के प्रेरक आव्हान पर पुलिस द्वारा तांडव किया जाने लगा। उसी प्रकार फव्वारे पर तोड़-फोड़ करते हुए विशाल जन समूह पर पुलिस द्वारा लाठी बरसाई गई पुलिस की लाठियों का जवाब जनता ने पत्थरों से दिया। तब से तिलक भूमि की तलैया अहिंसक युध्द का राष्ट्रीय स्थल बन गया। जब सभाओं का आयोजन तथा

प्रदर्शन कर सरकारी दमन का विरोध करने का मार्ग नहीं रहा, तब जनता खुले विद्रोह पर उतर आयी। इस प्रकार पुलिस के अत्याचारों के फलस्वरूप जन आन्दोलन ने एक हिंसक मोड़ ले लिया। जनता ने आन्दोलन के प्रति अपने कार्यक्रमों को भुला दिया। उनके द्वारा बिजली के खंभों, टेलीफोन एवं टेलीग्राफ के तारों को उखाड़ फेंका गया। निवाड़गंज पुलिस चौकी में घुसकर पुलिस अभिलेखों को नष्ट कर दिया गया। अगले दिन १५० विद्यार्थियों तथा उनसे सहानुभूति रखने वालों ने ओमती क्षेत्र में एक जुलूस निकाल कर जिला न्यायालय की ओर प्रस्थान किया। जिला-प्रशासन ने सावधानीवश सभी महत्वपूर्ण स्थानों तथा शासकीय भवनों पर सेना के जवान तैनात कर दिये। सभी प्रांतों की काँग्रेस समितियाँ अवैध घोषित कर दी गई।[१२१]

मध्यप्रांत और बरार के अनेक नजरबंद राजनीतिक कैदियों को बंगलौर जेल लाया गया जिनमें विनोबा भावे, काका कालेलकर तथा सेठ गोविंददास प्रमुख थे। दूसरी ओर; मद्रास के अनेक नेतागणों जैसे-गोपाल रेड्डी, सीताराम रेड्डी, एन.जी.रंगा तथा गोविंद नायर को महाकोशल के नेताओं के साथ ही रखा गया। जेल में समय के सदोपयोग हेतु प्रतिदिन एन.जी.रंगा द्वारा 'समाजवाद' पर व्याख्यान दिया जाने लगा तो 'भगवद्-गीता' पर आचार्य विनोबा भावे के सारगर्मित प्रवचन सुने जाते तथा अनेक विषयों पर काका कालेलकर का भाषण सर्वप्रिय हो गया। द्वारका प्रसाद मिश्र के 'कृष्णायन' महाकाव्य का जन्म भी इसी जेल में हुआ। बंगलौर जेल से मध्यप्रांत के सिवनी, मंडला तथा अन्य जेलों की यात्रा करते-करते 'कृष्णायन' काव्य ग्रंथ पूर्णता को प्राप्त हुआ। कृष्णायन के लेखन कार्य को रविशंकर ने प्रोत्साहित किया तथा दुर्गाशंकर मेहता ने काव्य-समीक्षात्मक आलोचना द्वारा सहायता की।[१२२]

१९४२ की क्रांति में मध्यप्रांत में बलिदानों की महती श्रृंखला में १४ अगस्त की संध्या को जबलपुर जिले के प्रमुख स्थान फव्वारे के दोनों ओर एकत्रित जनसमूह के समीप ही ऊँची इमारतों पर सशस्त्र पुलिस-सेना परिस्थितियों का सामना करने हेतु तैनात थी। जुलूस को छिन्न-भिन्न करने के उद्धेश्य से पुलिस ने पहले लाठी बरसायी किंतु जुलूस पर कोई प्रभाव नहीं पड़ा। जुलूस राष्ट्रीय गीत के साथ जब 'घमंडी-चौक' से आगे बढ़ा, तब तत्कालीन नगर दंडधिकारी देवीबक्त सिंह के आदेश पर गोली चलायी गई जिससे १६ वर्षीय किशोर गुलाब सिंह पुलिस की गोली का शिकार हुआ। गोलियों की बौछार भी गुलाब सिंह को कर्त्तव्य मार्ग से विचलित न कर सकी। अंत में नगर को गौरव प्रदान कर गुलाब सिंह शहीद हो गये।[१२३] नगर, बालक गुलाब सिंह के शोक में डूब गया। मनोहर वासुदेव नावलेकर और नारायण प्रसाद गुप्त आदि नगरपालिका कमेटी के कार्यालय से गिरफ्तार कर लिये गये। दो शिक्षकों-शंकरलाल शुक्ल और रघुवर प्रसाद उपाध्याय को गिरफ्तार कर जेल भेज दिया गया। जिन कार्यकत्ताओं के विरूध्द पुलिस किसी प्रकार का अभियोग प्रमाणित न कर सकी, उन्हें अनिश्चित अवधि तक नजरबंद कर दिया गया।[१२४] ऐसे कार्यकर्त्ता जो गिरफ्तार नहीं किये जा सके, वे किसी न किसी रूप में आन्दोलन से जुड़े हुए थे। जैसे-सरकार विरोधी बुलेटिन लिखना और वितरित करना, विस्फोटक सामग्री एकत्र करना, आपत्तिजनक साहित्य पढ़ना और रखना आदि। बम्बई अधिवेशन से गिरफ्तारी से बचते-बचते सत्येद्र प्रसाद मिश्र आपत्तिजनक साहित्य सहित जबलपुर आ चुके थे। इस कार्य में उनके सहयोगी सीतराम जाधव, हीरालाल जैन तथा मोतीलाल जैन थे। सवाईमल जैन कुछ काल तक भूमिगत रहने के पश्चात् गिरफ्तार कर लिए गये। सत्येन्द्र प्रसाद मिश्र ने किसी प्रकार से बहुत बड़ी मात्रा में डायनामाइट्स

और अन्य विस्फोटक सामग्री प्राप्त कर ली। इनमें से ३०० डायनामाइट्स ठाकुर निरंजन सिंह द्वारा बम्बई भेजे गये। कुछ रायपुर तथा कुछ श्यामसुन्दर मुशरान और ठाकुर रूद्रप्रताप सिंह के पास गोटेगाँव रेल्वे पुल उड़ाने के उद्धेश्य से भेजे गये। इस कठिन संघर्ष के काल में क्षेत्र के नागरिकों ने भी पूर्ण सहयोग दिया। सत्येन्द्र प्रसाद मिश्र और डॉ. जी. डिसल्वा द्वारा आपत्तिजनक साहित्य जेल के अन्दर पहुँचाने के कारण पुलिस ने मिश्रजी को गिरफ्तार करने का प्रयत्न किया परंतु सफलता प्राप्त नहीं हुई और सत्येन्द्र प्रसाद मिश्र गिरफ्तार न किये जा सके।[१२५] जब मिश्रजी भूमिगत थे, उस दौरान उनके ज्येष्ठ पुत्र बहादुर जिनकी आयु ४ वर्ष की थी गंभीर रूप से अस्वस्थ हो गये। उनका ठीक से इलाज न होने के कारण मृत्यु हो गई।[१२६] सत्येन्द्र प्रसाद के सम्पर्क-सूत्र चमनलाल नरूला तथा बजरंग लाल रूईया भी अधिक दिनों तक पुलिस की नजर से न बच पाये। उन्हें भी गिरफ्तार कर जेल भेज दिया गया। बाद में गाँधीजी के आव्हान पर (नवम्बर १९४४ में) सत्येन्द्र प्रसाद मिश्र ने अपने जबलपुर आने की सूचना स्थानीय अधिकारियों को पत्र द्वारा देकर निश्चित समय पर जबलपुर आये। उन्हें उनके अग्रज द्वारका प्रसाद मिश्र के निवास स्थान पर गिरफ्तार कर जेल भेज दिया गया। उन्होंने १ वर्ष ६ माह की अवधि जबलपुर, नागपुर, सिवनी तथा मंडला के कारागार में व्यतीत किया।[१२७] १९४२ में आंदोलन से प्रेरित होकर खमरिया की आयुध निर्माणी (सी.ओ.डी.) में कार्यरत जुगल किशोर तिवारी को आन्दोलन में उपयोग हेतु विस्फोटक सामग्री बाहर लाने के आरोप में गिरफ्तार कर दंडित किया गया। उसी प्रकार प्रतापभानु सुल्लेरे को भी विस्फोटक सामग्री की पूर्ति स्थानीय आर्डिनेंस फैक्ट्री से करने के कारण एक वर्ष छः माह तक नजरबंद रखा गया तथा कई बार उनके घर की तलाशी भी ली गई।[१२८]

इन दिनों आन्दोलन को गति प्रदान करने के लिए आर्थिक सहायता अनेक व्यक्तियों ने प्रदान की जिनमें से सेठ मोहनलाल हरगोविंद दास के मूलशंकर भाई, सेठ हीरजी गोविंद जी फर्म के दुलीचंद भाई तथा अन्नपूर्णा कमेटी के रामचंद्र शाहरा थे। इनके अतिरिक्त ईश्वर सिंह परिहार, भगवती प्रसाद व्यास, प्रमोद कुमार अग्निहोत्री तथा राजाराम दुबे ने भी महत्वपूर्ण आर्थिक सहयोग प्रदान किया।[१२९] इनमें ईश्वर सिंह परिहार और भगवती प्रसाद व्यास गिरफ्तार कर लिये गये। पुलिस, हीरालाल जैन को गिरफ्तार करने में बहुत प्रयत्नशील रही परंतु वे पुलिस के हाथ नहीं आये। अतः प्रतिरोध स्वरूप उनके पिता अबीरचंद बंधक बनाकर जेल पहुँचा दिये गये। हीरालाल जैन को भी दमोह से गिरफ्तार कर जबलपुर लाया गया, तब उनके पिता को छोड़ा गया। लक्ष्मीनारायण भट्ट, सीताराम जाधव और मोतीलाल जैन भी गिरफ्तार कर लिए गये। श्रीमती सुभद्रा कुमारी चौहान महिलाओं को आजादी के महायज्ञ में आहुति के लिए प्रोत्साहित कर रही थी। दूसरी ओर मुस्लिम लीग के नेता मौलाना बुरहानुलमुल्क द्वारा अगस्त के प्रथम सप्ताह में जबलपुर में आयोजित मुस्लिम लीग की सभा में काँग्रेस द्वारा आयोजित भारत छोड़ो आन्दोलन से मुस्लिम भाईयों को दूर रहने तथा मुस्लिम लीग के आगामी आदेश की प्रतीक्षा करने को कहा गया।[१३०] जबलपुर में एक विशाल जनसभा का आयोजन ६ सितंबर को किया गया जबकि आम सभायें प्रतिबंधित थी। जब जनसमूह को अवैध सभा आयोजित करने के अपराध में गिरफ्तार किया गया, तब जनता द्वारा पुलिस पर भीषण पथराव किया गया। पुलिस ने ८ बार गोली चलायी जिससे २ व्यक्ति घायल हो गये। पूरे क्षेत्र में कर्फ्यू लगा दिया गया और आन्दोलनकारियों के समूहों को कोतवाली थाने

में खड़ा रखा गया। दूसरे दिन सुबह कोतवाली पुलिस थाने पर जनसमूह द्वारा भारी पथराव किया गया। पुलिस द्वारा लाठियों के प्रहार से जनता को तितर-बितर किया गया। उसी दिन दोपहर में २०० व्यक्तियों द्वारा जी.आई.पी. रेल्वे तथा बी.एन. रेल्वे बुकिंग आफिस पर आक्रमण कर सारे दस्तावेजों को नष्ट कर उसे लूटा गया। लूट में आन्दोलन कारियों को १५० रूपये प्राप्त हुए। जबलपुर-नागपुर, कटनी-बीना तथा जबलपुर-इटारसी रेलमार्गों के नियंत्रण कक्ष के तार काट डाले गये।[१३१] नगर का दूसरा व्यस्त क्षेत्र मिलौनीगंज अभी तक आन्दोलन की हलचल से मुक्त था। छोटे फव्वारें के समीप आमसभा आयोजित की गई। वहाँ पर भी विशाल जनसमूह एकत्र हो गया। खूबचंद जैन जनता के बीच पहुँच कर सरकार विरोधी भाषण देने लगे और गिरफ्तार कर लिये गये। प्रतिबंधित सभा को संबोधित करने के अपराध में उन्हें एक वर्ष के कारावास का दंड दिया गया। उन्हीं दिनों मुलायमचंद जैन जो बनारस विश्वविद्यालय में अध्ययन कर रहे थे, क्रांतिकारी गतिविधियों में संलग्न रहने के कारण गिरफ्तार कर जबलपुर जेल लाये गये।[१३२]

आन्दोलन हेतु प्रचार अभियान जिले में जारी रहा। 'इंडियन आर्मी आर्डिनेंस कॉर्पस प्रशिक्षण कैम्प' के कैन्टीन में एक व्यक्ति द्वारा पर्चो का बंडल फेंका गया जिसमें भारतीय सैनिकों से विद्रोह तथा काँग्रेस आन्दोलन में भाग लेने का आव्हान किया गया था। 'सिग्नल्स ट्रेनिंग-सेन्टर' के बैरक में भी भारतीय सैनिकों को दिये गये गाँधीजी के संदेश वाले पर्चे फेंके गये।[१३३]

ग्रामीण क्षेत्रों के लोगों ने भी आन्दोलन में सक्रिय भाग लिया। कुंडम, पाटन, मझगवाँ, सिहोरा, मझौली, कैमोर, स्लिमनाबाद, बेहोरीबंद तथा पिपरिया में राजनीतिक गतिविधियों में कुछ तीव्रता आयी। कुछ स्थानों पर विद्यार्थियों द्वारा सार्वजनिक सभा का आयोजन कर सरकार विरोधी प्रदर्शन किए गए। बघराजी में सशस्त्र ग्रामीणों के एक दल द्वारा काँग्रेस के झंडे सहित पेड़ों को काटकर 'नव-सत्याग्रह' प्रारंभ किया गया। स्थानीय पुलिस ने आठ व्यक्तियों को गिरफ्तार कर लिया जिसके ३००-४०० ग्रामीणों के जनसमूह ने क्रोधित हो पुलिस चौकी के समक्ष प्रदर्शन किया। पुलिस ने ग्रामीण जनता को सस्ते दामों पर अनाज तथा अन्य वस्तुओं को वितरित कर उन्हें शांत करने का प्रयास किया।[१३४] कैमोर के औद्योगिक क्षेत्र में अशांति के फलस्वरूप 'एसबेस्टॉस-सीमेंट-वर्क्स' में कर्मचारियों द्वारा हड़ताल की गई।[१३५] जबलपुर जिले में अनेक व्यक्तियों को आन्दोलन में भाग लेने के कारण विभिन्न अवधि तक कारावास का दंड या नजरबंद किया गया जिनमें व्यौहार राजेन्द्र सिंह, कुंजीलाल दुबे, आजाद हिंद फौज के ब्रिगेड के कैप्टन गुगन सिंह, गुलाबचंद केसरवानी, दादा गुलाबचंद गुप्त, गिरधर गुलाबचंद स्वर्णकार, जिला काँग्रेस कमेटी तथा कटनी काँग्रेस कमेटी के अध्यक्ष और प्रान्तीय काँग्रेस कमेटी के मंत्री गोविन्द सहाय खंपरिया, छेदीलाल अग्रवाल, नगर समाजवादी दल के नेता सवाईमल जैन को २ वर्ष का कारावास, लक्ष्मीशंकर भट्ट को २ वर्ष छः माह, काशी प्रसाद पांडे को २ वर्ष ११ माह तथा लक्ष्मण सिंह चौहान को ५ वर्ष के कारावास का दंड दिया गया। वे जबलपुर, नागपुर, दमोह, सिवनी और बैतूल जेल में रखे गये। 'स्टूडेन्ट-फेडरेशन' के उपाध्याक्ष तथा 'मध्यप्रदेश राष्ट्रीय मजदूर काँग्रेस' के संयोजक और नगर से प्रकाशित दैनिक 'जयहिन्द' पत्र के व्यवस्थापक बंसत कुमार मिश्र, अनंतराम गुप्ता, माणिकलाल चौरसिया, भूरेलाल नाई, नर्मदाप्रसाद सराफ, नाथूराम मोदी, भवानी प्रसाद तिवारी, भल्लूलाल सोनी, गणेशप्रसाद श्रीवास्तव, 'आजाद हिंद फौज' के सिपाही शेर सिंह, लक्ष्मीचंद समैया, रामभरोसे पटवा,

रतनलाल जैन तथा हीरालाल जैन को १ वर्ष छः माह, अंबिकाप्रसाद गौतम, ओंकार प्रसाद कुर्मी, श्रीमती इंदिरा तिवारी, ईश्वरदीन तेली, कुँजीलाल स्वर्णकार, कैलाश नारायण दीक्षित, खुशालचंद विलैया, खूबचंद जैन, गजाधर प्रसाद, गणेश प्रसाद गुप्ता, गोपाल प्रसाद सराफ, गोपीलाल सेठ, गोकुलप्रसाद सराफ नर्मदा प्रसाद मिश्र आदि को १ वर्ष के कारावास की सजा दी गई। अमृत सिंह कलचुरी, अबीरचंद जैन, ईश्वर प्रसाद खम्परिया, कन्छेदीलाल सुनार, कामता प्रसाद बंदेले, कांशीराम बावी, श्रीमती कुसुमवती सराफ, गयाप्रसाद तिवारी, 'हिन्दुस्तानी लाल सेना' तथा 'आजाद हिन्द फौज' के सैनिक गुलाब राय, छोटेलाल माडले, जमुना प्रसाद पचौरी, टीकाराम विनोदी, श्रीचंद जैन, शंकरलाल सोनी, सैययद मोहम्मद मूसा, रामनारायण खरे, विश्म्भरनाथ विश्वकर्मा, रघुवर प्रसाद उपाध्याय, भागीरथ प्रसाद मालवीय ने आजाद हिंद फौज में सम्मिलित होकर रंगून से आगे बढ़ते हुए मणिपुर में तिरंगा फहराया। नाना साहब नायडू, नाथूराम व्यास, नारायण प्रसाद बिलथरे, नीमीबाई मिश्र आदि को ६ से ८ माह तथा अनेक व्यक्तियों को १ माह से लेकर १५ दिनों तक के कारावास का दंड दिया गया।[१३६]

१९४२ के आन्दोलन के अन्तर्गत जेल पहुँचाये गये कुछ आन्दोलनकारियों द्वारा २६ अगस्त को जबलपुर जेल में असुविधाओं के विरूध्द कुछ विरोधपूर्ण प्रदर्शन किये जाने के कारण जिला न्यायधीश तथा जिला पुलिस-अधीक्षक द्वारा जेल का दौरा कर कुछ बंदियों को तत्काल सिवनी तथा दमोह के जेलों में स्थानांतरित किया गया।[१३७]

जबलपुर जिले से ९० किलो मीटर दूर एक छोटे से शहर मंडला में भी आन्दोलन की लहर दौड़ी। इस आदिवासी प्रधान पिछड़े हुए जिले मंडला ने राष्ट्रीय स्वतंत्रता संग्राम में महत्वपूर्ण भूमिका निभायी। स्वतंत्रता संग्राम सेनानियों ने अपने योगदान का इतिहास अपने रक्त और त्याग से लिखकर इस भूमि का नाम इतिहास में अमर कर दिया। तीन ओर से नर्मदा नदी से घिरा, यह जिला आर्थिक दृष्टि से पिछड़ा हुआ है। यहाँ के सघन वनों में गौंड आदिवासी बड़ी संख्या में निवास करते है। संचार साधनों का अभाव होते हुए भी महात्मा गाँधी के आव्हान पर सैंकड़ों आदिवासी निर्भय होकर आगे आये। १९४२ के आन्दोलन में मंडला की जनता तथा छात्रों द्वारा आयोजित सरकार विरोधी जुलूस पर पुलिस द्वारा लाठी चलाई गई। जुलूस पर लाठियों का कोई प्रभाव न होता देखकर पुलिस द्वारा गोलियाँ बरसायी गई जिससे उदयचंद जैन नामक युवक घटना स्थल पर ही मारा गया। इस प्रकार अगस्त क्रांति में वीर प्रसविनी मंडला के वीर उदयचंद जैन का बलिदान मध्यप्रदेश के इतिहास में सदा स्मरणीय रहेगा। १९ वर्ष की अल्पायु में ही इस किशोर ने अंग्रेजों के खिलाफ आन्दोलन का झंडा उठाया। भारत माता की जय बोलते हुए वह शहीद हो गया। मंडला का वह स्थल जहाँ वीर उदयचंद शहीद हुआ था, 'उदय-चौक' के नाम से जाना जाता है।[१३८] मध्यप्रदेश के नागौद के तरूण कवि धन्य कुमार 'सुधेश' ने 'उदय-काव्य' लिखकर शहीद उदयचंद जैन के प्रति अपनी श्रध्दांजलि अर्पित की है।[१३९]

इन वीर स्वतंत्रता सेनानियों के अतिरिक्त अन्य अनेक व्यक्तियों ने भी अपनी गिरफ्तारियों द्वारा भारत छोड़ो आन्दोलन में अपना योगदान दिया। इस तारतम्य में गुलाबचंद जैन तथा खेमचंद जैन को २ वर्ष ६ माह, हरिप्रसाद लोहार, मायाराम काछी तथा भूषणलाल ढ़ीमर, भूरेलाल नामदेव को २ वर्ष, 'हरिजन सेवक-संघ' तथा 'वनवासी सेवा-मंडल' के सदस्य शंकरलाल पागल, गौरीशंकर नामदेव, गयाप्रसाद यादव को १ वर्ष ६ माह, जिला काँग्रेस तथा लोकल बोर्ड के चेयरमेन सिंघई, नेमीचंद

मिटठूलाल जैन, मुन्नीलाल जैन, भगवान सिंह मुस्ताजर, द्वारका प्रसाद बिलथरे, दिनकर प्रसाद साहू, गुलाबचंद अग्रवाल, जयराम सिहारे (ग्राम और शहर से निष्काषित), कस्तूरचंद शर्मा, गबडू कोल तथा गिरजाशंकर अग्निहोत्री, भूपतलाल ढ़ीमर को १ वर्ष का कारावास दिया गया। 'हिन्दुस्तानी लाल- सेना' के सदस्य वल्लभदास बरोनिया, विष्णुप्रसाद चौरसिया, शिवनाथ सिंह, सिंघई शिखरचंद जैन, सुरेन्द्रलाल, मन्नूलाल मोदी, मन्नूलाल विश्वकर्मा, मंहगू कुर्मी, मुलायमचंद सिसोदिया, रमण सिंह गौंड़, रेवाप्रसाद दीक्षित, लक्ष्मण दत्त पाठक, बाबूलाल जैन, भद्दूलाल कतिया, भैयालाल लखेरा, मन्नूलाल मातेल, दशरथ गौंड़, नर्मदा प्रसाद दुबे, गोकुल सिंह मरकाम, चुन्नीलाल जैन, जुगल किशोर कश्तवार, तेजूलाल कोल, केवलचंद जैन को १० रूपये अर्थदंड दिया गया। कौशल प्रसाद तिवारी, शंकरलाल तिवारी, सूरजप्रसाद चौरसिया तथा सूरज प्रसाद वर्मा को ६ माह से लेकर १० माह तक के कारावास का दंड दिया गया।[१४०]

जबलपुर संभाग का एक प्रमुख जिला नरसिंहपुर भी स्वतंत्रता संग्राम में सक्रिय रहा। जिले के आदिम जनजाति तथा हरिजनों ने भी योगदान दिया। १९४२ के आन्दोलन की ज्वाला की लपटें गाँवों तक पहुँचने लगी। मानेगाँव के अमरशहीद ठाकुर रूद्रप्रताप सिंह का बलिदान भी उल्लेखनीय है। ठाकुर रूद्रप्रताप सिंह ९ अगस्त १९४२ को नजरबंद कर लिये गये थे परंतु १५ दिनों के बाद उन्हें मुक्त कर दिया गया। २६ अगस्त १९४२ को जबलपुर से नरसिंहपुर जाते समय कैदकर आजीवन कारावास में रखा गया। जेल में चेचक ग्रस्त हो जाने पर अंग्रेजो द्वारा क्षमा याचना के शर्त पर मुक्त कर दिये जाने के प्रस्ताव को उनके स्वाभिमान ने स्वीकार नहीं किया। अन्तोगत्वा जेल में उनकी मृत्यु हो गई। इस शहीद की याद में मानेगाँव में प्रतिवर्ष मेला लगता है।[१४१] उसी प्रकार श्रीमती गौरीबाई पुलिस की गोली से झंडा चौक पर शहीद हुई। चौधरी गजाधर प्रसाद पुलिस की मार से अपनी श्रवण शक्ति खो बैठे।

नरसिंहपुर के समीप गाडरवारा के चींचली ग्राम निवासी मंशाराम भी इस अगस्त क्रांति के यज्ञ में अपनी आहुति देकर शहीद हो गये। इस संबंध में नर्मदा प्रसाद वर्मा और बाबूलाल वर्मा की गिरफ्तारी मंशाराम को असहय हो गईं। उनके द्वारा इस संबंध में तहसीलदार से शिकायत करने पर निहत्थी जनसमूह पर लाठी के साथ गोली भी चलायी गई। इस मुठभेड़ में मंशाराम शहीद हो गये।[१४२] १० अगस्त १९४२ को नरसिंहपुर जिला काँग्रेस समिति को अवैध घोषित कर दिया गया। करेली स्थित समिति के कार्यालय की तलाशी ली गई और दस्तावेज़ों को जब्त कर लिया गया। उसी दिन ठाकुर रघुनाथ सिंह किलेदार को गिरफ्तार कर लिया गया।[१४३] तत्पश्चात् ठाकुर निरंजन सिंह के विरूध्द वारंट जारी किया गया किन्तु वे भूमिगत हो गये और गिरफ्तार नहीं किये जा सके। नेताओं की गिरफ्तारी के विरूद्ध छात्रों के नेतृत्व में नरसिंहपुर और गाडरवारा में १० अगस्त से कई दिनों तक जुलूस निकाले गये तथा हड़ताल रखी गई। नरसिंहपुर, करेली और गाडरवारा में आमसभाओं के आयोजन का प्रयत्न किया गया किन्तु प्रत्येक बार स्थानीय नेताओं की गिरफ्तारियों के कारण सभा भंग कर दी गई। विरोधस्वरूप गाडरवारा में १० से १२ अगस्त तक तथा करेली और गोटेगाँव में ११ से १२ अगस्त तक हड़ताल रखी गई। १४ अगस्त को विद्यार्थियों द्वारा एक अन्य जुलूस निकाला गया। तेन्दूखेड़ा में आयोजित एक आम सभा में २ स्थानीय नेता गिरफ्तार कर लिये गये। उसी दिन गाडरवारा में निकाले गये जुलूस पर पुलिस द्वारा बेंत बरसायी गई। जुलूस द्वारा तहसील भवन पर झंडा फहराने के प्रयत्न में ८ व्यक्तियों को गिरफ्तार कर लिया गया और सभी नेताओं को शस्त्र तथा गोले-बारूद थाने में जमा करने का आदेश दिया गया। १८

अगस्त तक तेन्दूखेड़ा की स्थिति गंभीर हो गई। एक स्थानीय नेता बाबूलाल जैन की गिरफ्तारी के फलस्वरूप ३०० व्यक्तियों की भीड़ ने पुलिस दल को घेर लिया। पुलिस ने लाठी चार्ज कर भीड़ को तितर-बितर कर दिया। अशांत स्थानीय जनता ने बोहानी रेल्वे स्टेशन के पास बाबईकलाँ में रेल्वे सिग्नल को क्षति पहुँचायी। बोहानी में छात्रों के एक दल द्वारा रेल्वे स्टेशन के विश्राम-गृहों की खिड़कियों के काँच तोड़ डाले गये। कौड़िया ग्राम और करेली में भी तोड़-फोड़ की गई। टेलीफोन तथा टेलीग्राम के तार काट डाले गये। दंडात्मक उपाय के रूप में जिला-न्यायधीश ने कौड़िया, बोहानी, बाबईकलाँ तथा सिहोरा ग्राम को पाँच-पाँच सौ तथा हरई ग्राम को ३०० रूपये का सामूहिक जुर्माना किया जिन्हें अंत में वापस ले लिया गया। अनेक चेतावनी तथा गिरफ्तारियों के पश्चात् भी जनता ने स्वतंत्रता संघर्ष को पूर्ण साहस के साथ जारी रखा। २७ अगस्त को कौड़िया ग्राम में आयोजित एक विशाल जन सभा में अनेक वक्ताओं द्वारा जोशीले भाषण दिये गये जिसके फलस्वरूप उन्हें गिरफ्तार कर लिया गया। सितम्बर से अक्टूबर तक जिले के अनेक स्थानों पर यदा-कदा जुलूस तथा आमसभाओं का आयोजन करने के प्रयत्न किये गये। जिले में विदेशी शक्ति के अस्तित्व के विरूध्द विरोधी भावना से भरे पर्चे भी वितरित किये गये जो आम बात हो गई थी। एक परिपत्र द्वारा जिला-कौंसिल के सभी शालाओं को २ अक्टूबर को 'गाँधी जयन्ती' मानाने के निर्देश दिये गये।[१४४]

इस प्रकार नरसिंहपुर से अनेकानेक व्यक्तियों ने आन्दोलन में भाग लेकर जेल की यात्रा की। कालका प्रसाद उपाध्याय तथा शंकर लाल दुबे को २ वर्ष छः माह के कारावास का दंड दिया गया। बद्रीनाथ चौधरी ने सागर, होशंगाबाद, जबलपुर, नागपुर, नरसिंहपुर तथा अकोला जेलों में लगभग ४ वर्ष ५ माह बिताये। बाबूलाल वर्मा होशंगाबाद, जबलपुर, नागपुर, नरसिंहपुर आदि जेलों में ४ वर्ष ६ माह, लक्ष्मीप्रसाद ज्योतषी, बसंत गोविंद आप्टे तथा लोकमणी जैन को कौड़िया ग्राम में गिरफ्तार कर नरसिंहपुर तथा नागपुर जेल में २ वर्षों तक रखा गया। जमना प्रसाद मोदी, डालचंद जैन, पूरनलाल यादव, भैयालाल तिवारी, हरनारायण राठी तथा सुन्दरलाल श्रीधर को साप्ताहिक बुलेटिन का भूमिगत संपादन के कारण को १ वर्ष ६ माह के कारावास का दंड दिया गया। ओंकार सिंह बुंदेला, कोमलचंद जैन, गणेशप्रसाद तिवारी, गिरधारीलाल साहू, पुरूषोत्तम राठी, फूलचंद कांकरिया, मंगलप्रसाद कसेरा, रामकिशोर शर्मा, रोशनलाल श्रीवास्तव, श्यामसुन्दर मुश्रान आदि को १ वर्ष के कारावास का दंड दिया गया। कन्छेदीलाल जैन, कांशीराम चौरसिया, केशव जबूलकर, गजराज सिंह छदामीलाल लोधी, छोटेलाल काछी, नर्मदाप्रसाद कसेरा, ठाकुर निरंजन सिंह को ९माह की सजा दी गई परंतु वे जेल से भागने में सफल हुए तथा भूमिगत होकर सरकार के विरूद्ध कार्य करते रहे। पन्नालाल शर्मा, फूल सिंह विश्वकर्मा, बालाप्रसाद शर्मा, साधूचरण गुप्ता, हल्कूप्रसाद महंत, हल्कूप्रसाद नेमा, हलकू सिंह लोधी, श्रीनाथ भट्ट, शंकरलाल जैन को ६ माह से १० माह तक के कारावास का दंड दिया गया। मूंगाराम त्रिपाठी भूमिगत रह कर कार्य करते रहे। राष्ट्रीय आयोजन समिति के सचिव, फारवर्ड ब्लाक के संगठन सचिव तथा प्रजा समाजवादी पार्टी के राष्ट्रीय कार्यकारिणी के सदस्य हरिविष्णु कामथ विभिन्न आन्दोलनों में भाग लेने के कारण १९४० से १९४५ तक विभिन्न जेलों में रहे।[१४५]

नागपुर के निकट होने के कारण कोई भी प्रान्त व्यापी हलचल को बालाघाट पहुँचने में देर नहीं लगती थी।[१४६] बालाघाट जिले ने १९४२ के भारत छोड़ो आन्दोलन के संघर्ष में पूरा-पूरा योगदान दिया

जिसका सर्वाधिक उग्ररूप वारासिवनी में देखा गया। २० अगस्त १९४२ को सरकार विरोधी एक जुलूस निकाला गया जिसमें भीड़ को तितर-बितर करने के लिए पुलिस ने लाठी चार्ज किया। जवाब में जनता द्वारा पथराव किये जाने पर पुलिस ने गोली चलायी जिससे दशाराम फुलमारा नामक एक व्यक्ति शहीद हुआ। तुलसीराम सुनार और रमेशचंद जैन वारासिवनी में जुलूस पर पुलिस द्वारा गोली चालन से घायल हुए। आंदोलन में संलग्न रहने के कारण अनेक व्यक्तियों को विभिन्न अवधि के कारावास का दंड दिया गया। सूरजलाल गुप्त को १९४२ में भूमिगत रह कर रामटेक और बालाघाट में क्रांतिकारी आन्दोलन के संचालन के कारण २० जनवरी १९४३ को गिरफ्तार कर आजीवन कारावास का दंड दिया गया। अमीरचंद जैन, घनश्यामप्रसाद ताम्रकार, धरमचंद सोलंकी तथा मंगल हरवंशी को २ वर्ष ६ माह के कारावास का दंड दिया गया। अब्दुल सत्तार, गंगाबाई चौबे, मोतीलाल, मोहनलाल तथा शिव नारायण को २ वर्ष के कारावास, किशनलाल कलार, कोमलचंद, गोपीचंद कलार, जेठूनाथ, ढुकाली कतिया, ढुकाली नगपुरे, रामचरण, सुखराम तथा 'हरिजन सेवक संघ' के कार्यकर्ता रामचंद्र इंदाषवार को १ वर्ष ६ माह का कारावास दिया गया। अमृतलाल तेजी, कैलाशचंद्र शुक्ला, कोदूलाल यादव, चुन्नीलाल चिमैया, देशराज खत्री, भूमिगत कार्यकर्ता-प्रेमलाल गढ़ेवाल, बाजीराव महार, बुचप्रसाद, भैयालाल कतिया तथा बसंत माधव सिंह आदि को १ वर्ष की सजा हुई। मोहनलाल फुलसुंगे, शांतिलाल जैन, शंकरपुरी, शंकरलाल तिवारी, हरिकिशन मोदी, पुरूषोत्तम रूसिया, कस्तूरचंद वर्मा, जुगल किशोर रामदास सिंह, रूपचंद वर्मा, रोशनलाल सुतार, बुद्धूलाल मराठे, भीकू कोष्टी, अंतूलाल, अंबर लोधी, घूड़न ढीमर, झकनलाल गड़ेरिया, दादू फुलमारी देवाजी, पांडु कुनबी, प्रताप सिंह, बालकृष्ण राम टेककर, ठाकुर प्रसाद टेंमरे तथा तुलसीराम कतिया को ६ माह से लेकर १. माह तक के कारावास का दंड दिया गया।[१४७]

जबलपुर-नागपुर राजमार्ग के बीच में स्थित सिवनी जिले में भी ९ अगस्त १९४२ को गाँधीजी तथा अन्य नेताओं की गिरफ्तारी के विरूद्ध एक विशाल जुलूस निकाला गया। एक गोपनीय कमेटी का गठन किया गया जो अंग्रेजी शासन के विरूद्ध प्रतिदिन एक पर्चा निकाल कर जनता में वितरित करती थी, जिसका जनता पर व्यापक प्रभाव पड़ा। सिवनी से तीन मील दूर विठली ग्राम के पास आंदोलनकारियों द्वारा रेलपातों के बोल्ट खोल दिये गये। इस घटना से सिवनी के तत्कालीन अंग्रेज कमिश्नर ने जनता पर सामूहिक रूप से दस हजार रूपये का जुर्माना किया जिसके विरोध में सिवनी में पूर्ण हड़ताल रखी गयी और जुलूस निकाला गया। पुलिस द्वारा चेतावनी दिये जाने के पश्चात् भी जुलूस बढ़ता हुआ 'गाँधी.चौक' तक गया और वहीं आम सभा में परिणित हो गई। इस जुलूस में विद्यार्थी, युवकों तथा आदिवासी जनता ने बड़ी संख्या में भाग लिया। आन्दोलन में भाग लेने के कारण अनेक नेताओं को विभिन्न अवधियों के लिए जेल में डाल दिया गया।[१४८] दुर्गाशंकर मेहता को ३ वर्ष, किशनलाल चौरसिया, प्रभाकर जटार तथा शंकरलाल को २ वर्ष, अंबिका प्रसाद वैद्य, अभयकुमार जैन तथा कुँजबिहारी खरे को १ वर्ष ६ माह का कारावास हुआ। ओंकारप्रसाद कठल, कोमलचंद आजाद जिन्हें पुलिस अत्याचार के कारण पैर, हाथ और सिर पर गंभीर चोटें आई। स्थानीय प्रशासकीय संस्था के पदाधिकारी छोटूराम अग्रवाल, रवीन्द्रनाथ भार्गव, शंकरलाल ईसरका को १ वर्ष तथा उमाशंकर दुबे, नन्हेलाल अग्रवाल, नर्मदाप्रसाद अग्रवाल, नारायणदास गुप्त, सिवनी तहसील के भूदान समिति के संयोजक विरधीचंद गोयल,

आजाद हिंद फौज के सेनानी सैमुअल, रामप्रसाद पाठक तथा शंकरराव को ६ माह से १० माह तथा अनेक व्यक्तियों को ४,३,२, तथा १ माह के कारावास का दंड दिया गया।[१४९]

राष्ट्रीय आन्दोलन में छिंदवाड़ा जिले का योगदान भी महत्वपूर्ण है। १९४२ के भारत छोड़ो आन्दोलन में छिंदवाड़ा जिले के लोगों ने बड़े उत्साह के साथ भाग लिया। भाग लेने वाले प्रमुख व्यक्तियों में अन्नाराव खन्ना, अर्जुन सिंह सिसोदिया, अब्दुल मजीद खाँ, उदेराज शर्मा, श्रीकृष्ण रेवड़े, गुलाबचंद राठी, नाथूजी अणे को २ वर्ष, काली प्रसाद तिवारी, केसरीप्रसाद ठाकुर, गणेशप्रसाद, गोकुल सिंह बैस, चुन्नीलाल कलार, चोखेलाल मान्धाता को १ वर्ष तथा जयराम शर्मा को ६ माह के कारावास का दंड दिया गया।[१५०]

होशंगाबाद जिले के पिपरिया, पचमढ़ी, हरदा, बाबई तथा टिमरनी आदि स्थानों पर विद्यार्थियों और नवयुवकों ने आन्दोलन में भाग लिया। 'कर्मवीर' के संपादक महेशदत्त मिश्र तथा सवाईमल जैन के गिरफ्तारी का वारंट निकल जाने के कारण वे बम्बई में ही भूमिगत हो गये थे परंतु सितंबर माह में गिरफ्तार कर लिये गये। हरदा में भी छात्रों द्वारा हड़ताल की गई और जुलूस निकाल कर पुलिस स्टेशन पर झंडा फहराया गया। म्यूनिसिपल हाई स्कूल के विज्ञान कक्षा में आग लगा दी गई। हरदा और इटारसी के बीच रेलवे लाइनों को उखाड़ कर टेलीग्राफ के लगभग ३०० फुट तार काट डाले गये। ९ सितंबर १९४२ को भारत छोड़ो आन्दोलन के एक माह पूर्ण होने पर होशंगाबाद तथा इटारसी में स्कूल के विद्यार्थियों द्वारा स्वतंत्रता दिवस मनाते हुए राष्ट्रीय-ध्वज फहराया गया। दोनों नगरों में हड़ताल किये जाने पर सरकारी स्कूल के शिक्षकों को सजायें दी गयी जिससे दूसरे दिन, प्रधान शिक्षक कार्यालय के सारे दस्तावेज जला दिये गये। फलस्वरूप हरदा शहर पर २०००, होशंगाबाद पर ५००० इटारसी पर २००, बाबई पर दो बार क्रमश: १५०० तथा १०००, पिपरिया पर १००० रूपये का सामूहिक जुर्माना किया गया।[१५१] हजारों की संख्या में होशंगाबाद संभाग से आन्दोलनकारी गिरफ्तार कर लिये गये। हरदा के अब्दुल रऊफ और डॉ. गफ्फार को दो वर्ष, रामकृष्ण, परसराम तमोली, गणेश विश्नोई टिमरनी, सूरजमल सराफ, रामेश्वर अग्निभोज को १ वर्ष, गोपी किशन मनसगाँव को ८ माह, लक्ष्मीनारायण खत्री, शालिग राम गूजर मसनगाँव, रामेश्वर सिंह खत्री, ओंकारप्रसाद, राजराम, नर्मदाप्रसाद भार्गव, मानिकलाल बलदेव, विजय कुमार जैन, दलपत सिंह, गोपालराव, रामचरण लोधी, रामबल रामकुमार, बसंतकुमार, हरमोहन, बाबूलाल, जगन्नाथ, दीनानाथ अग्रवाल तथा गोविंद अग्रवाल को ६ माह भीखाजी बाह्मण को ४ माह, माँगीलाल को ३ माह के कारावास दे दिया गया और चंपालाल सोकल और मगनलाल खत्री को नज़रबंद किया गया।[१५२]

होशंगाबाद जिले से राधेलाल रामदीन लोकरिया को १ वर्ष ९ माह, चैतन्य कुमार को १ वर्ष, निर्मल कुमार जैन को ९ माह, ओंकार प्रसाद, रामप्रसाद, गंगाप्रसाद, प्रकाश नारायण, रामलाल तथा मूलचंद नाथूराम जैन को ६ माह के कारावास का दंड दिया गया। सैय्यद अहमद मूसा, लाल अर्जुन सिंह, राजाराम तिवारी तथा श्रीमती राजाबाई हजारीलाल को नजरबंद रखा गया।[१५३]

इटारसी में हीरालाल मस्ताना और बाबूलाल गड़वाला द्वारा प्रात: ८ बजे गाँधी-चौक पर आमसभा का आयोजन कर रेलवे स्टेशन के पुलिस थाने पर राष्ट्रीय-ध्वज फहराने की योजना बनाई गई जिसमें भाग लेने के लिए पगारे तथा वल्लभदास अग्रवाल भी बम्बई से आ पहुँचे। पुलिस के रोकने के बावजूद

भी श्री पगारे ने एक घंटे तक जन समूह को बम्बई प्रस्ताव को समझाकर हड़ताल का आव्हान किया। पगारे के गिरफ्तारी के पश्चात् जैसे ही वल्लभदास अग्रवाल भाषण देने को उठे, उन्हें भी गिरफ्तार कर लिया गया। उसके पश्चात् हरिप्रसाद चतुर्वेदी को अनिश्चित काल के लिए नजरबंद कर लिया गया। इन नेताओं की गिरफ्तारी से क्रोधित होकर १४ अगस्त को हरकचंद मेहता, बाबूलाल यादव, हीरालाल मस्ताना और बालकृष्ण शर्मा के प्रयासों से जुलूस निकाला गया। रेलवे स्टेशन पहुँचकर जुलूस ने कैंटीन के ठेकेदार बल्लभदास ईश्वरदास से कैन्टीन बंद करने को कहा गया। इंकार किये जाने पर जुलूस निकाल कर दुकान पर पथराव किया गया। भीड़ को तितर बितर करने के लिए पुलिस द्वारा लाठी चार्ज किया गया। ६०-७० व्यक्तियों को हिरासत में ले लिया गया जिनमें से अधिकांश व्यक्तियों को माफी माँग लेने पर छोड़ दिया गया। १७ व्यक्तियों पर मुकदमा चलाया गया। लगातार ३० अगस्त तक बाजार बंद रहे।[१५४] नगरपालिका सचिव छैलबिहारी पांडे द्वारा भी अरविंद (महाकोशल प्रिंटिग प्रेस) से छपवा कर कुछ सरकार विरोधी-पर्चे बटँवाये गये। इस प्रकार १९४२ के आन्दोलन में इटारसी से अनेक व्यक्तियों को भिन्न-भिन्न अवधि के कारावास का दंड दिया गया। गिरजाशंकर शुक्ला को १ वर्ष ६माह, रतनचंद फूलचंद को ९ माह तथा विजय कुमार जैन को ८ माह के कारावास का दंड दिया गया। हरिप्रसाद चतुर्वेदी, वल्लभदास अग्रवाल, सुकुमार पगारे तथा रेवाशंकर झुमकलाल को नजरबंद किया गया।[१५५]

उसी प्रकार बाबई में रामदास स्वामी सिरवाड़ के नेतृत्व में जुलूस निकालकर पुलिस थाने पर झंडा फहराया गया। पुलिस द्वारा जनसमूह पर लाठी बरसायी गई। जवाब में पुलिस थाने पर पथराव किया गया जिससे रामदास गिरफ्तार कर लिये गये और उन्हें १ वर्ष के कारावास का दंड दिया गया। साथ ही अनेक व्यक्ति भी गिरफ्तार कर लिये गये। २४ जनवरी १९४३ के पोस्ट-ऑफिस के पत्र-पेटिका में विस्फोटक सामग्री डालकर आग लगा दी गई। बाबई कन्याशाला को भी जला दिया गया जिससे बाबूलाल दीक्षित गिल्ला तथा गौरीशंकर आदि शिक्षकों को पुलिस ने परेशान किया। बाबई में साइक्लोस्टाइल बुलेटिन भी मूलचंद सिंघई और डॉ. लालचंद के सहयोग से शहर में वितरित किया गया। बाबूलाल दीक्षित द्वारा 'करो या मरो' बुलेटिन निकाला गया। इनके अतिरिक्त राष्ट्रीय- विद्यालय के शिक्षक शेख इब्राहिम, रेवाशंकर दीवान और गोकुलप्रसाद तिवारी का योगदान भी रहा। १९४२ के आन्दोलन में अनेक व्यक्तियों को गिरफ्तार कर कारावास का दंड दिया गया। इनमें प्यारेलाल गुरू गुलाब खाँ को २ वर्ष, एस. एम. खान को १ वर्ष ८ माह, मन्नूलाल चौधरी तथा स्वामी रामदास को १ वर्ष, हलकूप्रसाद ठाकुर, रामदीन चौहान तथा बुद्धीचंद सीताराम को ९ माह, कन्छेदीलाल डेरिया, मथुरा प्रसाद केसरी कालिका प्रसाद, गोविंदराम, सोमदत्त कन्हैयालाल, पन्नालाल, धन्नालाल, मालवीय तथा जुगल किशोर सोनी को ६ माह के कारावास का दंड दिया गया। जिला- कौंसिल के उपाध्यक्ष शंभूदयाल मिश्र भूमिगत रह कर कार्य करते रहे।[१५६]

पिपरिया में आन्दोलन का संचालन जगन्नाथ मौर्य द्वारा किया जा रहा था। जगन्नाथ मौर्य तथा मदनलाल खोकरा के नेतृत्व में १४ अगस्त को एक जुलूस निकाला गया। अंग्रेजों 'भारत छोड़ो' तथा 'करो या मरो' का नारा लगाते हुए रेल्वे लाइन पार कर प्रमुख डाकरघर में प्रवेशकर सभी कागज़ात जला दिये गये और डाक-पेटिका तोड़कर सड़क पर फेंक दी गयी। वहाँ से सरकारी बैंक के सारे दस्तावेज कुँये में फेंक कर सड़क पर लगे लैम्प-पोस्ट तोड़ डाले गये। रेस्ट-हाउस की खिड़कियाँ तथा दरवाजे तोड़

डाले गये। कलकत्ता मेल में बैठे अंग्रेज यांत्रियों के डब्बों में तोड़-फोड़ की गई तथा एग्लो-इंडियन ड्राइवर को इंजिन से खींचकर बाहर निकाल कर पीटा गया। सेना की सहायता से रेल्वे अधिकारियों ने स्थिति पर नियंत्रण स्थापित कर लिया। इस घटना के कारण मदनलाल खोकरा, प्रकाशचंद ठाकुर, शेर सिंह, सुखदेव प्रसाद गुप्ता, रमनलाल, तुलसीराम राय, जीवनलाल सोनी, कन्हैया लाल पालीवाल, प्रभुनारायण तोमर, प्रताप सिंह मेहता, बिहारी लाल गुप्ता, पन्नालाल हरिप्रसाद किसनचंद जैन तथा तुलसीराम जैन आदि १८ कार्यकर्ताओं को गिरफ्तार कर मुकदमा चलाया गया। शराब की दुकानों पर भी घरना देकर शराब की बोतलों को दूकान से बाहर फेंक-फेंक कर तोड़ा गया। इस घटना के कारण राधाकृष्ण अग्रवाल, जगन्नाथ प्रसाद मौर्य, नारायण सिंह जयवार, हीरजी भाई शाह, मूलचंद बामोरिया आदि कार्यकर्ताओं को धारा २६-डी. आई. आर. के अन्तर्गत गिरफ्तार कर नजरबंद कर लिया गया। इनके अतिरिक्त रामलाल को १ वर्ष ९ माह, दुलीचंद, राधाकिशन पालीवाल, रामकली बाई पत्नि-राधाकृष्ण हरिशंकर यादव, प्रेम नारायण डगरहाई तथा लक्ष्मी नारायण को १ वर्ष तक नजरबंद किया गया।[१५७]

सिवनी-मण्डला के नानकदास पराशर को २७ दिनों तक गेंदालाल बिलौंदिया, गयादीन शालिंगराम, मास्टर गयादीन, रामदयाल चतुर्वेदी तथा चेतराम को नजरबंद रखा गया। उसी प्रकार टिमरनी में ठाकुर केसरीप्रसाद को भाषण देते समय गिरफ्तार कर लिया गया। रामगोपाल गद्रे, रामगोपाल, धन्नालाल गर्ग, रामबल, रामप्रसाद, बसंत कुमार, हरमोहन चौरे और रामेश्वर सिंह आदि को ६-६ माह के कारावास का दंड दिया गया। चम्पालाल, शिवदत्त दधीच तथा दुर्गाप्रसाद मुन्नालाल को नजरबंद किया गया।[१५८]

अगस्त क्रांति में सागर जिले का भी सक्रिय योगदान था। २४ अगस्त १९४२ को सागर जिले के गढ़ाकोटा में जन सभा आयोजित की गई। तिरंगा झंडा फहराने का निश्चय कर, २५०० नर-नारियों का विशाल जुलूस निकाला गया। वीरांगना पार्वतीबाई के नेतृत्व में जुलूस पुलिस स्टेशन पहुँचा। वहाँ झंडा चढ़ाने के लिए नवयुवकों में होड़ लग गई। पुलिस द्वारा ५ मिनट के भीतर जुलूस समाप्त करने की चेतावनी दी गई परंतु उस समय पुलिस-थाने पर झंडा फहराने के प्रयास में गढ़ाकोटा पुलिस थाने के समक्ष एकत्रित जनसमूह को छिन्न-भिन्न करने के उद्वेश्य से पुलिस द्वारा गोली चलाने से झंडा फहराते समय साबूलाल नामक छात्र पुलिस की गोलियों से घायल हो गया परंतु फिर भी साहसपूर्वक झंडा फहरा कर वह नीचे गिर पड़ा और उसके प्राण-पखेरू उड़ गये। उसकी अंतिम शवयात्रा में अपार जनसमूह द्वारा लगाये गये 'अमर शहीद साबूलाल-जिन्दाबाद' के नारों से आकाश गूँज उठा। 'वन्दे मातरम' के साथ उस शहीद का अन्तिम संस्कार कर दिया गया।[१५९] इस प्रकार सागर जिले की महिलाओं और छात्रों का भी इस आन्दोलन में विशेष योगदान रहा। पुलिस दमन नीति के विरूद्ध जिले में विद्रोह की आग भड़क उठी। जिले के अनेक स्थानों पर हड़ताल, दंगे, धरना, जुलूस, पुलिस थाने तथा डाकघरों में आगजनी आदि की घटनाओं में वृद्धि हुई। नेताओं के घरों की तलाशी ली गई। सरकारी-सम्पत्ति की क्षति पर, आन्दोलनकर्ताओं से सामूहिक जुर्माना किया जाने लगा।[१६०]

६ सितंबर १९४२ की रात सागर की एक सभा में मौलवी चिरागुद्दीन ने उत्तेजित करने वाले भाषण दिये जिसके तुरंत बाद जनसमूह द्वारा अनेक स्थानों पर टेलीफोन और टेलीग्राफ के तार काटे

गये। दो डाक पेटियों के रिकार्ड नष्ट कर आग लगा दिये गये। सहायता हेतु सेना बुलाई गई। दूसरे दिन ३०० महिलाओं द्वारा न्यायालय के समक्ष धरना दिया गया। टेलीफोन तथा टेलीग्राफ के तार काट कर सरकारी सम्पत्ति को नुकसान पहुँचाया। जन समूह को लाठी चार्ज कर हटाया गया। सरकारी-सम्पत्ति की क्षतिपूर्ति हेतु आंदोलनकारियों से ५००० रूपयें सामूहिक जुर्माने के रूप में लिया गया। सागर के ग्रामीण क्षेत्रों में भी 'जंगल सत्याग्रह' की अनेक घटनायें हुई। ग्रामीणों ने वन-विभाग की पुलिस चौकियों को जला दिया और वहाँ समीप के बिजली के खंभों को उखाड़ कर ले गये। लगभग २०० छोटे पौधों को उखाड़ दिया गया जिसके कारण १५ व्यक्तियों को गिरफ्तार कर लिया गया। अत: वन-विभाग की चौकी को ग्रामीणों द्वारा जला दिया गया। अन्य ६ ग्रमों में भी ऐसी घटना घटी।[१६१] सागर जिले में हुए आन्दोलन में शहीदों की श्रंखला में प्रेमचंद का भी बलिदान स्मरणीय हैं। प्रेमचंद को अंग्रेजी फौज में भर्ती होने का आदेश दिया गया था परंतु उसने फौज में भर्ती होने के आदेश के विरूद्ध विद्रोह का स्वर उठाया जो उसके मौत का कारण बन गया।[१६२]

प्रांत के अन्य जिलों में से पूर्वी निमाड़ का क्षेत्र भी अछूता न रहा। बम्बई अधिवेशन से लौटने के पश्चात् नेताओं को गिरफ्तार कर जेल में डाल दिया गया तथा काँग्रेस कार्यकर्ताओं के कार्यालयों पर कब्जा कर लिया गया। प्रमुख मुद्राणालयों और मकानों की तलाशी ली गई। बुरहानपुर नगरपालिका शालाये बंद कर दी गई। छात्राओं द्वारा 'राबर्टसन हाई स्कूल'-बुरहानपुर की शाला भवन पर १५ अगस्त को झंडा फहराया गया जिसे पुलिस द्वारा हटा दिया गया। छात्रों द्वारा कई दिनों तक जुलूस निकाला गया और हड़ताल की गई, जब तक पुन: तिरंगा फहराने और शाला भवन के दीवारों पर राष्ट्रीय नेताओं के चित्र लगाने की उनकी माँग पूरी नहीं कर दी गई।[१६३] मोहम्मद असगर द्वारा बुरहानपुर में लगभग ३००० व्यक्तियों की आयोजित 'मुस्लिम लीग' की सभा में मुसलमानों को काँग्रेस द्वारा आयोजित आन्दोलन से दूर रहने की सलाह दी गई।[१६४] सितम्बर माह के अंतिम सप्ताह में कुछ विद्यार्थियों द्वारा तोड़-फोड़ किये जाने पर उन्हें गिरफ्तार कर लिया गया।[१६५] उस समय पूर्वी निमाड़ में राजनीतिक स्थिति जितनी गंभीर और जटिल थी, उतनी शायद पहले कभी नहीं रही।[१६६]

आन्दोलन में रायपुर जिले ने भी अपना योगदान दिया। स्थानीय नेताओं के जेल जाने के पश्चात् नवयुवकों ने आन्दोलन को जारी रखने में महत्वपूर्ण भूमिका निभाई। रामकृष्ण सिंह नामक एक नवयुवक जो नागपुर में विधि का छात्र था। नागपुर हाईकोर्ट भवन पर तिरंगा फहराते समय पुलिस की गोलियों का बहुत साहस के साथ सामना किया तथा रायपुर में भूमिगत आन्दोलन चलाया। कुछ दिनों के उपरांत उसे वल्लभदास गुप्त के साथ रायपुर में गिरफ्तार कर डेढ़ वर्ष के कारावास का दंड दिया गया। एक अन्य नवयुवक ईश्वरीचरण शुक्ल भी डाक पत्र-पेटिका जलाने के कारण गिरफ्तार कर लिये गये। इस प्रकार रायपुर में १९४२ का आन्दोलन नवयुवकों द्वारा चलाया गया।[१६७]

वैसे तो प्रांत के सभी स्थानों पर एक साथ आंदोलन आरंभ हुआ, उसका रूप भी प्राय: समान रहा। सरकार के संकेत पर तांडव करने वाले पुलिस अधिकारियों ने विवेक त्यागकर, दमन की पराकाष्ठा कर दी जिससे काँग्रेसी तथा गैर काँग्रेसी सभी जनों को हिंसा का आश्रय लेने को बाध्य होना पड़ा। बैतूल जिले का जन आंन्दोलन भी इसी बात का परिणाम है। नेताओं की गिरफ्तारियों के पश्चात् बैतूल जिले में भी सरकारी भवनों को जलाकर तथा सरकारी सम्पत्ति को लूटकर आंदोलन प्रारंभ कर

दिया गया। इस आंदोलन की चिंगारी आसपास के क्षेत्र पाटन(पट्टन), चिंचोट, जवाहरखंड, देवगाँव, अमला, नाहिया, घोड़ाडोंगरी आदि स्थानों में फैल गया। आन्दोलन को दबाने हेतु नागपुर से पुलिस का विशेष हथियारबंद दस्ता बुलाया गया जिससे नाहिया गाँव में दो व्यक्ति पुलिस गोली का शिकार हो गये। पट्टन में भी जनसमूह पर लाठियों से प्रहार किया गया। घोडाडोंगरी गाँव में भी पुलिस ने गोली चलायी। घोड़ाडोंगरी में १०० से भी अधिक व्यक्ति पकड़े गये तथा उनके नेता विष्णु गौंड को मृत्यु दंड दिया गया जो बाद में आजीवन कारावास में बदल दिया गया।[१६८]

इस आन्दोलन की गतिविधियों को बढ़ाने में 'फारवर्ड ब्लाक' के कार्यकर्ताओं ने अधिक सहयोग दिया। १९ अगस्त १९४२ को एक जनसभा में उन्होने घोड़ाडोंगरी में स्थित 'टिम्बर-डिपो' में आग लगाने, नागपुर-इटारसी रेल लाइनों के समीप रेल की पटरियों को उखाड़ने तथा टेलीफोन के तारों को काटने का निश्चय कर २१-२२ अगस्त को उसे क्रियान्वित किया जिससे ११ व्यक्ति गिरफ्तार कर जेल भेज दिये गये।[१६९]

पुलिस की गोली से पाटन तथा नाहिया ग्राम में मारे गये अनेक व्यक्तियों तथा सरकार और पुलिस द्वारा किये गये इस दमनकारी कार्यो की जाँच हेतु एक जाँच समिति गठित की गई। रिपोर्ट के अनुसार उप कमिश्नर घोड़ाडोंगरी की उपस्थिति में डिविजनल फोरेस्ट आफिसर-बैतूल द्वारा गोली चलाने का आदेश दिया गया जिससे एक गौंड की मृत्यु हो गई[१७०] अतः नागपुर-संभाग के पुलिस कमिश्नर ने ९ सितंबर १९४२ को बैतूल जिले के ग्रामीण क्षेत्रों का दौरा कर रिर्पोट दी कि नेताओं की गिरफ्तारी के पश्चात् बैतूल जिले के आदिवासी क्षेत्र के आन्दोलनकारी शांत हो गये। १९४२ के अंत तक बैतूल जिले के १५५ सत्याग्रहियों ने आन्दोलन में भाग लिया।[१७१]

प्रांतीय सरकार द्वारा महाकोशल क्षेत्र के बिलासपुर, बैतूल छिंदवाड़ा, दुर्ग, रायपुर तथा जबलपुर की जिला कौंसिलों और स्थानीय बोर्डो को सुरक्षात्मक अधिनियम की धारा ३८-बी, के अन्तर्गत अवैध घोषित कर भंग कर दिया गया। दुर्ग-जिला कौंसिल को भंग कर दिये जाने के कारण उसके कुछ शिक्षकों को दुर्ग के ग्रामीण क्षेत्रों में आन्दोलनकारी गतिविधियों के कारण गिरफ्तार कर लिया गया।[१७२] सरकारी आंकड़ों के अनुसार देश भर में अगस्त माह के प्रथम सप्ताह में आन्दोलनकारियों के साथ हुई मुठभेड़ में पुलिस और सेना के ५० जवान मारे गये। अगस्त से नवम्बर माह तक ९०० से भी अधिक व्यक्ति मारे गये। निहत्थी जन समूहों पर ५३८ बार गोली चलाई गई तथा जनता को कोड़े लगाये जाने की सजा दी गई। गाँवों पर किये गये सामूहिक जुर्माने की राशि १ लाख रूपये हो गई थी, जिसका बहुत बड़ा भाग तुरंत वसूल किया गया।[१७३]

महाकोशल क्षेत्र के विभिन्न जिलों तथा ग्रामों से जेल जाने वाले राजनीतिक बंदियों की संख्या सीमा पार कर चुकी थी। जेल में आन्दोलनकारियों की व्यवस्था कर पाना अधिकारियों की समस्या बन चुकी थी। जेल में कड़ा प्रतिबंध होने के कारण कोई भी समाचार बाहर से अन्दर और अंदर से बाहर नहीं पहुँच पाते थे। पूर्व में दी जाने वाली सभी सुविधायें समाप्त कर दी गई थी। इन्ही प्रतिबंधों के फलस्वरूप ९ माह की सजा प्राप्त सिहोरा का बंदी, नंदबिहारी पांडे की घटसर्प की बिमारी से मृत्यु हो गई। उसके आत्मीय जनों पर हुए वज्राधात का वर्णन शब्दों द्वारा नहीं किया जा सकता। उसी प्रकार नरसिंहपुर के युवा बंदी ठाकुर रूद्रप्रताप सिंह की चेचक से मृत्यु, जबलपुर के बंदी नर्मदाप्रसाद सराफ

के पिता तथा शंकरलाल शुक्ल की पत्नि की प्रसव के दौरान मृत्यु हो जाने के समाचार प्राप्त हुए। अपने आत्मीय जनों के अंतिम संस्कार में सम्मिलित होने से भी वे वंचित हो गये।[१७४] आन्दोलन के प्रभाव को रोकने के लिए जबलपुर जेल से पहले ही सत्याग्रहियों को भिन्न-भिन्न जेलों में भेज दिया गया था। ४० बंदी आचार्य विनोबा भावे के साथ मद्रास के वैलोर जेल में तीन वर्षो तक रहे। इनमें प्रांत के प्रमुख व्यक्ति सेठ गोविंददास, द्वारका प्रसाद मिश्र तथा व्योहार राजेन्द्र सिंह थे।

मराठी मध्यप्रांत भी १९४२ की अगस्त क्रांति में किसी से पीछे नहीं रहा। मराठी मध्यप्रांत के नागपुर, चाँदा, वर्धा तथा भंडारा के अनेक स्थानों तथा उसके आसपास के क्षेत्रों में १२ से २० अगस्त तक छात्रों तथा जनसमूहों द्वारा सरकारी-भवनों, पोस्ट-आफिसों तथा सरकारी सम्पत्ति को जलाकर क्षति पहुँचायी गई। टेलीफोन के तारों को काटकर और रेल की पटरियों को उखाड़ कर आवागमन तथा संचार के साधनों को अवरूद्ध कर दिया गया। इस संबंध में १० अगस्त १९४२ को वर्धा में आयोजित सभा को पुलिस ने अश्रुगैस की सहायता से तितर-बितर कर दी। पुलिस अत्याचारों के विरूद्ध नागपुर में छात्रों ने १२ अगस्त को विद्रोह का झंडा खड़ा कर दिया। छात्रों द्वारा नगर में जुलूस निकाला गया। टेलीफोन के तारों को काटकर इतवारी रेलवें-स्टेशन के गोदामों को जला दिया गया। जिला-न्यायालय भवन पर राष्ट्रीय-झंडा फहराया गया। अत: इन कार्यवाहियों पर रोक लगाने के लिए सेना और पुलिस द्वारा अनेक बस्तियों में गोलियॉ चलायी गयी। १२ और १३ अगस्त को लूट की घटनाओं का क्रम शुरू हुआ तथा आन्दोलनकर्ताओं के समूहों ने रेल-संचार को ठप्प कर दिया। शीघ्र ही आन्दोलन की चिन्गारी इन जिलों के तहसीलों में भी फैल गई। वहाँ भी सरकारी भवनों को नष्ट कर सरकारी खजाने को लूटा गया।[१७५] नागपुर-छिंदवाड़ा छोटी लाइन पर स्थित पाँच रेलवे स्टेशनों को आन्दोलनकारियों द्वारा जला दिया गया। इस प्रकार इस रेल मार्गों पर अनेक दिनों तक आवागमन अवरूद्ध रहा।[१७६]

सरकार ने इस आतंकपूर्ण कार्यवाही के पीछे नागपुर की 'हिन्दुस्तानी लाल सेना' को दोषी मानकर और उसे अवैध घोषित कर दिया गया। जिससे कुछ कार्यकर्ता मगनलाल बागड़ी के नेतृत्व में भूमिगत हो गये। मगनलाल बागड़ी की 'हिन्दुस्तानी लाल-सेना' में लगभग १००० शिक्षित कार्यकर्ता थे। उनमें से कुछ ने पुलिस चौकियों पर कब्जा कर हथियार प्राप्त कर लिया। जिला-प्रशासन ने मगनलाल बागड़ी सहित उसके ४ सहयोगियों की गिरफ्तारी हेतु इनाम की घोषणा की गई परंतु वे जुलाई १९४३ तक सक्रिय रहे। मगनलाल बागड़ी तथा उनके सहयोगियों को काले पानी की सजा दी गई।[१७७] नागपुर से कुछ दूर रामटेक नामक स्थान पर विशाल जनसमूह द्वारा जुलूस निकाला गया। पुलिस ने तुरंत घटना स्थल पर पहुँच कर लगभग १०० आन्दोलनकर्ताओं को गिरफ्तार कर लिया। कुछ आन्दोलनकारियों को पुलिस द्वारा भीषण यातनायें दी गई जिसके कारण शिवलाल तेजी नामक एक आन्दोलनकारी की मृत्यु हो गई[१७८] फलस्वरूप आन्दोलनकारियों द्वारा ६ बार जिले में टेलीफोन और टेलीग्राफ के तारों को काटने की घटना दोहराई गई। रामटेक के सरकारी भवनों में तोड़-फोड़ और सम्पत्तियों को जला कर क्षति पहुँचायी गई जिससे पुलिस को गोली चलानी पड़ी। गोली चालन से १५ आन्दोलनकारियों की तत्काल मृत्यु हो गई और ४० घायल हुए। रामटेक में सरकारी खजानें को लूटने के अपराध में उन्हें सजायें दी गई। उसी प्रकार नागपुर में आयोजित सभाओं द्वारा तोड-फोड़ के कार्यक्रम चलते रहे। छिंदवाडा छोटी लाइन तथा थाना नामक स्थान पर रेल की पटरियाँ उखाड़ी गई तथा सावनेर में रेल्वे-

सम्पत्ति को लूट कर क्षति पहुँचायी गई। इस प्रकार लगातार तीन दिनों तक नागपुर में जनता का राज्य कायम रहा।[१७९]

सितम्बर माह के प्रथम सप्ताह में नागपुर में छात्रों की गतिविधियाँ चलती रही जैसे-नारे लगाना, सरकार विरोधी पर्चे बँटवाना आदि। आंदोलन में भाग लेने के कारण विद्यालयों से अनुपस्थित रहने वाले छात्रों को चेतावनी दी गई जिससे उपस्थिति में कुछ सुधार हुआ। कुछ दिनों के पश्चात् साइंस कॉलेज के रसायन-विभाग के स्टोर रूम में आग लगा दी गई और प्रयोगशाला में देशी बम रख दिया गया। अतः इस क्षेत्र में पुलिस द्वारा कड़ा प्रतिबंध लगा दिया गया। नागपुर जिला कौंसिल एवं नगरपालिका समिति को सुरक्षा-अधिनियम की धारा ३८-बी के अन्तर्गत अवैध घोषित कर भंग कर दिया गया।[१८०] सितम्बर माह अंतिम सप्ताह में दो बम कांड हुए। पहला नागपुर साइंस कॉलेज और दूसरा नगर पुलिस सुपरिंटेंडेंट के घर के पीछे। इससे कोई विशेष क्षति नहीं पहुँची। छात्रों द्वारा 'मौरिस-कॉलेज' के स्टोर-रूम को जला दिया गया परंतु शीघ्रता से आग पर नियंत्रण प्राप्त कर लिया गया।[१८१]

'नागपुर टेक्सटाइल लेबर यूनियन' के अध्यक्ष आर.एस. रूईकर को २३ सितम्बर को जब वे एक सभा में 'ऐंटी रिप्रेशन-डे' के संबंध में नागपुर की जनता से अपील कर रहे थे, उन्हें गिरफ्तार कर लिया गया। अतः नागपुर में मिल मजदूरों द्वारा २४ तथा २५ सितम्बर को आंशिक हड़ताल रखी गयी और वे अपने कार्य पर अनुपस्थित रहे। एक अन्य सरकार विरोधी सभा का आयोजन २५ सितम्बर को नागपुर में किया गया। इससे पूर्व कि अध्यक्ष अपना अध्यक्षयीय भाषण पढ़ते उन्हें गिरफ्तार कर लिया गया। दूसरी ओर, नागपुर जेल में असुविधाओं के विरूध्द द्वितीय श्रेणी के सत्याग्रहियों द्वारा तोड़-फोड़ की गई। जेल-निरीक्षक तथा पुलिस-अधिक्षक द्वारा तुरंत घटना स्थल पर पहुँचकर नियंत्रण स्थापित किया गया और सत्याग्रहियों को हटाकर प्रांत के अन्य जेलों में स्थानांतरित किया गया।[१८२] पुलिस तथा सेना की गश्ती-दस्ते, मराठी मध्यप्रांत नागपुर, वर्धा, भंडारा, चाँदा आदि स्थानों पर तैनात कर दिये गये फिर भी विभिन्न स्थान पर हिंसात्मक घटनायें घटती रही। जनसमूहों द्वारा झंडा लेकर जुलूस निकाला जाता रहा। चाँदा जिले के 'चिमूर' तथा वर्धा जिले के 'आष्टी' नामक गाँव में भी आन्दोलनकारियों की एक उत्तेजित भीड़ द्वारा थाने का घिराव कर तोड़-फोड़ की कार्यवाही की गयी जिसके दमनार्थ सेना और पुलिस द्वारा की गई कार्यवाही से भयानक दृष्य उपस्थित हो गये। बड़ी बेरहमी तथा अत्याचारपूर्ण ढ़ंग से पुलिस ने जुलूस को तितर-बितर किया जिससे दोनों स्थानों के थानों में उपस्थित अधिकारी आंदोलनकर्त्ताओं द्वारा जिंदा जला दिये गये। इस भयावह कार्य ने पुलिस तथा सेना को आतंकपूर्ण कार्यवाही की स्वतंत्रता प्रदान कर दी। चिमूर तथा आष्टी के अनेक स्थानों पर पुलिस द्वारा गोली चलायी गयी जिससे प्रत्येक स्थानों पर कुछ नागरिक मारे गये। कुछ सरकारी अधिकारी तथा पुलिस के जवान भी मारे गये। चिमूर में एक उप-संभागीय न्यायधीश, एक सर्किल इंस्पेक्टर, एक नायब तहसीलदार तथा एक पुलिस जवान मारे गये। वर्धा जिले के आष्टी नामक स्थान पर नेताओं की गिरफ्तारी से उत्तेजित जनता पुलिस पर टूट पड़ी। थानेदार रामनाथ मिश्र तथा कुछ पुलिस के ४ जवान मारे गये। ६ व्यक्तियों को फाँसी की सजा हुई। हिंगनघाट में भी तोड़-फोड़ हुई। साथ ही समीप के वन में दस चीतों को भी मार डाला गया। कुछ पुलिस के जवानों द्वारा गाँवो के भीतरी भागों में किये गये आतंकपूर्ण कार्यवाही के विरोधस्वरूप आन्दोलनकारियों द्वारा कुछ पुलिस जवानों की वर्दी जलाकर उन्हें गाँधी-टोपी

धारण करने और काँग्रेस का झंडे लेकर जुलूस में भाग लेने पर बाध्य किया गया। अनेक स्थानों के डाकघरों को लूट कर सरकारी दस्तावेज़ जला दिये गये।[१८३] आन्दोलनकारियों के इन कार्यो से क्रोधित पुलिस तथा सेना ने कठोर कदम उठाते हुए नेताओं को गिरफ्तार कर कठोर यातनायें दी। उन स्थानों पर अधिकार कर कुछ दिनों तक वहाँ शर्मनाक तथा पशुवत् कार्य किये गये। इस प्रकार की ५ घटनाओं की सरकार को रिपोर्ट की गई। इनमें सिपाहियों द्वारा बलात्कार से संबंधित दो रिपोर्ट तथा पुलिस के सिपाहियों द्वारा लूट की २ रिपोर्ट दर्ज करवायी गई। एक चिमूर और दूसरी आष्टी की पाँचवी रिर्पोट रामटेक में लूट से संबंधित थी जिसके कारण एक पुलिस जवान को निलंबित तथा दूसरे को पद्च्युत कर दिया गया। चिमूर तथा आष्टी की घटनाओं के संबंध में जाँच हेतु डॉ. बी.एस मुंजे तथा वी.वी. कालीकर द्वारा गर्वनर से अपील की गई। गर्वनर द्वारा इसकी शीघ्र ही व्यवस्था कर दी गई।

वर्धा के शहरी क्षेत्र में 'सेकसेरिया कामर्स कॉलेज' के छात्रों द्वारा आन्दोलन में भाग लिये जाने के कारण कॉलेज को अनिश्चित काल के लिए बंद कर दिया गया। चाँदा जिले के चिमूर में घटी घटना के तुरंत पश्चात् मराठी मध्यप्रांत में संत तुकोजी की गिरफ्तारी के कारण पुन: आन्दोलन सक्रिय हो गया। पूर्व मुख्यमंत्री डॉ. एन.बी. खरे, टी.जे. केदार तथा नागपुर विश्वविद्यालय के कुलपति सहित एक शिष्टमंडल ने संत तुकोजी के गिरफ्तारी के संबंध में गर्वनर से भेंट की। गर्वनर ने संत तुकोराम की गिरफ्तारी का कारण बताते हुए कहा कि चिमूर में आंदोलन के आधे घंटे पूर्व और वर्धा के आष्टी गाँव में कुछ दिन पूर्व उन्हें देखा गया था। अत: सरकार द्वारा चिमूर और आष्टी की घटनाओं के लिए संत तुकोजी को उत्तरदायी समझा जा रहा था।[१८४]

चिमूर में पुलिस तथा सेना द्वारा किये गये अत्याचार के संबंध में जब 'चाँदा बार-एसोसियेशन' द्वारा विरोध प्रकट करते हुए न्यायिक जाँच की माँग की गई। तब प्रांतीय सरकार द्वारा 'शांति और व्यवस्था की स्थापना' के उद्धेश्य से पुलिस और सेना द्वारा की गई कार्यवाही की जाँच को अनावश्यक बताकर टाल दिया गया। "बार-एसोसियेशन" द्वारा अधिक जोर दिये जाने पर, गर्वनर ने 'बार एसोसियेसन' को अवैध घोषित कर दिये जाने की धमकी देकर, विरोध को दबा दिया।[१८५] सेवाग्राम के एक प्रोफेसर भंसाली द्वारा नारी सम्मान की रक्षा हेतु ६० दिनों तक अनशन किया गया। प्रोफेसर भंसाली ने चिमूर के पुलिस तथा सेना द्वारा किये गये अत्याचारों के विरूध्द अपनी जान जोखिम में डाल दी थी फिर भी कोई न्यायिक जाँच नहीं की गई।[१८६]

वर्धा में ९ सितंबर १९४२ को काँग्रेसी नेताओं की गिरफ्तारी की याद में 'स्वतंत्रता दिवस' मनाया गया। जुलूस पर प्रतिबंध होते हुए भी ५४ आन्दोलनकर्त्ताओं द्वारा जुलूस निकाले जाने के कारण उन्हें गिरफ्तार कर लिया गया। २ दिनों के पश्चात् पुन: जुलूस निकाला गया जिससे ११ महिला कार्यकर्त्तायें भी गिरफ्तार कर ली गई। वैसे वर्धा जिले के ग्रामीण क्षेत्रों पर नियंत्रण स्थापित किया जा चुका था फिर भी जंगल-सत्याग्रह के उद्धेश्य से ४ साधू आन्दोलनकर्त्ताओं द्वारा वर्धा के ग्रामीण क्षेत्रों का दौरा किया गया। अत: उप-संभागीय न्यायधीश पुलिस दस्तों सहित जाकर ग्रामीणों को चेतावनी दी कि यदि वन सम्पत्ति को किसी भी प्रकार से क्षति पहुँचायी गई तो गाँव पर सामूहिक जुर्माना किया जायेगा। परिणामस्वरूप वहाँ जंगल-सत्याग्रह की कोई घटना न घट सकी। साधू-आंदोलनकारियों को पकड़ कर थाने ले जाकर उन्हें दंडित किया गया। आन्दोलन के समाचार के प्रचार को रोकने के उद्धेश्य

से वर्धा के 'श्रीकृष्णा प्रिंटिग-प्रेस' पर प्रतिबंध लगा दिया गया। नागपुर, वर्धा, चाँदा, भंडारा, बालाघाट, होशंगाबाद तथा अमरावती जिले से जुर्माने की राशि ३ लाख रूपये वसूल किये गये।[१८७]

मराठी प्रांत के भंडारा जिले में भी १४ अगस्त को प्रदर्शनकारियों द्वारा डाक-तार घरों, रेल्वे स्टेशनों पर आक्रमण कर सरकारी सम्पत्ति को क्षति पहुँचायी गयी।[१८८] सितम्बर माह के अंतिम सप्ताह में भंडारा जिले के 'नगर पुस्तकालय' में सरकार विरोधी पर्चे पाये गये जिसमें मलाया में स्थित अंग्रेजी तथा भारतीय सेना के आंकड़ों के साथ लिखा था कि २ लाख भारतीय, बंदी भारतीयों को स्वतंत्र कराने आयेंगे। ऐसे पर्चे गुजरात हाईस्कूल तथा "भक्त-पिक्चर्स" के दफ्तरों में भी पाये गये।[१८९]

इस प्रकार सरकार विरोधी प्रचारों पर प्रतिबंध लगाने के उद्देश्य से मराठी मध्यप्रांत में मराठी, 'हरिजन', 'मातृभूमि' तथा 'सारथी' नामक समाचार पत्रों के प्रकाशन पर प्रतिबंध लगा दिये गये। नागपुर जिले के मोवाड तथा वर्धा जिले की नगरपालिका समिति को धारा ३८-बी के अन्तर्गत अवैध घोषित कर भंग कर दिया गया।[१९०] काँग्रेस समाचार, संदेश तथा कुछ सरकार विरोधी पर्चे डाक द्वारा दूसरे प्रांतों को भेजे जाते रहे जिनमें आन्दोलनकारियों के लिए कुछ चेतावनियाँ और कार्यक्रमों की रूपरेखा होती थी। ऐसे पत्रों तथा तार द्वारा भेजे गये समाचारों का निरीक्षण तो किया जाता था परंतु अब प्रांतीय सरकार द्वारा सभी प्रांतों में सुरक्षा अधिनियम की धारा-२१ के अन्तर्गत एक 'आंतरिक प्रेस सेंसर-विभाग' की व्यवस्था कर डाक पत्रों के निरीक्षण हेतु एक जिला-पुलिस-अधीक्षक की नियुक्ति की गई, जिसे डाकघर के कर्मचारियों को डाक पत्रों के निरीक्षण कार्य में सहायता करने वाले पुलिस अधिकारियों का चुनाव करने का अधिकार दिया गया, फिर भी आंदोलनकारियों द्वारा ७ सितम्बर को 'भारत-छोड़ो' आन्दोलन की पर्चियाँ अनेक अधिकारियों को भेजी गई।[१९१]

बरार ने भी १९४२ के 'भारत-छोड़ो' आन्दोलन में अपना योगदान दिया। अकोला के "तिलक राष्ट्रीय शाला" और 'अकोला-नेशनल स्कूल' के छात्रों ने भी आंदोलन में भाग लिया। साथ ही 'सावतराम-रामप्रसाद मिल' के मजदूरों ने भी आन्दोलन में भाग लेते हुए टेलीफोन तथा टेलीग्राफ के तारों को काटा तथा नगर के प्रमुख डाकघरों में आग लगा दी। जनसमूह को लाठी चार्ज द्वारा तितर-बितर किया गया। दूसरे दिन, वे अपने काम पर तो वापस आ गये परंतु रेल्वे की सम्पत्ति को क्षति पहुँचाने का संदेह उन पर किया गया।[१९२] वर्धा में संत तुकाराम की गिरफ्तारी के कारण बरार के अमरावती जिले में टेलीफोन एवं टेलीग्राफ के तारों को काटने की घटना घटी। साथ ही मुख्य डाकघरों को लूटकर आग लगा दी गई। अमरावती के मोरसी-वार्ड में भी यही घटना दोहराई गई। पुलिस तथा जनसमूहों के मुठभेड़ में अमरावती में ५९ बार गोलियाँ चलायी गई जिससे १० व्यक्ति मारे गये और २२ घायल हुए। अमरावती में सामूहिक जुर्माना किया गया। बुल्ढ़ाना और यवतमाल में आंदोलन की गति धीमी थी। अकोला के 'राजस्थान प्रेस' पर प्रतिबंध लगाया दिया गया तथा प्रतिबंधित समय में मजदूरों को पूर्ण मजदूरी देने के आदेश दिये गये। अकोला जिले में भी सामूहिक जुर्माना किया गया। जुर्माना देने से इंकार किये जाने पर सत्याग्रहियों को पीटा गया। विरोध स्वरूप बम बनाते समय, बम फट जाने के कारण एक व्यक्ति बुरी तरह घायल हो गया। उसी प्रकार 'गाँधी-टोपी' धारण किये गाँव के दस्तावेज़ ले जाते हुए ७ ग्रामीणों पर आक्रमण किया गया जिससे कुपित हो आंदोलनकारियों द्वारा अकोला के जी. आई.पी. रेलवे लाइन को सात बार क्षति पहुँचायी गयी। इस संदर्भ में अनेक व्यक्ति गिरफ्तार कर लिये

गये।[१९३] सितम्बर माह के प्रथम पखवाड़े तक प्रांत में गिरफ्तार होने वाले आन्दोलनकर्त्ताओं की संख्या ४,८५९ हो गई जिनमें ९८५ सत्याग्रहियों को भविष्य में आन्दोलन से अलग रहने का शपथ पत्र लिखवा कर छोड़ दिया गया। ५२५ सत्याग्रहियों पर अपराध कायम कर मुकदमा दायर किया गया। इस प्रकार उस समय ३,३०० आन्दोलनकर्त्ता जेल में थे जिनमें से अधिकांश को सुरक्षा-अधिनियम की धारा २६(१)(बी) तथा १२९ के अन्तगर्त गिरफ्तार किया गया था। ५२५ सत्याग्रहियों, जिन पर कोई न कोई अपराध कायम किया गया था, उनमें से २३२ को भिन्न-भिन्न अवधि तक विभिन्न स्थानों में कारावास का दंड दिया गया। २८६ को कोड़े लगाने की सजा दी गई। कोड़े लगाने की सजा उन्हीं सत्याग्रहियों को दी गई थी, जिन्होंने किसी उपद्रव अथवा दंगों में भाग लिया था। ऐसे आन्दोलनकारियों की संख्या नागपुर में १३६, बैतूल में ७९ तथा दुर्ग में २१ थी। १७ आन्दोलनकारियों का जुर्माना किया गया।

बड़ी संख्या में आन्दोलनकारियों की गिरफ्तारी से आवासीय समस्या उत्पन्न हो गई थी। अत: प्रान्तीय सरकार द्वारा प्रांत के ६-७ जेलों में लगभग १००० आन्दोलनकारियों के निवास की अस्थायी व्यवस्था की गई। वर्धा के तहसील-भवन को अस्थायी रूप से जेल में परिवर्तित कर दिया गया और वहाँ पर एक आई.सी.एस. अधिकारी को अस्थायी जेल-अधीक्षक के रूप में नियुक्त किया गया। ऐसी ही व्यवस्था नागपुर सेन्ट्रल जेल में भी की गई। नागपुर, वर्धा, भंडारा, जबलपुर तथा बैतूल जेल में कुछ अनुशासनहीनता के समाचार प्राप्त हुए। रायपुर जेल में २५ सत्याग्रहियों द्वारा विशेष सुविधा की माँग कर सामूहिक भूख हड़ताल की गई। ऐसी ही भूख हड़ताल अतिरिक्त भोजन तथा परिवारिक भत्ता की माँग लेकर एक सत्याग्रही द्वारा जबलपुर जेल तथा दूसरे सत्याग्रही द्वारा वर्धा जेल में की गई। २-३ दिनों के पश्चात् भूख हड़ताल समाप्त कर दी गई। उसी प्रकार भंडारा जेल में भी ५ सत्याग्रहियों तथा छात्र द्वारा सितम्बर माह के प्रथम पखवाड़े के अंत तक भूख हड़ताल की गई।

प्रांत के नौ जिलों में संचार-साधनों तथा सरकारी सम्पत्ति को क्षति पहुँचाने के कारण सत्याग्रहियों पर किये गये जुर्माने की कुल राशि ३,००,३७५ रूपये थी। सिर्फ मुस्लिम वर्ग को जुर्माने से मुक्त रखा गया क्योंकि उन्होंने आन्दोलनकारियों तथा उनकी गतिविधियों के दमनार्थ सरकार की सहायता कर उनके हाथों को मजबूत किया था।[१९४]

उसी प्रकार सितम्बर माह के द्वितीय पखवाड़े तक जेल जाने वाले सत्याग्रहियों की संख्या ४,००० हो गई थी जिसमें से १,२७६ सत्याग्रहियों को रिहा कर दिया गया। ८८७ सत्याग्रहियों पर मुकदमा चलाया गया। ५५७ सत्याग्रहियों को कारावास का दंड दिया गया। ३८७ सत्याग्रहियों को कोड़े मारने की सजा दी गई। १८ को जुर्माना किया गया। एक पुलिस जवान की हत्या के आरोप में ९ सत्याग्रहियों पर विशेष न्यायधीश की अदालत में मुकदमा चलाया गया जिनमें ५ को मृत्यु दंड तथा ४ को आजीवन कारावास का दंड दिया गया। चाँदा के 'चिमूर' और वर्धा जिले के 'आष्टी' का मुकदमा विशेष न्यायधीश के समक्ष प्रस्तुत किया गया। नागपुर, वर्धा, चाँदा, बैतूल और अमरावती में भी विशेष न्यायधीश की नियुक्ति की गई।[१९५]

दूसरी ओर, २३ सितम्बर १९४३ को महात्मा गाँधी ने भारत-सचिव को पत्र लिखा कि 'काँग्रेसी नेताओं की सामूहिक गिरफ्तारी ने जनता को इतना क्षुब्ध कर दिया है कि उनका आत्म-संयम जाता रहा

है। मेरे विचार में जो विध्वंस हुआ है, उसके लिए काँग्रेस नहीं वरन सरकार जिम्मेदार हैं।' अतएव उन्होंने सरकार से काँग्रेसी नेताओं को मुक्त करने सभी दमानात्मक कार्यवाहियों को वापस लेने तथा समझौते के उपाय ढूँढ़ने की अपील की[१९६] परंतु इसका कोई प्रत्योत्तर प्राप्त नहीं हुआ। २४ सितम्बर को के.सी. नियोगी ने पुलिस तथा सेना द्वारा आष्टी एवं चिमूर में किये गये अत्याचारों के संबंध में विधानसभा में एक प्रस्ताव प्रस्तुत किया। अपने भाषण में उन्होंने सरकार पर लगाये गये आरोप के ६ भाग किये। उनके पहले आरोप के अनुसार जिन स्थानों पर आन्दोलन हुआ या नहीं हुआ, पुलिस और सेना द्वारा लूटपाट किये गये। दूसरे, जिन स्थानों पर आन्दोलन नहीं किये गये वहाँ आतंक फैलाने हेतु अकारण गोली चलायी गई। तीसरे, उन स्थानों पर निहत्थी निर्दोष जनसमुदायों पर गोली चलाना तथा जब तक आन्दोलनकर्त्ता न पकड़ा जाये तब तक पूरी बस्ती को दंड दिया जाना। चौथे, बिना सूचना अथवा चेतावनी के अहिंसक जनसमूहों पर आक्रमण, लाठी-चार्ज तथा गोली चलाना। पाँचवाँ, जनसमूह को तितर-बितर करने के उद्धेश्य से आवश्यकता से अधिक बल प्रयोग करना तथा छठवाँ, अनेक मामलों में कोड़े लगाने से अनेक आन्दोलनकर्त्ताओं की मृत्यु हो जाना था।[१९७]

इस हेतु जब राष्ट्रीय मोर्चा के सदस्यों द्वारा प्रांत के ग्रामीण क्षेत्रों का दौरा किया गया, तब जनता ने पुलिस तथा सेना के जवानों द्वारा अत्याचार, तोड़-फोड़, सम्पत्ति की लूट, आगजनी और गिरफ्तारी का भय दिखाकर रूपये वसूल करना और अनेक विषयों में शारीरिक यातनायें दिये जाने की शिकायत की। इसके अतिरिक्त दूकानदारों एवं व्यापारियों द्वारा दूकानों को लूटने तथा जलाने की शिकायतें की गई। उनका कथन था कि 'यह सब कार्यवाही आन्दोलनकर्त्ताओ द्वारा नहीं अपितु पुलिस और सेना के जवानों द्वारा किया गया है।'[१९८]

पटना के 'सर्चलाइट' नामक अंग्रेजी दैनिक ने बंबई, पटना तथा नागपुर आदि शहरों में पुलिस तथा सेना द्वारा सम्मानीय तथा उच्च पदों पर पदस्थ व्यक्तियों से सड़कें साफ कराने पर बाध्य किये जाने का समाचार दिया।[१९९] उसी प्रकार 'बाम्बे क्रानिकल्स' द्वारा नागपुर में भी ऐसी ही घटनाओं की रिपोर्ट दी गई।[२००] परंतु वायसराय की कार्यकारिणी के सदस्य एम.एस. अणे द्वारा इस समाचार को गलत बताया गया। विधान सभा में बहस में भाग लेते हुए एन.एम. जोशी ने बताया कि एक बालक द्वारा सिर्फ 'गाँधीजी की जय' बोलने के अपराध में उसे पुलिस द्वारा गोली मार दी गई, जबकि वह जनसमूह में सम्मिलित नहीं था। इस प्रकार शांतिपूर्ण सत्याग्रह और हिंसक घटनाओं में पुलिस ने कोई अन्तर ही नहीं समझा।[२०१]

वैलोर जेल में विनोबा भावे के नेतृत्व में प्रथम श्रेणी के सत्याग्रहियों द्वारा जेल में सत्याग्रहियों से किये गये व्यवहार के संबंध में जाँच की माँग की गई परंतु उसे अस्वीकृत कर दिया गया। विनोबा भावे द्वारा जेल-अधीक्षक को दो पत्र लिखकर इस संबंध में सकारात्मक उत्तर प्राप्त न होने पर भूख हड़ताल किये जाने की सूचना दी गई। तीन दिनों के पश्चात् यह भूख हड़ताल समाप्त कर दी गई परंतु द्वितीय श्रेणी के बंदियों द्वारा यह हड़ताल एक दिन और जारी रखी गई। उसी प्रकार वर्धा और भंडारा के जिलों में भी २ दिनों तक सामूहिक भूख हड़ताल रखी गई। अकोला में २ तथा जबलपुर में एक सत्याग्राही द्वारा भूख हड़ताल की गई। अकोला जेल के एक साधू-सत्याग्रही द्वारा अमरण-अनशन की घोषणा कर दी गई। प्रांत के प्राय: सभी जेल गिरफ्तार किये गये सत्याग्रहियों द्वारा भर दिये गये थे।[२०२]

शासकीय आंकडों के अनुसार इस आंदोलन में सितम्बर माह के अंत तक कुल ४,२८,२८० रूपये की सरकारी सम्पत्ति को क्षति पहुँचायी गई। नगरपालिका और अन्य संस्थाओं के कुल २२,८७५ रूपये तथा निजी संस्थाओं के १,५०,००० रूपये की सम्पत्ति को क्षति पहुँचायी गई। सम्पूर्ण प्रांत में सत्याग्रहियों पर किये गये सामूहिक जुर्माने की कुल राशि ३,११,३७५ रूपये थी। प्रान्तीय सरकार द्वारा जिला न्यायधीशों को भी ५,००० रूपये तक जुर्माना किये जाने का अधिकार दे दिया गया था। दलित वर्ग द्वारा जुर्माने किये जाने से उन्हें मुक्त रखे जाने की अपील की गई परंतु सरकार द्वारा उनके वर्ग की पुष्टि किये जाने के पश्चात् ही उन्हें जुर्माने में कुछ रियायत दे दी गई तथा आन्दोलन में सरकार का साथ देने के कारण जेलों से उन्हें मुक्त रखा गया।[२०३] इस प्रकार भारत छोड़ों आन्दोलन महात्मा गाँधी द्वारा स्वतंत्रता प्राप्ति के लिए किये गये आन्दोलनों में सबसे अधिक भीषण था जिसने भारतीय जनता में ऐसी जागृति उत्पन्न की जिससे ब्रिटिश सरकार के लिए भारत में और अधिक समय तक रहना असंभव हो गया। १९४२ का आन्दोलन भारतीय राष्ट्रीय आन्दोलन का सर्वाधिक उज्जवल पक्ष है।[२०४]

इस आन्दोलन में सरकारी आंकड़ों के अनुसार पुलिस और सेना द्वारा ५३८ बार गोली चलायी गई जिसमें ९५० सत्याग्रहीं मारे गये। १३६० व्यक्ति घायल हुए। ६०,२२९ व्यक्तिों में से १८०० सत्याग्रही नजरबंद किये गये। १० स्थानों पर सेना बुलायी गई। लगभग २५० रेलवे-स्टेशनों को नष्ट कर दिया गया। ५५० डाकघरों पर आक्रमण कर ३५०० खंभों से तार एवं टेलीफोन के तार काटे गये। ६. पुलिस स्टेशनों (थानों) तथा ८५ सरकारी भवनों को नष्ट कर दिया गया।[२०५] सरकार ने पूरी शक्ति तथा कठोरता से आन्दोलन दमन किया।[२०६]

१९४२ के आन्दोलन में सबसे शर्मनाक भूमिका साम्यवादी दल की रही। प्रारंभ में साम्यवादी दल ने इस महायुध्द को साम्राज्यवादी युध्द कह कर युध्द प्रयासों का कड़ा विरोध करता रहा परंतु जैसे ही हिटलर ने रूस पर आक्रमण किया और रूस, मित्र राष्ट्रों की ओर से युध्द में सम्मिलित हुआ। वैसे ही रातों-रात साम्यवादियों के दृष्टिकोण में भी परिवर्तन हो गया और उसने महायुध्द को 'जन-युध्द' अथवा 'पीपुल्स-वार' कहना प्रारंभ कर दिया। अत: साम्यवादी दल के नेताओं को जेल से मुक्त कर दिया गया। साम्यवादियों ने काँग्रेसी नेताओं के जेल में रहने का पूरा लाभ उठाया। उन्हें इस काल में अपने संगठन और शक्ति को बढ़ाने का अवसर मिल गया। इसके अतिरिक्त मुस्लिम लीग से सांठ-गांठ कर काँग्रेसी नेताओं की अनुपस्थिति में अंग्रेजी सरकार की सहायता और सहयोग का लाभ उठाने का प्रयास किया तथा मुस्लिम लीग के 'पाकिस्तान' की माँग का समर्थन किया।[२०७] मुस्लिम लीग के नेता जिन्ना ने भी इस आन्दोलन को मुस्लिम समुदाय के लिये खतरनाक बताते हुए, मुसलमानों से उसमें भाग न लेने की अपील की। हिन्दू-महासभा के प्रधान वीर सावरकर ने सरकार की कटु आलोचना करते हुए हिन्दुओं को आन्दोलन में भाग लेने की मनाही की। उदारवादियों के नेता तेजबहादुर सप्रू ने काँग्रेस के प्रस्ताव को असामयिक बताया। एग्लों-इंडियन जाति के प्रवक्ता फ्रैंक एन्थोनी ने अंग्रेजों से बदला लेने के लिये भारत को धुरी-राष्ट्रों के हाथ बेचना उचित नहीं बताया। हरिजन नेता डॉ. बी. आर. अम्बेडकर, भारतीय ईसाइयों तथा अकाली दल ने भी आन्दोलन का विरोध किया। ऐसा प्रतीत होता है कि काँग्रेस के अतिरिक्त अन्य दल अंग्रेजी सरकार को अपदस्थ करना नहीं चाहते थे।[२०८]

भारत-सचिव को लिखे पत्र के उत्तर की बहुत दिनों तक, प्रतीक्षा करने के पश्चात् गाँधीजी ने

लार्ड लिनलिथगो को एक व्यक्तिगत पत्र लिखकर अपने अनशन का संकेत दिया परंतु जवाब में वायसराय ने सभी हिंसक घटनाओं के लिए काँग्रेस को ही जिम्मेदार ठहराया।[२०९] गाँधीजी का इस संबंध में यह कथन था कि 'सरकार ने स्वयं जनता को पागल हो जाने की स्थिति में पहुँचाया है।'[२१०] जब लार्ड लिनलिथगो, गाँधीजी और काँग्रेस पर समस्त हिंसात्मक घटनाओं का आरोप मढ़ने की तैयारी कर रहे थे तो उस समय प्रधानमंत्री चर्चिल उनसे एक कदम आगे निकल गये।[२११] उन्होंने जापान के साथ गाँधीजी की साजिश का प्रमाण जुटाने को वायसराय से कहा परंतु लिनलिथगो एवं एमरी शून्य में कुछ पैदा नहीं कर सके। एमरी ने लिखा 'इंडिया आफिस के पास ऐसा कोई प्रमाण नहीं है, जिससे वे संकेत दे सकें कि गाँधीजी ने जापान के साथ कुछ साजिश की है।'[२१२] अत: प्रधानमंत्री चर्चिल ने गृहविभाग के सचिव टाटेन्हम को दुनिया की नजर में गाँधीजी तथा काँग्रेस को बदनाम करने के लिये एक दस्तावेज तैयार करने का आदेश दिया। 'उत्पातों के लिए काँग्रेस की जिम्मेदारी' नामक शीर्षक के अन्तर्गत श्वेत-पत्र के रूप में उसे प्रकाशित किया गया लेकिन गाँधीजी को अपमानित करने का यह शूद्र उपाय भी विफल हुआ।[२१३] सरकार के मिथ्या प्रचार और इस आचरण के प्रति विरोध प्रकट करने तथा आत्मशुद्धि हेतु १० फरवरी १९४३ को गाँधीजी ने २१ दिनों का उपवास प्रारंभ किया।[२१४] अनशन के १३ दिनों पश्चात् गाँधीजी की हालत बिगड़ जाने पर गाँधीजी को तुरंत मुक्त कर देने की अपील करने हेतु निदर्लीय सम्मेलन आयोजित किया गया जिसमें दो व्यक्तियों द्वारा विरोधी रूख अपनाते हुए शत्रुता निभायी गई। एक तो मोहम्मद अली जिन्ना थे जिन्होंने सम्मेलन में सम्मिलित होने से इंकार कर दिया तथा दूसरे; नागपुर के एन.बी. खरे थे जिन्होंने गाँधीजी के अनशन की खुल्लम-खुल्ला हँसी उड़ाई। उपवास के छठवें दिन एच.सी. मोदी, एन.आर. सरकार तथा एम. एस. अणे द्वारा वायसराय की कार्यकारिणी से त्यागपत्र दे दिया गया। बाद में अणे के त्यागपत्र से रिक्त हुए स्थान पर एन. बी. खरे को वायसराय की कार्यकारिणी का सदस्य मनोनीत किया गया।[२१५]

गाँधीजी के उपवास का समाचार प्रांत के सभी स्थानों पर फैल गया। जेल भी इस समाचार से अछूते न रहे। गाँधीजी के अनशन के समाचार से वैलोर जेल के नजरबंदियों के कैम्प का वातावरण विषाद्पूर्ण हो गया। सभी नजरबंदियों ने महात्मा गाँधी की सहानुभूति में तीन दिनों तक उपवास किया जिनमें विनोबा भावे, काका कालेलकर, सागर के केशव रामचन्द्र खांडेकर और नागपुर के पूनमचंद रांका ने भी २१ दिनों का उपवास किया। इन उपवासों से वैलोर जेल के कई दिन, बड़ी व्यग्रता में बीते। रविशंकर शुक्ल ने जेल-अधीक्षक को विनोबा भावे तथा अन्य सत्याग्रहियों द्वारा किये गये अनशन की सूचना, तार द्वारा गाँधीजी को प्रेषित करने को कहा। मद्रास सरकार ने इस आधार पर तार भेजने से इंकार कर दिया कि नजरबंदियों को आपस में सम्पर्क करने की अनुमति नहीं है।[२१६]

दिल्ली में सभी राजनीतिक दलों के नेताओं का एक सम्मेलन १९ फरवरी १९४३ को आयोजित किया गया जिसमें तेजबहादुर सप्रू, डॉ. जयकर, श्यामा प्रसाद मुखर्जी, मास्टर तारा सिंह, एन. एम. जोशी, सर महाराज सिंह और सर ए. एच. गजनवी सहित १५० गणमान्य व्यक्तियों ने भी भाग लिया। सम्मेलन के एक पारित प्रस्ताव द्वारा गाँधीजी को तुरंत मुक्त कर दिये जाने की अपील की गई। गाँधीजी ने दीर्घ उपवास रूपी अग्नि परीक्षा ३ मार्च १९४३ को पूरी कर ली। ७ दिनों के पश्चात् तेजबहादुर सप्रू, एम. आर. जयकर, भूलाभाई देसाई, एवं राजाजी सहित ३५ नेताओं ने एक अन्य बैठक

आयोजित कर एक विज्ञप्ति द्वारा सरकार एवं काँग्रेस के बीच समन्वय स्थापित कर आंतरिक गतिरोध को दूर करने का प्रयास किया परंतु सरकार ने इस ओर कोई ध्याान नहीं दिया।[२१७]

२० अक्टूबर १९४३ को लार्ड लिनलिथगो कार्यमुक्त हो गये। उनका भारत में ७ वर्षो का कार्यकाल समाप्त हो गया। उनके स्थान पर आर्चिबाल्ड वेवेल वायसराय नियुक्त किये गये। वे भारतीय समस्याओं से भली-भांति परिचित थे क्योंकि इससे पूर्व वे भारत के 'कमाण्डर इन चीफ' (प्रधान सेनापति) थे।[२१८] वायसराय पद संभालते ही उन्होंने घोषणा की कि 'वे अपने थैले में बहुत कुछ ला रहे हैं' परंतु उन्होंने अपने थैले को १४ जून १९४५ तक नहीं खोला। काँग्रेसी नेताओं की रिहाई के पक्ष में बढ़ते जनमत एवं नरम दल और निर्दलीय नेताओं द्वारा बार-बार की गई अपीलों से ब्रिटिश अधिकारी प्रभावित हुए और गाँधीजी की रिहाई का उन्होंने निर्णय लिया। इसी बीच २२ फरवरी १९४४ को गाँधीजी की पत्नी कस्तूरबा का जेल में निधन हो गया। सभी जिलों में शोक संभायें आयोजित की जाने लगी। वर्धा में १३ दिनों तक प्रार्थना सभायें आयोजित की गई। जबलपुर तथा अन्य जिलों में 'कस्तूरबा मेमोरियल-फंड' की स्थापना की गई। वर्धा, चाँदा, नागपुर तथा अमरावती में भी 'कस्तूरबा मेमोरियल फंड' स्थापित कर प्रान्तीय स्तर पर ७ लाख रूपये जमा करने का निश्चय किया गया।[२१९]

मार्च १९४४ में राजाजी ने काँग्रेस-लीग समझौता हेतु एक फार्मूला निकाल कर मुस्लिम लीग से बातचीत की। अस्वस्थता के कारण गाँधीजी भी ६ मई १९४४ को जेल से मुक्त कर दिये गये थे। मई के अंत तक प्राय: सभी काँग्रेसी नेता तथा कार्यकर्ता भी जेल से मुक्त कर दिये गये।[२२०] गाँधीजी के जेल से मुक्ति के पश्चात् राजाजी ने अपने प्रस्ताव गाँधीजी के समक्ष रखे। १० जुलाई १९४४ इस फार्मूले को प्रकाशित किया गया जिसके अनुसार पहला प्रस्ताव, मुस्लिम लीग द्वारा भारतीय स्वतंत्रता का समर्थन तथा अंतरिम-सरकार में सहयोग। दूसरा, युद्धोपरांत एक आयोग की स्थापना थी, जो मुसलमानों के बहुमत वाले क्षेत्र का निर्णय करेगी। तीसरा, मुस्लिम बहुल क्षेत्रों में व्यस्क मताधिकार द्वारा यह तय करना था कि वे भारत में रहना चाहते है अथवा पृथक होना चाहते हैं। चौथा, कुछ क्षेत्रों द्वारा पृथक, यातायात, वाणिज्य और अन्य आवश्यक मामलों को संयुक्त रखने के लिए परस्पर संधि तथा पाँचवां, आबादी की अदला-बदली सिर्फ स्वेच्छा पर आधारित हो। इस सुझाव को 'सी आर फार्मूला अथवा 'राजाजी-फार्मूला' कहा गया।[२२१]

इसी आधार पर सितम्बर १९४४ को बम्बई स्थित जिन्ना के निवास स्थान पर १८ दिनों तक जिन्ना तथा गाँधीजी के मध्य बातचीत तथा पत्र व्यवहार हुआ। जिन्ना ने 'राजाजी फार्मूला' को अस्वीकार कर दिया क्योंकि उनकी इच्छा थी कि मुस्लिम सीमांत प्रांतों-पंजाब, सिंध, बलूचिस्तान, उत्तर-पश्चिम सीमांत प्रांत, बंगाल तथा असम को बिना किसी जनमत-संग्रह के 'पाकिस्तान' बना दिया जाय और जिसमें मुस्लिम जनता को ही मताधिकार हो अन्य को नहीं। जिन्ना सुरक्षा, यातायात और वाणिज्य आदि कार्यो हेतु संयुक्त केन्द्रीय सत्ता के लिये तैयार न थे। वे 'पाकिस्तान' को पूर्ण प्रभुता-सम्पन्न और हिन्दुस्तान से भिन्न चाहते थे। गाँधीजी द्वारा जिन्ना के घर जाने और पाकिस्तान संबंधी बातचीत किये जाने से जिन्ना तथा मुस्लिम लीग की शक्ति और हौसले बुलंद हो गये और 'पाकिस्तान की माँग' को एक नई प्रतिष्ठा प्राप्त हुई। गाँधीजी का जिन्ना से मिलना और अपने पत्रों

में उन्हें 'कायदे-आजम' के नाम से संबोधित किया जाना, एक भयंकर राजनीतिक भूल थी। इसने जिन्ना को मुस्लिम जनता और भारतीय राजनीति में एक नया सम्मान तथा महत्व प्रदान किया।[२२२]

गाँधी-जिन्ना वार्ता असफल हो जाने पर अक्टूबर १९४४ को उदारवादी नेता तेजबहादुर सप्रू ने गाँधीजी को पत्र लिखकर नवम्बर में उनसे भेंट कर समझौता हेतु एक 'सर्वदलीय'-समझौता-समिति' की स्थापना का सुझाव दिया। विभिन्न दलों का एक सर्वदलीय सम्मेलन आमंत्रित किये जाने हेतु तेजबहादुर सप्रू की अध्यक्षता में एक समिति की स्थापना की गई जो 'सप्रू-समिति' अथवा 'कांसिलियेशन-समिति' कहलाई। समिति ने जिन्ना के 'पाकिस्तान' की माँग को अस्वीकृत कर कहा गया कि 'देश का विभाजन एक ऐसा नृशंस कृत होगा जो न तो ऐतिहासिक और न राजनीतिक आधार पर न्यायोचित माना जा सकता है'।[२२३] यद्यपि सप्रू-समिति का प्रयास विफल हुआ, फिर भी इस बहुमूल्य रिपोर्ट का संविधान निर्माण के समय पूरा लाभ उठाया गया।[२२४] दूसरी ओर, गाँधीजी द्वारा भारत में आन्दोलन के दौरान भूमिगत हुए सभी कार्यकर्ताओं से आत्म समर्पण किये जाने की अपील की गई।[२२५] गाँधीजी के आव्हान पर सत्येंद्र प्रसाद मिश्रजी गिरफ्तार नहीं किये जा सके थे। अपने जबलपुर आगमन की सूचना देकर अपने अग्रज द्वारका प्रसाद मिश्र के निवास स्थान पर नवम्बर १९४४ को अपनी गिरफ्तारी दी।

इधर मार्च १९४५ में लार्ड वेवेल ब्रिटिश सरकार से भारत के संवैधानिक व्यवस्था के विषय में बातचीत हेतु लंदन गये। अमेंरिका और रूस ने चर्चिल सरकार पर भारत के संवैधानिक समस्या के उचित हल यथाशीघ्र ढूँढ निकालने पर जोर डाला। श्रमिक दल ने चर्चिल की भारत के प्रति नीति की कड़ी आलोचना करते हुये कहा कि 'अनुदार दल की सरकार भारतीय नेताओं के साथ उचित समझौता कर सकने में सर्वथा आयोग्य है।' चुनाव नजदीक थे और लोकमत का झुकाव श्रमिक दल की ओर था। चर्चिल की सरकार दिखाना चाहती थी कि भारत की समस्या सुलझाने में उनकी सरकार उतनी ही उत्सुक है, जितनी श्रमिक दल की भावी सरकार होगी। श्रमिक दल के नेता एटली ने घोषणा की कि उनका दल भारत को अविलम्ब पूर्ण-स्वराज्य देने के लिए वचनबद्ध है परंतु अनुदार दल की सरकार भारतीय समस्या का समाधान भावी श्रमिक दल की सरकार के हाथों में सौंपने को तैयार न थी। इसी पृष्ठभूमि पर वेवेल ने ब्रिटिश सरकार से विचार-विमर्श कर ४ जून १९४५ को भारत लौटने के १० दिनों के पश्चात् १४ जून १९४५ को संवैधानिक गतिरोध दूर करने के उद्धेश्य से कुछ प्रस्तावों की घोषणा की और कहा कि इसके द्वारा देश 'पूर्ण स्वराज्य' के अपने लक्ष्य की ओर प्रगति करेगा।[२२६] यही प्रस्ताव 'वेवेल-योजना' के नाम से विख्यात है। वेवेल योजना का उद्धेश्य स्वयं भारतीयों द्वारा संविधान निर्माण तक एक प्रकार की 'अंतरिम-व्यवस्था' करना था। इसमें वायसराय की कार्यकारिणी के पुनर्गठन की बात भी कही गई थी। परिषद् में सवर्ण हिन्दूओं और मुसलमान सदस्यों की संख्या बराबर रखी गई थी। योजना अनुसार परिषद् के सभी सदस्य संगठित राजनीतिक जनमत के प्रतिनिधि होंगे। अत: वेवेल योजना पर विचार-विमर्श हेतु शिमला में २६ जून को २१ नेताओं को सम्मेलन में भाग लेने हेतु निमंत्रित किया गया जिसमें गाँधीजी के अतिरिक्त सभी नेता उपस्थित हुए। सम्मेलन में कार्यकारिणी की सदस्यता को लेकर गहरा मतभेद उत्पन्न हुआ। जिन्ना का आग्रह था कि परिषद् के सभी मुस्लिम सदस्यों को मनोनीत करने का एकमात्र अधिकार मुस्लिम लीग को होना चाहिए, जबकि काँग्रेस सभी सवर्ण

हिन्दुओं को मनोनीत कर सकती है।[२२७] इस सम्मेलन में ७० प्रतिशत हिन्दुओं को ३० प्रतिशत मुसलमानों के बराबर ठहराया गया जबकि इस योजना में हिन्दुओं तथा मुसलमानों की संख्या बराबर रखने का प्रावधान था। जिन्ना इस बात पर अड़े हुए थे कि मुस्लिम लीग को मुसलमानों की एकमात्र प्रतिनिधि संस्था मान लिया जाय। दूसरी ओर, काँग्रेस स्वयं को सिर्फ हिन्दुओं की प्रतिनिधि संस्था मानने को तैयार नहीं थी। जिन्ना की माँग को स्वीकार कर लेने से काँग्रेस का राष्ट्रीय महत्व समाप्त हो जाता। अतः जिन्ना की हठधर्मिता के कारण कोई राजनीतिक समझौता न हो सका तथा गतिरोध पूर्ववत बना रहा। १४ जुलाई १९४५ को लार्ड वेवेल ने शिमला सम्मेलन की असफलता की घोषणा कर दी।[२२८]

इधर, ८ मई १९४५ तक द्वितीय विश्वयुद्ध समाप्त हो गया था। सारे राजनीतिक बंदी प्रायः मुक्त कर दिये गये थे। जुलाई १९४५ में इग्लैंड के आम चुनाव में मजदूर दल को आशातीत सफलता प्राप्त हुई। चर्चिल की अनुदार दल की सरकार का अंत हो गया और मजदूर दल की सरकार बनी जो भारत को स्वतंत्रता दिलाने के लिए वचनबद्ध थी। चर्चिल के स्थान पर एटली प्रधानमंत्री और एमरी के स्थान पर पैथिक लॅारेंस भारत मंत्री बने।[२२९]

इसी बीच एक महान घटना घटी। युद्ध के दौरान 'आजाद हिंद-फौज' जो ब्रिटिश सेना को पराजित कर आसाम तक पहुँच गई थी, इम्फाल तथा कोहिमा में परास्त हो गई। हिरोशिमा तथा नागासाकी पर बम गिराये जाने के कारण जापान ने भी १४ अगस्त १९४५ को मित्र राष्ट्रों की शर्ते मानकर आत्म समपर्ण कर दिया। युद्ध में जापान द्वारा आत्म समपर्ण किये जाने के कारण आजाद हिंद फौज को भी पीछे हटना पड़ा। युद्ध समाप्ति पर आजाद हिंद-फौज के अफसरों को बंदी बनाकर भारत लाया गया। लाल किले में उन पर भारतीय सेना से भागने और सम्राट के विरूद्ध युद्ध करने का आरोप लगाया गया। इनमें प्रमुख अफसर शहनवाज खाँ, गुरूबख्श सिंह ढिल्लन तथा पी.के. सहगल थे। नवम्बर १९४५ को लाल किले में उनके अभियोग की सुनवायी की गई। काँग्रेस ने इन वीर सेनानियों के पक्ष में पैरवी करने का निश्चय किया। भूलाभाई देसाई, तेजबहादुर सप्रू तथा जवाहरलाल नेहरू ने निःशुल्क मुकदमें की पैरवी की। प्रभावशाली तर्को के बावजूद उन्हें मृत्यु दंड दिया गया। मृत्युदंड की सजा सुनाने के पश्चात् देश में अनेक स्थानों पर सरकार विरोधी प्रदर्शन किये गये। अनेक व्यक्ति पुलिस की गोली के शिकार हुए। जबलपुर में भी सैनिकों ने विद्रोह कर दिया।[२३०] जनमत के दबाव के कारण मृत्युदंड को कार्यरूप न दिया जा सका। वायसराय वेवेल ने अपने विशेषाधिकार का प्रयोग करते हुए, उन्हें प्राणदान दे दिया। इस प्रकार इस घटना ने ब्रिटिश सरकार को जनमत के समक्ष झुकने को मजबूर कर दिया जिससे भारतीयों के हृदय से अंग्रेजों की दमन नीति का भय जाता रहा।[२३१]

दूसरी ओर, युध्द के कारण चुनाव स्थगित हो जाने के कारण लार्ड वेवेल ने सभी प्रांतों के गर्वनरों का एक सम्मेलन बुलाया कर भारत में चुनाव कराने का निर्णय लिया। इस संबंध में वेवेल ने १६ सितम्बर १९४५ को घोषणा की कि "ब्रिटिश सरकार यथाशीघ्र 'संविधान-सभा' बुलाना चाहती है जिसमें केन्द्रीय तथा विधानमंडलों के निर्वाचन द्वारा भारतीय निर्वाचकों की इच्छा का ज्ञान हो सके। चुनावों के पश्चात् प्रांतों में पुनः उत्तरदायी सरकार स्थापित की जायेगी।"[२३२]

भारत सरकार ने २८ सितम्बर को एक विज्ञप्ति द्वारा घोषित किया कि केन्द्रीय विधान मंडलों

के निर्वाचन के लिए मतदान विभिन्न प्रांतों में भिन्न-भिन्न तिथियों में सम्पन्न किये जायेंगे। नवम्बर १९४५ में चुनाव हुए। केन्द्रीय विधान सभा के निर्वाचन में काँग्रेस को सामान्य स्थानों तथा मुस्लिम लीग को मुस्लिम आरक्षित स्थानों पर सफलता प्राप्त हुई। इससे स्पष्ट हो गया कि काँग्रेस का मुसलमानों पर कोई विशेष प्रभाव नहीं था। मध्यप्रांत में मतदान ९ जनवरी १९४६ में हुए। प्रान्तीय विधान मंडलों में निर्वाचन अप्रैल माह तक लगभग साढ़े तीन माह तक चलता रहा।[२३३] घोषित परिणाम के अनुसार प्रांतीय विधान मंडलों के ११ प्रांतों में से ६ प्रांतों में काँग्रेसी मंत्रिमंडल बने। उत्तर-पश्चिमी सीमांत प्रांत में खान बहादुर अब्दुल गफ्फार खॉ के नेतृत्व में 'खुदाई-खिदमतगारों' का, पंजाब में 'आकाली दल' की मिली जुली सरकार तथा बंगाल और सिंध में 'मुस्लिम लीग' के मंत्रिमंडल बने। मध्यप्रांत और बरार में 'काँग्रेसी-मंत्रिमंडल' गठित हुआ।[२३४]

मध्यप्रांत एवं बरार के सामान्य स्थानों पर विजयी होने वाले काँग्रेस प्रत्याशियों में हिन्दुस्तानी मध्यप्रांत के जमीदारों की ओर से सेठ गोविंददास तथा शिवदास डागा, मराठी मध्यप्रांत में पी.के. साल्वे तथा बरार के पी. बी. गोले, जमीदारों की ओर से गणपतराव दानी और मध्यप्रांत के मुस्लिम क्षेत्र से नवाब सिद्दिकी अली खाँ थे। मध्यप्रांत के राज्यसभा (कौंसिल आफ स्टेट) के प्रतिनिधि के रूप में वी. वी. कालिकर और बरार से अकोला के बृजलाल नंदलाल बियाणी चुने गये।[२३५] मध्यप्रांत और बरार के विधायिका परिषद् हेतु विभिन्न चुनाव क्षेत्रों से विजयी प्रत्याशियों में हिन्दुस्तानी मध्यप्रांत(महाकौशल) से कुँजीलाल दुबे, जमीदारों की ओर से व्योहार राजेन्द्र सिंह, महिला प्रत्याशी श्रीमती सुभद्राकुमारी चौहान, सागर-सिवनी से भैयालाल जैन, सिवनी-अमला से दलितवर्ग के फूलभाई शाह, होशंगाबाद-निमाड़-छिंदवाड़ा जिले से निरंजन सिंह, रायपुर, बिलासपुर एवं दुर्ग से हरि सिंह बाघजी भाटी, बैतूल-भैंसदेहीं से ठाकुर माहेकाम सिंह, मुल्ताई से बिहारीलाल देवराव पटेल, सागर-छिंदवाड़ा से अर्जुन सिंह, भगवान सिंह सिसोदिया, सिवनी से डी.के. मेहता, अमरवाड़ा-लखनादौन से नारायण गुप्ता, जबलपुर-पाटन से द्वारका प्रसाद मिश्र तथा सुरक्षित स्थान से मतुआचेतू मेहरा, सिहोरा से काशीप्रसाद पांडे, सागर-खुरई से श्रीकृष्ण शिवनाथ सेलेट तथा सुरक्षित स्थान से गयाप्रसाद मथुरा प्रसाद कोरी, दमोह-हटा से प्रेमशंकर लक्ष्मीशंकर धगट तथा सुरक्षित स्थान से जगन चौधरी, मंडला से गिरजाशंकर अग्निहोत्री, नरसिंहपुर-गाडरवारा से शंकरलाल तथा रामेश्वर अग्निभेज सुरक्षित स्थान से। रायपुर से रविशंकर शुक्ल, डॉ. के. सी. बघेल तथा सुरक्षित स्थान से सुखचैन सतनामी, बिलासपुर से हरनारायण रामचरण बाजपेयी तथा सुरक्षित स्थान से महंत अंजोरदास देवदास सतनामी, जांजगीर से ठाकुर छेदीलाल तथा सुरक्षित स्थान से बहोरिक सोंधवा सूर्यवंशी रामनामी, दुर्ग से घनश्याम सिंह गुप्त, सुरक्षित स्थान से मंहत पोसुदास तथा बालाघाट बैहर से कन्हैया लाल थे।

मराठी मध्यप्रांत में नागपुर नगर से शंकरराव धर्माधिकारी तथा सुरक्षित स्थान से हेमचंद्रराव जागोबा जी खांडेकर, चाँदा-वर्धा से एस. आर. बजाज़, नागपुर-उमरेर से आर.बी. कुम्हारे तथा सुरक्षित स्थान से लालेन्द्र रामचंद्र, नागपुर-भंडारा से कैप्टन के.डी. परांजपे, चाँदा ब्रम्हपुरी से रामचंद्र वासुदेव कथाडे तथा सुरक्षित स्थान से तुलाराम चंद्रभान सखारे थे।

बरार चुनाव क्षेत्र में पूर्वी बरार से एस. वी. गोखले, पश्चिमी बरार से डी. एल. के. शास्त्री, अमरावती से पुरूषोत्तम काशीराव देशमुख, अकोला-बालापुर से जी. बी. देशमुख, यवतमाल-दरवाह से

आर. जे. पाटिल तथा सुरक्षित स्थान से डी. के. खाड़से थे।[२३६] यह निर्वाचन परिणाम भारतीय राजनीतिक क्षेत्र में एक महत्वपूर्ण घटना सिद्ध हुई। मध्यप्रांत की विधायिका परिषद् के चुनाव में काँग्रेस ने ११२ स्थानों में से ६४ स्थान प्राप्त किये।[२३७]

कुछ दिनों के उपरांत १८ फरवरी १९४६ को बम्बई में नौसेना के लगभग ३०० नौ-सैनिकों ने ब्रिटिश सरकार के विरूद्ध वेतन, भोजन तथा जातीय-भेदभव के प्रश्नों को लेकर विशाल प्रदर्शन और भूख हड़ताल किया। नौ सैनिकों की टुकड़ियों ने शीघ्र ही २० जहाजों पर कब्जा कर गोलियों का उत्तर हथगोलों से दिया। अंत में २६ फरवरी को सरदार पटेल ने मध्यस्थता कर सैनिकों से आत्म समपर्ण करा दिया। नौसेना के इस विद्रोह ने ब्रिटिश सरकार की आँखे खोल दी तथा उन्हें यह अनुभव करा दिया कि भारत में उनके पैर उखड़ चुके हैं। अत: अंग्रेजों को भारतीय सेना पर विश्वास नहीं रहा। अंग्रेजों के भारत छोड़ने के निर्णय को इन घटनाओं ने बहुत प्रभावित किया।[२३८] दूसरे दिन २७ फरवरी को जबलपुर की 'इडियन सिग्नल-कोपर्स' के सैनिकों ने भी एक सभा कर नौ-सैनिकों की सहानुभूति में हड़ताल रखी। एक सैनिक द्वारा कहा गया कि 'यद्यपि हम गुलाम पैदा हुए है परंतु हम गुलाम के रूप में मरना नहीं चाहते हैं। हम अपने शरीर के रक्त की आखरी बूँद भी मातृभूमि की रक्षा के लिये बहा सकते हैं।'[२३९] इन सब घटनाओं से प्रान्तीय सरकार का भी भारतीय सैनिकों से विश्वास उठ गया। पैथिक लॉरेंस ने १९ फरवरी १९४६ को 'हाऊस आफ लार्डस' में घोषणा की कि 'ब्रिटिश सरकार ने निश्चिय किया हैं कि मंत्रिमंडल स्तर के मंत्रियों का एक विशेष मिशन भारत भेजा जायेगा जिसमें स्वयं भारत-सचिव पैथिक लॉरेंस, सर स्टेफोर्ड क्रिप्स (प्रेसीडेंट आफ द बोर्ड आफ ट्रेड), ए. बी. ऐलेक्जेंडर (फर्स्ट लार्ड आफ द एडमिरेलिटी) होंगे।'[२४०] कुछ दिनों के पश्चात प्रधानमंत्री एटली ने भी भारत के प्रति ब्रिटिश सरकार की नीति की घोषणा करते हुए, हाऊस आफ कॉमंस में कहा कि 'मंत्रिमंडल-मिशन' की भारत यात्रा का उद्धेश्य यह कोशिश है कि सरकार शीघ्रातिशीघ्र स्वाधीनता पाने की दिशा में भारत की सहायता करे। सरकार भारतीय गतिरोध के हल के लिये एक मंत्रिमंडल मिशन भेज रही है।"[२४१]

घोषणा के अनुसार मिशन २४ मार्च को दिल्ली पहुँचा। मिशन का उद्धेश्य एक नवीन संविधान की रूपरेखा तैयार करना तथा केन्द्र में एक उत्तरदायी सरकार की स्थापना करना था। भारत में आते ही मिशन ने विभिन्न दलों से बातचीत प्रारंभ कर दी। सर्वाधिक जटिल समस्या काँग्रेस और मुस्लिम-लीग में समझौते की थी। मुस्लिम-लीग पाकिस्तान की तथा काँग्रेस 'अखण्ड-भारत' की माँग पर अड़ी हुई थी। मुस्लिम लीग द्वारा यह प्रचार किया जा रहा था कि 'अंग्रेजों को यह अधिकार नहीं कि वे मुस्लिम समुदाय को ऐसे लोगों के हाथों सौंप दे जिन पर वे वर्षों से शासन करते आ रहे हैं।' इस प्रकार मुस्लिम-लीग ने 'पाकिस्तान की माँग' तथा काँग्रेस के 'अखण्ड-भारत' के भावी शासन की अपनी योजना प्रस्तुत की। मंत्रिमंडल मिशन ने दोनों की योजनाओं को अस्वीकृत कर दिया। इस संबंध में उसने यह तर्क दिया कि 'पाकिस्तान का निर्माण साम्प्रदायिक समस्या का हल नहीं है तथा हिन्दू बहुल क्षेत्रों को पाकिस्तान में मिलाना भी अनुचित होगा।'[२४२]

इधर मध्यप्रांत और बरार में काँग्रेस को बहुमत प्राप्त होने के पश्चात् २६ अप्रैल को रविशंकर शुक्ल के नेतृत्व में मंत्रिमंडल का गठन किया गया जिसके अन्य सदस्यों में द्वारका प्रसाद मिश्रा, डी. के. मेहता, आर. के. पाटिल, रामेश्वर अग्निभोज, एस. व्ही. गोखले, पी. के. देशमुख, डॉ. डब्ल्यु. एस.

बारलिंगे तथा डॉ. एम. हसन थे। सत्ता में आते ही मंत्रिमंडल ने सबसे पहला कदम उठाते हुए उन सभी राजनीतिक कैदियों को मुक्त कर दिया, जिन पर कोई न कोई अभियोग लगाया गया था। उन पर किये गये सामूहिक जुर्माने के आदेश को भी रद्द कर दिया गया।[२४३]

इस बीच केबिनेट-मिशन ने ४७२ लोगों से भेंट कर १८२ बैठकें आयोजित की जिसमें मुख्य एक ही प्रश्न दो पक्षों, काँग्रेस और मुस्लिम-लीग के लिये था कि भारत एक संयुक्त इकाई बना रहे अथवा 'हिन्दुस्तान और पाकिस्तान' में विभाजित हो जाये। काँग्रेस एकता चाहती थी तो मुस्लिम-लीग अलगाव और विभाजन। हिन्दुस्तान तथा पाकिस्तान का संविधान बनाने हेतु अलग-अलग संविधान संभाओं की स्थापना की जाय।[२४४]

जब काँग्रेस और लीग में कोई समझौता न हो सका, तब समझौते के अंतिम प्रयास के आशय से मिशन द्वारा शिमला में एक त्रिदलीय सम्मेलन बुलाया गया। मुस्लिम-लीग की पाकिस्तान की माँग तथा जिन्ना की हठधर्मिता के कारण सम्मेलन असफल हो गया। अंत में १६ मई १९४६ में सरकार ने अपनी योजना प्रकाशित की जो 'केबिनेट मिशन-योजना' के नाम से जानी जाती है।[२४५] इस योजना में भारत के भावी संविधान के निर्माण के सिद्धांतों और प्रक्रिया का विस्तारपूर्वक उल्लेख किया गया था जिसका उद्धेश्य एक ऐसी व्यवस्था को प्रारंभ करना था जिसके द्वारा भारतीय स्वयं संविधान बना सके।[२४६] इनमें ३८५ सदस्यों में से २९२ ब्रिटिश भारत के गर्वनरों के प्रांत के, ९३ देशी रियासतों के, ४ चीफ कमिश्नर प्रांतों के। सम्प्रदाय के आधार पर गैर मुस्लिम २१०, मुस्लिम ७८, सिख ४ तथा कमिश्नर प्रांत के ४ प्रतिनिधि रखे गये।[२४७] मंत्रिमंडल योजना में यह भी कहा गया कि जब तक संविधान सभा का निर्माण नहीं हो जाता, तब तक के लिए एक १४ सदस्यीय अंतरिम-सरकार की स्थापना की जायेगी जिसमें ६ काँग्रेस, मुस्लिम लीग, भारतीय-ईसाई, सिख तथा पारसी के एक-एक प्रतिनिधि होंगे। ब्रिटिश सरकार अंतरिम-सरकार को पूर्ण सहयोग देगी तथा शीघ्रातिशीघ्र सत्ता का हस्तांतरण कर देगी। इस स्थिति में काँग्रेस कार्यसमिति ने १७ मई को योजना पर विचार कर प्रांतों के समूह और वर्गीकरण के विषय में स्पष्टीकरण माँगा। मिशन द्वारा सफाई देने के पश्चात् मंत्रिमंडल योजना को स्वीकार तो कर लिया गया परंतु वर्गीकरण के विषय में वह अपनी व्याख्या पर अड़ी रही जिसके अनुसार वर्गीकरण ऐच्छिक था।[२४८] जबकि मुस्लिम लीग इसे अनिवार्य मानती थी। दूसरी ओर, जिन्ना मंत्रिमंडल मिशन योजना से संतुष्ट नहीं थे क्योंकि मिशन ने पाकिस्तान की माँग को दृढ़ता पूर्वक अस्वीकार कर दिया था। अत: २२ मई को मुस्लिम-लीग ने कौंसिल की बैठक में योजना पर तीन दिनों तक विचार विमर्श के पश्चात् योजना से अधिक पाने की आशा न देख कर ६ जून को लीग ने और १४ जून को काँग्रेस ने इस योजना को स्वीकार कर लिया। लीग ने इस योजना को इसलिए स्वीकार कर लिया कि ६ प्रांतों में अनिवार्य वर्गीकरण में पाकिस्तान की नींव निहित थी।[२४९] अंतरिम-सरकार में राष्ट्रवादी मुसलमानों को मान्यता नहीं दी गई जिससे काँग्रेस किसी मुसलमान सदस्य को मनोनीत नहीं कर सकती थी। अत: काँग्रेस ने अंतरिम-सरकार में भाग लेने से इंकार कर दिया। लार्ड वेवेल सिर्फ मुस्लिम-लीग के सहयोग से अंतरिम-सरकार बनाने को राजी न थे।[२५०] इस प्रकार 'कैबिनेट-मिशन योजना के अनुसार संविधान-सभा में प्रांतों का प्रतिनिधित्व जनसंख्या के आधार पर दिया गया।[२५१]

मध्यप्रांत और बरार के लिए कुल सदस्य संख्या १७ थी जिनमें १६ स्थान सामान्य और एक स्थान मुसलमानों के लिए था।[२५२]

जुलाई १९४६ में योजनानुसार चुनाव हुए जिसमें काँग्रेस को भारी सफलता मिली। काँग्रेस ने जिन २०८ स्थानों पर विजय पायी, उनमें २६ अनुसूचित जाति, ६ भारतीय ईसाई, ३ आग्ल-भारतीय, ३ पारसी और ४ कबाइली जाति के सदस्य थे। संविधान-सभा में निर्वाचित सदस्यों में भारतीय जन-जीवन के प्रत्येक क्षेत्र की उत्कृष्ट विभूतियाँ सम्मिलित थी। उनमें भारत के विभिन्न दलों के प्रमुख नेता तथा अध्यक्ष थे। भारतीय राष्ट्रीय काँग्रेस के जवाहरलाल नेहरू, अखिल भारतीय दलित वर्ग संघ के जगजीवन राम, अखिल भारतीय मुस्लिम-लीग के जिन्ना, अखिल भारतीय अनुसूचित जाति के डॉ. बी. आर. अम्बेडकर, अखिल भारतीय महिला सम्मेलन की हंसा मेहता, अखिल भारतीय जमींदार-संघ के महाराजा दरभंगा, अखिल भारतीय हिन्दू महासभा के श्यामाप्रसाद मुखर्जी तथा आंग्ल-भारतीय फ्रेंक एन्थोनी आदि संविधान सभा में थे।[२५३] निर्वाचन के पश्चात् मध्यप्रांत और बरार में संविधान सभा के १७ सदस्यों में रघुवीर, राजकुमारी अमृतकौर, बी.ए. मंडलोई, बृजलाल नंदलाल बियाणी, ठाकुर छेदीलाल, सेठ गोविंददास, हरि सिंह गौड़, हरि विष्णु कामथ, हेमचंद जगोबाजी खांडेकर, घनश्याम सिंह गुप्ता, लक्ष्मण श्रवण भट्कर, पंजाबराव श्यामराव देशमुख, रविशंकर शुक्ल, आर. के सिंधवा, शंकर त्रियम्बक, धर्माधिकारी, फ्रैंक अन्तोनी तथा मुस्लिम सदस्य काज़ी सैय्यद करीमुदीन थे।[२५४]

अखिल भारतीय काँग्रेस कमेटी ने संविधान-सभा में भाग लेने का निश्चय किया। १० जुलाई को जवाहरलाल नेहरू ने एक वक्तव्य दिया कि 'काँग्रेस संविधान सभा में भाग लेने हेतु सहमत हैं।' नेहरू जी के वक्तव्य का जिन्ना ने अपने लाभ हेतु खूब प्रचार किया। अतंतः २६ जुलाई १९४६ को मुस्लिम-लीग ने इस योजना को अस्वीकृत कर दिया। काँग्रेस पहले ही अंतरिम-सरकार की योजना अस्वीकार कर चुकी थी। जिन्ना ने कहा कि 'मुस्लिम-लीग ने पाकिस्तान की माँग को त्याग कर भारी कुर्बानी की थी। अतः १६ मई की योजना की अपनी स्वीकृति वापस लेते हुए वह अब पाकिस्तान की प्राप्ति हेतु 'सीधी)-कार्यवाही' करेगा।'[२५५] काँग्रेस ने बाद में अंतरिम-सरकार में भाग लेना स्वीकार कर लिया। १२ अगस्त १९४६ को गर्वनर जनरल ने जब जवाहरलाल नेहरू को अंतरिम-सरकार बनाने का निमंत्रण दिया, तब मुस्लिम-लीग ने काँग्रेस के साथ मंत्रिमंडल में सम्मिलित होने से इंकार कर दिया और १६ अगस्त १९४६ को 'सीधी-कार्यवाही' करने का निश्चय किया। अतः १६ अगस्त से साम्प्रदायिक दंगों का सिलसिला प्रारंभ हो गया। बंगाल में हुए दंगे सबसे अधिक भीषण थे। मध्यप्रांत में जबलपुर, कटनी, बांदेनेरा तथा बरार के अमरावती में भी साम्प्रदायिक दंगे प्रारंभ हो गये। मध्यप्रांत और बरार के मुख्यमंत्री रविशंकर शुक्ल ने भी प्रांत के ऐसे अनेक साम्प्रदायिक दंगों के संबंध में रिपोर्टें दी। गृहमंत्री द्वारका प्रसाद मिश्र द्वारा तत्काल घटनास्थल पर पहुँचकर प्रांतीय सरकार द्वारा प्रभावित स्थानों में शांति-व्यवस्था स्थापित करने का प्रयास किया गया।[२५६]

ब्रिटिश सरकार द्वारा २४ अगस्त १९४६ को घोषणा की गई कि २ सितम्बर १९४६ को अंतरिम-सरकार द्वारा शपथ ग्रहण की जाएगी। बदलती हुई परिस्थितियों को देखकर लार्ड वेवेल ने मुस्लिम-लीग को समर्थन देना प्रारंभ कर दिया परंतु भारत सचिव पैंथिक लौरेंस ने उनका समर्थन नहीं किया। वेवेल के प्रयत्नों से मुस्लिम-लीग ने अंतरिम-सरकार में अपना प्रतिनिधि भेजना स्वीकार कर

लिया।[२५७] मुस्लिम लीग द्वारा अतंरिम सरकार में भाग लेने के पश्चात् लार्ड वेवेल ने मंत्रिमंडल में संयुक्त उत्तरदायित्व स्थापित करने का कोई प्रयत्न नहीं किया। २ सितम्बर को अंतरिम-सरकार ने शपथ ग्रहण की। अक्टूबर के अंत तक वेवेल ने मुस्लिम लीग को भी अंतरिम-सरकार में सम्मिलित होने के लिए राजी कर लिया। अतः अंतरिम-सरकार का पुनर्गठन करते हुए ३ मुस्लिम सदस्यों के स्थान पर ५ सदस्य सम्मिलित कर लिये गये। लीग के सदस्यों ने अंतरिम-सरकार के अन्य सदस्यों के साथ कोई सहयोग नहीं किया अपितु बाधा पहुँचायी। स्पष्ट था कि लीग अंतरिम-सरकार में मुस्लिम लीग पाकिस्तान के संघर्ष को आगे बढ़ाने के उद्धेश्य से आयी थी, मिशन को सफल बनाने अथवा अंतरिम-सरकार के साथ सहयोग करने नहीं।[२५८] नवम्बर १९४६ को ब्रिटिश सरकार की ओर से प्रधानमंत्री एटली ने विचार-विमर्श हेतु काँग्रेस के वल्लभभाई पटेल, जवाहरलाल नेहरू तथा मुस्लिम लीग के जिन्ना, लियाकत अली और बलदेव सिंह को लंदन बुलाया। 'लंदन-सम्मेलन' में वर्गीकरण के प्रश्न पर समझौता न हो सका क्योंकि मुस्लिम लीग 'पाकिस्तान' के नाम से एक स्वतंत्र एवं प्रभुता-सम्पन्न राज्य स्थापित करना चाहती थी। इस संबंध में ६ दिसंबर १९४६ तक बैठकें होती रहीं। अंत में ६ दिसंबर १९४६ को प्रधानमंत्री एटली ने वर्गीकरण के संबंध में अपने वक्तव्य में काँग्रेस की व्याख्या गलत बताकर वर्गीकरण को 'ऐच्छिक' नहीं अपितु 'अनिवार्य' बताते हुए कहा कि 'ऐसी संविधान-सभा जिसमें भारतीय जनता के एक बड़े वर्ग के प्रतिनिधि की अनुपस्थिति में कोई संविधान बना लेती है तो ब्रिटिश सरकार ऐसे संविधान सभा को देश के किसी भाग पर, उसकी इच्छा के विरुद्ध लागू नहीं करेंगी।[२५९] इस घोषणा से जिन्ना को बहुत प्रसन्नता हुई और जिन्ना को विश्वास हो गया कि लीग के सहयोग के बिना संविधान को मुस्लिम प्रांतों पर लादा नहीं जा सकेगा। इस प्रकार मिशन योजना को सफल-असफल बनाने की कुँजी, एक बार फिर लीग के हाथों में आ गई।[२६०] ९ दिसंबर १९४६ को दिल्ली में डॉ. राजेन्द्र प्रसाद की अध्यक्षता में विधिवत् संविधान सभा का उद्घाटन किया गया। अपने पूर्व निश्चित योजनानुसार लीग के सदस्यों ने इसमें भाग नहीं लिया। संविधान सभा में कुल १०७ सदस्यों ने भाग लिया।[२६१]

दूसरी ओर, लीग के सदस्य द्वारा अंतरिम-सरकार में अपने स्थान का दुरुपयोग किया जा रहा था। लीग के प्रमुख सदस्य लियाकत अली खाँ के पास वित्त विभाग था। अतः वे अन्य विभागों के कार्यों में रोड़ा अटका रहे थे। अर्थ विभाग लियाकत अली खाँ को देकर काँग्रेस ने भयंकर भूल की थी। उन्होंने बजट को पेश करते समय उद्योगपतियों एवं व्यापारियों पर भारी कर लगाये। इस संबंध में उनका कहना था कि काँग्रेस की नीति, आर्थिक विषमता को दूर करना था। अतः यह कर उसी नीति के अन्तर्गत लगाया गया है परंतु इस नीति के पीछे लियाकत अली खाँ की काँग्रेसी नीति का अनुसरण करना नहीं अपितु साम्प्रदायिक भावना थी क्योंकि अधिकांश व्यापारी हिन्दू थे।[२६२]

अंतरिम-सरकार के काँग्रेसी और अल्पसंख्यक सदस्यों ने ३ फरवरी १९४७ को वायसराय से माँग की कि अंतरिम-सरकार के मुस्लिम-लीग के सदस्यों को पदच्युत कर दिया जाय। १३ फरवरी को नेहरू जी ने पुनः लीग के सदस्यों से त्यागपत्र की माँग की। १५ फरवरी को सरदार पटेल ने एक प्रेस साक्षात्कार में कहा कि 'यदि लीग के सदस्य सरकार में बने रहेंगे तो काँग्रेस अंतरिम-सरकार से हट जायेगी। मुस्लिम-लीग या तो अपने कराँची निर्णय को बदले अथवा अंतरिम-सरकार को छोड़ दे।'[२६३]

जिन्ना द्वारा पाकिस्तान हेतु 'सीधी-कार्यवाही' की नीति अपनाये जाने के कारण देश में हिन्दू-

मुस्लिम दंगे पुनः प्रारंभ हो गये थे। देश के अनेक स्थानों पर हजारों व्यक्ति मारे गये। करोड़ों की सम्पत्ति नष्ट कर दी गई, स्त्रियों को अपमानित किया गया। हिन्दू तथा मुसलमान अपने-अपने घरों को छोड़कर सुरक्षित स्थानों की खोज में भागने लगे। मध्यप्रांत और बरार के अनेक स्थानों पर हिन्दू मुस्लिम वैमनस्यता ने भीषण साम्प्रदायिक दंगों का रूप ले लिया। जबलपुर, नागपुर, चाँदा तथा अमरावती के अनेक स्थानों पर भीषण साम्प्रदायिक दंगे हुए जिससे अपार जान-माल की हानि हुई।[२६४] ऐसी विषम स्थिति में ब्रिटिश सरकार ने भारत को छोड़कर भारत से जाना ही उचित समझा। अतः प्रधानमंत्री एटली ने २० जून १९४७ को घोषणा की कि 'प्रत्येक स्थिति में जून १९४८ तक ब्रिटिश सरकार भारतीयों को सत्ता सौंप कर भारत छोड़ देगी।'[२६५]

साम्प्रदायिक विवाद को सुलझाये बिना भारत सरकार द्वारा भारत छोड़ने के निर्णय से गवर्नर जनरल वेवेल चिंतित हुए। काँग्रेस अब भी ब्रिटिश सरकार से भारत-छोड़ने की माँग कर रही थी। लीग का नारा था कि "भारत का विभाजन कर के जाओ।" इसी समय प्रधानमंत्री एटली ने वेवेल को हटाकर उनके स्थान पर माउंटबेटन को गवर्नर जनरल नियुक्त किया। २४ मार्च १९४७ को माउंटबेटन ने गवर्नर जनरल का पद ग्रहण कर लिया। २७ मार्च को लीग ने 'पाकिस्तान-दिवस' मनाया।[२६६] भारत आने के तुरंत पश्चात् माउंटबेटन ने काँग्रेस तथा लीग के नेताओं से वार्ता प्रारंभ कर दी। उन्हें विश्वास था कि भारतीयों में गहरे मतभेद होने के कारण भारत के विभाजन के अतिरिक्त कोई अन्य विकल्प नहीं हो सकता। जबकि काँग्रेस विभाजन के अत्यंत विरोधी थी।[२६७] देश में चले रहे भीषण साम्प्रदायिक स्थिति को देखते हुए माउंटबेटन शीघ्र ही इस निष्कर्ष पर पहुँचे कि भारतीयों के हाथों में सत्ता सौंप देना चाहिए। हिन्दू-मुस्लिम दंगों को रोकने के लिए सरकार कुछ नहीं कर सकी। यद्यपि ब्रिटिश सरकार द्वारा जून १९४८ तक भारत छोड़ देने की घोषणा की गई थी परंतु भारत की आंतरिक स्थिति को देखकर भारत सचिव पैथिक लॉरेंस ने वायसराय को शीघ्रातिशीघ्र ही कोई तारीख तय कर लेने की बात कही।[२६८] हिन्दू-मुस्लिम दंगों की भीषणता को देखकर व्यवहारिक कठिनाईयों के बावजूद भी विभाजन को रोका नहीं जा सका। परिस्थितिवश लार्ड माउंटबेटन ही नहीं वरन् जवाहरलाल नेहरु और सरदार वल्लभभाई पटेल जैसे काँग्रेस के वरिष्ठ नेता भी भारत विभाजन के लिए सहमत हो गये। अंततः काँग्रेसी नेता विभाजन को एक 'अनिवार्य-बुराई' मानकर उसे स्वीकार करने को बाध्य हुए। सरदार पटेल ने इस पर अपनी टिप्पणी करते हुए कहा कि 'यदि हमने विभाजन स्वीकार नहीं किया तो भारत बहुत से टुकड़ों में विभाजित होकर नष्ट हो जायेगा और अनेक पाकिस्तान बन जायेंगे।'[२६९] 'माउंटबेटन ने भारतीय नेताओं को क्रमशः विभाजन के पक्ष में कर लिया। विभाजन के संबंध में गाँधीजी ने कहा कि 'जब तक मैं जिन्दा हूँ विभाजन के लिए राजी नहीं होऊँगा। यदि काँग्रेस विभाजन करेगी तो मेरे लाश के ऊपर से करेगी।'[२७०] विभाजन के प्रश्न को लेकर ३१ मार्च १९४७ को गाँधीजी माउंटबेटन से मिलने दिल्ली पहुँचे और उस दिन दो बार तथा २ अप्रैल को पुनः माउंटबेटन से मिले। कुल तीन मुलाकातों में ही माउंटबेटन ने गाँधीजी को देश की भीषण परिस्थितियों की गंभीरता की दुहाई देकर विभाजन को स्वीकार करने की बात कही। वल्लभभाई पटेल का माउंटबेटन से मिलकर २ घंटों तक गुप्त वार्ता के तुरंत बाद गाँधीजी भी परिस्थितिवश विभाजन के पक्ष में हो गये। इस संबंध में गाँधीजी ने बताया कि 'देश की वर्तमान हालत अब ऐसी हैं कि विभाजन अवश्यंभावी है।' इस

संबंध में अबुल कलाम आजाद का विचार था कि गाँधीजी, वल्लभभाई पटेल के प्रभाव के कारण विरोध न कर सके।[२७१]

काँग्रेसी नेताओं से बातचीत करने के उपरांत वायसराय ने भारत सचिव फेंड्रिक विलियम पैथिक लॉरेंस को २ अप्रैल को लिखे पत्र में कहा कि 'जून १९४८ तक सत्ता परिवर्तन की पूरी प्रक्रिया तथा उसकी समय सारिणी पर विचार करना चाहता हूँ। सत्ता हस्तांतरण की जो तारीखें तय की गई है उससे बहुत पहले हमें निर्णय लेना पड़ेगा। किसी भी निर्णय के बावजूद हमारे उद्देश्य की घोषणा विधान को प्रस्तुत करने से पूर्व किसी भी विधान को संसद में पारित करने में समय लगेगा।'[२७२] अतएव ५ अप्रैल १९४७ को वायसराय जिन्ना से मिले। उन्होंने जिन्ना को बेहद अहंकार तथा तिरस्कार से भरा हुआ पाया। वायसराय का निमंत्रण पाकर जिन्ना ६ अप्रैल को अपनी बहन के साथ भोजन के लिए माउंटबेटन के घर पहुँचे। ७ अप्रैल तक बातचीत जारी रही। जिन्ना का कथन था कि 'भारत उस दौर से गुजर चुका हैं, जहाँ किसी समझौते को सफलता मिल सकती। अब तो प्रांत दर प्रांत सत्ता दे देनी चाहिए।'[२७३]

इस प्रकार वायसराय जिन्ना से ६ बार मिले। प्रत्येक मुलाकात तीन घंटों से कम न थी। बातचीत के दौरान वायसराय माउंटबेटन ने जिन्ना को मनोविकारग्रस्त पाया। प्रशासन तथा उत्तरदायित्व के अभाव में उनका किसी ऊँचे पद को प्राप्त करने प्रति संदेह प्रकट किया।[२७४] अत: वायसराय ने अंत में जिन्ना से कहा गया कि प्रांतों का दायित्व छोड़कर वह पाकिस्तान में सम्मिलित होने का फैसला खुद करे। प्रत्योत्तर में जिन्ना ने कहा कि 'आप जो दे पूरी तरह दे। पाकिस्तान को भी डोमिनियम-स्टेट का दर्जा दें परंतु लीग पर कैबिनेट-मिशन योजना थोपने की कोशिश न की जाय।'[२७५]

अत: वायसराय ने भारतीय नेताओं से बातचीत हेतु विभाजन का एक संक्षित मसविदा तैयार कर जवाहरलाल नेहरु, सरदार पटेल, मोहम्मद अली जिन्ना, लियाकत अली खाँ तथा सिख नेता बलदेव सिंह से बातचीत की। सत्ता हस्तांतरण में कुछ प्रांत हिन्दुस्तान और शेष नये संविधान सभा (पाकिस्तान) में शामिल होंगे। पंजाब, आसाम, तथा बंगाल जिसका विभाजन जिन्ना द्वारा माँगा गया, उसको जनमत पर छोड़ दिया गया। भारतीयों द्वारा सत्ता-हस्तांतरण का अधिकार अंग्रेजों के हाथ में छोड़ दिया गया।[२७६] वायसराय ने २ मई को 'इस्में महोदय तथा जार्ज एबल'[*१] को रिपोर्ट सहित लंदन भेजने की बात कही।[२७७] वायसराय ने १० मई को मेनन से भी 'डोमिनियम-स्टेट्स'[*२] के आधार पर सत्ता हस्तांतरण की बात कही। डोमिनियम-स्टेट्स को एक अंतरिम व्यवस्था के रूप में विकल्प बताया गया।[२७८]

भारत विभाजन की एक अन्य योजना 'वी.पी. मेनन'[*३] ने भी प्रस्तुत की।[२७९] योजना का प्रारूप तैयार कर स्वीकृति हेतु लार्ड माउंटबेटन १८ मई को लंदन गये। ब्रिटिश सरकार से स्वीकृति लेकर लार्ड माउंटबेटन ने २ जून १९४७ को दिल्ली में एक अधिवेशन बुला कर उसे 'जून-योजना' के रूप में प्रस्तुत किया जो 'माउंटबेटन योजना' के नाम से जाना जाता है। इस अधिवेशन में काँग्रेस

[*१] लार्ड इस्में दिसंबर १९४७ तक गवर्नर जनरल के स्टाफ के चीफ रहे तथा जार्ज एबल वायसराय के निजी सचिव।

[*२] औपनिवेशिक-राज्य का दर्जा।

[*३] जुलाई १९४७ से वायसराय के रिफार्म्स कमिश्नर तथा भारत सरकार के राज्य विभाग के सचिव रहे।

के जवाहरलाल नेहरू तथा आचार्य कृपलानी, सरदार वल्लभ भाई पटेल आदि सम्मिलित हुए। आचार्य कृपलानी इस सम्मेलन के अध्यक्ष थे। इसके अतिरिक्त मुस्लिम-लीग के एम.ए. जिन्ना, लियाकत अली खान, अब्दुल रहमान खाँ, निश्तार अहमद तथा सरदार बलदेव सिंह आदि भी सम्मिलित हुए।[२८०] काँग्रेस कार्यकारिणी ने इस योजना पर अपनी स्वीकृति दे दी। मुस्लिम-लीग तथा सिख नेता बलदेव सिंह ने भी इस पर अपनी सहमति दे दी। ३ जून १९४७ को मांउंटबेटन द्वारा योजनानुसार देश के विभाजन का निर्णय लिया गया। ४ जुलाई १९४७ को इस योजना के आधार पर ब्रिटिश संसद ने भारतीय स्वतंत्रता अधिनियम प्रस्तुत किया। इस अधिनियम के अनुसार यह निश्चित किया कि १५ अगस्त १९४७ को 'भारत-पाकिस्तान' नामक दो डोमिनियम स्टेटों (अधिराज्यों) की स्थापना तथा उनके लिए अलग-अलग संविधान सभा की व्यवस्था की जायेगी। भारत में राजनीतिक दलों की स्वीकृति पाकर विभाजन-प्रक्रिया तीव्रता से प्रारंभ हो गयी। १८ जुलाई १९४७ को स्वाधीनता अधिनियम को भी राजकीय स्वीकृति प्रदान कर दी गई।[२८१] काँग्रेस के प्रतिनिधि समाचार-पत्र 'हिन्दुस्तान-टाइम्स' ने इसे ब्रिटिश-संसद द्वारा पारित 'सर्वोत्तम-विधि बताया।[२८२]

इस प्रकार अंततः एक लम्बे संघर्ष के पश्चात् १४ अगस्त की मध्य रात्रि 'भारत' तथा 'पाकिस्तान' नामक दो अधिराज्यों के निर्माण तथा विभाजन के साथ भारत से ब्रिटिश राज्य की समाप्ति हो गई।[२८३] १४ अगस्त को पाकिस्तान का निर्माण हुआ तथा १५ अगस्त को भारत को स्वतंत्रता प्राप्त हुई। पाकिस्तान के गवर्नर जनरल मोहम्मद अली जिन्ना तथा प्रधानमंत्री लियाकत अली खाँ बने। भारत के राष्ट्रपति राजेन्द्र प्रसाद और प्रधानमंत्री जवाहरलाल नेहरू हुए। स्वतंत्रता प्राप्ति के पश्चात् रात्रि १२ बजे भारतीय संध की संविधान सभा की बैठक को जवाहरलाल नेहरू ने संबोधित करते हुए कहा 'आधी रात की इस घड़ी में जब दुनिया सो रही है, भारत जागकर जीवन और स्वतंत्रता प्राप्त करेगा। हम पुराने युग से एक नये युग में कदम रखने जा रहे है। इस पवित्र क्षण में हम मानवता की सेवा की सौगंध लेते है।'[२८४]

इसी प्रकार मध्यप्रांत और बरार में भी १५ अगस्त १९४७ को १२ बजकर पाँच मिनट पर स्वतंत्र भारत के प्रांतीय गवर्नर मंगलदास पकवासा ने पद की शपथ ली।[२८५] प्रातःकाल नागपुर के सीताबर्डी के प्रसिद्ध दुर्ग पर मध्यप्रांत के मुख्यमंत्री रविशंकर शुक्ल ने राष्ट्रीय-ध्वज फहराकर, स्वतंत्रता प्राप्ति का संदेश दिया।[२८६] इस प्रकार काँग्रेस ने एक दीर्घकालीन कष्टपूर्ण संघर्ष के पश्चात् अंततः सफलता प्राप्त की। इस अवधि में मध्यप्रांत और बरार के काँग्रेस-संगठन ने भी संघर्ष में अपना बहुमूल्य योगदान दिया। स्वतंत्रता के पश्चात् मध्यप्रात और बरार के प्रशासनिक ढाँचे में कोई विशेष परिवर्तन नहीं किया गया।

संदर्भ

१. एच.एन. ब्रेल्सफोर्ड : सब्जेक्ट इंडिया : पृ-५

२. सुबोधराय : कम्युनिज्म इन इंडिया (अनपब्लिराड डाक्यूमेंट) नवम्बर १९३९ (१९३५-४५) : पृ-१२७

३. सुभाषचन्द्र बोस : द इंडियन स्ट्रगल १९२.-४२ : पृ-३३९-४०.

४. मौलाना अबुल कलाम आजाद : इंडिया विन्स फ्रीडम (ओरियंट लौंगमेन कलकत्ता १९५९) पृ-३०

५. जी. डी. तेन्दुलकर : महात्मा गाँधी : भाग-८ पृ-१६३ तथा जान ग्लेनडेवन : वायसराय एट बे :पृ-१३७

६. वही : पृ-१६७

७. जान ग्लेनडेवन : वायसराय एट वे : पृ-१४५.

८. जी.डी. तेन्दुलकर : महात्मा : भाग-८ : पृ-१६३-६४.

९. सुभाषचन्द्र बोस : द इंडियन स्ट्रगल १९२.-४२ : पृ-३३९.

१०. होम पोलिटिकल डिपार्टमेंट : सीक्रेट फोर्टनाइटली रिपोर्ट आफ द सी.पी. एड बरार, फोर द फर्स्ट हाफ आफ नवम्बर १९३९.

११. डी.जी. तेन्दुलकर : महात्मा : भाग-५ : पृ-३१७.

१२. वी.पी. मेनन : द ट्रांसफर आफ पावर इन इंडिया : तथा जान ग्लेनडेवन : वायसरास एट बे : पृ : १६९.

१३. जान ग्लेनडेवन : वायसराय एट बे : पृ-१५८.

१४. वही : पृ-१६०.

१५. डी.जी. तेन्दुलकर : महात्मा : भाग-५ : पृ-२३८.

१६. फिलिप्स एंड वेनराइट : द पार्टिशन आफ इंडिया : पृ-२५९.

१७. पट्टाभि सीतारमैया : द हिस्ट्री आफ द इंडियन नेशनल काँग्रेस : पृ-१२८.

१८. फिलिप्स एंड वेनराइट : द पार्टिशन आफ इंडिया : पृ-२६३.

१९. राजेन्द्र प्रसाद : इंडिया डिवाइडेड : पृ-१०२.

२०. जान ग्लेनडेवन : वायसराय एट बे : पृ-१६९.

२१. होम पोलिटिकल डिपार्टमेंट सीक्रेट फोर्टनाइटली रिपोर्ट फोर द सी.पी. एड बरार, फोर द सेकेड हाफ आफ अप्रैल १९४०.

२२. सीक्रेट: फोर्टनाइटली रिपोर्ट : फोर द सी.पी. एंड बरार फोर द सेकेंड हाफ आफ अप्रैल १९४०.

२३. वही : फोर द फर्स्ट एड सेकेंड हाफ आफ मई १९४०.

२४. वही : फोर द फर्स्ट हाफ आफ मई १९४०.

२५. वही : फोर द सेकेंड हाफ आफ मई तथा जुलाई १९४०.

२६. वही : फोर द फर्स्ट हाफ आफ जून १९४०.

२७. महाकोशल काँग्रेस कमेटी पेपर्स : फाइल नं. २६/१९४. पृ-१३

२८. वही : फाइल नं. २७/१९४०. :पृ-.३.

२९. डी.सी. गुप्ता : इंडियन नेशनल मूव्हमेंट : पृ-१८७-८८.

३०. मौलाना अबुल कलाम आजाद : इंडिया विन्स फ्रीडम पृ-३५-३६.

३१. वायसराय लिनलिथगो का अभिभाषण : दिनांक ४ जुलाई १९४० : लेजिस्लेटिव असेम्बली डिबेट्स १९४० : भाग-५: पृ-८४८.

३२. अबुल कलाम आजाद : इंडिया विन्स फ्रीडम : पृ-३६.

३३. प्रधानमंत्री विंसेंट चर्चिल का वक्तव्य : दिनांक ७ जुलाई १९४०.

३४. जान ग्लेनडेवन : वायसराय एट बे : पृ-१८२.

३५. होम पोलिटिकल डिमार्टमेंट : सीक्रेट फोर्टनाइटली रिपोर्ट, फोर द सी.पी. एंड बरार, फोर द सेकेंड हाफ आफ जून १९४०..

३६. एच.एन. ब्रेल्सफोर्ड : सब्जेक्ट इंडिया : पृ-५४. तथा वायसराय का अभिभाषण : लेजिस्लेटिव असेम्बली डिबेट्स: अगस्त १९४०.

३७. होम पोलिटिकल डिपार्टमेंट : सीक्रेट फोर्टनाइटली रिपोर्ट फोर द सी.पी. एंड बरार, फोर द फर्स्ट हाफ आफ जुलाई १९४०.

३८. पट्टाभि सीतारमैया : द हिस्ट्री आफ द इंडियन नेशनल काँग्रेस : भाग-२ (१९३५-४७) पृ-१२८.

३९. मित्रा : द इंडियन एनअुल रजिस्टर १९४०. : भाग-२ : पृ-१९६.

४०. होम पोलिटिकल डिपार्टमेंट : सीक्रेट फोर्टनाइटली रिपोर्ट फोर द सी.पी.एड बरार, फोर द फर्स्ट हाफ आफ जुलाई १९४०.

४१. वही : फोर द सेकेंड हाफ आफ अगस्त १९४०

४२. वही।

४३. वही : फोर द फर्स्ट एंड सेकेंड हाफ आफ सितम्बर १९४०

४४. होम पोलिटिकल डिपार्टमेंट : सीकेट फोर्टनाइटली रिपोर्ट फोर द सी.पी.एंड बरार, फोर द फर्स्ट हाफ आफ अक्टूबर १९४०

४५. पट्टाभि सीतारमैया : द हिस्ट्री आफ द इंडियन नेशनल काँग्रेस भाग-२ (१९३५-४७) पृ-१२८-२९.

४६. अबुल कलाम आजाद : इंडियन विन्स फ्रीडम : पृ-३७.

४७. होम पोलिटिकल डिपार्टमेंट : फोर्टनाइटली रिपोर्ट फोर द सी.पी.एंड बरार, फोर द सेकेंड हाफ आफ अक्टूबर १९४०. : फाइल नं. १८/१०/१९४०.

४८. एच.एस. ब्रेल्सफोर्ड : सब्जेक्ट इंडिया : पृ-१०६.

४९. होम पोलिटिकल डिपार्टमेंट : फाइन नं. १८/१०/१९४०. तथा अबुल कलाम आजाद : इंडिया विन्स फ्रीडम: पृ-३७.

५०. रामेश्वर प्रसाद गुरू तथा शंकरलाल शुक्ल : स्वतंत्रता संग्राम और जबलपुर नगर (१८५७ से १५ अगस्त १९४७ तक) पृ-६४.

५१. स्वराज्य : दिनांक १३ अक्टूबर १९४०.

५२. होम पोलिटिकल डिपार्टमेंट : सीकेंट फोर्टनाइटली रिपोर्ट फोर द सी.पी. एंड बरार, फार द फर्स्ट हाफ आफ अक्टूबर १९४०.

५३. वही : फोर द सेकेंड हाफ आफ अक्टूबर १९४०.

५४. वही।

५५. महाकोशल प्रोविंशियल काँग्रेस कमेटी पेपर्स (एस.पी.सी.सी. पेपर्स): फाइल नं. पी-१२/१९४०-४१ : भाग-१

५६. होम पोलिटिकल डिपार्टमेंट : सी.पी.एंड बरार, सीकेट फोर्टनाइटली रिपोर्ट फोर द सेकेंड हाफ आफ नवम्बर १९४०

५७. महाकोशल प्रोविंशियल काँग्रेस कमेटी पेपर्स : फाइल नं. पी-१२/१९४१-४२.

५८. सीकेट : फोर्टनाइटली रिपोर्ट फोर द सी.पी. एंड बरार, फोर द फर्स्ट हाफ आफ दिसंबर १९४०.

५९. वही : फोर द सेकेंड हाफ आफ दिसंबर १९४०.

६०. वही : फोर द फर्स्ट हाफ आफ जनवरी १९४१.

६१. रामेश्वर प्रसाद गुरू. शंकरलाल शुक्ल : स्वतंत्रता संग्राम एवं जबलपुर नगर (१८५७ से १५ अगस्त १९४७ तक) : पृ-६४-६५.

६२. एम.पी.सी.सी. पेपर्स : फाइल नं. ६५/१९४०-४४ : पृ-३. तथा सीक्रेट फोर्टनाइटली रिपोर्ट फोर द सी.पी. एंड बरार फोर द फर्स्ट हाफ आफ फरवरी १९४१.

६३. वही।

६४. एम. पी.सी.सी. पेपर्स (सत्याग्रह रिपोर्ट) फाइल नं. ६५/१९४०-४१ : पृ-३.

६५. एम. पी.सी.सी. पेपर्स : फाइल नं. पी-१२/१९४०-४१ भाग-१ : पृ-१२.

६६. वही : पृ-२०.

६७. वही : पृ-९६-१०८.

६८. वही : पृ-७१.

६९. वही।

७०. विदर्भ प्रान्तीय काँग्रेस कमेटी पेपर्स : फाइल नं. १२/१९०.-४१ : पृ-१४.

७१. बालशास्त्री हरदास : आर्म्ड स्ट्रगल फोर फ्रीडम

७२. एम.पी.सी.सी. पेपर्स : फाइल नं. पी-१२/१९४०-४१ : भाग-३ पृ -१५.

७५. मेनसर्ग एंड लुम्बी : द ट्रांसफर आफ पावर : खंड-१ : पृ-१.

७६. सीक्रेट : फोर्टनाइटली रिपोर्ट फोर द सी.पी.एंड बरार फोर द सेकेंड हाफ आफ जनवरी १९४२.

७७. बी. शिवाराव : द फ्रेमिंग आफ इंडियाज कांस्टीटयूशन, ए स्टडी (नई दिल्ली १९६८) : पृ-३५-३६.

७८. एच.एन. ब्रेल्सफोर्ड : सब्जेक्ट इंडिया : पृ-१०६.

७९. स्टेटमेंट एंड ड्राफ्ट डिक्लरेशन बाय हिस मेजेस्टीज गर्वनमेंट विद कोरेसपोंडेस एंड रेजोलूशन्स कनेक्टेड देयर विद १९४२ के आदेश पत्र (कमांड पेपर) नं. ६३५. (गर्वमेंट आफ इंडिया प्रेस नई दिल्ली १९४६.)

८०. डॉ. पट्टाभि सीतारमैया : द हिस्ट्री आफ द इंडियन नेशनल काँग्रेस : पृ-३६०.

८१. वही।

८२. जवाहरलाल नेहरू : डिस्कवरी आफ इंडिया : पृ-४८१.

८३. मौलाना अबुल कलाम आजाद : इंडिया विन्स फ्रीडम पृ-६६.

८४. ग्वायर एंड अप्पादोराई : स्पीचेस एंड डांक्यूमेंट आन द इंडियन कांस्टीटयूशन (आक्सफोर्ड १९५७) भाग २ : पृ-५२०-२१.

८५ एच.एन. ब्रेल्सफोर्ड : सब्जेक्ट इंडिया : पृ-१०६

८६. मित्रा : द इंडियन एनुअल रजिस्टर १९४२ : भाग-१ : पृ-२५०.

८७. पट्टाभि सीतारमैया : द हिस्ट्री आफ द इंडियन नेशनल काँग्रेस भाग-२ : पृ-३९६.

८८. वही।

८९. अबुल कलाम आजाद : इंडिया विन्स फ्रीडम : पृ-६८.

९०. मित्रा : द एनुअल रजिस्टर : भाग-फर्स्ट १९४२ पृ-१४४.

९१ पट्टाभि सीतारमैया : द हिस्ट्री आफ द इंडियन नेशनल काँग्रेस पृ-३९६.

९२. द हरिजन : २६ अप्रेल १९४२.

९३. अबुल कलाम आजाद : इंडिया विन्स फ्रीडम : पृ-७२.

९४. पट्टाभि सीतारमैया : द हिस्ट्री आफ द इंडियन नेशनल कॉंग्रेस पृ-३९६-९७.

९५. वही : पृ-७३.

९६. जे.बी. कृपलानी : गाँधी : पृ-२०४.

९७. अबुल कलाम आजाद : इंडिया विन्स फ्रीडम : पृ-७५.

९८. डा. रामायण प्रसाद : काँग्रेस के १०० वर्ष : पृ-२६.

९९. जवाहरलाल नेहरू : डिसकवरी आफ इंडिया : पृ-४८५.

१००. डी.पी. मिश्रा: द हिस्ट्री आफ द फ्रीडम मूव्हमेंट इन मध्यप्रदेश. पृ. ४६-६८.

१०१. अबुल कलाम आजाद: इंडिया विंस फ्रीडम: पृ. ८०.

१०२. मित्रा: द इंडियन एनुअल रजिस्टर १९४२: भाग- २ पृ. ३.९. बम्बई अधिवेशन में 'भारत छोड़ो' विषयक प्रस्ताव पर गाँधीजी का अभिभाषण: दिनांक ७ अगस्त १९४२.

१०३. डा. रामायण प्रसाद: काँग्रेस के १०० वर्ष: पृ. २६-२७.

१०४. मित्रा: द इंडियन एनुअल रजिस्टर १९४२: भाग- २ पृ. ३०९. बम्बई अधिवेशन में 'भारत छोड़ो' विषयक प्रस्ताव पर गाँधीजी का अभिभाषण: दिनांक ८ अगस्त १९४२.

१०५. पट्टाभि सीतारमैया: द हिस्ट्री आफ द इंडियन नेशनल काँग्रेस: पृ. ३९८..

१०६. हरिजन: ९ अगस्त १९४२.

१०७. वही।

१०८. भारत छोड़ो आन्दोलन (१९४२-४३) से सम्बन्धित तथा संरक्षित फाइलों पर आधारित.

१०९. डी.पी. मिश्रा: द हिस्ट्री आफ द फ्रीडम मूव्हमेंट इन मध्यप्रदेश : पृ. ४७५.

११०. डॉ. राजेन्द्र प्रसाद: एट द फीट आफ महात्मा गाँधी : पृ. ३०८.

१११. डी.पी. मिश्रा: द हिस्ट्री आफ द फ्रीडम मूव्हमेंट इन मध्यप्रदेश. : पृ. ४७५.

११२. आर. कूपलैंड: इंडिया ए रिस्टेटमेंट (आक्सफोर्ड १९४५) पृ. २२४.

११३. डी.जी. तेंदुलकर: खंड ६: पृ. १८२.

११४ डी.पी. मिश्रा: द हिस्ट्री आफ द फ्रीडम मूव्हमेंट इन मध्यप्रदेश.: पृ. ४७५.

११५. सीक्रेट आफ डिस्ट्रीक्ट: सिविल मूव्हमेंट १९४२-४३ (कलेक्ट्रेट जबलपुर में सुरक्षित विवरण फाइल्स)

११६. डी.पी. मिश्रा: लीविंग एन ऐरा: पृ. ५४१.

११७. सीक्रेट: फोर्टनाइटली रिपोर्ट फोर द सी.पी.एंड बरार फोर द फर्स्ट हाफ आफ अगस्त १९४२.

११८. रामेश्वर प्रसाद गुरु तथा शंकरलाल शुक्ल: स्वतंत्रता संग्राम ओर जबलपुर नगर (१८५७ से १५ अगस्त १९४७ तक) पृ. ६९-७० तथा सीक्रेट: फोर्टनाइटली रिपोर्ट फोर द सी.पी.एंड बरार फोर द फर्स्ट हाफ आफ अगस्त १९४२.

११९. वही।

१२०. सीक्रेट: फोर्टनाइटली रिपोर्ट फोर द सी.पी.एंड बरार फोर द फर्स्ट हाफ आफ अगस्त १९४२.

१२१. सीक्रेट: विवरण फाइल्स आफ डिस्ट्रीक्ट: सिविल डिसोबिडियन्स मूव्हमेंट (१९४२-४३) पर आधारित विवरण

(जबलपुर कलेक्ट्रेट में सुरक्षित)

१२२. मध्यप्रदेश में स्वतंत्रता आन्दोलन के अभिलेखों तथा नेताओं के वक्तव्यों का संग्रह: डी.पी. मिश्रा: लीविंग एन ऐरा तथा समर्पित अर्धशति: पृ.१९४.

१२३. रामेश्वर प्रसाद गुरु, शंकरलाल शुक्ल: स्वतंत्रता संग्राम और जबलपुर नगर (१८५७ से १५ अगस्त १९४७ तक) पृ. ६४-७५.

१२४. वही: पृ. ७२.

१२५. वही: पृ.-७२-७३.

१२६ सत्येन्द्र प्रसाद मिश्रा : एक संस्मरण। दिनांक २६ जनवरी १९३०

१२७. मध्यप्रदेश के स्वतंत्रता संग्राम सैनिक: खंड-१ (जबलपुर संभाग) पृ. ५४.७३ तथा १७९.

१२८. वही: पृ. ७०.

१२९. गोविंद सहाय: १९४२ का विद्रोह: पृ. ३८. तथा रामेश्वर प्रसाद गुरू, शंकरलाल शुक्ल : स्वतंत्रता संग्राम और जबलपुर नगर : पृ-७३.

१३०. एम.पी.सी.सी. पेपर्स: फाइल नं. १८/८/१९४२. तथा सीक्रेट फोर्टनाइटली रिपोर्ट फोर द फर्स्ट हाफ आफ अगस्त १९४२.

१३१. वही: फोर द फर्स्ट हाफ आफ सितम्बर १९४२.

१३२. वही।

१३३. वही: फोर द सेकेंट हाफ आफ सितम्बर १९४२.

१३४. गोविंद सहाय: १९४२ का विद्रोह: पृ. ३८०-८१.

१३५. मध्यप्रदेश के स्वतंत्रता संग्राम सैनिक: खंड-१ (जबलपुर संभाग) सूचना एवं प्रकाशन संचानलाय मध्यप्रदेश भोपाल पृ. १९९.

१३६. रामेश्वर प्रसाद: गुरु, शंकरलाल शुक्ल: स्वतंत्रता संग्राम और जबलपुर नगर: पृ. ७४.

१३७. सीक्रेट फोर्टनाइटली रिपोर्ट फोर द सी.पी.एंड बरार फोर द सेंकेट हाफ आफ अगस्त १९४२.

१३८. डी.पी. मिश्रा: द हिस्ट्री आफ द फ्रीडम मूव्हमेंट इन मध्यप्रदेश. पृ. ४७३. तथा मध्यप्रदेश के स्वतंत्रता संग्राम सैनिक : खंड-१ (जबलपुर संभाग) : पृ-१९९ तथा २०४.

१३९. डी.पी. मिश्रा: लीविंग एन ऐरा: पृ. ४३१.

१४०. मध्यप्रदेश के स्वतंत्रता संग्राम सैनिक: खंड-१ (जबलपुर संभाग) सूचना एवं प्रसारण संचालनालय मध्यप्रदेश भोपाल पृ. २०३-२१६.

१४१. मध्यप्रदेश में स्वतंत्रता आन्दोलन का इतिहास अभिलेखों और नेताओं के वक्तव्यों तथा अन्य सामग्रियों तथा उद्दहरणों का संग्रहण तथा मध्यप्रदेश स्वतंत्रता संग्राम सैनिक: खंड-१ (जबलपुर संभाग) पृ. १३१.

१४२. डिस्ट्रीक्ट गजेटियर: नरसिंहपुर: पृ. ९९-१००.

१४३. नरसिंहपुर कलेक्ट्रेट कार्यालय में संरक्षित भारत छोड़ो आन्दोलन से संबंधित फाइलों पर आधारित।

१४४. वही।

१४५. मध्यप्रदेश के स्वतंत्रता संग्राम सैनिक: खंड-१ (जबलपुर संभाग) पृ १३७-१५९.

१४६. वही: पृ. १६५ तथा १६७.

१४७. वही: पृ. १६९ से १९६.

१४८. वही: पृ. ११९ तथा २२४.

१४९. वही: पृ. २२५-२४५.

१५०. वही: पृ. ४ से १५.

१५१. सीक्रेट: फोर्टनाइटली रिपोर्ट फोर द सी.पी.एंड बरार फोर द फर्स्ट हाफ आफ अगस्त एवं सितम्बर १९४२.

१५२. सीक्रेट: फोर्टनाइटली रिपोर्ट फोर द सी.पी.एंड बरार फोर द सेकेंड हाफ आफ सितंबर १९४२.

१५३. वही। फर्स्ट हाफ आफ अक्टूबर १९४२.

१५४. वही: फोर द फर्स्ट एंड सेकेंड हाफ आफ अगस्त १९४२.

१५५. वही।

१५६. वही: फोर द सेकेंड हाफ आफ सितम्बर अक्टूबर १९४२.

१५७. सीक्रेट: फोर्टनाइटली रिपोर्ट फोर द सी.पी.एंड बरार फोर द फर्स्ट हाफ आफ अगस्त एवं सितम्बर १९४२.

१५८. वही।

१५९. मध्यप्रदेश में स्वतंत्रता आन्दोलन का इतिहास: अभिलेखों और नेताओं के वक्तव्यों तथा अन्य सामग्रियों और उद्धरणों संग्रहण पर आधारित फाइलों द्वारा लिया गया।

१६०. डी.पी. मिश्रा: लीविंग एन ऐरा: पृ. ४३१-३२.

१६१. सीक्रेट: फोर्टनाइटली रिपोर्ट फोर द सी.पी.एंड बरार फोर द फर्स्ट हाफ आफ सितम्बर १९४२.

१६२. जिला गजेटियर: दमोह: (इतिहास खंड) पृ. ३२.

१६३. कलेक्ट्रेड पूर्वी निमाड़ में सुरक्षित तहसीलदारों, उपसंभागीय अधिकारियों, जिला अधीक्षकों और अधिकारियों के प्रतिवेदन तथा केस फाइलों पर आधारित।

१६४ सीक्रेट: फोर्टनाइटली रिपोर्ट फोर सी.पी.एंड बरार फोर द फर्स्ट हाफ आफ अगस्त १९४२. पृ. ७.

१६५. वही: फोर द सेकेंड हाफ आफ सितम्बर १९४२.

१६६. होल्कर स्टेट एडमिनिस्ट्रेशन रिपोर्ट १९४२: पृ. ३६.

१६७. जिला गजेटियर: रायपुर (इतिहास खंड) पृ. ८७.

१६८. डी.पी. मिश्रा: लीविंग एन ऐरा: पृ. ४३२ तथा सीक्रेट: फोर्टनाइटली रिपोर्ट फोर द सी.पी.एंड बरार फोर द फर्स्ट हाफ आफ अगस्त १९४२.

१६९. वही: फोर द सेकेंड हाफ आफ अगस्त १९४२. तथा बैतूल डिस्ट्रीक्ट: केस फाइल नं. २८७/१९४२.

१७०. वही: केस फाइल नं. ३१९/१९४२.

१७१. सीक्रेट: फोर्टनाइटली रिपोर्ट फोर द सी.पी.एंड बरार फोर द फर्स्ट हाफ आफ सितंबर १९४२.

१७२. वही: फोर द सेकेंड हाफ आफ सितंबर १९४२. पृ-६

१७३. डी.जी. तेंदुलकर: महात्मा: खंड-६ पृ. १८२.

१७४. व्योहार राजेन्द्र सिंह: स्वतंत्रता संग्राम का इतिहास पृ-५५०.

१७५. सीक्रेट: फोर्टनाइटली रिपोर्ट फोर द सी.पी.एंड बरार फोर द फर्स्ट हाफ आफ अगस्त १९४२.

१७६. मध्यप्रदेश के स्वतंत्रता संग्राम सैनिक: खंड-१ : (जबलपुर संभाग) पृ. ४-५.

१७७. वही: पृ. ३-४.

१७८. डी.पी. मिश्रा: लीविंग एन ऐरा: पृ. ४३२ तथा सीक्रेट: फोर्टनाइटली रिपोर्ट फोर द सी.पी.एंड बरार फोर द सेकेंड हाफ आफ अगस्त १९४२.

१७९. वही: तथा मनमथराय: भारतीय क्रांतिकारी आन्दोलन का इतिहास (शहीद ग्रंथ माला) पृ. ४४४.

१८०. वही: पृ-४ तथा ९.

१८१ वही: फोर द सेकेंड हाफ आफ सितम्बर १९४२. पृ. ७

१८२. वही।

१८३. वही: फोर द फर्स्ट एंड सेकेंड हाफ आफ अगस्त १९४२. पृ. ४-६.

१८४. वही: फोर द फर्स्ट हाफ आफ सितम्बर १९४२.

१८५. डी.पी. मिश्रा: द हिस्ट्री आफ द फ्रीडम मूव्हमेंट इन मध्यप्रदेश. पृ. ४७३-७४.

१८६. डी.जी. तेन्दुलकर: महात्मा: खंड-६: पृ. १८४.

१८७. सीक्रेट फोर्टनाइटली रिपोर्ट फोर द फर्स्ट हाफ आफ सितम्बर १९४२.

१८८. वही: फोर द फर्स्ट हाफ आफ अगस्त १९४२.

१८९. वही: फोर द सेकेंड हाफ आफ अगस्त १९४२.

१९०. वही: फोर द फर्स्ट हाफ आफ अगस्त १९४२.

१९१. वही: फोर द फर्स्ट हाफ आफ सितम्बर १९४२: पृ. ६.

१९२. वही।

१९३. वही: फोर द सेकेंड हाफ आफ सितम्बर १९४२.

१९४. वही: फोर द फर्स्ट हाफ आफ सितम्बर १९४२: पृ. ७-८.

१९५. वही: फोर द फर्स्ट हाफ आफ सितम्बर १९४२.

१९६. डी.जी. तेन्दुलकर: महात्मा: खंड-६: पृ. १८४-८६.

१९७. के.सी. नियोगी प्रस्ताव: दिनांक २४ सितंबर १९४२.

१९८. भारत छोड़ो आन्दोलन (१९४२-४३) के संरक्षित फाइलों पर आधारित (जबलपुर कलेक्ट्रेड)

१९९. सर्च लाइट: (पटना) दिनांक २६ सितम्बर १९४२.

२००. बाम्बे क्रानिकल्स: (बम्बई) दिनांक २६ सितम्बर १९४२.

२०१. मित्रा: द इंडियन एनुअल रजिस्टर १९४२: भाग-२ : पृ. २११.

२०२. सीक्रेट: फोर्टनाइटली रिपोर्ट फोर सी.पी.एंड बरार फोर द सेकेंड हाफ आफ सितम्बर १९४२.

२०३. वही।

२०४. डी.पी. मिश्रा: लीविंग एन ऐरा: पृ. ४४२-४३.

२०५. वही: फोर द फर्स्ट हाफ आफ अक्टूबर १९४२.

२०६. डॉ. रामायण प्रसाद: काँग्रेस के १.. वर्ष: पृ. २६.

२०७. अबुल कलाम आजाद: इंडिया विन्स फ्रीडम: पृ. ७६.

२०८. वही। पृ. ७८.

२०९. डी.जी. तेंदुलकर : महात्मा : खंड-६ : पृ-१८९.

२१० वही: पृ-१९१

२११. मेनसर्ग एंड लुम्बी: ट्रांसफर आफ पावर १९४२-४७ : खंड-२ : पृ-९६१.

२१२. वही: पृ. ९७८.

२१३. अबुल कलाम आजाद: इंडिया विंस फ्रीडम: पृ. ९१.

२१४. डी.पी. मिश्रा: द हिस्ट्री आफ द फ्रीडम मूव्हमेंट इन मध्यप्रदेश पृ. ४७७.

२१५. खरे दर्शन: खंड-२: पृ. ३८.

२१६. सीक्रेट: फोर्टनाइटली रिपोर्ट फार द सी.पी. एंड बरार फार द फर्स्ट हाफ आफ फरवरी १९४३ तथा डॉ. रामायण प्रसाद: कॉंग्रेस के १०० वर्ष : पृ-२९.

२१७. पट्टाभि सीतारमैया: द हिस्ट्री आफ इंडियन नेशनल कॉंग्रेस: पृ.-५४८.

२१८. डी.पी. मिश्रा: लीविंग एन ऐरा: पृ. ४४२.

२१९. सीक्रेट: फोर्टनाइटली रिपोर्ट फोर द सी.पी. एंड बरार फोर द सेकेंड हाफ आफ फरवरी १९४४.

२२०. वही: फोर द फर्स्ट हाफ आफ अप्रैल एंड मई १९४४.

२२१. राजाजी फार्मूला १९४४.

२२२. अबुल कलाम आजाद: इंडिया विन्स फ्रीडम: पृ. ९३. तथा ग्वायर एंड अप्पादोराई: स्पीचेस एंड डॉक्यूमेंटस आन द इंडियन कॉस्टीट्यूशन (आक्सफोर्ड १९५७): भाग-२: पृ. ५५०-५१.

२२३. कॉंस्टीट्यूशल प्रोपोजल्स आफ द कांसीलियेशन सप्रू कमेटी १९४५.

२२४. आर कूपलैंड: इंडिया रीस्टेटमेंट (आक्सफोर्ड १९४५) पृ. ३४६.

२२५. वही।

२२६. वेवेल का प्रसारण भाषण: दिनांक १४ जून १९४५.

२२७. जिन्ना का लार्ड वेवल के नाम पत्र: दिनांक ७ जुलाई १९४५. (मेनसर्ग एंड लुम्बी: ट्रांसफर आफ पावर १९४२-४७)

२२८. मित्रा: द इंडियन एनुअल रजिस्टर १९४५: भाग- २ पृ. १३९-४०, तथा डी.पी. मिश्रा: लीविंग एन ऐरा: पृ. ४६९.

२२९. रामायण प्रसाद: कॉंग्रेस के १०० वर्ष: पृ. २९-३०.

२३०. सीक्रेट: फोर्टनाइटली रिपोर्ट: फोर द सी.पी. एंड बरार फोर द सेकेंड हाफ आफ नवम्बर १९४५.

२३१. मित्रा: द इंडियन एनुअल रजिस्टर १९४५: भाग २ पृ. १४८.

२३२. वही: पृ. १४९.

२३३. डी.पी. मिश्रा: द हिस्ट्री आफ द फ्रीडम मूव्हमेंट इन मध्यप्रदेश पृ ४८२.

२३४. ए.आई.सी.सी. पेपर्स: फाइल नं. २१/१९४२-४६

२३५. वही: फाइल नं. ३८/१९४५-४६.

२३६. एम.पी.सी.सी. पेपर्स: फाइल नं. ई-३१/१९४५-४६. पृ. ९९-१००.

२३७ डी.पी. मिश्रा: द हिस्ट्री आफ द फ्रीडम मूव्हमेंट इन मध्यप्रदेश पृ ४८२.

२३८ वी.पी. मेनन: द ट्रान्सफर आफ पावर इन इंडिया: पृ. २३२.

२३९. डी.पी. मिश्रा: द हिस्ट्री आफ द फ्रीडम मूव्हमेंट इन मध्यप्रदेश: पृ. ४८४.

२४०. हाऊस आफ लार्डस डिबेंट्स १९४५-४६: भाग-१३९ कालम ६७६-६७.. तथा बी. शिवाराव: फ्रेमिंग आफ इंडियाज कांस्टीट्यूशन सलेक्टेट डॉक्यूमेंटस: भाग-१: पृ. १७७-७८.

२४१. प्रधानमंत्री एटली का हाऊस आफ कॉमन्स में वक्तव्य : दिनाँक : १५ मार्च १९४६ : भाग-१ : पृ-४२०.

२४२. वी.पी. मेनन: द ट्रांसफर आफ पावर इन इंडिया: पृ. २३४.३५

२४३. एम.पी.सी.सी. पेपर्स: फाइल नं. ३१/१९४५-४६ : पृ- ९७-१०. तथा डी.पी. मिश्रा: द हिस्ट्री आफ द फ्रीडम मूव्हमेंट इन मध्यप्रदेश.: पृ. ४८५.

२४४. वही।

२४५. रामायण प्रसाद: कॉंग्रेस के १०० वर्ष: पृ. ३०-३१.

२४६. भारत में मंत्रिमंडल योजना की घोषणा और वायसराय का वक्तव्य १६ मई १९४६.

२४७. वही: पैरा १८ तथा १९: वक्तव्य पैरा (१९).

२४८. बी. शिवाराव: ए फ्रेमिंग आफ इंडियाज कांस्टीट्यूशन सेलेक्ट डाक्यूमेंटस: भाग-१ पृ. २५८.

२४९. कॉंग्रेस कार्य समिति तथा मुस्लिम लीग कौंसिल द्वारा पारित किया गया प्रस्ताव: दिनांक २४ मई १९४६.

२५०. डी.पी. मिश्रा: द हिस्ट्री आफ द फ्रीडम मूव्हमेंट इन मध्यप्रदेश. पृ. ४८७.

२५१. पट्टाभि सीतारमैया: द हिस्ट्री आफ द इंडियन नेशनल कॉंग्रेस: भाग २ (१९३५-४७): पृ. ५५०.

२५२. सीक्रेट: फोर्टनाइटली रिपोर्ट आफ द सी.पी. एंड बरार फोर द सेकेंड हाफ आफ मई १९४६.

२५३. मित्रा: द इंडियन एनुअल रजिस्टर १९४६: भाग २ पृ. १८२-८३.

२५४. रिपोर्ट आफ कमेटीज (पहली सीरीज) कांस्टीट्यूट असेम्बली आफ इंडिया. दिल्ली १९४८: पृ. ४८.

२५५. जिन्ना का वेवेल के नाम पत्र: दिनांक २२ जुलाई १९४६.(मेनसर्ग एण्ड लुम्बी : ट्रांसफर आफ पावर १९४२-४७)

२५६. डी.पी. मिश्रा: द हिस्ट्री आफ द फ्रीडम मूव्हमेंट इन मध्यप्रदेश पृ. ४८८ तथा सीक्रेट: फोर्टनाइटली रिपोर्ट फोर द सी. पी. एंड बरार सेकेंड हाफ आफ अगस्त १९४६.

२५७. लार्ड वेवेल का जिन्ना के नाम पत्र: २४ अगस्त १९४६. तथा दिनांक २४ अक्टूबर १९४६ के अनुसार। (मेनसर्ग एंड लुम्बी: ट्रांसफर आफ पावर १९४२-४७)

२५८. ग्वायर एंड अप्पादोराई: स्पीचेज एंड डॉक्यूमेंटस आन द इंडियन कांस्टीट्यूशन (आक्सफोर्ड १९५७): भाग २: पृ. ६५३.

२५९. कांस्टीट्यूट असेम्बली आफ इंडिया, डॉक्यूमेंट्स रिलेटिंग टू द स्टेटमेंट बाय हिज़ मेंजेस्टी गर्वनमेंट आन ६ दिसंबर १९४६.

२६०. ग्वायर एंड अप्पादोराई: स्पीचेज एंड डाक्यूमेंटस आन द इंडियन कांस्टीट्यूशन (ऑक्सफोर्ड १९५७) भाग २ पृ. ६६०

२६१. अबुल कलाम आजाद: इंडिया विन्स फ्रीडम: पृ. १६६.

२६२. वही:

२६३. वी.पी. मेनन: द ट्रांसफर आफ पावर इन इंडिया: पृ. ५०६.

२६४. सीक्रेट: फोर्टनाइटली रिपोर्ट आफ द सी.पी. एंड बरार फोर द सेकेंड हाफ आफ सितंबर १९४६ तथा फर्स्ट एंड सेकेंड हाफ आफ जनवरी १९४७.

२६५. प्रधानमंत्री एटली की घोषणा: दिनांक २० फरवरी १९४७. कांस्टीट्यूट असेम्बली डिबेट्स: भाग-२ पृ. ७३.

२६६. डी.पी. मिश्रा: द हिस्ट्री आफ द फ्रीडम मूव्हमेंट इन मध्यप्रदेश. पृ. ४९१.

२६७. वही: पृ. ४९२-९३.

२६८. वायसराय माउंटबेटन के व्यक्तिगत रिपोर्ट: रिपोर्ट नं. १/२ अप्रैल १९४७. भारत सचिव पैथिक लॉरेंस का वायसराय के नाम पत्र: (निजी और गुप्त) दिनांक ३/४/४७ (डोमिनिक लापियर तथा लैरी कॉलिन्स : माउन्टवेटन और भारत का विभाजन : पृ-८०).

२६९. अबुल कलाम आजाद: इंडिया विंस फ्रीडम: पृ. १९६ तथा प्यारेलाल: महात्मा गाँधी: लास्ट फेस: पृ. १५२

२७०. अबुल कलाम आजाद: इंडिया विंस फ्रीडम: पृ. १८५.

२७१. वही: पृ. १८६-८७.

२७२. वायसराय माउंटबेटन के व्यक्तिगत रिपोर्ट: रिपोर्ट नं. १ (विभाजन की योजना): सेक्रेटरी आफ स्टेट के नाम वायसराय का पत्र:दिनांक २ अप्रैल १९४७. (डोमिनिक लापियर तथा लैरी कॉलिन्स : माउंटवेटन और भारत का विभाजन : पृ-१०४).

२७३. वही: रिपोर्ट नं. २: ५, ७ तथा ९, अप्रैल १९४७. (विवरण क्र. १२, १३ तथा १५) पर आधारित। पृ. १०८

२७४. वही: रिपोर्ट नं. ३ दिनांक १७ अप्रैल १९४७: विवरण क्र. ११, १२, तथा १६। पृ. १०९

२७५. वहीं: विवरण क्रमांक : १७ तथा २०. पृ. ११७

२७६. वायसराय माउंटबेटन की स्टाफ मीटिंग के विवरण सं. २२ २५ अप्रैल १९४७ : प्रकरण न.७ भारतीय नेताओं से मीटिंग का प्रस्ताव (वी.सी.पी.३३) पृ. २८४

२७७. वही : रिपोर्ट नं. ५ दिनांक १ मई १९४७: विवरण क्र. ३. पृ. १०९-१११

२७८. वही: ३.वीं मीटिंग: दिनांक १. मई १९४७. तथा कॉलिन्स एंड लॉपियर फ्रीडम एट मिडनाइट: (नई दिल्ली विकास १९७६) पृ. १२५

२७९. वी.पी. मेनन: द ट्रांसफर आफ पावर इन इंडिया: पृ. ३८५. तथा कॉलिन्स एंड लॉपियर फ्रीडम एट मिडनाइट: पृ. १९७

२८०. डी.पी. मिश्रा: द हिस्ट्री आफ द फ्रीडम मूव्हमेंट इन मध्यप्रदेश. पृ. ४९२.

२८१. भारतीय स्वतंत्रता विधेयक ४ जुलाई १९४७ को प्रस्तुत किया गया १८ जुलाई १९४७ को उस पर ब्रिटिश सम्राट की स्वीकृति प्राप्त हुई।

२८२. द हिन्दुस्तान टाइम्स : दिनांक १९ जुलाई १९४७.

२८३. डी.पी. मिश्रा: द हिस्ट्री आफ द फ्रीडम मूव्हमेंट इन मध्यप्रदेश पृ. ४९२.

२८४. लेनार्ड मोसले: द लास्ट डेज़ आफ द ब्रिटिश राज: पृ. २४४. तथा जवाहरलाल नेहरू का अभिभाषण : दिनांक १५ अगस्त १९४७.

२८५. डी.पी. मिश्रा: द हिस्ट्री आफ द फ्रीडम मूव्हमेंट इन मध्यप्रदेश पृ. ४९३.

२८६. जिला गजेटियर: नागपुर: (इतिहास खंड) : पृ. ७२.

उपसंहार

राष्ट्रीय एवं राजनीतिक चेतना के विकास में मध्यप्रांत और बरार का महत्वपूर्ण योगदान रहा। इस प्रांत का गठन दो चरणों में पूर्ण हुआ। पहले चरण में मध्यप्रांत का गठन तथा दूसरे चरण में बरार को इसमें सम्मिलित कर दिया गया। मध्यप्रांत का निर्माण १८६१ में 'सागर-नर्मदा क्षेत्र' तथा कम्पनी सरकार द्वारा हड़पे गये 'नागपुर-राज्य' को मिला कर किया गया। इन दोनों भू-भागों को चीफ-कमिश्नर के अधीन एक 'नान-रेग्यूलेशन' प्रांत के रूप में रखा गया। १८६४ में निमाड़ को इस प्रांत में मिला दिया गया। १९०३ में बरार को इसमें सम्मिलित कर दिया गया। इस प्रकार मध्यप्रांत और बरार का गठन पूर्ण हुआ। यह एक ऐतिहासिक तथ्य है कि इस प्रांत में ब्रिटिश शासन के विरूद्ध १८४२ में बुन्देला विद्रोह, सागर-नर्मदा क्षेत्र के विस्तृत भू-भाग में हुआ था और १८४५ के अंत तक अंग्रेज इस विद्रोह का दमन करने हेतु प्रयत्नशील रहे। १८५७ के विद्रोह के दौरान भी सागर-नर्मदा क्षेत्र के प्राय: सभी जिलों में अंग्रेजों के विरुद्ध क्रांतिकारी घटना हुई। अतएव हम इस निष्कर्ष पर पहुँचते हैं कि अंग्रेजों के विरुद्ध इस प्रांत की अग्रणी भूमिका १८४० के दशक से ही प्रारंभ हो चुकी थी।

१८७० के दशक से प्रांत के विभिन्न नगरों में अनेक संस्थाओं का गठन हुआ जिनका उद्देश्य सामाजिक कार्यों के माध्यम से आम जनता में राजनीतिक चेतना का विकास करना था। इनमें प्रमुख रूप से विद्या प्रसारक सभा, हितकारिणी सभा, बालबोधिनी सभा तथा अन्जुमन-इस्लामियाँ आदि थे।

१८८५ में भारतीय राष्ट्रीय काँग्रेस की स्थापना के पश्चात् काँग्रेस के विभिन्न अधिवेशनों में इस प्रांत के प्रतिनिधियों ने नियमित रूप से भाग लेना प्रारंभ किया जिसके फलस्वरूप राजनीतिक चेतना के विकास में वृद्धि हुई। १८८८ में नागपुर तथा बरार के जुलाहों ने सूतीवस्त्रों पर लगाये गये कर का संगठित रूप से विरोध किया जो कि 'स्वदेशी-आन्दोलन' का परिचायक था। जबकि उस समय स्वदेशी आन्दोलन की भावना स्पष्ट नहीं थी। १८९० में नागपुर से 'गोरक्षा' तथा १८९४ में 'बरार-समाचार-पत्र' का प्रकाशन प्रारंभ हुआ। जिसके माध्यम से भी प्रांत में राजनीतिक गतिविधियों को प्रोत्साहन मिला। प्रारंभ में १८९१ में काँग्रेस का सातवाँ अधिवेशन नागपुर में तथा १८९७ में अमरावती में तेरहवाँ अधिवेशन आयोजित किया गया।

१९०४ में नागपुर में तिलक के आगमन से प्रांत के राजनीतिक वातावरण में उग्रवादी विचारधारा विकसित हुई। १९०५ में बंगाल विभाजन के विरोध में 'स्वदेशी आंदोलन' प्रारंभ हुआ जिसका प्रभाव मध्यप्रांत और बरार पर भी पड़ा और सत्याग्रहियों ने विदेशी वस्त्रों की होली जलाई तथा विदेशी शराब की दुकानों पर धरना दिया। इसी संदर्भ में माधवराव सप्रे के संपादन में तिलक के 'केसरी' का हिन्दी संस्करण 'हिन्दी केसरी' का प्रकाशन प्रारंभ हुआ। १९०६ के आते-आते काँग्रेस में दो भिन्न विचारधारा-नरम और गरम स्पष्ट रूप से परिलक्षित होने लगी। १९०७ के सूरत-अधिवेशन में काँग्रेस के दो दलों नरम एवं गरम दल में विभाजित हो जाने का प्रभाव मध्यप्रांत की राजनीति पर भी

पड़ा। मध्यप्रांत में भी काँग्रेस दो दलों में विभाजित हो गई। नरम दल के नेता गंगाधरराव चिटनवीस, आर.एन. मुधोलकर तथा मोरोपंत जोशी थे। गरम दल के नेताओं में तिलक के कट्टर अनुयायी दादा साहब खापर्डे, डॉ. बी.एस. मुंजे तथा माधव श्रीधर अणे थे। मध्यप्रांत और बरार दोनों विचारधाराओं का केन्द्र था। इसी समय माधवराव सप्रे के संपादन में तिलक के 'केसरी' का हिन्दी संस्करण 'हिन्दी केसरी' का प्रकाशन प्रारंभ हुआ।

उग्रवादी गतिविधियों में भाग लेने के कारण तिलक को मांडले जेल भेज दिया गया था। १९०९ के मार्ले-मिंटो सुधार योजना के पश्चात् काँग्रेस के लाहौर अधिवेशन में एक प्रस्ताव द्वारा मध्यप्रांत एवं बरार को एक पूर्ण प्रांत का दर्जा दिये जाने की माँग की गई। १९१४ में प्रथम विश्वयुध्द प्रारंभ हो जाने के कारण तिलक कारावास से मुक्त होकर पुन: राजनीतिक गतिविधियों में संलग्न हो गये। एनी बीसेंट तथा तिलक ने 'होमरूल आन्दोलन' प्रारंभ किया। १९१५ में तिलक के आगमन के प्रभाव से जबलपुर तथा १९१६ में नागपुर में होमरूल लीग की शाखायें स्थापित की गई। प्रांत के अन्य स्थानों पर भी इसकी शाखायें स्थापित की गई। डॉ. ई. राघवेन्द्रराव, आर.एम. देशमुख, माधवराव सप्रे, बलवंत आनंद भिंड़े, विष्णुदत्त शुक्ल, बी.एस. मुंजे आदि ने महत्वपूर्ण योगदान दिया। १९१९ में विष्णुदत्त शुक्ल, माधवराव सप्रे और बी.एस.मुंजे की एक समिति द्वारा साप्ताहिक 'संकल्प' नामक पत्र का प्रकाशन प्रारंभ हुआ जिसके संपादक बी.एस. मुंजे थे। यह उग्रवादी पत्र था जो सरकार विरोधी लेख प्रकाशित करता था।

१९१९ के भारत सरकार अधिनियम के अन्तर्गत मध्यप्रांत और बरार को कमिश्नर-शासित प्रांत से 'पूर्ण प्रांत' का दर्जा प्राप्त हुआ। इसे अन्य प्रांतों की भांति संवैधानिक समानतायें प्राप्त हुई। मांटेग्यू-चेम्सफोर्ड के सुधारों की घोषणा ने भारतीयों की आशाओं पर पानी फेर दिया। रॉलेट एक्ट तथा जलियाँवाला बाग हत्याकांड ने आग में घी का काम किया जिसके कारण जनता में आक्रोश उत्पन्न हुआ। प्रथम विश्वयुद्ध में पराजित होने के कारण इंग्लैण्ड ने टर्की पर 'सेवरेस की संधि' के माध्यम से कड़ी शर्तें लागू कर दी थी जिसके फलधस्वरूप टर्की के अस्तित्व को खतरा उत्पन्न हो गया था। इस संधि के कारण मुसलमानों में गहरा आक्रोश था और अली-बंधुओं ने संधि के विरोध में 'खिलाफत आंदोलन' प्रारंभ किया। महात्मा गाँधी ने इस आन्दोलन को अपना पूर्ण समर्थन प्रदान किया और सम्पूर्ण राष्ट्र ने महात्मा गाँधी के इस निर्णय को अपना समर्थन प्रदान किया। इन घटनाओं के विरोध में गाँधीजी ने असहयोग आंदोलन प्रारंभ करने का निश्चय किया।

१९२० के नागपुर के पैंतीसवें अधिवेशन में गाँधीजी ने असहयोग का प्रस्ताव प्रस्तुत किया। प्रबल विरोध के बावजूद भी असहयोग आन्दोलन का प्रस्ताव बहुमत से पारित हो गया। नागपुर अधिवेशन में गाँधीजी के असहयोग प्रस्ताव के बहुमत से स्वीकृत हो जाने के साथ ही काँग्रेस संगठन में व्यापक परिवर्तन किये गये। भाषा एवं जनसंख्या के आधार पर प्रान्तों का गठन किया गया जो एक महत्वपूर्ण उपलब्धि थी। संविधान परिवर्तन का व्यापक प्रभाव मध्यप्रांत और बरार के काँग्रेस संगठन पर भी पड़ा। मध्यप्रांत और बरार में तीन काँग्रेस समितियाँ गठित की गई। महाकोशल काँग्रेस समिति, नागपुर काँग्रेस समिति तथा बरार काँग्रेस समिति। जिला तथा ग्रामीण स्तर पर भी काँग्रेस समितियों का गठन किया गया। नागपुर तथा बरार काँग्रेस समितियों पर मराठी भाषाईयों का प्रभाव था और महाकोशल काँग्रेस समिति पर हिन्दी भाषाईयों का प्रभुत्व था। हिन्दुस्तानी मध्यप्रांत का मुख्यालय

जबलपुर, मराठी मध्यप्रांत का मुख्यालय नागपुर तथा बरार का मुख्यालय अमरावती था। हिन्दुस्तानी मध्यप्रांत के अध्यक्ष डॉ ई. राघवेन्द्रराव, मंत्री द्वारका प्रसाद मिश्र तथा सचिव सेठ गोविंददास थे। मराठी मध्यप्रांत के अध्यक्ष डॉ. बी.एस. मुंजे तथा बरार प्रांतीय काँग्रेस कमेटी के अध्यक्ष एम.एस. अणे थे।

नागपुर अधिवेशन तक काँग्रेस की स्थिति काफी सुदृढ़ हो गई थी। अत: गाँधीजी के असहयोग आन्दोलन के 'बहिष्कार कार्यक्रम' को व्यापक जनसमर्थन प्राप्त हुआ। भारतीयों ने भी स्वतंत्रता के महत्व को समझा। अब भारतीय राष्ट्रीय काँग्रेस स्वतंत्रता के लिए संघर्ष करने वाली एक संस्था बन गई। गाँधीजी के आव्हान पर इस प्रांत ने अपने आप को समर्पित कर दिया। १९२० में 'श्री शारदा' का प्रकाशन जबलपुर से प्रारंभ हुआ, इसके संपादक नर्मदा प्रसाद मिश्र तथा बाद में द्वारका प्रसाद मिश्र हुये। उसी वर्ष माधवराव सप्रे, माखनलाल चतुर्वेदी तथा विष्णुदत्त शुक्ल के संयुक्त प्रयत्नों से जबलपुर में 'कर्मवीर' नामक साप्ताहिक पत्रिका का प्रकाशन प्रारंभ हुआ। इस पत्रिका ने पत्रकारिता के क्षेत्र में एक नया कीर्तिमान स्थापित किया और राजनीतिक चेतना के विकास में महत्वपूर्ण योगदान दिया। दूसरी ओर, चौरी-चौरा में घटित हिंसक घटना के कारण गाँधीजी के अनुरोध पर काँग्रेस कार्यकारिणी ने १२ फरवरी १९२२ में असहयोग आन्दोलन स्थगित कर दिया और सभी काँग्रेसजनों से आन्दोलन की कार्यवाही रोक देने का आदेश दिया। जनता में नैराश्य की भावना विकसित न हो इसलिए गाँधीजी ने राष्ट्र को 'रचनात्मक कार्यक्रम' दिया।

स्वाधीनता आन्दोलन के इतिहास में १९२३ के "झंडा-सत्याग्रह" का विशिष्ट महत्व है। इस सत्याग्रह के कर्णधार पं. सुन्दरलाल थे। देश की स्थिति का निरीक्षण करते हुए 'काँग्रेस सत्याग्रह जाँच-समिति' जबलपुर पहुँची। उनके सम्मान में मानपत्र प्रदान करने तथा टाउन हॉल की इमारत पर राष्ट्रीय-झंडा फहराने का निश्चय किया गया परंतु नियत समय के पूर्व ही डिप्टी कमिश्नर द्वारा टाउन हॉल में ताला लगा दिया गया तथा सार्वजनिक स्थान पर राष्ट्रीय-झंडा न फहराये जाने का आदेश निकाल दिया गया। काँग्रेस ने इस चुनौती को स्वीकार करते हुए आदेश की अवज्ञा का कार्यक्रम बनाया। १८ मार्च १९२३ को सत्याग्रह का दिन निश्चित किया गया। तदानुसार इस दिन पं. सुन्दरलाल के नेतृत्व में नगरपालिका भवन तक जुलूस निकाला गया। दमोह के नवयुवक प्रेमचंद द्वारा नगरपालिका भवन पर राष्ट्रीय-झंडा फहरा दिया गया। इस घटना से क्रोधित होकर डिप्टी कमिश्नर ने राष्ट्रीय-झंडा उतरवाकर पैरों से कुचलते हुए, उसका अपमान किया। डिप्टी कमिश्नर के इस कृत्य से क्रुद्ध होकर पं. सुदरलाल के नेतृत्व में एक विशाल जुलूस निकाला गया। इस प्रकार झंडा सत्याग्रह का सूत्रपात हुआ। पं. सुन्दर लाल गिरफ्तार कर लिये गये। ततपश्चात् इस सत्याग्रह का केन्द्र जबलपुर से नागपुर स्थानांतरित कर दिया गया। इस प्रकार यह सत्याग्रह जबलपुर से प्रारंभ होकर नागपुर तथा बरार में विकसित हुआ और इसकी राष्ट्रव्यापी प्रतिक्रिया हुई। काँग्रेस के प्रमुख नेता सरोजिनी नायडू, सरदार वल्लभभाई पटेल, डॉ. राजेन्द्र प्रसाद इत्यादि सत्याग्रह की प्रगति देखने नागपुर पहुँचे। देश के अन्य भागों में भी झंडा सत्याग्रह आयोजित किया गया। झंडा-सत्याग्रह के प्रभाव के कारण सागर में 'दैनिक प्रकाश' तथा 'उदय' नामक साप्ताहिक का प्रकाशन प्रारंभ हुआ। अखिल भारतीय काँग्रेस कमेटी द्वारा १८ जुलाई १९२३ को 'झंडा-दिवस' के रूप में मनाया गया। अत: एक महत्वपूर्ण सफलता के साथ अगस्त १९२३ में यह सत्याग्रह समाप्त हो गया।

इस बीच काँग्रेस के एक वर्ग ने गाँधीजी द्वारा असहयोग आंदोलन को अकस्मात स्थगित करने के निर्णय से क्षुब्ध होकर सार्वजनिक रूप से अपना रोष प्रकट किया। यद्यपि मार्च १९२२ में महात्मा गाँधी की गिरफ्तारी के पश्चात् राजनीतिक क्षेत्र में राष्ट्र को नेतृत्व प्रदान करने वाला कोई व्यक्ति नहीं था तथा असहयोग काल की हिन्दू-मुस्लिम एकता का स्थान साम्प्रदायिक तनाव और दंगों ने ले लिया था। भारतीय जनमानस में आन्दोलन के स्थगन से निराशा का वातावरण निर्मित हो गया था। सत्याग्रह जाँच समिति की रिपोर्ट के अनुसार इस समय देश सत्याग्रह हेतु तैयार नहीं था।

महात्मा गाँधी के असहयोग आन्दोलन का एक प्रमुख उद्देश्य १९१९ के अधिनियम के अन्तर्गत होने वाले चुनावों तथा प्रांतीय सरकार के गठन की योजना को विफल करना था। इस प्रकार गाँधीजी ने चुनाव-बहिष्कार का आव्हान किया था। जबकि मोतीलाल नेहरू, देशबन्धु चित्तरंजन दास, अजमल खाँ तथा विठ्ठलभाई पटेल आदि का विचार था कि चुनाव में भाग लेकर विधानसभा के भीतर सरकार के प्रति असहयोग की नीति अपनाई जानी चाहिए ताकि सरकार पर राजनीतिक दबाव बनाये रखा जा सके। विषद् वाद-विवाद के पश्चात् काँग्रेस में यह आम सहमति हुई कि जो लोग विधायिका में असयोग की नीति अपनाना चाहते हैं, वे इस कार्यक्रम को क्रियान्वित करने हेतु स्वतंत्र है। अतएव काँग्रेस के एक बड़े वर्ग ने चित्तरंजन दास के नेतृत्व में 'स्वराज्य दल' का गठन कर चुनाव में भाग लेने का निर्णय लिया। १९२३ में अखिल भारतीय स्वराज्य दल के गठन के पश्चात् मध्यप्रांत एवं बरार में भी स्वराज्य दल का गठन किया गया। स्वराज्य दल को चुनाव में भारी सफलता मिली। मध्यप्रांत एवं बरार में भी स्वराज्य दल को प्रचंड बहुमत प्राप्त हुआ। विधायिका में स्वराज्य दल ने सरकार की नीति के विरूध्द 'पूर्ण अवरोध' तथा असहयोग की नीति अपनायी। अपने पूर्व निधारित कार्यक्रम के अनुसार स्वराज्य दल ने द्वैध-शासन को भंग करने का पूर्ण प्रयास किया जिसके कारण सरकार प्रशासन चलाने में असमर्थ होने लगी। अनेक नीतिगत विषयों पर सरकार को हार माननी पड़ी और उसकी इच्छानुसार बजट-प्रस्ताव भी पारित नहीं किया गया। इस प्रकार स्वराज्यवादियों ने १९१९ के अधिनियम द्वारा स्थापित द्वैध-शासन को निष्फल बना दिया। राष्ट्रीय आन्दोलन में स्वराज्यवादियों का यह योगदान सदैव स्मरणीय रहेगा।

स्वराज्य दल के सदस्यों द्वारा विधायिका में पूर्ण अवरोध की नीति अपनायी जाने के कारण सरकार द्वारा किये जाने वाले सार्वजनिक हित के कार्य प्रभावित होने लगे जिसका प्रचार सरकार ने स्वराज्य दल के प्रभाव को कम करने में किया। बरार स्वराज्य दल के कुछ सदस्य सुधार कार्य के संबंध में सरकार के साथ सहयोग करना चाहते थे। परिवर्तित राजनीतिक स्थिति के फलस्वरूप बरार के स्वराज्य दल के सदस्यों ने अनुभव किया कि स्वराज्य दल के 'पूर्ण अवरोधात्मक नीति' के कारण बरार के क्षेत्रीय-हितों को गहरी ठेस पहुँच रही है। नागपुर तथा बरार के स्वराज्य दल के सदस्यों में नया गुट बनने लगा जो स्वराज्य दल के 'पूर्ण-अवरोध' की नीति से असंतुष्ट था और स्वराज्य दल में फूट पड़ गई। फलस्वरूप सरकार के प्रति अनुक्रियाशील सहयोगी भावना का प्रादुर्भाव हुआ और मध्यप्रांत और बरार ने अनुक्रियावादी सहयोगी दल की स्थापना हुई। यह विशेष उल्लेखनीय है कि इस दल का प्रादुर्भाव केवल मध्यप्रांत और बरार में ही हुआ। दलगत फूट के कारण १९२६ के चुनाव स्वराज्य दल छिन्न-भिन्न हो चुका था। फलतः प्रांत की राजनीतिक स्थिति दयनीय हो गई। प्रांत से

राजनीतिक सहयोग का वातावरण समाप्त हो गया और विधायिका में अनुक्रियावादियों को स्पष्ट बहुमत प्राप्त हो गया। अत: प्रांत में पुन: द्वैध-शासन की स्थापना हुई। द्वैध-शासन की पुनर्स्थापना में डॉ. बी. एस. मुंजे ने महत्वपूर्ण भूमिका निभाई और एक 'संयुक्त विधायक दल' की योजना बनाई गई जिसका नेतृत्व डॉ. ई. राघवेन्द्रराव ने किया।

प्रांत में द्वैध-शासन की पुनर्स्थापना के पश्चात भी राजनीतिक दलों की आपसी वैमनस्यता के कारण यह सफलतापूर्वक कार्य न कर सकी। नेताओं के मध्य आपसी विवादों और संघर्षों के कारण यह व्यवस्था जनहित के ठोस कार्यक्रमों को क्रियान्वित न कर सकी। दलगत राजनीति एवं आंतरिक मतभेदों के फलस्वरूप मंत्रिमंडल का निर्माण, विरोध तथा त्यागपत्र का दौर चलता रहा और एक के बाद एक मंत्रिमंडल का गठन तथा पतन होता रहा। इस प्रकार ३ वर्षों में तीन मंत्रिमंडल बनें। इस अवधि में विधायिका में राजनीतिक जोड़-तोड़ में अनुक्रियावादी सहयोगी दल, प्रमुख दल के रूप में सक्रिय थी और प्रांत के प्रमुख व्यक्ति के रूप डॉ. ई. राघवेन्द्रराव। एक ओर जहाँ प्रांत में छोटे-छोटे संगठनों का प्रादुर्भाव हो रहा था, दूसरी ओर भारतीय राष्ट्रीय काँग्रेस ने प्रांत में काँग्रेस को प्रभावी बनाने के लिए राजनीतिक सम्मेलनों का आयोजन प्रारंभ किया। यह उल्लेखनीय है कि १९३० के रायपुर के राजनीतिक परिषद् के आयोजन के समय द्वारका प्रसाद मिश्र के प्रस्ताव पर हिन्दुस्तानी मध्यप्रांत का नाम बदल कर 'महाकोशल' कर दिया गया।

सविनय अवज्ञा आंदोलन राष्ट्रीय आंदोलन का एक महत्वपूर्ण चरण था। लाहौर-काँग्रेस में पूर्ण स्वतंत्रता प्राप्ति के लक्ष्य को प्राप्त करने के उद्देश्य की पूर्ति हेतु यह एक सशक्त प्रयास था और ब्रिटिश साम्राज्यवाद के लिए एक देशव्यापी चुनौती। २६ जनवरी १९३० को सम्पूर्ण राष्ट्र ने 'स्वतंत्रता-दिवस' मनाया। इन्हीं दिनों जबलपुर में दैनिक 'लोकमत' का प्रकाशन सेठ गोविंददास के प्रबंध तथा द्वारका प्रसाद मिश्र के संपादन में तथा खंडवा से 'स्वराज्य' नामक साप्ताहिक का प्रकाशन सिद्धनाथ माधवराव अगरकर के संपादन में प्रारंभ हुआ। मध्यप्रांत एवं बरार में सविनय अवज्ञा आन्दोलन दो चरणों में पूर्ण हुआ। नमक सत्याग्रह तथा जंगल सत्याग्रह। इस प्रांत में नमक कानून का उल्लंघन करने के लिए कोई प्राकृतिक सुविधा उपलब्ध नहीं थी। अतएव स्वयंसेवकों ने खारे पानी को उबाल कर नमक बनाना प्रारंभ किया। आन्दोलन के स्वरूप को व्यापक रूप प्रदान करने के लिए जन-समस्याओं में प्रतिबंधित साहित्यों का पठन किया गया। विदेशी वस्त्रों तथा वस्तुओं का बहिष्कार, सूत कातकर खादी का प्रचार करना, मौन जुलूस निकालना तथा हरिजनों की दशा में सुधार करने का प्रयास किया जाना आदि कार्यक्रम सम्मिलित किये गये।

सविनय अवज्ञा आन्दोलन का दूसरा चरण 'जंगल-सत्याग्रह' था। मध्यप्रांत में विशाल एवं विस्तृत जंगल थे। वनोपजों पर ग्रामीण क्षेत्रों विशेषकर आदिवासियों की जीविका आधारित थी। जंगल कानूनों के कारण आदिवासियों को अनेक कठिनाईयों का सामना करना पड़ा अतएव जंगल सत्याग्रह प्रारंभ कर उन्हें अपने अधिकारों के प्रति सचेत करना था। जंगल-सत्याग्रह की परिकल्पना द्वारका प्रसाद मिश्र ने की थी। उनका विश्वास था कि इस आन्दोलन के माध्यम से ग्रामीण क्षेत्रों का जन समुदाय विशेषकर आदिवासी वर्ग राष्ट्रीय आन्दोलन की मुख्य धारा से जुट जायेगा और सविनय अवज्ञा आन्दोलन को और अधिक शक्तिशाली बनाने में सहायक होगा। काँग्रेस अध्यक्ष मोतीलाल नेहरू ने मिश्र जी को 'जंगल-

सत्याग्रह' प्रारंभ करने की अनुमति प्रदान कर दी। पुलिस द्वारा गिरफ्तार कर लिए जाने के कारण वे स्वयं इस आन्दोलन का नेतृत्व नहीं कर सके किंतु 'जंगल सत्याग्रह' प्रारंभ करने का उनका कार्यक्रम प्रांत में बहुत सफल रहा और राष्ट्रीय आन्दोलन को अधिक गतिशील बनाने में सहायक सिद्ध हुआ क्योंकि यह आंदोलन प्रांत के बाहर अन्य स्थानों पर भी आयोजित किया गया।

देश की राजनीति में 'वामपंथी दलों' की भी महत्वपूर्ण भूमिका रही है। जहाँ एक ओर भारतीय राष्ट्रीय काँग्रेस ने एक दल के रूप में स्वाधीनता प्राप्ति में महत्वपूर्ण भूमिका निभाई, वहीं दूसरे दलों ने भी राष्ट्रीय जीवन-धारा में अपना अलग-अलग अस्तित्व बनाये रखने का प्रयास किया। ऐसे दल, वामपंथी और साम्प्रदायिक दल थे। वामपंथी दलों में-भारतीय साम्यवादी दल (१९२५-४७), काँग्रेस-समाजवादी दल (१९३७-४७) तथा फारवर्ड-ब्लाक (१९३९-४७) थे। साम्प्रदायिक-दलों में मुस्लिम लीग (१९०६-४७) हिन्दू महासभा (१९२२-४७) तथा राष्ट्रीय स्वयं सेवक संघ उल्लेखनीय है। प्रारंभ के तीन दल, काँग्रेस के अन्तर्गत वामपंथी दल थे। बाद में उन्होंने अपना स्वतंत्र अस्तित्व का निर्माण कर लिया और प्रांत की राजनीति पर अपना अलग-अलग प्रभाव डाला।

प्रथम विश्वयुद्ध के पश्चात् भारतीय राजनीतिक जीवन में समाजवादी और साम्यवादी विचारधारा के प्रमुख दो कारण थे-पहला १९१७-१८ के लेनिन के नेतृत्व में रूस में बोलशेविक-क्रांति। दूसरा मार्क्स के सिद्धांत जिसने भारत के राष्ट्रवादियों को प्रभावित किया जो भारत में साम्यवादी तथा समाजवादी दल के रूप में प्रगट हुआ।

१७ अक्टूबर १९२० में ताशकंद में विधिवत भारतीय 'साम्यवादी दल' की स्थापना की गई थी। 'साम्यवादी दल' की स्थापना में एम.एन. राय का बहुत महत्वपूर्ण योगदान है। नवगठित दल के सचिव मुहम्मद शफीक थे। शौकत उस्मानी इस दल के सक्रिय सदस्य थे। एम.एन. राय की पहली मार्क्सवादी पत्रिका-'एडवांस गार्ड,' वैनगार्ड-ऑफ इंडिपेंडेंस (१९२२-२४) और मासेज-ऑफ इंडिया (१९२५-२६) आदि पत्रिकाओं का भूमिगत वितरण, प्रचार का प्रमुख स्त्रोत बना। एम.एन. राय का भारत में 'साम्यवादी दल' की स्थापना का उद्देश्य काँग्रेस के अन्तर्गत एक क्रांतिकारी दल की स्थापना तथा काँग्रेस के बाहर राष्ट्रीय-क्रांतिकारी-आन्दोलन का नेतृत्व करना था।

वास्तव में इस दल की स्थापना कानपुर में आयोजित साम्यवादी दल के अखिल भारतीय सम्मेलन में हुई। १९२४ में साम्यवादियों के विरुद्ध पहला पेशावर-षडयंत्र मुकदमा में साम्यवादी दल के प्रमुख नेताओं श्रीपाद डांगे, मुज्जफर अहमद, शौकत उस्मानी आदि को कारावास का दंड देकर उन्हें बोलशेविक एजेन्ट होने का दोषी माना। उसी प्रकार कानपुर-षडयंत्र के उपरांत सत्यभक्त नामक पत्रकार द्वारा वैधानिक रूप से 'भारतीय साम्यवादी दल' की घोषणा की गई। इस दल की स्थापना दिसंबर १९२५ में आयोजित प्रथम साम्यवादी दल के अखिल भारतीय सम्मेलन में हुई। बम्बई को इस दल का मुख्यालय बनाया गया। इसके अध्यक्ष एस.ए. डांगे तथा महासचिव एस.व्ही. घाटे थे। इन नेताओं ने देश की अर्थव्यवस्था से साम्राज्यवादी शिकंजे को हटाने, जमींदारों तथा राजवाड़ों को समाप्त करने, श्रमजीवियों को पूर्ण लोकतांत्रिक स्वतंत्रता दिये जाने की माँग कर सभी वर्गों हेतु स्वाधीनता के लक्ष्य को ठोस रूप प्रदान किया तथा भारतीय राष्ट्रीय काँग्रेस के भीतर वामपंथी शक्तियों को एक सुसंगत, सुस्पष्ट तथा क्रांतिकारी दिशा प्रदान करने में महत्वपूर्ण योगदान दिया।

अखिल भारतीय साम्यवादी दल की स्थापना का प्रभाव मध्यप्रांत और बरार की राजनीति पर भी पड़ा। अतएव मध्यप्रांत और बरार के अनेक स्थानों पर इसकी शाखायें स्थापित की गई। आर.एस. रूईकर, एम.एल. जयवंत, एन.एस. जोशी तथा मराठे के नेतृत्व में ट्रेड-यूनियन और किसान-मजदूर संगठन का निर्माण किया गया। भारतीय साम्यवादी दल ने विभिन्न ट्रेड-यूनियन काँग्रेस, किसान-मजदूर संघ, हिन्दुतान रेड-आर्मी तथा विद्यार्थी संगठनों द्वारा अपनी गतिविधियों को बढ़ाया। भारतीय साम्यवादी दल ने इन विभिन्न यूनियनों और संघों के माध्यम से कार्य-दिवस, वेतन सहित अवकाश, काम के घंटे, मजदूरी की दर आदि अधिकारों की प्राप्ति हेतु शासन के समक्ष माँगें प्रस्तुत की। इसके अतिरिक्त 'रेड-ट्रेड यूनियन-सेन्टर' नामक एक नये ट्रेड-यूनियन सेन्टर तथा 'नवजवान भारत-सभा' नामक युवक संगठन स्थापित किया। ये दोनों संगठन देश में वामपंथी क्रांतिकारी शक्तियों के बढ़ते हुए प्रभावों को व्यक्त करते थे।

बम्बई तथा नागपुर में स्थापित जी.आई.पी. रेल्वे यूनियन (ग्रेट इंडियन पेनिनसुला रेल्वे यूनियन) में रूईकर एवं एम.एल. जयवंत द्वारा मजदूर आंदोलन प्रारंभ किया गया जिसके माध्यम से बरार के श्रमिकों द्वारा मजदूरी की दर में वृद्धि की माँग की। नागपुर के टेक्स-टाईल वर्क्स यूनियन, मॉडेल मिल, जयवंत तथा मराठे द्वारा स्थापित 'कम्युनिस्ट वर्क्स-लीग' के मजदूर वर्ग भी सक्रिय हुये।

एम.एन. राय द्वारा स्थापित गुट के साम्यवादी नेता चार्ल्स मैस्क्रिनहॉस ने मध्यप्रांत और बरार में इस दल की शाखायें स्थापित करने की पहल की। चार्ल्स मैस्क्रिनहॉस के नेतृत्व में नागपुर के एम्प्रेस मिल द्वारा जारी हड़ताल में काँग्रेस-समाजवादी दल के नेता जयप्रकाश नारायण ने भी भाग लिया और सभा को संबोधित किया। भारतीय राजनीतिक शक्ति के रूप में वामपंथी दल ने एक 'अखिल भारतीय श्रमिक-कृषक संघ' तथा 'अखिल भारतीय छात्र-फेडरेशन' की भी स्थापना की जिसके माध्यम से नागपुर में मई-दिवस, मजदूर-सप्ताह, हड़ताल-दिवस, रिप्रेशन-डे (रोक-दिवस), अभिवादन-दिवस, युद्ध-विरोधी दिवस, बेरोजगार-दिवस तथा लाल झंडा-दिवस आदि मनाया गया। गाँधीजी के नेतृत्व के प्रति समाजवादियों में असंतोष बढ़ रहा था। वामपंथी विचारधारा के लोग राष्ट्रीय पुनर्निर्माण की योजना को संदेह की दृष्टि से देखने लगे जिससे काँग्रेस के अन्तर्गत वामपंथी शक्तियों का प्रार्दुर्भाव हुआ।

समाजवादी विचारधारा के लोगों ने सर्वप्रथम बिहार में जयप्रकाश नारायण, फूलन प्रसाद वर्मा और राहुल सांस्कृतायन के नेतृत्व में 'बिहार समाजवादी दल' की स्थापना की। संयुक्त प्रांत में सम्पूर्णानंद, परिपूर्णानंद, कमलापति त्रिपाठी तथा ताराचंद भट्टाचार्य द्वारा भी समाजवादी संगठन स्थापित किया गया। बंबई में भी युसूफ मेहर अली, एम.आर. मसानी, अच्युत पटवर्धन तथा श्रीमती कमलादेवी चट्टोपाध्याय द्वारा एक समाजवादी संगठन की स्थापना की गई। पंजाब में भी साम्यवादी राष्ट्रवादी-संस्था के विरुद्ध नवजवान भारत सभा के नाम से एक समाजवादी दल की स्थापना की गई। १९३३-३४ में नासिक के केन्द्रीय कारावास में जयप्रकाश नारायण ने काँग्रेस के अंतर्गत एक समाजवादी संगठन बनाने का निश्चय किया। फलस्वरूप १९३४ में जवाहरलाल नेहरू, सुभाषचंद्र बोस, सम्पूर्णानंद, जयप्रकाश नारायण तथा आचार्य नरेन्द्र देव के सम्मिलित प्रयास द्वारा पटना में 'काँग्रेस समाजवादी दल' की स्थापना की गई। इस समय यह पूर्णत: मौखिक था। इस दल का प्रमुख उद्देश्य समाज में व्याप्त भयानक समाजिक एवं आर्थिक विषमताओं को दूर करना, लोक-कल्याण तथा राष्ट्रीय आंदोलन के माध्यम से एक

प्रजातांत्रिक राज्य की स्थापना करना था। काँग्रेस समाजवादी दल अपने उद्देश्यों की प्राप्ति शांतिपूर्ण एवं वैधानिक तरीके से किसानों तथा मजदूरों को संगठित करना चाहता था तथा अतिशीघ्र स्वतंत्रता प्राप्त कर देश की आर्थिक माँग की पूर्ति करना चाहता था। अत: दल के संगठन सचिव जयप्रकाश नारायण ने प्रांतों का दौरा कर काँग्रेस समाजवादी दल की शाखायें स्थापित की। मध्यप्रांत और बरार के भी विभिन्न स्थानों में भी दल की शाखायें स्थापित की गई। जबलपुर में डॉ. डिसल्वा के नेतृत्व में "नेशनल बॉयस स्काउट एसोसिएशन" नामक संस्था का गठन किया गया जिसके माध्यम से काँग्रेस समाजवादी दल की स्थापना मध्यप्रांत के हिन्दुस्तानी क्षेत्र में की। बरार को काँग्रेस समाजवादी दल के संविधान निर्माण का अधिकार सौंपा गया। मध्यप्रांत और बरार में काँग्रेस समाजवादी दल, स्वयं सेवक संघ, राष्ट्रीय आजाद-संघ तथा नागपुर में हिन्दुस्तानी लाल सेना (हिन्दुस्तान रेड-आर्मी) की स्थापना मगनलाल बागडी के नेतृत्व में की गई। काँग्रेस समाजवादी दल किसान-मजदूर सभाओं तथा विद्यार्थी-संगठनों के माध्यम से निरंतर क्रियाशील बना रहा।

१९३४ के लखनऊ समझौते के अनुसार काँग्रेस समाजवादी और साम्यवादी दल द्वारा एक संयुक्त दल-'राष्ट्रीय मोर्चा (यूनायटेड फ्रन्ट)' की स्थापना का निश्चय किया परंतु साम्यवादी दल के गुप्त दस्तावेज़ों ने राष्ट्रीय मोर्चे का उपयोग साम्यवादी दल को सर्वोच्चता स्थापित करने के प्रयास के प्रकाश में आते ही यह प्रयत्न असफल हो गया। उन्हीं दिनों 'आदर्श' नामक पत्र का प्रकाशन प्रारंभ हुआ। यह एक काँग्रेसी पत्र था जो समाजवादी विचार का पोषक था. इसने सरकार का खुलकर विरोध किया। १९३७ के निर्वाचन में साम्यवादियों ने काँग्रेस का समर्थन करते हुए केवल मजदूर उम्मीदवारों को निर्वाचन हेतु खड़े किये। जबकि काँग्रेस समाजवादी दल के नेताओं ने दल के निश्चित कार्यक्रम को क्रियान्वित करने की अपेक्षा संघर्ष और प्रचार पर अधिक बल दिया। काँग्रेस विरोधी सभाओं का आयोजन किया गया। ऐसे अनेक सभाओं का आयोजन मध्यप्रांत और बरार के विभिन्न जिलों में ट्रेड-यूनियन सम्मेलन के माध्यम से किया गया।

१९३८ में 'इंडियन ट्रेड-यूनियन फेडरेशन' और 'इंडियन ट्रेड-यूनियन काँग्रेस' को मिलाकर संयुक्त अखिल भारतीय ट्रेड यूनियन काँग्रेस की स्थापना की गई। १९३९ में द्वितीय विश्व युद्ध के समय साम्यवादी दल ने उसे साम्राज्यवादी युद्ध कहकर निंदा की और स्वाधीनता के लिए राष्ट्रीय संघर्ष करने का आव्हान किया। अपने पेम्पलेट 'सर्वहारा-पथ' (प्रोलेटेरियन-पथ) में दल ने राष्ट्रव्यापी संघर्ष कार्यक्रम प्रस्तुत किया। देश भर में मंहगाई भत्ता बढ़ाने तथा युद्ध विरोधी हड़तालों के लिए मजदूरों को प्रेरित किया। इस अवधि में साम्यवादी दल को शासन द्वारा अवैध घोषित करने के कारण की कड़ी शर्तों के अन्तर्गत कार्य करना पड़ा।

१९३९ के त्रिपुरी काँग्रेस के पश्चात् सुभाषचंद्र बोस तथा गाँधीजी के बीच सैद्धांतिक मतभेद उत्पन्न हो जाने के कारण सुभाषचंद्र बोस ने काँग्रेस के अध्यक्ष पद से त्यागपत्र देकर ३ मई १९३९ को 'फारवर्ड ब्लाक' नामक एक नये राजनीतिक दल की स्थापना की घोषणा की। इस दल की स्थापना काँग्रेस के अन्तर्गत साम्राज्यवादी नीतियों के विरुद्ध की गई थी। इस दल में केवल वामपंथ के उत्साही नवयुवक थे। दल के अध्यक्ष सुभाषचंद्र बोस और उपाध्यक्ष सरदार सरदुल सिंह कवीश्वर थे।

बम्बई के फारवर्ड ब्लाक के अखिल भारतीय सम्मेलन में सुभाषचंद्र बोस ने फारवर्ड-ब्लाक के

झंडे तले वामपंथी शक्तियों को संगठित करने के उद्देश्य से जून १९३९ में 'वामपंथी एकीकरण समिति' (लेफ्ट कसौंलिडेशन कमेटी) की स्थापना की। इस समिति का गठन फारवर्ड ब्लाक, काँग्रेस समाजवादी दल, उग्रवादी रॉययिस्ट (साम्यवादी) दल को मिलाकर किया गया। इस बैठक में फारवर्ड ब्लाक के प्रांतीय अध्यक्ष भी चुने गये जिसके अनुसार महाकोशल में डॉ. जी. डिसल्वा, नागपुर में टी.जे. केदार और बरार में डॉ. पटवर्धन चुने गये। मध्यप्रांत और बरार में फारवर्ड ब्लाक के अन्य प्रमुख नेताओं में आर.एन. मुधोलकर, आर.एस. रूईकर, एच.व्ही. कामथ, एम.ए.डांगरे तथा भुस्कुटे थे। प्रांतीय फारवर्ड-ब्लाक के आर.एस. रूईकर के नेतृत्व में 'युवक-सम्मेलन' का नेतृत्व किया गया जिसके प्रभाव से डॉ. पटवर्धन द्वारा भी बरार में अनेक सभाओं का आयोजन किया।

१९३९ में काँग्रेस मंत्रिमंडल द्वारा त्यागपत्र दिये जाने के कारण काँग्रेस समाजवादी दल के क्रियाकलापों पर कुछ समय के लिए रोक लग गई फिर भी मध्यप्रांत और बरार में अप्रत्यक्ष रूप से काँग्रेस समाजवादी दल की शाखायें स्थापित की जाती रही।

सुभाषचंद्र बोस द्वारा गठित वामपंथी एकीकरण-समिति का उपयोग साम्यवादी दल द्वारा अपने प्रचार हेतु किये जाने के कारण १९४० में साम्यवादी दल को काँग्रेस समाजवादी दल द्वारा बहिष्कृत कर दिया गया। इस प्रकार सुभाषचंद्र बोस द्वारा निर्मित संयुक्त मोर्चा भंग हो गया।

नागपुर में 'हिन्दुस्तान रेड-आर्मी' के बी.एस. दांडेकर, एस.वाय. कुलकर्णी, मगनलाल बागड़ी तथा श्यामलाल नाई की गिरफ्तारी के फलस्वरूप हिन्दुस्तान रेड-आर्मी के स्वयं सेवकों द्वारा नागपुर में किसान-दिवस मनाया गया। अखिल भारतीय विद्यार्थी संघ पर राष्ट्रवादी प्रभाव और विद्यार्थी संघ पर साम्यवादी प्रभाव होने के कारण विद्यार्थी संघ दो भागों में बँट गया। साम्यवादी विद्यार्थी संघ, असाम्यवादी विद्यार्थी संघ (जो फारूख गुट कहलाता था) असाम्यवादी विद्यार्थी-संघ ने राष्ट्रीय संघ की स्थापना अखिल भारतीय विद्यार्थी-संघ के नाम से की। यह संघ १९४९ तक कार्य करता रहा। साम्यवादी विद्यार्थी-संघ अपने पुराने नाम अखिल भारतीय विद्यार्थी-संघ के नाम पर ही कार्य करता रहा।

१९४१ के मध्य तक साम्यवादी दल की नीति में कोई विशेष परिवर्तन नहीं किया गया। परंतु उसके बाद उन्होंने काँग्रेस विरोधी रूख अपना लिया। उनकी यह नीति 'प्रोलेटेरियन-पाथ' कहलाई। फलस्वरूप १९४२ में भारत छोड़ो आंदोलन में साम्यवादी दल द्वारा नकारात्मक रूख अपनाया गया। जर्मनी द्वारा रूस पर आक्रमण के पश्चात् साम्यवादियों के दृष्टि में साम्राज्यवादियों का यह युद्ध फासिस्ट-विरोधी संघर्ष बन गया। फलत: उन्होंने ब्रिटिश सरकार के युद्ध प्रयत्नों को समर्थन देने प्रारंभ कर दिया। इसके अतिरिक्त साम्यवादियों ने मुस्लिम लीग की पाकिस्तान की माँग को भी अपना वैचारिक समर्थन दिया जिससे भारतीय राष्ट्रीय काँग्रेस से उनके संबंध बिगडते गये और दल को नुकसान उठाना पड़ा।

दूसरी ओर, स्वतंत्रता प्राप्ति हेतु गाँधीजी द्वारा अपनाये गये अहिंसक नीति पर विश्वास न होने के कारण सुभाषचंद्र बोस विदेशी सहायता से सशस्त्र क्रांति द्वारा देश को आजादी दिलाने के समर्थक थे। अत: पुराने क्रांतिकारी राजबिहारी बोस तथा कैप्टन मोहन सिंह द्वारा स्थापित आजाद हिंद फौज को संगठित करने हेतु जब सुभाषचंद्र बोस को आमंत्रित किया। आजाद हिंद फौज की सहायता से भारतीय स्वतंत्रता प्राप्ति का प्रयास किया गया परंतु वे असफल रहे। द्वितीय-विश्वयुद्ध में जापान द्वारा आत्मसमर्पण

कर दिये जाने के कारण आजाद हिंद फौज की भी पराजय मान ली गई। जापान के सभी अधिकृत प्रदेश अंग्रेजों के हाथ में आ गये जिससे सुभाषचंद्र बोस को टोकियो पलायन करना पड़ा। अगस्त १९४५ में टोकियो जाते समय फार्मोसा के निकट ताइहोकू नामक स्थान पर हवाई दुर्घटना में सुभाषचंद्र बोस की मृत्यु की घोषणा कर दी गई। सुभाषचंद्र बोस के मृत्यु के साथ ही फारवर्ड ब्लाक का महत्व भी कम हो गया जिसका प्रभाव मध्यप्रांत और बरार पर भी पड़ा।

१९४५ में प्रांतीय तथा केंद्रीय निर्वाचन हुए। दल ने पहली बार चुनाव में भाग लेते हुए १०८ उम्मीदवार खड़े किये गये। प्रांतीय विधान सभा ९ स्थान प्राप्त कर ७ लाख मत प्राप्त किये। इस दौरान साम्यवाद-विरोधी आंदोलन चलाये गये। साम्यवादी दल देशद्रोही दल के रूप में बदनाम हुआ। मध्यप्रांत और बरार में साम्यवादी भारत के स्वाधीन होने तक वह स्थान न प्राप्त कर सका जो १९४२ के अगस्त-क्रांति से पूर्व प्राप्त था। उनकी छबि जन-युद्ध की घोषणा से धूमिल हो चुकी। १९४५-४६ में काँग्रेस समाजवादी दल द्वारा काँग्रेस मंत्रिमंडल के साथ कार्य करने से इन्कार किये जाने के कारण उनकी स्थिति कमजोर हो गई जिससे वे काँग्रेस तथा जनता दोनों में बदनाम हो गये। राजनीतिक विश्लेषण के आधार पर यह पाया गया कि अपनी राजनीतिक अदूरदर्शिता तथा दलगत विरोधाभास के कारण १९४७ में काँग्रेस समाजवादी दल ने कानपुर अधिवेशन में अपने दल के नाम से "काँग्रेस शब्द" हटाकर अपने आप को काँग्रेस से अलग कर समाजवादी दल कहलाने लगा जिससे उनके प्रभाव में कमी आ गई।

भारत में साम्प्रदायिक दलों का विकास बहुत दुर्भाग्यपूर्ण रहा। भारत में साम्प्रदायिकता की समस्या धार्मिक की अपेक्षा राजनीतिक अधिक रही। राष्ट्रीय एकता को नष्ट करने हेतु अंग्रेजों ने अपनी परम्परागत "फूट डालो और राज करो" की नीति का आश्रय लिया। हिन्दू-मुस्लिम धार्मिक और सामाजिक मतभेदों का पूरा लाभ उठाते हुए उनका प्रयोग राष्ट्रीयता के प्रभाव को कम करने के लिए किया। साम्प्रदायिकता के निर्माण में अलीगढ़ मुस्लिम विश्वविद्यालय के यूरोपीय प्रिंसिपल बेक् की विशेष भूमिका रही। उनके प्रभाव से सर सैय्यद अहमद का प्रतिक्रियावादी तथा साम्प्रदायवादी स्वरूप अधिक उभर आया। फलस्वरूप मुसलमान राष्ट्रीय आंदोलन से विमुख हो गये। काँग्रेस से असहयोग करते हुए काँग्रेस की विरोधी तथा प्रतिक्रियावादी संगठन "सेन्ट्रल नेशनल मोहम्मडन एसोसिएशन" तथा "मोहम्मडन लिटरेरी-सोसायटी" स्थापित किया। सर सैय्यद अहमद ने १९८६ में "मोहम्मडन एजुकेशन काँग्रेस" नाम की संस्था की स्थापना की जिसका उद्देश्य शिक्षित मुसलमानों को राष्ट्रीय काँग्रेस में शामिल होने से रोकना था। १८८८ में स्थापित "मोहम्मडन डिफेंस एसोसिएशन ऑफ इंडिया" जिसके सचिव सर सैय्यद अहमद तथा प्रिंसिपल बेक् थे उनका उद्देश्य मुसलमानों को काँग्रेस का विरोध तथा अंग्रेजों से सहयोग करने की दिशा में प्रेरित करना था।

अतः भारत के विभिन्न साम्प्रदायों और जातियों ने पृथक शिक्षण संस्थाएं स्थापित की। मुसलमानों ने देवबंद में दारूल-उलूम, आर्य समाजियों ने गुरूकुलों की, सेनानियों ने ऋषिकुलों की, अलीगढ़ में मुस्लिम-विश्वविद्यालय तथा बनारस में हिन्दू-विश्वविद्यालय की स्थापना की। इन संस्थाओं ने विभिन्न सम्प्रदाय को निकट लाने की अपेक्षा एक दूसरे से पृथक करने में अधिक सहयोग किया। लार्ड कर्जन की कुटिल नीति ने हिन्दू मुस्लिम भेदभाव तथा साम्प्रदायिकता को बढ़ावा दिया। फलस्वरूप १९०६ में मुस्लिम लीग की स्थापना हुई। मुस्लिम लीग अपने आप को मुसलमानों की प्रतिनिधि संस्था मानती

रही। मुस्लिम-लीग की स्थापना का उद्देश्य मुसलमानों के लिए राजनीतिक विशेषाधिकार तथा साम्प्रदायिक आधार पर प्रतिनिधित्व प्राप्त करना था। मुस्लिम लीग की स्थापना के कुछ वर्षों तक मध्यप्रांत और बरार में मुस्लिम-लीग की शाखाओं की स्थापना नहीं की जा सकी। सरकार ने १९०९ के अधिनियम के अन्तर्गत मुसलमानों के पृथक निर्वाचन के अधिकार के सिद्धांत को स्वीकार कर भारतीय राजनीति में साम्प्रदायिकता का बीज़ बोया। १९०९ में दिल्ली में आयोजित मुस्लिम लीग के तृतीय वार्षिक अधिवेशन में नागपुर के खान बहादुर मलक ने भाग लेकर मध्यप्रांत में मुस्लिम लीग की स्थापना तथा आगामी अधिवेशन के आयोजन के लिए आमंत्रित किया। अतः मोहम्मद युसुफ खाँ को मराठी क्षेत्र में मुस्लिम लीग की स्थापना के उद्देश्य से भेजा गया। १९१० में मुस्लिम लीग का चौथा अधिवेशन नबीबुल्ला की अध्यक्षता में नागपुर में आयोजित हुआ। अधिवेशन में पारित प्रस्ताव में से एक प्रस्ताव मध्यप्रांत और बरार में विधायिका परिषद् के गठन की माँग का था जिसमें मुसलमानों को प्रतिनिधित्व प्राप्त हो सके। इस प्रकार १९०९ से १९१९ तक मुस्लिम लीग का प्रमुख उद्देश्य राजनीतिक विशेषाधिकार की प्राप्ति थी।

१९१९ के भारत सरकार अधिनियम द्वारा ब्रिटिश सरकार ने साम्प्रदायिक चुनाव पद्धति का विस्तार कर भारत में साम्प्रदायिक दंगों तथा पारस्परिक भेदभाव को बढ़ाया। पृथक-निर्वाचन पद्धति को स्वीकार कर लेने के कारण प्रांतीय परिषदों में मुस्लिम प्रतिनिधियों की सदस्य संख्या निश्चित कर दी गई जिसके अनुसार मध्यप्रांत और बरार के लिए सदस्य संख्या १५ प्रतिशत निश्चित कर दी गई।

जहाँ मुस्लिम लीग का दृष्टिकोण साम्प्रदायिक रहा, वहीं दूसरी ओर उसे सुदृढ़ बनाने का कार्य हिन्दू महासभा ने भी किया। बीसवीं शताब्दी के प्रारंभ में दरभंगा महाराजा की अध्यक्षता में दिल्ली के प्रथम राष्ट्रीय सम्मेलन में हिन्दुत्व को एक नया रूप प्रदान करने हेतु एक अखिल भारतीय संगठन के रूप में 'हिन्दू-महासभा' की स्थापना, हिन्दुओं को संगठन करने का प्रयास था जिसका उद्देश्य मुस्लिम कट्टरता से हिन्दुओं की रक्षा करना था। १९०२ में स्थापित "अखिल भारतीय महामंडल" का उद्देश्य सनातन धर्म के अनुसार हिन्दू शिक्षा का विकास, प्राचीन वेदों, स्मृतियों तथा पुराणों पर आधारित एक ऐसी शिक्षा से था जिसके द्वारा हिन्दू-जीवन और समाज को सुधारा जा सके। इस उद्देश्य की पूर्ती हेतु स्वामी जनानंद के नेतृत्व में १९१० तक 'महामंडल' द्वारा अनेक हिन्दी मासिक पत्रिकाओं का प्रकाशन किया गया। मुस्लिम लीग के विरुद्ध राष्ट्रवादियों ने एक हिन्दू-संगठन की स्थापना की आवश्यकता का अनुभव किया। लाला लाजपत राय और बी.वाय. चिन्तामणि जैसे राष्ट्रवादियों ने पृथक-साम्प्रदायिक चुनाव पद्धति को भारतीय राष्ट्रीयता के हित में हानिकारक निरूपित करते हुए एक हिन्दू-संगठन की स्थापना की माँग की। तदानुसार हिन्दुओं को ठोस स्थिति प्रदान करने, हिन्दू राष्ट्र का निर्माण तथा एक प्रजातांत्रिक हिन्दुस्तानी राज्य की स्थापना करने की दिशा में १९२२ में हिन्दू महासभा की स्थापना मुस्लिम लीग की एक प्रतिरोधी संस्था के रूप में की गई जिसकी बागडोर मदनमोहन मालवीय तथा लाला लाजपत राय के हाथ में आ गई।

पं. मदनमोहन मालवीय तथा लाला लाजपत राय के नेतृत्व में १९२३ में हिन्दू स्त्रियों के सम्मान के रक्षार्थ संयुक्त प्रांत में "हिन्दू-रक्षक मंडल" की स्थापना की गई। बनारस के इस सम्मेलन में डॉ. बी.एस. मुंजे, भाई परमानंद तथा महान क्रांतिकारी, वीर सावरकर ने सदस्यता ग्रहण की। आन्दोलन के तदोपरांत १९२३ में मध्यप्रांत और बरार में डॉ. बी.एस. मुंजे के नेतृत्व में हिन्दू महासभा का गठन किया

गया और हिन्दू महासभा की शाखायें प्रांत के विभिन्न जिलों में स्थापित की गईं। प्रांत में हिन्दू महासभा के अन्य नेताओं में एन.सी. केलकर, एम.आर, जयकर, बी.जी. खापर्डे, जे.वाय. देहानकर, रामकृष्ण पांडे, डॉ. एल.व्ही. परांजपे, के.जी चिटनवीस, एम.जी देशपांडे, के.बी. हेडगेवार तथा बालशास्त्री हरदास थे। वीर सावरकर ने हिन्दू महासभा को सैनिक रूप प्रदान किया। उनका कथन था कि जो व्यक्ति जितना सच्चा हिन्दू होगा, वह उतना ही अधिक देशभक्त होगा। इस प्रकार सावरकर ने राष्ट्रवाद और हिन्दुत्व में घनिष्ट संबंध स्थापित किया।

हिन्दू महासभा द्वारा १९२३ में "शुद्धि तथा संगठन-आंदोलन" प्रारंभ किया गया। शुद्धि-आंदोलन को स्वामी श्रद्धानंद तथा संगठन आंदोलन को पं. मदनमोहन मालवीय ने नेतृत्व प्रदान किया। शुद्धि-आंदोलन का उद्देश्य मुस्लिम बनाये गये हिंदुओं को पुनः हिन्दू धर्म में दीक्षित करना और संगठन आंदोलन का उद्देश्य हिन्दुओं को संगठित करना था। इन आंदोलनों के प्रचारार्थ ३ दैनिक पत्र-हिन्दुस्तान टाइम्स (अंग्रेजी), तेज (उर्दू) तथा अर्जुन (हिन्दी) का प्रकाशन प्रारंभ हुआ। इन आंदोलनों को सफल बनाने में अखिल भारतीय हिन्दू शुद्धि-सभा, दयानंद निर्वाण-मिशन, दलित उद्धार-सभा तथा हिन्दू अबला आश्रम आदि ने महत्वपूर्ण योगदान दिया।

अंग्रेजों की सहानुभूति एवं सहयोग की नीति में मुस्लिम लीग को प्रोत्साहन प्रदान किया। अंग्रेजों के प्रोत्साहन के फलस्वरूप साम्प्रदायिक विद्वेष की भावना फैली जिन्होंने साम्प्रदायिक दंगों का रूप धारण कर लिया। फलतः १९२४ में साम्प्रदायिक दंगों का दौर प्रारंभ हुआ। प्रमुख रूप से मध्यप्रांत से जबलपुर, नागपुर, सागर, दमोह तथा बरार के अकोला, अमरावती तथा बुलढाना आदि स्थानों पर भीषण साम्प्रदायिक दंगे हुये। दूसरी ओर, शुद्धि और संगठन आंदोलन के प्रचार के कारण मेरठ, अजमेर और अमृतसर में भी भीषण दंगे हुये। इस प्रकार १९२४ में इन साम्प्रदायिक दंगों का क्रम चलता रहा।

मुस्लिम साम्प्रदायिकता के विरुद्ध अनेक हिन्दू संगठनों में १९२५ में डॉ. हेडगेवार द्वारा स्थापित "राष्ट्रीय स्वयं सेवक संघ" भी अपना महत्वपूर्ण स्थान रखता है। यह हिन्दू महासभा की एक सहयोगी संस्था थी। इसकी स्थापना हिन्दू जाति, धर्म-संस्कृति की रक्षा प्राचीन हिन्दू राष्ट्र का सर्वांगीण विकास एवं पुनरूत्थान के लिए किया गया। शुद्धि तथा संगठन आंदोलन के प्रचार हेतु स्वामी सत्यदेव द्वारा मध्यप्रांत और बरार का दौरा कर, इसकी शाखायें अनेक स्थानों पर स्थापित की गई। इस प्रकार के हिन्दू- संगठन के प्रचार ने मुस्लिम साम्प्रदायिकता को उग्र बनाने तथा साम्प्रदायिक दंगों को भड़काने का कार्य किया। स्वामी शंकराचार्य द्वारा बरार में दिये गये मुस्लिम विरोधी भाषण ने साम्प्रदायिक दंगों की आग में घी का काम किया। फलस्वरूप १९२६ में 'गुरूकुल-काँगड़ी' के संस्थापक तथा 'शुद्धि आंदोलन' के प्रवर्तक स्वामी श्रद्धानंद की हत्या कर दी गई।

१९२९ में राष्ट्रवादी मुसलमानों ने "नेशनलिस्ट मुस्लिम दल" की स्थापना की। राष्ट्रवादी मुसलमान, मुस्लिम-लीग की माँगों से सहमत नहीं थे, वे पृथक-निर्वाचन की व्यवस्था के विरुद्ध थे। इस बीच मध्यप्रांत के सागर तथा नागपुर में 'जमायतुल-कुरैश कसाई मंडली', 'वालंटियर-कोपर्स', 'नारूल-इस्लाम-स्काउट-ट्रूप' जबलपुर में 'मुस्लिम यूथ-लीग' तथा नरसिंहपुर, बुरहानपुर, मंडला तथा निमाड़ जिले में मुस्लिम लीग की शाखायें स्थापित की गई। बरार के कुछ क्षेत्र में भी मध्यप्रांत और बरार के मुसलमान दो गुटों-रऊफशाह और शरीफशाह गुट में बँटे हुए थे।

१९३५ से १९३९ तक 'राष्ट्रीय-स्वयं-सेवक-संघ' द्वारा 'हिन्दू स्वंय सेवा दल', 'हिन्दू महिला सुरक्षा-बल' देवरी में 'आदर्श हिन्दू सेवा संघ' की स्थापना की गई। ये हिन्दू महासभा के उप संगठन थे जो राष्ट्रीय स्वयं सेवक संघ के ढाँचों पर निर्मित थी। १९३७ में सागर में हिन्दू महासभा की तीन स्वयं सेवी एसोसिएशन-हिन्दू-ट्रूप, मेडन-ट्रूप तथा चरण-ट्रूप की स्थापना भी की गई थी।

वास्तव में अखिल भारतीय हिन्दू महासभा का उद्देश्य समझौता तथा सहयोग की नीति से सभी राजनीतिक समस्याओं का हल तथा ब्रिटिश साम्राज्यवाद के विरुद्ध 'अखंड-स्वतंत्र भारत' की स्थापना करना था। इस प्रकार हिन्दू महासभा और मुस्लिम लीग के सदस्यों के आपसी मन-मुटाव, वैमनस्यता तथा प्रतिरोध की भावना से साम्प्रदायिक दलों ने संगठित होकर एक दूसरे से बदला लिया जिसका दुष्परिणाम स्वतंत्रता उपरांत भी देश को भोगना पड़ा। उनकी साम्प्रदायिक संकीर्णता तथा कट्टरता ने संवैधानिक समस्याओं के समाधान में निरंतर बाधा उत्पन्न की।

१९३५ के भारत सरकार अधिनियम के अन्तर्गत १९३७ में विधान मंडलों के चुनाव में काँग्रेस को बहुमत प्राप्त हुआ। फलस्वरूप डॉ. एन.बी. खरे के नेतृत्व में प्रांत में प्रथम काँग्रेस मंत्रिमंडल पदारूढ़ हुआ। किन्तु 'मंत्रिमंडलीय-संकट' के कारण डॉ. खरे को प्रधानमंत्री पद से त्यागपत्र देना पड़ा। उनके स्थान पर रविशंकर शुक्ल, प्रधानमंत्री (मुख्यमंत्री) बने। काँग्रेस मंत्रिमंडल के इस कार्यकाल में अनेक सुधार कार्य किये गये। स्थानीय-स्वायत्त संस्थाओं के विकास हेतु अधिनियम पारित किये गये। रोजगारोन्मुख-शिक्षा योजना के लक्ष्य की प्राप्ति हेतु 'विद्या-मंदिर योजना' लागू की गई। निशुल्क तथा अनिवार्य प्रायमरी शिक्षा तथा प्रौढ़ शिक्षा का प्रावधान किया गया। कृषि तथा जेल-प्रशासन में भी उल्लेखनीय सुधार किये गये।

काँग्रेस मंत्रिमंडल के कार्यों में सबसे अधिक अवरोध मुस्लिम लीग द्वारा उत्पन्न किये गये। काँग्रेस मंत्रिमंडल को बदनाम करने के लिए साम्प्रदायिक दंगे कराये गये। विद्या-मंदिर योजना के विरोध में मुस्लिम लीग द्वारा अनेक विरोधी सभाओं का आयोजन किया गया। प्रतिक्रिया स्वरूप 'अंजुमन मदिना-तुल-इल्म' तथा 'मदिना-तुल-इल्म' नामक योजना बनाई गई।

१९३९ में जबलपुर में आयोजित त्रिपुरी काँग्रेस महात्मा गाँधी की इच्छा के विरुद्ध सुभाषचंद्र बोस काँग्रेस के अध्यक्ष पद पर पट्टाभि सीतारमैया को पराजित कर निर्वाचित हुए। काँग्रेस कार्यकारिणी के गठन को नेताजी को काँग्रेस हाई कमान का सहयोग प्राप्त नहीं हुआ। अतएव उन्होंने काँग्रेस से त्यागपत्र देकर एक नये दल फारवर्ड ब्लाक का गठन किया जिसकी अनेक शाखायें मध्यप्रांत और बरार में स्थापित की गई। सितंबर १९३९ में द्वितीय विश्वयुद्ध प्रारंभ हो जाने के पश्चात् ब्रिटिश सरकार द्वारा काँग्रेस मंत्रिमंडल के अनुमति के बिना भारत को भी युद्ध मे शामिल कर लिये जानेके विरोधस्वरूप प्रांतीय सरकारों ने त्यागपत्र दे दिया। अत: नवम्बर १९३९ को सभी प्रांतों के काँग्रेस मंत्रिमंडल सहित मध्यप्रांत और बरार के काँग्रेस मंत्रिमंडल ने भी त्यागपत्र दे दिया। काँग्रेस मंत्रिमंडल के त्यागपत्र देने के कारण मुस्लिम लीग ने उस दिन 'मुक्ति-दिवस' के रूप में मनाया। इस प्रकार काँग्रेस प्रशासन का प्रथम चरण समाप्त हुआ।

१९४० में गाँधीजी के आव्हान पर व्यक्तिगत सत्याग्रह प्रारंभ हुआ। विनोबा भावे प्रथम सत्याग्रही हुए। सत्याग्रह में भाग लेने हेतु मध्यप्रांत के सभी जिलों में सत्याग्रहियों का नामांकन किया गया तथा

प्रशिक्षण हेतु 'सत्याग्रह-कैम्प' लगाये गये। १९४१ में जबलपुर में साप्ताहिक हिन्दी 'प्रजा पुकार' तथा द्वारका प्रसाद मिश्र के सम्पादन में 'सारथी' का प्रकाशन किया गया। प्रांत के अनेक व्यक्तियों ने व्यक्तिगत रूप से अपनी गिरफ्तारी देकर इस सत्याग्रह को सफल बनाया। दूसरी ओर, मुस्लिम लीग ने १९४० में 'पाकिस्तान' की माँग रखी जिससे स्थिति अत्यधिक गंभीर हो गई।

क्रिप्स-मिशन की असफलता ने भारतीयों के मन में यह धारणा और अधिक दृढ़ कर दी कि ब्रिटिश सरकार भारत में संवैधानिक प्रगति की इच्छुक नहीं है और न ही वह स्वतंत्रता प्रदान करने के लिए कोई योजना क्रियान्वित करना चाहते है। इस प्रकार अंग्रेज भारत में अपना शासन अनिश्चित काल के लिये बढ़ाना चाहती है। अत: गाँधीजी ने देश से अंतिम संघर्ष के लिये तैयार रहने की अपील की और "भारत छोड़ो आंदोलन" प्रारंभ करने का आव्हान किया। इलाहाबाद तथा वर्धा में काँग्रेस की अनेक बैठकों के पश्चात् बम्बई में ७ से ९ अगस्त १९४२ को अखिल भारतीय काँग्रेस कमेटी का अधिवेशन आयोजित हुआ जिसमें 'भारत-छोड़ो' प्रस्ताव प्रस्तुत किया गया और वह सर्वसम्मति से पारित हुआ। गाँधीजी ने भारत को "करो या मरो" का मूल मंत्र दिया और सम्पूर्ण राष्ट्र अंग्रेजों के विरुद्ध एक जुट होकर संघर्षरत हो गया उन्हीं दिनों रायपुर से केशव प्रसाद वर्मा तथा स्वराज्य प्रसाद त्रिवेदी के सम्पादन में अग्रदूत का प्रकाशन प्रारंभ हुआ।

मध्यप्रांत तथा बरार में भारत छोड़ो आंदोलन का व्यापक प्रभाव पड़ा। सभी नगरों तथा ग्रामीण क्षेत्रों के सत्याग्रहियों ने आंदोलन में भाग लिया। काँग्रेस के वरिष्ठ नेताओं की गिरफ्तारी के बावजूद भी आंदोलन की गति धीमी नहीं पड़ी क्योंकि भूमिगत हुए स्वतंत्रता संग्राम सेनानियों ने ब्रिटिश सरकार के विरुद्ध क्रांतिकारी कार्यवाहियाँ लगातार संचालित की। यद्यपि कुछ भूमिगत सत्याग्रही गिरफ्तार कर लिये गये लेकिन कुछ ऐसे स्वतंत्रता सेनानी थे जो अंग्रेजों द्वारा गिरफ्तार नहीं किये जा सके उनमें जबलपुर के प्रमुख स्वतंत्रता सेनानी सत्येन्द्र प्रसाद मिश्र थे वे गिरफ्तार नहीं किये जा सके। १९४४ में गाँधीजी ने भूमिगत सभी स्वतंत्रता सेनानियों को आदेश दिया कि वे अपनी गिरफ्तारी दे दें क्योंकि संवैधानिक वार्ताएँ प्रारंभ हो चुकी है और स्वतंत्रता की प्राप्ति संन्निकट है। अतएव भूमिगत स्वतंत्रता सेनानी सहर्ष गिरफ्तारी हेतु स्वयं प्रस्तुत हो गये।

जबकि भारत छोड़ो आंदोलन में मुस्लिम लीग ने कोई सहानुभूति नहीं दिखाई। १९४२ से १९४४ तक काँग्रेस के नेताओं के जेल में होने के कारण 'पाकिस्तान' की स्थापना हेतु उन्हें प्रचार करने का अवसर मिल गया। १९४६ में कैबिनेट मिशन के अंतर्गत संविधान सभा का निर्माण हुआ। मध्यप्रांत के १७ प्रतिनिधियों ने भाग लेकर प्रांत को गौरवान्वित किया जिनमें एक स्थान मुसलमानों के लिये था। केन्द्रीय तथा प्रांतीय असेम्बली के चुनाव में काँग्रेस को भारी सफलता मिली। मध्यप्रांत और बरार में रविशंकर शुक्ल के नेतृत्व में काँग्रेस मंत्रिमंडल सत्तासीन हुआ। 'अन्तरिम-सरकार' की स्थापना पर मुस्लिम लीग ने पाकिस्तान हेतु 'सीधी-कार्यवाही' की घोषणा करते हुए देश-विभाजन की माँग रखी। फलस्वरूप देश के सभी प्रांतों में भीषण साम्प्रदायिक दंगे हुए। साम्प्रदायिक दंगों की भीषणता को देखते हुए भारत विभाजन को 'एक आवश्यक बुराई' मानकर देश के हित में शांति स्थापना हेतु विभाजन का निर्णय लिया गया। इस प्रकार १९४७ में भारतीय स्वतंत्रता अधिनियम के अनुसार १५ अगस्त १९४७ को 'भारत-पाकिस्तान' नामक दो अधिराज्यों की स्थापना हुई। भारतीय स्वतंत्रता

समारोह बड़े उलहास के साथ प्रारंभ हुआ। मध्य प्रांत एवं बरार में भी जनता ने उत्साह पूर्वक स्वतंत्रता का स्वागत किया। नागपुर में सीताबर्डी के प्रसिद्ध दुर्ग पर मुख्यमंत्री रविशंकर शुक्ल ने राष्ट्रीय ध्वज फहराया इस प्रकार स्वतंत्रता संग्राम सेनानियों के त्याग तथा बलिदान के फलस्वरूप आन्दोलन के दौरान हुए शहीदों की कुर्बानी तथा आम जनता के असीम उत्साह एवं सहयोग के कारण भारत आजाद हुआ। भारतीय स्वतंत्रता स्वर्ण जयन्ती वर्ष के दौरान हम उन लोगों के समक्ष नत मस्तक है जिनके त्याग एवं बलिदान के कारण हम प्रजातांत्रिक स्वतंत्र भारत के नागरिक हैं।

☆☆☆

BIBLIOGRAPHY

ORIGINAL SOURCES - UNPUBLISHED

HOME POLITICAL DEPARTMENT- NATIONAL ARCHIVES OF INDIA, NEW DELHI

Department	Branch	File No. /C.P. & Berar
Home	Political	59/October/1920 Deposit.
Home	Political	84/December/1920 Deposit.
Home	Political	33/January/1921 Deposit.
Home	Political	41/April/1921 Deposit.
Home	Political	18/7/1921 Political.
Home	Political	59/12/1921 Political.
Home	Political	18/1922 Political.
Home	Political	18/1/1922 Political.
Home	Political	18/6/1922 Political.
Home	Political	18/8/1922 Political.
Home	Political	18/9/1922 Political.
Home	Political	18/10/1922 Political.
Home	Political	18/11/1922 Political.
Home	Political	100/1922 Political.
Home	Political	900/1922 Political.
Home	Political	3/4/1923 Political.
Home	Political	24/1923 Political.
Home	Political	25/January1923, Fortnightly Report.
Home	Political	25/February1923, Fortnightly Report.
Home	Political	25/March/1923, Fortnightly Report.
Home	Political	25/April/1923, Fortnightly Report.
Home	Political	25/May/1923, Fortnightly Report.
Home	Political	25/June/1923, Fortnightly Report.
Home	Political	25/October/1923, Fortnightly Report.
Home	Political	90/1923/Political.
Home	Political	163/10/1923/Political.
Home	Political	198/1923/Political.
Home	Political	280/1923 Political.
Home	Political	25/June/1924, Fortnightly Report.
Home	Political	25/July/1924, Fortnightly Report.
Home	Political	25/August/1924, Fortnightly Report.
Home	Political	25/September/1924, Fortnightly Report.
Home	Political	25/October/1924, Fortnightly Report.
Home	Political	25/November/1924, Fortnightly Report.
Home	Political	25/December/1924, Fortnightly Report.
Home	Political	12/1//1925, Political.

Home	Political	25/January/1925, Fortnightly Report.
Home	Political	112/May/1925 Fortnighly Report.
Home	Political	112/August/1925 Fortnighly Report.
Home	Political	112/October/1925 Fortnighly Report.
Home	Political	106/VIII/1925 Political.
Home	Political	106/X/1925 Political.
Home	Political	112/January/1926 Political.
Home	Political	112/February/1926 Political.
Home	Political	112/2/1926 Deposit.
Home	Political	112/May/1926 Political.
Home	Political	112/IV/1926 Political.
Home	Political	112/X/XI/1926 Political.
Home	Political	32-27/April/1927 Political.
Home	Political	32-27/January/1927 Fortnightly Report.
Home	Political	93-1/1927 Confidential Report.
Home	Political	32-27/1929 Political.
Home	Political	April/1929 Political Fortnightly Report.
Home	Political	18/III/1930 Political.
Home	Political	May/1930/ Secret Fortnightly Report.
Home	Political	June/1930/ Secret Fortnightly Report.
Home	Political	July/1930/ Secret Fortnightly Report.
Home	Political	August/1930/ Secret Fortnightly Report.
Home	Political	September/1930/ Secret Fortnightly Report
Home	Political	October/1930/ Secret Fortnightly Report.
Home	Political	November/1930/ Secret Fortnightly Report
Home	Political	December/1930/ Secret Fortnightly Report.
Home	Political	182/1/1931 Political.
Home	Political	182/XII/1931 Political.
Home	Political	Mar./1931ConfidentialFortnightly Report.
Home	Political	May/1931Confidential Fortnightly Report.
Home	Political	June/1931Confidential Fortnightly Report.
Home	Political	July/1931Confidential Fortnightly Report.
Home	Political	Aug./1931Confidential Fortnightly Report.
Home	Political	Oct./1931Confidential Fortnightly Report.
Home	Political	Dec./1931Confidential Fortnightly Report.
Home	Political	Jan./1932 Confidential Fortnightly Report.
Home	Political	Feb./1932 Confidential Fortnightly Report.
Home	Political	May/1932 Confidential Fortnightly Report.
Home	Political	Sept./1932 Confidential Fortnightly Report.
Home	Political	Oct./1932 Confidential Fortnightly Report.
Home	Political	18/1/1933/Confidential.
Home	Political	Jan./1933/Confidential.Fortnightly Report.
Home	Political	Oct./1933/Confidential.Fortnightly Report.

Home	Political	18/10/1933 Political.
Home	Political	18/11/1933 Political.
Home	Political	88/1933 Political.
Home	Political	8/5/1934 Political.
Home	Political	12/1934 Political.
Home	Political	36/3/1934 Political.
Home	Political	41/1/1934 Political.
Home	Political	January/1934 Political Fortnightly Report.
Home	Political	February/1934 Secret Fortnightly Report.
Home	Political	March/1934 Secret Fortnightly Report.
Home	Political	April/1934 Secret Fortnightly Report.
Home	Political	June/1934 Secret Fortnightly Report.
Home	Political	July/1934 Secret Fortnightly Report.
Home	Political	August/1934 Secret Fortnightly Report.
Home	Political	September/1934 Secret Fortnightly Report.
Home	Political	October/1934 Secret Fortnightly Report.
Home	Political	November/1934 Secret Fortnightly Report.
Home	Political	December/1934 Secret Fortnightly Report.
Home	Political	18/3/1935 Political.
Home	Political	January/1935 Secret Fortnightly Report.
Home	Political	February/1935 Secret Fortnightly Report.
Home	Political	March/1935 Secret Fortnightly Report.
Home	Political	May/1935 Secret Fortnightly Report.
Home	Political	July/1935 Secret Fortnightly Report.
Home	Political	August/1935 Secret Fortnightly Report.
Home	Political	September/1935 Secret Fortnightly Report.
Home	Political	October/1935 Secret Fortnightly Report.
Home	Political	November/1935 Secret Fortnightly Report.
Home	Political	4/28/1936 Political.
Home	Political	45/22/1936 Political.
Home	Political	January/1936 Secret Fortnightly Report.
Home	Political	February/1936 Secret Fortnightly Report.
Home	Political	March/1936 Secret Fortnightly Report.
Home	Political	4/28/1936 Confidential.
Home	Political	4/34/1936 Confidential.
Home	Political	April/1936 Secret Fortnightly Report.
Home	Political	May/1936 Secret Fortnightly Report.
Home	Political	June/1936 Secret Fortnightly Report.
Home	Political	July/1936 Secret Fortnightly Report.
Home	Political	September/1936 Secret Fortnightly Report.

Home	Political	October/1936 Secret Fortnightly Report.
Home	Political	November/1936 Secret Fortnightly Report.
Home	Political	December/1936 Secret Fortnightly Report.
Home	Political	January/1937 Secret Fortnightly Report.
Home	Political	February/1937 Secret Fortnightly Report.
Home	Political	March/1937 Secret Fortnightly Report.
Home	Political	March/1937 G.O.I.
Home	Political	April/1937 Secret Fortnightly Report.
Home	Political	May/1937 Secret Fortnightly Report.
Home	Political	June/1937 Secret Fortnightly Report.
Home	Political	July/1937 Secret Fortnightly Report.
Home	Political	August/1937 Secret Fortnightly Report.
Home	Political	September/1937 Secret Fortnightly Report.
Home	Political	October/1937 Secret Fortnightly Report.
Home	Political	November/1937 Secret Fortnightly Report.
Home	Political	December/1937 Secret Fortnightly Report.
Home	Political	18/VI/1937 Political.
Home	Political	18/V/1937 Political.
Home	Political	January/1938 Secret Fortnightly Report.
Home	Political	February/1938 Secret Fortnightly Report.
Home	Political	March/1938 Secret Fortnightly Report.
Home	Political	April/1938 Secret Fortnightly Report.
Home	Political	May/1938 Secret Fortnightly Report.
Home	Political	June/1938 Secret Fortnightly Report.
Home	Political	July/1938 Secret Fortnightly Report.
Home	Political	August/1938 Secret Fortnightly Report.
Home	Political	September/1938 Secret Fortnightly Report.
Home	Political	January/1939 Secret Fortnightly Report.
Home	Political	February/1939 Secret Fortnightly Report.
Home	Political	April/1939 Secret Fortnightly Report.
Home	Political	June/1939 Secret Fortnightly Report.
Home	Political	November/1939 Secret Fortnightly Report.
Home	Political	December/1939 Secret Fortnightly Report.
Home	Political	18/VI/1939 Political.
Home	Political	18/IX/1939 Political.
Home	Political	April/1940 Secret Fortnightly Report.
Home	Political	May/1940 Secret Fortnightly Report.
Home	Political	June/1940 Secret Fortnightly Report.
Home	Political	July/1940 Secret Fortnightly Report.
Home	Political	August/1940 Secret Fortnightly Report.

Home	Political	September/1940 Secret Fortnightly Report.
Home	Political	October/1940 Secret Fortnightly Report.
Home	Political	November/1940 Secret Fortnightly Report.
Home	Political	December/1940 Secret Fortnightly Report.
Home	Political	18/10/1940 Secret.
Home	Political	January/1941 Secret Fortnightly Report.
Home	Political	February/1941 Secret Fortnightly Report.
Home	Political	January/1942 Secret Fortnightly Report.
Home	Political	August/1942 Secret Fortnightly Report.
Home	Political	September/1942 Secret Fortnightly Report.
Home	Political	October/1942 Secret Fortnightly Report.
Home	Political	Novembr/1942 Secret Fortnightly Report.
Home	Political	February/1943 Secret Fortnightly Report.
Home	Political	March/1943 Secret Fortnightly Report.
Home	Political	April/1943 Secret Fortnightly Report.
Home	Political	June/1943 Secret Fortnightly Report.
Home	Political	August/1943 Secret Fortnightly Report.
Home	Political	January/1944 Secret Fortnightly Report.
Home	Political	February/1944 Secret Fortnightly Report.
Home	Political	March/1944 Secret Fortnightly Report.
Home	Political	April/1944 Secret Fortnightly Report.
Home	Political	May/1944 Secret Fortnightly Report.
Home	Political	January/1945 Secret Fortnightly Report.
Home	Political	February/1945 Secret Fortnightly Report.
Home	Political	November/1945 Secret Fortnightly Report.
Home	Political	January/1946 Secret Fortnightly Report.
Home	Political	February/1946 Secret Fortnightly Report.
Home	Political	August/1946 Secret Fortnightly Report.
Home	Political	September/1946 Secret Fortnightly Report.
Home	Political	October/1946 Secret Fortnightly Report.
Home	Political	January/1947 Secret Fortnightly Report.
Home	Political	February/1947 Secret Fortnightly Report.

PRIVATE PAPERS
(Letters, Diaries & Memoirs)

Jai Prakash Narayan Papers: (Nehru Memorial Museum &Library, New Delhi.)
- File No. 2/1934-36

Rajandra Prasad Papers: - Collection No. 6 Serial No. 343: File No.1/1930.

- Letter From Rajendra Prasad to Dr. N.B. Khare 1938.
- Letter From Murti Babu to Rajendra Prasad : 12 July 1938.
- Letter From Patel to Rajendra Prasad : 14 July 1938.

Acharya Narendra Deo : Letter From Gandhi to Acharya Narendra Deo. 2 August 1934.

Jawaharlal Nehru Papers:
- Letter From Nehru to Sayyid Mahmood: 17 March 1928.
- Letter From Nehru to Sayyid Mahmood : 18 March 1928.
- Letter From Nehru to Sayyid Mahmood : 18 May 1928.
- Letter From Nehru to Sayyid Mahmood : 17 March 1928.
- Letter From Nehru to Subhash Chandra Bose : 3 April 1939.
- Letter From Subhash Chandra Bose to Nehru : 3 April 1939.

Roy's Memoirs : - 2 May 1954.

Dr. E. Raghvendra Rao Papers:
- Letter From R.M. Deshmukh to Dr. E. Raghvendra Rao 24 January 1927.
- Letter From E. Raghvendra Rao to Governor Montague Butler.20 August 1927.
- Letter From E. Raghvendra Rao to Governor Montague Butler.18 January 1929.
- Letter From E. Raghvendra Rao to Governor Hyde Gowan.30 March 1936.
- Letter From Sir Hyde Gowan. Dr. E. Raghvendra Rao. 1 April 1937.
- Letter From Dr. E. Raghvendra Rao. to Sir Hyde Gowan. 4 July 1937.
- Letter From Sir Hyde Gowan. to Dr. E. Raghvendra Rao.10 July 1937.

Khaparde Diary: (National Archives of India, New Delhi)
(Ganesh Shrikrishna Khaparde)

- 12 September 1895.
- 11 December 1897.
- 31 December 1897.
- 4 September 1903.
- 28 April 1905.
- 12 April 1906.
- 4 September 1907.
- 1 October 1907.
- 10 November 1907.
- 12 November 1907.
- 20 November 1907.
- 1 October 1908.
- 17 May 1914.

Dr. N. B. Khare Papers:
(Narayan Bhashkar Khare)

- Letter From Sir Hyde Gowan to (Narayan Dr. Khare. 22 March 1937.
- Letter From Sir Hyde Gowan to Dr. Khare. 9 July 1937.
- Correspondence From R.M. Deshmukh to Dr. Khare. 9 February 1938.
- Confidential Reference No. 33/108. 9 March 1938.
- Confidential File No. 108/1938.9 March 1938.
- Letter From D.P. Mishra to Khare. 7 May 1938.
- Letter From H. Bamford to Dr. Khare: File No. XXII/1938. 21 May 1938.
- Letter From Sir Francis Verner Wylie to Dr. Khare. 20 July 1938.
- Letter From Dr. Khare to Sardar Patel 15 July 1938.
- Letter From Thakur Pyarelal to Dr. Khare. 19 July 1938.
- Letter From D. K. Mehta to Dr. Khare. 19 July 1938.
- Letter From Dr. Khare to Governor Sir Francis Verner Wylie. 20 July 1938.

R. M. Deshmukh Papers: (Ramarao Madhavrao Deshmukh)
- Letter From R. M. Deshmukh to Governor Montague Butler. 18 August 1928.

M. R. Jaikar Papers:
- L. No. 65-67 Note on the Rashtriaya Swayam Sewak Sangh. 1925.
- File No. 442/92/1928.
- File No. G-23/1934-36.
- File No. 442/1936.
- File No. 2/1934-39.

Dr. B. S. Munje Papers: (National Library of India, Calcutta)
(Balkrishna Shivram Munje)
- Letter From Dr. B.S. Munje to Reddy. 8 January 1925.
- L. No. 37./ January 1927.
- Despatch No. 5./ 20 January 1933.
- M. S. S. Diaries No. 8 entries of 19/ December 1936.
- Dr. Munje Diary: No. 9/ 15 January 1937.

Hindu Mahasabha Papers: (Nehru Memorial Museum & Library, New Delhi.)
- File No. 22/1931.
- File No. 22/1931-32.
- File No. 22/1932.
- File No. 230/1932.
- File No. 88/1933.(R. S. S. Note)
- File No. C-23/1939.
- File No. 22/1940.
- File No. C-22/1940.
- File No. C-29/1941.
- File No. C-42/1944.
- File No. C-82/1945.

All India Congress Committee Papers: (A.I.C.C. Papers)
- File No. 2/1920.
- File No. 4/1920.
- File No. 5/1920.
- File No. 5/20 September/1920.
- File No. 35/1920. Supplement.
- File No. 2/1921.
- File No. 5/1921.
- File No. 6/1921.
- File No. 1/Part-1/1922.

- File No. 1/Part-2/1922.
- File No. 7/1922.
- File No. 7-8/1922.
- File No. 13/1923.
- File No. 25/January/1923.
- File No. 35/1923. Supplement.
- File No. 51/1922-24. Supplement.
- File No. 14/1925. Supplement.
- File No. 70/1925. Supplement.
- File No. G-68/11/1925.
- File No. 7/1926.
- File No. 12/1926.
- File No. 14/1926.
- File No. 23/1926.
- File No. 24/1926.
- File No. G-73/1926.
- File No. 18-19/1928.
- File No. 19/15 October/1928.
- File No. 20/1928.
- File No. 21/1928.
- File No. G-57/1928.
- File No. G-58/1928.
- File No. G-68/1928.
- File No. P-20/1929.

Mahakoshal Provincial Congress Committee Papers: (M. P. C. C. Papers)

- File No. 3/1930.
- File No. 7/1930.
- File No. 18/III/1930.
- File No. 20-23/1930.
- File No. 97(A)/1930.
- File No. 23/1930.

C. P. Marathi Congress Committee Papers:

- File No. 13/1930.
- File No. 23/1930.

M. P. C. C. Papers:

- File No. 148/1930-31.
- File No. 24/1931.
- File No.38/1932.
- File No.38/1933.

A. I. C. C. Papers:

- File No.13/1930.

- File No. 12/1934.
- File No. 11-12/1034.
- File No. P-26/1934.
- File No. P-27/1934.
- File No. P-32/1934.
- File No. G-49/1934.
- File No.9/1934-36.
- File No.10/1934-36.
- File No.G-23/1934-36.
- File No.3/1935.
- File No.10/1935.
- File No.P-7/1936.
- File No.P-9/1936.
- File No.P-10/1936.
- File No.21/Part-2/1936.
- File No.9/1937.
- File No.P-9/1937.
- File No.13/1937-38.
- File No.E-22/1937.
- File No.P-22/Part-1/1938.
- File No.P-22/Part-2/1938.
- File No.6-32/1938.
- File No.22/Part-1/1939.
- File No.R-1/1940.
- File No.P-12/1940
- File No.G-49/1940.
- File No.21.1942-44.
- File No.P-14/Part-2/1945.
- File No.21/1942-46.
- File No.38/1945-46.

M. P. C. C. Papers:

- File No.25/11/1938.
- File No.22/Part-1/1939.
- File No26/1940.
- File No.27/1940.
- File No.P-12/Part-1/1940-41.
- File No.P-12/Part-2/1940.
- File No.P-12/Part-3/1940.
- File No.P-12/1940-42.
- File No. 65/1940.
- File No.P-13/Paet-1/1940-41.

	-	File No.P-14/KW-2/1940-41.
	-	File No.P-21/1940-41.
	-	File No.R-1/1940.
	-	File No.18/8/1942.
	-	File No.P-65/1940-44.
	-	File No.51/1940-45.
	-	File No.P-14/KW-1/1942.
	-	File No.P-12/1942-46.
	-	File No.P-14/1942-46.
	-	File No.P-21/1942-46.
	-	File No.P-31/1945-46.
	-	File No.P-38/1945-46.
	-	File No.A A-50/1945.
	-	File No.P-14/Part-2/1946.
	-	File No.P-12/Part-2/1946.
	-	File No.G-45/1946.
	-	File No.P-14/1946-47.
	-	File No.P-11/12/1946-48.
	-	File No.G-45/1945-50.
Vidharbha Congress Committee Papers:		
	-	File No.12/1940-41.
	-	File No.P-21/1942-46.
	-	File No.23/Part-1/1942-46.
	-	File No.P-23/Part-2/1942-46.

ORIGINAL SOURCES (UNPUBLISHED)

Madhya Pradesh Secretariat Record Room, Bhopal.

Department .		**File No./Year.**
Education Department.	-	File No.6-13/1937.
		Vidhya Mandir Scheme/1937.
	-	File No.6-32/1938.
Revenue Department	-	File No.1-116/1937.
	-	File No. 1-117/1937.
	-	File No. 25/1938.
	-	Notification No. 503-3192/1938: 9 February 1940.
Separate Revenue Department	-	File No. 29 January 1938.

	-	8 September 1939.
	-	5 November 1940.
Local Self Government Department	-	Resolution No. 4124-1849-D XIII 6 July 1939.
		File No.8-3/1939.
	-	Notification No. 3419-170-D XIII 24 May 1940.
Finance Department	-	Notification No. 1259. 20 March 1924.
	-	Notification No. 1259-60.20 March 1924.
	-	Notification No.1451-X Nagpur 2 May 1925.
Legislative Department	-	Notification No. 640-650. 18 December 1923.
	-	Notification No.26/18/1924.
	-	Notification No.26/19/1924.
	-	Notification No. 27/19/1924. and 8 and 18 January 1924.
	-	Resolution No. 341-388-VI, 372-386-VI. 21 July 1924.
	-	Resolution No. 465-471-VI and 466-471-VI. 1 September 1924.
	-	Resolution No. 160-175-VI and 161-175-VI. 21 March 1930.
	-	Resolution No. 577-518-VI. 12-13 March 1930.
	-	Resolution No. 45-5-VII, VI, VI. 11 January 1933.
	-	Resolution No. 167-58-VI and 168-58-I. 17 February 1936.
	-	Resolution No. 41214, 1849-D-1938.
	-	Resolution No. 12442-1830-XIV. 17 April 1939.
	-	Resolution No. 3519, 170-D-XIII. May 1940.
	-	Resolution No. 447-268-III. 11 October 1940.
Police Department.	-	Notification No. 6-105-A/ Nagpur. 12 April 1921.

	-	Notification No. 192-B/Nagpur. 19 September 1921.
	-	Notification No. 680-800-Part-1/1937
Forest Department	-	Notification No.442-1258/1939. 31 May 1939.
Jail Department	-	File No.16-2/1938.
	-	Resolution No. 566-474-III. 22 September 1939.
	-	File No. 16-2/1939.
	-	File No.16 -2/1939. Resolution No. 447-268-III 11 October 1940.

Madhya Pradesh Secretariat Record Room, Bhopal.

Home Political and Military Department

Administration Report	-	File No.30/1920.
	-	File No.25/1929.
	-	File No.3/1930.
	-	File No.19(4)/1930.
	-	File No.19(7)/1930.
	-	File No.20(1)/1930.
	-	File No.23/1930.
	-	File No.30(09)/1930.
	-	File No.30(11)/1930.
	-	File No 30(12)/1930.
	-	File No.32/1930.
	-	File No.37/1930.
	-	File No.88-96/1930.
	-	File No.182/1930.
	-	File No.201/1930.
	-	File No.151/1931.
	-	File No.222/1931.
	-	File No.33/1932.
	-	File No.132/1932.
	-	File No.151/1932.
	-	File No.152/1932.
	-	File No.181/1932.
	-	File No.250/1932.
	-	File No.254/1932.
	-	File No.256/1932.

- File No.257/1932.
- File No.258/1932.
- File No.259/1932.
- File No.263/1932.
- File No.264/1932.
- File No.265/1932.
- File No.267/1932.
- File No.270/1932.
- File No.271/1932.
- File No.275/1932.
- File No.301/1932.
- File No.428/1932.
- File No 100/1933.
- File No.131/1933.
- File No.6/1934.

PROCEEDINGS OF THE LEGISLATURE (Published)
The Central Provinces and Berar Legislative Council.

	Year/Date	Volumes
Proceedings of the C.P. and Berar Legislative Council	1910	
	1920	
	25 January 1920	
	1921	2
	1924	1
	1925	1, 2
	1927	1,2
	January 1928	1, 2, 3
	1929	1, 2
	1934	6
	1937	1, 2, 5
	1938	1, 2, 3, 4, 5
	23 June 1938- Notification No.4155-1804-M-13	Part-V.
	24 January and 17 February1938. Notification No. 530-3152-M-XIII.	Part V
	1939.	5

	1940	6

REVIEW, REPORTS AND MEMORANDUM

A Review of the Administration of the Central Provinces And Berar

Department	Year	Volume
A Review of the Administration of the C.P. and Berar	1921-22	1, 2
	1923-24	1, 2
	1924-25	1, 2
	1925-26	
	1926-27	
	1929-30	
A Modern Review of the History and Works of Hindu Mahasabha and Hindu Sangathan Movement.	1938	
Modern Review of the Administration -	1941 August	

ADMINISTRATION REPORTS.

The Central Provinces and Berar Administration Reports.

Department	File No.		Year
Administration		-	1861-62.
		-	1861-67.
		-	1872-1902.
		-	1892-93.
		-	1920.
Political	02	-	1920.
	20	-	1920.
	30	-	1920.
	53	-	1920.
	01	-	1921.
	02	-	1921.
	07-08	-	1921.
		-	1929-30.

Police			-	1921. Resolution No.192/ V-VI 19/9/1921. & 6-105 A/Nagpur. 1921.
			-	1922.
			-	1923-24.
			-	1924-25.
			-	1925-26.
			-	1938.
			-	1942.
Government At work			-	1937.
Revenue	-		-	1938.
Revenue Separate	-		-	1938.
	-		-	1938-40. Resolution No. 503-2190/1940.
Land Revenue	-		-	1940 Resolution No.503-2190/1940.
Administration Report	-	General	-	7 January 1937.
Triennium Report	-	General	-	1937-40.
Press Communique	-	General	-	7 January 1938.
	-	General	-	7 January 1938.
	-	General	-	1938.
Press Communique Separate	-	General	-	1938.
Memorandum on the working of the reformed Government: C. P. & Berar,	-		-	1925.

GAZETTES

The Central Provinces and Berar Gazette

Department	File No.	Date/Year	Part
		16 April 1921.	I
		21 May 1921.	I
	Supplement	28 May 1921.	I
		9 February 1929.	
Police	600-300	26 August 1937.	
		29 August 1937.	
General	C. P.Ministrial Crisis. Nagpur	17 April 1938. 21 July. and	

		29 July 1938.
The C.P.Gazette Extraordinary -224	-	Notification. on
Civil and Military Department-		8 October 1925 (Lahore)
Political and Military Deptt. -224	-	8 January 1932.
		9 January 1932.
		29 January 1932.
		1 April 1932.
		31 March 1937.
		16 July 1937.
		24 August 1937.
		8 April 1938.
		29 April 1938.
Notification No.1376-668. II	-	24 and 26 June 1938.
Notification No.1142-298-II.	-	21 July 1938.
Notification No. 8167-3567-M-XIII	-	7 October 1939.
Notification No. 8167-3567-M-XIII	-	13 November 1939.
Revenue Deptt.		
Notification No. 2852-3318-33-19	-	22 July 1938.
	-	7 October, 1938.
	-	29 March 1939.

THE INDIAN ANNUAL REGISTER (1921-46) CALCUTTA, (PUBLISHED)

	Year	Volumes
(Annual and Quarterly Registers)	1921	
	1921-22	
	1922	I, II
	1922-23	I, II
	1923	I, II
	1924	I, II
	1925	I, II
	1926	I, II
	1927	I, II
	1928	I, II
	1929	I, II
	1930	I, II

1931	I, II
1932	I, II
1933	I, II
1934	I, II
1935	I, II
1936	I, II
1937	I, II
1938	I, II
1939	I, II
1940	I, II
1941	I, II
1943	I.
1945	I, II
1946	I.

MADHYA PRADESH DISTRICT GAZETTEER (Published)
Gazetteer Department of Culture Madhya Pradesh, Bhopal

Jabalpur, Raipur, Durg, Chhindwara, Seoni, Sagar, Damoh, Narsinghpur, Hoshangabad, Betul, East Nimar, Nagpur, Bhandara, Chanda, Wardha, Akola, Amaraoti, Yavatmal and Buldhana.

NEWS PAPERS AND CONTEMPORARY JOURNALS

THE HITAVADA (Nagpur)

Year	Date
1916	- December : 3
1921	- January26, February : 26,
1924	- January : 9, 17, 19, 20,23, - March : 12, April 2.
1925	- March: 12, October:1.
1926	- January: 6, 13, 26, March: 24.
1927	- January: 6,15 March:24.
1928	- April: 8, June: 10.
1929	- August 4.
1930	- April 6, 20,24 June:5. Dec:18.
1931	- February: 1. March:6,25. May:25. August:2.

1933 - May: 25.
1936 - December: 27.
1937 - January: 3, 22. February: 5,7,10,17,26. March: 3, 8,10,21,22, 26, 28, 30. April:1. July:15,20,21,25. August:1,25. September:15. October: 14,17.November:29.
1939 - January: 27.February:1. June:24. July:20,21. August:25.

LEADER (Allahabad)

1937 - March:15. September:15. November: 29.
1938 - March:20. April:7.May:14,19. June:24. July:20,22,25,29. October:4.
1939 - January: 27. February:1,8. June:13.16.23. October:11.
1941 - October: 23.

KARMVEER (Weekly) Jabalpur

1920 - August:6.
1921 - March:12, June:4. July:10.

BOMBAY CHRONICLE (Bombay)

1920 - September:20,21,27. October:2.
1938 - May:26.
1942 - September:26.

MAHARASHTRA (Nagpur)

1938 - July:14,19,20,21,24,27.

THE HARIJAN (Ahamdabad)

1933 - September:23.
1938 - November:11.
1942 - April:26. August :9.

THE TRIBUNE (Lahore)

1922 - December:28.

THE TIMES (London)

1920 - October:20.

1937 - March:8.

TIMES OF INDIA (Bombay)

1930 - February:25. April:6,24.

1931 - August:3.

THE HINDUSTAN STANDARD (Calcutta, Delhi)

1940 - July 3,4.

HINDUSTAN TIMES (Delhi)

1947 - July 18,19.

INDEPENDENT (Nagpur)

1920 - September:22. October:8.

RAIPUR CORRESPONDENCE (Raipur)

1920 - September:22.

THE HINDU (Madras)

1920 - October:3.

1940 - March:15.

WARDHA SAMACHAR (Wardha)

1906 - August:28.

THE SEARCH LIGHT (Patna)

1920 - July:25.

1942 - September:26.

PRAJA PRAKASH (Damoh)

1940 - June:24.

SWARAJ (Khandwa)

1930 - August:15.

1940 - October:13.

THE CONTEMPORARY (Monthly) (The contemporary Publication, Delhi)

1969 - July, August, September, October, November.

PUBLISHIED SOURCES

- Report of the Muslim League Session 1917-18: Adddress of the Chairman Reception Committee.
- Lord Minto Note- Proceedings of Legislative Council 1904.
- Rowlatt Committee Report 1919.

- Report of the Commission Appointed by the Punjab Sub-Committee of the Indian National Congress. Vol.-2 (Bombay 1920)
- Report of the Session of the Nagpur Congress 1920.
- Roy Memoirs (1964)
- Kanpur Case Evidence: Introduction.
- Speeches at All India Khilafat Conference Calcutta.25 December 1920.
- Meerut Session Judgement. 1929.
- Gopal Krishna: The Development of the Indian Congress: (As a Mass Organisation 1918-23). Research Paper.
- All India Conference 1928: Report of the Committee appointed by the Congress
- Brelsford: New Leader.
- The Meerut Triales facts of the case (London, National Meerut Prisoners Defence Committee 1929).
- Bulletin (March 1923) issued by Motilal Nehru General Secretary of Swaraj Party.
- Indian National Congress: List of the Political and Quasi Political Organisation. C.P. & Berar.
- H.C. Mack Water in Assembly Debates (Official Report 1929)
- Secret Report send to Deputy Commissioner Jabalpur Division on 5 August 1930/ File No. 6 (Jabalpur Collectorate)
- Notes on the Civil Disobedience Movement in C.P. & Berar. 31 December 1930.
- Civil Disobedience Movement: File No. 7/1930 Jabalpur Collectorate)
- A Compilation of Important Political Trials in the C.P. & Berar 1935.
- Collective works of Mahatma Gandhi : Vols-23, 25, 26, 31, 32 & 54. (Publicity Division Government of India, New Delhi 1974)
- Lala Lajpat Rai : Writings and Speeches (New Delhi 1966)
- Important Speeches and Writings of Subhash Chandra Bose. (The Elam & Co. Calcutta)
- Selected Speeches of Subhash Chandra Bose (Publication Division Govt. of India, New Delhi 1962)
- Jawaharlal Nehru : Selected works : Vol-1 (New Delhi 1972) & Vol-6 (1974)
- The Round Table Conference-II Conference : Proceeding of the Planery Session.
- Command Paper of 1932 No.-4147/1932.
- Report of the Indian Statutory Commission Vol.-I
- List of Political and Quasi Political Organisation in C.P & Berar 1934.
- P.C. Ray : Life Time of C. R. Das.
- Our Role in the Congress: Thesis of Sampurnanand (Nehru Memorial Museum and Library New Delhi)

- Subodh Roy : Communism in India 1935-45 (Unpublished Document 1939).
- MacDonald Speech : Round Table Coneference : Sub Committee Resolution and Prime Minister's Report.
- His Excellency the Viceroy's Address : 21 July 1937.
- White Paper on the Proposals for Indian Constitution Reforms (Command Paper No.-4268)
- House of Commons Debates 1935.
- Press Communique : General Administration Department-16 January 1938.
- Viceroy's Address : Legislative Assembly Debates August 1940-41.
- Viceroy Linlithgow's Address : Legislative Assembly Debates : 4 July 1940.
- Prime Minister Vincent Churchill's Statement : 7 July 1940.
- Viceroy's Address : Legislative Assembly Debates : August 1940.
- Statement and Draft Declaration by His Majesty Government with Correspondence and Resolution connected therewith 1942 : Command Paper No-6350 (Government of India Press New Delhi 1946)
- K. C. Neogi Proposal : 24 September 1942. Report of the Holwell Monoment of the Blackhole Tragedy and Report of Subhash Chandra Bose.
- Secret of the District : Civil Movement 1942-45 (Jabalpur Collectorate)
- Statements and Correspondence of Mohammad Ali Zinnah.
- For the Government Announcement : India information - XI.1September 1942.
- Case File No. 287, 319/1942 : Betul District.
- Constitutional Proposals of the Conciliation Committee Report of Sapru Committee 1945.
- Pupils War : Vol-4 (18 November 1945 & January 1946).
- Wavells Declaration Address : 14 June 1945.
- Prime Minister Atlee's Statement in House of Commons : 15 March 1946.
- Viceroy's Statement : Declaration of Cabinet Mission Plan : 16 May 1946.
- Report of Committees (First Series) Constituent Assembly of India (Delhi 1948)
- Constituent Assembly of India Documents Related to the Statement by His Majesty : 6 December 1946.
- Constituent Assembly Report : Vol-2/1947.
- Prime Minister Atlee's Declaration : 20 February 1947.
- Personal Reports and Discriptions of Viceroy Lord Mountbatten.
- Address of Jawaharlal Nehru : 15 August 1947.
- "मध्यप्रदेश में स्वतंत्रता आंदोलन का इतिहास" के लिए नेताओं के वक्तव्य (जबलपुर जिलाधीश कार्यालय)
- त्रिपुरी काँग्रेस गाइड १९३९
- हरि ठाकुर : प्यारेलाल सिंह

- जबलपुर सत्याग्रह में सम्मिलित विशम्भरनाथ पाण्डे से प्राप्त स्मरण पत्र। पत्र क्रमांक ४४१/पी.टी.आर./एम.जी./८५ दिनाँक १०/११/१९८५।
- जबलपुर के स्वतंत्रता संग्राम सेनानी सत्येन्द्र प्रसाद मिश्र का स्मरण पत्र : २६ जनवरी १९३०।
- "भविष्य" में प्रकाशित आंदोलनों पर एक विश्लेषणात्मक लेख १९३०।
- अल्पसंख्यक वर्ग की बैठक में गाँधी जी का वक्तव्य १३ नवंबर १९३२।
- लखनऊ में आयोजित काँग्रेस के ४९ वें अखिल भारतीय सम्मेलन की रिपोर्ट : अप्रेल १९३६।
- भारत छोड़ों आन्दोलन से संबंधित तथा संरक्षित सामग्री (जिलाधीश कार्यालय, नरसिंहपुर)
- तहसीलदारों, ९४ संभागीय अधिकारियों, जिला पुलिस अधीक्षकों और अन्य अधिकारियों के प्रतिवेदनों की केस फाइल (जिलाधीश कार्यालय अभिलेख कक्ष, पूर्वी निमाड़)
- शिवकुमार गोयल : हिन्दुस्तान : २४ मई १९७० में प्रकाशित लेख "स्वातंत्र वीर सावरकर की स्मृति चिन्गारियाँ।"
- मद्रास में दिये गया जयप्रकाश नारायण का भाषण : २७ जुलाई १९३४, बम्बई।
- बम्बई अधिवेशन में भारत छोड़ो प्रस्ताव पर गाँधी जी का अभिभाषण : ८ अगस्त १९४२।
- रामचन्द्र गुप्त : 'भारतीय समाजवादी दल के बदलते आयाम' एक विश्लेषण (लोकतंत्र समीक्षा)

PUBLISHED WORKS

Azad Abul Kalam : - India Wins Freedom (Orient Longman Calcutta, Bombay, 1959).

Alhuwalia, B. K and Alhuwalia, Shashi : - Netaji and Gandhiji (New Delhi)

Agrov Daniel : - Moderates and Extremists in this National Movement (Bombay 1968.)

Aziz, K. K.: - The Making of Pakistan

Aiyer, A. Rangaswamy : - Dr. Annie Besant and Her Work for Swaraj (Theosophical Publishing House)

Besant, Annie : - How India Wrought for Freedom. (Madras, 1915)

Banerjee, W. C.: - Introduction to Indian Politics (1898)

Banerjee, S. N : - A Nation in Making (1925)

Baker, D. E. U.: - Changing Political Leadership in Indian Province : The Central Provinces and Berar 1919-39. (Oxford, 1979)

- Politics in a Bilingual Province: The Central Provinces and Berar, India 1919-39.

Brown, J. M.: - Gandhi and Civil Disobedience (Cambridge, 1977)

Breacher, Michael : - Nehru : A Political Biography (London, Oxford University Press New York, Torento, London, Bombay, 1959)

Bahadur, Lal : - The Muslim League.

Bose, Subhash Chandra : - The Indian Struggle 1920-42. (London 1935, Netaji Research Bureau Calcutta 1948 and Asia Publishing House, Bombay, 1964)

Bamford, P. C. : - Histories of the Non-Co-Operation and Khilafat Movements (Delhi 1974, Reprint)

Collins and Lapierre : - Freedom At Midnight (New Delhi, Vikas 1976)

- Mountbatten and the Partition of India (Vikas Publishing House New Delhi, 1982)

Curran, J.A : - A Militant Hinduism in Indian Politics/A Study of the Rashtriya Swayam Sewak Sangh (New York Institute of Pacific Relations,1951)

Chandra, Prabodh : - Student Movement in India (Lahore. A.I.S.F. 1938)

Chatterjee, A. C. : - India's Struggle for Freedom (Calcutta 1947)

Chintamani, C. Y. : - Indian Politics since the Mutiny (London 1940)

Chattopadhyay, Gautam: - Bengal Electoral Politics and Freedom Struggle (1862-1947)

Chaudhary, K. K. : - Source Material for History of the Freedom Movement, Khilafat-Movement. 1920-21: Vol-10 (Bombay 1982).

Chaudhary, Satyavrat Ram : - Leftist Movement in India.

Coupland, R.: - A Restatement. (Oxford, 1945)

- The Communal Problem in India (Madras, 1945)

- The Indian Problem 1933-35 (Oxford, 1943)

Deshmukh, M. R. : - C. P. Ministrial Crisis (Nagpur, 1938)

Deshpandey, V. S. : - Why Hindu Rashtra? (1949)

Dange, S. N. : - Statement to Pandit Jawaharlal Nehru (Bombay, 1937)

Garratt, Edward Thompson : - An Indian Cemetry.

Gunpuley, N.G.: - Netaji in Germany (Bhartiya Vidhya Bhawan (Bombay 1959-60)

Gupta, D. C. : - Indian National Movement (Delhi, 1970)

Gupta, H. D. : - Builders of Modern India.

Gupta, H. N. : - Subhash Chandra Bose:-

Gupta, R. C. : - Indian Freedom Movement and Thought (New Delhi, 1983)

Gupta, S.H. : - Subject India (Bombay, 1946)

Gwyer and Appadorai : - Speeches and Documents of the Indian Constitution. Vol-2 (1921-47) (Oxford, 1957)

Ghosh, Shankar : - Leaders of Modern India (New Delhi, 1980)

Hardas, Balshastri : - Armed Struggle for Freedom.

Hudson, H.V. : - The Great Divide (London, 1967)

Hutchinson Leister : - Conspiracy At Meerut (London National and Elwin 1936)

Hassan, Mushrul : - Muslim and the Congress (Delhi, 1979)

Iyer, S. A. : - The Indian Independence Movement in East-Asia (Netaji Research Bureau, Bulletin. July 1961, Vol-2, 1981, Vol-1, No. I & II.

Jog, N. G. : - The Alternative Leadership (1936-41)(in Bacon across India. Orient Longman, 1973)

- In Freedom Quest (Orient, Bombay)

Joshi, V. C. : - (ed) Lala Lajpat Rai, Writings and Speeches.

Keith, A.B. : - The Constitutional Problem in India (London, 1962)

Kaushik, B. D. : - The Congrees Ideology and Programme. (1920-47) (New Delhi 1964)

Kabir Humayun : - Muslim Politics 1906-42 (Calcutta, 1943)

Khaliquzzaman, : - Path way to Pakistan (Lahore, 1961)

Khare, Dr. N. B. : - My Defence (Nagpur, 1938)

Kripalani, J.P. : - Gandhi, His Life Time and Thought) (New Delhi, 1970)

Kashyap, Dr. Subhash : - Constitution and Parliamentary Studies (Research New Delhi, 1971)

Kaur Uma : - Muslim and Indian Nationalism : The Emergence of the Demand for India's Partition (New Delhi, 1977)

Lapierre Domnique : and Collins Larry - Mountbatten and the Partition of India (New Delhi, 1982)

Mishra, D.P. : - The History of the Freedom Movement in Madhya Pradesh (Nagpur, 1956)

- Living An Era (Delhi, 1975)

Mitra, A.N.: - The Indian Annual and Quarterly Registers. (1921-47) Calcutta.

Masani, M. R. : - The Communist Party of India (London, 1954)

Malik Hafiz : - Muslim Nationalism in India and Pakistan (Public Affair Washington D. C. 1963)

Mazumdar, R.C.: - The Struggle for Freedom (Bhartiya Vidhya Bhawan Bombay, 1969)

Mazumdar, A.C.: - Indian National Evolution (Madras,1936)

Mazumdar B. : - Indian Political Association and Reforms of Legislature.

Madhu Limaye : - Evolution of the Socialist Policy (Chetan Prakashan Hydrabad, 1952)

Mehta and Patwardhan : - The Communal Triangle in India (Allahabad, 1942)

Menon, V.P. : - Transfer of Power in India (London, 1957)

Mansergh Nicholas : - The Transfer of Power 1942-47, Vol-II (London, and Lumby, E.W. 1941)

Mosley, Lenard : - The last days of the British Raj (London, 1961)

Nanda, B.R. : - The Nehrus - Motilal and Jawaharlal (London, 1962)

Norman, Dorthi : - Nehru the First Sixty Years. Vol-I (London, 1965)

Nehru, Jawaharlal : - An Autobiography (London, 1936)

Narayan, Jai Prakash : - Towards Struggle (Bombay, Padma Prakashan 1946)

- Why Socialism? (Banaras, 1937)

Overstreet, Jean D. and Windmiller Marshal.: - Communism in India (Bombay, 1960)

Pandey, B.N. : - A Centenary History of Indian National Congress, Vol-I (1885-1919), Vol-II (1919-1935), Vol-III (1935-1947) NewDelhi, 4th October 1985.

- Trend in Muslim Indian Politics, (1857-1918)

Philip, C.H.: - The Evolution of India and Pakistan (1858-1947, London, 1962)

Philip, C.H. & Wainwright, M.D.: - The Partition of India Policies and Perspectives (London, 1973)

Page, David : - Prelude to Partition - The Indian Muslim and the Imperial System of 1920-1922 (Delhi, 1982)

Palm Dutt, Rajni : - India Today (Calcutta, 1970)

Peerzada, S : - (ed) Foundation of Pakistan: Vol-II

Pradhan, Atulchandra : - Socialist-Stirring within the Congress (1934-40)

Prasad, Dr. Rajendra : - India Divided (Bombay, 1947)

Prakas, Indra : - A Review of the History and the work of the Hindu Mahasabha and the Hindu Sangathan Movement- (New Delhi, 1938).

Roy, M.N.: - Roy's Plan: The Advance Gaurd. (January 1923)

- The Vangaurd of Indian Independence. Vol-I (1923)

Rajkumar, N.V. : - The Background of India's Foreign Policy (All India Congress Committee, 1952)

Roy, P.C. : - Life Time of C.R. Das.

Sahgal, Col: Lakshmi : - The Role of Women in Azad Hind Movement (Netaji Research Bureau, Calcutta)

Sunderlal : - A History of the Hindu Muslim Problem (1951)

Sitaramayya, Dr. Pattabhi : - The History of Indian National Congress 2Vols, (Bombay 1947)

Shivarao, B : - The Framing of India's Constitution. A Study. (New Delhi, 1968)

Sinha, L.P.: - The left Wing in India (Muzzafarpur, 1965)

Saiyyad, H: - Mohammad Ali Zinnah.

Shah, K.T.: - Provincial Autonomy (Bombay, 1937)

Sharma, Jagdish Sharan : - India's Struggle for Freedom Selected Documents and Sources.Vol-III (New Delhi, 1962, 64 & 65)

Shukla, B.D. : - A History of the Indian Liberal Party (The Indian Press Allahabad, 1960)

Tarachand, Dr. : - The History of the Freedom, Movement in India, Vol.III & IV (Publication and Ministry of information Division, Govt of India, New Delhi, 1972)

Talwar Bhagatram : - The Great Escape:- Fifty five Days with Netaji Subhash Chandra Bose (NewYork, 1945)

Tendulkar, D.G.: - Mahatma, 8 Vols (Delhi, 1951-54.Publication Division, Ministry of information and Broadcasting, Govt of India)

Tagore, Somendranath : - Historical Development of the Communist Movement in India Calcutta, 1944)

Toye, Hugh : - Subhash Chandra Bose: The Springing Tiger (Jaco Publishing House Bombay, 1957 and London, 1959)

Tomlinson B.R.: - The Indian National Congress and Raj (1929-42)

Zaidi, A M and Zaidi, S.G.: - The Encyclopaedia of the Indian National Congress, Vol-VI (1916-20) & X. (1930-35) New Delhi, 1980.

आजाद, अबुल कलाम : - मसलहाये-खिलाफत और जंजीरातुल्ला अरब (उर्दू, कलकत्ता, १९२३)

- कुतबत-ए-आज़ाद (मलिकराम द्वारा संशोधित, नई दिल्ली, १९७४)

अहमद, तुफैल : - मुसलमानों का रोशन मुस्तकबिल.

बियाणी बृजलाल तथा अन्य : - (सं) श्री शुक्ल अभिनंदन ग्रंथ (नागपुर, १९५५)

बैनर्जी, सुरेन्द्रनाथ : - मो जीवन संग्राम (उड़िया) कटक, १९८४.

गुरु, रामेश्वर प्रसाद शुक्ल, शंकरलाल : - स्वतंत्रता संग्राम और जबलपुर नगर (१८५७ से ५ अगस्त १९४७)

कृष्णन, एन.के. : - भारतीय साम्यवादी दल (जबलपुर नगर स्वतंत्रता संग्राम संघ १९८५, सिंघई प्रेस)

लॉपियर डोमिनक तथा कॉलिन्स लैरी : - (हिन्दी) माउन्टबेटन और भारत का विभाजन (सरस्वती विहार, दिल्ली, १९८२)

पामदत्त, रजनी : - आज का भारत (हिन्दी अनुवाद) बम्बई पब्लिशिंग हाऊस १९४९.

प्रसाद, डॉ. रामायण : - कांग्रेस के १०० वर्ष (नई दिल्ली, २५ मई १९८४)

मिश्र, द्वारका प्रसाद : - समर्पित अर्धशती (१९२०-६०) अभिनंदन ग्रंथ (संयोजन समिति द्वारा प्रकाशित १६ दिसंबर १९६०)

मध्यप्रदेश के स्वतंत्रता संग्राम सैनिक :- खंड-१ : जबलपुर संभाग (सूचना प्रकाशन संचालनालय मध्यप्रदेश, भोपाल)

राय, मनमथ : - भारतीय क्रांतिकारी आन्दोलन का इतिहास (शहीद-ग्रंथ माला)

सहाय, गोविंद : - १९४२ का विद्रोह

व्योहार, राजेन्द्र सिंह : - स्वतंत्रता संग्राम का इतिहास (जगमोहनदास:स्मृति ग्रंथ)

सेठ गोविंददास : - आत्म निरीक्षण भाग- १,२,३

शुक्ल, प्रयाग दत्त : - क्रांति के चरण.

ताराचंद, डॉ. : - १९२१ का असहयोग आन्दोलन (सूचना एवं प्रसारण मंत्रालय, भारत सरकार, दिल्ली, १९६२)

☆☆☆

नामानुक्रमणिका